С. Симонович, В. Мураховский

Популярный самоучитель работы на компьютере

«ДЕСС»
«I-Press»
Москва — 2004

Симонович Сергей Витальевич,
Мураховский Виктор Иванович

Популярный самоучитель работы на компьютере — Москва: «Тех Бук», 2004. — 576 с., илл.

Книга подготовлена редакцией «I-Press» по заказу издательства «Тех Бук».

Группа подготовки издания:

Главный редактор:	Симонович Сергей Витальевич
Научный редактор:	Мураховский Виктор Иванович
Литературный редактор:	Симонович Ирина Павловна
Компьютерная верстка:	Симонович Ирина Павловна
Корректор:	Голотвина Ольга Владимировна

ISBN 5-9605-0009-4

Подписано в печать 16.04.2003.
Формат 70×100/16. Печать офсетная. Печ. л. 36. Доп. тираж 1000 экз. Зак. 64

ООО «Тех Бук», 105484, г. Москва, ул. 16-я Парковая, д. 21, корп. 1.

Отпечатано с готовых диапозитивов
в Академической типографии «Наука» РАН
199034, С.-Петербург, 9 Линия, 12

Содержание

Часть I. Первые шаги

Часть II. Работаем с файлами

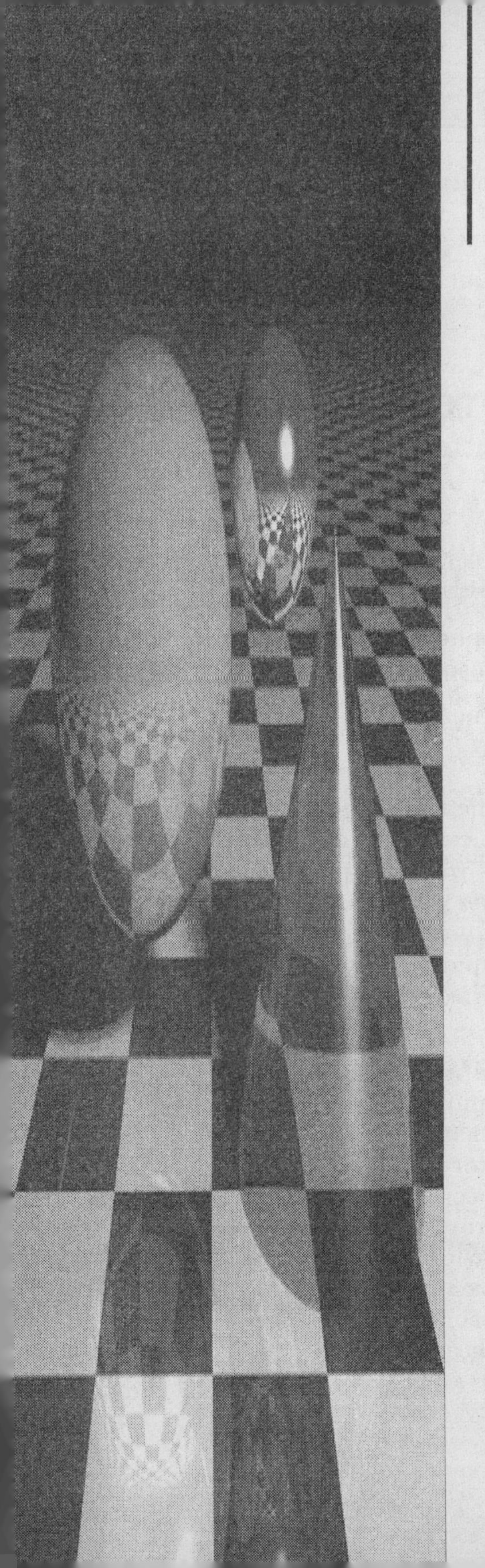

1

Первые шаги

Работа современного персонального компьютера напоминает игру большого слаженного оркестра. В оркестр входит множество инструментов, и на каждом исполняется своя уникальная партия. Партии отдельных инструментов сливаются в одно целое, и если оркестр хорошо подготовлен, а дирижер умел, мы можем расслабиться и получить удовольствие от хорошего исполнения

1. Базовая компьютерная система

Слаженный ансамбль

Работа современного персонального компьютера напоминает игру большого слаженного оркестра. В оркестр входит множество инструментов, и на каждом исполняется своя уникальная партия. Партии отдельных инструментов сливаются в одно целое, и если оркестр хорошо подготовлен, а дирижер умел, мы можем расслабиться и получить удовольствие от хорошего исполнения.

Компьютер тоже состоит из многочисленных устройств. В отличие от оркестрантов, каждое устройство исполняет свою партию не по нотам, а по программам, которые подготовили программисты. Роль дирижера в этом «ансамбле» исполняет самая большая и сложная программа, которая называется *операционной системой*. На самом деле это даже не одна программа, а обширный комплекс больших и малых программ, многие из которых работают одновременно и слаженно.

Как в оркестре дирижер следит за партией каждой маленькой флейты или скрипки, так и операционная система компьютера знает все о работе самого незаметного устройства и должна знать о работе каждой программы. Впрочем, в этом хорошем правиле бывают неприятные исключения. Даже в прекрасный оркестр может проникнуть агент с «левой» партитурой. Если он исполняет ее беззвучно или просто ждет своего часа, то «дирижер» не сразу догадается о его присутствии.

Таких «агентов» называют *компьютерными вирусами*, но мы пока не будем говорить о грустном, а вернемся к исполнителям, то есть, в нашем случае, к устройствам. Позже мы обсудим личность «дирижера», а большую часть книги посвятим программам, по которым исполняются «концерты».

Великолепная пятерка

Как ни смотри на компьютер, хоть снаружи, хоть изнутри, а прибор этот насквозь *модульный*. Он собран из устройств, каждое из которых можно в любую минуту выбросить и заменить другим, собранным в соседнем полушарии.

Модульность выгодно отличает компьютер от кофемолок, телевизоров и прочих стиральных машин, а проистекает она от *принципа открытой архитектуры*. Компания *IBM* провозгласила его лет двадцать назад, еще во времена своих первых компьютеров *IBM PC XT*. Первое время, конечно, ей пришлось морщиться, когда некоторые слаборазвитые страны стали выпускать больше компьютеров, чем она сама, зато сегодня по всему миру слова *персональный компьютер* и *IBM PC* стали почти синонимами.

От такой модульности нам выпадает множество разных благ. Начать хотя бы с того, что любое из компьютерных устройств стоило бы в десять раз дороже, если бы многочисленные конкуренты не держали друг друга за горло. Мир большой, и солнце светит не всем одинаково, но каждый может подобрать себе такой набор устройств, который подойдет ему по цене наилучшим образом.

Самые крупные базовые модули, без которых не обходится ни один персональный компьютер, — это системный блок, клавиатура, мышь и монитор. По нужде или по желанию к компьютеру еще можно подключить принтер, сканер, джойстик, звуковые колонки, счетчик купюр и что угодно, но это уже не важно.

Базовых компонентов в персональном компьютере всего четыре. А чтобы считать компьютер компьютерной системой, добавим еще пятый компонент — человека, для взаимодействия с которым в компьютере предусмотрено много разных хитростей. На компьютерном языке человека называют *пользователем*, и мы тоже в дальнейшем будем придерживаться этого суконно-казенного термина.

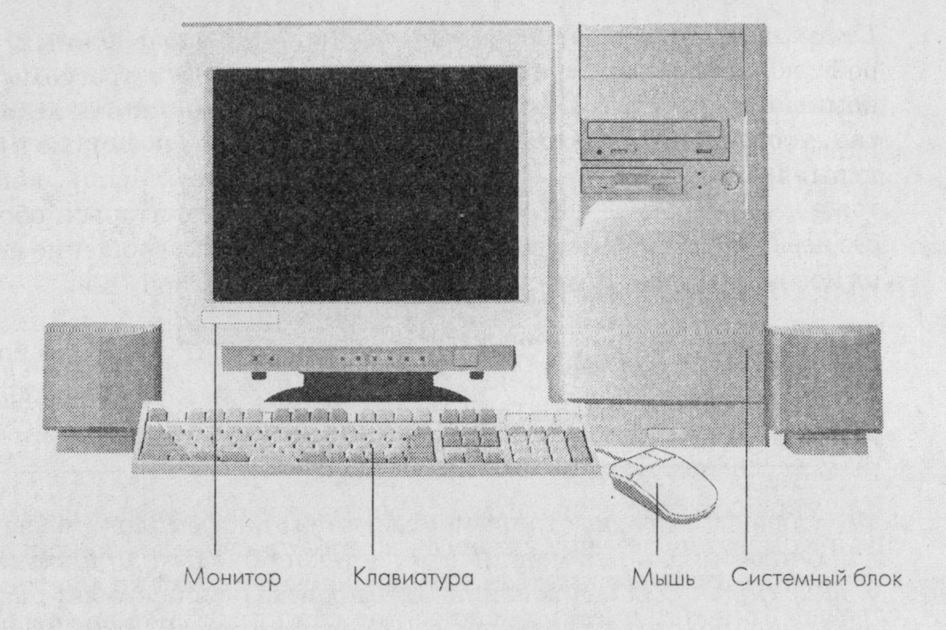

Рис. 1.1. Базовая компьютерная система

Компьютер снаружи

Системный блок — основное устройство компьютера. Все устройства, которые в нем находятся, считаются *внутренними*. Соответственно, все устройства, подключенные снаружи, считаются *внешними* или, как еще говорят, *периферийными*. Техника безопасности не запрещает открывать системный блок и обслуживать или заменять внутренние устройства. Хотя здравый смысл подсказывает, что блок должен быть предварительно отключен от электросети, да и заниматься этим, не имея элементарных навыков, лучше в присутствии более опытного партнера.

Монитор предназначен для вывода данных из компьютера на экран. Он очень напоминает телевизор, но отличается от него более высоким качеством изображения и более запоминающейся ценой.

Мышь — это устройство управления. Она не всегда была базовым компонентом. Лет десять назад компьютером управляли только с помощью клавиатуры, но сегодня операционные системы стали *графическими*, и работать с ними без мыши неудобно.

Клавиатура — это одновременно и устройство ввода данных, и устройство управления. У программистов, создающих программы для компьютеров *IBM PC*, есть замечательная традиция: они делают их так, чтобы программами можно было управлять с помощью клавиатуры, без каких-либо дополнительных устройств. Мышь, конечно, тоже вещь удобная, но, во-первых, не всегда, а во-вторых, обойтись без нее при желании можно. А вот клавиатура — совершенно незаменимое устройство. Без нее компьютер даже не включится.

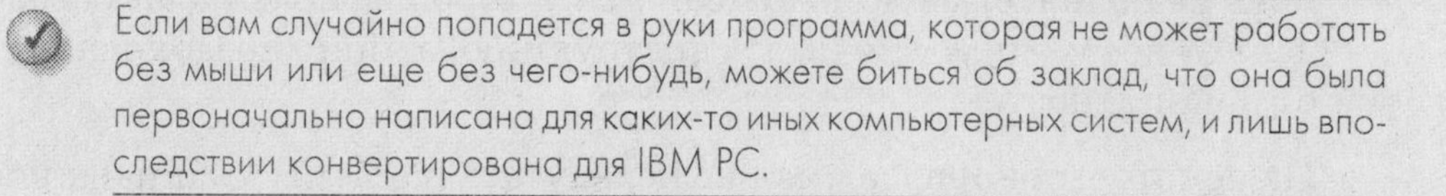

Если вам случайно попадется в руки программа, которая не может работать без мыши или еще без чего-нибудь, можете биться об заклад, что она была первоначально написана для каких-то иных компьютерных систем, и лишь впоследствии конвертирована для IBM PC.

Как управляющее устройство, клавиатура необходима в самый первый момент после запуска, когда компьютер еще не «проснулся» и ни о каких иных устройствах, кроме клавиатуры и монитора, не подозревает. Еще клавиатуру используют как управляющее устройство те, кто работают с операционной системой *MS-DOS*. Эта система не графическая, и потому понимает только команды, введенные по буквам. И наконец, с помощью клавиатуры можно управлять средствами операционной системы *Windows* и всеми программами, написанными под нее. Этим пользуются для ускорения рутинных операций, а также в аварийных ситуациях, когда мышь не работает.

В основном же с помощью клавиатуры вводят тексты при подготовке документов. Это ее главное, хотя и не единственное, назначение. Чтобы тексты набирались быстрее, клавиатура позаимствовала расположение основных клавиш у стандартной пишущей машинки, хотя оно очень далеко от оптимального. Некоторые пользователи тоже заимствуют у престарелых машинисток ряд нелепых приемов ввода текстов. Когда в этой книге мы дойдем до подготовки документов на компьютере, то начнем с изживания дурных привычек.

Сборка компьютера

Если вы только что приобрели компьютер, то прежде чем приступать к работе с ним, надо сначала собрать всю систему, состыковав разъемы. Центральным устройством является системный блок. Все прочие устройства подключаются к нему, а многие даже питаются от него.

Стыковочные разъемы вынесены на заднюю стенку системного блока. Они спроектированы так, что подключить что-то важное в неположенное место просто невозможно, поэтому собирать компьютер можно даже на ощупь в темноте.

Впрочем, мелкие ошибки все-таки возможны, но и здесь есть хорошее правило: все, что можно перепутать, не влечет за собой катастрофических последствий. Так, например, при подключении звуковых колонок к гнезду звуковой карты можно перепробовать все гнезда, пока не появится звук. Разумеется, это хорошее правило не освобождает от необходимости читать инструкцию, а лишь предохраняет нас от неприятностей.

На некоторых корпусах можно перепутать разъемы мыши и клавиатуры. Не всегда также догадаешься, куда вставить телефонный провод, если в компьютере есть модем. Но все это не критично и легко исправляется методом проб и ошибок, даже если не читать инструкций.

Однако кое в чем все-таки следует проявить осторожность. Прежде всего, аккуратно стыкуйте видеоразъем монитора. Монитор стыкуется дважды. Первый раз — по питанию (исключение составляют мониторы, имеющие собственную вилку для подключения к электросети). Второй раз — по видеосигналу. Разъем видеосигнала довольно нежный, и чрезмерным усилием можно погнуть тонкие штырьки контактов.

Клавиатура всегда имеет круглый разъем. Вставлять его нужно, вращая вокруг оси, чтобы уловить правильное положение. Мышь может иметь как круглый, так и трапециевидный разъем. В первом случае его нетрудно перепутать с разъемом клавиатуры, а во втором случае — не ошибетесь.

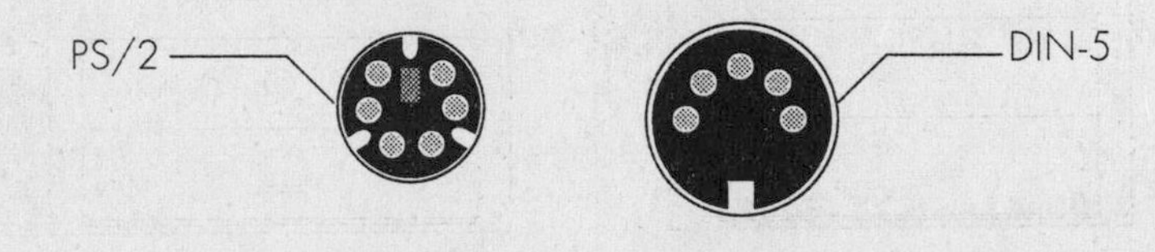

Рис. 1.2. Разъемы для клавиатуры и мыши типа DIN-5 и PS/2

Присоединив мышь, клавиатуру и монитор, можно подключать системный блок к электросети. В наши дни трудно встретить компьютер, рассчитанный на 110 В, но, тем не менее, проверять рабочее напряжение приборов перед включением в сеть питания — очень похвальная привычка.

Теперь несколько слов об электрической вилке. У компьютеров она выполнена в европейском стандарте и подходит не к любой розетке. Желательно заранее обзавестись удлинителем с тремя-пятью универсальными розетками, в которые можно включать как европейские, так и отечественные вилки. В будущем вам еще не раз придет в голову подключить к компьютеру внешнее устройство, которому тоже нужно питание. Из очевидных кандидатов упомянем принтер, звуковые колонки, сканер и внешний модем. Сюда же, скорее всего, вы захотите подключить настольную лампу, зарядное устройство мобильного телефона и прочие полезные аксессуары.

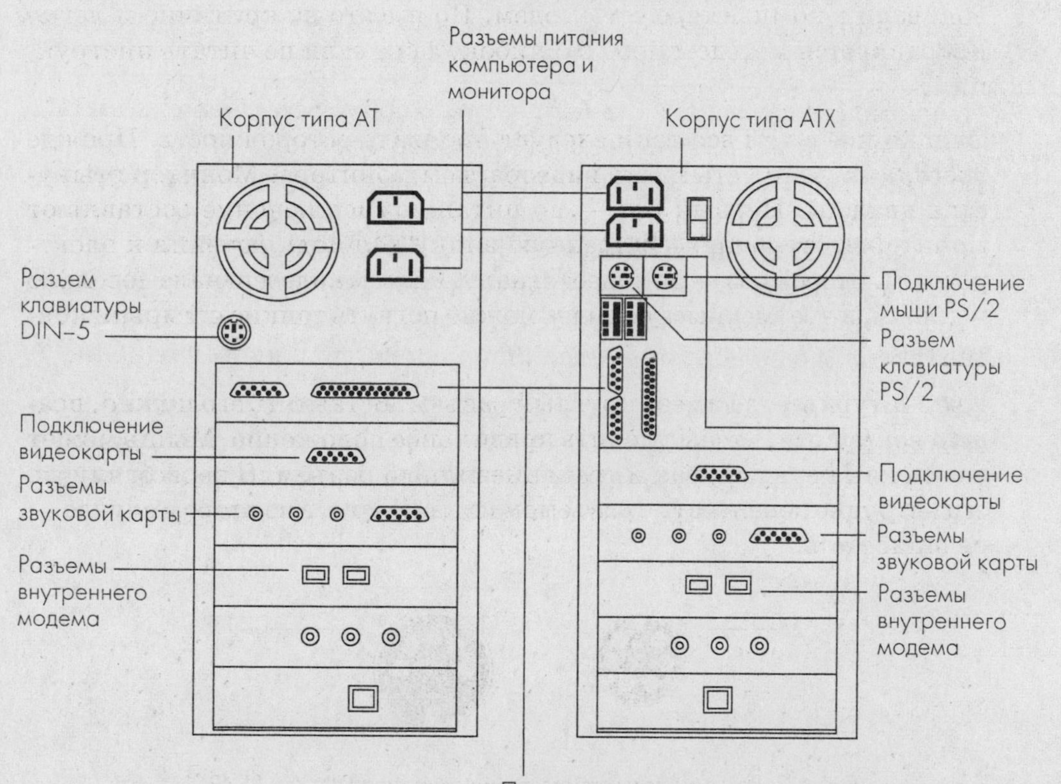

Рис. 1.3. Расположение элементов на задней стенке корпусов AT и ATX

Обратный отсчет

Итак, компьютер собран, системный блок подключен к электросети. До запуска осталось… две главы. Начинаем обратный отсчет.

— *А почему просто не щелкнуть тумблером, как в телевизоре или пылесосе*?

А потому, что прежде чем что-то включать, надо сначала подумать, как это «что-то» выключать. Здравый смысл подсказывает, что как электроприбор включался, так же он и должен выключаться. Увы, начиная с 1995 г. здравый смысл для компьютеров *IBM PC* не применим. В том памятном году вышла в свет операционная система *Windows 95*, которая требует, чтобы компьютер выключали не по здравому смыслу, а по специальному разрешению, полученному от системы. Поэтому давайте подождем, пока мы до этой системы доберемся, а пока не будем спешить включать то, чего пока не умеем выключать.

Существует два разных типа корпусов. Корпус устаревшего типа *AT* имеет на лицевой панели большой тумблер или кнопку Power, с помощью которых компьютер и включается. В более современных корпусах типа *ATX* управление питанием реализовано программно. Поэтому общий выключатель питания находится на задней панели — его включают один раз и уже не выключают до тех пор, пока не потребуется разобрать системный блок или перенести его в другое место. В ежедневной практике пользуются отдельной кнопкой на лицевой панели.

Каждый компьютер при запуске «поет» по-разному. Звуком сопровождается раскрутка дисководов и проверка устройств. Через несколько дней работы вы запомните эту «песню запуска», а если когда-то вдруг что-то не заработает, уловите проблему «на слух».

2. Что у компьютера внутри

Все начинается с часов

Мы не будем останавливаться на истории создания компьютеров, чтобы не тратить ваше время. Поверьте на слово: древним прадедушкой компьютера были не счеты и не абак, а часы. И сегодня в основе любого компьютера тоже лежат электронные часы. Заметьте, это не те часы, которые показывают время, а внутренние часы, «тикающие» с потрясающей скоростью — десятки и сотни миллионов тактов в секунду.

Материнская плата

У каждого компьютера есть так называемая *материнская плата*. На ней установлен *процессор*, *память* и ряд прочих микросхем. Процессор связан с памятью *основной шиной*, по которой они обмениваются сигналами. Если частота основной шины равна 66 Мгц, значит, через шину проходит 66 миллионов тактовых сигналов в секунду; если частота равна 100 Мгц, значит — 100 миллионов сигналов в секунду и так далее. Нетрудно догадаться, что чем частота больше, тем материнская плата дороже.

> Частота основной шины материнской платы — это ее основной параметр, за который мы платим деньги.

Процессор

Процессор подключается к основной шине через разъем. Чтобы жизнь не казалась нам медом, основной производитель процессоров, компа-

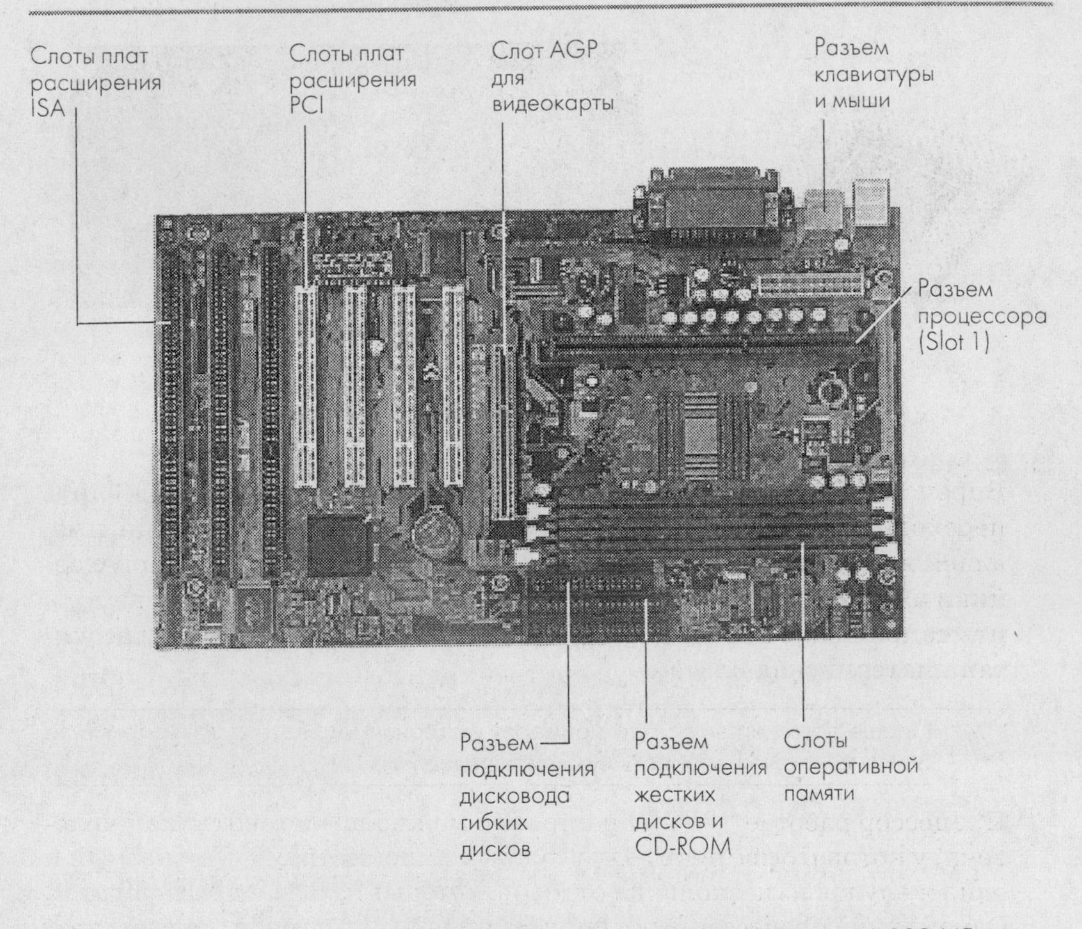

Рис. 2.1. Материнская плата ASUS P2B с частотой системной шины 66-133 МГц

ния *Intel*, с удивительным постоянством, достойным лучшего применения, регулярно изменяет конструкцию этого разъема. Поэтому чуть ли не всякий раз, когда мы хотим приобрести новый процессор, нам приходится менять и материнскую плату. Технических соображений в этом, как правило, нет никаких, и делается это просто из вредности. Когда компания *Intel* заявляет, что ее очередной разъем станет наконец стандартным, это означает, что верить ей можно не больше, чем нашему Центробанку, когда он говорит, что инфляции и замены денежных купюр не будет.

Тип разъема для подключения процессора — второй основной параметр материнской платы, который надо иметь в виду. Хорошо, если он выбран с расчетом на то, что данная плата сможет пережить не один процессор.

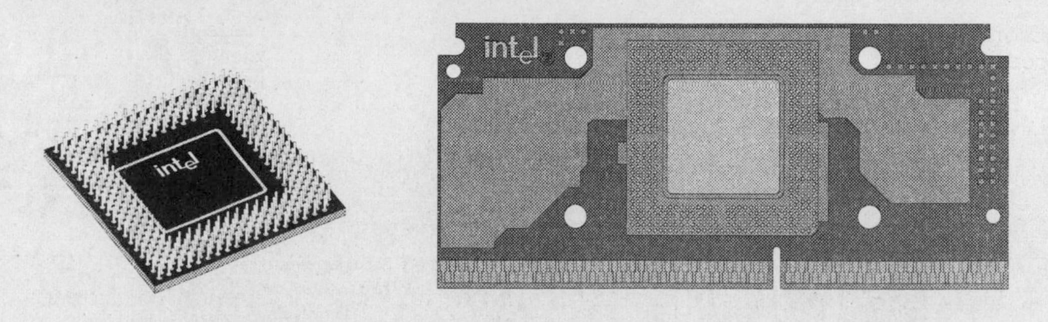

Рис. 2.2. Процессоры с интерфейсом FC-PGA (слева) и Slot 1

Впрочем, простой народ одурачить трудно, и всегда можно купить переходники для подключения процессора к материнской плате, имеющей не тот разъем, какой хотелось бы. К тому же многие переходники имеют еще и переключатели, с помощью которых можно настроить напряжение питания процессора, если оно не то, на какое рассчитана материнская плата.

Проще всего жить тем, кто приобрел материнские платы с разъемом типа Slot 1. Им легче подобрать нужный переходник.

Процессор работает очень просто. Его можно представить, как человека, у которого две руки, одна голова со множеством ячеек памяти и один желудок из нескольких отделов, которые называют *регистрами*. Одной рукой процессор берет числовые данные из памяти, другой берет оттуда же очередную команду, потом обрабатывает в желудке данные так, как положено по команде, и то, что получилось, выплевывает обратно в память.

Снаружи процессор питается тактовыми импульсами от той самой основной шины, о которой мы писали. Если ее частота равна 100 Мгц, значит, теоретически сто миллионов раз в секунду процессор может пообщаться с памятью (на самом деле меньше, потому что память не всегда готова ответить немедленно и обычно несколько тактов основной шины пропадают зря). Зато внутри процессора операции происходят с гораздо большей скоростью. Все современные процессоры имеют так называемый *внутренний коэффициент умножения частоты*. Если, например, процессор обеспечивает рабочую частоту 700 МГц на материнской плате, имеющей частоту основной шины 100 МГц, значит, у него внутренний коэффициент умножения равен 7.

> Рабочая частота процессора — его основной потребительский параметр. Чем она больше, тем процессор дороже. Однако кроме рабочей частоты надо знать еще опорную тактовую частоту, для которой наш процессор предназначен. При выборе процессора важно также учитывать тип разъема, на который он рассчитан.

Не надо думать, что если у одного процессора рабочая частота в два раза больше, чем у другого, то он работает в два раза быстрее. Это справедливо только для операций внутри процессора. Операции с памятью (а их очень и очень много) притормозят как тот процессор, так и другой.

Оперативная память

Оперативная память компьютера — уникальное устройство. Это единственное устройство, которое процессор считает «своим», почти что внутренним. Все остальные устройства для процессора — внешние, даже если они стоят рядом с ним внутри системного блока.

Ячейки памяти должны хранить числа. Существует два типа памяти — *статическая* (дорогая) и *динамическая* (дешевая). В статической памяти запоминаются состояния ячеек (включено/выключено).

В динамической памяти запоминаются заряды (есть заряд/нет заряда). Ячейки динамической памяти похожи на конденсаторы, и заряды с них могут стекать. Поэтому динамическую память приходится постоянно подзаряжать — этот процесс называется *регенерацией памяти*.

Из-за особенностей устройства оперативной памяти в ней можно что-то хранить только тогда, когда компьютер включен. Даже при очень кратковременном перебое в подаче напряжения данные в оперативной памяти теряются и работа компьютера прекращается.

В оперативной памяти удобно хранить данные, которые процессору могут потребоваться в ту или иную секунду, но для долговременного хранения оперативная память не годится.

Кэш-память

Процессор работает на более высоких частотах, чем основная шина, связывающая его с оперативной памятью. В итоге, чем реже ему приходится в память обращаться, тем лучше. Поэтому в процессор встраивают собственную относительно небольшую, но сверхдорогую и сверхбыструю память — ее называют *кэш-памятью*. Когда процессору нужны какие-то данные, он сначала проверяет, нет ли их в собственном *кэше*. Если они там есть, ему не надо тратить время на обращение в оперативную память. Если же их нет, тогда он обращается к «дальней» памяти, но берет оттуда данные с запасом и записывает этот запас в кэш-память по принципу «авось пригодится».

Небольшой массив кэш-памяти, выполненной в том же кристалле, что и процессор, называют *кэш-памятью первого уровня*. Эта память работает с частотой ядра, и ее размер очень сильно влияет на цену процессора.

Более крупный массив кэш-памяти второго уровня могут располагать как на ядре процессора, так и рядом с ним. Из-за ограничений по тепловыделению эта память, как правило, работает не с частотой ядра, а медленнее. В качестве кэш-памяти первого и второго уровней применяют статическую память, которая обладает высоким быстродействием, но стоит недешево.

Размер кэш-памяти первого и второго уровня — это важные потребительские параметры процессора, влияющие на его производительность и цену.

Прочие шины

Прочие устройства компьютера подключают к другим шинам, которые связаны с основной шиной через так называемые *мосты*. Эти шины работают медленнее. Из основных отметим шину *AGP*, у которой есть только один разъем для подключения видеокарты. К шине *PCI* может подключаться множество различных устройств: устаревшие видеокарты, звуковые карты, модемы и многие другие устройства. В устаревших компьютерах можно найти еще шину *ISA*. В прошлом к ней подключалось все, что угодно, но производительность этой шины столь мала, что после 2000 г. выпуск устройств для нее прекращен. Прекращен и выпуск материнских плат с внешними разъемами *ISA*, хотя внутри компьютера рудименты шины *ISA* еще остались. Сейчас ее останки называют *шиной малоразрядных устройств LPC*. Она обслуживает малопроизводительные устройства: дисковод гибких дисков, порты для подключения принтера, мыши, клавиатуры и т. п.

Система BIOS

Сразу после включения компьютера начинают «тикать» электронные «часы» основной шины. Их импульсы расталкивают заспавшийся процессор, и тот может начинать работу. Но для работы процессора нужны команды. Точнее говоря, нужны программы, потому что программы — это и есть упорядоченные наборы команд. Таким образом, где-то в компьютере должна быть заранее заготовлена пусковая программа, а процессор в момент пробуждения должен твердо знать, где она лежит.

Хранить эту программу на каких-либо носителях информации нельзя, потому что в момент включения процессор ничего не знает ни о каких устройствах. Чтобы он о них узнал, ему тоже нужна какая-то программа, и мы возвращаемся к тому, с чего начали. Хранить ее в оперативной памяти тоже нельзя, потому что в ней в обесточенном состоянии ничего не хранится.

Выход здесь существует один-единственный. Такую программу надо создать *аппаратными средствами*. Для этого на материнской плате имеется специальная микросхема, которая называется *постоянным запоминающим устройством — ПЗУ*. Еще при производстве в нее «зашили» стандартный комплекс программ, с которых процессор должен начинать работу. Этот комплекс программ называется *базовой системой ввода-вывода* (по-русски — *БСВВ*, а по-английски — *BIOS*).

По конструкции микросхема ПЗУ отличается от микросхем оперативной памяти, но логически это те же самые ячейки, в которых записаны какие-то числа, разве что не стираемые при выключении питания. Каждая ячейка имеет свой адрес.

После запуска процессор обращается по фиксированному адресу (всегда одному и тому же), который указывает именно на ПЗУ. Отсюда и поступают первые данные и команды. Так начинается работа процессора, а вместе с ним и компьютера. На экране в этот момент мы видим белые символы на черном фоне.

Одной из первых исполняется подпрограмма, выполняющая самотестирование компьютера. Она так и называется: Тест при включении (по-английски — *POST — Power-On SelfTest*). В ходе ее работы проверяется многое, но на экране мы видим только, как мелькают цифры, соответствующие проверенным ячейкам оперативной памяти.

CMOS-память

Программных средств *BIOS* достаточно, чтобы сделать первичные проверки и подключить *стандартные* устройства, такие как клавиатура и монитор. Слово *стандартные* мы выделили специально. Дело в том, что монитор и клавиатура у вас могут быть очень даже нестандартными. Но на данном этапе это не имеет значения — просто компьютер пока рассматривает их как *стандартные*. Ему еще не ведомы все их свойства, и он полагает, что клавиатура и монитор у нас такие, какие были в ходу двадцать лет назад, во времена первых компьютеров. Этим обеспечивается гарантия того, что вы хоть что-то увидите на экране, вне зависимости от той модели монитора, какая имеется в вашем распоряжении. *BIOS* предполагает, что монитор у нас черно-белый — именно поэтому первые сообщения на экране проходят в черно-белом режиме.

Однако долго работать лишь только со *стандартными* устройствами компьютер не может. Ему пора бы узнать о том, что у него есть на самом деле. Истинная информация об устройствах компьютера записана на жестком диске, но и его еще надо научиться читать. У каждого человека может быть свой уникальный жесткий диск, не похожий на другие. Спрашивается, откуда программы *BIOS* узнают, как работать именно с вашим жестким диском?

Для этого на материнской плате есть еще одна микросхема — *CMOS*-память. В ней сохраняются настройки, необходимые для работы программ *BIOS*. В частности, здесь хранятся текущая дата и время, параметры жестких дисков и некоторых других устройств. Эта память не может быть ни оперативной (иначе она стиралась бы), ни постоянной (иначе в нее нельзя было бы вводить данные с клавиатуры). Она сделана энергонезависимой и постоянно подпитывается от небольшой аккумуляторной батарейки, тоже размещенной на материнской плате. Заряда этой батарейки хватает, чтобы компьютер не потерял настройки, даже если его не включать несколько лет.

> Когда вы встречаете указание или пожелание изменить настройки BIOS, то знайте, что для этого необходимо изменить данные в микросхеме CMOS-памяти.

Настройки *CMOS*, в частности, необходимы для задания системной даты и системного времени, при установке или замене жестких дисков, а также при выходе из большинства аварийных ситуаций. Настройкой *BIOS* можно, например, задать пароль, благодаря которому посторонний человек не сможет запустить компьютер. Впрочем, эта защита эффективна только от очень маленьких детей.

Для изменения настроек, хранящихся в *CMOS*-памяти, в ПЗУ содержится специальная программа — SETUP. Чтобы ее запустить, надо в самый первый момент после запуска компьютера нажать и удерживать клавишу DELETE. Навигацию в системе меню программы SETUP выполняют с помощью клавиш управления курсором. Нужные пункты меню выбирают клавишей ENTER, а возврат в меню верхнего уровня — клавишей ESC. Для изменения установленных значений служат клавиши Page Up и Page Down. Более подробно настройку CMOS-памяти мы рассмотрим в главе 39.

3. Диски и дисководы

О жестком диске

В прошлом такие устройства, как жесткий диск, называли *внешней памятью*. Внешнюю память организовывали на перфокартах, перфолентах, магнитных лентах, магнитных дисках и других устройствах. Их назначение состоит в том, чтобы записать данные на физический носитель, способный хранить их долго и надежно вне зависимости от наличия внешнего электропитания.

Современный жесткий диск на самом деле никакой не жесткий и никакой не диск. Это набор (этажерка) достаточно тонких магнитных пластин, на которых с обеих сторон записываются данные и программы. Жестким является только способ крепления прибора в системном блоке.

Подразумевается, что жесткий диск должен стоять стационарно и не перемещаться ни между компьютерами, ни между помещениями. На самом деле, перемещать его, конечно, можно, но жесткий диск — прибор нежный, поэтому его транспортировку надо рассматривать не как правило, а как исключение.

Емкость современных жестких дисков измеряется гигабайтами (Гбайт), и на них можно хранить как данные, так и программы. В частности, самый важный программный комплекс, называемый *операционной системой*, хранится именно здесь. Скажем больше — операционная система хранится не как попало: на определенных дорожках и в определенных секторах записывается определенная информация. Именно это и делает жесткий диск *системным*. С системного диска компьютер может запускаться, а с несистемного — нет.

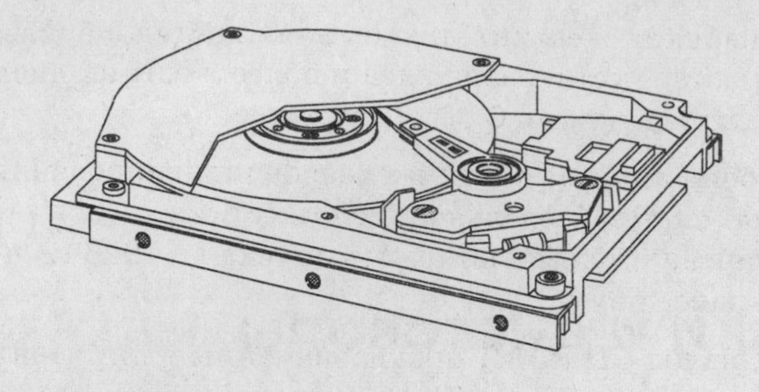

Рис. 3.1. Устройство жесткого диска

Обозначения дисков и дисководов

Внешние накопители, на которых записаны данные и программы, принято по-старинке называть *дисками*. На самом деле это может быть что угодно, например пластиковая карточка с перезаписываемой микросхемой памяти (так называемая *флэш-память*) или устройство для хранения данных на магнитной ленте (так называемый *стример*). Операционной системе все равно, что это за устройство, она все их считает дисками.

В компьютерах *IBM PC* (и не только в них) принято обозначать дисковые накопители буквами латинского алфавита A:, B:, C: и так далее. Характерным признаком того, что речь идет о диске, является двоеточие.

По поводу обозначений дисковых устройств есть несколько нехитрых соглашений.

1. Буквы A: и B: закреплены за устройствами, которые работают со сменными (так называемыми *гибкими дисками*). Если в компьютере есть только один дисковод гибких дисков (а в современных компьютерах так оно и есть), то он обозначается буквой A:, а буква B: в этом случае не используется и пропадает.

В ближайшее время ожидается поступление персональных компьютеров вообще без дисковода гибких дисков. В этом случае либо компьютер можно использовать для работы в локальной сети, в которой уже есть компьютеры с дисководом гибких дисков, либо такой компьютер комплектуется «пишущим» дисководом компакт-дисков, так называемым CD-RW.

2. Обозначения жестких дисков начинаются с буквы С:. Если на компьютере установлено два и более жестких дисков, они обозначаются буквами С:, D: и так далее.

3. Для большинства обычных (неспециализированных) компьютерных систем предельное число жестких дисков — четыре, хотя в устаревших компьютерах (выпуска до 1993 г.) предел может быть равен двум.

4. Дисководы *CD-ROM*, предназначенные для чтения лазерных компакт-дисков, или *CD-RW*, предназначенные не только для чтения, но и для записи, воспринимаются операционной системой на правах жестких дисков. Если такой дисковод присутствует, то предельное число физических жестких дисков уменьшается до трех.

5. Жесткие диски могут быть не только физическими, но и логическими. Многие пользователи, имеющие жесткий диск большого объема, предпочитают разделить его на несколько логических разделов. В этом случае каждый раздел существует на правах отдельного диска (правда, не физического, а логического). Об этом мы еще поговорим особо в конце книги, когда будем изучать такие операции, как восстановление и форматирование жестких дисков. Количество логических дисков может быть любым. По крайней мере, для потребительских целей предел значения не имеет.

6. Логические диски обозначаются так же, как и физические. Если первый жесткий диск разбит на два раздела, они получают имена С: и D:. Если второй жесткий диск разбит на два раздела, они получат имена Е: и F: и так далее.

7. Если к компьютеру подключено дополнительное устройство чтения внешних носителей, оно получает имя, следующее за последним именем физического или логического жесткого диска.

8. Дисковод *CD-ROM* (*CD-RW*) получает имя в последнюю очередь, так что оно может быть «плавающим». При подключении дополнительных устройств оно отдвигается вправо, к букве Z:, а при их отключении смещается влево, к букве С:.

В профессиональных операционных системах типа Windows NT, Windows 2000, OS/2 порядок присвоения имен дискам может быть иным. Мы говорим только об универсальных системах MS-DOS и Windows 9x, рассчитанных на массового потребителя.

Что такое системный диск?

Самые ранние персональные компьютеры не имели никаких дисков и дисководов. В них была только оперативная и постоянная память. Плюс к этому была еще возможность сохранить какие-то данные или программы из оперативной памяти на магнитофонную ленту.

Операционной системы у таких персональных компьютеров не было по той простой причине, что операционные системы появились вместе с дисками и предназначались, прежде всего, для управления записью информации на диск и чтением дисков.

Несмотря на отсутствие операционной системы, первые компьютеры все-таки могли общаться с пользователем. Для этого в ПЗУ у них размещались специальные программы. Можно считать, что они стали прообразом операционных систем.

Современные операционные системы столь велики по объему, что ни в какое ПЗУ разумных размеров их не поместить. Впрочем, если даже на это и пойти, что вполне возможно технически, то операционная система потеряет гибкость настройки, а компьютер потеряет универсальность и превратится в специзделие типа бортового компьютера самолета, ракеты, подводной лодки.

В связи с этим сегодня принят такой подход: весь комплект программ, представляющих операционную систему, записывается на жесткий диск и там хранится. По окончании предварительной загрузки компьютера, когда отработают все подпрограммы системы *BIOS*, происходит обращение к специальной области жесткого диска, где должна находиться операционная система. Далее она перегружается в оперативную память, и начинается полноценная работа компьютера.

Операционная система не может быть записана на диске, как попало. На строго определенных дорожках и в строго определенных секторах должна содержаться определенная информация. Подробнее об этом вы узнаете в конце книги. Правильное расположение этой служебной информации и делает диск *системным*. Только с него и может запускаться компьютер.

Для универсальной системы *Windows 9x* системными могут быть только диски A:, C: и (на некоторых компьютерах) дисковод *CD-ROM*. Диск A: слишком мал, чтобы на нем можно было разместить что-нибудь приличное, поэтому если он сделан системным, то с него можно запустить компьютер, но полноценно использовать нельзя. Поэтому загрузку операционной системы с гибкого диска используют только как средство для устранения неполадок (см. гл. 39).

Общепринято в качестве системного использовать диск C:, то есть первый логический раздел (если их несколько) первого физического жесткого диска. Именно поэтому к жесткому диску предъявляются особые требования по надежности. Если с ним что-то происходит, компьютер временно становится неработоспособным.

Кто делает диск системным?

Гибкий диск становится системным с помощью специальной операции, с которой мы познакомимся в главе 39. Жесткий диск тоже «не рождается» системным. Чтобы он стал системным, надо выполнить две специальные операции:

- ✦ разметить диск (эта операция называется *форматированием*);
- ✦ установить на него операционную систему с компакт-диска.

Если компьютер приобретен в сборе, то в нем обычно диск C: уже является системным и операционная система на нем установлена, так что можно сразу приступать к работе. Когда компьютер собирают из отдельных узлов или восстанавливают после аварии, эти операции выполняют самостоятельно.

Компакт-диск, на котором распространяется операционная система, называется *дистрибутивным*. При каждом компьютере ***обязательно*** должен храниться свой дистрибутивный компакт-диск той операционной системы, которая на нем установлена. Обычно такой компакт-диск хранят в комплекте с сопроводительной технической документацией и гарантийными обязательствами. Если вы приобрели компьютер в готовом виде, этот диск должен быть в наличии. Если компьютер собирался по заказу, поинтересуйтесь у исполнителей, как получить дистрибутивную копию операционной системы.

Передавать свой дистрибутивный диск посторонним лицам не следует по той простой причине, что у них тоже должен быть собственный диск. Не следует также использовать для установки операционной системы чужие дистрибутивные диски. Диск придется вернуть хозяину, и тогда отсутствие диска рано или поздно, но непременно негативно, скажется при возникновении нештатной ситуации.

4. Первое знакомство с Windows

Загрузка операционной системы

В главе 2 мы остановились на том, что процессор после запуска обратился к системе *BIOS*, программы которой записаны в микросхеме ПЗУ. Данные программы провели диагностику компьютера, а затем прочитали в микросхеме *CMOS*-памяти информацию о жестких дисках. С этого момента процессору стало известно, где искать загрузочную запись операционной системы и как к ней обратиться, что он и делает. Далее мы будем ориентироваться на то, что читатель работает с операционной системой *Windows 9x*.

Операционные системы семейства *Windows 9x* — наиболее универсальные. Ими можно пользоваться для работы с офисными программами, для потребительской работы в Интернете, в учебных и развлекательных целях. В семейство *Windows 9x* входят системы: *Windows 95*, *Windows 95 OSR2*, *Windows 98*, *Windows 98 SE* и *Windows Me*.

В качестве базовой для этой книги избрана система *Windows 98 SE*, как наиболее функциональная. В принципиальных вопросах все системы *Windows 9x* идентичны или близки. В тех случаях, когда та или иная система имеет важные особенности, об этом будет сказано особо. Мы не рекомендуем применять последнюю разработку компании *Microsoft* — систему *Windows Me*. Позитивных отличий от *Windows 98 SE* она не имеет. Не стоит также использовать систему *Windows 95*, как устаревшую, особенно в той части, которая относится к работе в Интернете. Если ограниченная производительность компьютерной системы не позволяет установить систему *Windows 98*, рекомендуется избрать систему *Windows 95 OSR2*.

Большинство приемов, рассмотренных в нашей книге, равно относятся и к профессиональным системам *Windows NT* и *Windows 2000*. Навыки, приобретенные при работе с книгой, пригодятся вам независимо от того, какую операционную систему вы используете.

При загрузке операционная система сообщает компьютеру данные обо всех подключенных устройствах и установленных программах. Их она хранит на жестком диске в специальной базе, которая называется *Реестром Windows*.

После загрузки операционной системы компьютер работает с монитором уже не как со *стандартным*, а как положено. Одновременно компьютер получает информацию о наличии модема, принтера и других устройств, а также о тех программах, которые установлены на жестком диске. По окончании загрузки операционной системы уже можно работать с любым подключенным устройством или с любой ранее установленной программой. Собственно говоря, успешная загрузка операционной системы — это признак того, что компьютер готов к работе.

Отсутствие загрузки операционной системы говорит о наличии неисправности, более или менее крупной, но достаточно неприятной. Пугаться этого не надо. В большинстве случаев неисправности имеют программный характер и не связаны с выходом из строя физических устройств. Основные приемы устранения программных неисправностей мы тоже рассмотрим в этой книге.

Рабочий стол Windows

По окончании загрузки операционной системы мы наблюдаем рабочий экран *Windows*. Он называется Рабочим столом Windows и показан на рис. 4.1.

Все, что вы видите на экране, относится к одной из двух категорий. Это либо объекты *Windows*, либо элементы управления *Windows*. Самыми известными объектами являются: программы, устройства, документы, папки. Значки или окна, которые их представляют, тоже относятся к объектам *Windows*.

Характерная черта объектов Windows состоит в том, что все они имеют свойства, различимые операционной системой. На компьютере не может существовать двух одинаковых объектов с неразличимыми свойствами. Так, на нем не может существовать двух абсолютно одинаковых документов, программ, устройств и т. п. Чем-то они непременно различаются, хотя бы именем.

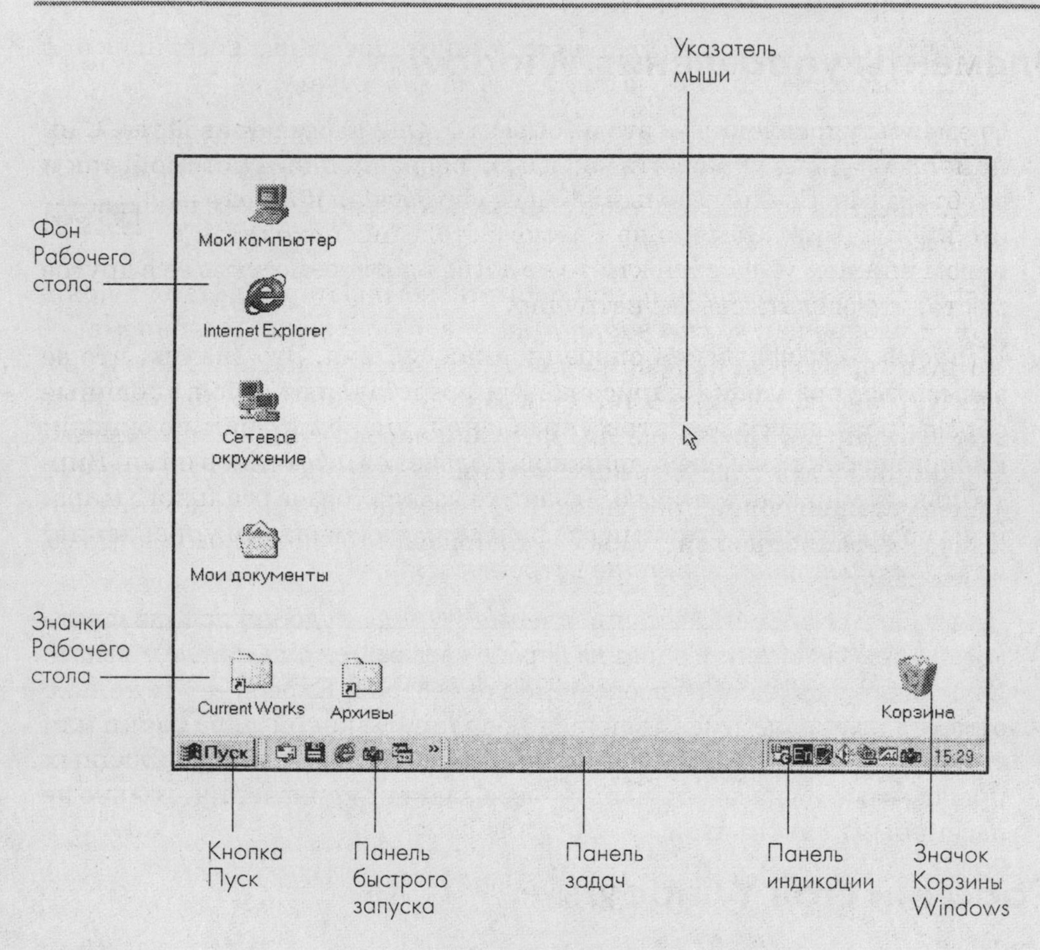

Рис. 4.1. Рабочий стол Windows и кнопка Пуск

Значок Мой компьютер представляет крупнейший одноименный объект — ваш компьютер. С помощью этого значка можно получить доступ к любым устройствам и программам компьютера, ознакомиться с их свойствами и изменить их путем настройки.

Другой пример: значок Корзина представляет собой специальный объект, предназначенный для удаления объектов, ставших ненужными: документов, программ, значков и т. п. С основными объектами операционной системы мы познакомимся подробнее несколько позже.

Элементы управления Windows

Элементы управления — это не объекты. Они не имеют свойств. С их помощью можно управлять как самой операционной системой, так и ее объектами. Самый главный элемент управления *Windows* — это кнопка Пуск. Обычно на Рабочем столе она находится в левом нижнем углу, если кто-то не догадался переместить ее в другое место, что сделать совсем нетрудно.

Windows — графическая операционная система. Это значит, что ее элементы управления нарисованы и представляют собой экранные образы реальных элементов управления, знакомых нам по жизни: кнопок, переключателей, движков, ползунков, счетчиков и т. п. Виртуальный мир, как это часто бывает, оказался богаче реального мира, и мы познакомимся с такими графическими элементами управления, которые в реальной жизни не встречаются.

Для работы с элементами управления *Windows* удобно использовать мышь. Ее графический образ на экране называется *указателем мыши*. Иногда его называют курсором, но это неверно. Курсор — это только отметка на экране, указывающая координаты какой-либо точки или символа. С курсором мы еще встретимся в некоторых прикладных программах, а указатель мыши — это элемент управления, только не пассивный, а активный.

Рис. 4.2. Некоторые формы указателя мыши. Форма указателя определяет действие, которое можно выполнить в данный момент

Принцип управления *Windows* состоит в том, что два элемента управления (активный и пассивный) могут взаимодействовать друг с другом. А вот как они должны взаимодействовать, решает человек. Для этого у него есть две кнопки мыши. Несмотря на то, что их всего две, возможных действий достаточно много.

Начало активной работы

Самый простой прием управления — *наведение* указателя на элемент управления. Когда мышь движется по гладкой ровной поверхности, указатель мыши синхронно перемещается по экрану.

Наведите указатель на кнопку Пуск и подождите немного — вы увидите, что рядом появится надпись Начните работу с нажатия этой кнопки.

Многие элементы управления Windows спроектированы так, что при наведении на них всплывает поясняющая подсказка. Пожалуйста, чаще пользуйтесь этим простым приемом при изучении операционной системы и ее приложений.

Второй по простоте прием — кратковременный щелчок *основной* кнопкой мыши на элементе управления. Основной считается левая кнопка, хотя при желании основной можно назначить и правую кнопку (рекомендуется для левшей). Щелкните левой кнопкой, и вы увидите, что над кнопкой Пуск откроется список доступных команд. Этот список называется *меню*. Меню — это еще один элемент управления *Windows*. При наведении указателя мыши на его пункты могут открываться новые, так называемые *вложенные меню*. Выбор нужного пункта выполняют щелчком основной кнопки.

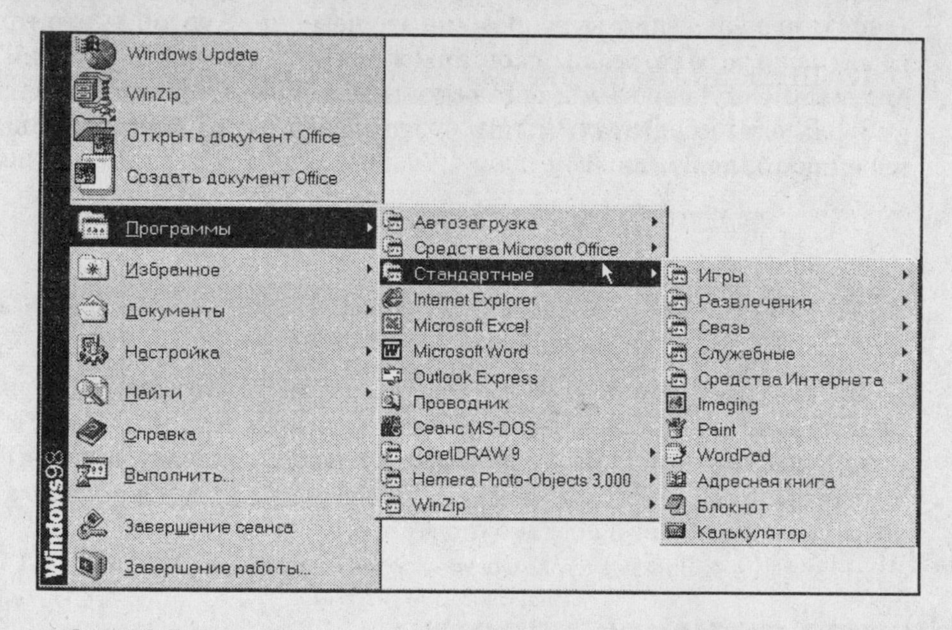

Рис. 4.3. Главное меню (слева) и структура вложенных меню (справа)

Меню, открывшееся при щелчке на кнопке Пуск, называется Главным. Именно так, с большой буквы мы и будем его записывать в будущем. Как и значок Мой компьютер, Главное меню предоставляет доступ ко всем программам, устройствам и документам, имеющимся на компьютере. Обычно применяют такой подход: для доступа к программам используют Главное меню, а для доступа к документам и устройствам — значок Мой компьютер.

Одно из достоинств Windows состоит в том, что в данной операционной системе все основные операции можно сделать множеством разных способов. Однако с этим связаны и определенные сложности освоения системы. На практике нет смысла осваивать все приемы сразу, как нет смысла и искусственно себя ограничивать. Наилучший подход — осваивать новые приемы постепенно, в поисках более эффективных аналогов.

Завершение активной работы

Научившись открывать Главное меню, можно сразу решить и повисший ранее в воздухе вопрос о том, как правильно завершить работу с компьютером. Мы приводим порядок действий в виде технологической инструкции (далее вы не раз встретитесь с такими описаниями действий).

1. Щелкните на кнопке Пуск — откроется Главное меню.
2. В нем выберите пункт Завершение работы — откроется диалоговое окно Завершение работы Windows, представленное на рис. 4.4.

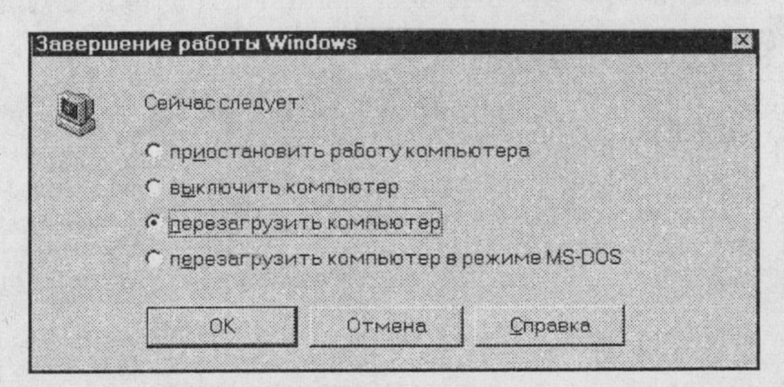

Рис. 4.4. Этим диалоговым окном корректно завершается работа операционной системы

3. В этом окне щелчком включите переключатель Выключить компьютер.
4. Включив переключатель, щелкните на кнопке OK.

5. Подождите, пока операционная система завершит необходимые операции. В этот момент она готовится к следующему сеансу работы. Когда все будет завершено, на экране появится надпись Теперь питание компьютера можно отключить.

6. В устаревших компьютерах, имеющих корпус типа *AT*, можно теперь выключить питание. В более современных компьютерах с корпусом типа *ATX* питание отключается программно, то есть автоматически.

Для экономии места в книгах, посвященных вычислительной технике, применяется сокращенная форма записи последовательности команд. Мы будем ею пользоваться всюду, где это уместно. Вот как выглядит порядок выключения компьютера, записанный в сокращенной форме:

Пуск ➤ Завершение работы ➤ Выключить компьютер ➤ OK

Те, кто подолгу засиживаются за компьютером, испытывают трудности с такой последовательностью команд (их трудно выполнить, засыпая за клавиатурой). Есть и более простой прием.

1. Нажать комбинацию клавиш ALT + F4.

2. После открытия диалогового окна Завершение работы Windows нажать клавишу ENTER.

Это один из тех нередких случаев, когда управлять компьютером с помощью клавиатуры проще, чем мышью. После небольшой тренировки вы научитесь делать это с закрытыми глазами.

Запомните комбинацию клавиш ALT + F4. С ее помощью можно не только завершать работу с компьютером, но и закрывать окна, открытые на Рабочем столе. Если, например, на экране одновременно открыто много разных окон, закрыть их с помощью клавиатуры намного проще, чем мышью.

5. Анатомия Рабочего стола

Взгляните на рис. 5.1. Здесь представлен Рабочий стол *Windows*, умеренно перегруженный всевозможными объектами. В ходе активной работы с компьютером происходит запуск программ и открытие документов, в результате чего Рабочий стол может быть скрыт, но он никуда не исчезает. Как бы его ни загромоздили, он всегда находится на самом заднем плане и всегда легкодоступен.

На Рабочем столе мы можем видеть следующие объекты и элементы:

- фоновый рисунок;
- значки и ярлыки объектов;
- открытые окна;
- Панель задач;
- Панель быстрого запуска;
- Панель индикации.

Фоновый рисунок

Фоновый рисунок Рабочего стола — это элемент оформления *Windows*. Обычно никакой функциональной нагрузки он не несет и служит только целям эстетики. Кроме фонового рисунка можно использовать *фоновые узоры* и даже *фоновые документы*.

Фоновые документы появились в операционной системе, начиная с версии *Windows 98*. Если компьютер подключен к локальной сети или Интернету, то содержимое фонового документа может динамически меняться. Такой режим работы еще называют *Активным Рабочим столом* (*Active Desktop*). В этом режиме компьютер напоминает телевизор. Удаленный сервер поставляет на Рабочий стол некое активное

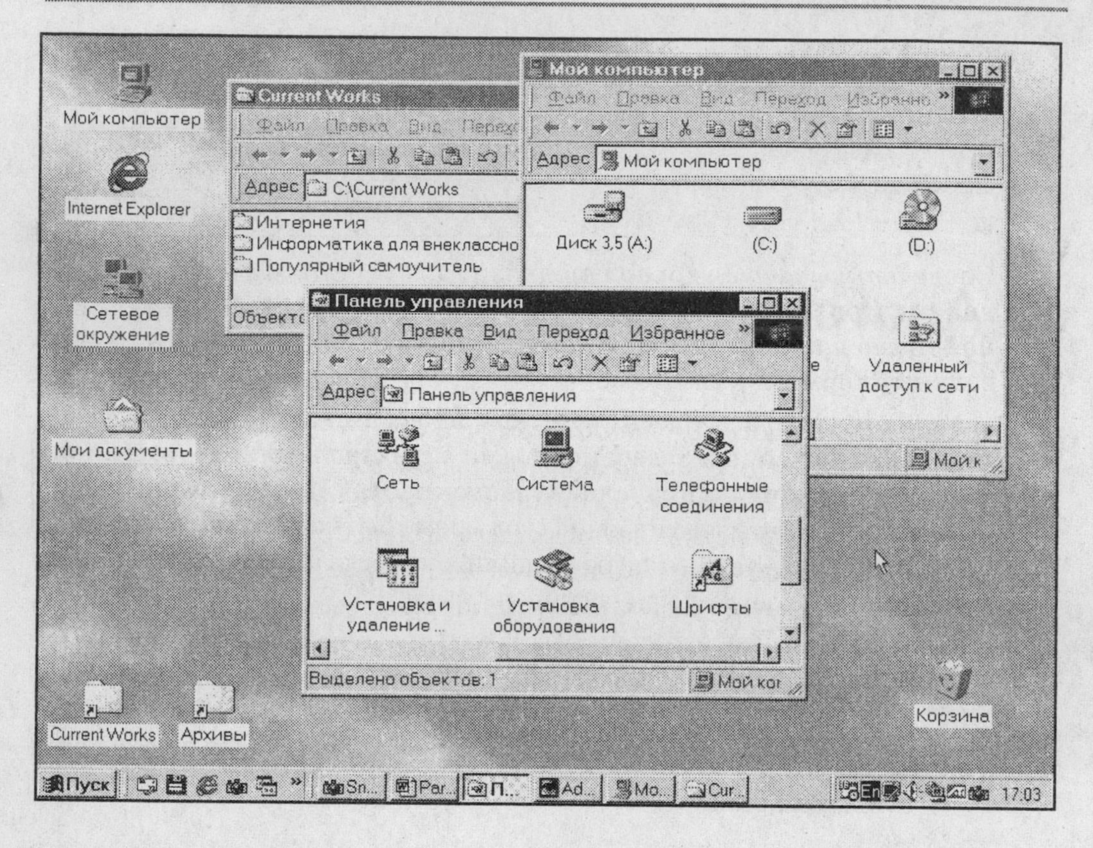

Рис. 5.1. Рабочий стол с открытыми окнами папок

содержание, которое воспроизводится в качестве фонового изображения. Таким образом можно непрерывно контролировать изменение цен на валютных и товарных биржах, следить за спортивными состязаниями или за состоянием охранных систем. Активным содержимым может быть не только графика или видео, но и музыка.

Значки и ярлыки объектов

Сначала о значках. Значками отображаются объекты *Windows*: программы, устройства, документы и другие. Они активируются двойным щелчком левой кнопки мыши. При активации происходит действие, связанное с тем объектом, который представлен данным значком. Если это программа, значит, происходит ее запуск, а если это документ, то действие более сложное — оно двойное. Сначала запускается программа, предназначенная для работы с данным документом, а потом в ней автоматически *открывается* сам документ.

Если, например, значок представляет звукозапись, то при двойном щелчке на нем происходит запуск программы, предназначенной для воспроизведения музыки, и тут же начинается само воспроизведение.

Слово *открывается* хорошо подходит для текстовых и графических документов. Но его используют и для документов всех прочих типов, например для видеоматериалов и звукозаписей. Просто это универсальный термин.

Ярлыки отличаются от значков тем, что у них в левом нижнем углу изображен квадратик со стрелкой, но разница между ними не только в этом. Значок представляет объект, а ярлык лишь на него указывает. Каждый объект может иметь единственный значок, а ярлыков — сколько угодно. Например, значок жесткого диска C: на компьютере может быть только один, поскольку не может быть двух дисков с одинаковым обозначением. В то же время, ярлыков диска C: можно создать сколько угодно — двойным щелчком на любом из них можно получить доступ к жесткому диску. То же относится к программам, документам и прочим объектам.

Окна

Окна — это графические контейнеры. В них могут находиться значки, ярлыки, элементы управления и открытые документы. Программы тоже работают в окнах, правда не все, но большинство — которым есть, что показывать на экране.

В *Windows* существует три типа окон (рис. 5.2):

- окна папок;
- диалоговые окна;
- рабочие окна приложений.

В *окнах папок* содержатся значки или ярлыки программ, документов, устройств. Эти окна служат делу упорядочения имущества, хранимого на компьютере. Если, к примеру, на компьютере установлено полсотни разных программ и хранится не один десяток тысяч документов всевозможных видов, то без наведения порядка в этом иму-

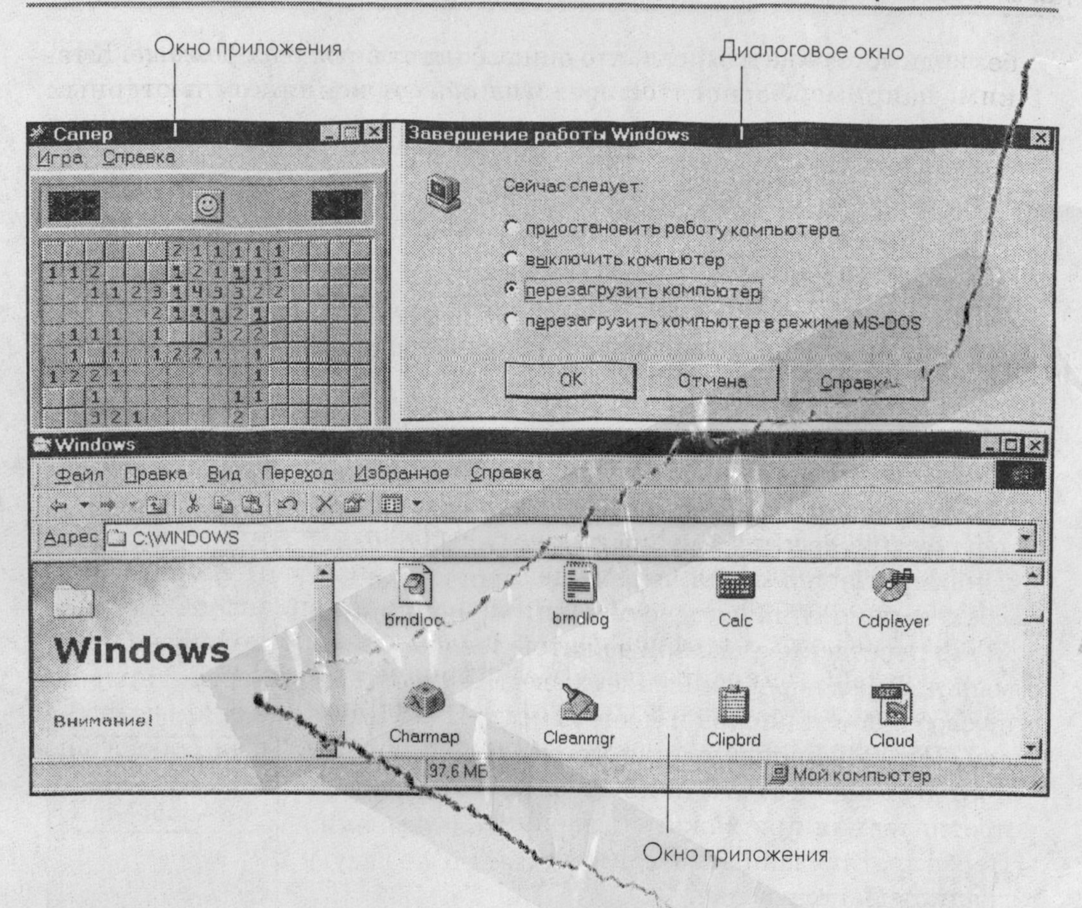

Рис. 5.2. Три вида окон Windows

ществе нетрудно запутаться. Размерами окон папок можно управлять по своему желанию.

Диалоговые окна — это тоже контейнеры, но в них хранятся элементы управления. Обычно диалоговые окна используют для настройки операционной системы, программ и устройств. Их размерами управлять нельзя — они такие, как их задал программист.

Рабочие окна приложений открываются при запуске программ. В этих окнах изображается содержимое открытого документа и элементы управления программы. Как правило, размерами рабочих окон можно управлять, хотя есть такие программы, окна которых похожи на диалоговые и имеют постоянный размер. Есть и такие программы, которые вообще не нуждаются в рабочих окнах — это некоторые системные или служебные программы. О программах, работающих скрыто, без видимого окна, говорят, что они работают в *фоновом режиме*. К таким, например, относятся средства обнаружения компьютерных вирусов. Если вирусов нет, то программа работает незаметно, но как только она обнаруживает что-то подозрительное, то открывает диалоговое окно с элементами управления. Переключая их, мы можем дать нужную нам команду — победить вирус или продолжить работу, если тревога оказалась ложной.

Панель задач

Обычно под Панель задач отводится нижняя строка экрана, хотя это и не обязательно. Каждый может по желанию отдать ей несколько строк или переместить ее к другому краю экрана. На рис. 5.3 показана Панель задач, перемещенная к правому краю экрана. Для ее перемещения используется метод перетаскивания при нажатой левой кнопке мыши. Перед перетаскиванием наведите указатель на свободное от кнопок и значков место Панели задач. После перетаскивания можно регулировать ширину Панели задач. Для этого используют метод протягивания при нажатой левой кнопке мыши. Перед протягиванием наведите указатель на левую границу Панели задач.

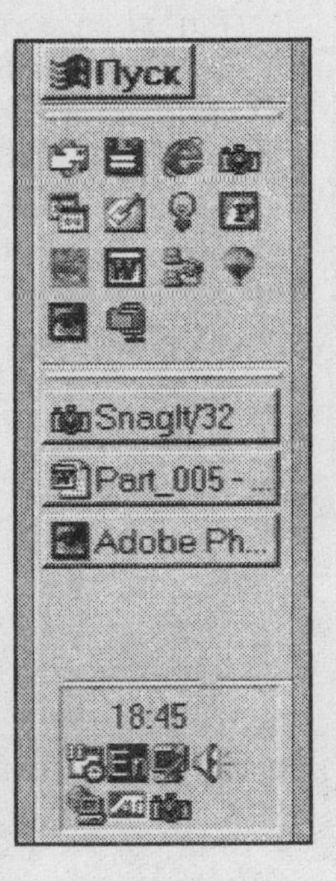

Рис. 5.3. Вертикальное отображение Панели задач

Панель задач — это элемент управления. Когда на Рабочем столе открыты окна папок или рабочие окна, на Панели задач появляется кнопка, соответствующая данному окну. Смысл этих кнопок понятен, если представить, что на Рабочем столе открыто множество разнообразных окон. Тогда они могут загораживать друг друга, но по состоянию Панели задач сразу видно, чем занят компьютер, и можно вызвать любое окно, как бы далеко оно ни было спрятано под другими окнами. Чтобы вывести окно на передний план или, наоборот, скрыть, достаточно щелкнуть на соответствующей ему кнопке Панели задач.

Диалоговые окна, в отличие от окон папок и рабочих окон, не создают кнопки на Панели задач. Это понятно, ведь диалоговые окна служат для управления и настроек, поэтому раз уж вы открыли диалоговое окно, то будьте добры завершить с ним работу и закрыть его, прежде чем обращаться к другим окнам.

На самом левом краю Панели задач располагается кнопка Пуск, с которой мы уже знакомы. Если Панель задач переместить в иное место, кнопка Пуск переместится вместе с ней.

Панель быстрого запуска

Это вспомогательный элемент управления, который появился в составе Панели задач только начиная с операционной системы *Windows 98*. Впрочем, Панель быстрого запуска можно оторвать (отделить) от Панели задач и переместить в любое место экрана (не обязательно к краю).

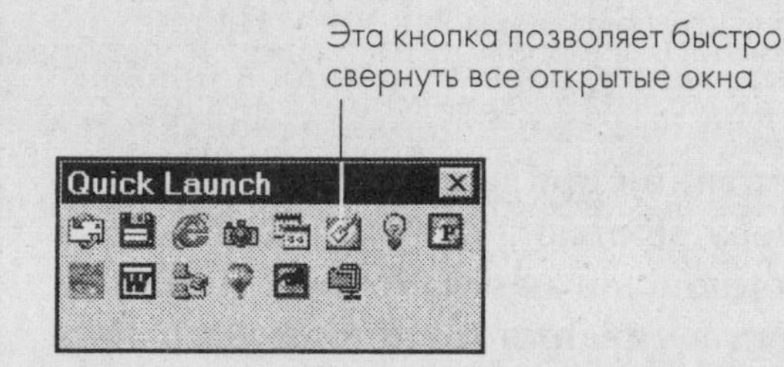

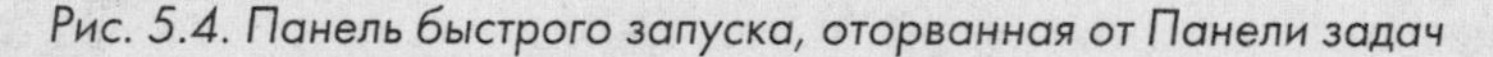
Рис. 5.4. Панель быстрого запуска, оторванная от Панели задач

На Панели быстрого запуска обычно размещают ярлыки часто используемых объектов. Как правило, это программы, с которыми приходится иметь дело каждый день. У Панели быстрого запуска две особенности. Во-первых, ярлыки, помещенные здесь, активируются не двойным, а простым щелчком левой кнопки мыши — пусть это и небольшая, но все-таки приятная экономия времени. Во-вторых, когда Рабочий стол перегружен открытыми окнами, до его значков и ярлыков трудно добраться, а Панель быстрого запуска всегда под рукой. Для того чтобы быстро скрыть все окна и открыть Рабочий стол, на Панели быстрого запуска имеется специальная кнопка Свернуть все окна.

Панель индикации

Панель индикации — небольшая панель на правом краю Панели задач. Это обычное место для расположения значков и индикаторов программ, работающих в фоновом режиме. Так, например, здесь выводятся показания системных часов. Если навести на индикатор часов указатель мыши, то появится всплывающая надпись с указанием текущей даты. Ну, а если на этом индикаторе дважды щелкнуть, откроется диалоговое окно Свойства: дата и время, позволяющее настроить системные часы и системный календарь.

Скорее всего, на вашем компьютере здесь же имеется индикатор состояния клавиатуры. Он показывает текущую раскладку: русскую или английскую (их может быть и больше). Одним щелчком на этом индикаторе можно вызвать небольшое меню для выбора нужной раскладки. И наконец, если щелкнуть на индикаторе состояния клавиатуры правой кнопкой мыши и выбрать в открывшемся меню пункт Свойства, то откроется диалоговое окно Свойства: Клавиатура, средствами которого можно устанавливать дополнительные раскладки для разных национальных языков.

Трудно перечислить все возможные значки, отображаемые на панели индикации — их может быть немало. Многие системные и служебные программы доступны только через значок этой панели. Если таких программ установлено несколько, за состоянием их индикаторов рекомендуется регулярно наблюдать.

6. Приемы управления компьютером

У стандартной мыши только две кнопки, но этого достаточно, чтобы выполнять немало разных операций. В этой главе мы научимся их исполнять и познакомимся с некоторыми важными терминами.

Принцип работы Windows

В основе операционной системы *Windows* и всех ее приложений лежит так называемый *событийный механизм*.

Приложениями операционной системы называются программы, написанные для работы под ее управлением. Обычно программа — более широкое понятие, чем приложение, но если книга посвящена системе Windows, то можете считать, что это почти одно и то же.

Основная особенность приложений *Windows* состоит в том, что им запрещено полностью захватывать процессор. Если программа для *Windows* написана корректно, она *обязана* время от времени приостанавливать свою работу и отдавать процессор самой операционной системе. Сколько бы приложений ни работало одновременно, операционная система периодически отбирает у них процессор и передает его другим программам (в том числе и собственным), а потом опять возвращает. Благодаря этому операционная система постоянно находится в курсе дел всех своих приложений. Происходит это настолько быстро, что мы просто не замечаем, что множество программ работает по очереди, — нам кажется, что они работают одновременно. Этим обеспечивается многозадачный режим работы.

Если на компьютере запустить приложение другой операционной системы, например программу, написанную для MS-DOS, то далеко не всегда Windows будет в курсе ее дел.

Операционная система работает не только как диспетчер, открывающий программам доступ к процессору, но и как контролер. Внутри нее есть средства, проверяющие работу приложений, и если в каком-то приложении произошло некое событие, об этом становится известно операционной системе, и та может принять соответствующие меры.

В идеале так и должно быть, если приложение не имеет внутренних ошибок. На практике ошибки встречаются, в результате чего мы иногда сталкиваемся с «зависанием» компьютера. «Зависание» — это тот случай, когда операционная система не может восстановить контроль над тем, что делают программы, и компьютер перестает реагировать на наши команды.

Для примера посмотрим, как компьютер работает с мышью. В недрах операционной системы работает программа, отвечающая за взаимодействие с нею, — *драйвер мыши*.

Драйверами называются программы, отвечающие за взаимодействие операционной системы с устройствами.

Если драйвер мыши сообщает о том, что мышь переместилась или была нажата какая-то ее кнопка, то для операционной системы это *событие*. Система проверяет, где находился указатель в момент наступления события, определяет, какое приложение отвечает за работу окна, над которым в этот момент находился указатель, и сообщает ему о зафиксированном событии. Приложение, в свою очередь, принимает меры в соответствии с тем, что задумал создавший его программист.

Так получается, что и сама операционная система, и все ее приложения находятся в постоянной готовности к внешним событиям.

Кстати, событиями являются не только манипуляции с мышью, но и сигналы, поступающие от клавиатуры, принтера, модема, внутренних часов и многих других устройств и программ.

Наведение мыши и перекат

На событийном механизме основано управление компьютером с помощью мыши. Простейший прием — наведение указателя — мы рассмотрели выше. Часто он позволяет открыть вложенное меню или, например, получить всплывающую подсказку с дополнительной информацией. Еще один близкий прием — *перекат* (*rollover*). Он состоит в том, что когда указатель мыши проводится (перемещается) над элементом управления, тот меняет форму. Например, кнопки утапливаются, а потом опять всплывают; счетчики поворачиваются на один оборот, рисунки анимируются («оживают»). В самой операционной системе *Windows* этот прием не используется, но его применяют на *Web*-страницах Интернета и в некоторых программах. Иногда бывает полезно поводить мышью над графическими иллюстрациями, чтобы увидеть что-то новое, скрытое от поверхностного взгляда.

Щелчок

Щелчок основной кнопки мыши используется очень широко, но надо различать объекты *Windows* и элементы управления *Windows*. Для объектов *Windows* один щелчок приводит к их выделению — при этом, как правило, они меняют цвет. Попробуйте для примера щелкнуть один раз на значке Мой Компьютер или Корзина. Выделение — это подготовительная операция. Обычно за ней следует какая-то иная операция — в этом случае она распространится только на выделенные объекты.

Для элементов управления *Windows* один щелчок имеет не подготовительное, а исполнительное действие. Так, одним щелчком нажимаются кнопки, переключаются переключатели, исполняются команды, представленные в меню.

В щелчке самое главное не нажатие кнопки мыши, а ее отпускание. Компьютер срабатывает именно в этот момент. Поэтому если вы нажали кнопку не на том элементе управления, на котором надо, а потом передумали, не спешите ее отпускать. Отведите указатель в сторону на свободное место и там отпустите кнопку.

Приемы группового выделения объектов

В работе очень часто приходится выделять не один объект, а целую группу. Это бывает важно, если надо скопировать несколько документов или удалить сразу несколько объектов. Выделять их щелчком и поочередно обрабатывать неудобно.

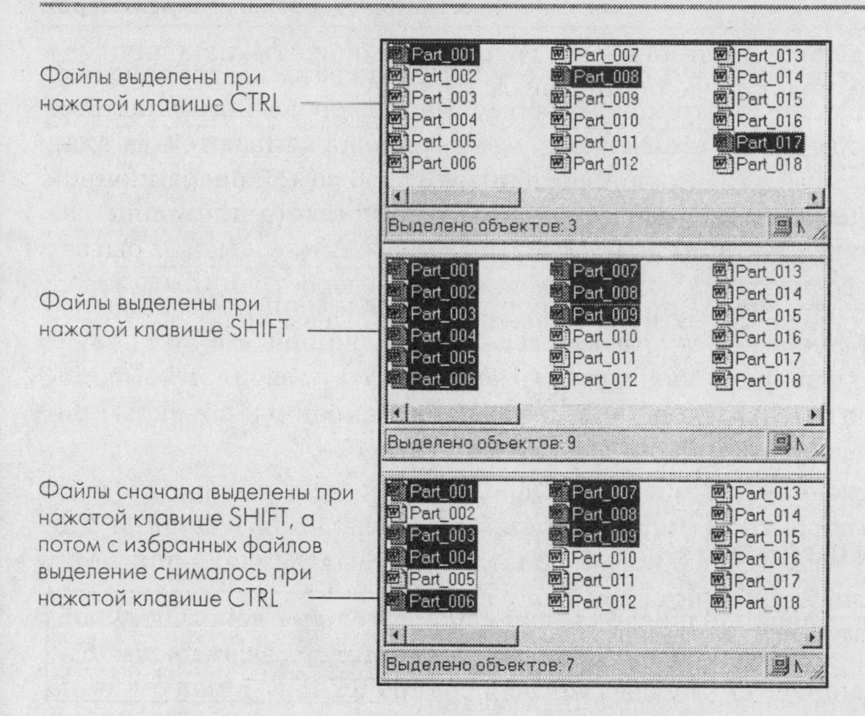

Рис. 6.1. Приемы группового выделения. Обратите внимание на то, что в строке состояния окна отмечается число выделенных объектов

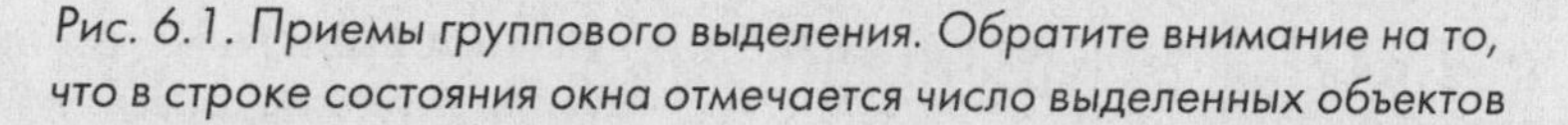

Для группового выделения тоже используют щелчок мыши, но при этом еще нажимают клавишу SHIFT или CTRL на клавиатуре. Если, например, надо выделить несколько объектов, то есть два варианта действий.

1. Щелкнуть на первом объекте, потом нажать клавишу CTRL и последовательно щелкать на всех прочих объектах, которые надо добавить в группу. При этом щелчок работает как переключатель, то есть первым щелчком объект выделяется, а вторым щелчком выделение снимается и так далее.

Для примера выделите значок Мой компьютер, потом нажмите клавишу CTRL и последовательными щелчками выделяйте значок Корзина и, наоборот, снимайте выделение. Только не щелкайте слишком быстро, а то два щелчка сольются в один двойной щелчок, который имеет совсем другое действие.

2. Второй вариант группового выделения исполняют с помощью клавиши SHIFT. В этом случае сначала щелчком выделяют первый объект, затем нажимают клавишу SHIFT и, не отпуская ее,

выделяют последний объект группы. Все объекты, находящиеся между ними, выделяются автоматически.

Для примера выделите значок Мой компьютер, потом нажмите клавишу SHIFT и выделите значок Корзина. Обратите внимание на то, какие еще значки при этом выделятся. Чтобы снять выделение, щелкните левой кнопкой мыши где-нибудь на свободном от значков месте Рабочего стола.

Здесь приведены не все приемы группового выделения, возможные в *Windows*. Можно еще сочетать выделение с клавишей SHIFT и с клавишей CTRL. Одновременно выделить все объекты позволяет комбинация клавиш CTRL + A. Можно также выделять экранные объекты приемом протягивания мыши, но об этом чуть позже.

Двойной щелчок

Для объектов двойной щелчок имеет исполнительное действие. Двойным щелчком на значке запускают программы и открывают документы, за исключением тех случаев, когда дело происходит в меню или на Панели быстрого запуска. Если мышь плохо слушается и двойной щелчок получается нечетко, ее можно поднастроить — об этом рассказано в главе 36.

Для примера откройте двойным щелчком окно Мой компьютер и окно Корзина. В окне Мой компьютер познакомьтесь с тем, сколько дисков имеется в составе компьютера, а в окне Корзина посмотрите, какие документы и программы были ранее удалены. Если Корзина пуста, значит, кто-то уже ее очистил. Пока не закрывайте открытые окна — они нам пригодятся.

Протягивание мыши

Этот прием по-английски называется *drag*. Он используется либо для изменения размеров объектов, либо для их группового выделения. Наведите указатель мыши на любую границу произвольного окна папки и обратите внимание на то, что в момент пересечения рамки указатель мыши меняет форму — он превращается в двунаправленную стрелку. В этот момент можно нажать левую кнопку и, не отпуская ее, переместить мышь. Обратите внимание на то, что граница окна смещается вместе с указателем (рис. 6.2). Таким приемом можно управлять размерами окон.

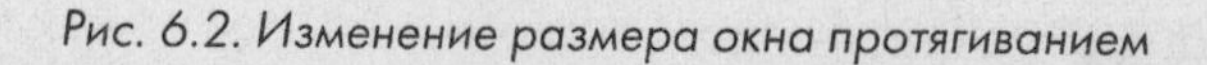

Рис. 6.2. Изменение размера окна протягиванием

Откройте окно Мой компьютер щелчком на одноименном значке. Наведите указатель на правую границу окна. Когда указатель сменит форму, нажмите левую кнопку и подвигайте мышь вправо и влево. Обратите внимание на то, что когда окно становится слишком мало для отображения всех имеющихся значков, возникают так называемые *полосы прокрутки*. Их появление — нехороший признак, так как пользоваться ими не очень удобно. Установите такой размер окна, чтобы полос прокрутки в нем не было, после чего отпустите кнопку мыши. Окно зафиксирует новый размер.

Обратите внимание на то, что правый нижний угол открытых окон несколько отличается по внешнему виду от других углов. Протягиванием за этот угол можно одновременно управлять размером окна и по вертикали, и по горизонтали.

Протягивание мыши можно использовать для группового выделения объектов. Установите указатель где-либо на свободном месте Рабочего стола, нажмите левую кнопку и, не отпуская ее, перемещайте мышь.

Вы увидите, что за указателем тянется серая прямоугольная рамка. Все объекты, которые попадут в область этой рамки, будут выделены. Снять выделение, как обычно, можно щелчком на свободном от объектов месте Рабочего стола.

Перетаскивание

Этот неуклюжий термин по-английски называется *drag-and-drop*. Прием выполняется точно так же, как и протягивание, но используется для перемещения объектов. Перетаскиваемые объекты должны быть предварительно выделены.

> Для примера щелкните левой кнопкой мыши на значке Мой компьютер — произойдет его выделение. Не отпуская кнопку мыши, переместите значок в другое место Рабочего стола и там отпустите. Значок займет новое положение.

Перемещать с помощью мыши можно и окна. Каждое окно имеет строку заголовка — за нее и выполняется перемещение. С помощью приема перетаскивания можно запускать программы, открывать и даже обрабатывать документы. Попробуйте, например, перетащить значок документа на значок программы, которая предназначена для работы с ним. Одновременно произойдет и запуск программы, и открытие в ней документа. Кстати, это не обязательно делать со значками — вполне годятся и ярлыки, как показано на рис. 6.3.

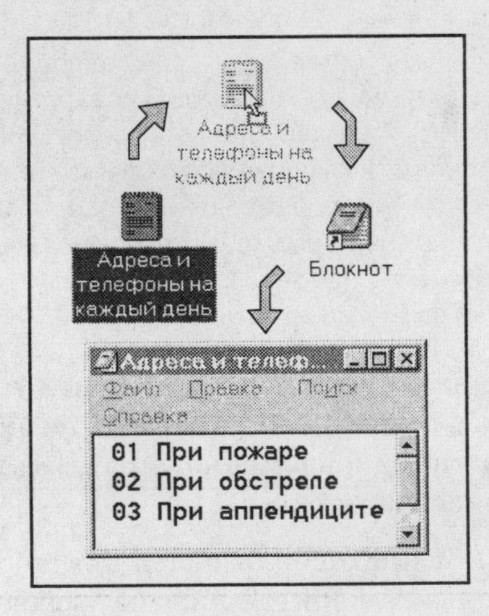

Рис. 6.3. Открытие документа перетаскиванием на значок программы

Щелчок правой кнопкой и контекстное меню

Щелчок правой кнопкой мыши на объекте имеет исключительно большое значение, которое начинающие часто недооценивают. Выше мы говорили о том, что все объекты *Windows* имеют уникальные наборы различимых свойств — правая кнопка мыши позволяет до этих свойств добраться. При щелчке правой кнопки на любом объекте открывается специальное меню, которому за особую важность дали персональное имя — *контекстное меню*.

С контекстным меню связаны несколько нехитрых правил.

1. Среди пунктов контекстного меню обязательно присутствуют команды, которые можно выполнить над данным объектом: Открыть, Переместить, Переименовать, Удалить, Установить (если речь идет об устройстве) и т. п. То есть по контекстному меню можно догадаться о возможных действиях.

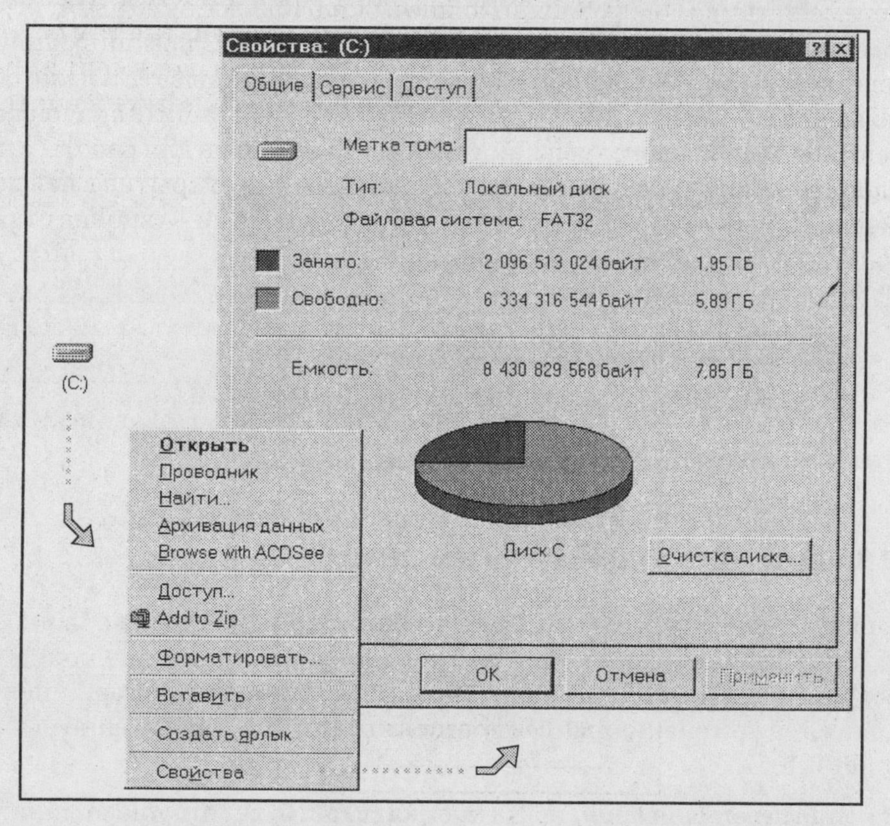

Рис. 6.4. Просмотр свойств объекта с помощью контекстного меню

2. Одна из команд выделена полужирным шрифтом — это действие называется *заданным по умолчанию*. Именно его и выполняет двойной щелчок, который мы рассмотрели выше.

Имея дело с незнакомым значком (объектом) не спешите щелкать на нем дважды, а откройте контекстное меню и посмотрите, какие вообще действия с этим объектом возможны.

3. У разных объектов разные свойства, и потому они могут иметь разные контекстные меню.

Для примера откройте контекстное меню значка Мой компьютер и убедитесь, что в нем нет пункта Удалить. Это понятно, поскольку Мой компьютер — основной объект всей компьютерной системы, и если его удалить, то с чем же тогда работать?

4. В контекстном меню любого объекта обязательно присутствует пункт Свойства. Это команда, которая открывает диалоговое окно свойств объекта. В нем можно многое узнать о том объекте, с которым вы имеете дело, будь то программа, документ или устройство. Пункт Свойства — всегда последний пункт в контекстном меню.

Для примера откройте контекстное меню значка Мой компьютер и выберите в нем пункт Свойства. Откроется диалоговое окно Свойства: Система, в котором можно узнать номер версии операционной системы Windows, марку процессора и объем оперативной памяти компьютера. С помощью этого окна можно получить еще множество разных сведений и выполнить много полезных настроек, но пока эти вопросы мы отложим.

Чтобы закрыть контекстное меню, надо щелкнуть левой кнопкой мыши на свободном от значков месте.

Специальное перетаскивание

Специальное перетаскивание выполняется так же, как и обычное, но при нажатой правой кнопке мыши, а не левой. Действие похожее, а результат — другой. При обычном перетаскивании объект перемещается, а при специальном перетаскивании действие можно выбрать (рис. 6.5).

В конце перетаскивания, когда кнопка мыши будет отпущена, на экране открывается небольшое меню, состоящее всего из четырех пунктов:

- Переместить;
- Копировать;
- Создать ярлык(и);
- Отменить.

Выбор нужной команды завершает операцию. По команде Переместить объект занимает новое положение, а его старая копия уничтожается. По команде Копировать создается новая копия документа в новом месте, однако и старая копия продолжает существовать. По команде Создать ярлык, для объекта создается ярлык (значок-указатель). Ярлык точно так же, как и значок, предоставляет доступ к объекту. Если требуется удобный доступ к программе, документу или устройству, создайте нужное число ярлыков и расположите их в удобных местах.

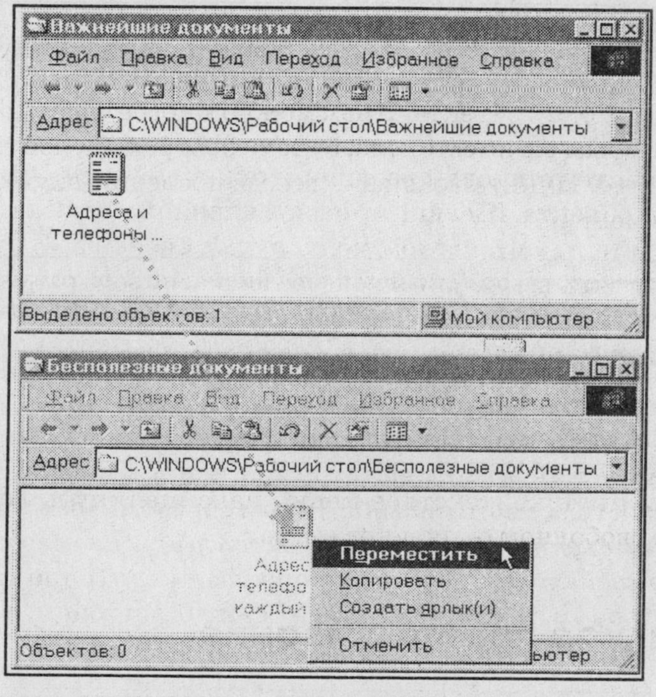

Рис. 6.5. Специальное перетаскивание позволяет выбрать, что мы хотим сделать с объектом

Значки и ярлыки

Допустим, вы хотите узнать, что содержится на жестком диске (диск C:) компьютера. Однако на Рабочем столе значка диска C: вы не найдете.

Откройте окно Мой компьютер и разыщите в нем значок диска С:. Дважды щелкните на этом значке — откроется окно, в котором представлено содержимое диска. Закройте его щелчком на закрывающей кнопке (кнопка «×» в правом верхнем углу окна).

Давайте подумаем, как сделать, чтобы обеспечить доступ к диску С: не из окна Мой компьютер, а непосредственно с Рабочего стола. Попробуйте методом перетаскивания скопировать значок С: из окна Мой компьютер на Рабочий стол. У вас ничего не выйдет. Это должно быть понятно: жесткий диск с именем С: на компьютере только один, и никаких копий у него быть не может.

Теперь попробуйте воспользоваться методом специального перетаскивания при нажатой правой кнопке мыши и создать ярлык жесткого диска на Рабочем столе. Эта операция пройдет успешно, поскольку вы не создаете новых копий жесткого диска, а просто устанавливаете на него указатель. Убедитесь в том, что двойной щелчок на ярлыке точно так же открывает содержимое жесткого диска, как и двойной щелчок на основном значке.

Теперь давайте установим различия между значком объекта и ярлыком значка объекта. Щелкните правой кнопкой мыши на значке диска С: и выберите в контекстном меню пункт Свойства. В открывшемся диалоговом окне вы увидите свойства диска: объем, размер свободного пространства и другие. То есть *значок представляет объект, он ему соответствует и обеспечивает доступ к его свойствам*.

Теперь щелкните правой кнопкой мыши на ярлыке значка диска С: и снова выберите в контекстном меню пункт Свойства. Вы увидите, что в этом случае никаких свойств диска С: система вам не покажет — только свойства самого ярлыка. Таким образом, *ярлык не представляет того объекта, который с ним связан, и не обеспечивает доступ к его свойствам. Это только указатель*. Точно так же указатель «Гастроном за углом» помогает найти гастроном, но отнюдь его не заменяет.

Перетаскивание значка с помощью правой кнопки — самый удобный, хотя и не единственный способ создания ярлыков. Сделайте себе ярлык значка Мой компьютер на Панели быстрого запуска. В будущем он не раз вам пригодится.

Работаем с файлами

Файл — это единица хранения данных. У файла есть собственное имя, и у него есть адрес, в котором он хранится. Имя файлу придумывает его создатель, а адрес задает и запоминает операционная система — это ее обязанность. Нам помнить адреса файлов совершенно ни к чему — имя запомнить намного проще А вот операционная система всегда готова разыскать фай по его имени и предоставить к нему доступ

7. Файлы и папки

Документы и инструменты

Работа с компьютером заключается в работе с программами и документами. Документы содержат информацию в виде данных (текстовых, графических, числовых, звуковых и других). Если документ комплексный и объединяет в себе несколько видов данных, то его называют *мультимедийным*.

Цель работы с компьютером, как правило, связана с документами: это либо создание документа, либо его преобразование, либо просмотр (воспроизведение). Даже если вы играете в увлекательную компьютерную игру, можете считать, что по сути вы не играете, а просматриваете электронный мультимедийный документ, обладающий свойством *интерактивности* — его содержание меняется в зависимости от ваших действий.

Если документы — это цель работы с компьютером, то программы — это средство работы с документами. Один и тот же документ можно создать, просмотреть или преобразовать, используя разные программы. Умение работать с компьютером состоит не только в умении пользоваться программами, но и в умении правильно их подбирать. В общем, программы исполняют роль инструментов.

У плотника свои инструменты, а у слесаря — свои. Профессиональная работа с рубанком совсем не помогает работе с токарным станком. К счастью, в компьютерном мире все несколько проще. У операционной системы *Windows* есть замечательная особенность: *приемы работы с самой операционной системой полностью распространяются на все ее приложения*.

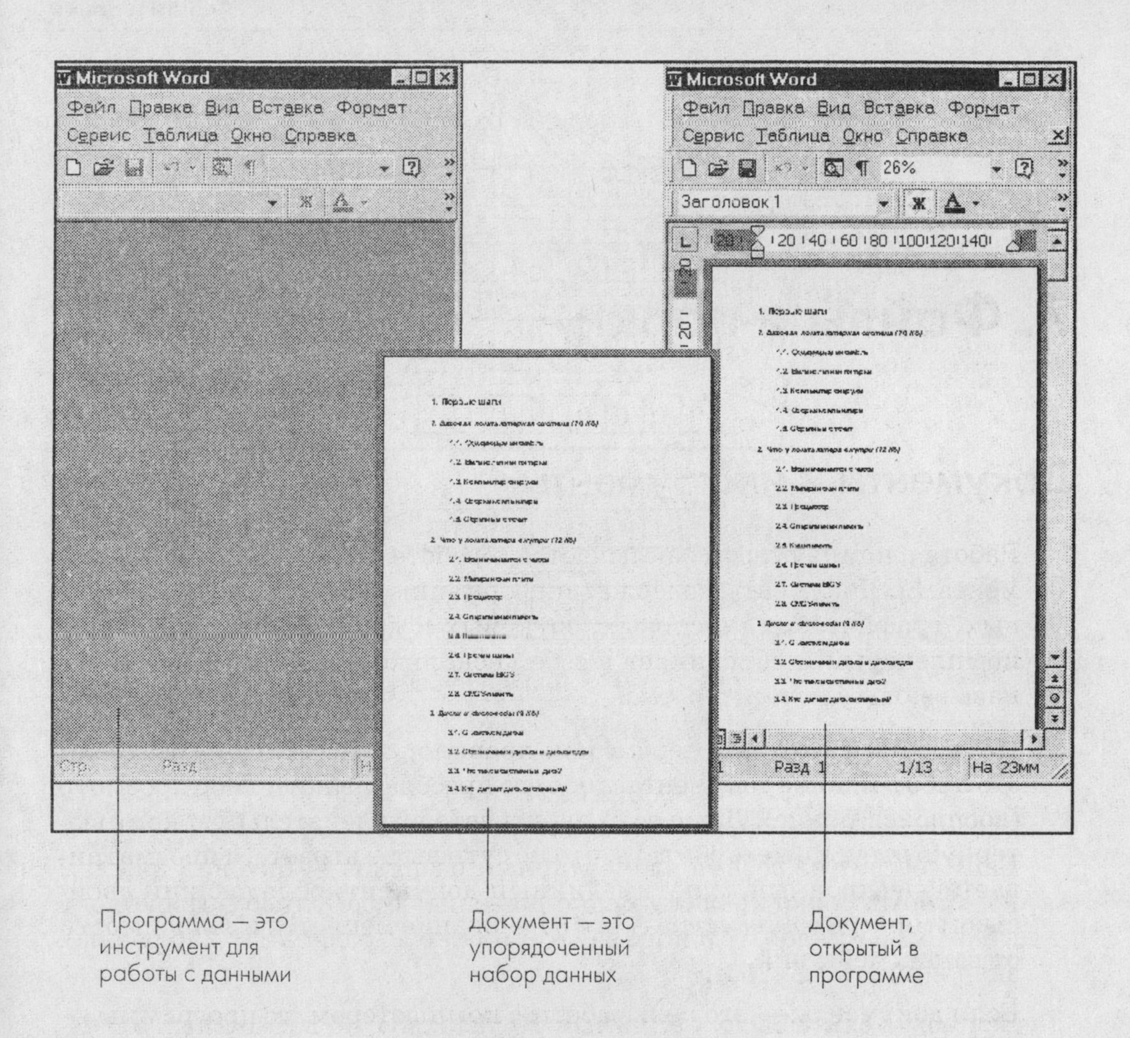

Рис. 7.1. Документы и инструменты

В предыдущей главе мы ознакомились с приемами управления мышью, и можем быть уверены в том, что они не пропадут, потому что универсальны. С какой бы программой вам ни пришлось иметь дело в будущем, эти навыки непременно пригодятся.

Биты и байты

Компьютер работает с числами. Тексты, рисунки, музыка, программы и все прочее в нем представлено в виде числовых кодов — *байтов*.

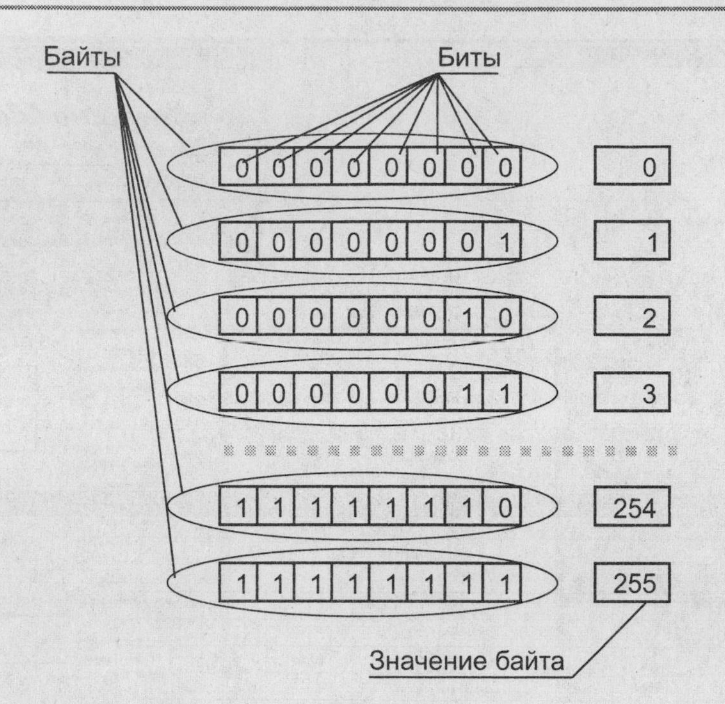

Рис. 7.2. Биты и байты

Байт состоит из восьми элементарных разрядов — битов, в каждом из которых может храниться одно значение: либо 0, либо 1. Поскольку в байте 8 разрядов, то одним байтом можно выразить $2^8 = 256$ разных значений (от 0 до 255).

Если бы в байте было, например, 10 разрядов, то возможных значений было бы в четыре раза больше: $2^{10} = 1024$ и т. д.

На рис. 7.2 показаны примеры некоторых байтов. Слева число записано в так называемом *двоичном виде*, а справа — в привычной нам десятичной системе.

Если один байт может принять 256 разных значений, то он позволяет, например, выразить 256 разных букв. Этого хватает для записи всех букв русского алфавита, как строчных, так и прописных, всех букв английского алфавита, цифр, знаков препинания и знаков арифметических действий.

После этого еще кое-что остается на долю специальных символов, таких, например, как знак «§» (его код равен 167 = 1010 0111).

Вопрос-ответ

А вам интересно?..

...откуда мы узнали код символа «§». Вы тоже можете его узнать с помощью программы **Таблица символов**.

1. Запустите эту программу (**Пуск ➤ Программы ➤ Стандартные ➤ Служебные ➤ Таблица символов**) — на экране откроется окно с 256-ю ячейками).

2. В каждой ячейке записан какой-то символ. В разных шрифтовых наборах коды символов могут быть разными, поэтому для начала выберите в поле **Шрифт** шрифтовой набор **Times New Roman Cyr**. Он поставляется вместе с русскоязычной версией операционной системы *Windows* и, скорее всего, имеется на вашем компьютере.

3. Разыщите ячейку, в которой хранится символ «§», и наведите на нее указатель мыши.

4. Нажмите левую кнопку мыши — символ увеличится в размерах, а в служебной строке программы в правом нижнем углу появится код этого символа.

5. Закройте окно программы **Таблица символов** щелчком на закрывающей кнопке в правом верхнем углу окна.

Вопрос-ответ

А вам интересно?..

...откуда мы узнали, что число 167 записывается в двоичной форме как 1010 0111. Вы тоже можете узнать двоичный код целого числа с помощью программы **Калькулятор**.

1. Запустите эту программу (**Пуск ➤ Программы ➤ Стандартные ➤ Калькулятор**), и на экране появится окно с графической моделью электронного калькулятора.

2. У калькулятора *Windows* два режима работы: обычный и инженерный. Нам потребуется инженерный режим. Чтобы в него перейти, щелкните на пункте **Вид** и в открывшемся меню выберите пункт **Инженерный**.

3. Нажимая кнопки калькулятора, введите число **167**.

4. Теперь включите переключатель **Bin** — и увидите результат в двоичной системе.

5. Чтобы вернуться в десятичную систему, включите переключатель **Dec**.

6. Закройте окно программы **Калькулятор** щелчком на закрывающей кнопке в правом верхнем углу окна.

Как видите, одного байта вполне хватает на то, чтобы выразить символ любого европейского алфавита, но как быть, если нужно выразить китайский иероглиф? Их тысячи, и здесь одного байта недостаточно — приходится использовать пару байтов. Парой байтов можно выразить $2^{16} = 65536$ разных целочисленных значений. В пару входит 16 битов, и она тоже имеет специальное название — это *слово*.

Хотелось бы сказать, что слово равно двум байтам, но это не совсем корректно. Два байта представляют два малых (коротких) значения, а слово имеет одно значение, но длинное. Именно поэтому мы и говорим не *два байта*, а *пара байтов*. Звучит похоже, а суть разная — все равно как два сапога и пара сапог. Согласитесь, что это не всегда одно и то же.

Если нужно выразить большее количество значений, используют *двойное слово*. Его длина равна 32 битам (не четырем байтам). Для еще больших значений применяют *учетверенные слова* (64 бита).

Байт
01010101
Слово
0101010101010101
Двойное слово
01010101010101010101010101010101
Учетверенное слово
0101010101010101010101010101010101010101010101010101010101010101

Рис. 7.3. Виды представления данных в процессоре

Ширина шины данных у процессора *Pentium* — 64 разряда, поэтому он за один раз может обрабатывать учетверенные слова. Иногда на этом основании говорят, что *Pentium* — 64-разрядный процессор, хотя это и не так. Разрядность процессора определяется не шиной данных, а шиной команд, которая у *Pentium* 32-разрядная.

В операциях с действительными числами применяют еще более длинные данные: обычно действительное число записывается с помощью 80 битов. Первоначально процессоры для таких длинных данных не предназначались, поэтому в компьютерах ранних моделей кроме процессора устанавливали так называемый *математический сопроцессор* — он занимался операциями с действительными числами, а основной процессор обрабатывал только целые числа. В современных компьютерах тоже есть математический сопроцессор, только теперь он не вынесен отдельно, а входит в состав основного процессора.

Файлы

Пока программа и документ находятся в оперативной памяти компьютера, каждый байт лежит в своей ячейке. У любой ячейки памяти есть адрес (он записывается двойным словом — 32-разрядным двоичным числом), и по этому адресу процессор всегда найдет то, что ему нужно.

А вот когда дело доходит до сохранения документов или программ на диске (или на любом ином носителе), возникает проблема, как потом впоследствии найти то, что было сохранено. Переписать байты из оперативной памяти на диск нетрудно, но что при этом делать с адресами? Попробуйте, например, взять «Войну и мир», вырезать из нее каждую букву, сложить эти буквы в стопку (по нашим прикидкам, высота стопки будет около 40 м), и эту стопку где-то бережно сохранить. В комнату такая стопка не влезет, и ее придется поделить на 20 стопок по 2 метра. А теперь подумайте, как потом восстановить книгу, если порядок следования стопок друг за другом не известен? А если в той же комнате хранятся еще десятки тысяч стопок от тысяч других книг? Выходит, адрес каждой стопки тоже надо сохранить?

Итак, мы пришли к тому, что хранить данные — это еще полдела, нужно хранить и их адреса — а это снова данные, только уже адресные. В общем, чтобы адресных данных не стало слишком много, надо содержательные данные как-то объединять. Вот так и появились *файлы*. Файл — это единица хранения данных. У файла есть собственное имя, и у него есть адрес, в котором он хранится. Имя файлу придумывает его создатель, а адрес задает и запоминает операционная система — это ее обязанность. Нам помнить адреса файлов совершенно ни к чему — имя запомнить намного проще. А вот операционная система всегда готова разыскать файл по его имени и предоставить к нему доступ.

Обеспечение доступа к файлам — это еще одна важнейшая функция операционной системы.

Итак, потребность в файлах возникает в связи с необходимостью хранения данных. *Файл — это именованная последовательность байтов*. Здесь ничего не говорится о длине этой последовательности. В файле может не быть ни одного байта (пустой файл), а может быть сколько угодно байтов, но собственное имя есть даже у пустого файла. Имя — это свойство файла, без которого он не может быть найден, а если что-то невозможно разыскать, то это, согласитесь, уже не хранение.

Имена файлов

По мере развития техники требования к именам файлов меняются. В недавнем прошлом они были весьма жесткими, а сегодня значительно смягчились.

Короткое имя файла. Понятие «короткого имени» файла появилось вместе с первой операционной системой *MS-DOS*. В те годы файл мог иметь имя длиной не более 8 символов. Правда, чуть позже разрешили после них ставить точку и записывать еще три символа, которые назвали *расширением имени файла*. Вот примеры коротких имен файлов:

documcnt.txt

ris_011.pcx

mymusic.mid

Программисты быстро научились использовать расширение имени для своих технических нужд. С его помощью оказалось очень удобно сообщать программам о том, какой тип документа представлен в файле. Например:

- .TXT — текстовый файл, в нем каждый байт представляет какой-то символ языка;
- .BMP, .GIF и др. — графические файлы, в которых каждый байт представляет точку некоего изображения;

- .MID — музыкальный файл, байты которого соответствуют звукам;

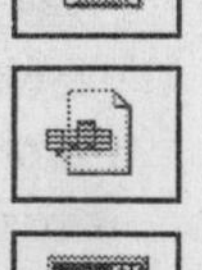

- .EXE и .COM — исполнимые файлы (то есть программы), в которых байты соответствуют командам процессора.

Такую систему записи имен файлов назвали *системой 8.3* (восемь символов на имя + точка + три символа на расширение). У этой системы есть важные ограничения:

- нельзя использовать никакие буквы, кроме английских;
- нельзя использовать большинство знаков препинания и пробел.

В общем, из-за ограниченных возможностей системы 8.3 трудно было давать файлам содержательные имена — такие, по которым сразу можно догадаться, что содержится в файле.

Длинное имя файла. В те годы, когда жесткие диски были небольшими и на них хранились сотни и тысячи файлов, пользователи обычно хорошо знали, откуда взялся тот или иной файл и зачем он нужен. В наши дни на рядовом компьютере может храниться не одна сотня тысяч файлов, и о том, чтобы следить за их историей, не может быть и речи. Поэтому, начиная с операционной системы *Windows 95*, были введены новые правила — для файлов стали допустимыми так называемые *длинные имена*. Теперь имя файла можно записывать русскими буквами, в нем могут быть некоторые знаки препинания (не все), а также пробелы. Если в имени файла имеется несколько точек, то расширением имени считается то, что стоит за последней точкой. Расширение имени тоже может иметь не три символа, а больше.

Впрочем, сила традиций — великая сила, и потому на компьютерах *IBM PC* не принято давать файлам длинные расширения — трех символов вполне достаточно, чтобы указать тип документа, хранящегося в файле. Всего длинное имя может содержать более 250 символов, хотя это и кажется излишеством.

У длинного имени много преимуществ, но у короткого тоже есть одно достоинство — совместимость. Не факт, что документ с длинным именем может быть правильно прочитан на *любом* компьютере. Например, если в имени файла использовать русские буквы, а затем отправить файл в Чикаго, становится непонятно, что увидит партнер, у которого стоит англоязычная версия *Windows* и никаких русских шрифтов на компьютере нет. Поэтому есть хорошее правило: при передаче чего-либо «на сторону» стараться давать файлам имена по системе 8.3, а для хранения файлов «у себя» действовать так, как заблагорассудится.

Каталоги и путь доступа

Если имя файла — это необходимый атрибут, чтобы файл мог быть разыскан и востребован, то становится понятно, что два файла не могут иметь одинаковых имен. Каждый файл должен иметь *уникальное* (неповторимое) имя. За этим тоже следит операционная система. При попытке создать, сохранить или скопировать файл, совпадающий по имени с другим файлом, возникает конфликт — система откажется выполнить эту операцию. Такой конфликт разрешается одним из трех способов:

- можно дать другое имя новому файлу (переименовать файл), если старый файл дорог;
- можно дать команду системе заменить старый файл новым, если тот уже не нужен;
- можно поместить новый файл в другой *каталог*.

Каталоги — это простое решение для упорядоченного хранения файлов. Каждый может создать себе сколько угодно много каталогов. Каталог тоже имеет имя (имена каталогов принято записывать прописными буквами и без расширения, хотя это и не обязательно). Внутри каталога можно создавать вложенные каталоги, а внутри них — новые каталоги и так далее. Имена каталогов отделяются друг от друга символом обратной косой черты «\», например так:

C:\DOCUMENTS\PRIVATE\HOBBIES\PHOTO\mydog.bmp

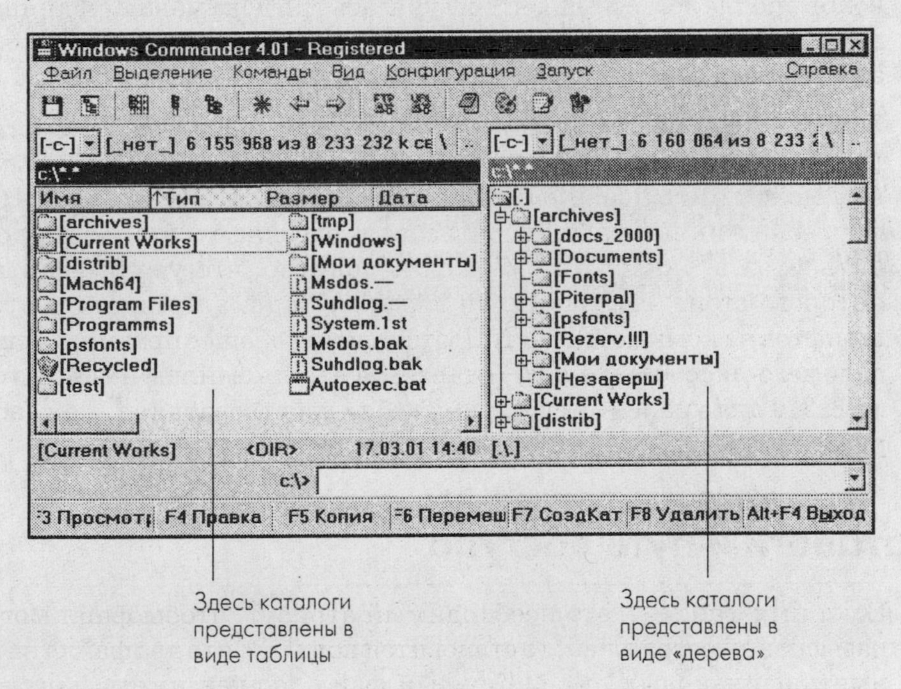

Рис. 7.4. Специальные программы, которые называются файловыми менеджерами, позволяют создавать и просматривать структуру каталогов

В нашем примере на диске C: создан каталог \DOCUMENTS. В нем создан каталог документов личного характера \PRIVATE, в нем — каталог, посвященный личным увлечениям \HOBBIES, далее — каталог для фотоматериалов \PHOTO, в котором хранится файл с фотографией любимой собаки: mydog.bmp.

Каталог самого верхнего уровня называется *корневым*. На каждом диске может быть только один корневой каталог. Он обозначается так: C:\, D:\ и т. п. Все каталоги одного диска исходят из общего *корневого каталога*. Структуру каталогов на диске иногда называют *деревом*. Как и положено дереву, оно имеет только один корень, но множество ветвей.

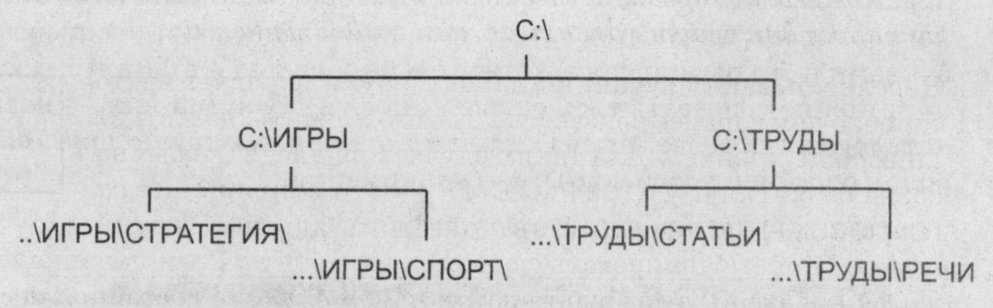

Если два файла находятся в разных каталогах, то они *могут иметь* одинаковые собственные имена. Операционная система в этом случае не запутается, потому что, строго говоря, имена у таких файлов не одинаковые, а очень даже разные. Все дело в том, что *полным именем файла* считается его собственное имя вместе с путем доступа, который ведет к файлу от корневого каталога.

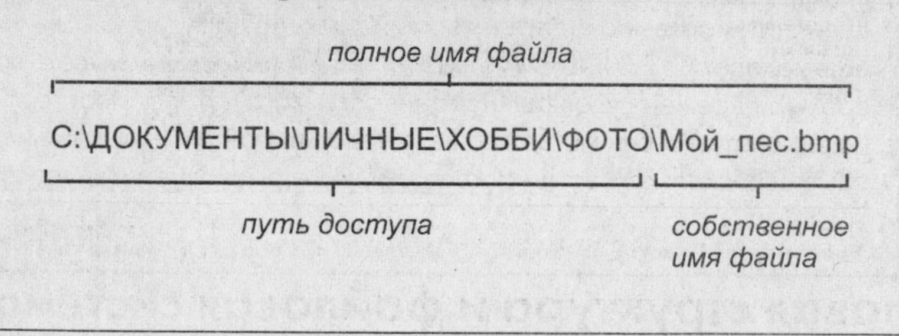

Ранее для простоты мы сказали, что в системах *Windows* длинное имя файла может иметь порядка 250 символов. Если быть точными, то это не совсем так. Ограничена длина не собственного имени файла, а полного имени файла. Полное имя файла, в которое входит и путь доступа, не может быть длиннее, чем 256 символов.

Первая заповедь

Самая первая заповедь при работе с компьютером заключается в том, что *у каждого документа или группы документов должен быть свой каталог*. Если это правило не соблюдать, работать с компьютером будет не просто трудно, а невероятно трудно.

Предположим, вы задумали создать документ, например, написать письмо. *Прежде всего, выберите каталог, в котором оно будет храниться, а если ни один каталог не подходит, то создайте новый.*

Допустим, вам принесли на дискете какой-то документ или программу. *Прежде чем копировать что-то на жесткий диск, решите, в каком каталоге они будут храниться, или создайте новый.*

tmp

Нередко бывают случаи, когда нам в руки попадает нечто такое, о чем заранее неизвестно, где его хранить, да и стоит ли вообще хранить. Для таких случаев на диске C: обычно создают каталог C:\TEMP. *TEMP — это сокращение от temporary — временный*. В этот каталог сваливают всякий мусор. Можете копировать сюда все, что хотите. Если новинка окажется полезной, не забудьте потом найти ей более достойное место. Если же нет — оставьте ее в каталоге C:\TEMP. Когда будете делать «большую чистку», смело удаляйте из этого каталога все. В некоторых случаях такую чистку за вас могут сделать родные, близкие, коллеги по работе, причем даже не спрашивая разрешения. Каждый хорошо знает, что в каталогах \TEMP ничего нужного не хранят. Все претензии — к себе.

Если задумаете «почистить» жесткий диск, не забудьте о том, что существует еще каталог C:\WINDOWS\TEMP. В нем тоже лежит мусор, который нужно время от времени удалять. Особенность этого каталога состоит в том, что его наполняют программы без нашего ведома, поэтому мы можем даже не догадываться, сколько места на жестком диске расходуется впустую.

Файловая структура и файловая система

Структура каталогов и файлов на жестком диске называется *файловой структурой*. Она представляется в виде *дерева*. Такие структуры принято называть *иерархическими*. За создание и обслуживание файловой структуры отвечает операционная система. Это она позволяет нам создавать каталоги, давать им имена, размещать в них файлы и копировать или перемещать их между дисками и каталогами. Операционная система следит, чтобы в одном каталоге не образовалось двух файлов с одинаковыми именами, контролирует даты создания каталогов и файлов. Она также помогает нам просматривать каталоги и сортировать то, что в них находится, по размерам файлов, по их именам или расширениям, а также по дате создания. При необходимости операционная система позволяет защитить каталоги так, чтобы без специальных мер в них нельзя было ничего записать, изменить или удалить. Если надо, операционная система позволяет сделать содержимое каталога неотображаемым (невидимым, скрытым).

Способ организации файловой структуры называется *файловой системой*. Разные операционные системы могут применять разные файловые системы. Например, операционные системы *MS-DOS* и *Windows 95* могут работать только с файловой системой *FAT 16*. Предельный размер диска для нее равен 2 Гбайт. Если физический диск имеет больший размер, его делят на несколько логических дисков. В таких случаях использование логических дисков не прихоть, а необходимость.

Операционные системы *Windows 95 OSR2*, *Windows 98*, *Windows 98 SE* и *Windows Me* работают не только с файловой системой *FAT 16*, но и *FAT 32*. В системе *FAT 32* нет (по крайней мере, пока) практических ограничений на размер жесткого диска. Системы *FAT 32* и *FAT 16* совместимы сверху вниз, то есть файлы, записанные в системе *FAT 16*, читаются на компьютерах, работающих в системе *FAT 32*, но не наоборот.

Профессиональная операционная система *Windows 2000* может работать в файловых системах *FAT16*, *FAT 32* и *NTFS*. *NTFS* — специфическая файловая система. Она обеспечивает повышенную скорость работы, но несовместима с операционными системами *Window 9x*.

Система *Windows 2000*, в отличие от прочих систем *Windows*, не обязательно должна устанавливаться на диске C:. Если ее установить, например, на диске D:, то компьютер может стать мультисистемным. В этом случае при запуске с диска C: он будет работать в операционной системе *Windows 9x*, а при запуске с диска D: — в системе *Windows 2000*.

Отметим, что из системы *Windows 2000* будут видны и доступны все диски компьютера, а при запуске из системы *Windows 9x* те диски, которые имеют файловую систему *NTFS*, видны не будут — они как бы не существуют в данном сеансе работы.

Папки Windows

Для упрощения работы с каталогами в операционной системе *Windows* введены новые объекты — *папки*. Папка — понятие более широкое, чем каталог. Любой каталог, имеющийся на жестком диске, представляется в *Windows* как папка. Например, на Рабочем столе *Windows* лежит папка Мои документы. Это естественное место для хранения документов, которые должны быть под рукой. Этой папке на жестком диске соответствует вполне определенный каталог C:\Мои документы.

Рабочий стол

Строго говоря, даже сам Рабочий стол существует в *Windows* на правах папки. Соответствующий ей каталог находится по адресу C:\Windows\Рабочий стол. В этом каталоге вы можете найти файлы, соответствующие объектам, хранящимся на Рабочем столе. Ну и, наконец, скажем еще, что и Главному мсню, которое открывается нажатием кнопки Пуск, тоже соответствует папка *Windows*, отражающая содержимое каталога C:\Windows\Главное меню. Если исследовать этот каталог, то можно убедиться, что в нем лежат файлы с расширениями .LNK. Это те самые ярлыки, которые выполняют функции указателей. Догадливый читатель, наверное, сразу сообразил, что, вводя в папку C:\Windows\Главное меню новые файлы .LNK (или удаляя их оттуда), можно управлять содержимым Главного меню. Справедливо и обратное. Когда в Главном меню создаются или удаляются новые пункты, это отражается на том, что хранится в папке C:\Windows\Главное меню.

Любой дисковый каталог представляется в *Windows* как папка, но далеко не всякой папке *Windows* соответствует каталог на диске. Хлеб — это еда, но еда — это не только хлеб. В *Windows* есть еще специальные логические папки, в которых хранятся объекты, не являющиеся файлами. С такими логическими папками мы столкнемся не только в самой операционной системе, но и в некоторых ее приложениях.

Для примера откройте окно Мой компьютер. Разыщите в нем папку Панель управления и откройте ее двойным щелчком. Значки, которые здесь хранятся, не представляют ни файлы, ни программы. Они нужны для настройки операционной системы и устройств, подключенных к компьютеру. Найти на жестком диске каталог, соответствующий папке Панель управления, невозможно — его просто нет в природе. Это далеко не единственный пример логических папок, не являющихся каталогами.

Рис. 7.5. Сравните состав пунктов Главного меню и содержимое папки \Главное меню. Изменяя наполнение папки, можно по своему вкусу изменять меню

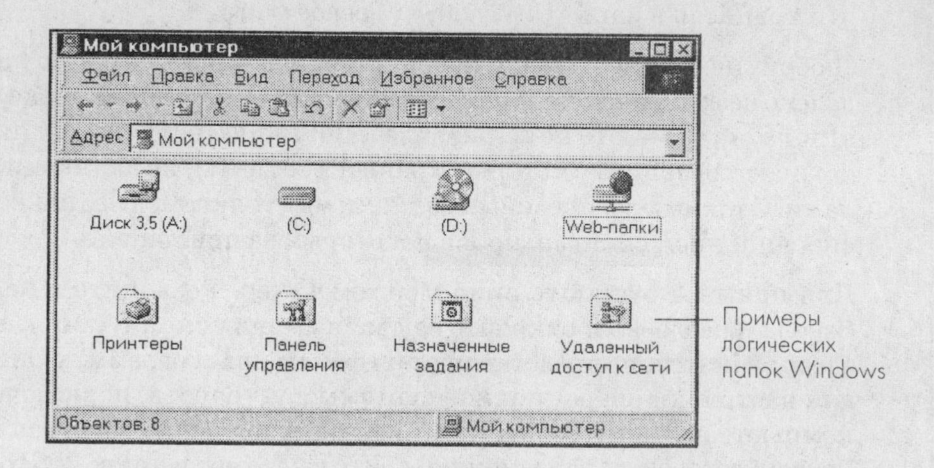

Рис. 7.6. Эти папки логические. Им не соответствует ни один каталог жесткого диска

Вопрос-ответ

Как создать папку?

Это не проблема. Главное — решить, где ее создать и как ее назвать, а все остальное — дело техники.

Основных вариантов размещения папок два: на Рабочем столе или где-нибудь на жестком диске. Разница очевидна. На Рабочем столе эта папка вместе со своим содержимым всегда легкодоступна, но путается под ногами и портит вид Рабочего стола. На диске **C:** она не столь доступна, зато хранится подальше от чужих глаз. В общем, все как в реальной жизни: одни предпочитают захламить письменный стол и иметь все под рукой, но расплачиваются затратами времени на поиск пропавших бумаг. Другие же предпочитают хранить книги и бумаги в шкафах и ящиках и никогда ничего не теряют, но платят за аккуратность дополнительными затратами времени на уборку.

Истина, конечно, лежит посередине. Для тех документов, которые надо иметь всегда под рукой, можно создать папки на Рабочем столе, а для архивов стоит создавать папки на диске **C:**.

Создание папки на Рабочем столе

1. Щелкните правой кнопкой мыши на свободном месте Рабочего стола и выберите в контекстном меню пункты: **Создать ➤ Папку** — на экране появится значок папки.

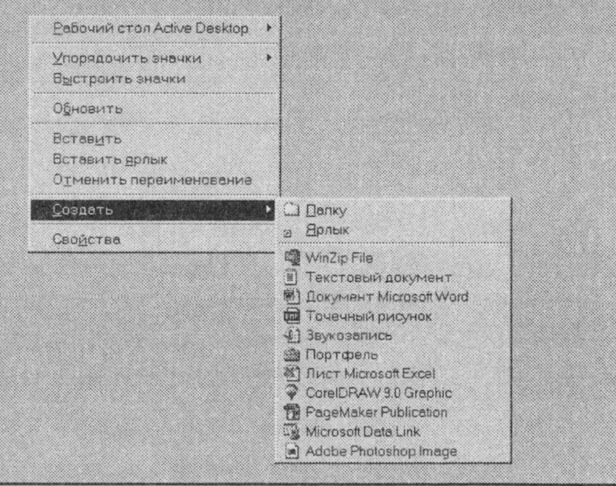

2. В момент создания значка он получает стандартное имя **Новая папка**. Его надо тут же заменить, введя новое имя, например **Мои труды**. Ввод имени завершают нажатием клавиши **ENTER**.

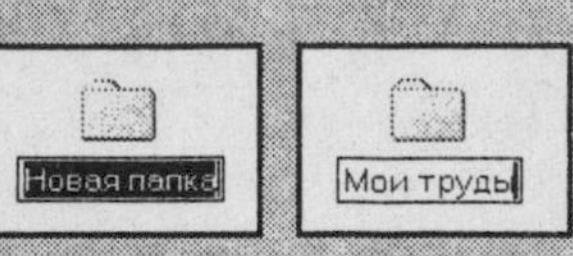

3. Если упустили момент для изменения имени и нелепое имя **Новая папка** уже закрепилось за созданной папкой, его надо изменить. Для этого щелкните правой кнопкой мыши на значке этой (данной) папки и выберите в контекстном меню пункт **Переименовать**.

4. Если опять не получилось, не отчаивайтесь. Повторите операцию еще раз. Впоследствии будете выполнять ее за считанные мгновения.

Создание папки на жестком диске

1. Двойным щелчком на значке **Мой компьютер** откройте окно **Мой компьютер**.

2. Разыщите в нем значок нужного диска и откройте его двойным щелчком.

3. На самом деле это окно не диска, а его корневой папки. Щелкните внутри окна правой кнопкой мыши и в контекстном меню выберите команду **Создать ➤ Папку**.

4. Дайте папке содержательное имя, как указано выше.

Элегантный подход

1. Создайте папку на Рабочем столе и дайте ей имя.

2. Откройте окно **Мой компьютер**.

3. Перетащите папку с Рабочего стола на значок диска **C:** и, когда значок изменит цвет, бросьте ее там. Она попадет в корневой каталог **C:**. Можете в этом убедиться, открыв окно с содержимым диска.

Аналогично можно перетаскивать значок папки на значок любой другой папки — она войдет в нее на правах вложенной папки, а в соответствующем каталоге диска образуется вложенный каталог.

Вопрос-ответ

Я создал новую папку, но не могу ввести ее имя русскими буквами. Что мне делать?

Вам необходимо переключить клавиатуру с английской раскладки клавиш на русскую и наоборот.

Простейший (но не рекомендуемый) подход состоит в использовании значка раскладки на панели индикации. Если на нем щелкнуть, откроется меню, в котором можно выбрать нужную раскладку. У такого подхода два недостатка: во-первых, не у всех этот значок имеется на панели индикации, а во-вторых, в некоторых версиях *Windows* он не всегда корректно работает.

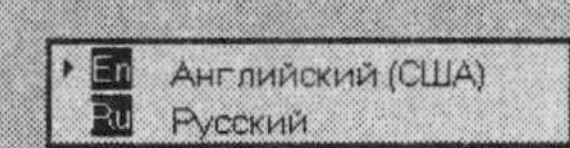

Более элегантно — пользоваться клавиатурой, а чтобы узнать, какая комбинация клавиш отвечает за переключение раскладки, действуйте следующим образом.

1. Откройте окно **Панель управления** (**Пуск ➤ Настройка ➤ Панель управления**).
2. Разыщите в нем значок **Клавиатура** и щелкните на нем дважды — откроется диалоговое окно **Свойства: Клавиатура**.
3. В этом окне откройте вкладку **Язык**.
4. В списке **Язык** убедитесь, что поддержка русского языка установлена. Если это не так, потребуются более глубокие настройки, о которых рассказано в главе 36.
5. На панели **Переключение раскладок** посмотрите, какая комбинация клавиш используется в качестве переключателя. Возможных вариантов три:

   ✦ **ALT слева + SHIFT**;

   ✦ **CTRL + SHIFT**;

   ✦ **Отсутствует.**

Если включен переключатель **Отсутствует**, то это непорядок. Включите любой из предложенных вариантов.

6. Если на Панели индикации нет индикатора раскладки, на будущее установите флажок **Отображать индикатор языка на панели задач**.
7. Закройте диалоговое окно щелчком на кнопке **OK**.
8. Закройте окно **Панель управления**.
9. Проверьте, как срабатывает избранная комбинация переключения, наблюдая за ее действием по индикатору раскладки.

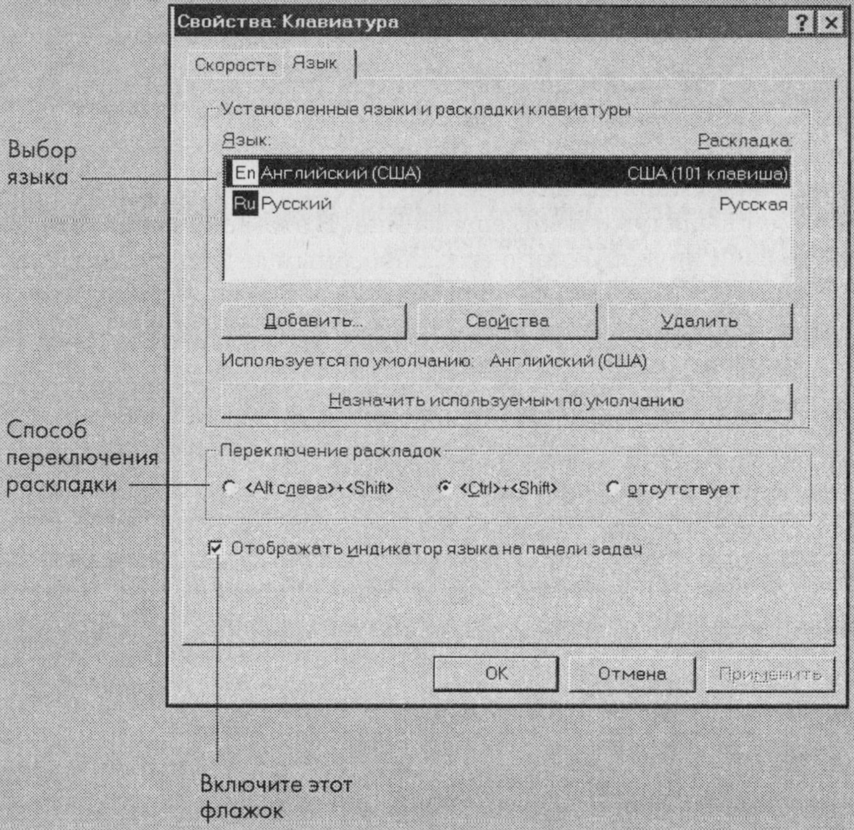

Свойства: Клавиатура

Скорость Язык

Установленные языки и раскладки клавиатуры

Язык: Раскладка:

En Английский (США) США (101 клавиша)

Ru Русский Русская

Добавить... Свойства Удалить

Используется по умолчанию: Английский (США)

Назначить используемым по умолчанию

Переключение раскладок

<Alt слева>+<Shift> <Ctrl>+<Shift> отсутствует

Отображать индикатор языка на панели задач

OK Отмена Применить

Выбор языка

Способ переключения раскладки

Включите этот флажок

Папка Мои документы

Создатели операционной системы *Windows* подготовили для нас на Рабочем столе стандартную системную папку Мои документы. Это естественное место, в котором целесообразно создавать новые папки и складывать в них все, что создано своими руками. У папки Мои документы есть несколько важных потребительских свойств.

Потребительский подход

Во-первых, если с одним компьютером работают несколько человек, то можно сделать так, чтобы при включении компьютера каждый пользователь представлялся операционной системе, и тогда у каждого будет на Рабочем столе своя личная папка Мои документы. То есть в этом случае на жестком диске будет создано много каталогов ...\Мои документы, но каждый пользователь компьютера будет иметь дело только со своим каталогом.

Во-вторых, представьте, что через пять минут у вас компьютер отберут, а взамен выдадут новый, еще лучше. В этом случае надо срочно спасти все свои труды. Если они разбросаны где попало, на розыск могут уйти часы, и все равно что-нибудь ценное забудется. Если же они хранятся в одном месте, достаточно позаботиться о сохранности содержимого только одной папки — Мои документы.

В третьих, достоинство папки Мои документы связано с особенностями большинства прикладных программ. Приложения *Windows* спроектированы так, что когда нам надо что-то сохранить на жестком диске, в первую очередь предлагается сделать это именно в папку Мои документы. Разумеется, нетрудно выбрать в качестве места хранения любую другую папку или создать новую, но папка Мои документы все-таки доступнее.

Профессиональный подход

Несмотря на достоинства, у папки Мои документы есть один важный недостаток — она *системная*. Редко, но, к сожалению, случается, что операционная система *Windows 9x* выходит из строя. Это не очень страшно, потому что переустановить операционную систему — дело нехитрое. Однако бывает и так, что вместе с операционной системой погибают и ее системные папки, в том числе и Мои документы. Поверьте, очень обидно, когда после аварии все, что было на жестком диске, остается в целости и сохранности, за исключением папки Мои документы, а ведь там хранится самое ценное! Кстати, Рабочий стол — это тоже системная папка *Windows*, так что на нем также не стоит долго хранить свои труды.

Лучше всего создать персональное место на диске C:\ для хранения своих документов, например C:\Мои труды.

1. Откройте окно Мой компьютер.
2. Откройте окно диска C:.
3. Создайте папку C:\Мои труды. У этой папки только один недостаток — до нее трудно добираться. Приходится по пути открывать два лишних окна. Однако это легко поправимо.
4. Специальным перетаскиванием (при нажатой правой кнопке мыши) перетащите значок папки C:\Мои труды на Рабочий стол. Когда закончите перетаскивание, выберите в открывшемся меню пункт Создать ярлык, и на Рабочем столе появится ярлык Мои труды. В дальнейшем используйте этот ярлык для открытия папки Мои труды, а если понадобится поместить туда какой-то документ, можно просто перетащить его значок на ярлык папки и там бросить. Документ попадет, куда нужно.

Вы, конечно, поняли, что этот принцип распространяется и на все возможные прочие папки: Твои труды, Его труды, Их труды и т. п. В общем, создавайте любые папки на жестких дисках, а их ярлыки выносите на Рабочий стол. Если что-то случится с *Windows* и содержимое Рабочего стола безвременно погибнет, то погибнут ярлыки, ценность которых нулевая. Все файлы и каталоги благополучно останутся там, где были на жестком диске, и переустановка операционной системы пройдет без потерь.

На этом мы закончим рассказ о каталогах и папках, но в качестве последнего напутствия напомним первую заповедь — *каждому объекту Windows должно быть строго определено свое место. Не начинайте что-либо создавать или копировать, если такое место еще не определено!*

8. Анатомия окна

Структура окна папки

Windows — по-английски *окна*. Окна — основные объекты этой операционной системы. Мы уже говорили, что при работе вам встретятся окна трех типов: окна папок, рабочие окна приложений и диалоговые окна. Прежде чем двигаться далее, давайте изучим приемы работы с ними. Мы начнем с самого простого — с окон папок.

На рис. 8.1 для примера показано уже знакомое нам окно Мой компьютер. В операционной системе *Windows* все окна папок имеют одинаковую структуру, так что, освоив работу с одним окном, вы разберетесь сразу со всеми. На рисунке также обозначены названия элементов, из которых состоит окно, а здесь мы кратко охарактеризуем назначение каждого из них.

Строка заголовка. У каждого окна обязательно есть строка заголовка. Заголовок окна — это его имя, причем уникальное. В книгах по вычислительной технике, в том числе и в этой, принято называть окна именно по их заголовкам. Еще одна функция строки заголовка заключается в том, что именно за нее окно можно перетаскивать по экрану (при нажатой левой кнопке мыши).

Кнопки управления размером окна. Вы уже знаете, что размер окна можно изменять методом протягивания, если навести указатель мыши на его рамку. Однако есть и более простые, хотя и более грубые приемы.

На правом краю строки заголовка находятся три кнопки управления размером. Первая кнопка — *сворачивающая*. Она позволяет временно прикрыть (свернуть окно). После сворачивания окно доступно через кнопку, которая соответствует ему на Панели

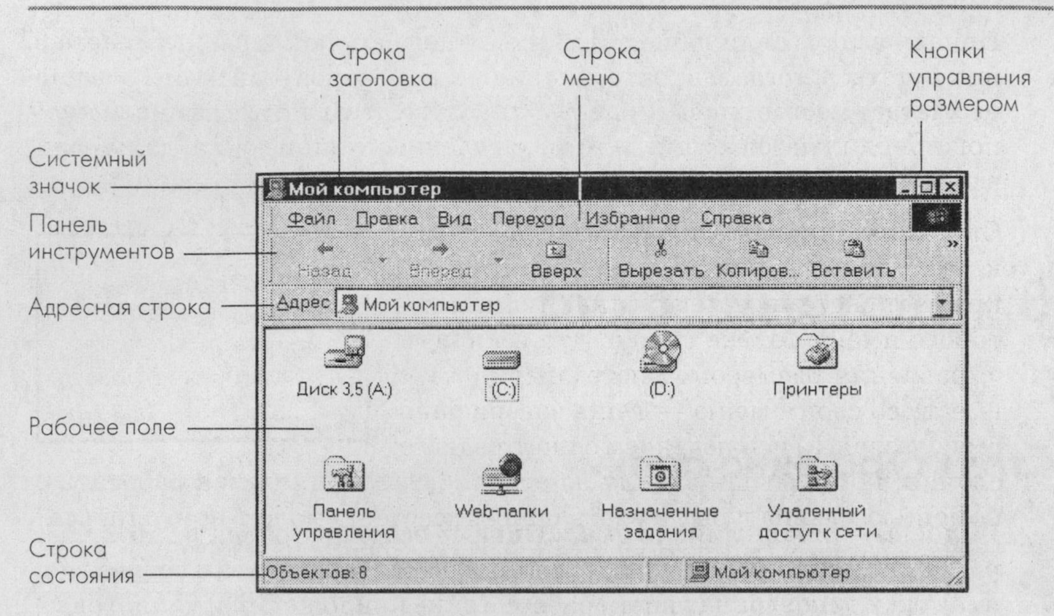

Рис. 8.1. Структура окна папки

задач. Щелчок на ней восстановит окно там, где оно и было. Сворачивание окна применяют, чтобы получить доступ к окнам, которые находятся за ним.

Рядом со сворачивающей находится *разворачивающая* кнопка. Она позволяет развернуть окно во весь экран. Если в окне очень много объектов, это помогает их лучше рассмотреть. После разворачивания данная кнопка заменяется *восстанавливающей*, которая позволяет вернуться к прежним размерам. Обычно окна папок не принято разворачивать во весь экран, так как потеря в оперативности здесь выше, чем выигрыш. Другое дело — рабочие окна приложений. Их, наоборот, принято разворачивать на весь экран.

Крайняя правая кнопка — *закрывающая*. После закрытия, в отличие от сворачивания, окно становится недоступным и с Панели задач удаляется соответствующая ему кнопка.

Закрывать окно или сворачивать — дело ваше. Открытые окна папок, в отличие от рабочих окон приложений, не слишком перегружают компьютер, и нет ничего страшного в том, чтобы держать одновременно десяток открытых или свернутых окон. Если известно, что в ближайшее время окно вряд ли потребуется, можете его закрыть, в противном случае — свернуть. Еще неплохо отслеживать состояние

Панели задач. Если на ней слишком много кнопок и вы начинаете в них путаться, тогда закройте лишние окна. У автора этой книги обычно не хватает мозгов ориентироваться на Панели задач, когда число кнопок приближается к семи, и тогда он удаляет лишние окна, даже если вскоре придется открывать их снова.

Системный значок. Он находится на левом краю строки заголовка. Щелчок на нем открывает системное меню окна, пункты которого имеют тот же смысл, что и кнопки управления размером. Системный значок вместе со своим меню — вещь совершенно бесполезная, за исключением одного редкого случая, когда мышь вышла из строя. Тогда приходится работать с помощью клавиатуры, и здесь системное меню может пригодиться. Чтобы его открыть, служит комбинация клавиш ALT + ПРОБЕЛ.

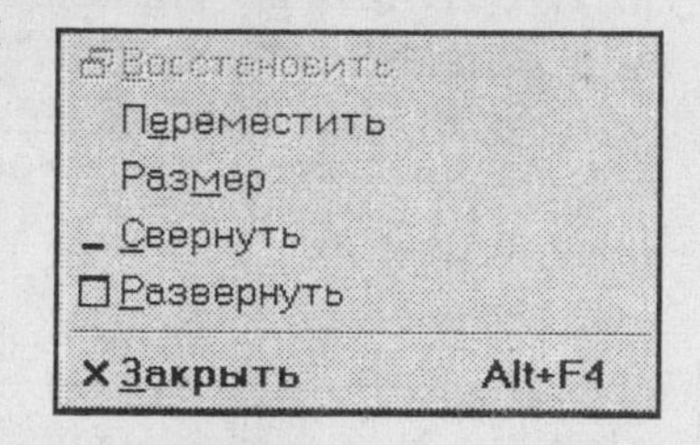

Комбинация клавиш ALT + ПРОБЕЛ открывает системное меню того окна, которое в данный момент является текущим. Если на экране открыто несколько окон одновременно, то выбор текущего окна без помощи мыши выполняют комбинацией клавиш ALT + TAB.

Строка меню. Не будет преувеличением сказать, что и в окнах папок, и в рабочих окнах приложений это самый-самый главный элемент управления. Если, например, в описании какой-либо программы встретится предложение дать команду Супертранспозитировать или еще что-нибудь в этом роде, сразу смотрите в строку меню. Работе с ней мы уделим отдельный раздел.

Если мышь по каким-то причинам перестала работать, то доступ к строке меню возможен с помощью клавиши F10. Далее навигацию в структуре меню выполняют с помощью клавиш управления курсором «вверх–вниз и вправо–влево». Сделанный выбор утверждают клавишами ENTER или ПРОБЕЛ.

Панель инструментов. Здесь собраны графические кнопки, с помощью которых можно отдавать наиболее часто используемые команды. В большинстве современных приложений панели инструментов настраиваемые, то есть вы сами можете решить, значки каких команд стоит здесь держать, а каких — нет. Начиная с *Windows 98*, панель инструментов стала такой большой, что не помещается в окнах небольших размеров. Поэтому на ее правом краю может отображаться раскрывающая кнопка для доступа к тем инструментам, которые не видны.

Мы не будем утверждать, что панель инструментов — это очень полезная вещь. Скорее — бесполезная. Начинающие кнопками не пользуются — им проще выбирать команды из строки меню. Профессионалы ими тоже не пользуются, поскольку назубок помнят клавиатурные комбинации для выполнения большинства операций.

Бывает полезно удалить подписи к кнопкам — тогда кнопки станут меньше и будут легко помещаться даже в небольших окнах. Для этого щелкните на панели инструментов правой кнопкой мыши и в контекстном меню сбросьте флажок в пункте Подписи к кнопкам. То, что кнопки остались без подписей, не должно вас волновать — все равно при наведении указателя мыши появится всплывающая подсказка с названием кнопки.

Адресная строка. У нее две полезные функции. Во-первых, здесь всегда указан путь доступа к той папке, которая открыта в окне, — это помогает ориентироваться. Во-вторых, на правом краю адресной строки есть раскрывающая кнопка, предоставляющая быстрый доступ к основным объектам *Windows*. Если, например, нужно перейти к работе с другим диском, то это самое удобное средство.

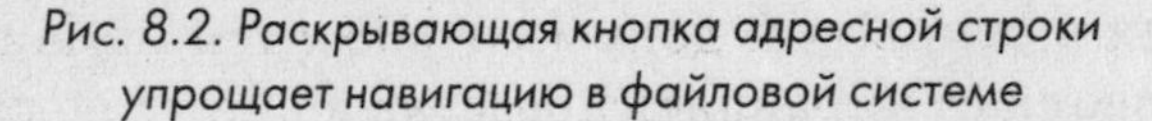

Рис. 8.2. Раскрывающая кнопка адресной строки упрощает навигацию в файловой системе

Рабочее поле. В рабочем поле окна отображается содержимое папки: значки вложенных папок или файлов. Если значков много и не все помещаются в рабочем поле, будут образовываться так называемые *полосы прокрутки*. Это достаточно неудобный элемент управления, которого стоит избегать, если возможно. Вариантов действий несколько: либо растянуть окно с помощью мыши, либо уменьшить размеры значков командами Вид ➤ Мелкие значки и Вид ➤ Список.

Строка состояния. Это очень полезный информационный элемент. Из нее можно узнать о том, сколько объектов находится в папке. Если в папке есть *скрытые* файлы, здесь об этом сообщается. При выделении одного или нескольких объектов, в строке состояния можно узнать их размеры.

Объектов:247, скрытых:38 | 85,8 МБ | Мой компьютер

Рис 8.3. Строка состояния позволяет узнать о наличии в окне папки скрытых (невидимых) объектов

Строка меню

Строка меню — это универсальный элемент управления, имеющийся в большинстве приложений *Windows*. Ее особенность состоит в том, что в *Windows* действует хорошее правило: *если в программе предусмотрена какая-либо команда, то она обязательно должна быть доступна через строку меню*. Знание этого нехитрого правила сильно облегчает изучение новых программ и даже освоение программ без документации (методом «научного тыка»).

В окнах приложений строка меню не стандартна, но стандартизирована — приняты меры к ее унификации. Практически повсеместными являются пункты Файл, Правка, Вид и Справка. Кроме этих четырех основных пунктов некоторые приложения могут добавлять специальные пункты, но во всех случаях программисты стараются, чтобы их не было слишком много.

Обычное назначение меню Файл — доступ к настройкам конкретного документа и основным операциям с ним (открыть, закрыть, напечатать и т. п.). Меню Правка, как правило, отвечает за команды, с помощью которых в открытый документ вносятся изменения. Средства меню Вид позволяют управлять представлением содержимого окна на экране. Меню Справка обычно предоставляет доступ к вспомогательной информации и справочным руководствам пользователя.

Однако вернемся к окнам папок. В отличие от окон приложений, они не предназначены для работы с документами, поэтому в окнах папок меню Файл и Правка практически не используются. Основная же нагрузка ложится на меню Вид — именно с его помощью мы можем управлять представлением объектов, хранящихся в папке. Меню Справка в окнах папок открывает доступ к справочной системе *Windows*, которая очень хорошо проработана в системах *Windows 95* и *Windows 95 OSR2*, заметно хуже — в системах *Windows 98* и *Windows 98 SE* и никуда не годно — в системе *Windows Me*. Справочная система *Windows* медленно, но верно деградирует — она все меньше и меньше походит на содержательную интерактивную книгу и все больше и больше приближается к комиксу.

Дополнительно в строке меню окна папки можно увидеть пункты Переход и Избранное. Они появились только начиная с системы *Windows 98* и связаны с работой в Интернете. Для работы с папками они не нужны и «навязаны» окну той программой, которая обеспечивает работу окон — это программа Internet Explorer, с которой мы познакомимся, осваиваясь в Интернете.

Управление отображением содержимого

Управление представлением. Содержимым в окне папки управляют с помощью меню Вид. Обычное представление — Вид ➤ Крупные значки. Оно удобно, когда в окне папки не слишком много значков и внешний вид значков хорошо соответствует их содержимому. Особенно хорошо использовать это представление, когда в окне содержатся значки устройств или программ. Если при этом в окне становится тесно, для него можно включить установку Вид ➤ Мелкие значки.

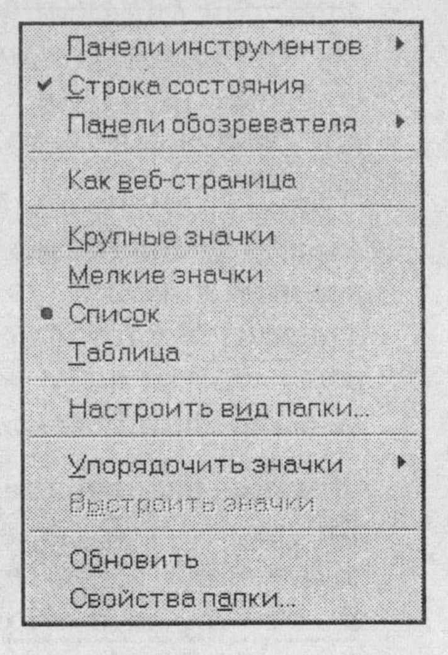

Если значков много и все они однотипны, то их вид недостаточно характеризует связанный с ним объект, и тогда содержательная нагрузка ложится на подпись. В этом случае лучше применять представление в виде списка (Вид ➤ Список). Самое информативное представление имеет табличный вид: Вид ➤ Таблица. В этом случае кроме имен отображаются размеры файлов и даты их создания.

Управление сортировкой. При работе с компьютером очень часто приходится заниматься упорядочением объектов, например файлов. Упорядочение выполняют двумя способами: *группировкой* и *сортировкой*. С группировкой мы уже знакомы — она осуществляется с помощью папок. Каждая папка содержит группу файлов или вложенных папок, объединенных по какому-то признаку. А сортировку объектов внутри папок выполняют средствами меню Вид.

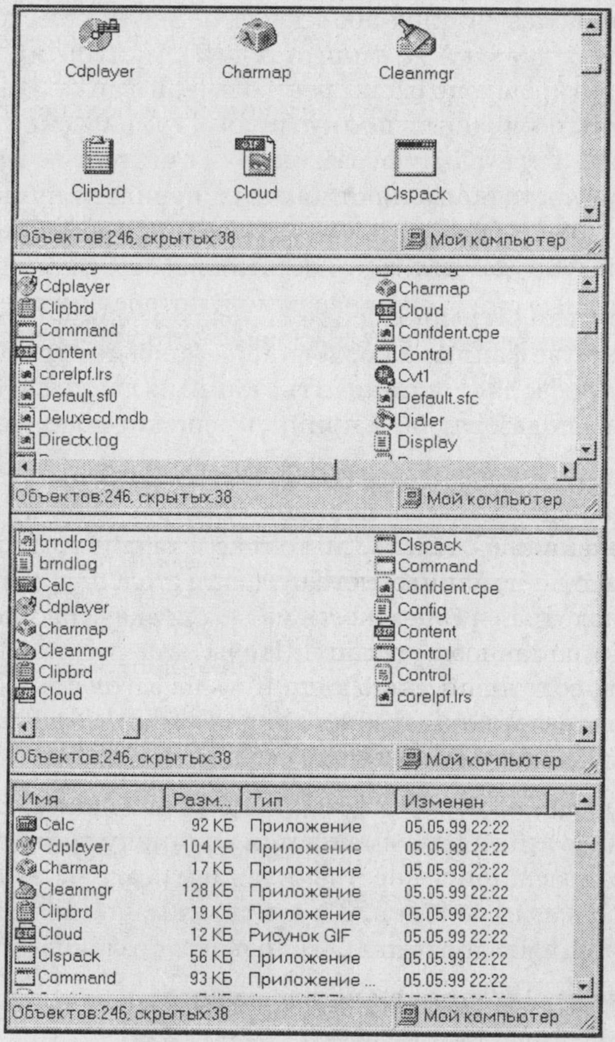

Cdplayer Charmap Cleanmgr

Clipbrd Cloud Clspack

Объектов:246, скрытых:38 Мой компьютер

Представление в виде крупных значков подходит для программ, потому что они имеют характерные значки

Cdplayer
Clipbrd
Command
Content
corelpf.lrs
Default.sf0
Deluxecd.mdb
Directx.log

Charmap
Cloud
Confdent.cpe
Control
Cvt1
Default.sfc
Dialer
Display

Объектов:246, скрытых:38 Мой компьютер

Представление в виде мелких значков применяют, если объектов в окне слишком много

brndlog
brndlog
Calc
Cdplayer
Charmap
Cleanmgr
Clipbrd
Cloud

Clspack
Command
Confdent.cpe
Config
Content
Control
Control
corelpf.lrs

Объектов:246, скрытых:38 Мой компьютер

Представление в виде списка удобно, когда объекты представлены схожими значками — тогда значение подписи возрастает

Имя	Разм...	Тип	Изменен
Calc	92 КБ	Приложение	05.05.99 22:22
Cdplayer	104 КБ	Приложение	05.05.99 22:22
Charmap	17 КБ	Приложение	05.05.99 22:22
Cleanmgr	128 КБ	Приложение	05.05.99 22:22
Clipbrd	19 КБ	Приложение	05.05.99 22:22
Cloud	12 КБ	Рисунок GIF	05.05.99 22:22
Clspack	56 КБ	Приложение	05.05.99 22:22
Command	93 КБ	Приложение ...	05.05.99 22:22

Объектов:246, скрытых:38 Мой компьютер

Представление в виде таблицы самое информативное

Рис 8.4. Способы представления объектов в окне папки

Для примера откройте папку C:\Windows. В ней так много объектов, что если их не отсортировать, то найти нужный весьма непросто. Для сортировки дайте команду Вид ➤ Упорядочить значки. Она открывает вложенное меню, содержащее четыре вида сортировки:

- по имени;
- по типу;
- по размеру;
- по дате.

Сортировкой по имени пользуются наиболее часто. Значки выстраиваются в *восходящем* порядке (от А до Z или от А до Я). При сортировке по типу происходит сортировка по расширению имени файла. В этом случае текстовые файлы собираются в одну группу, графические — в другую, музыкальные — в третью, программные — в четвертую и т. д. Сортировку по размеру часто применяют для выяснения, кто «съел» все свободное место на диске. Обычно после такой сортировки принимают решение, что следует удалить, а что оставить.

Сортировка по дате происходит в нисходящем порядке: первые строки занимают наиболее свежие файлы, а последние — наиболее древние. Этот вид сортировки позволяет установить, какими документами никто давным-давно не пользовался, и принять решение об их уничтожении.

Бывают случаи, когда надо изменить порядок сортировки на противоположный. Это тоже можно сделать, но только в табличном представлении (Вид ➤ Таблица). У таблицы есть заголовки столбцов, например Имя, Размер, Тип и т. д. Если щелкнуть на заголовке столбца, то произойдет сортировка по данному столбцу. Чтобы изменить порядок сортировки на противоположный, надо щелкнуть на заголовке столбца еще раз. Этот прием работает не только в окнах папок, но и в большинстве приложений *Windows* — возьмите его на вооружение.

С табличным представлением связан еще один полезный прием. Если содержимое какого-либо столбца не вмещается в ширину поля этого столбца, то поле можно расширить перетаскиванием разделительной границы между заголовками столбцов. Обратите внимание на то, что при наведении на границу между двумя заголовками столбцов указа-

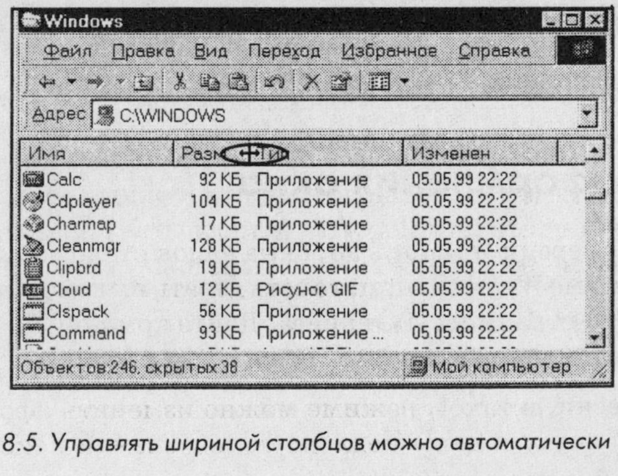

Рис. 8.5. Управлять шириной столбцов можно автоматически

тель мыши меняет форму. Если в этот момент исполнить двойной щелчок, то ширина столбца увеличится автоматически ровно на столько, на сколько это нужно, чтобы в него поместилась самая длинная запись.

Управление расположением. Обычно значки в окне можно перемещать с места на место методом перетаскивания. Однако при этом трудно «на глаз» расположить их ровно относительно друг друга. На помощь приходит команда Вид ➤ Выстроить значки.

Есть и еще более мощная команда Вид ➤ Упорядочить значки ➤ Автоматически. В этом случае значки не только выстраиваются ровно, но и фиксируются на своих местах так, что больше их вручную не сдвинешь. Эта команда хороша тем, что если после нее начать изменять размер окна вручную, значки будут сами перестраиваться, заполняя всю ширину окна ровными рядами. Чтобы отключить автоматическое выравнивание, надо повторить команду еще раз.

Управление полосами прокрутки. Если не все содержимое окна способно разместиться в рабочем поле, в окне образуются так называемые *полосы прокрутки*. По возможности стоит избегать их появления, но в некоторых случаях, когда объектов очень много, как в папке C:\Windows, бороться с ними бесполезно, и надо научиться ими управлять.

Полос прокрутки может быть две: горизонтальная и вертикальная. По конструкции полоса прокрутки состоит из двух кнопок прокрутки, поля полосы и движка. Щелкая на кнопках прокрутки, можно медленно и аккуратно перемещать содержимое внутри рабочей области окна. Быструю прокрутку выполняют перетаскиванием движка. Есть еще третий прием — щелчок на поле полосы прокрутки выше или ниже движка.

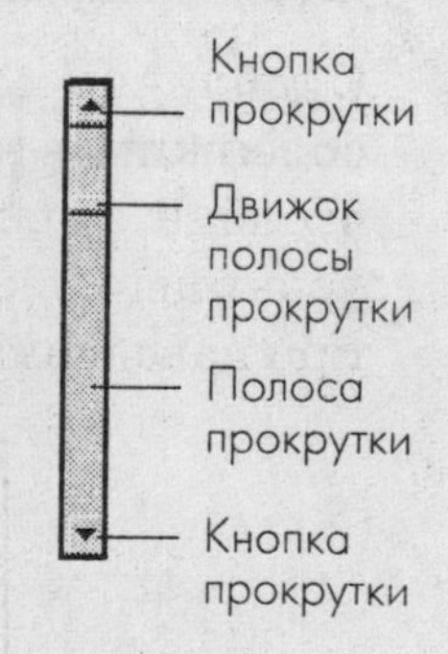

Приемы оформления окна

Начиная с версии *Windows 98*, окна папок стало возможно представлять в режиме *Web*-страниц, то есть делать их похожими по оформлению на *Web*-страницы Интернета. Дайте команду Вид ➤ Как веб-страница, и оформление окна изменится.

Теоретически, в таком режиме можно изменить оформление папки по своему вкусу и даже подложить под значки какое-либо фоновое

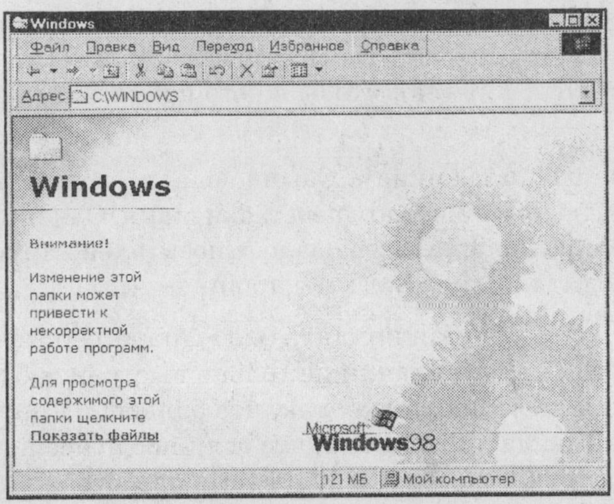

Рис. 8.6. В системе Windows 98 папки могут иметь специальное оформление

изображение, но при работе в системе *Windows 98* это требует специальных знаний и даже небольших навыков в программировании. В последней версии системы — *Windows 98 Me* поместить фоновый рисунок в окно папки гораздо проще. Для этого есть команда Вид ➤ Настроить вид папки. Она запускает Мастер-программу, которая выполнит все настройки автоматически — ей надо только указать, что мы хотим сделать и какой рисунок для этого использовать.

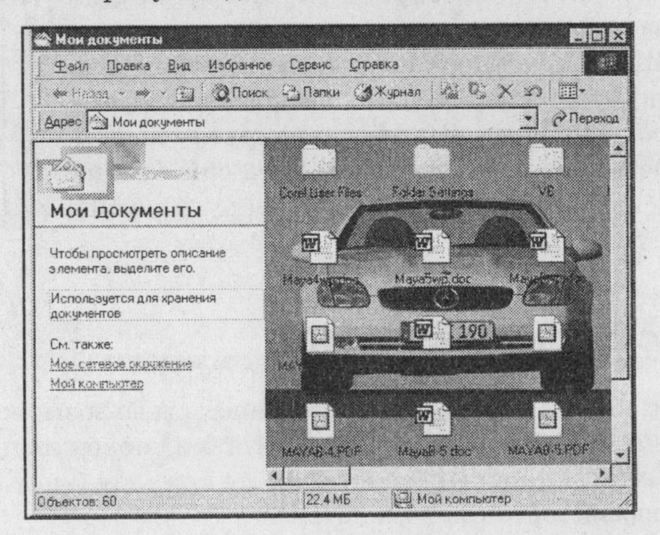

Рис. 8.7. В системе Windows Me в качестве фонового изображения для папки можно выбрать произвольный рисунок

9. Диалоговые окна Windows

Особенности диалоговых окон

Так же как окна папок и рабочие окна приложений, диалоговые окна — по своей сути *контейнеры*. Только в них группируются не объекты *Windows* (значки файлов, папок и устройств), а элементы управления. Отсюда понятно и назначение диалоговых окон. Коль скоро это элементы, предназначенные для управления объектами, то и диалоговые окна служат для управления операционной системой и ее программами. Если говорить еще точнее, то они служат не столько для управления, сколько для настройки системы и приложений. А если еще точнее, то с помощью диалоговых окон мы получаем возможность вводить в систему нужные нам параметры.

Допустим, нам надо сохранить файл. В этом случае мало дать команду на сохранение, но еще надо указать, под каким именем его сохранить и в каком месте — то есть надо выбрать или создать для него папку. Все эти сведения входят в команду сохранения и являются ее *параметрами*. Для их задания нам на помощь приходят диалоговые окна.

С помощью диалоговых окон производится настройка объектов *Windows*. В контекстном меню любого объекта есть команда Свойства, которая открывает диалоговое окно свойств этого объекта. Для примера щелкните правой кнопкой мыши где-нибудь на свободном месте Рабочего стола и выберите в контекстном меню пункт Свойства — вы увидите диалоговое окно Свойства: Экран, которое используется для настройки оформления Рабочего стола, окон папок и вообще всей видеосистемы компьютера (рис. 9.1).

Диалоговые окна не нуждаются в средствах для управления их размерами. Если уж диалоговое окно открыто, надо закончить с ним все операции, потом закрыть и лишь после этого возвращаться к прерван-

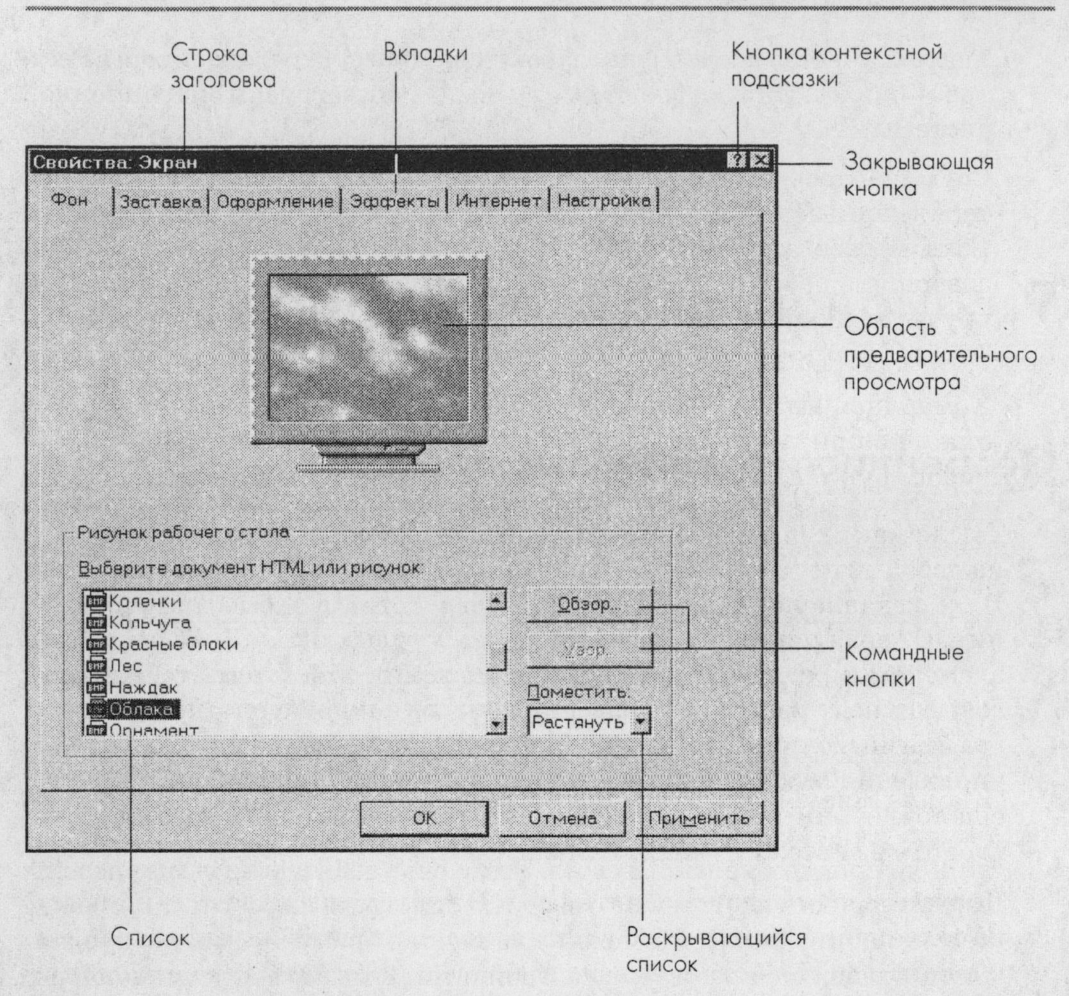

Рис. 9.1. Это диалоговое окно используют для настройки оформления Windows

ной работе. Его не надо ни сворачивать, ни разворачивать. Его можно только закрыть, когда все нужные настройки уже сделаны.

Завершение настроек выполняется несколькими способами. Для этого в большинстве диалоговых окон есть три командные кнопки: ОК, Отмена и Применить.

ОК

Команда ОК закрывает диалоговое окно. При таком закрытии окна все настройки (или изменения в настройках), сделанные во время работы с ним, вступают в силу. Бывают случаи, когда система при этом предлагает перезагрузить компьютер.

Такое случается после очень глубоких настроек, отражающихся в Реестре *Windows*. Они вступают в силу после перезагрузки операционной системы.

Соглашайтесь на перезагрузку, если никакие программы на компьютере в данный момент не запущены и никакие документы не открыты. Если же работают какие-либо программы, откажитесь от перезагрузки, завершите работу с программами, закройте открытые документы и вручную дайте команду на перезагрузку: Пуск ➤ Завершение работы ➤ Перезагрузить компьютер ➤ OK.

Отмена

Командная кнопка Отмена тоже закрывает диалоговое окно, но при таком закрытии все сделанные настройки игнорируются, и система делает вид, что ничего не произошло. Этим вариантом пользуются, если диалоговое окно открыли по ошибке или в нем были сделаны ошибочные настройки. Тот же результат дает и щелчок на закрывающей кнопке в правом верхнем углу.

Типичная ошибка начинающих состоит в том, что они делают какие-то настройки, а потом закрывают диалоговое окно с помощью закрывающей кнопки (по аналогии с окнами папок). Не надо удивляться, если при этом сделанные настройки не вступают в действие.

Применить

Кнопка Применить имеется далеко не во всех диалоговых окнах. Ее действие такое: настройки вступают в силу, но окно при этом не закрывается. Это очень удобно, если вы не уверены в правильности настроек и хотели бы посмотреть на результат, прежде чем закрыть окно. После щелчка на кнопке Применить можно продолжать экспериментировать с настройками. Когда все будет закончено, воспользуйтесь кнопкой OK или Отмена.

Кстати, те настройки, которые вступили в действие по команде Применить, уже не отменяются по команде Отмена.

И наконец, последняя особенность диалоговых окон, на которую мы обратим особое внимание, — это специальная кнопка контекстной подсказки в строке заголовка рядом с закрывающей кнопкой окна. На ней изображен вопросительный знак.

Если щелкнуть на этой кнопке, то указатель мыши принимает форму вопросительного знака. Пока он находится в таком состоянии, его можно подвести к любому элементу управления в диалоговом окне и щелчком получить справку о назначении данного элемента.

Этот прием работает не только в операционной системе, но и во многих ее приложениях, хотя программист, создавший программу, должен был об этом специально позаботиться. Если в какой-то программе контекстная подсказка по элементам управления не выдается, значит, программист немножко схалтурил.

Что это такое?

Во многих (не во всех) диалоговых окнах можно получить контекстную подсказку и другим способом. Для этого надо щелкнуть на элементе управления правой кнопкой мыши, и рядом с ним появится кнопка контекстной подсказки Что это такое? Щелчок на ней дает контекстную подсказку, связанную с данным элементом управления.

При изучении новых программ почаще «прощелкивайте» диалоговые окна правой кнопкой мыши. Иногда это дает очень интересные результаты и помогает сократить время на освоение новых приемов работы.

Основные элементы управления Windows

В этом разделе мы познакомимся с основными элементами управления, которые могут встретиться в реальной работе, узнаем, что с ними можно делать, какой реакции стоит ожидать и на что рассчитывать. Следует иметь в виду, что технология не стоит на месте и время от времени появляются программы, содержащие новые оригинальные элементы управления; поэтому все придуманное человечеством мы здесь не осветим, но то, что встречается в диалоговых окнах *Windows*, рассмотрим.

Командные кнопки

Обзор...

Это самый простой и понятный элемент управления, без которого трудно обойтись в любом диалоговом окне. По крайней мере одна кнопка (кнопка ОК или кнопка Закрыть) в окне должна быть, иначе непонятно, как его закрывать.

Назначение кнопки обычно ясно из ее подписи. В крайнем случае попробуйте воспользоваться контекстной подсказкой.

Вкладки

Когда элементов управления так много, что они не помещаются в диалоговом окне, программисты делят его на страницы. В нашем примере диалоговое окно Свойства: Экран имеет шесть страниц (рис. 9.1). Для доступа к другим страницам диалогового окна служат так называемые *вкладки*. Вкладки — это элементы управления, поэтому на них надо щелкнуть всего один раз — и откроется новая страница.

Переключатели

С переключателями мы уже знакомы на примере диалогового окна Завершение работы с Windows (рис. 4.4). Включение переключателя выполняется щелчком, при этом ранее включенный переключатель выключается. Переключатели всегда существуют только группами. В каждой группе может быть включен ровно один переключатель. Один отдельный переключатель (без группы) не имеет смысла. На одной странице диалогового окна может быть несколько групп переключателей.

Флажки

Как и переключатели, флажки имеют два состояния: включено или выключено, но пользоваться ими можно раздельно, по одному. Если флажки используются в группе, то в ней может быть включено сколько угодно флажков одновременно.

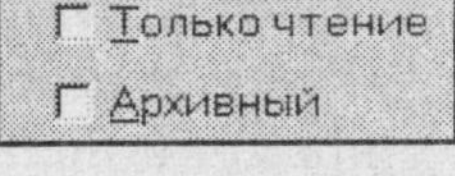

Текстовые поля (поля ввода)

Текстовые поля — это элементы управления, в которые пользователь может ввести какие-то данные с помощью клавиатуры. Чтобы начать ввод, надо щелкнуть на поле левой кнопкой мыши, и после того, как в поле появится курсор в виде вертикальной черты, начать набор. По окончании набора нажмите клавишу ENTER. Пока клавиша ENTER не нажата, введенные данные на обработку не поступают, поэтому их можно удалять и править как угодно.

Если надо ввести много информации, то вместо *полей ввода* могут использоваться *области ввода*. Они отличаются увеличенными размерами, но принцип работы с ними тот же.

Список

Список — это набор значений, из которых следует выбрать одно нужное. Если список длинный, он может иметь полосы прокрутки.

Раскрывающийся список

Это список, который открывается щелчком на раскрывающей кнопке.

Поле со списком (комбинированное поле)

Это текстовое поле, к которому прикреплен *список выбора*. С ним можно работать и клавиатурой, и мышью. При работе мышью надо щелкнуть на раскрывающей кнопке списка и выбрать нужное значение — оно автоматически войдет в поле. При использовании клавиатуры действуют так же, как при работе с обычными текстовыми полями (полями ввода).

Есть разные виды полей со списком. В одних случаях в поле разрешается вводить только те значения, которые присутствуют в присоединенном списке, то есть нельзя ввести ничего, кроме того, что заранее

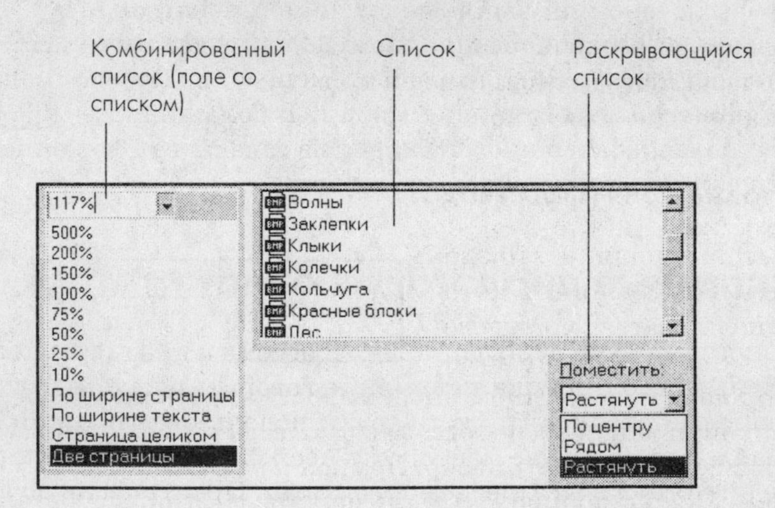

Рис. 9.2. Примеры списков

подготовил программист. Но чаще разрешается ввести значение по собственному желанию, не ограничиваясь содержимым списка. Бывают и столь интеллектуальные комбинированные поля, что данные, однажды введенные в них, запоминаются в списке, так что в будущем их вводить уже не надо — достаточно выбрать.

Палитра

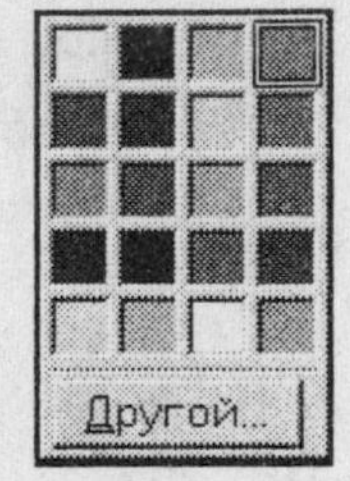

Считайте, что это графический список. Нужное значение в палитре выбирается щелчком мыши. Палитры часто используют для выбора цвета.

Счетчик

Счетчики служат для ввода числовых данных. Ввод выполняют щелчками кнопки мыши на кнопках счетчика.

Поле со счетчиком

Как и поле со списком, поле со счетчиком — это комбинированный элемент управления, данные в который можно ввести либо с клавиатуры, либо мышью с помощью кнопок счетчика.

Движок

Это элемент управления для задания значений методом перетаскивания. Движок перемещают по шкале при нажатой левой кнопке мыши. В большинстве случаев движок можно установить в заданное положение, если просто щелкнуть в нужном месте шкалы.

Стандартные диалоговые окна

Диалоговых окон в операционной системе и в ее приложениях очень и очень много. Для них нет смысла говорить о каком-то стандарте — вполне достаточно, что стандартны использованные в них элементы управления. И тем не менее, есть несколько диалоговых окон, которые принято называть *стандартными*. Практически во всех приложениях *Windows* эти окна настолько похожи, что достаточно разобраться с ними один раз и пользоваться всю жизнь. Незначительными отличиями, имеющимися между программами, в большинстве случаев можно пренебречь.

Диалоговое окно открытия файла

С какой бы прикладной программой вы ни работали, прежде чем что-то сделать, надо либо создать новый документ, либо открыть ранее созданный. Об окне создания документа мы говорить не будем — у каждой программы к этому делу свой подход, а вот окно открытия, как правило, одно на всех. В качестве него используется стандартное диалоговое окно операционной системы, показанное на рис. 9.3.

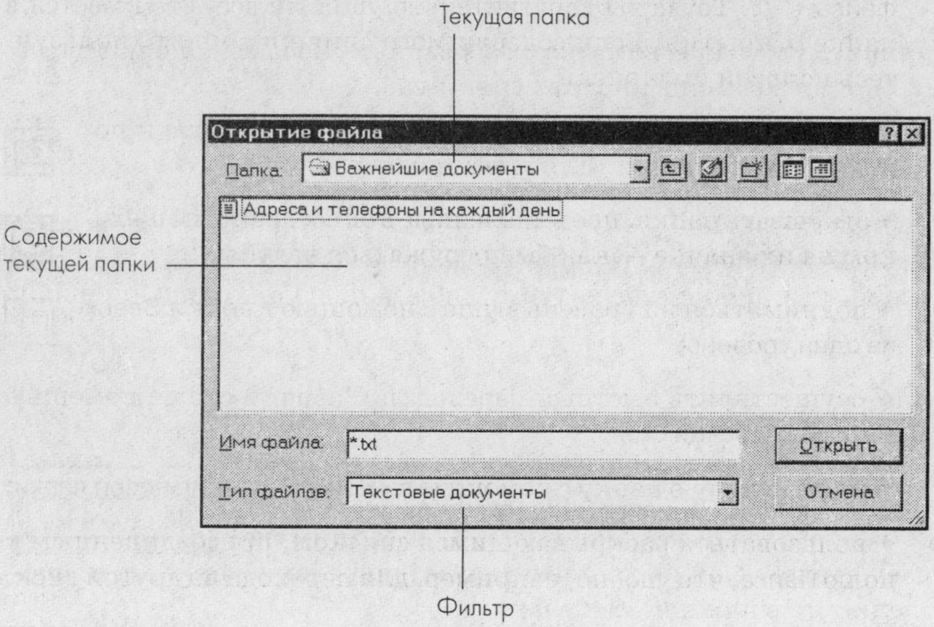

Рис. 9.3. Стандартное окно открытия файла

В рабочем поле окна показан некий список папок и документов, находящихся в папке, для которой открылось окно. Ее называют *папкой открытия*. Большинство приложений *Windows* используют в качестве папки открытия папку \Мои документы. Совсем не факт, что нужный вам документ находится именно здесь, так что ваша первая задача — разыскать его папку. Для этого предназначены элементы управления.

Еще следует обратить внимание на то, что в рабочем поле показаны не все файлы, имеющиеся в папке открытия (а может быть, и никакие). Это не значит, что там ничего нет, просто так работает фильтр. В нижней части окна есть поле Тип файлов. Здесь указан тип файла, который вы хотите открыть. Если, например, указано: Текстовые документы, то ничего иного в рабочем поле окна вы не увидите. Все прочие виды файлов просто не отображаются. Поэтому порядок действия с этим окном следующий.

1. Решите, какой тип файла вам нужен (вам виднее, что вы хотите открыть). После этого щелкните на раскрывающей кнопке в поле Тип файлов и выберите в списке нужный тип. Если просто хотите посмотреть, что есть в текущей папке, выберите значение Все файлы (*.*). Тогда вы действительно увидите все, что имеется в папке открытия. Если содержимого слишком много, пользуйтесь полосой прокрутки.

2. Убедившись, что ничего нужного нет, приступайте к поиску нужной папки. Для этого можно:

   ✦ открывать папки, представленные в окне, двойным щелчком на их значке — как бы погружаться вглубь;

   ✦ подниматься на уровень выше с помощью кнопки Вверх на один уровень;

   ✦ осуществлять быстрый переход на Рабочий стол с помощью кнопки Рабочий стол;

   ✦ создать новую папку с помощью кнопки Создание новой папки;

   ✦ пользоваться раскрывающимся списком, присоединенным к полю Папка, что удобно, например, для перехода на другой диск.

3. После того как нужный файл разыскан, дважды щелкните на его значке (не на подписи), и убедитесь, что имя файла автоматически записалось в поле Имя файла. Двойной щелчок на подписи приводит к ее редактированию, то есть к изменению имени файла, а это не то, что нам сейчас нужно.

4. Когда имя введено в поле Имя файла, щелчок на кнопке Открыть приведет к открытию документа.

5. Если ошибетесь или запутаетесь, закройте окно щелчком на кнопке Отмена.

Мы, конечно, исходим из того, что вам известно, где лежит файл, который требуется открыть. Если это не так, лучше закройте окно кнопкой Отмена и займитесь розыском своего имущества с помощью диалогового окна Мой компьютер. В крайнем случае воспользуйтесь системным средством поиска Пуск ➤ Найти ➤ Файлы и папки. А на будущее имейте в виду, что свое хозяйство надо знать хорошо.

Диалоговое окно сохранения файла

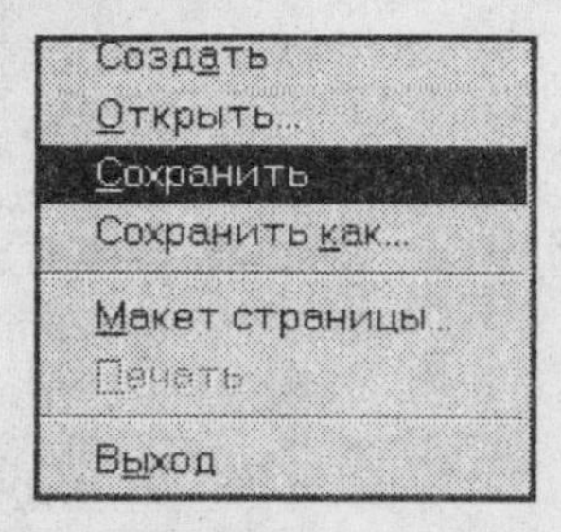

Диалоговое окно сохранения файла открывается всякий раз, когда в какой-либо программе вы выполняете команду Файл ➤ Сохранить как. В принципе, во всех программах есть еще и команда Файл ➤ Сохранить, но она не приводит к открытию диалогового окна сохранения, поскольку в нем нет необходимости. Команду Файл ➤ Сохранить дают в тех случаях, когда файл документа, с которым вы работаете, уже ранее сохранялся: у него есть и имя, и место. По этой команде он просто обновляется — старая копия затирается новой.

Кстати, это самый верный способ испортить какой-то ценный файл. Наверное, нет в мире людей, работающих с компьютером, которые не попадались бы в эту ловушку. Будьте внимательны и аккуратны.

Команду Файл ➤ Сохранить как применяют, когда файл сохраняется впервые. В этот момент он должен получить имя и место (адрес, путь доступа). Еще такую команду применяют, когда файл уже существует, но не хочется (или нельзя) его затирать. Тогда надо создать новую копию под другим именем или копию с тем же именем, но в другой папке.

Диалоговое окно сохранения файла очень похоже на диалоговое окно открытия файла — оно показано на рис. 9.4. Оно тоже открывается в некоей папке открытия, хотя совсем не факт, что вы хотите в нее что-то сохранить. Неинтеллектуальные программы используют в качестве папки открытия папку \Мои документы. Программы, сделанные с заботой о пользователе, используют в качестве папки открытия ту же папку, в которую вы последний раз что-то сохраняли, — это очень удобно, поскольку не надо тратить время на поиск нужной папки.

Работа выполняется следующим образом.

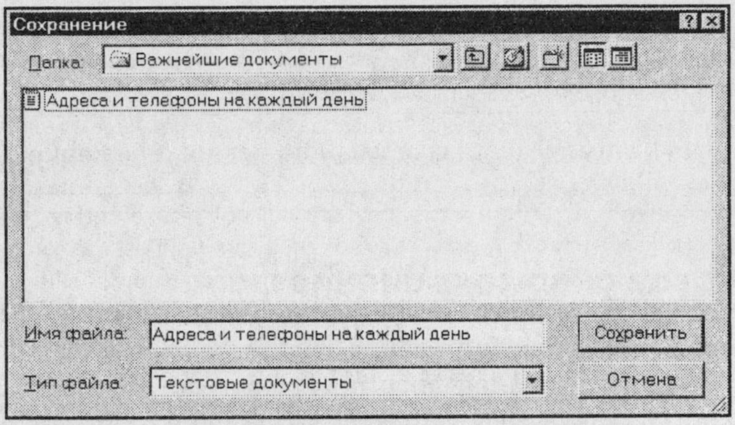

Рис. 9.4. Стандартное окно сохранения файла

1. В поле Тип файла выберите тот тип файла, который вам нужен (рисунок, текст, музыку и т. п.). Вы сами знаете, что сохраняете.

2. Разыщите папку, в которую требуется выполнить сохранение. Самая распространенная ошибка — сохранение куда попало. Если так работать, то компьютер вскоре замусорится, и вы перестанете ориентироваться в своих трудах. Если ни одной подходящей папки на компьютере нет, то, создайте ее с помощью специальной кнопки на панели инструментов: Создать папку.  Создавать папку тоже надо не где попало, а внутри наиболее подходящей папки. Только не спешите создавать ее в корневом каталоге диска C:\. Во первых, это просто дурной тон, а во-вторых, корневой каталог, в отличие от пользовательских, не безразмерный и имеет физический предел.

3. Разыскав или создав папку сохранения, введите в поле Имя файла то имя, которое хотите дать файлу. Расширение имени вводить не надо — система подставит его автоматически согласно тому, что выбрано в поле Тип файла.

4. Если в папке сохранения уже есть ранее сохраненные документы, ими стоит воспользоваться для упрощения набора имени. Дважды щелкните на значке любого документа, и его имя появится в поле Имя файла. Здесь его можно легко изменить. Таким приемом легко из файла Распоряжение о взыскании.doc сделать файл Распоряжение о поощрении.doc.

Как видите, такой прием дает немалую экономию усилий, но требует повышенной внимательности и аккуратности. Это еще один источник роковых ошибок, когда можно затереть ценный файл.

Напоследок примите один совет и одно предостережение.

Незаконченные работы хорошо сохранять на Рабочем столе. Кнопка для доступа к Рабочему столу есть и в окнах открытия файлов, и в окнах сохранения. Правда, значки незавершенных документов очень портят внешний вид Рабочего стола, но в этом есть своя прелесть. Они действуют на нервы и напоминают о том, что работу надо бы завершить. Когда она действительно будет завершена, документ нетрудно перетащить с Рабочего стола в окно нужной папки.

Начинающие пользователи страдают одной общей болезнью — они стремятся сохранить созданные документы в те папки, в которых хранятся программы, с помощью которых они эти документы сделали. Так, например, поработав с графическим редактором Photoshop, они сохраняют рисунки в папку с этой программой, а поработав с программой ABCDEF, пытаются сохранить свои труды в папку \ABCDEF. Эта привычка пришла от компьютерных игр — там принято сохранять состояние игры в папке с самой игрой.

На самом деле так поступать нельзя. Это не только некорректно, но и опасно. Программу, может быть, придется переустановить или обновить, и никто не даст гарантий, что при этом все, что хранилось в ее папке, останется нетронутым. Не храните документы вместе с программами!

Диалоговое окно удаления объекта

Файлы, папки и другие объекты можно удалить, если они стали ненужными. При этом, во-первых, наводится определенный порядок в файловой системе и, во-вторых, *может* высвобождаться место на жестком диске. Мы сказали *может*, потому что оно высвобождается далеко не сразу.

Удаление объектов — это всегда опасная операция. До эпохи *Windows* пользователи часто страдали из-за опрометчивого удаления того, что на самом деле может пригодиться. К счастью, начиная с системы *Windows 95*, появилось специальное средство (так называемая Корзина), предназначенное для страховки в случае необдуманных действий.

Корзина на самом деле — это логическая системная папка для хранения мусора. Она доступна через одноименный значок Рабочего стола.

Когда мы даем команду что-то удалить, это «что-то» удаляется в Корзину, где продолжает храниться до поры до времени. Если жесткий диск большой, то ничто не мешает наполнять Корзину, пока на диске есть место. Когда места станет не хватать, содержимое Корзины можно пересмотреть и что-то удалить окончательно и бесповоротно.

Простейшая операция удаления выполняется перетаскиванием объекта из окна его папки на значок Корзины. Когда значок изменит цвет, объект можно «бросить» — он попадет в Корзину. Хотя объекты, удаленные из разных папок, попадают в Корзине в общую кучу, Корзина помнит, откуда пришел тот или иной объект, и если возникнет необходимость что-то восстановить, она дает возможность отправить давно удаленные объекты туда, где они хранились до удаления.

Если Рабочий стол загроможден открытыми окнами и до Корзины трудно добраться, то для удаления объектов используют контекстное меню. Щелкните на любом значке правой кнопкой мыши — и вы увидите в контекстном меню команду Удалить. После этой команды открывается стандартное диалоговое окно удаления — оно показано на рис. 9.5. Подтвердите удаление щелчком на кнопке Да.

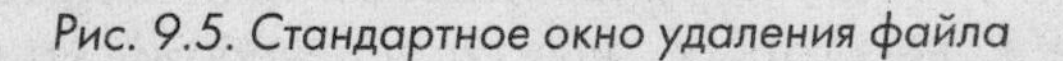

Рис. 9.5. Стандартное окно удаления файла

Подтверждение удаления файла
Вы действительно хотите удалить 'Адреса и телефоны на каждый день'?
Да
Нет

Рис. 9.6. Удаление файла, минуя Корзину

Вы, конечно, поняли, что при удалении имущества в Корзину свободного места на диске не станет больше (даже чуть меньше). Но ведь бывают случаи, когда мы искренне хотим «почистить» диск и совершенно не собираемся закладывать на хранение то, что заведомо никогда не потребуется. В этих случаях надо нажать клавишу SHIFT и только после этого выполнять удаление (перетаскиванием, или через контекстное меню, или еще каким-либо образом). Удаление при нажатой клавише SHIFT — это окончательное удаление «мимо корзины». Злоупотреблять им не следует, но время от времени пользоваться можно. В этом случае стандартное диалоговое окно удаления выглядит по-другому (рис. 9.6). Почувствовали разницу?

10. Запуск программ

Что такое компьютерная программа

В простейшем виде компьютерная программа — это исполнимый файл (с расширением имени .EXE или .COM), в котором записаны команды процессора. Когда-то в далеком прошлом программы были именно такими: одна программа — один файл. Однако время шло, и они стали усложняться. В техническом смысле программа и сегодня представляется исполнимым файлом, но в потребительском смысле это не совсем так.

Приобретая компакт-диск с программой, мы получаем с ним тысячи всевозможных файлов, среди которых есть не только исполнимые, но и файлы данных: тексты, таблицы, музыка, видео, рисунки и многое-многое другое. Чтобы все это правильно работало, программа должна знать, где и что у нее лежит, а для этого ее надо сначала правильно установить на компьютере. При этом она получает «прописку» в составе операционной системы и становится ее приложением. Все данные должны попасть не куда попало, а в те каталоги, на которые программа рассчитывает.

Установка происходит автоматически — ее выполняет специальная устанавливающая программа, которая, как правило, называется Setup.exe. Она распаковывает архивы, имеющиеся на компакт-диске, и переносит нужные файлы на жесткий диск, где размещает их в заданных каталогах.

Фактически, то, что мы покупаем на компакт-дисках, получаем из Интернета или приносим от друзей на дискетах, — это не программы, а *дистрибутивные комплекты* (типа конструктора «сделай сам). Лишь после того как программа-установщик поработает над этим комплектом и скопирует нужное на жесткий диск, можно считать,

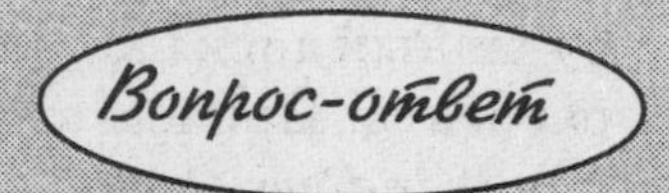

Я купил компакт-диск с компьютерной игрой. На нем четыре файла с именем Setup! Зачем их столько и как выбрать нужный?

Здесь четыре файла выполняют разные функции. Несмотря на одинаковые (казалось бы) имена, они различаются расширениями. Система *Windows* не всегда показывает расширения имен, но о типе файла можно догадаться по его значку.

Значок файла инициализации (**.INI**). По своему типу это текстовый файл, в котором содержатся некоторые данные, необходимые устанавливающей программе. Вам он не нужен, хотя его содержимое можно посмотреть в текстовом редакторе (глава 14).

Это значок файла, в котором сохранены данные для соединения по Интернету с сервером фирмы, выпустившей программу. Если вы не собираетесь вступать с ней в контакт, вам данный файл не понадобится.

Значок графического файла (**.BMP**), в котором хранится картинка, отображаемая на экране в ходе установки программы. Этот файл вам тоже не нужен, но посмотреть его содержимое можно (глава 21).

Это значок программного файла (**.EXE**), представляющий программу-установщик. Она-то нам и нужна! Именно она установит игру на жестком диске. После установки на Рабочем столе (или в Главном меню) появится значок для запуска игры.

Чтобы успешно ориентироваться в именах файлов, просматривайте диски и папки в удобной программе — файловом менеджере. Пример отличного файлового менеджера Windows Commander рассмотрен в главе 20.

что на компьютере появилось приложение *Windows*. Теперь дистрибутивный диск надо убрать в надежное место, а с приложением можно работать. Причем здесь действуют несколько правил, характерных для *Windows*.

1. Приложения, установленные на компьютере, в отличие от документов, не представляют ценности. В создание документов мы вкладываем труд, время, знания, поэтому они могут быть невосполнимы. Приложения же восстановить нетрудно. Для этого достаточно взять дистрибутивный комплект с программой и повторить установку заново.
2. Дистрибутивные копии программ, в отличие от установленных приложений, представляют реальную ценность. Их следует бережно хранить до тех пор, пока приложение установлено на компьютере и используется в работе. Дистрибутивная копия может потребоваться в любой момент.
3. Не стоит передавать свои дистрибутивные копии посторонним лицам для установки на их компьютере. Каждый должен иметь свои дистрибутивы.
4. По тем же соображениям некорректно просить чужие дистрибутивные копии для установки на своем компьютере. Если нет возможности их приобрести и хранить, то нет смысла и устанавливать.
5. Программа не является собственностью того лица, которое владеет дистрибутивной копией и, тем более, установленным приложением. Продаются не программы, а только права на их использование, то есть *лицензия*. Текст лицензионного соглашения прилагается к программе и демонстрируется в ходе установки. *Установка программы юридически означает принятие на себя обязательств по лицензионному соглашению.* Отказ от условий соглашения прерывает установку.

Если, например, вы купили компьютер, на котором уже была установлена операционная системы *Windows* вместе со всеми своими программами, совсем не факт, что вместе с компьютером вы получили дистрибутивный диск с операционной системой. Нередко система устанавливается продавцом компьютера по ограниченной лицензии, дающей право на однократную установку с целью проверки компьютера при продаже. Покупатель, в свою очередь, имеет возможность впоследствии установить на нем любую другую операционную систему, какую пожелает. Не удивляйтесь, если для полноценной работы с компьютером придется приобрести дистрибутивную копию операционной системы. Не затягивайте с решением этого вопроса.

Как запустить установленную программу

Для запуска программы достаточно дважды щелкнуть на ее значке. Осталось только понять, где его найти.

Запуск из Главного меню. Самое естественное место для запуска программ — Главное меню. Большинство программ спроектированы так, что в ходе их установки автоматически создается соответствующий пункт в Главном меню. Дайте команду Пуск ➤ Программы, и вы увидите список программ, установленных на компьютере. У Главного меню есть особенность: запуск программ из него выполняется не двойным, а обычным щелчком.

Для примера запустите программы: Калькулятор (Пуск ➤ Программы ➤ Стандартные ➤ Калькулятор), Таблица символов (Пуск ➤ Программы ➤ Стандартные ➤ Служебные ➤ Таблица символов), Сапер (Пуск ➤ Программы ➤ Стандартные ➤ Игры ➤ Сапер). Здесь перечислены программы, входящие в комплект поставки *Windows*, — они были установлены вместе с операционной системой.

Если на вашем компьютере нет каких-то из перечисленных программ, то операционная система установлена не полностью. В этом случае все необходимое можно доустановить, если имеется системный дистрибутивный компакт-диск.

Операционная система Windows Me в ходе установки создает на жестком диске копию дистрибутивного комплекта, поэтому владельцы этой системы могут доустанавливать то, чего им не хватает, без необходимости каждый раз разыскивать дистрибутивный диск.

Если не ограничиваться только системными программами, а устанавливать все, что попадется под руку, то ситуация с запуском таких программ может быть разной. Так, в ходе установки программы может автоматически образоваться пункт в Главном меню — тогда ее нетрудно найти и запустить. Программы от известных производителей всегда создают пункт в Главном меню, но бывает, что такого не происходит.

M1 Tank Platoon II
M1 Tank Platoon II
M1 War College
Readme.txt

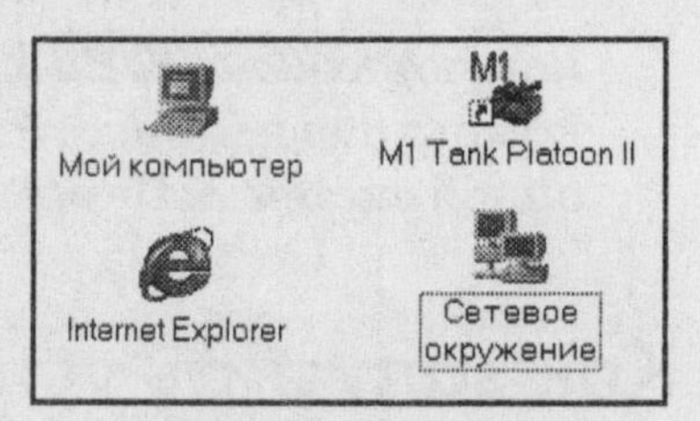

Что делать, если программы нет в Главном меню? Некоторые программы в ходе установки предлагают создать ярлык на Рабочем столе — тогда программа запускается двойным щелчком на этом ярлыке.

Бывает, что программа не создает ни значка на Рабочем столе, ни пункта в Главном меню — тогда ее надо разыскать вручную и самостоятельно создать ей значок. Для облегчения поиска есть несколько полезных приемов.

Во-первых, отмечайте, куда устанавливается программа — потом будет легче ее разыскать.

Во-вторых, проверьте папку C:\Program Files. Большинство программ при установке размещают свои рабочие папки здесь. При этом могут создаваться вложенные папки с именами фирм-производителей, выпускающих программы. Например, программы компании *Adobe* часто устанавливаются в папку C:\Program Files\Adobe, а программы компании *Corel* — в папку C:\Program Files\Corel и т. п.

В третьих, проверьте, не появилось ли на диске C: новых папок. Некоторые программы создают рабочую папку прямо в корневом каталоге, причем она может быть названа как по имени программы, так и по имени ее создателя.

Если простой осмотр ничего не дает, попробуйте вооружиться системным средством поиска, чтобы обнаружить файлы, созданные на компьютере в последнее время (например, в последние сутки). Это средство запускают командой Пуск ➤ Найти ➤ Файлы и папки. Далее действуйте следующим образом.

1. На вкладке Имя и месторасположение в поле Где искать выберите пункт (C:). Надо просмотреть именно диск C:. Даже если на компьютере и имеются другие жесткие диски, приложения *Windows* «не любят» устанавливаться далеко от системного диска C:.
2. Откройте вкладку Дата (рис. 10.1).
3. Включите переключатель Найти все файлы.
4. В раскрывающемся списке выберите параметр созданные.
5. Включите переключатель за последние 1 дней (за орфографию мы не отвечаем, а цитируем то, что фактически записано в окне программы).

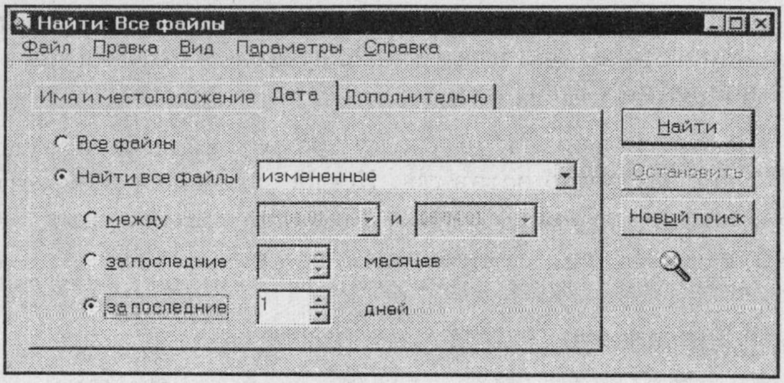

Рис. 10.1. Системное средство поиска файлов

6. Запустите поиск щелчком на кнопке Найти.

7. Просмотрите результаты поиска файлов, созданных в течение последних суток. Скорее всего, вы обнаружите то, что искали.

Создание ярлыка программы

Если программа найдена и файл, являющийся пусковым, выявлен, создать его ярлык на Рабочем столе не составит труда. Для этого сначала откройте окно Мой компьютер, затем окно диска C: и так далее, пока не появится окно папки с программой. В нем возьмите значок пускового файла и специальным перетаскиванием (при нажатой правой кнопке мыши) перенесите его на Рабочий стол. После отпускания кнопки мыши выберите в открывшемся меню пункт Создать ярлык.

С этим ярлыком теперь можно делать все, что хотите. Можете клонировать его несколько раз, разложив копии по разным папкам. В этом случае нет никаких препятствий для запуска программы из удобного места.

Интересно ввести ярлык в Главное меню, чтобы программа находилась в нем вместе с другими программами. Для этой операции нужна определенная сноровка.

1. Наведите указатель мыши на ярлык и нажмите левую кнопку мыши.

2. Не отпуская кнопку, перетащите ярлык на кнопку Пуск и «зависните» над ней (немного подождите, не отпуская кнопку). Через несколько секунд откроется Главное меню.

3. Протащите ярлык программы через пункты Главного меню и «зависните» над пунктом Программы — откроется список установленных программ.
4. Протащите ярлык по списку программ и выберите удобное место, где его можно оставить. Когда закончите, отпустите кнопку мыши — в Главном меню появится новый пункт.

Кстати, аналогичным образом из Главного меню можно удалить то, что вам надоело. Можно также перемещать ярлыки из одного места Главного меню в другое.

Если вы предполагаете очень часто пользоваться какой-то программой, имеет смысл сделать ей ярлык на Панели быстрого запуска. Это выполняется тем же перетаскиванием с Рабочего стола на Панель.

Автоматический запуск программ

В операционной системе *Windows* очень легко реализовать автоматический запуск программ, например, чтобы сразу после включения компьютера происходила проверка на наличие вирусов. В то же время, если в *Windows* что-то запускается автоматически, избавиться от этого не так просто.

Для автоматического запуска программ есть специальная папка C:\Windows\Главное меню\Программы\Автозагрузка. Если в нее поместить ярлык какой-нибудь программы, ее запуск будет происходить автоматически вместе с *Windows*. Если в этой папке находится несколько ярлыков программ, то они будут запускаться в том порядке, в котором были размещены.

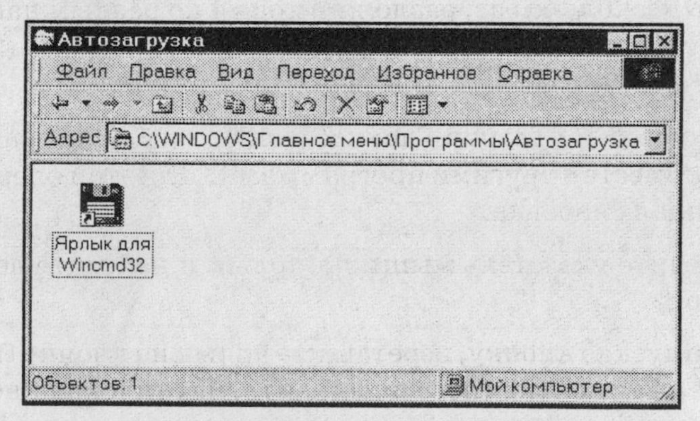

Рис. 10.2. Папка автоматической загрузки программ

Чтобы избавиться от автоматического запуска программы, удалите ее ярлык из папки \Автозагрузка. Правда, помогает это далеко не всегда. Дело в том, что в *Windows* предусмотрено несколько способов автоматического запуска, и очень часто во время экспериментов по установке различных программ мы сталкиваемся с тем, что они перенастраивают операционную систему так, что от них становится трудно избавиться.

Полную технологию избавления от «навязчивых программ» мы, к сожалению, не приводим, поскольку это требует редактирования Реестра *Windows* и, соответственно, специальной литературы и профессиональных навыков. Но одно место, где можно принять кое-какие ограниченные меры, укажем. Запустите программу Сведения о системе (Пуск ➤ Программы ➤ Стандартные ➤ Служебные ➤ Сведения о системе). Затем в ее окне откройте меню Сервис и выберите в нем команду Программа настройки системы. В окне этой программы на вкладке Автозагрузка вы увидите список программ, запускающихся автоматически. Нередко здесь можно увидеть хорошо скрытые программы, периодически напоминающие нам о том, что ту или иную программу из числа установленных на компьютере не мешало бы зарегистрировать. Такие напоминания здесь же можно и отключить.

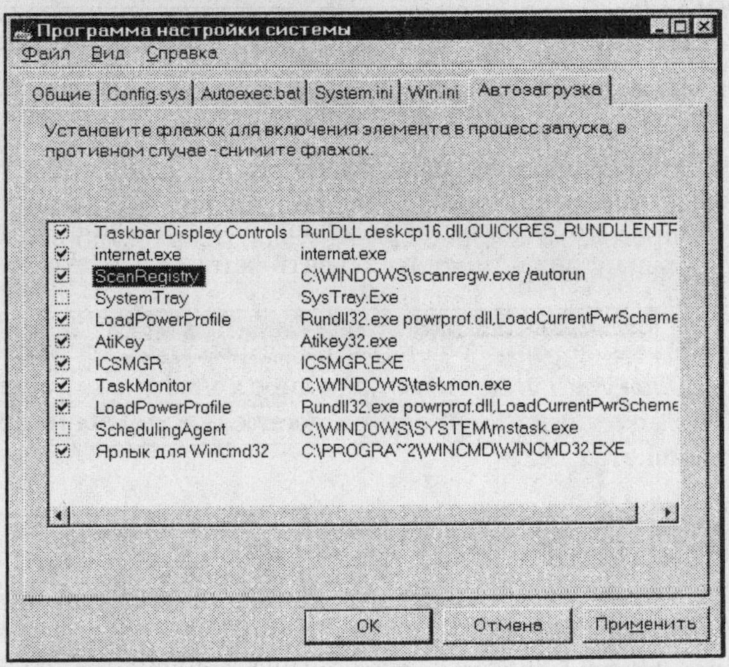

Рис. 10.3. Здесь можно отключить автоматическую загрузку некоторых ненужных программ

11. Операции с файлами

С файлами документов и программ можно выполнить следующие операции.

Создание	Файл ➤ Создать
Переименование	[Контекстное меню] ➤ Переименовать
Копирование	[Перетаскивание]
Перемещение	[Специальное перетаскивание]
Создание ярлыка	[Специальное перетаскивание]
Смена значка	[Контекстное меню] ➤ Свойства ➤ Ярлык ➤ Изменить значок
Открытие	[Двойной щелчок]
Удаление	[Контекстное меню] ➤ Удалить

Все приведенные операции, кроме первой, выполняются с помощью операционной системы. Создание файлов не относится к функциям операционной системы по той простой причине, что этим занимаются приложения. Каждая программа сама знает, как создавать файлы с теми данными, с которыми ей положено работать. Понятно, что музыкальному редактору незачем создавать файлы с графическими иллюстрациями.

Итак, когда мы говорим об операциях с файлами, то подразумеваем, что эти файлы уже существуют: они либо хранятся на нашем компьютере, либо поступили на внешних носителях: компакт-дисках, магнитных дискетах и т. п.

Переименование файла

Эта операция весьма проста: надо щелкнуть на значке файла правой кнопкой мыши и выбрать в контекстном меню пункт Переименовать. Но здесь требуется аккуратность. Сразу после подачи команды подпись под значком выделяется синим цветом. В этот момент достаточно нажать любую символьную клавишу — и подпись будет удалена и заменена символом. Так можно легко потерять расширение имени, а терять его не стоит. Смена имени не должна приводить к смене типа файла. Рисунки должны остаться рисунками, а музыка — музыкой. Поэтому, прежде чем что-то исправлять в имени файла, нажмите курсорную клавишу на клавиатуре «стрелка влево» или «стрелка вправо». Это погасит выделение имени, и вы сможете спокойно изменить имя файла, не тронув его расширение.

В случае неудачи можно отменить операцию комбинацией клавиш CTRL + Z и повторить попытку. Запомните комбинацию CTRL + Z. Она используется не только в операционной системе, но и в большинстве ее приложений. Это очень эффективный прием для быстрой отмены последнего действия.

Копирование и перемещение файла

Копирование и перемещение перетаскиванием. Мы уже говорили о том, что копирование файла можно выполнять перетаскиванием значка из окна одной папки (источника) в окно другой папки (приемника). При этом окно приемника открывать даже не обязательно — просто бросьте значок файла на значок папки, и он окажется в папке. Операцию можно выполнить и через Рабочий стол — сначала скопировать файл на Рабочий стол, а потом перетащить его в другую папку. Все очень просто, но есть ряд особенностей, которые надо знать.

В *Windows* действует негласное правило, что если папка-источник и папка-приемник принадлежат одному диску, то в результате операции перетаскивания происходит не копирование, а перемещение объекта (то есть его исходная копия не сохраняется). Кстати, Рабочий стол формально является папкой, относящейся к диску С:.

С другой стороны, если источник и приемник принадлежат разным дискам, то в результате перетаскивания происходит копирование объекта — он сохраняется в источнике, а в приемнике создается его копия.

Чтобы не забивать себе голову вопросами, в каком случае происходит копирование, а в каком — перемещение, выполняйте не простое перетаскивание, а специальное (с нажатой правой кнопкой мыши). По завершении перетаскивания откроется меню, в котором можно выбрать нужный тип операции.

Копирование и перемещение через буфер обмена Windows. В операционной системе *Windows* есть очень полезное средство — *системный буфер обмена*. Это область оперативной памяти, выделенная для хранения одного объекта любой природы (это может быть одна буква, а может быть и целый роман). Благодаря буферу обмена операции копирования и перемещения можно делать очень элегантно.

1. Открываем папку-источник.
2. Выделяем файл (или группу файлов).
3. Копируем их в буфер обмена *Windows* командой Правка ➤ Копировать.
4. Открываем папку-приемник.
5. Даем в ней команду Правка ➤ Вставить.
6. Убеждаемся, что новый объект появился в папке-приемнике.

Если речь идет не о копировании, а о перемещении объекта, то забирать его в буфер обмена надо командой Правка ➤ Вырезать. В этом случае он перестает существовать в источнике.

Все вышеуказанные команды имеют клавиатурные аналоги, которые действуют как в операционной системе Windows, так и в большинстве ее приложений. Эти команды рекомендуется крепко запомнить и почаще использовать: CTRL + C = копировать; CTRL + V = вставить; CTRL + X = вырезать (удалить).

Буфер обмена *Windows* — одноместный. Он не годится для длительного хранения чего-либо. Как только в него попадают другие данные, предыдущее содержимое затирается без предупреждений. И это хорошо! Благодаря этому буфер обмена отлично подходит для оперативной работы, но команду вставки надо давать как можно быстрее после команды вырезания, пока вы не забыли, что собирались сделать.

Копирование файлов на гибкий диск. Копирование файлов на гибкий диск имеет приятную особенность. Для этого не надо даже открывать окно с содержимым диска A:. Все происходит гораздо проще. Достаточно щелкнуть правой кнопкой мыши на значке файла — и откроется контекстное меню, а в нем есть замечательная команда Отправить ➤ Диск 3,5 (A:). Она выполнит копирова-

Отправить
Вырезать
Копировать
Создать ярлык
Удалить
Переименовать
Свойства
Адресат
Диск 3,5 (A)
Мастер издания Web
Мои документы
Портфель
Рабочий стол (создать ярлык)

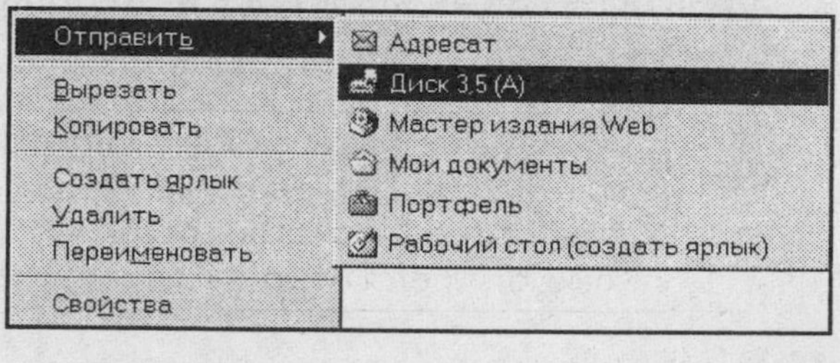

ние файла на гибкий диск. Разумеется, надо понимать, что объем диска 3,5" ограничен (1,44 Мбайт), поэтому не всякий файл может на нем поместиться.

Копировать объекты с помощью контекстного меню можно не только на диск A:, но и вообще куда угодно. Для этого в операционной системе имеется специальная папка C:\Windows\SendTo. Если вам часто приходится копировать файлы в какую-то папку, положите ее ярлык в папку \SendTo. Сколько ярлыков создадите в папке \SendTo, столько вариантов и получите в команде Отправить.

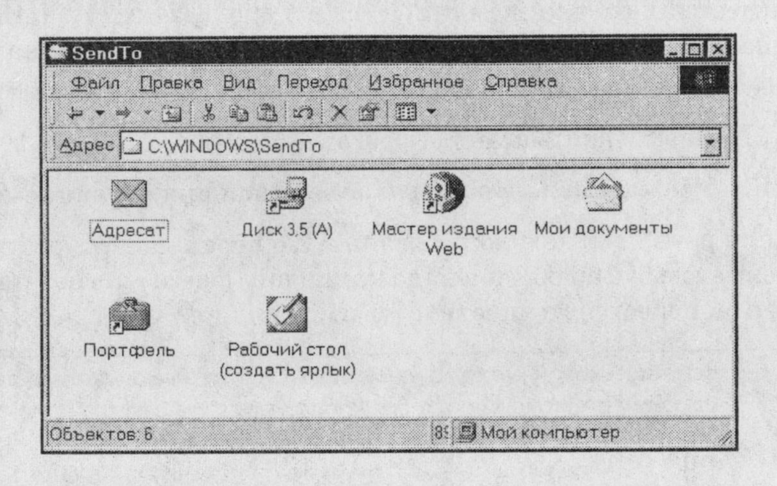

Рис. 11.1. Наполняя папку \Send To ярлыками папок или устройств, можно управлять действием команды Отправить контекстного меню

Создание ярлыка файла или папки

Об этой операции мы уже писали достаточно подробно, когда изучали прием специального перетаскивания при нажатой правой кнопке мыши. Добавить больше нечего. Перетащите объект откуда угодно и куда угодно, а в конце перетаскивания выберите команду Создать ярлык.

Еще проще создавать ярлыки объектов на Рабочем столе. Для этого можно использовать команду Отправить из контекстного меню. Откройте контекстное меню любого значка и дайте команду Отправить ➤ Рабочий стол (создать ярлык) — ярлык будет создан.

Смена значка

Одно из свойств объекта — внешний вид его значка. Как и многие другие свойства, его можно изменить. Однако надо различать значки и ярлыки объектов. Сменить ярлык — очень просто, а значок — немножко труднее, особенно если этот значок стандартный.

Смена значка в ярлыке. Щелкните правой кнопкой мыши на значке ярлыка, чтобы добраться до его свойств. Если это действительно ярлык (а не полноценный значок объекта), то диалоговое окно его свойств имеет только две вкладки: Общие и Ярлык (рис. 11.2). Нас интересует вкладка Ярлык, на которой имеется командная кнопка Изменить значок. Щелкните на ней, и откроется диалоговое окно Изменение значка. Здесь можно выбрать значок, подходящий по вкусу.

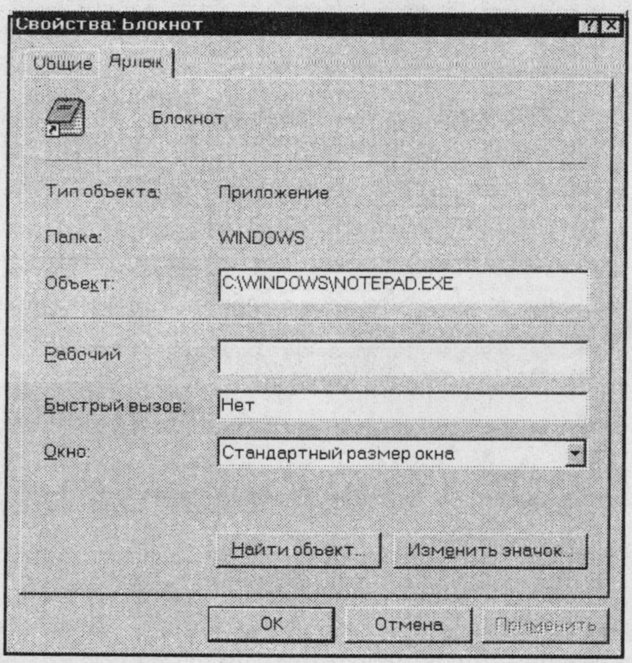

Рис. 11.2. В диалоговом окне свойств ярлыка только две вкладки

Значки поставляются либо в коллекциях (библиотеках), либо прилагаются к программам. В библиотеках могут быть десятки, если не сотни значков на выбор. Программисты обычно прилагают к своим программам один-два, а иногда и несколько значков, чтобы пользователь мог выбрать тот, который ему больше нравится. В диалоговом окне Изменение значка имеется поле для ввода имени файла, из которого хочется позаимствовать значок. Не исключено, что окно Изменение значка у вас открылось так, что в этом поле уже введен адрес какой-то библиотеки, как на рис. 11.3, — тогда у вас богатый выбор. Но окно могло открыться с адресом какой-нибудь программы, и тогда выбор невелик (рис. 11.4). Впрочем, это не важно, потому что с помощью кнопки

Рис. 11.3. Библиотеки могут содержать обширные коллекции значков

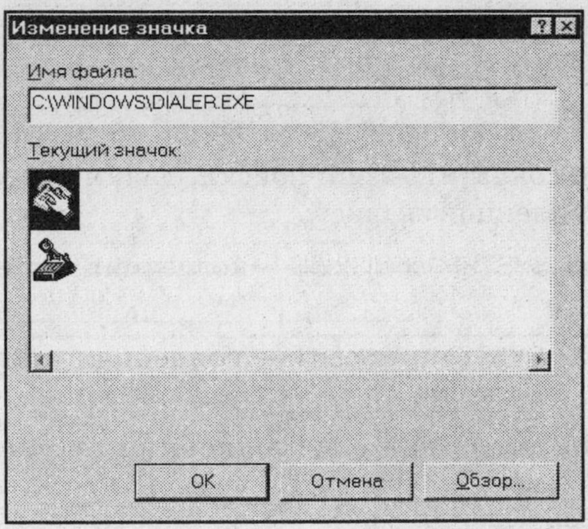

Рис. 11.4. Значки могут храниться и в файлах программ, но возможности выбора в этом случае ограниченные

Обзор можно просмотреть весь компьютер и разыскать все значки, входящие как в библиотеки, так и в программы.

Нажмите кнопку Обзор — откроется диалоговое окно Изменение значка (рис. 11.5), очень похожее на стандартное окно открытия файлов. Обследуйте содержимое жесткого диска, обращая внимание на файлы с расширением имени .DLL и .EXE. Выбрав любой файл, щелкните на кнопке Открыть. Не бойтесь, в данном случае не произойдет запуска программ. Здесь команда Открыть только покажет те значки, которые имеются в программе или в библиотеке. Если их там нет, появится сообщение, и тогда опыт можно повторить с другим файлом. Когда подберете то, что нужно, выделите понравившийся значок и закройте окно Изменение значка кнопкой OK.

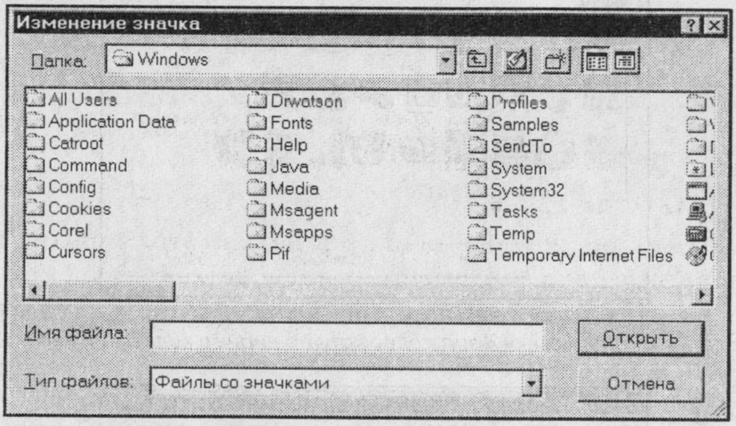

Рис. 11.5. Поиск источника для выбора значка

Чтобы немного сократить ваши поиски, дадим адреса нескольких стандартных коллекций значков:

- C:\WINDOWS\SYSTEM\shell32.dll — коллекция системных значков *Windows 9x*;
- C:\WINDOWS\SYSTEM\pifmgr.dll — коллекция пользовательских значков;
- C:\WINDOWS\progman.exe — коллекция системных значков *Windows 3.1*;
- C:\WINDOWS\moricons.dll — коллекция специальных значков *Windows 3.1*.

> Кроме этих коллекций можете использовать значки любых программ. Например, программа C:\WINDOWS\winfile.exe имеет не один значок, а целых четыре. Три из них все равно пропадают — воспользуйтесь ими, если они вам подходят.

Смена стандартных значков файлов. В операционной системе *Windows* все файлы одного типа отображаются одним стандартным значком. Вот примеры нескольких видов стандартных значков:

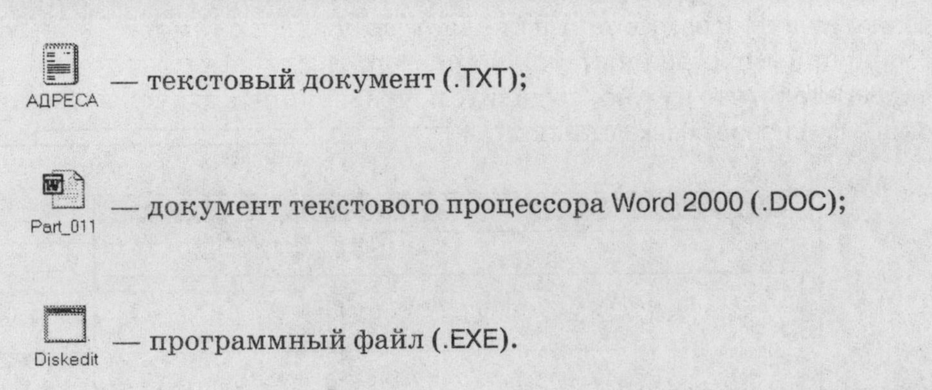

— текстовый документ (.TXT);

— документ текстового процессора Word 2000 (.DOC);

— программный файл (.EXE).

Изменить их так же просто, как мы делали это с ярлыками, не получится, потому что в диалоговом окне свойств объекта, которое открывается из контекстного меню, нет вкладки Ярлык и, соответственно, нет кнопки Изменить значок. Однако провести эту операцию все-таки можно.

Вот, для примера, значок файла, в котором хранится 11-я глава нашей книги. Давайте попробуем поменять его на что-нибудь иное. Данный файл создан в текстовом процессоре Word 2000, соответственно всем файлам этого типа присваивается именно этот стандартный значок. Чтобы его изменить, нам надо изменить свойства всего типа файлов.

1. Для управления свойствами типов файлов служит вкладка Типы файлов в диалоговом окне Свойства папки. Она открывается командой Пуск ➤ Настройка ➤ Свойства папки ➤ Типы файлов.

2. В списке Зарегистрированные типы файлов разыщите тип Документ Microsoft Word и нажмите кнопку Изменить — откроется диалоговое окно Изменение свойств типов файлов, представленное на рис. 11.6.

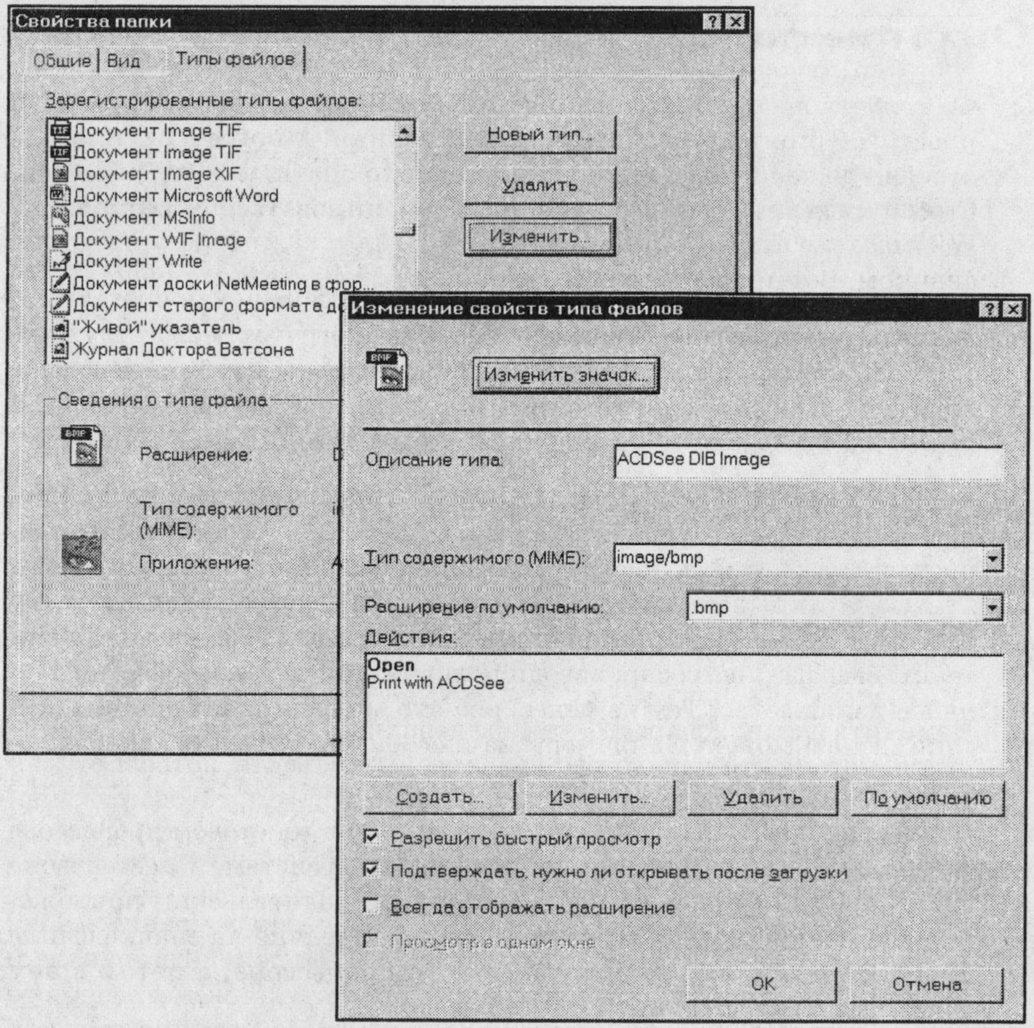

Рис. 11.6. Так изменяют параметры настройки типов файлов, зарегистрированных операционной системой

3. В этом диалоговом окне нажмите кнопку Изменить значок — откроется уже известное нам окно Изменение значка. С его помощью разыщите другой значок и примените его. Отныне все документы, созданные в текстовом процессоре Microsoft Word 2000, будут отображаться с другим значком.

Открытие файла

Файлы открываются очень просто — двойным щелчком. Но за этой простотой стоят предварительные настройки. Многое в системе настроено до нас и без нас, но и нам неплохо знать, как это делается, чтобы управлять системой, а не только пользоваться ее возможностями.

С каждым файлом документа непременно связана некая программа, для работы с которой он предназначен. Эта программа может служить для просмотра файла, для его редактирования, а может быть, и вообще для создания файлов данного типа. Такую программу называют *родительской программой* или *родительским приложением*.

Если подходить к делу строго, то операционная система не обязана иметь средства для открытия файлов. Ее задача — обеспечить возможность запуска любых программ. А уже когда программа запущена, пусть она открывает свои файлы собственными средствами. Поэтому требовать, чтобы операционная система открывала и показывала нам текстовые файлы, воспроизводила звукозаписи и видеофильмы — явное излишество. Тем не менее, кое-что операционная система все-таки сделать может. Например, она способна предугадать наши желания и ускорить процесс открытия.

Допустим, у нас есть файл, подготовленный в текстовом процессоре Word 2000. Если этот тип файлов операционной системе известен и она знает, что для файлов с расширением .DOC родительским приложением является Word 2000, то при двойном щелчке на значке файла произойдет сначала запуск текстового процессора, а потом в нем откроется нужный документ.

С другой стороны, у вас может быть несколько программ для работы с файлами одного типа. Такое часто бывает с графическими файлами, где одни программы удобны для просмотра, а другие — для редактирования. В этом случае при двойном щелчке на значке файла система запустит не любую программу, а ту, на которую она настроена.

И наконец, если система совсем не знает, какую программу надо использовать для работы с данным типом файлов, она откроет диалоговое окно Открыть с помощью (рис. 11.7). В этом окне приведен список всех программ, имеющихся на компьютере, — можете выбрать ту, которая, на ваш взгляд, наиболее подходит для данного файла.

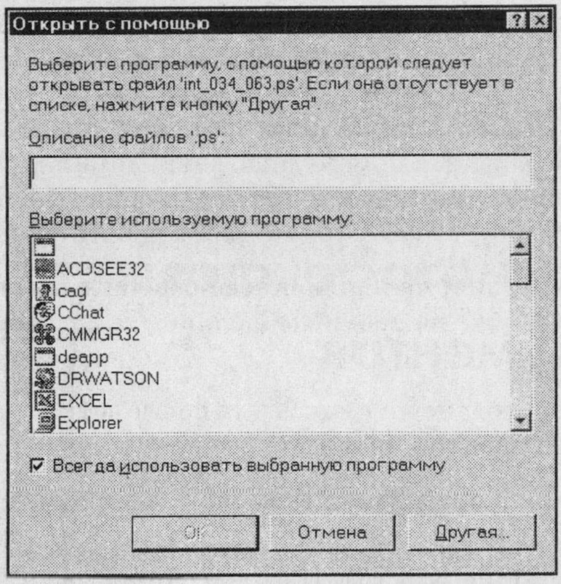

Открыть с помощью

Выберите программу, с помощью которой следует открывать файл 'int_034_063.ps'. Если она отсутствует в списке, нажмите кнопку "Другая".

Описание файлов '.ps':

Выберите используемую программу:

ACDSEE32
cag
CChat
CMMGR32
deapp
DRWATSON
EXCEL
Explorer

Всегда использовать выбранную программу

OK | Отмена | Другая...

Рис. 11.7. Если система имеет дело с файлами незнакомого типа, она обращается к пользователю за помощью в выборе открывающей программы

Теперь перед нами встают два вопроса: как объяснить системе, какой программой открывать тот или иной тип файлов, и как сделать, чтобы один тип файлов можно было открывать в разных программах (в одной — для просмотра и в другой — для обработки). Сейчас мы научимся это делать.

Воспользуемся тем же самым диалоговым окном Изменение свойств типов файлов, о котором шла речь, когда мы изменяли значок (рис. 11.6). Оказывается, назначить можно не только значок, но и программу, в которой данный файл будет открываться или редактироваться.

Для примера рассмотрим файлы документов Word 2000.

1. Сначала дайте команду Пуск ➤ Настройка ➤ Свойства папки ➤ Типы файлов.
2. В списке Зарегистрированные типы файлов выберите тип Документ Microsoft Word.
3. Нажмите кнопку Изменить — откроется диалоговое окно Изменение свойств типов файлов.
4. В списке Действия посмотрите, какие операции с файлом может выполнить операционная система.

5. Самое главное действие — Открыть выделено полужирным шрифтом. Это связано с тем, что оно назначено *принятым по умолчанию*. Именно открытие и происходит при двойном щелчке на значке файла. Если нужно, действие можно изменить — достаточно выделить другое действие, например Печатать, и нажать кнопку По умолчанию. Тогда при двойном щелчке на файле документа он будет не открываться, а печататься на принтере.

6. Все действия, не являющиеся основными, тоже можно исполнить, но уже не двойным щелчком, а с помощью контекстного меню.

7. Дополнительно можно создать новые действия (для этого служит кнопка Создать), и они тоже войдут в контекстное меню.

Допустим, мы хотим иметь возможность просматривать документы не в программе Word 2000, а в небольшом текстовом процессоре WordPad, с которым проще работать, да к тому же он и запускается побыстрее. В этом случае можно действовать следующим образом.

1. Нажмите кнопку Создать для создания нового действия.

2. В диалоговом окне Новое действие (рис. 11.8) сначала введите описание действия, например Просмотр документа, а затем введите команду открытия:

   «C:\Program Files\Accessories\Wordpad.exe» «%1».

   Первая часть этой записи — путь доступа к программе WordPad (чтобы система смогла ее найти). Вторая часть («%1») — команда на открытие того файла, на котором произошел щелчок.

Рис. 11.8. Пример создания нового действия

3. Закройте открытые диалоговые окна щелчками на кнопках OK и Закрыть. Отныне вы сможете с помощью контекстного меню

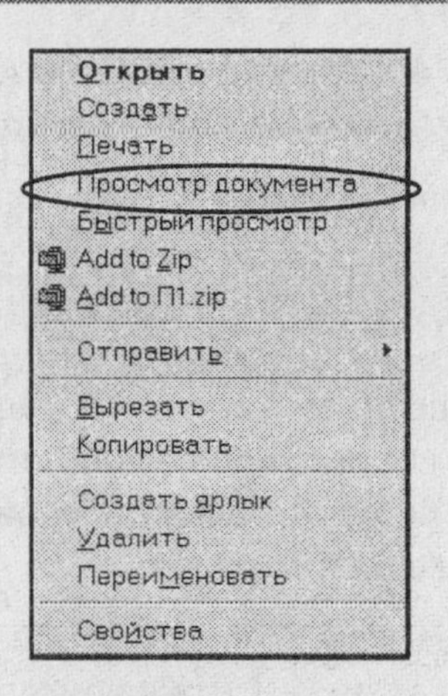

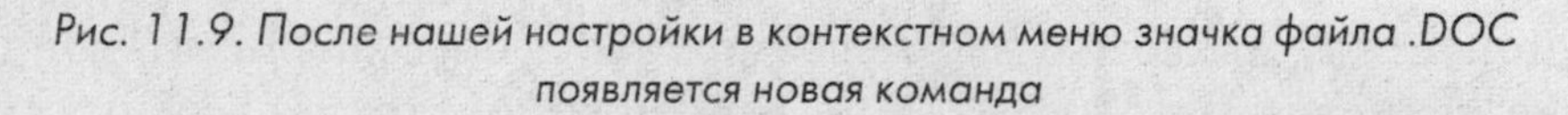
Рис. 11.9. После нашей настройки в контекстном меню значка файла .DOC появляется новая команда

сами выбирать, в какой программе будет открываться тот или иной файл с расширением имени .DOC (рис. 11.9).

Все это только пример, но теперь вам известно, как поступить, если имеется много разных программ для работы с файлами одного типа, и вы хотели бы оставить за собой право выбирать, в какой из них открывать тот или иной файл.

Те настройки, которые мы только что сделали вручную, некоторые приложения могут выполнять автоматически, причем нередко без нашего согласия. Установив однажды какую-то программу, можно обнаружить, что она «перехватила» работу с файлами того или иного типа и забрала их себе. Не всегда нас устраивает такое самоуправство. Если вы с ним сталкивались, то теперь знаете, как с этим бороться.

Удаление файла

Это последняя «полезная» операция, которую можно сделать с файлом. Иногда она даже более полезна, чем другие. В обычных условиях удаление файлов в операционной системе *Windows* происходит в Корзину — специальную папку для накопления всякого мусора. Значок Корзины имеется на Рабочем столе, и, если он доступен, удаление выполняют перетаскиванием значка файла на значок Корзины. Если же значок Корзины глубоко скрыт под открытыми окнами, удобнее воспользоваться командой Удалить из контекстного меню файла.

То, что удалено в Корзину, может быть впоследствии восстановлено, но только при условии, что на жестком диске есть свободное место. При нехватке места на диске операционная система начинает проявлять интеллект и может постепенно опустошать Корзину, начиная с удаления самых древних отложений. Удаление из Корзины — уже безвозвратное, поэтому старайтесь не доводить дело до исчерпания места на жестком диске. Время от времени проводите чистку диска своими руками, не доверяя ее автоматике.

При очистке диска часто требуется, чтобы удаляемые объекты не попадали в Корзину, иначе свободное место не образуется. Для окончательного удаления файлов (минуя Корзину) команда должна выполняться при нажатой клавише SHIFT.

12. Проводник — файловый менеджер

Файловые менеджеры

В предыдущей главе мы познакомились с основными операциями, которые можно выполнять с файлами. Хотя это далеко не все возможные операции, но основные. Встает вопрос: а нет ли специальной программы, которая могла бы взять эти и, может быть, еще какие-нибудь операции на себя, чтобы нам каждый раз не думать, как удобнее и быстрее поступить с тем или иным файлом? Ответ положительный: такие программы существуют, и не одна. Их называют *файловыми менеджерами*. Это очень популярные программы в том смысле, что без них не обходится ни один пользователь, а вот какой именно файловый менеджер он предпочитает — дело личного вкуса, а чаще — привычки.

Если вы слышали про былую популярность программы Norton Commander, то знайте, что это один из первых файловых менеджеров. Правда, в наши дни этой программой пользуются мало. Во всяком случае, старыми версиями Norton Commander, разработанными для *MS-DOS*, в *Windows* вообще пользоваться опасно, так как они могут «портить» длинные имена файлов и некорректно работают с жесткими дисками больших размеров. Если вы давний поклонник Norton Commander, то предусмотрите, чтобы у вас была 32-разрядная версия.

Все файловые менеджеры имеют две рабочие панели. Это понятно: ведь когда мы транспортируем файлы, то удобно, чтобы папка-источник и папка-приемник были видны одновременно. В обширном классе файловых менеджеров можно выделить две большие группы программ: с *симметричными* рабочими панелями и *несимметричными*.

Для примера на рис. 12.1 показано окно программы Windows Commander. Это один из лучших современных файловых менеджеров. У него две симметричные панели, так что совершенно все равно, перемещать ли файлы слева направо или справа налево. К сожалению, эта программа не входит в состав *Windows* (она выпускается совсем другой фирмой) и ее надо приобретать дополнительно и устанавливать на компьютере своими руками.

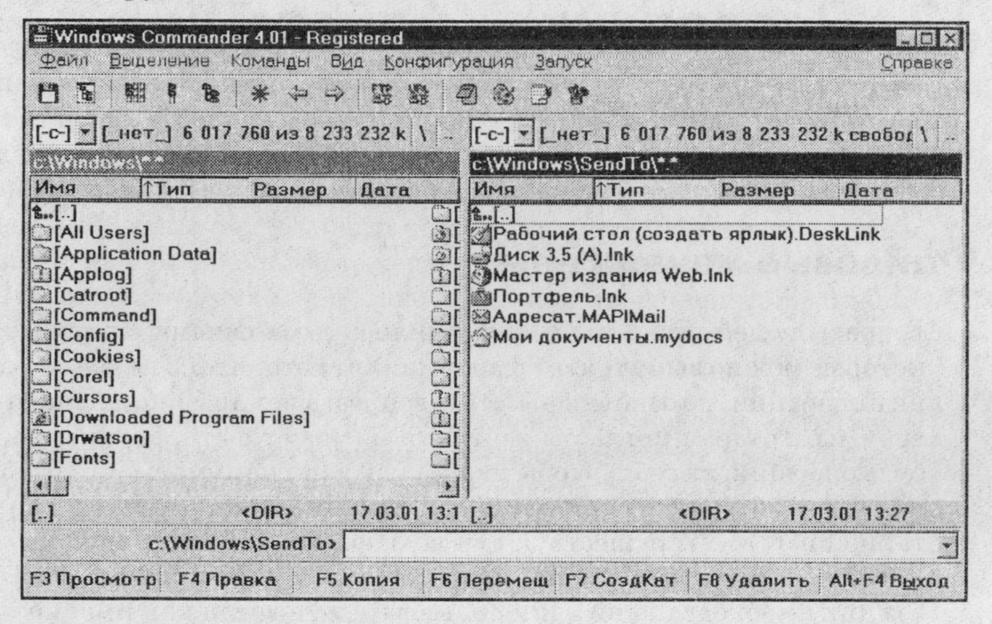

Рис. 12.1. Windows Commander — файловый менеджер с двумя симметричными панелями

Некоторые файловые менеджеры имеют несимметричные панели. Тогда одна панель служит для навигации по дискам и папкам, а другая — для операций с файлами. Работа с такими файловыми менеджерами менее удобна. Именно к ним относится штатный файловый менеджер операционной системы *Windows* — программа Проводник Windows, или просто Проводник.

Работу с Проводником нельзя назвать ни красивой, ни удобной, ни элегантной. Это весьма неуклюжая программа, и лучше завести себе что-то более пристойное. Однако несмотря на эти «теплые» слова, мы все-таки рассмотрим работу с Проводником, и не потому, что вы будете этой программой часто пользоваться. Скорее, как и большинство других пользователей, вы будете ее всемерно избегать. Однако в Проводнике используются такие приемы работы, которые стали для *Windows* стандартными, и их надо знать, даже если они нам и не нравятся. Вам не раз и не два встретятся самые разные программы, использующие механизм и идеологию Проводника. Чтобы встретить их достойно, имеет смысл поближе познакомиться с Проводником.

Знакомство с Проводником

Прежде чем мы приступим к знакомству с Проводником, откроем маленький секрет. Начиная с системы *Windows 98*, в основе тех окон папок, которые мы наблюдаем на экране, и в основе *Проводника Windows* лежит одна и та же программа (один и тот же механизм) — это программа Internet Explorer, предназначенная для работы в Интернете. В этом нетрудно убедиться, если в любом окне папки дать команду Вид ➤ Панели обозревателя ➤ Папки. Тогда слева откроется дополнительная панель, и окно папки станет неотличимым от окна Проводника Windows (рис. 12.2). В общем, работая с окнами папок, мы уже работали с Проводником, хотя и с урезанным.

«Чистый» Проводник запускают командой Пуск ➤ Программы ➤ Проводник. Другой способ его запуска — из контекстного меню кнопки Пуск, значка Мой компьютер и большинства значков папок. В общем, Проводник всегда под рукой. Найти его проще, чем от него избавиться.

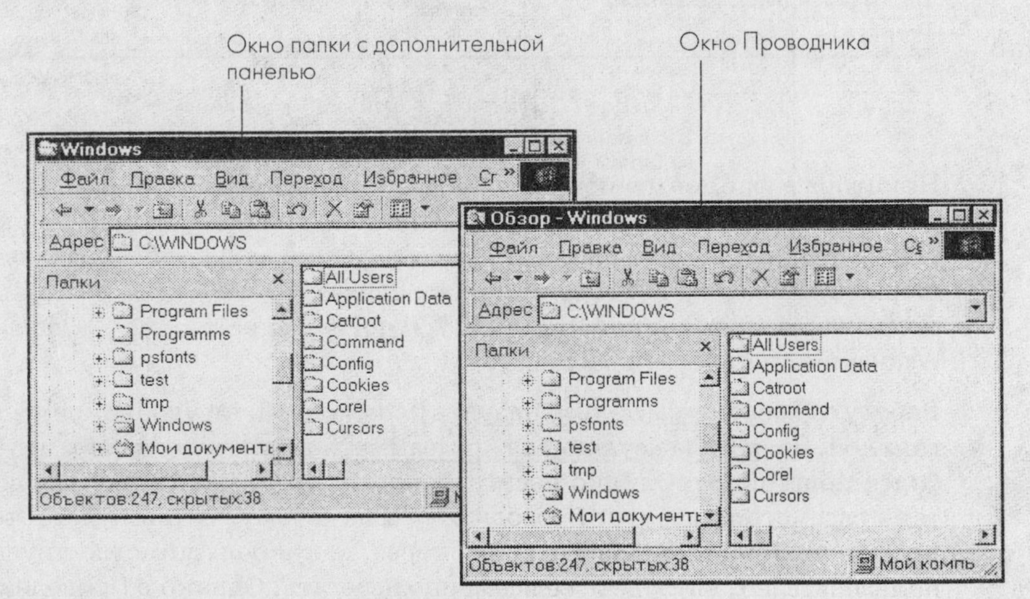

Рис. 12.2. В основе окон папок и Проводника Windows лежит один и тот же механизм

Собственно говоря, отображением контекстных меню различных объектов занимается тот же вездесущий Проводник, и за полезные команды контекстного меню, такие как Отправить, Удалить, Открыть и прочие, отвечает опять же Проводник, а на самом деле его старший брат — Internet Explorer.

Итак, на рис. 12.3 показан пример окна Проводника. Как видите, окно двухпанельное. Левая панель — панель папок, на ней видна вся файловая система компьютера. Одна (и только одна) из папок левой панели открыта всегда — назовем ее *текущей папкой*. Она закроется автоматически, если открыть другую папку.

Правая панель — это *панель содержимого*. На ней отображаются значки папок и файлов, входящие в текущую папку. Если на левой панели открыть другую папку, немедленно изменяется содержимое правой панели.

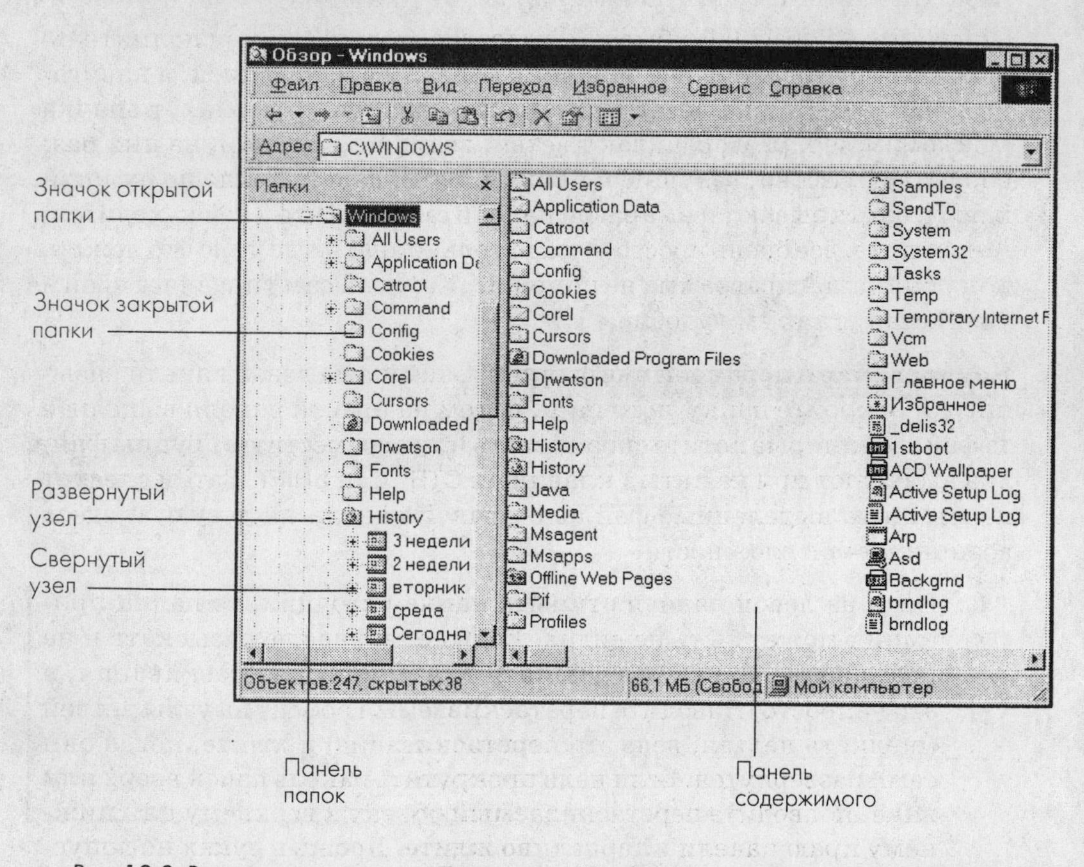

Рис. 12.3. В основе окон папок и Проводника Windows лежит один и тот же механизм

Над рабочими панелями находятся: строка заголовка, строка меню, панель инструментов и адресная строка. Структура папок на левой панели — это иерархическая структура, называемая *деревом*. Корень этого дерева отнюдь не корневой каталог жесткого диска, как в файловой системе. Здесь корнем является значок Мой компьютер. От него исходят ветви, ведущие к дискам и папкам.

Ветвь может находиться в двух состояниях: свернутом и развернутом. Там, где ветвь крепится к вышестоящей ветви, образуется узел. Если ветвь свернута, узел закрыт — он отмечается значком «+». Если ветвь развернута, узел открыт и обозначается значком «–». Узлы переключают щелчком левой кнопки мыши. При этом ветви сворачиваются и разворачиваются.

Работа в Проводнике

Операции в Проводнике бывают подготовительными и исполнительными. Подготовительные операции связаны с навигацией, а навигация выполняется на левой панели. Начав с самого верха, от значка Мой компьютер, разворачивают ветви, ведущие к дискам, на них разворачивают ветви, ведущие к папкам, и так далее. Дойдя до нужной папки, ее открывают и на правой панели смотрят, что в ней находится. Как видите, все очень просто — надо только знать, где у вас что лежит, но тут никакая программа не поможет. Каждый сам управляет своим хозяйством, как ему удобно.

Копирование и перемещение файлов. Сначала на левой панели разыщите и откройте папку-источник, потом на правой панели выделите те файлы, которые хотите скопировать или переместить. Группы файлов выделяют при нажатых клавишах CTRL или SHIFT. Затем следует перетащить выделенные файлы с правой панели на левую, и здесь возникают три сложности.

1. Если на левой панели открыта папка-источник, то папка-приемник может быть не видна. Если ее заранее не разыскать и не развернуть, то придется искать ее в момент перетаскивания, а это непросто. Наводите перетаскиваемый объект на узлы ветвей (щелкать нельзя, ведь это перетаскивание) и ждите, когда они сами развернутся. Если надо прокрутить панель папок вверх или вниз, подводите перетаскиваемый объект к верхнему или нижнему краю панели и терпеливо ждите. Дрожь в руках не допус-

кается: если отпустите кнопку мыши, копируемые файлы попадут неизвестно куда, и потом их будет трудно разыскивать.

> Это самая противная операция, какая только может быть на компьютере! Но не отказывайте себе в удовольствие попрактиковаться хотя бы чуть-чуть. Почувствуйте стиль и дух Проводника!

Ну а если серьезно, то лучше к перетаскиванию подготовиться заранее. На левой панели разыщите папку-приемник, но ни в коем случае не открывайте ее, а то потеряете содержимое правой панели. Когда справа открыта папка-источник, а слева развернута (но не открыта) папка-приемник, хорошенько прицельтесь, наберите в грудь побольше воздуха и начинайте перетаскивание.

2. Если вы освоились с перетаскиванием, то надо еще освоить попадание. Когда перетаскивается один файл, попасть в нужное место, в общем-то, нетрудно, но если их много, попадание становится проблемой. Есть простое правило. Перетаскивание считается законченным, когда подпись папки-приемника меняет цвет. Зафиксируйте этот момент, убедитесь, что руки не дрожат, и отпускайте кнопку мыши.

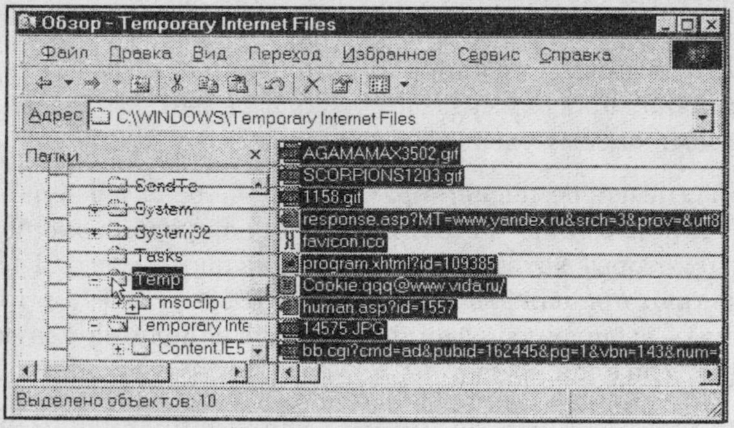

Рис. 12.4. На рисунке показан пример перетаскивания большой группы файлов в папку \Temp. Когда подпись папки изменила цвет, кнопку мыши можно отпускать

3. И это еще не все! Вы не знаете, что произошло в результате перетаскивания: копирование файлов или их перемещение. Поэтому, чтобы не мучиться догадками, возьмите за правило выполнять перетаскивание при нажатой правой кнопке мыши — тогда все будет очевидно.

Прочие операции с файлами. Если вы освоили копирование в Проводнике, то достигли вершин мастерства. Все остальное уже просто. Для открытия файла просто щелкните на нем два раза. Для удаления или переименования файла, а также для создания или изменения ярлыка можно воспользоваться контекстным меню.

Другие файловые менеджеры

Если работа с Проводником вас не вдохновила, попробуйте установить себе какой-нибудь иной файловый менеджер, сделанный с любовью к людям. Выбор немал. Можно воспользоваться программой Norton Commander for Windows 95 (из Интернета ее можно получить по адресу www.symantec.com). Очень удобна отечественная программа от компании «Арсеналъ» — Disco Командир (www.ars.ru). Самым мощным (хотя и с избыточными возможностями) средством для работы с файлами является еще одна отечественная разработка — FAR Manager (www.rarsoft.com). Многие предпочитают несложную, но весьма эффективную программу Windows Commander (www.ghisler.com). Приемы работы с этой программой будут рассмотрены в главе 20. В данный момент мы не касаемся этого вопроса, поскольку еще «не проходили» то, что касается установки на компьютере новых программ.

Этим мы и займемся в следующей главе.

13. Установка и удаление программ

Стандартные приложения операционной системы

В состав операционной системы *Windows 9x* входит немало разнообразных программ, которыми можно пользоваться в разных случаях жизни. Их называют *стандартными*, поскольку они распространяются и устанавливаются вместе с операционной системой. Ниже приведен список основных стандартных программ. Если на вашем компьютере нет каких-то программ из этого списка, значит, операционная система у вас установлена не полностью. В этом случае обратитесь к следующему разделу, где сказано, как доустановить необходимые компоненты.

Прикладные программы

Название	Доступ	Назначение	Примечание
Блокнот	Пуск ➤ Программы ➤ Стандартные ➤ Блокнот	Простейший текстовый редактор для просмотра и записи коротких сообщений (.TXT)	Глава 14
Калькулятор	Пуск ➤ Программы ➤ Стандартные ➤ Калькулятор	Имитация простейшего настольного калькулятора для арифметических и несложных инженерных и экономических расчетов	

Прикладные программы (продолжение)

Название	Доступ	Назначение	Примечание
Paint	Пуск ➤ Программы ➤ Стандартные ➤ Paint	Простейший графический редактор для создания, просмотра и редактирования рисунков (.BMP, .PCX, JPG)	
WordPad	Пуск ➤ Программы ➤ Стандартные ➤ WordPad	Простейший текстовый процессор для создания, просмотра и редактирования форматированных текстовых документов (.DOC)	Глава 15
Звукозапись	Пуск ➤ Программы ➤ Стандартные ➤ Развлечения ➤ Звукозапись	Средство записи звука с микрофона или внешнего источника (.WAV)	
Лазерный проигрыватель	Пуск ➤ Программы ➤ Стандартные ➤ Развлечения ➤ Лазерный проигрыватель	Программа для воспроизведения музыки с компакт-дисков. Позволяет создавать списки воспроизведения	Глава 22
Универсальный проигрыватель	Пуск ➤ Программы ➤ Стандартные ➤ Развлечения ➤ Универсальный проигрыватель	Программа для воспроизведения звуковых и видеозаписей. Работает с большим количеством разных форматов	Глава 22
Регулятор громкости	Пуск ➤ Программы ➤ Стандартные ➤ Развлечения ➤ Регулятор громкости	Средство управления громкостью звука при воспроизведении из любых программ	Глава 22
Сеанс MS-DOS	Пуск ➤ Программы ➤ Сеанс MS-DOS	Специальное средство для запуска простейших программ MS-DOS под управлением Windows	В Windows Me отсутствует

Служебные программы

Название	Доступ	Назначение	Примечание
Проводник	Пуск ➤ Программы ➤ Проводник	Простейший файловый менеджер	Глава 12
Архивация данных	Пуск ➤ Программы ➤ Стандартные ➤ Служебные ➤ Архивация данных	Простейшее средство для создания резервных копий наиболее ценных данных	Не рекомендуется к применению
Буфер обмена	Пуск ➤ Программы ➤ Стандартные ➤ Служебные ➤ Буфер обмена	Полезное средство для просмотра содержимого буфера обмена	В W95 не устанавливается по умолчанию и требует специальной доустановки
Вас приветствует Windows	Пуск ➤ Программы ➤ Стандартные ➤ Служебные ➤ Вас приветствует Windows	Мультимедийное интерактивное введение в работу с Windows для начинающих	
Дефрагментация диска	Пуск ➤ Программы ➤ Стандартные ➤ Служебные ➤ Дефрагментация диска	Необходимое средство для периодического обслуживания жестких дисков	Глава 38
Индикатор ресурсов	Пуск ➤ Программы ➤ Стандартные ➤ Служебные ➤ Индикатор ресурсов	Средство для контроля за состоянием системных ресурсов	Актуально только для W95
Инспектор сети	Пуск ➤ Программы ➤ Стандартные ➤ Служебные ➤ Инспектор сети	При работе в локальной сети позволяет контролировать действия пользователей, подключенных к данному компьютеру	
Мастер обслуживания	Пуск ➤ Программы ➤ Стандартные ➤ Служебные ➤ Мастер обслуживания	Мастер-программа для быстрой настройки автоматического обслуживания компьютера по расписанию	Начиная с W98

Служебные программы (продолжение)

Название	Доступ	Назначение	Примечание
Назначенные задания	Пуск ➤ Программы ➤ Стандартные ➤ Служебные ➤ Назначенные задания	Средство для ручной настройки расписания автоматической работы компьютера	Начиная с W98
Очистка диска	Пуск ➤ Программы ➤ Стандартные ➤ Служебные ➤ Очистка диска	Средство автоматической очистки некоторых папок Windows при критической нехватке места	Начиная с W98
Преобразование диска в FAT 32	Пуск ➤ Программы ➤ Стандартные ➤ Служебные ➤ Преобразование диска в FAT 32	Мастер-программа для автоматического преобразования файловой системы из формата FAT 16 в формат FAT 32	Начиная с W98
Проверка диска	Пуск ➤ Программы ➤ Стандартные ➤ Служебные ➤ Проверка диска	Средство автоматической проверки целостности файловой структуры диска	Глава 38
Сведения о системе	Пуск ➤ Программы ➤ Стандартные ➤ Служебные ➤ Сведения о системе	Пакет служебных программ для проверки и обслуживания операционной системы	
Сжатие данных	Пуск ➤ Программы ➤ Стандартные ➤ Служебные ➤ Сжатие данных	Программа для динамического уплотнения записываемых данных, что приводит к «кажущемуся» увеличению емкости диска	Не рекомендуется к применению
Агент сжатия	Пуск ➤ Программы ➤ Стандартные ➤ Служебные ➤ Агент сжатия	Средство дополнительного уплотнения данных, уплотненных средством Сжатие данных	Не рекомендуется к применению
Системный монитор	Пуск ➤ Программы ➤ Стандартные ➤ Служебные ➤ Системный монитор	Средство контроля загруженности основных устройств компьютера	
Таблица символов	Пуск ➤ Программы ➤ Стандартные ➤ Служебные ➤ Системный монитор	Программа для работы со специальными и нестандартными шрифтовыми символами	Глава 32

Средства связи и работы в Интернете

Название	Доступ	Назначение	Примечание
Internet Explorer	Пуск ➤ Программы ➤ Internet Explorer	Обозреватель (броузер) для работы в World Wide Web	Начиная с W98
Outlook Express	Пуск ➤ Программы ➤ Outlook Express	Средство для работы с электронной почтой и службой групп новостей (телеконференциями)	Устанавливается и обновляется вместе с Internet Explorer
Телефон	Пуск ➤ Программы ➤ Стандартные ➤ Связь ➤ Телефон	Средство для набора телефонных номеров	Обязательный компонент, на который опираются другие средства связи
Удаленный доступ к сети	Пуск ➤ Программы ➤ Стандартные ➤ Связь ➤ Удаленный доступ к сети	Программа для подключения к Интернету	Глава 25
Мастер домашней сети	Пуск ➤ Программы ➤ Стандартные ➤ Связь ➤ Мастер домашней сети	Мастер-программа, предназначенная для того, чтобы все компьютеры локальной сети могли работать с Интернетом через одно физическое соединение	Начиная с W98SE
Прямое кабельное соединение	Пуск ➤ Программы ➤ Стандартные ➤ Связь ➤ Прямое кабельное соединение	Программа для соединения двух компьютеров без создания локальной сети	
Microsoft Chat	Пуск ➤ Программы ➤ Стандартные ➤ Средства Интернета ➤ Microsoft Chat	Клиентская программа для работы с сетевыми форумами прямого общения (чат-конференциями)	Начиная с W98
NetMeeting	Пуск ➤ Программы ➤ Стандартные ➤ Средства Интернета ➤ NetMeeting	Средство для организации видеоконференций (видеотелефонии) и совместного использования сетевых приложений	Начиная с W98

Некоторые примечания

В приведенных таблицах мы не рекомендовали пользоваться рядом стандартных средств *Windows*. В таких случаях всегда уместно спросить: *«А почему?»*

Программа Архивация данных. С одной стороны, создание резервных копий для важных данных — это совершенно необходимая операция. С другой стороны, мы не рекомендуем пользоваться программой Архивация данных просто потому, что это удивительно неуклюжая и недружественная программа.

Во-первых, в ней принудительно заблокирована возможность работы по заданному расписанию, то есть, она не взаимодействует с программой Назначенные задания. И не потому, что кто-то чего-то не предусмотрел, а потому, что такую работу заблокировали преднамеренно, чтобы взять с нас деньги еще раз за получение полноценной версии. Во-вторых, эта программа выполняет резервные копии в специфическом формате, с которым редкая программа может разобраться.

Выходов из положения как минимум два. К внешним устройствам, предназначенным для долговременного хранения данных (например к *стримерам*), обычно прилагаются специальные программы резервного копирования, подготовленные для этих устройств. Если же обходиться без спецустройств, а использовать жесткие, сетевые и гибкие диски, то удобно воспользоваться общедоступной программой архивации (см. гл. 17–19). Такие программы и лучше пакуют данные, и могут работать по расписанию, и создают архивы в общепризнанных форматах, с которыми потом нетрудно разобраться.

Сжатие данных. В прошлые годы, когда жесткие диски были очень маленькими и очень дорогими, появилась технология, которая позволяла уплотнять данные, записываемые на диск, «на лету», а потом точно так же «на лету» распаковывать их при открытии файла. Эти технологии стали настолько популярными, что компания *Microsoft* включает средства динамического сжатия данных в состав операционных систем, начиная с *MS-DOS 6.0*. Эти технологии действительно эффективны и позволяют увеличить «кажущийся» объем жесткого диска в несколько раз.

Вместе с тем, за все приходится расплачиваться. В частности, при искусственном «сжатии» дисков резко снижается ремонтопригодность операционной системы. В случае возникновения неполадок (даже мелких) восстановление работоспособности системы становится значительно более трудным и неочевидным. Если диск уплотнен, то работать с ним следует крайне аккуратно, избегая установки новых программ (особенно полученных из сомнительных источников), а в аварийных ситуациях для спасения данных приходится прибегать к помощи специалистов.

Современные жесткие диски имеют такие большие размеры и столь низкую удельную цену за единицу емкости, что заниматься их «виртуальным сжатием» — себе дороже.

— А что же все-таки делать, если диск не беспределен и его емкости не хватает?

Воспользуйтесь одним из общепринятых архиваторов (см. гл. 17–19) и запакуйте файлы, которые имеют наибольшие размеры, а используются редко. Архивация файлов не только не снизит, но и повысит устойчивость работы операционной системы в целом.

Агент сжатия. Это программа, предназначенная для дополнительного уплотнения данных, ранее обработанных программой Сжатие данных. Поскольку пользоваться этой технологией не рекомендуется, то и в программе Агент сжатия необходимости нет.

Доустановка компонентов Windows

Бывают случаи, когда возникает потребность в каких-то стандартных средствах *Windows*, которые на компьютере не установлены. Например, если компьютер не имел модема, то при установке операционной системы все компоненты, отвечающие за связь и работу в Интернете, могли не устанавливаться, чтобы зря не занимать место на жестком диске. В этом случае после приобретения модема следует доустановить необходимые компоненты.

Установка дополнительных компонентов или удаление ранее установленных компонентов — это изменение конфигурации *Windows*. Для этого необходимо иметь компакт-диск, на котором операционная система поставляется и распространяется, тот есть дистрибутивный диск.

Счастливым исключением является система *Windows Me*, которая при первой установке создает на жестком диске архив, в который заносятся копии файлов с дистрибутивного диска, так что конфигурацию можно изменять без необходимости обращаться к дистрибутивному диску. Впрочем, такая возможность не освобождает нас от необходимости его иметь, так как при обслуживании или реанимации операционной системы он все равно может потребоваться.

Пользователи ранних систем *Windows* (до *Windows Me*) тоже научились обходиться без дистрибутивного диска. Для этого они создают на жестком диске архивную папку, например C:\DISTRIB\W98, в которую копируют его содержимое. Разумеется, это приводит к потере некоторого полезного пространства, зато позволяет изменять конфигурацию операционной системы оперативно.

Если вы не стеснены в емкости жесткого диска, обязательно сделайте себе такой архив. Когда начнете испытывать дефицит свободного места, можете архив удалить, тем более, что к этому времени система уже приживется и изменение ее конфигурации станет крайне редким мероприятием.

За установку любых программ, в том числе и компонентов самой операционной системы, отвечает значок Установка и удаление программ, который находится в папке Панель управления (Пуск ➤ Настройка ➤ Панель управления). Разыщите его и запустите двойным щелчком системное средство установки и удаления программ — откроется диалоговое окно Свойства: Установка и удаление программ (рис. 13.1).

Если вы предполагаете достаточно часто устанавливать новые программы и удалять их, то рекомендуется создать ярлык значка Установка и удаление программ и положить его «под рукой» — на Рабочем столе или на Панели быстрого запуска.

В этом окне три вкладки: Установка/удаление; Установка Windows и Системный диск. Первую вкладку используют для установки и удаления произвольных программ, вторую — для установки и удаления системных компонентов *Windows*, а третью — для создания системного диска (специального гибкого диска, необходимого в аварийных ситуациях, о чем рассказано в главе 39).

Мы сейчас рассматриваем компоненты *Windows*, поэтому откройте вкладку Установка Windows. Она открывается не сразу — системе нужно время, чтобы собрать сведения о тех компонентах, которые уже установлены.

В списке Компоненты: приведены группы стандартных компонентов *Windows*. Если группа отмечена флажком на белом фоне, то она установлена полностью. Если флажок имеет серый фон, значит, часть компонентов этой группы не установлена — для детального просмотра

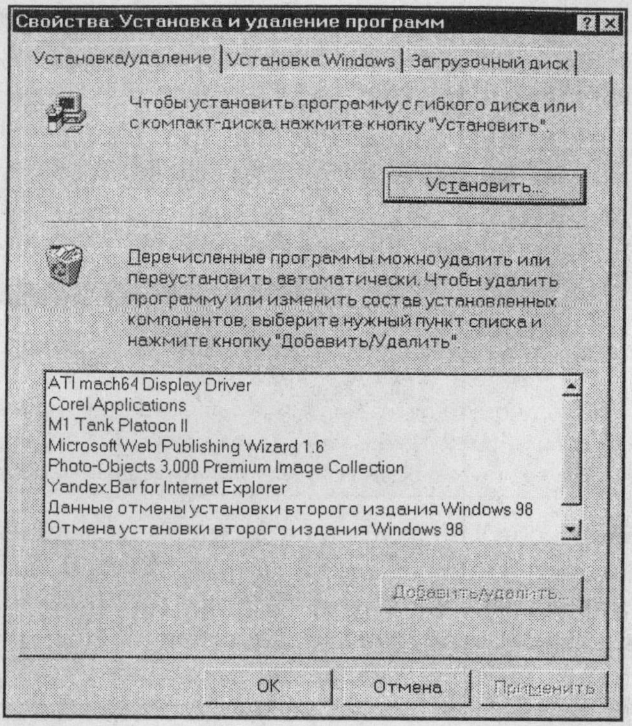

Рис. 13.1. Системное средство установки и удаления программ

выделите ее и нажмите кнопку Состав. В нашем примере (рис. 13.2) видно, что группа стандартных компонентов установлена не полностью. Щелчок на кнопке Состав позволяет выяснить, что не установлена программа Imaging, предназначенная для просмотра рисунков. Мы действительно ее не устанавливали, потому что предпочитаем использовать для этих целей гораздо более удобную программу ACDSee 32 (см. гл. 21).

Если нужно доустановить компонент, следует включить его флажок и закрыть диалоговые окна — тогда система автоматически приступит к копированию необходимых файлов с дистрибутивного компакт-диска на жесткий диск.

Если компакт-диск не вставлен в дисковод *CD-ROM*, система предложит это сделать. Если и теперь она не найдет дистрибутивный компакт-диск, то предложит самостоятельно указать путь доступа к дистрибутивным файлам. В этот момент ее можно «навести» на истинное местоположение дистрибутива с помощью кнопки Обзор. Если такая

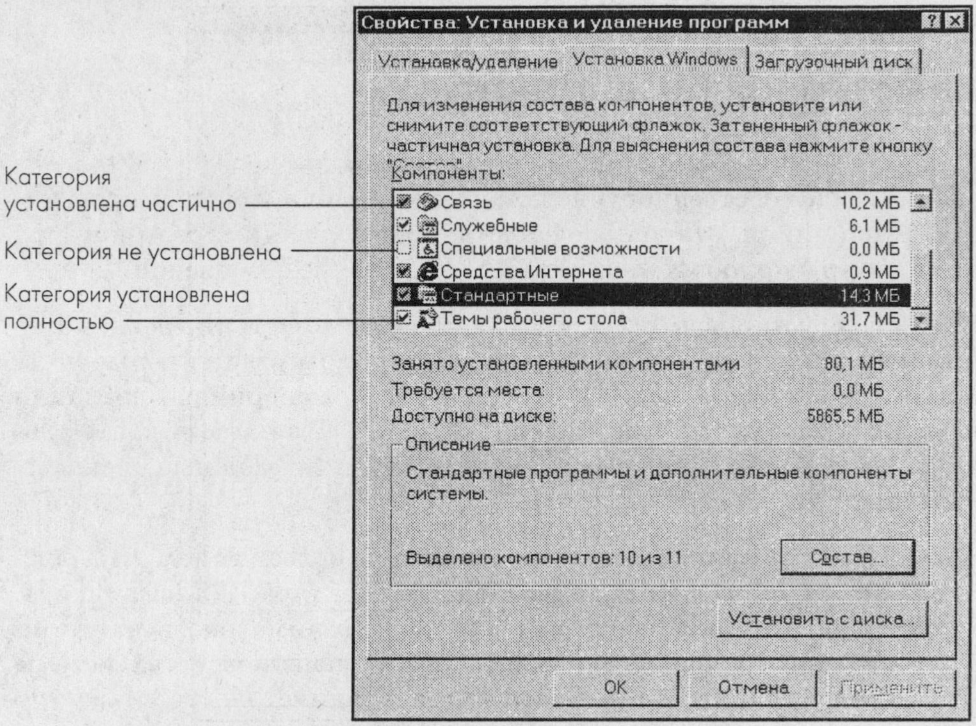

Рис. 13.2. Просмотр установленных компонентов Windows

операция выполняется не впервые, то система помнит, куда ее наводили в прошлый раз — нужный адрес можно найти с помощью раскрывающей кнопки в списке Размещение файлов. Не забудьте, что у списка есть полоса прокрутки, поэтому на первый взгляд видно не все, что есть на самом деле.

По окончании установки компонента закройте все открытые окна. Система может потребовать перезагрузки. Если никаких ответственных работ в это время не выполняется, ответьте согласием. Если компьютер занят чем-то важным, ответьте отказом, после чего завершите текущие работы и перезагрузите его вручную.

При работе со списком установленных компонентов аккуратно манипулируйте флажками. Если вам надо установить один компонент, это значит, что должны остаться включенными флажки всех ранее установленных компонентов, плюс должен быть включен еще один флажок. Сброс какого-либо флажка означает удаление компонента.

Установка произвольных приложений и компьютерная безопасность

Если для каких-то задач не хватает стандартных средств *Windows*, значит, надо собственноручно установить дополнительные программы. В принципе, эта вполне естественная операция, ради которой компьютер и приобретался, считается не вполне безопасной.

Если после установок тех или иных программ наступит день, когда придется заняться устранением неполадок, возникших в ходе установки, обратитесь к главе 41. Особенно бояться аварийных ситуаций не надо, поскольку не умирают только те, кто не живут, но знать причины возможных неполадок и уметь снижать возможные риски мы обязаны.

1. Первая причина возможных неполадок связана с тем, что внутренняя, скрытая от наших глаз, архитектура *Windows* такова, что операционная система очень тесно взаимодействует с установленными приложениями. Они могут менять свойства системы и ее настройки, а она, в свою очередь, влияет на свойства установленных программ. Это касается даже тех программ, которые были установлены давно и работали вполне надежно.

   Таким образом, устанавливая какую-либо программу, мы становимся заложниками ее автора в гораздо большей степени, чем хотелось бы.

   В качестве мер самозащиты предлагаются две. Первая рекомендация — устанавливать программы только тех фирм, которым можно доверять. Однако это высшая мера самоограничения. К ней прибегают только на служебных компьютерах. На домашних компьютерах все-таки хочется чувствовать себя раскованнее. Вторая рекомендация — содержать компьютер в постоянной готовности к любым неожиданностям и ничего не бояться. Это более разумный подход, которому мы вас научим.

2. Вторая причина многих бед — так называемая *незавершенная установка*. Это бывает, если, например, носитель, на котором распространяется дистрибутивная копия, имеет скрытые дефекты. Часто такое случается с гибкими дисками, иногда с компакт-дисками. Редко, но бывают сбойными программы, принятые из

Интернета. К незавершенным установкам иногда приводят перебои в электроснабжении.

В момент установки программа начинает изменять свойства операционной системы, и если установка не доходит до конца, система может остаться в неустойчивом состоянии. В этом состоянии нельзя ни установить программу полноценно, ни полноценно удалить все следы ее установки. Не факт, что операционная система сразу выйдет из строя, но образовавшиеся дефекты могут накапливаться, и чем чаще будут коллизии, тем скорее придется восстанавливать операционную систему. Возможные повреждения системы в данном случае зависят от того, где произошел сбой и когда он произошел.

Играет роль и аккуратность автора программы — насколько он заранее предусмотрел внешние факторы, которые могут нарушить нормальный процесс установки.

В качестве мер самозащиты здесь можно предложить три:

- по-возможности, сначала копировать дистрибутивный пакет на жесткий диск, а потом с него выполнять установку, если копирование прошло успешно;
- обзавестись источником бесперебойного питания;
- использовать специальные программы — мониторы установки. Они отслеживают изменения, происходящие в операционной системе в ходе установки программ и, в случае сбоя, позволяют возвратить систему в первоначальное состояние.

Мониторы установки — это как бы терапевтическое средство. Обычно ими пользуются люди, которые устанавливают программы со средней интенсивностью: один-два раза в месяц. Тем же, кто готовы из любопытства за один день установить и удалить десяток-другой программ, надо понимать, что они ходят по тонкому льду, и быть готовым к хирургическим операциям по восстановлению операционной системы. В этом случае терапией (мониторами установки) можно и пренебречь.

3. Третья причина возможных бед связана с тем, что в основе *Windows* лежит принцип совместного использования ресурсов. О том, что это такое, мы сейчас расскажем.

Раньше, во времена *MS-DOS*, каждый автор программы должен был догадываться о том, что есть на компьютере пользователя. Допустим, пишет программист красивую игру со звуком. Но он понятия не имеет, какая видеокарта или звуковая карта есть в распоряжении пользователя и как ими управлять. Что остается делать программисту? Ему остается рассчитывать на какой-то стандартный тип видеокарты и звуковой карты. На всякий случай он мог еще предоставить пользователю простейший выбор из нескольких вариантов.

Пользователям тоже приходилось угадывать намерения программистов и покупать себе не любые устройства, а только такие, к которым те привыкли.

В общем, если программа сталкивалась с какой-нибудь непонятной звуковой картой, то она могла не работать. Кто виноват, программист или покупатель, — неважно. Страдали обе стороны. Программистам приходилось много и тяжело работать, чтобы потом получать бесконечные жалобы.

Система *Windows 95* все изменила. Теперь у нас звуковые карты и другие устройства могут быть почти любыми, а программисты не должны заниматься этим вопросом вообще. Компьютерные устройства поставляются вместе с программами, которые называются *драйверами*. После физической установки устройства запускается установка драйвера (глава 37). Драйвер связывается с операционной системой и все ей рассказывает о том, как надо работать с этим устройством, будь то принтер, модем, звуковая карта или монитор.

Программисты, в свою очередь, не пытаются работать с устройствами. Вместо этого они работают с операционной системой. Если, например, программа должна воспроизвести музыку, она обращается к операционной системе, а та, в свою очередь, передает команду драйверу звуковой карты.

В итоге, сколько бы приложений *Windows* ни было на нашем компьютере, все они совместно используют одни и те же драйверы устройств.

Однако совместно используются не только драйверы устройств, но и элементы самой операционной системы. Вы, конечно же, замечали, что окна загрузки или сохранения файлов в разных программах выглядят совершенно одинаково. Причина очень проста. На самом деле программы не хранят для нас эти окна, а когда надо, обращаются к библиотекам *Windows* (файлы .DLL) и берут их оттуда. Окна, кнопки, меню и другие элементы управления располагаются в общих библиотеках, и программы используют их по мере необходимости. Одна и та же микропрограмма, управляющая растягиванием или сжатием окон с помощью мыши, может использоваться любыми приложениями *Windows* — это тоже пример совместного использования ресурсов.

А теперь посмотрим, что из этого вытекает. Допустим, программист написал программу и рассчитывает на то, что в ходе ее работы потребуются ресурсы *Windows*, находящиеся в библиотеках aaa.dll, bbb.dll и ccc.dll.

Допустим, что в ходе установки программы выяснилось, что библиотека aaa.dll у нас уже есть, библиотека bbb.dll есть, но не та, что надо, а библиотеки ccc.dll вообще нет. В этом случае библиотека aaa.dll устанавливаться не будет, по поводу библиотеки bbb.dll надо принимать какое-то решение (заменять ее новой или оставить старую), а библиотека ccc.dll должна установиться. Хорошо, когда программа спрашивает, надо ли ей заменить библиотеку, а ведь нередко она это делает автоматически. Бывает и так, что новая и хорошая библиотека заменяется старой и плохой.

По этой причине крайне нежелательно устанавливать на компьютере приложения *Windows*, выпущенные несколько лет назад. Они могут вызвать перебои в работе других программ. Всегда стремитесь к тому, чтобы программы устанавливались в том порядке, в каком они выпускались, — тогда более свежие программы могут сделать подмены ресурсов в лучшую сторону, а не наоборот. Хотя, строго говоря, это тоже лотерея!

Вроде бы, лучше всего обстоит дело с библиотекой ccc.dll, которой на компьютере не было, — ее надо установить, и все. Однако тут возможны проблемы с удалением программы. Когда она нам надоест и мы захотим ее удалить, то вместе с ней надо удалить и библиотеку ccc.dll. Но делать это опасно. Не исключено, что позднее были установлены какие-то программы, которым эта библиотека нужна. Сами они ее не ставили, ведь она на компьютере уже была. Они на нее рассчитывают, и что станется с этими программами после удаления библиотеки ccc.dll, никто предсказать не может.

Можно, конечно, никогда не удалять ничего из ранее установленного, но тогда операционная система быстро замусоривается, компьютер начинает работать все медленнее и медленнее, и работа с ним начинает раздражать.

В качестве основных рекомендаций предлагается:

- устанавливать только свежие программы;
- устанавливать по одной программе за раз, а потом несколько дней наблюдать за ее работой и работой прочих программ;
- не удалять более одной программы в день и несколько дней наблюдать за результатом.

Если этим рекомендациям следовать сложно, то забудьте о возможных неприятностях и угрозах и спокойно делайте все, что хочется, но примите меры, чтобы никакая неприятность не застигла врасплох, и будьте всегда готовым к полной переустановке как операционной системы, так и всех нужных программ.

Порядок установки новых программ

Перед установкой новой программы убедитесь, что все программы и документы закрыты. Результат установки не всегда предсказуем, и надо быть готовым к неожиданностям.

1. Неважно, откуда и как к вам поступила программа, все равно постарайтесь не устанавливать ее с того носителя, на котором она записана. Сделайте на жестком диске временный каталог и скопируйте туда дистрибутив. Устанавливайте программу с жесткого диска. Правда, это не всегда возможно.

   Встречаются программы, защищенные от копирования, которые требуют, чтобы их устанавливали с того носителя, на котором они распространяются. Если нельзя их устанавливать с жесткого диска, ничего не поделаешь, но хотя бы проверьте копированием, нет ли дефектов в записи, чтобы избежать незавершенной установки.

2. Если программа поступила из Интернета или сборника программ на компакт-диске, она может содержаться в одном-единственном архивном файле. Перед установкой этот файл надо разархивировать (распаковать). В Интернете чаще всего архивы имеют формат

.ZIP. В сборниках на дисках они могут иметь формат .ARJ, .ZIP, .RAR. О том, как работать с архивами, вы узнаете в главах 17–19.

Программы могут поставляться и в так называемых *самораспаковывающихся архивах* с расширением имени .EXE. Для распаковки такого архива файл надо просто запустить (открыть). Хорошо это делать в какой-нибудь временной папке, например C:\TEMP (или аналогичной).

Автор предпочитает создавать для таких дел папки C:\T, C:\TT, C:\TTT и так далее. Когда программа установится и будет проверена, принимается решение, что делать с ее временной папкой. Если программа не нужна, ее папка с архивом удаляется, минуя Корзину. Если программа полезна и останется на компьютере, ее архив перемещается в папку C:\DISTRIB, где хранятся дистрибутивные копии установленных программ.

---

3. Большинство современных программ имеют в своем составе файл Setup.exe, запуском которого начинается установка. Однако не спешите это делать. Хорошо, если установка программы производится средствами *Windows* — тогда и удалить программу будет проще.

Средство для установки приложений *Windows* запускают командой Пуск ➤ Настройка ➤ Установка и удаление программ. Здесь на вкладке Установка/удаление приведен список программ, ранее установленных с ведома операционной системы (см. рис. 13.1). Вы можете рассчитывать на то, что эти программы впоследствии удастся корректно удалить.

Сюда не попадают все установленные приложения *MS-DOS*, многие приложения *Windows 3.1*, некоторые приложения *Windows*, установку которых начали щелчком на значке Setup в обход этого окна, а также некоторые крайне редкие приложения *Windows*, для которых установка не требуется. Их можно просто скопировать в желаемую папку, создать им значок и запускать.

Удалять такие приложения тоже крайне просто — удаляется рабочий каталог, и все! Пользователи очень ценят такие дружественные программы, но такой подход требует от программистов специальных усилий, а мозги не у всех настроены на благо пользователя.

Для установки программ служит кнопка Установить. Она запускает Мастер-программу, которая выполняет установку в автоматическом

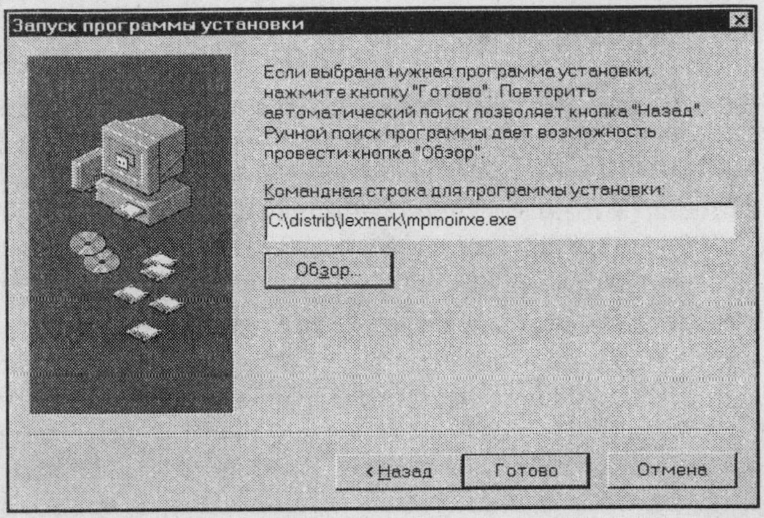

Рис. 13.3. Мастер установки программ: ввод пути доступа к устанавливающей программе

режиме. Ваша задача — навести Мастера на тот файл Setup.exe, который прилагается к программе.

1. Вообще-то, Мастер установки предполагает, что установка производится с гибкого диска или компакт-диска. Мы уже говорили о том, что лучше выполнять установку с жесткого диска, поэтому Мастеру придется подсказать, где искать устанавливающую программу. В первом диалоговом окне Мастера просто нажмите кнопку Далее.

2. Во втором диалоговом окне (рис. 13.3) имеется строка для ввода пути доступа к устанавливающей программе. Запоминать этот путь, а потом вводить его с клавиатуры — бесполезное занятие. Проще воспользоваться кнопкой Обзор, найти нужный файл, нажать кнопку Открыть — и путь автоматически будет записан в командную строку.

3. Осталось только нажать кнопку Готово — и начнется установка программы. По окончании установки нередко требуется перезагрузить компьютер. Поскольку все программы и документы у вас должны быть закрыты, смело соглашайтесь на перезагрузку.

Удаление программ

После установки программы проверьте, как она работает. Если все в порядке, удостоверьтесь также в правильной работе наиболее часто используемых программ. Постарайтесь не откладывать решение о том, нужна вам установленная программа или нет. Если она не понравилась, и вы планируете ее удалить, лучше, если это произойдет непосредственно сразу после установки, пока не устанавливались другие программы.

Перед удалением программы сначала разыщите папку, в которой она находится, и запомните ведущий к ней путь. Для удаления воспользуйтесь известным нам окном Свойства: установка и удаление программ — программа должна быть в списке. Выделите ее и нажмите кнопку Добавить/удалить — начнет работу Мастер удаления программ.

Мастер часто предупреждает об опасности удаления «общих» компонентов (рис. 13.4). О том, что такая угроза действительно имеет место, мы уже писали, но деваться от нее некуда, приходится рисковать, а потом наблюдать за поведением других программ. Уверенно можно сказать только то, что чем меньше разных установок проходило между установкой и удалением некоей программы, тем меньше угроза удаления общих компонентов. Если удаление выполняется непосредственно за установкой, то эта угроза минимальна — лучше удалить больше, чем меньше.

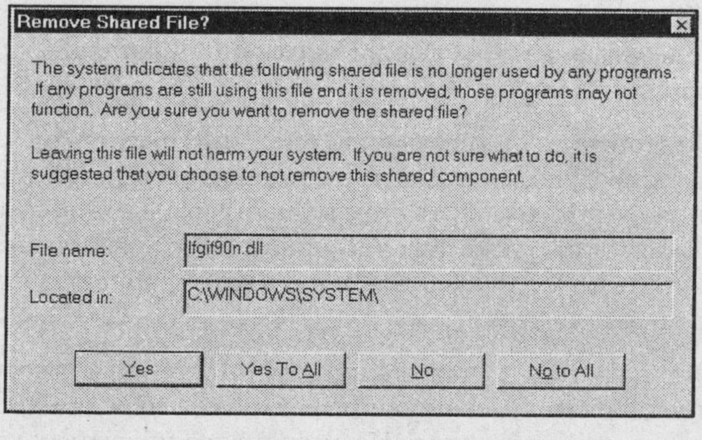

Рис. 13.4. Мастер удаления программы предупреждает об опасности удаления общих компонентов

Удаление программ не всегда бывает полным. Просмотрите папку, в которой программа располагалась, — скорее всего, эта папка не удалена и в ней есть какие-то «хвосты» — удалите их вручную. Не всегда удаляются значки и ярлыки с Рабочего стола и из Главного меню. Разыщите их и расправьтесь с ними тем способом, каким предпочитаете, — лучше всего командой Удалить из контекстного меню.

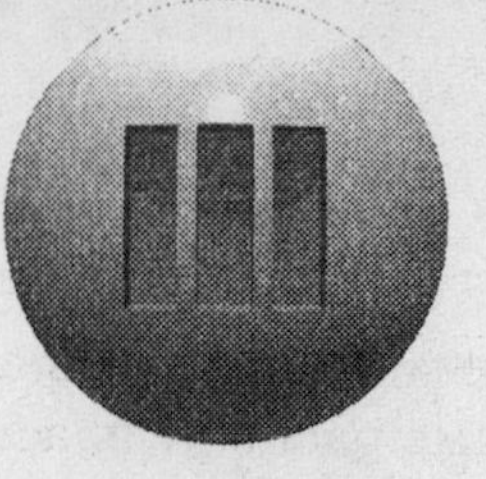

Читаем, смотрим, слушаем

На компьютере можно обрабатывать самые разные данные: тексты, двумерную и трехмерную графику, звук и видео. Документы, в которых содержатся данные, могут иметь разные форматы файлов, в них применяют разные способы обработки, хранения, и представления информации. Широкий спектр программных средств позволяет без проблем читать, смотреть и слушать все, что представлено на компьютере

14. Просмотр текстовых документов

Текстовые документы

Текстовыми считаются документы, состоящие из буквенных символов. При этом форма, цвет и размер символов роли не играют. Простейший аналог текстового документа — телеграмма. В ней главное — содержание, а какими буквами и на чем она будет напечатана в момент вручения, отправитель даже не догадается. Страница этой книги тоже похожа на текстовый документ, поскольку имеет буквенные символы, выражающие содержание, но все-таки это не простой текст, а *форматированный*. В форматированном текстовом документе выделены абзацы и заголовки, используются разные шрифты и их начертания. Обычный текстовый документ ничего этого не имеет — это просто последовательность символов.

С точки зрения простого текста шуточные документы, показанные на рис. 14.1, — совершенно одинаковые, но если речь идет о форматированном тексте, они разные, причем смысловое содержание второго документа понять проще. Таким образом, текстовый документ несет в себе только символьную информацию и никакой другой. Если оформление тоже имеет информационный смысл, то в текстовом документе он теряется. Единственный способ управлять смысловой структурой в текстовом документе — корректно использовать знаки препинания.

Обычно текстовые документы имеют расширение имени .TXT, хотя это и не обязательно. С просмотром таких документов нам приходится сталкиваться достаточно часто, особенно перед установкой новых программ. Всегда желательно исследовать дистрибутивный комплект программы на предмет наличия сопроводительных текстовых фай-

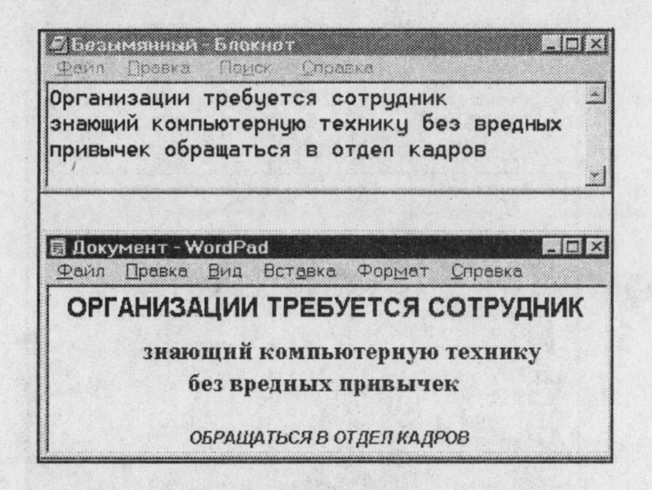

Рис. 14.1. Текст простой и форматированный

лов. В них могут скрываться секреты и полезные советы, связанные с установкой той или иной программы. Простая установка «в лоб», без чтения документации, далеко не всегда заканчивается успешной работой.

Если файл имеет расширение имени .TXT, то при двойном щелчке на его значке открывается стандартный текстовый редактор операционной системы — программа Блокнот (Пуск ➤ Программы ➤ Блокнот). Эта же программа может служить для просмотра и прочих типов файлов, имеющих текстовую природу, например файлов .INF. Нередки случаи, когда файл является по природе текстовым, но имеет такое нестандартное расширение имени, что редактор Блокнот автоматически не запускается. В этом случае может открыться окно для выбора средства просмотра (рис. 14.2). Если вы предполагаете, что за незнакомым расширением имени скрывается все-таки текстовый файл, то выберите в этом окне программу Notepad (это то же самое, что и Блокнот, только по-английски).

Просмотр текстов в редакторе Блокнот

Блокнот — далеко не единственная программа для работы с простым текстом, но благодаря своей простоте и доступности она очень популярна. Во всяком случае, нам не приходилось слышать, чтобы кто-то спешил ее заменить другим аналогичным средством.

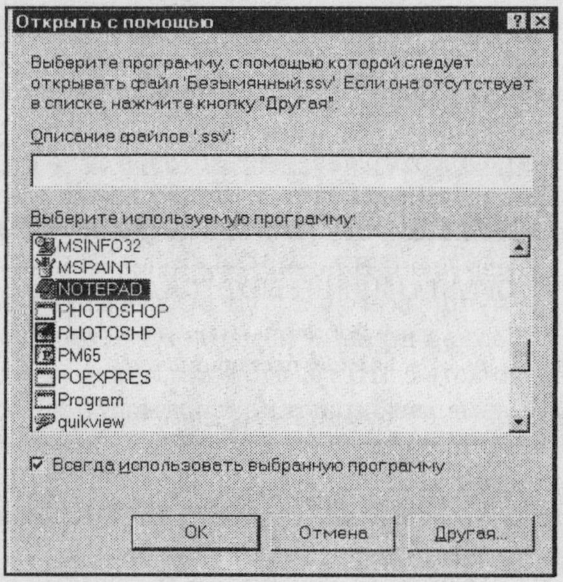

Открыть с помощью

Выберите программу, с помощью которой следует открывать файл 'Безымянный.ssv'. Если она отсутствует в списке, нажмите кнопку "Другая".

Описание файлов '.ssv':

Выберите используемую программу:

MSINFO32
MSPAINT
NOTEPAD
PHOTOSHOP
PHOTOSHP
PM65
POEXPRES
Program
quikview

Всегда использовать выбранную программу

ОК | Отмена | Другая...

Рис. 14.2. Выбор текстового редактора в качестве средства просмотра текстового файла, имеющего нестандартное разрешение

Блокнот может открыть файл вообще любого типа, правда, не любого размера. Предельный размер для открытия в Блокноте составляет чуть более 34 Кбайт, что для небольших текстовых сообщений вполне достаточно. Если файл действительно является текстовым, то это сразу видно на экране. Если файл не текстовый, то его коды преобразуются в печатные символы и на экране отображается какая-то абракадабра (рис. 14.3).

Start - Блокнот

Файл Правка Поиск Справка

```
ЂЂ( 7 %яоЂ=Ђυ NdЂїЂВЂр7ЂхэзРФп/"q¢нэNЂрЂРМ4Бь
"сПЂ Вдн.Ђ !Ђ/'Ђ р   тЂЂЂР$сюпЂ
рЂЂро'бЂ0дЮЂа?,и_ЂЂЂсЂ
ТЬЂР¢sЂ3ЂрЂЂсЂЂ±кЂ1ТН■Ђ аЂЂ
аОн^ЂрЂ@4тюп>уЂСЌЂ #вЂ2Ђ
0УjнЂЂС\ЂаЂ`ЂбоЂ!вюяЂ0sчЮ.СЂРэ
рЂЂЂА¢ЂЂЂАмЂЂ°к/В#во~GЂЯл/ЂаюО3ЂаЂQ5ЂџЂЂЂаЂЂ1
```

Рис. 14.3. Попытка просмотреть в текстовом редакторе содержимое звукового файла

Несмотря на то, что текстовые редакторы, в отличие от текстовых процессоров, не предназначены для управления шрифтовым оформлением, один вид шрифта — тот, которым текст изображается на экране, — Блокнот все-таки позволяет выбрать. Для этого служит команда Правка ➤ Шрифт. Она открывает диалоговое окно Выбор шрифта, представленное на рис. 14.4. В списке Шрифт выберите желаемую гарнитуру (обычно выбирают что-то бесхитростное и хорошо читаемое на экране, например Arial). В поле Начертание можно выбрать начертание шрифта — лучше всего подходит Обычный, а в поле Размер — размер шрифта. Размер шрифта измеряется в полиграфических пунктах. Условно можете считать, что один пункт — это примерно треть миллиметра. Размер выбирают в зависимости от разрешения, в котором работает монитор, и от собственного зрения. Комфортным для работы с экраном *сегодня* считается размер 12 пунктов. Мы говорим *сегодня*, потому что техника меняется, и то, что было комфортно вчера, завтра может быть не очень комфортным.

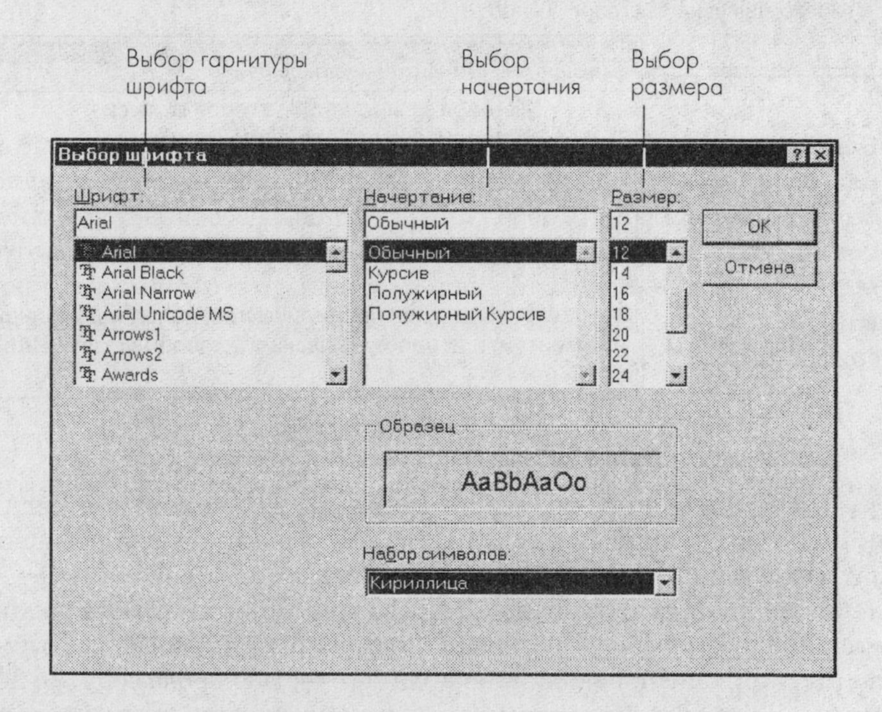

Рис. 14.4. Настройте экранный шрифт программы так, чтобы работать было удобно

Если строки текстового документа не завершаются невидимым символом «конец строки», то длинные строки могут не помещаться в ширину окна — в этом случае в окне возникает горизонтальная полоса прокрутки, пользоваться которой не слишком удобно. К счастью, в редакторе есть хорошая команда Правка ➤ Перенос по словам. Она изменяет представление документа так, чтобы длина строк не превышала ширину окна.

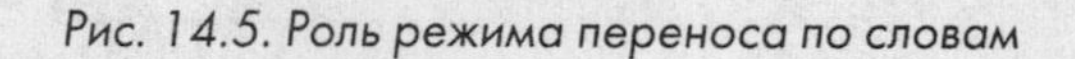

Рис. 14.5. Роль режима переноса по словам

Чтобы текст в окне отображался аккуратно, некоторые редакторы используют невидимый символ «конец строки», о котором надо сказать несколько слов. Вставка невидимых символов в документы — не очень хорошая практика. Так, например, если в окне редактируется код программы, то вставка пусть и невидимых, но все-таки символов, приводит к искажению кода. К счастью, к Блокноту это не относится. Данная программа ничего лишнего не вставляет в документ и делит текст на строки виртуально — в этом ее ценность.

Просмотрев документ, можно его сохранить командой Файл ➤ Сохранить как. В качестве типа документа следует всегда выбирать Текстовые документы.

Бывают случаи, когда что-то из содержимого документа надо скопировать или запомнить. В этом случае нужный фрагмент можно выделить протягиванием мыши и забрать в буфер обмена командой CTRL + C. Потом этот фрагмент можно вставить командой CTRL +V в другой документ, открытый в какой-либо программе (почти в любой). Текстовый редактор Блокнот очень хорошо совместим с большинством прочих программ. Текст, взятый из Блокнота в буфер обмена, можно использовать почти где угодно.

Справедливо и обратное. Текст, взятый в буфер обмена в большинстве программ, легко переносится в редактор Блокнот. Это позволяет успешно собирать в Блокноте мелкие фрагменты документов: заметки, адреса, телефоны и т. п. Это свойство Блокнота мы используем в будущем, когда будем изучать приемы сохранения информации, поступившей из Интернета.

15. Просмотр и печать форматированных текстов

Форматированный текст

Форматированный текст — это текст, содержащий не только коды символов, но и специальные невидимые коды, которые подсказывают программе, как надо его отображать на экране и печатать на принтере: какой шрифт использовать, каким должно быть его начертание и размер, как оформляются абзацы и заголовки. Считается, что для печатных документов форматированный текст выглядит красивее, чем неформатированный, разумеется, если форматирование выполнено без выдающихся ошибок. Кстати, эффективное форматирование — это искусство, которому нужно учиться.

Для подготовки форматированных документов используют специальный класс программ, которые называются *текстовыми процессорами* в отличие от *текстовых редакторов*, предназначенных для работы с простым текстом. Самым распространенным текстовым процессором считается программа Microsoft Word. Работу с версией Microsoft Word 2000 мы рассмотрим в этой книге в главах 30–32. Типичный формат файлов этой программы — DOC.

Форматирование документов — это не всегда благо. Само собой разумеется, что лучше никакого форматирования, чем форматирование безвкусное или отклоняющееся от общепринятых традиций. В этом случае внешний вид документа выдаст недоработки автора, так что до чтения содержания дело может и не дойти.

Форматирование текста недопустимо, если это, например, текст программы. В таком случае все невидимые коды форматирования войдут в код программы, и она, конечно же, не будет работать. Форматирование текста не всегда желательно, если документ подлежит передаче на дальнейшую доработку. Например, сдавая рукопись в редакцию, неплохо поинтересоваться, какие элементы форматирования разрешены. В девяти случаях из десяти ответ будет такой, что самое лучшее форматирование — это его отсутствие. Это связано с тем, что невидимые коды форматирования могут сбивать другие программы, которыми обрабатываются тексты, прежде чем те попадут в книгу или журнал.

К счастью, все текстовые процессоры позволяют при сохранении документа выбрать тип файла. Если документ предназначен для дальнейшей обработки, здесь можно выбрать тип Текстовый документ, и все элементы форматирования пропадут, как будто их и не было. Документ станет похож на тот, который мы получаем в текстовом редакторе.

Определить длину файла простого текста, полученного в текстовом редакторе, очень просто: сколько в тексте символов, включая пробелы и знаки препинания, такова и длина файла в байтах. Один символ выражается одним байтом. Длина файла с форматированным текстом всегда больше, поскольку кроме содержательных символов он содержит невидимые символы форматирования. Более того, последние версии текстового процессора Word (начиная с Word 97) предназначены для работы со специальными символьными наборами *UNICODE*. В этих символьных наборах каждый символ кодируется не одним байтом, а двумя, благодаря чему в один шрифтовой комплект могут входить не 256 символов, а десятки тысяч. Это позволяет использовать один и тот же комплект для ввода английских, русских, скандинавских, центральноевропейских и многих прочих символов.

Просмотр документов в программе WordPad

Вопросами создания форматированных документов мы займемся в главах 30–32, а сейчас вернемся к тому, как их просматривать, если такая необходимость возникла. Получив документ в формате .DOC, не спешите сразу устанавливать текстовый процессор Microsoft Word. В составе *Windows* есть простейший текстовый процессор WordPad, который хотя и не способен столь же полноценно форматировать документы, как Word, зато позволяет их просматривать и распечатывать. Программа запускается командой Пуск ➤ Программы ➤ Стандартные ➤ WordPad, после чего в ней открывают файл

с документом (Файл ➤ Открыть). Если на компьютере не установлен текстовый процессор Word, то двойной щелчок на значке файла с расширением имени .DOC автоматически приводит к запуску программы WordPad с одновременным открытием документа (рис. 15.1).

Далее действия с открытым документом зависят от того, что с ним надо сделать: просто просмотреть или распечатать. Для просмотра длинного документа пользуйтесь полосами прокрутки или клавишами Page Up и Page Down.

Обратите внимание на то, что движок правой полосы прокрутки несет в себе информацию о размере документа. Вертикальная позиция движка на полосе соответствует вертикальному положению просматриваемой страницы в общем документе, а размер движка пропорционален отношению размера просматриваемой страницы к размеру всего документа. То есть если документ очень длинный, то движок выглядит маленьким, а если документ короткий — движок выглядит большим.

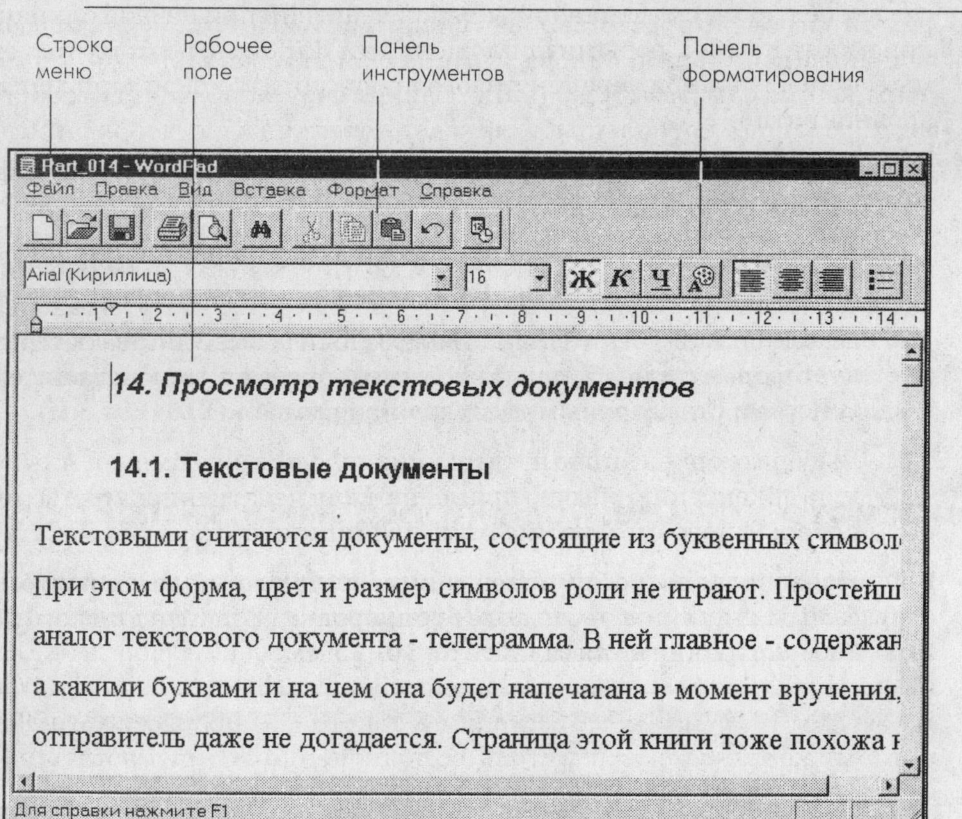

Рис. 15.1. Документ в текстовом процессоре WordPad

Печать документов из программы WordPad

Если открытый документ предназначен для печати, то необходимо прежде всего выяснить, на какой размер листа бумаги он рассчитан. Принтер, а не экран, — основное средство для просмотра форматированных документов. Каждый форматированный документ уже настроен на определенный формат бумаги и определенный размер полей. Эти данные называются *параметрами документа*. Ознакомиться с ними можно в диалоговом окне Макет страницы (Файл ➤ Макет страницы). Настройка печати состоит из трех действий:

- настройки параметров документа;
- настройки режима печати;
- настройки параметров принтера.

Все эти настройки надо исполнить аккуратно и последовательно. Забегая вперед, скажем, что такой порядок действий при печати одинаков при работе почти с любыми приложениями *Windows*, поэтому то, чему мы научимся на примере текстового процессора WordPad, пригодится неоднократно.

Настройка параметров документа. Итак, начнем с настройки параметров документа.

1. Дайте команду Файл ➤ Макет страницы — откроется диалоговое окно Макет страницы (рис. 15.2).
2. В поле Размер убедитесь, что выбранный размер листа соответствует формату той бумаги, что используется в вашем принтере. В России стандартным считается формат А4 (210×297 мм).
3. Выберите ориентацию печати: книжную или альбомную. Альбомную ориентацию обычно применяют для печати широких таблиц, которые невозможно уместить на ширине полосы формата А4.
4. Проверьте настройку полей документа. Левое поле должно быть самым широким — это поле брошюровки. Задайте для него 25–30 мм. Прочие поля задайте по 10–15 мм.

Имейте в виду, что изменение размеров листа или полей неминуемо приведет к переформатированию документа. Бывают случаи, когда это недопустимо (например, для стандартных бланков). Возможно, что автор документа категорически возражает против его переформатирования. Если же вы свободны от внешних обязательств и собираетесь распечатать либо собственный документ, либо документ для собственного использования, действуйте, как хотите.

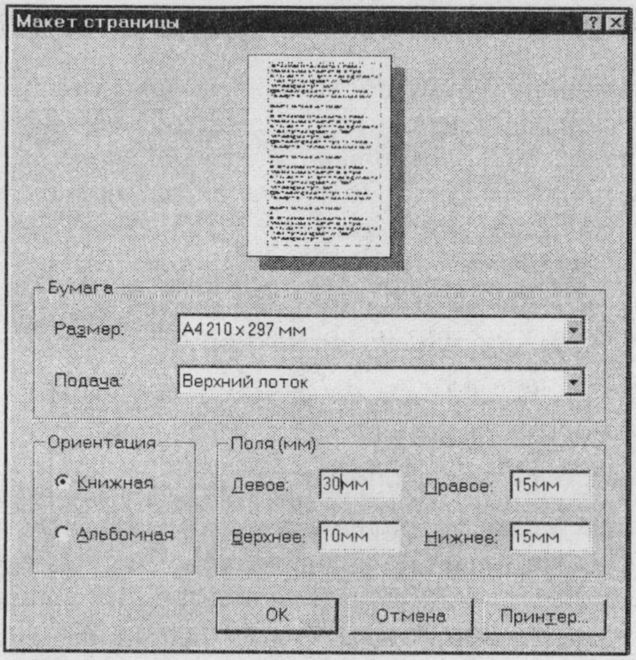

Рис. 15.2. Просмотр параметров печатной страницы

5. **Выберите принтер для печати (у вас может быть не один принтер). Для этого щелкните на кнопке Принтер и в открывшемся диалоговом окне (рис. 15.3) выберите тот принтер, на котором планируете выполнить печать.**

Важное достоинство Windows состоит в том, что вы можете не иметь ни одного принтера и, в то же время, «печатать» на любом принтере, на каком пожелаете. Обратите внимание, что на рис. 15.3 показано несколько моделей печатающих устройств, среди которых есть такие фотонаборные автоматы, как Linotronic 630 и Scitex Dolev 400. Это крайне дорогие устройства, и авторы ими на самом деле не располагают. Но эти устройства имеются у заказчиков работы. В данном случае в системе Windows вместо печатающих устройств установлены только их драйверы, а печать из программ выполняется не на устройство, а в файл. Впоследствии этот файл передается заказчику, и когда он распечатает его на собственном устройстве, результат будет тот же, как если бы это устройство было в распоряжении авторов.

---

6. **Закройте открытые диалоговые окна.**

Теперь параметры документа мы настроили, но приступать к печати пока рано. Надо просмотреть документ в том виде, в котором он будет

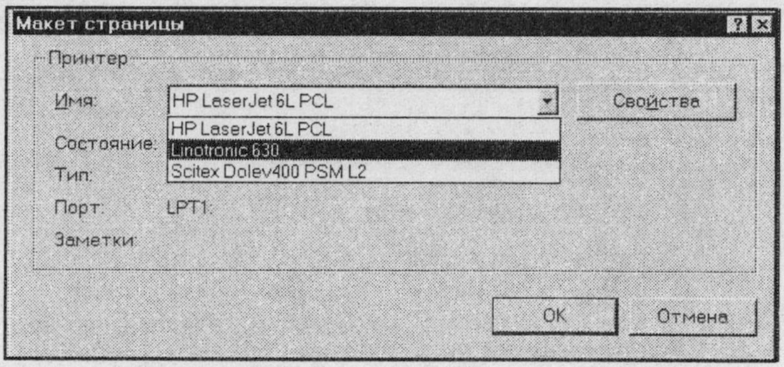

Макет страницы

Принтер

Имя: HP LaserJet 6L PCL — Свойства

HP LaserJet 6L PCL
Linotronic 630
Scitex Dolev400 PSM L2

Состояние:

Тип:

Порт: LPT1:

Заметки:

OK — Отмена

Рис. 15.3. Выбор принтера для печати документа

напечатан. Для этого в программе WordPad есть специальная команда Файл ➤ Предварительный просмотр и соответствующая ей кнопка Предварительный просмотр на панели инструментов. Она открывает специальное окно (рис. 15.4), в котором документ изображается точно так, как он будет выглядеть на бумаге. Указатель мыши при этом меняет форму и превращается в значок увеличительного стекла. Щелчок на поле документа при таком состоянии указателя позволяет увеличить масштаб отображения и рассмотреть отдельные места более подробно. Для обратного уменьшения масштаба пользуйтесь командной кнопкой Уменьшить. Листание страниц документа в режиме предварительного просмотра можно выполнять командными кнопками Предыдущая и Следующая или клавишами Page Up и Page Down.

Всегда выполняйте предварительный просмотр документов перед печатью. Помните, что с изобретением принтеров расход писчей бумаги в мире резко увеличился. Даже если вам не жалко собственных денег, потраченных на бумагу, подумайте о тех лесах, которые вырубают при ее производстве.

Настройка режима печати. Если предварительный просмотр показал, что все в порядке, можно приступать к настройке режима печати. Для настройки принтера служит команда Файл ➤ Печать — она открывает одноименное диалоговое окно Печать (рис. 15.5).

1. Здесь сначала надо выбрать принтер, на котором печать будет выполняться.
2. Если печать предполагается в файл, то принтер все равно надо выбрать и установить флажок Печать в файл.

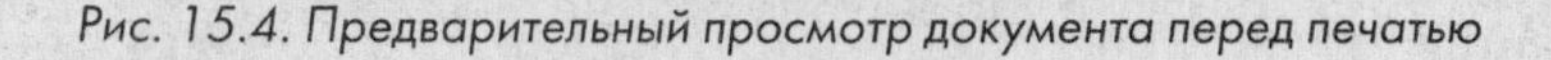

Рис. 15.4. Предварительный просмотр документа перед печатью

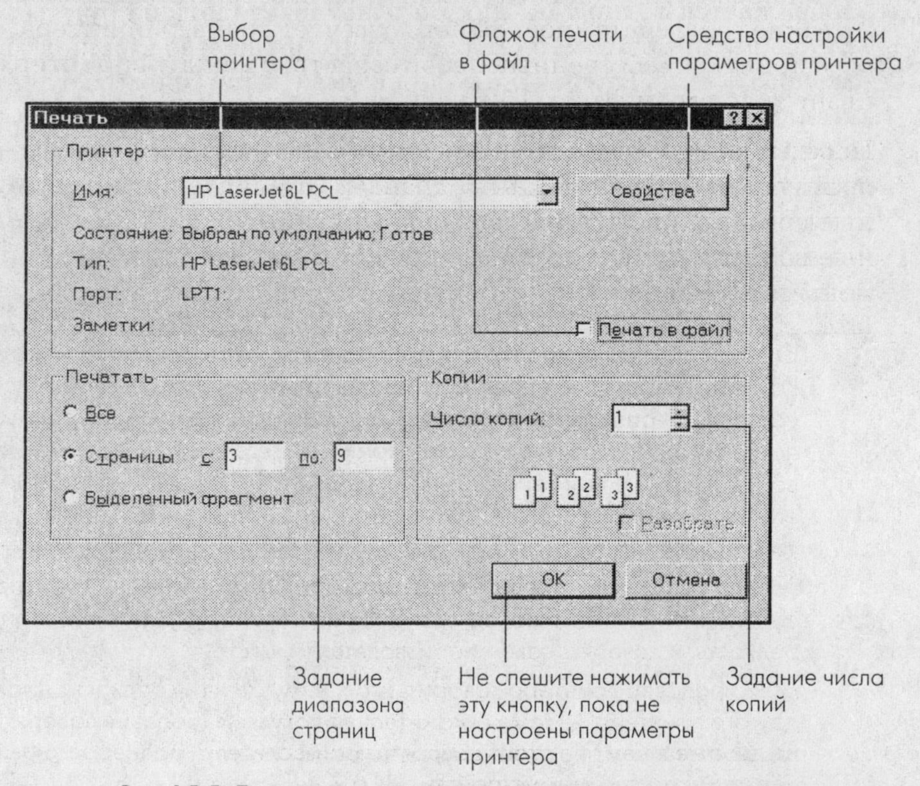

Рис. 15.5. Диалоговое окно настройки режима печати

3. Установкой переключателя в группе Печатать задайте диапазон печатаемых страниц. Если печатается весь документ, включите переключатель Все, в противном случае — переключатель Страницы, и введите номера печатаемых страниц. Предусмотрена возможность печати только выделенного фрагмента — обычно так поступают для распечатки кратких справок с адресами, цитатами и т. п.

4. С помощью счетчика Число копий укажите, сколько копий документа следует напечатать. Разумеется, если печать выполняется не на бумагу, а в файл, одной копии всегда достаточно. Дополнительные копии можно получить тогда, когда будет выполняться реальная печать из файла.

5. Настройку режима печати мы завершили, но окно закрывать не спешите и кнопку ОК не нажимайте.

Настройка параметров принтера. Для настройки параметров печатающего устройства в диалоговом окне Печать имеется командная кнопка Свойства — она открывает окно настройки свойств принтера. Это окно — не системное. За него отвечает драйвер принтера. У каждого принтера собственный набор свойств, и каждый принтер настраивается по-своему (рис. 15.6).

Нередко один и тот же принтер может иметь разные драйверы — тогда в зависимости от того, какой драйвер установлен, вы получите разные средства настройки. Бывает, что один драйвер дает расширенные возможности, а другой больше полагается на автоматику, дает меньше возможностей, зато проще в работе.

Обратите внимание на то, что драйвер любого принтера можно установить, даже не имея самого принтера. Драйвер найдите либо непосредственно в составе операционной системы, либо в Интернете. Таким образом, еще до покупки принтера вы можете ознакомиться с его возможностями и попробовать работать с ним «виртуально». Используйте это для оценки принтера до его покупки.

Если в ходе исследования вы обнаружите, что розыск драйвера для избранного вами принтера представляет собой проблему, это дурной признак. Откажитесь от покупки. Плохая программная поддержка оборудования — не редкость, и доверять таким производителям не стоит.

Если продавец принтера говорит, что к нему отлично подходят драйверы от другого принтера, — тоже откажитесь от покупки. Продавцу доверять можно, но дело не в нем. Не стоит доверять производителю, пренебрегающему поддержкой собственных устройств.

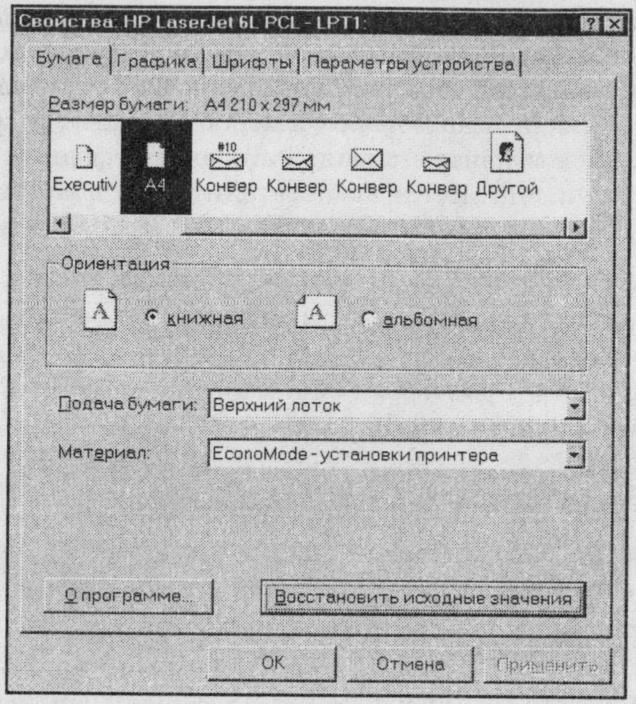

Рис. 15.6. Диалоговое окно настройки принтера (окно драйвера принтера)

Какой именно драйвер имеется у вас, никто заранее сказать не может, поэтому мы в качестве примера привели диалоговое окно настройки свойств популярного, хотя и несколько устаревшего лазерного принтера *HP LaserJet 6L*. Но с каким бы принтером вы ни работали, основными параметрами, которые надо задать, являются:

- разрешение принтера (чем оно выше, тем качественнее печать, но тем медленнее она выполняется);
- режим экономии тонера (красителя);
- размер листа бумаги;
- ориентация листа бумаги.

Если кроме текста выполняется печать графических иллюстраций, обычно следует проверить и настроить параметры печати графики. Выполнив необходимые настройки, закройте диалоговое окно драйвера принтера и вернитесь в окно Печать.

Реальная печать исполняется нажатием кнопки OK. Если при этом настроен режим печати в файл, то откроется стандартное диалоговое окно Печать в файл, которое ничем не отличается от стандартного окна сохранения файла. Как обычно, выберите папку, в которую файл будет записан, и задайте его имя. Файл автоматически получит расширение имени .PRN. Когда вы передадите этот файл на компьютер, имеющий принтер, тот автоматически распознает его тип и позволит выполнить физическую печать.

Обратите внимание на то, что на инструментальных панелях большинства программ имеется кнопка Печать. Это одно из наивреднейших средств *Windows*! Будет очень хорошо, если вы выработаете устойчивую привычку никогда этой кнопкой не пользоваться. В абсолютном большинстве программ она вызывает немедленную печать документа на подключенном принтере без каких-либо возможностей настройки параметров документа, режима печати и свойств принтера. Хорошо, когда все настроено заранее — а если нет? Обычная житейская практика показывает, что 80% того, что напечатано с помощью этой кнопки, потом уходит в мусорную корзину и печатается заново. Поберегите расходные материалы, время и нервы. Забудьте о том, что эта кнопка существует.

---

16. Просмотр и печать документов в формате PDF

Особенности формата PDF

С тех пор как появились персональные компьютеры, люди стали мечтать о том, чтобы с их помощью передавать, просматривать и распечатывать точные копии полиграфических изданий. Возьмите, к примеру, печатную страницу какого-нибудь красочного журнала и подумайте, как можно ее передать в виде файла, просмотреть на экране, а потом распечатать? До последнего времени было только два варианта (см ниже), и оба были неприемлемы, так что долгое время о распространении полноценных электронных копий книг, газет и журналов не приходилось и мечтать.

Как распространять электронные копии печатной продукции. Современные печатные издания готовятся с помощью специальных издательских систем. Мы не будем рассматривать текстовые процессоры типа Microsoft Word, поскольку рассчитывать получить с их помощью что-то похожее на книгу или журнал может либо абсолютный профан, либо, наоборот, специалист экстра-класса, умеющий профессионально маскировать недостатки программы. Такие люди есть, но их единицы — остальным проще освоить издательскую систему, чем изыскивать изощренные приемы использования текстового процессора.

Поскольку все равно все издания проходят компьютерную верстку, то их можно было бы распространять в файлах издательских систем. Правда, тогда каждый читатель должен был бы иметь у себя на компьютере издательскую систему плюс все те наборы шрифтов, которые применил издатель, плюс выполнять под каждую просматриваемую статью отнюдь не простые настройки. По понятным причинам это неприемлемо.

Второй вариант — исполнять графическую копию каждой страницы и распространять страницы в виде картинок. Когда-то так и поступали, но это тоже весьма неудобно. Графические файлы имеют огромные размеры, долго загружаются, и их трудно масштабировать. При увеличении наступает эффект пикселизации, и что-то разобрать становится трудно (рис. 16.1).

Hero of Alexandria and Vitruvius contained only simple gearing. For example, the taximeter used by the Greeks to measure the distance traveled by the wheels of a carriage employed only pairs of gears (or gears and worms) to achieve the necessary ratio of movement. It could be argued that if the Greeks knew the principle of gearing, they should have had no difficulty in constructing mechanisms as complex as epicyclic gears. We now know from the fragments in the National Museum that the Greeks did make such mechanisms, but the knowledge is so unexpected that some scholars at first thought that the fragments must belong to some more modern device.

Can we in fact be sure that the device is ancient? If we can, what was its purpose? What can it tell us of the ancient world and of the evolution of modern science?

To authenticate the dating of the fragments we must tell the story of their discovery, which involves the first (though inadvertent) adventure in underwater archaeology. Just before Easter in 1900 a party of Dodecanese sponge divers were driven by storm to anchor near the tiny southern Greek island of Antikythera (the accent is on the "kyth," pronounced to rhyme with pith). There, at a depth of some 200 feet, they found the wreck of an ancient ship. With the help of Greek archaeologists the wreck was explored; several fine bronze and marble statues and other objects were recovered. The finds created great excitement, but

ably date the wreck more closely as 85 B.C. ± 15 years. Furthermore, since the identifiable objects come from Rhodes and Cos, it seems that the ship may have been voyaging from these islands to Rome, perhaps without calling at the Greek mainland.

The fragment that first caught the eye of Stais was one of the corroded, inscribed plates

left-hand page; the third pair, on the right-hand page. How the fragments were used to reconstruct the appearance of the original mechanism is shown on the next two pages. The fragments are presently located in the Greek National Archaeological Museum in Athens.

Рис. 16.1. Страница научного журнала по археологии, представленная в виде графического файла. При восьмикратном увеличении заметно, что тонкие линии текста распадаются на отдельные пикселы

Что такое формат PDF. Все эти проблемы были успешно решены компанией *Adobe*, занимающейся созданием программ для издательских систем. Она разработала уникальную технологию, которая получила название *PDF — Portable Document Format* (*портативный формат документов*). Если документ (книга, газета, журнал и т. п.) исполнен в этом формате, его можно просматривать абсолютно точно в том виде, в каком он печатается на бумаге. Документ можно увеличивать во много раз, и при этом его изображение не разрушается из-за эффекта пикселизации. Файлы формата *PDF* удивительно компактны — они быстро загружаются, легко транспортируются и не требуют выдающихся характеристик от компьютера. Для просмотра документа, выполненного незнакомыми шрифтами, не надо устанавливать эти шрифты на компьютере. Можно, например, отправить в Америку документ на русском языке, и формат *PDF* позволит увидеть его оригинал, даже если у получателя нет ни одного русского шрифта.

Документ в формате *PDF* может содержать и текст, и графику, но при этом сам он не является ни текстовым, ни графическим. Это особый векторный формат, выполненный по фирменной технологии компании *Adobe*. Особую популярность формат *PDF* приобрел в Интернете, что связано с небольшим размером файлов и полной независимостью от использованных шрифтов. Сегодня в Сети можно разыскать книги, журналы, статьи, инструкции, справочники и другие материалы, исполненные в этом формате. Нередко можно приобрести устройство (например принтер или модем) и не найти в коробке привычной инструкции по эксплуатации. Вместо нее там лежит компакт-диск, на котором в формате *PDF* хранится точная копия необходимой инструкции.

С каждым днем формат *PDF* набирает все большую и большую популярность, и если не сегодня, то завтра вам наверняка придется столкнуться с документацией, распространяющейся в таком виде. К этому случаю стоит подготовиться и обзавестись необходимым средством просмотра.

Установка и запуск программы Acrobat Reader

Для просмотра *PDF*-документов компания *Adobe* выпустила специальное средство просмотра — программу Acrobat Reader. Нам подойдет почти любая версия этой программы, хотя наиболее распространены сегодня версии 3.0 и 4.0.

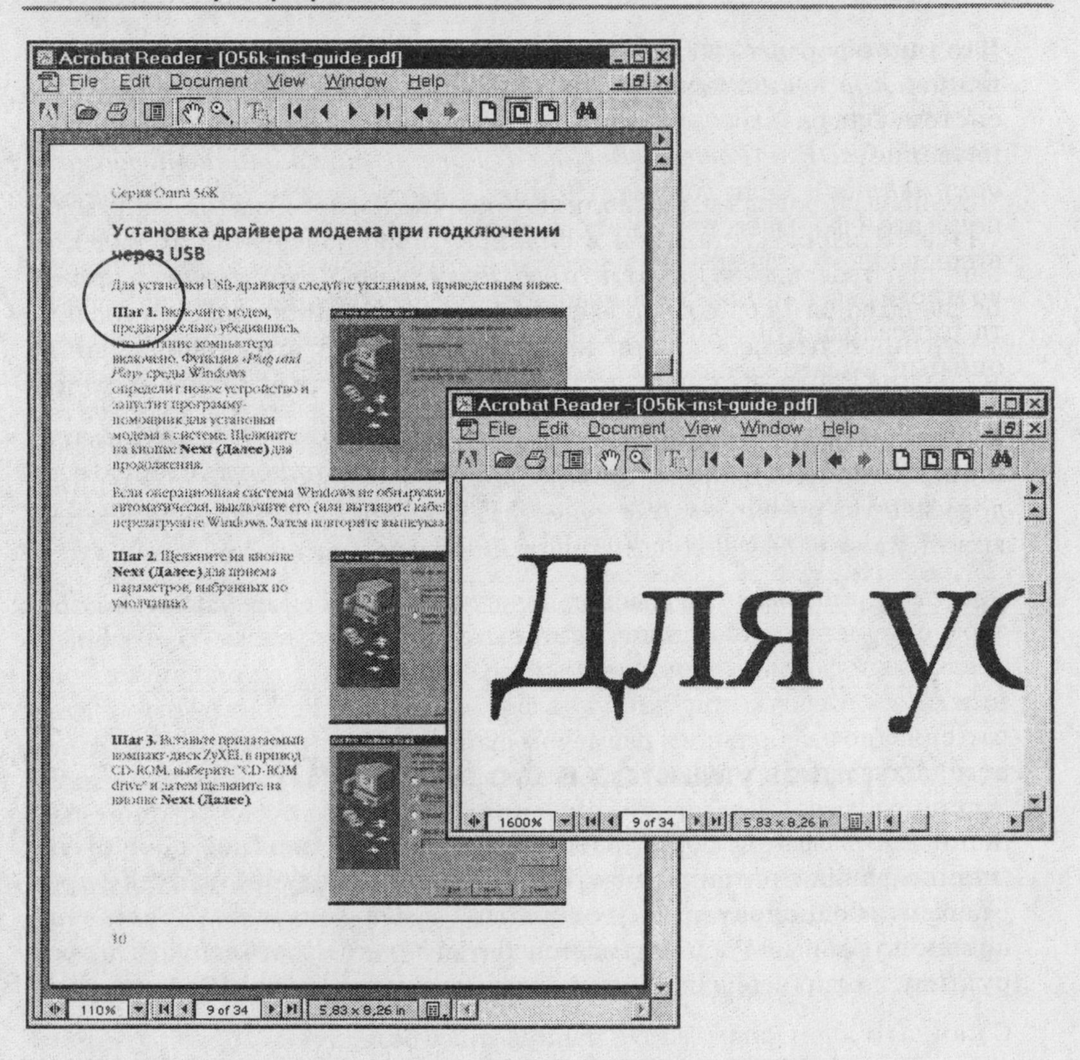

Рис. 16.2. Страница документации по установке модема ZyXEL Omni 56K. При 16-кратном увеличении нет никаких дефектов в изображении

Сама программа распространяется бесплатно (деньги компания получает не от средств просмотра *PDF*-документов, а от средств для их создания). Получить программу можно на сайте ее производителя www.adobe.com, но если вы пока не подключены к Интернету, не расстраивайтесь, а проверьте свои коллекции компакт-дисков. Программу Acrobat Reader очень часто помещают на компакт-дисках, прилагающихся к различным устройствам или печатным изданиям. Есть хорошее правило: если диск содержит какие-либо инструкции или иные документы в формате *PDF*, то на нем можно найти и программу Acrobat Reader. Возможно, вам доведется приобрести более мощный пакет — Adobe Acrobat 4.0. Он предназначен для создания *PDF*-файлов, и Acrobat Reader 4.0 в него тоже входит.

Установку программы выполняют обычным способом, описанным в главе 13. После установки в Главном меню образуется ярлык для запуска программы. Разыщите его. Возможно, что он входит в ярлык более высокого уровня Adobe или Adobe Acrobat. Для удобства создайте специальным перетаскиванием (при нажатой правой кнопке мыши) ярлык на Рабочем столе и, по желанию, на Панели быстрого запуска.

Если до программы Acrobat Reader 4.0 на компьютере уже стояла предыдущая версия Acrobat Reader 3.x, то необходимо удалить старую версию перед установкой новой. Для этого используйте специальный пункт в Главном меню — Uninstall Acrobat 3.x.

Если вы забыли удалить предыдущую версию программы при установке новой, то лучше ее уже не удалять. Если все же захотите ее удалить, то не забудьте заново установить новую версию.

Просмотр документов в формате PDF

Если программа Acrobat Reader установлена, то двойной щелчок на значке файла с расширением .PDF должен приводить к запуску программы и одновременному открытию в ней документа. Если этот прием по каким-то причинам не срабатывает, то просто запустите программу и откройте в ней нужный файл командой File ➤ Open (Файл ➤ Открыть).

Программа Acrobat Reader не русифицирована, поэтому все команды в ней записаны на английском языке. Здесь русский перевод команд записан в скобках и служит только для справки.

После загрузки документа обратите внимание на небольшую панель управления в левом нижнем углу окна — это так называемая *панель переходов*. На ней сразу видно, сколько всего страниц насчитывается в документе и какая страница открыта в данный момент. Здесь же виден физический размер печатной страницы документа. Прочие кнопки данной панели можно использовать для перехода между страницами, к началу или концу документа, а также для управления масштабом изображения.

Масштабом изображения удобно также управлять с помощью трех кнопок панели управления: Actual Size (Страница целиком), Fit in Window (По размеру окна) и Fit Width (По ширине страницы). В первом случае вся страница изображается так, что ее экранный размер в точности равен размеру печатному. Однако это не значит, что читать ее столь же приятно, как распечатанную, так что для комфортного чтения требуется большее увеличение. Это связано с тем, что у печатающего устройства разрешение как минимум 300 точек на дюйм (*dpi*), а у экранного изображения оно обычно всего лишь 72 *dpi*, изредка немного больше.

В режиме Fit in Window (По размеру окна) страница полностью отображается в окне — этот режим используют для общего представления о компоновке страницы. Режим Fit Width (По ширине страницы) наиболее комфортен для чтения.

В четвертой версии программы есть еще один комфортный режим просмотра — Fit Visible (По размеру поля набора). В этом случае в окно вписывается не вся страница целиком, а только та ее часть, которая содержит информацию. Для такого режима кнопки на панели управления нет, но его (как и другие режимы) можно включить из меню View (Вид).

Fit in Window Ctrl+0
Actual Size Ctrl+1
✔ Fit Width Ctrl+2
Fit Visible Ctrl+3

Для дополнительного увеличения фрагмента на экране предусмотрен инструмент Zoom In (Увеличить). Когда он выбран, щелчок на поле документа приводит к увеличению масштаба изображения. Чтобы уменьшить изображение, надо щелкнуть этим же инструментом при нажатой клавише CTRL.

Дополнительные сервисы просмотра

Обычное листание документа с помощью клавиш Page Up и Page Down или с помощью кнопок управления просмотром не вызывает никаких проблем, но в программе есть и дополнительные возможности. Так, например, если документ имеет сложную структуру (главы, разделы, подразделы и т. п.), то его создатель мог заранее предусмотреть удобные переходы между разделами. Для этого предназначены так называемые *закладки* (*bookmarks*). Чтобы ими воспользоваться, надо открыть дополнительную навигационную панель программы — Window ➤ Show bookmarks (Окно ➤ Показать закладки). Для переходов между страницами удобно пользоваться одним щелчком на значках страниц на панели навигации.

Если автор документа не предусмотрел в нем работу механизма закладок, то можно открыть на навигационной панели структуру документа в виде эскизов. Это также помогает быстро находить нужную страницу и переходить к ней (рис. 16.3).

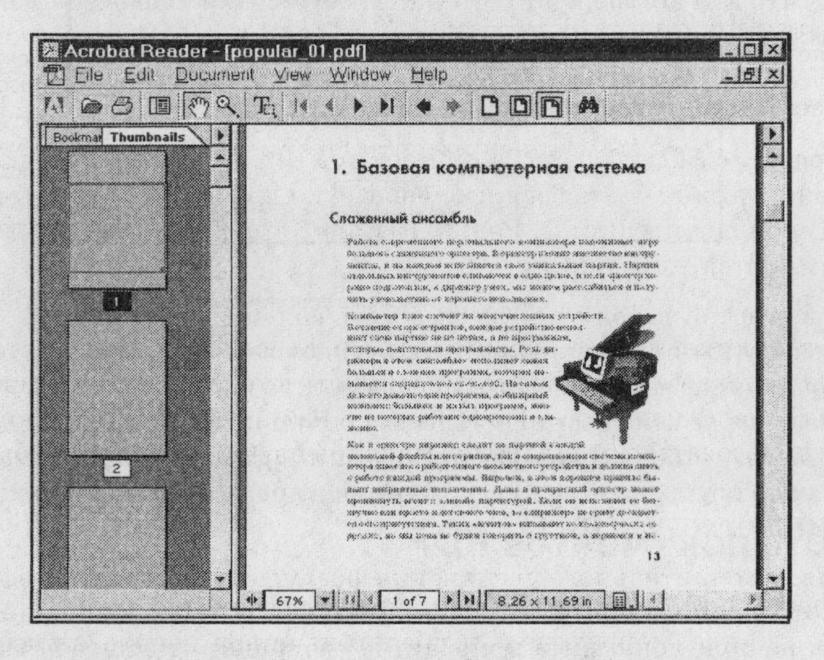

Рис. 16.3. Навигационная панель открыта в режиме просмотра эскизов

Кроме той информации, которая содержится в документе, читатель может получить и сведения, относящиеся к документу в целом. Для этого служит команда: File ➤ Document Info ➤ General (Файл ➤ Сведения о документе ➤ Общие). Иногда полезно также узнать о том, какие шрифты использовал автор документа: File ➤ Document Info ➤ Fonts (Файл ➤ Сведения о документе ➤ Шрифты). Рекомендуется заглянуть и в окно File ➤ Document Info ➤ Security (Файл ➤ Сведения о документе ➤ Безопасность), представленное на рис. 16.4. Здесь сообщается о заданном автором режиме использования документа. Например, автор мог защитить документ паролем против несанкционированного открытия (Open password) или обработки (Security password). Полезно узнать, что печать документа разрешена (Printing = Allowed), а внесение изменений не разрешено (Changing = Not allowed). Если разрешено выделение и копирование фрагментов (Selecting text and graphics = Allowed), то можно протягиванием мыши выделить необходимый фрагмент в документе и скопировать его в буфер обмена *Windows*, чтобы потом вставить в собственный документ.

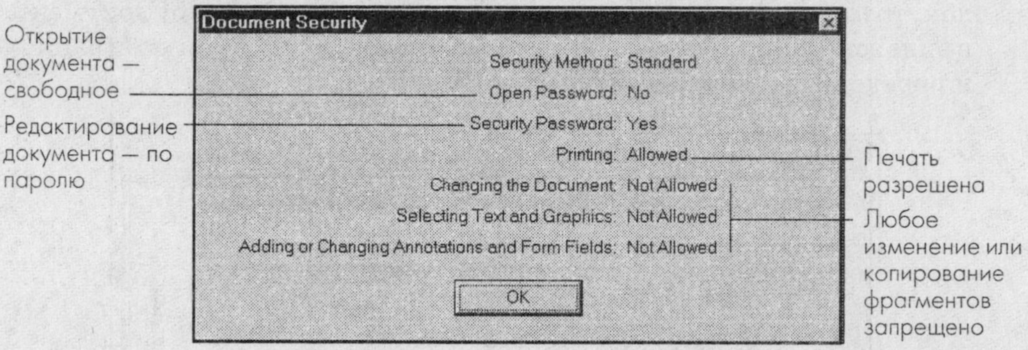

Открытие документа — свободное
Редактирование документа — по паролю

Document Security
Security Method: Standard
Open Password: No
Security Password: Yes
Printing: Allowed
Changing the Document: Not Allowed
Selecting Text and Graphics: Not Allowed
Adding or Changing Annotations and Form Fields: Not Allowed
OK

Печать разрешена
Любое изменение или копирование фрагментов запрещено

Рис. 16.4. Сведения о режиме защиты документа

Если документ имеет большой размер, то полезной оказывается функция поиска — она позволяет разыскать в тексте необходимые слова. Команда поиска: Edit ➤ Find (Правка ➤ Найти). Для этого можно также воспользоваться стандартной кнопкой панели инструментов.

Печать документов PDF

К чести авторов программы, кнопка Print (Печать) на панели управления работает корректно и не спешит начинать печать, а вместо этого открывает диалоговое окно настройки режима печати. Впрочем, как мы уже говорили в предыдущей главе, лучше никогда не полагаться на эту кнопку, а честно дать команду File ➤ Print (Файл ➤ Печатать).

Поскольку программа Acrobat Reader предназначена не для создания и редактирования документов, а только для их просмотра, то необходимость в настройке параметров документа отпадает. Что задал автор, то мы и будем печатать: ни размерами страницы, ни величиной ее полей мы не управляем — это дело авторское. Поэтому подготовка к печати состоит не из трех этапов, как обычно, а только из двух:

- настройка режима печати;
- настройка свойств принтера.

Настройку режима печати выполняют в диалоговом окне Print (Печать), которое представлено на рис. 16.5. Здесь выбирают принтер и, если нужно, устанавливают флажок Print to file (Печать в файл). Обратите внимание также на флажок Fit to page (По размеру страницы) — он может быть очень важен.

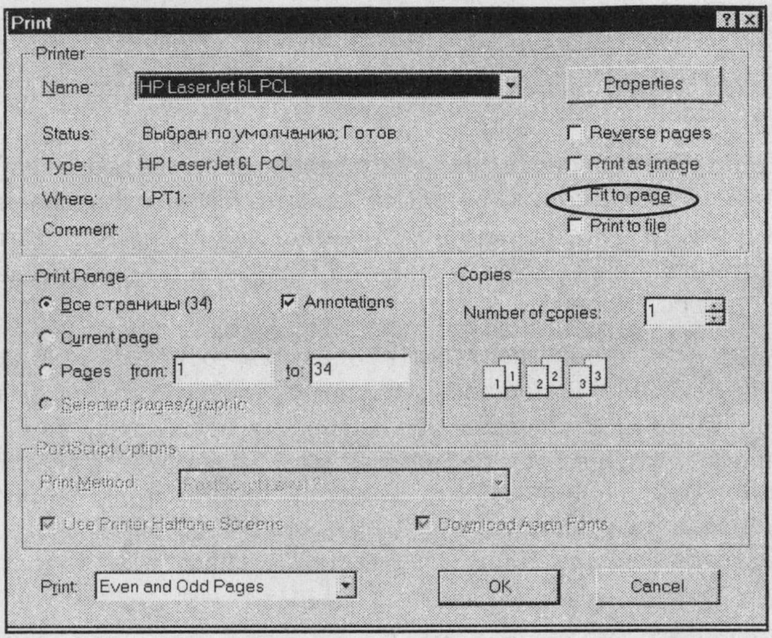

Рис. 16.5. Настройка режима печати документа

Допустим, автор документа проживает в США, где принят иной формат стандартного листа бумаги — *Letter* (216×279). Если использовать бумагу отечественного стандарта А4 (210×297), то «американская» страница может не поместиться на полосе нашего листа, и тогда установка флажка Fit to page немного подожмет страницу, чтобы она поместилась целиком. Чем выше разрешение принтера, на котором исполняется печать, тем аккуратнее произойдет перемасштабирование. Хорошо, если это 600×600 *dpi* или выше.

Если же выполняется печать не на устройство, а в файл, то ни в коем случае не устанавливайте флажок Fit to page. Файл вы потом передадите в бюро печати (так мы назовем тех, кто будет выполнять реальную печать), но благодарности от него за искажение истинных размеров страницы не ждите. Не исключено, что там есть возможность печати на нестандартных листах. В крайнем случае, исполнители печати сами могут задать масштабирование при печати, а медвежьи услуги никому не нужны.

Как обычно, при настройке режима печати задайте номера печатаемых страниц и укажите количество копий. Обратите внимание на параметр Print Method (Метод печати), который определяет метод обработки так называемых *PostScript*-команд. Обычно здесь задают Postscript Level 2, но если выяснится, что ваш принтер по неизвестным причинам ведет себя не так, как положено, попробуйте отступить к методу Postscript Level 1.

Для настройки свойств самого принтера (конкретно — вашего) служит командная кнопка Properties (Свойства). Она открывает окно драйвера принтера, которое индивидуально для каждого принтера и для каждого драйвера. Об этом мы уже говорили в предыдущей главе и повторяться не будем.

Большинство прочих настроек программы сосредоточено в специальном окне General Preferences (Общие настройки), которое открывают командой File ➤ Preferences ➤ General (Файл ➤ Предпочтения ➤ Общие). Мы останавливаться на нем не будем, поскольку для задач обычного просмотра *PDF*-документов, как правило, вполне достаточно тех параметров, которые здесь выставлены по умолчанию.

17. Работа с архивами

Потребность в архивации данных

Потребность в архивации данных наступает в момент их транспортировки и хранения. Основанием для архивации является тот факт, что данные, как правило, обладают избыточностью: одни в большей степени, другие — в меньшей. Суть архивации состоит в уплотнении, то есть один и тот же объем информации нередко удается передать меньшим количеством данных.

В некоторых случаях архивация — это необходимость. Например, если требуется передать документ на дискете, то приходится учитывать, что предельный размер дискеты равен всего лишь 1,44 Мбайт. Если файл имеет больший размер, чем позволяет разместить дискета, то архивация неминуема. Кстати, при архивации можно «нарезать» архивный файл на фрагменты и передать его на нескольких дискетах.

Во многих случаях архивация не является необходимой, но считается удобной, желательной и даже обязательной. Например, пересылать через каналы Интернета неупакованные файлы — это дурной тон. Занимать зря каналы связи и вводить своих партнеров в дополнительные расходы, связанные с оплатой доступа в Интернет, недопустимо.

Практически все программы, которые мы получаем из Интернета, представлены архивами. Очень часто в виде архивов мы получаем программы из сборников программного обеспечения, например таких, которые прилагаются к журналам.

Мощь алгоритмов архивации по-разному проявляется на файлах разного типа. Считается, что текстовые данные можно сжать примерно в два раза. Достаточно сильно сжимаются таблицы баз данных, а звуковые файлы, как правило, сжимаются плохо. Очень хорошо сжимаются графические данные. Не редкость, когда их удается сжать в 20–50 раз.

Существует много разных алгоритмов архивации и, соответственно, множество программ-архиваторов. Они могут различаться мощностью и продолжительностью выполнения операции. Некоторые программы сжатия обеспечивают на 20–40% более плотную запись, чем другие, но при этом процесс архивации может длиться дольше в несколько раз. Не очень важно, каким именно архиватором пользуетесь лично вы, важно знать, что если данные уже уплотнены каким-либо методом, то их дополнительная архивация практически не дает никакого выигрыша, а в некоторых случаях приводит и к проигрышу. Поэтому при создании архивов желательно учитывать свойства тех файлов, которые в них размещаются.

Ниже приведены свойства некоторых типов файлов.

.TXT	Текстовые файлы	Обычно уплотняются в 1,5—2 раза
.DOC	Файлы документов	Хорошо уплотняются в 2—3 раза
.EXE	Программный код или самораспаковывающийся архив	В первом случае уплотняется примерн, как текст, во втором случае не уплотняется
.BMP	Графический файл	Уплотняется очень хорошо
.GIF	Графический файл	Имеет предварительное уплотнение и потому практически не уплотняется
.PCX	Графический файл	Имеет слабое предварительное уплотнение и может уплотняться
.TIF	Графический файл	Может иметь предварительное уплотнение и тогда практически не уплотняется. Если предварительного уплотнения нет, то уплотняется очень хорошо
.JPG	Графический файл	Имеет очень сильное уплотнение. Дальнейшее уплотнение бессмысленно
.WAV	Файл звукозаписи	Все звуковые форматы уплотняются плохо
.CAB	Архив	«Фирменный» архив компании Microsoft. Не уплотняется
.MPG	Файл видео	Имеет очень сильное уплотнение. Дальнейшее уплотнение бессмысленно

Принципы архивации данных

Существует множество алгоритмов уплотнения данных. Они различаются мощностью и продолжительностью работы, при этом мощность часто считается более важным критерием. С тем, что алгоритм сжатия работает медленно, большинство пользователей готовы мириться — лишь бы обратный процесс разуплотнения происходил быстро, а именно так и обстоит дело для большинства средств архивации.

Простейший принцип архивации состоит в том, что в файле выявляются повторяющиеся символы или группы символов, после чего несколько повторяющихся экземпляров заменяются одним с коэффициентом повтора, например: AAAABBB = 4A3B (коэффициент уплотнения 4:7).

Более сложный метод архивации основан на изменении технологии кодирования символов. Мы знаем, что обычно каждый символ кодируется одним байтом, то есть восемью битами, независимо от того, какой это символ. В телеграфной азбуке, например, это не так. Здесь часто встречающаяся буква Е кодируется всего лишь одним элементом (*), а редко встречающаяся буква Ц — четырьмя (— * — *) и так далее. Архиватор, действующий по такому принципу, сначала проверит, насколько часто те или иные коды встречаются в файле, а потом перекодирует их так, чтобы наиболее частые кодировались одним битом, другие — двумя битами и т. д. В общем, чем чаще символ (а может быть и группа символов) встречается в файле, тем меньшим числом битов он кодируется. При этом неминуемо возникает ситуация, когда редкие символы кодируются числом битов, большим, чем восемь, например двенадцатью, но в среднем все равно получается ощутимый выигрыш.

Существуют комбинированные технологии, основанные сразу на нескольких принципах. В таких случаях программа-архиватор сначала производит анализ файла, а потом подбирает алгоритм или группу алгоритмов, дающих наибольший эффект на архивации именно этого конкретного файла.

Эти технологии несложны и достаточно понятны. Их называют *симметричными*: по какому алгоритму упаковывающая программа сжимает файл, по такому же алгоритму работает и разуплотняющая программа. В итоге после разуплотнения получается точная копия исходного файла. Еще такие методы сжатия называют *сжатием без потери информации.*

Кроме симметричных, существуют и несимметричные алгоритмы. Они могут приводить к определенной потере информации, когда распакованный файл не тождественен исходному. Такие алгоритмы нельзя применять к текстам, документам и программам, но их нередко используют для сжатия графики, музыки и видео. Наиболее известные алгоритмы: *JPEG* (.JPG — графика) и *MPEG* (.MPG и .MP4 — видео; .MP3 — музыка).

Работа алгоритмов *JPEG* и *MPEG* достаточно сложна и основывается на изощренной математике. В двух словах об алгоритме *JPEG* скажем так: сначала строка изображения раскладывается по трем основным цветам, потом для каждого цвета строится график его изменения по строке, затем в этом графике выявляются периодические зависимости, эти зависимости записываются тригонометрическими формулами, после чего запоминаются не точки и их цвета, а коэффициенты формул.

Конечно, это грубая модель, но она должна быть понятной. Из-за того, что запоминается не изображение, а формулы, его описывающие, экономия при сжатии может превышать 90%, но зато восстановить абсолютно точную копию исходного файла уже невозможно — происходит потеря части информации.

Кстати, эффект от применения технологии *JPEG* очень сильно проявляется на цветных фотографиях, а на черно-белых иллюстрациях он намного меньше.

К технологии *JPEG* близка технология *MPEG*, разработанная для видеоматериалов. Она дает еще более высокую степень сжатия. Грубо говоря, каждый кадр видеоряда рассматривается как отдельная картинка, но в кадре кодируется не вся его графика, а только характерные отличия от предыдущего кадра. Поскольку в видеофильмах соседние кадры обычно очень похожи друг на друга, эффект от сжатия очень большой. Эта технология тоже несимметричная и приводит к определенной потере информации.

Если вы приобретали фильмы в формате .MP4 и просматривали их, то могли заметить, что качество изображения в фильмах значительно различается. Здесь роль играет не только качество исходной записи, для которой применяли сжатие, но и настройки алгоритма сжатия.

Основные форматы сжатия данных

Как много в мире алгоритмов сжатия, так же много в нем и разных программ-архиваторов. Для себя можно использовать любую, но часто данные архивируют для того, чтобы передать их другим людям с минимальными затратами времени, труда, носителей и, соответственно, денежных средств. Поэтому выбирая программу-архиватор, следует учитывать также, насколько она распространена и доступна партнерам.

Наиболее распространены три формата сжатия: .ZIP, .RAR и .ARJ. Если у вас есть программы для работы с этими форматами, то вы договоритесь практически с любым партнером о передаче и приеме файлов. По поводу данных форматов можно сказать следующее.

ZIP — один из наиболее ранних форматов. Он не отличается высокой степенью сжатия, но сегодня де-факто считается стандартным форматом сжатия в Интернете. Если вы планируете что-либо получать из Интернета, то *обязаны* иметь средства для работы с этим форматом. Отправляя электронной почтой кому-либо упакованные файлы, можете, не спрашивая, рассчитывать на то, что ваш партнер их распакует. Это единственный формат сжатия, который разрешается использовать без взаимной договоренности.

RAR — один из самых эффективных и, можно сказать, «прочных» форматов сжатия. По эффективности намного превышает *ZIP*. Во многих случаях проще в работе. Наибольшее распространение имеет в России, особенно среди молодежи. У этого формата отечественное происхождение. Через Интернет файлы, упакованные в этом формате, не распространяются, потому что далеко не каждый пользователь имеет средства для работы с ними. В то же время, владельцы многих *Web*-серверов охотно используют именно этот формат для создания собственных резервных архивов. Формат действительно удобен для создания резервных копий наиболее ценной информации.

ARJ — чрезвычайно популярный формат первой половины 90-х годов. По эффективности намного превосходит *ZIP* и несколько уступает *RAR*. Пик популярности приходится на период расцвета *MS-DOS*. После повсеместного перехода на систему *Windows* разработчик формата несколько затянул с выпуском программных средств под новую систему, и формат утратил заслуженную популярность. Хотя сегодня и доступна программа WinArj, устанавливать и осваивать ее уже нет особого смысла, поскольку она непроста в работе, а файлы .ARJ встречаются с каждым днем все реже и реже.

Правда, работники государственных учреждений, использующие компьютеры десятилетней давности, по-прежнему предпочитают обмениваться дискетами с файлами, упакованными в этом формате. В частности, можно столкнуться с тем, что налоговая инспекция готова принимать бухгалтерские данные от предприятий только в таком формате, а в других — нет.

Основные программы для работы с архивами

Формат	Архиватор	Распаковщик	Примечание
ZIP	PKZIP.EXE	PKUNZIP.EXE	Для MS-DOS
ZIP	WinZIP	WinZIP	Для Windows
RAR	RAR.EXE	UNRAR.EXE	Для MS-DOS
RAR	WinRAR	WinRAR	Для Windows
ARJ	ARJ.EXE	ARJ.EXE	Для MS-DOS
ARJ	WinArj	WinArj	Для Windows

18. Работа с ZIP-архивами

Программа WinZIP

Программу WinZip можно получить на сайте ее производителя, компании *Nico Mac Computing Inc.* (www.winzip.com). Как и другие рассмотренные здесь архиваторы, эта программа относится к условно-бесплатным (*shareware*). Ею можно пользоваться без регистрации (и соответственно, без оплаты), но при этом, правда, существуют некоторые ограничения. Они в основном относятся к созданию архивов, а не к их просмотру, так что если использовать программу только для работы с поступившими архивами, то регистрировать ее не обязательно. К моменту написания этой книги наиболее распространена версия WinZip 7.0 — ее мы и рассмотрим в данной книге.

Программа поставляется в виде так называемого *самораспаковывающегося самоустанавливающегося* архива winzip70.exe. Это означает, что при запуске данного исполнимого файла автоматически произойдет и распаковка дистрибутивного комплекта, и установка приложения. Так что не спешите запускать файл, а сначала скопируйте его туда, где хранятся дистрибутивы, после чего запускайте установку из системного окна Свойства: Установка и удаление программ (Пуск ➤ Настройка ➤ Панель управления ➤ Установка и удаление программ), о чем мы говорили в главе 13.

К выбору места для размещения дистрибутивной программы можно подходить двояко. Различия между двумя подходами определяются тем, что вы потом собираетесь делать с дистрибутивом: уничтожить или хранить.

Можно, например, завести временную папку: C:\TEMP\WINZIP. Тогда после установки программы эту папку имеет смысл удалить. Может быть, вы предпочитаете складывать все дистрибутивы в одном месте, например: C:\DISTRIB\WINZIP, — тогда после установки программы дистрибутивную копию там же и оставьте на тот случай, что она вновь когда-нибудь потребуется.

После установки программы на самом верхнем уровне Главного меню образуется ярлык для ее запуска. Можете вручную создать себе ярлыки на Рабочем столе и на Панели быстрого запуска.

Однако это еще не все средства для запуска программы. Обратите внимание на то, что после установки WinZip изменяется содержимое контекстного меню, которое мы получаем щелчком правой кнопки мыши на значке объекта, — в нем появляются два новых пункта Add to Zip (Добавить в архив). О них мы расскажем ниже, а пока отметим, что когда программа изменяет свойства контекстного меню, это говорит о том, что она изменяет свойства Проводника Windows, который на самом деле стоит и за окнами, и за контекстными меню. Такое явление называется *интеграцией с Проводником*. Редкая программа обладает этим свойством, и это один из существенных плюсов WinZip. Большинство операций можно выполнять, не запуская программу, а оперируя только контекстным меню.

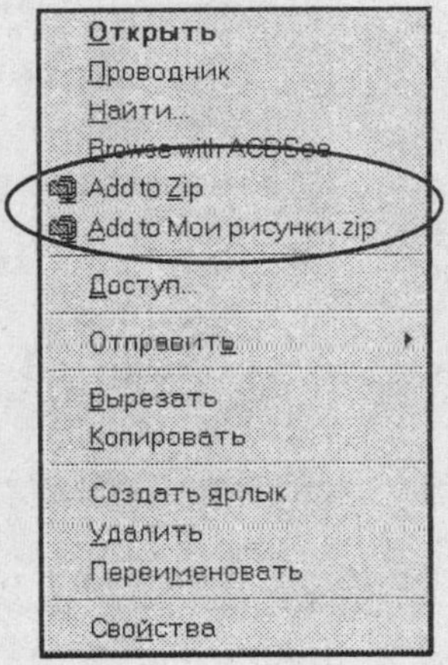

Открыть
Проводник
Найти...
Browse with ACDSee
Add to Zip
Add to Мои рисунки.zip
Доступ...
Отправить
Вырезать
Копировать
Создать ярлык
Удалить
Переименовать
Свойства

Архиватор WinZip имеет два режима работы: WinZip Wizard (Мастер WinZip) и WinZip Classic (Классический режим). Работая как Мастер, программа старается максимально автоматизировать операции и не оставляет возможностей приложить собственные руки и мозги. Лучше об этом режиме забыть и держать процессы под своим управлением.

Если у вас случайно оказался включенным режим Мастера, воспользуйтесь кнопкой WinZip Classic, чтобы выйти из него и более не возвращаться. Далее мы рассмотрим основные операции, которые могут потребоваться при работе с архивами.

WinZip Classic

Распаковка полученного архива

Давайте рассмотрим конкретный пример действий. Допустим, к нам поступил файл Newgame.zip.

1. Положите полученный архив в папку, где он в дальнейшем и будет храниться. Допустим, это папка C:\DISTRIB.

> Избегайте распаковывать архивы, лежащие где попало, потому что и их содержимое тогда тоже будет валяться где попало.

2. Откройте папку C:\DISTRIB и щелкните на значке файла Newgame.zip правой кнопкой мыши. В контекстном меню выберите пункт Extract to folder C:\DISTRIB\Newgame.

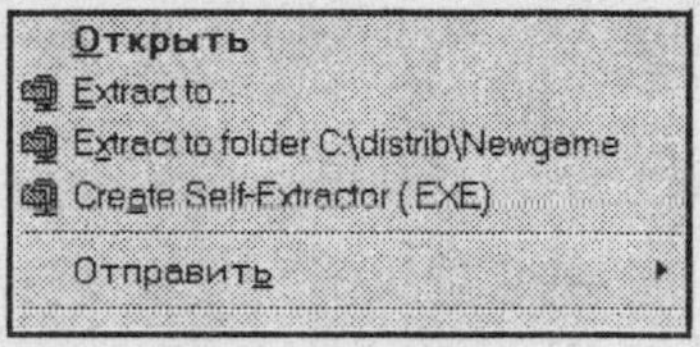

   Если архив находится в другой папке, то и пункт в контекстном меню выглядит по-другому.

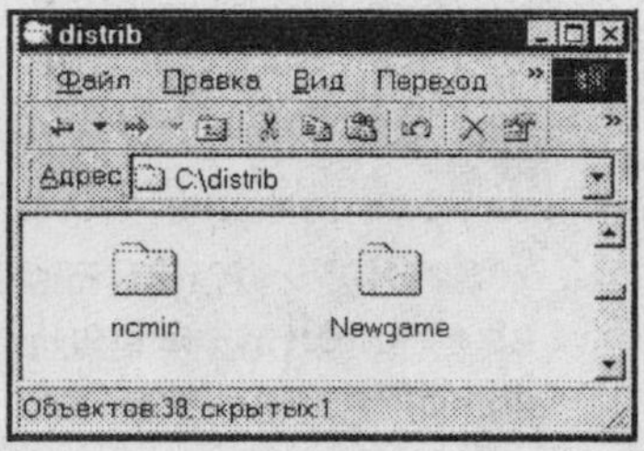

3. Это все! В папке C:\DISTRIB будет автоматически создана папка C:\DISTRIB\NEWGAME, а в нее помещено все содержимое архива.

Как видите, все очень просто — дел на несколько щелчков мышью, но эта простота связана с тем, что мы заранее (!) положили архивный файл туда, где он будет распаковываться. Не все пользователи столь предусмотрительны. Для них предназначена другая команда контекстного меню: Extract to... Она открывает диалоговое окно Extract (Извлечение), в котором надо указать, в какую папку будет происходить распаковка архива (рис. 18.1), — но зачем действовать сложно, если можно просто?!

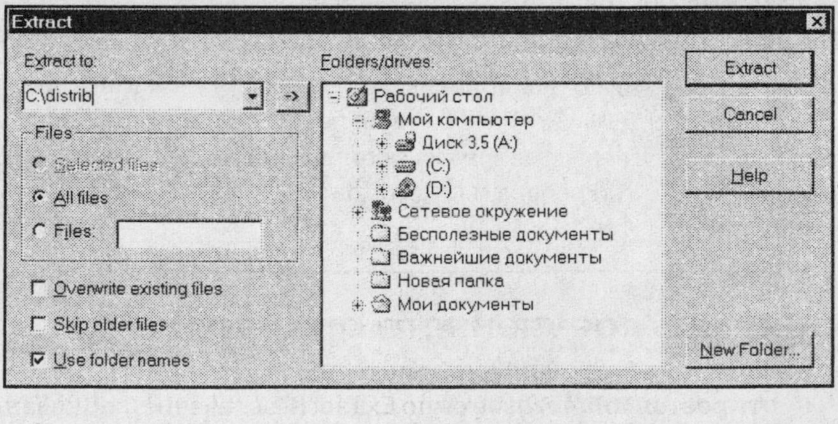

Рис. 18.1. Выбор папки, в которую произойдет извлечение содержимого архива

Частичная распаковка архива

Бывает и так, что в архиве содержатся сотни файлов, а из них нужны лишь единицы. Зачем тогда распаковывать весь архив? Не надо этого делать! Можно извлечь только то, что нужно.

Такая задача обычно встает при работе не с полученными архивами, а с созданными собственноручно. Утратив по небрежности какой-то файл, мы обращаемся к ранее созданному архиву, чтобы восстановить потерю.

1. Для частичной распаковки нельзя воспользоваться контекстным меню, и приходится раскрывать архив, чтобы выбрать именно то, что нам из него надо. Как обычно, двойным щелчком мыши, откройте архивный файл (где бы он ни находился) — на экране появится рабочее окно WinZip.

2. Командой File ➤ Open archive (Файл ➤ Открыть архив) разыщите и откройте архив, из которого извлекаются файлы.

3. В списке файлов, входящих в архив, выберите один или несколько файлов, которые хотите извлечь (рис. 18.2). Как обычно, группа файлов, идущих не подряд, выделяется при нажатой клавише CTRL, а группа файлов, идущих подряд, — при нажатой клавише SHIFT.

WinZip - Мои труды.zip

File Actions Options Help

New Open Favorites Add Extract View CheckOut Wizard

Name	Modified	Size	Ratio	Packed	Path
Aaa031.bmp	02.04.00 12...	61 214	98%	1 022	
Aaa002.bmp	28.03.00 17...	129 654	99%	1 549	
Aaa002.tif	05.04.00 16...	3 466	7%	3 236	
Aaa003.bmp	28.03.00 19...	59 014	97%	1 994	
Aaa003.tif	05.04.00 16...	2 398	6%	2 265	
Aaa004.bmp	28.03.00 19...	75 630	97%	2 587	
Aaa004.tif	05.04.00 16...	3 420	4%	3 285	
Aaa005.bmp	28.03.00 17...	129 654	98%	1 996	
Aaa006.bmp	28.03.00 17...	9 486	97%	313	
Aaa007.bmp	28.03.00 19...	275 606	99%	3 816	
Aaa008.bmp	28.03.00 17...	8 622	96%	303	

Selected 3 files, 10KB | Total 59 files, 7 003KB

Рис. 18.2. Выборочное извлечение файлов из архива

4. Закончив выделение, нажмите кнопку Extract (Извлечь) — откроется диалоговое окно Extract (Извлечение), показанное на рис. 18.3.

5. Определите папку, в которую должно произойти извлечение. Выберите ее на панели Folders/Drives (Диски и папки) и откройте. Убедитесь в том, что путь доступа к ней появился в поле Extract to (Извлечь в).

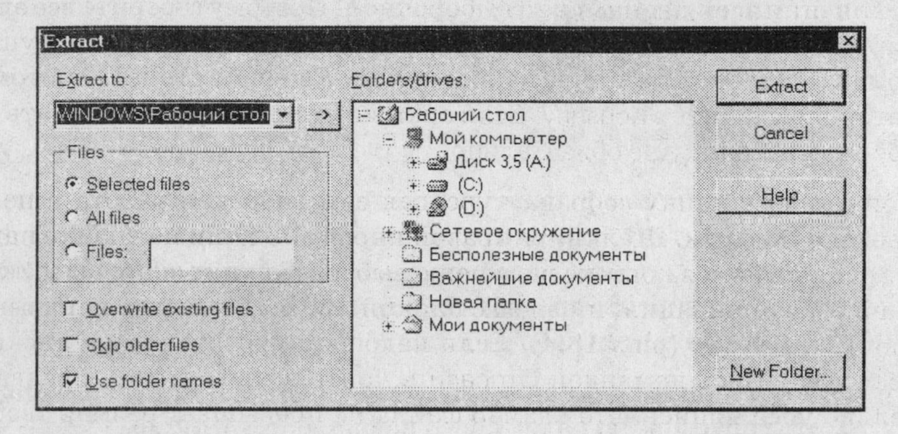

Рис. 18.3. Настройка параметров извлечения файлов

6. В группе переключателей Files (Файлы) включите переключатель Selected (Выделенные) — это обеспечит извлечение только ранее выделенных файлов.

7. Установите флажок Use folder names (Вместе с папками). Если извлекаемые файлы в архиве принадлежат разным папкам, это поможет извлечь их вместе с соответствующими папками, иначе файлы свалятся в одну кучу и в них будет трудно разобраться.

8. Если в том месте, куда производится извлечение, уже имеются одноименные файлы, то надо решить, как поступить в момент конфликта, возникающего при совпадении имен. Если нужно, чтобы извлекаемые файлы затерли имеющиеся, установите флажок Overwrite existing files (Поверх существующих файлов). Другой флажок, Skip older files (Пропустить старые файлы), позволит избежать замены более свежих файлов устаревшими.

9. Если совершенно непонятно, что делать с конфликтом между копиями файлов, проще создать новую папку и распаковать все, что нужно, в нее. Новую папку создают командной кнопкой New Folder (Новая папка).

10. Когда все настройки завершены, запустите процесс извлечения командной кнопкой Extract (Извлечь).

Создание собственного архива

Если нужно упаковать файл или папку с файлами, желательно пользоваться контекстным меню. Это возможно, если речь идет о полной архивации всей папки, а не о выборочной. Поэтому соберите все архивируемые файлы в одну временную папку. Дайте ей имя будущего архива. Удобно, если она находится на Рабочем столе — потом ее нетрудно удалить в Корзину. Если архивируется один файл, делать ему временную папку не обязательно.

Допустим, в папку собрана курсовая студенческая работа и папка названа /Kursovik. Щелкните правой кнопкой мыши на значке папки и в открывшемся контекстном меню выберите пункт Add to Kursovik.zip. Начнется архивация, и рядом с папкой /Kursovik появится архивный файл Kursovik.zip (рис. 18.4). Если надо скопировать его на дискету, воспользуйтесь командой Отправить контекстного меню, предварительно убедившись, что размер файла не превышает размер свободного пространства на дискете.

Узнать размер файла можно в строке состояния папки, если он лежит в папке, или через пункт Свойства контекстного меню значка, если файл лежит на Рабочем столе.

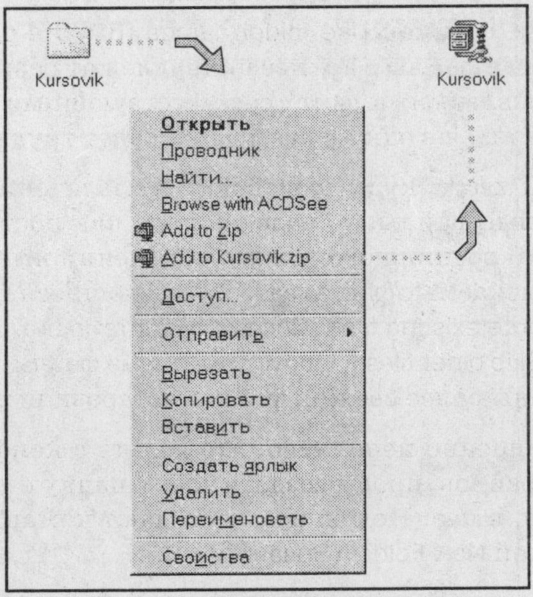

Рис. 18.4. Создание архива с помощью контекстного меню

Пополнение или обновление архива

Эта задача возникает не при подготовке к передаче файлов, а когда архив ведется для себя и надо что-то в него добавить или заменить в нем отдельные файлы новыми редакциями. В общем, это типичная задача, возникающая при резервном копировании ценных данных.

1. Для данной операции тоже удобно воспользоваться контекстным меню. Если добавляется не один файл, а несколько, соберите их в какую-либо временную папку и выделите все вместе.

Чтобы выделить все объекты в папке, удобно использовать комбинацию клавиш CTRL + A.

2. Щелкните правой кнопкой мыши на архивируемом файле или на выделенной группе файлов и выберите в контекстном меню пункт Add to zip (Добавить в архив). По этой команде происходят два действия. Во-первых, запускается программа WinZip и открывается ее рабочее окно. Во-вторых, открывается диалоговое окно Add (Добавление в архив), средствами которого надо настроить режим пополнения архива. Оно представлено на рис. 18.5.

Рис. 18.5. Настройка параметров добавления файлов в архив

3. Прежде всего с помощью кнопки Open (Открыть) разыщите местоположение архивного файла, который собираетесь пополнить. Если передумаете что-то пополнять и задумаете создать новый архивный файл, воспользуйтесь командной кнопкой New (Создать). И в том и в другом случае в поле Add to archive (Добавить в архив) должен появиться путь доступа к файлу, который пополняется или создается.
4. В списке Action (Действие) выберите режим пополнения, определяющий, что делать, если файлы имеют одинаковые имена. Возможных вариантов — четыре:
    - Add and replace files (Добавить и заменить) — в этом случае файлы архива, имена которых совпадают с именами добавляемых файлов, перезаписываются;
    - Freshen existing files (Обновить имеющиеся файлы) — новые файлы не добавляются, а ранее имевшиеся только обновляются на основе сравнения дат и времени их создания;
    - Move files (Переместить файлы) — все исходные файлы перемещаются в архив;
    - Update and add files (Обновить и добавить файлы) — добавляются новые файлы, а ранее имевшиеся только обновляются на основе сравнения даты и времени их создания.

    При использовании *ZIP*-архива для целей резервного копирования наиболее полезен последний режим.
5. В списке Compression (Метод сжатия) выберите рабочий алгоритм. Чем плотнее сжатие, тем больше затраты времени. Наиболее оптимальный вариант — Normal (Обычный). Выигрыш при использовании максимального сжатия составляет единицы процентов, а затраты времени увеличиваются в разы.
6. В группе Folders (Папки) обязательно (!) установите флажки Include Subfolders (Включая вложенные папки) и Save extra folders info (С сохранением информации о папках). У *ZIP*-архиваторов десятилетиями не проходит дурная привычка сваливать файлы из разных папок в одну большую (и добавим: нередко бесполезную) кучу. Чтобы этого не происходило, приходится напоминать им этими флажками, что за порядком надо следить.
7. Прочие флажки можно не трогать. Если есть желание защитить свой архив паролем, воспользуйтесь командной кнопкой

Password (Пароль). Русские буквы программа WinZip в пароль не принимает. Введенный пароль на экране не отображается, поэтому будьте аккуратны. Для проверки правильности ввода программа предложит повторить пароль еще раз.

При защите данных паролем не будьте наивны. Это защита «от дурака». Кому надо, вскроют файл за минуты, так что не переоценивайте защищенность своих данных. Заодно подумайте над тем, как не забыть пароль и где хранить бумажки с паролями, если памяти для их запоминания совершенно не хватает.

Есть хороший прием запоминания паролей. Подберите какое-нибудь удобное русское слово, например тот же самый ПАРОЛЬ. Добавьте к нему несколько цифр, например первые цифры своего номера телефона: ПАРОЛЬ956. Теперь набирайте этот код при включенной англоязычной раскладке клавиатуры: GFHJKM956. Но и в этом случае не расслабляйтесь — не вы один такой умный. Это прием не создания паролей, а только их запоминания.

8. Начните операцию упаковки нажатием командной кнопки Add (Добавить).

Создание распределенного архива

Когда требуется передать большой объем информации на носителях малой емкости (дискетах), приходится «нарезать» архивный файл на куски так, чтобы партнер, которому файл передается, мог потом собрать их в единое целое и распаковать архив. В программе WiZip такая функция предусмотрена, но скажем сразу: реализована она из рук вон плохо. Недружественность в создании распределенных *ZIP*-архивов — беда наследственная. За многие годы развития WinZip в этом направлении ничего путного сделано не было, и надеяться на то, что положение изменится, не приходится. Поэтому мало кто пользуется программой WinZip для создания распределенных архивов на дискетах. Для этого удобнее использовать программу WinRAR (формат .RAR). Об эффективной работе с ней речь впереди, а пока для общего сведения расскажем кратко, как создают распределенные *ZIP*-архивы.

Первое правило: распределить архив на несколько дискет можно только в том случае, если он создается на диске A: и ни в каком ином месте.

Второе правило: распределенный архив нельзя пополнить — его можно только создать.

Третье правило: вы никогда заранее не узнаете, сколько дискет потребуется для создания архива. Просто по мере исчерпания места на очередной дискете программа будет предлагать вставить следующую. Приступая к работе, заранее убедитесь в том, что чистые дискеты запасены в достаточном количестве.

Четвертое правило: в процессе создания архива вся информация, ранее имевшаяся на дискетах, будет уничтожена. Заранее просмотрите все подготовленные дискеты, сохраните то, что на них есть полезного, потом очистите их, а еще лучше — заново отформатируйте. Предварительное форматирование повысит надежность записи.

Пятое правило: после создания распределенного архива все дискеты будут иметь файл с одним и тем же именем, поэтому, чтобы узнать, какая из них третья, а какая — пятая, требуются специальные хитрости.

Шестое правило: после создания последней дискеты программа попросит повторно вставить первую, поэтому проследите, чтобы она не смешалась с другими в общей куче, а лежала отдельно.

Седьмое правило: дискеты считаются крайне ненадежными носителями. Если хотя бы одна дискета в комплекте не прочитается, весь архив может погибнуть. Поэтому все операции следует повторить дважды для создания второй копии (резервной).

Предусмотрительность при передаче дискет считается хорошим тоном. Все, что передается, должно быть исполнено как минимум в двух экземплярах. Чем солиднее партнеры и чем ценнее информация, тем строже действует это правило. Передача данных в единственной копии подчеркивает их низкую значимость.

Вам понравится, если к вашей курсовой или дипломной работе будут подходить как к хламу? Если нет, не пожалейте еще одну дискету и сделайте запасную копию.

Итак, запаситесь комплектом дискет. Проверьте каждую, нет ли на ней чего-то нужного. Скопируйте ценные данные на жесткий диск, создав для них папки с понятными названиями. Отформатируйте каждую дискету. Порядок действия при форматировании следующий.

1. Вставьте дискету в дисковод A:. В окне Мой компьютер щелкните правой кнопкой мыши на значке дисковода A: и выберите в контекстном меню пункт Форматировать.

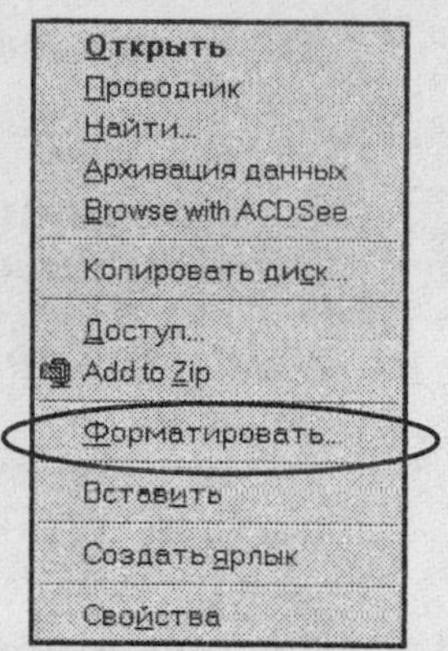

2. В открывшемся диалоговом окне Форматирование: диск 3,5 (A:) обязательно (!) включите переключатель Полное и убедитесь в том, что установлен флажок Вывести отчет о результатах (рис. 18.6).
3. В поле Метка можно ничего не вносить.
4. Начните форматирование нажатием кнопки Начать. Процесс длится около минуты.
5. По окончании форматирования откроется диалоговое окно Результаты форматирования Диск 3,5 (A:). Убедитесь в том, что поврежденных секторов на диске нет. Если они есть, решительно выбросьте диск, даже если он совсем новый. Выбрасывайте диск так, чтобы никому из близких или коллег не пришло в голову попытаться его использовать и вновь запустить в обращение.
6. Закройте окно с сообщением о результатах форматирования, вставьте очередной диск и снова нажмите кнопку Начать.
7. По окончании форматирования последнего диска закройте окно кнопкой Закрыть.

Подготовив комплект дискет, приступайте к архивации.

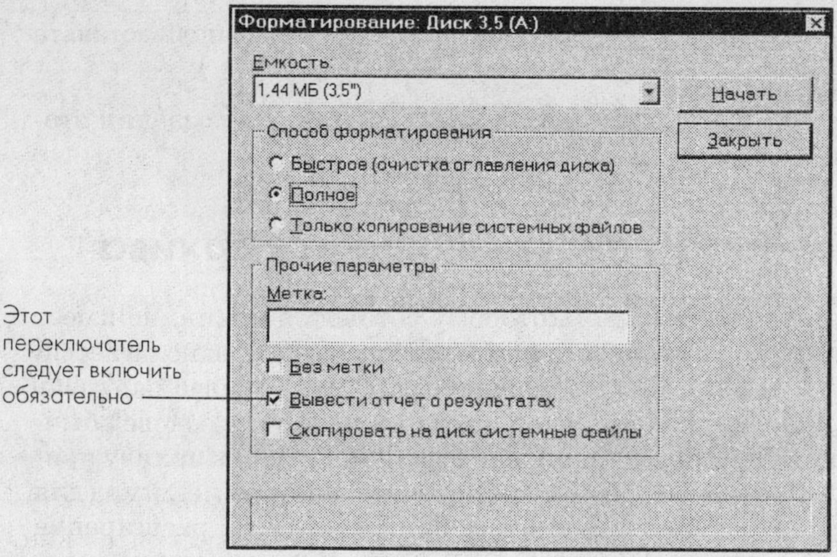

Этот переключатель следует включить обязательно

Рис. 18.6. Форматирование гибкого диска

1. Вставьте первую дискету комплекта в дисковод A:.
2. Выделите группу архивируемых файлов.
3. Щелкните на выделенных файлах правой кнопкой мыши и в контекстном меню выберите пункт Add to zip — откроется диалоговое окно Add (Добавление в архив). Про себя имейте в виду, что речь о добавлении не идет — создается новый архив.
4. В этом диалоговом окне нажмите кнопку New (Создать) — откроется стандартное диалоговое окно создания файла — New Archive (Новый архив).
5. В поле со списком Create (Создать) выберите дисковод A:. В поле Имя файла введите имя нового архива и нажмите кнопку OK — окно закроется.
6. Если в качестве носителя нового архива избран дисковод гибких дисков, то в диалоговом окне Add (Добавление в архив) должно высветиться поле Multiple disk spanning (Распределение архива по множественным дискам). Установите в нем значение Automatic (Автоматически).
7. Запустите процесс кнопкой Add (Добавить).
8. За ходом работы наблюдайте по шкале в строке состояния WinZip.
9. По запросу от программы вставьте второй диск и т. д.
10. По окончании работы по запросу от программы вновь вставьте первый диск.
11. При необходимости повторите все операции для создания второго (резервного) комплекта дисков.

Создание самораспаковывающегося архива

Когда партнер, для передачи которому готовится архив, не имеет средств для работы с архивными файлами или когда предполагается, что он не умеет с ними работать, можно создать так называемый *самораспаковывающийся архив*. Такой архив готовится на основе обычного *ZIP*-архива (его надо создать как обычно). Просто к архиву приписывается небольшой фрагмент, содержащий программный код для автоматической распаковки. В итоге архив получает расширение имени .EXE и с точки зрения операционной системы становится программой.

Самораспаковывающиеся архивы удобно создавать с помощью контекстного меню. Щелкните правой кнопкой мыши на значке файла с расширением .ZIP и увидите в контекстном меню команду Create Self-Extractor (EXE) — Создать самораспаковывающийся файл (EXE).

Открыть
Extract to...
Extract to folder C:\Kursovik
Create Self-Extractor (.EXE)
Отправить
Вырезать
Копировать

Эта функция доступна только пользователям зарегистрированной (и оплаченной) версии программы WinZip. Автор программы считает, что создание самораспаковывающихся архивов относится к профессиональной, а не потребительской деятельности.

Файлы часто архивируют перед пересылкой по электронной почте. Этот общепринятый подход позволяет экономить и время, и деньги тем, кто работает в Сети. Поскольку самораспаковывающиеся архивы функционально мало отличаются от программ, они подвержены вирусным атакам. Поэтому в Интернете не принято пересылать такие архивы. В этом случае не стоит преобразовывать *ZIP*-архив в *EXE*-архив. Более подробно о механизме вложения архивных файлов в сообщения электронной почты рассказано в главе 28.

19. Работа с RAR-архивами

Программа WinRAR

WinRAR — блестяще выполненная программа. Это не только лучший из архиваторов, но и вообще образец дружественного отношения к пользователю. Работа с программой, особенно с ее последними версиями, доставляет эстетическое удовольствие.

Программу WinRAR можно получить на сайте ее производителя: www.rarsoft.com. Как и другие рассмотренные здесь архиваторы, она относится к условно-бесплатному программному обеспечению (*shareware*). Ее дистрибутивную версию можно часто встретить в сборниках служебного программного обеспечения. После установки программы рекомендуется ее зарегистрировать. Установленный срок бесплатной эксплуатации незарегистрированной версии — 40 дней. Последняя на момент написания книги русскоязычная версия — WinRAR 2.71. От предыдущих данная версия отличается, в частности, улучшенной поддержкой *Windows 2000* и возможностью распаковывать не только архивы .RAR, но и архивы в форматах .CAB, .ARJ и .LZH. Последние версии WinRAR характерны также тем, что они, как и WinZip, интегрируются с Проводником Windows. Это дает удобную возможность работы через контекстные меню.

Программа поставляется в виде одного исполнимого файла wrar271ru.exe и устанавливается обычным порядком (см. гл. 13). В ходе установки открывается диалоговое окно (рис. 19.1), средства которого позволяют задать параметры установки. В частности, здесь можно «связать» программу с некоторыми типами архивных файлов — тогда при двойном щелчке на их значках автоматически будет запускаться программа WinRAR. Здесь же можно указать, где при установке программы будут созданы ее значки.

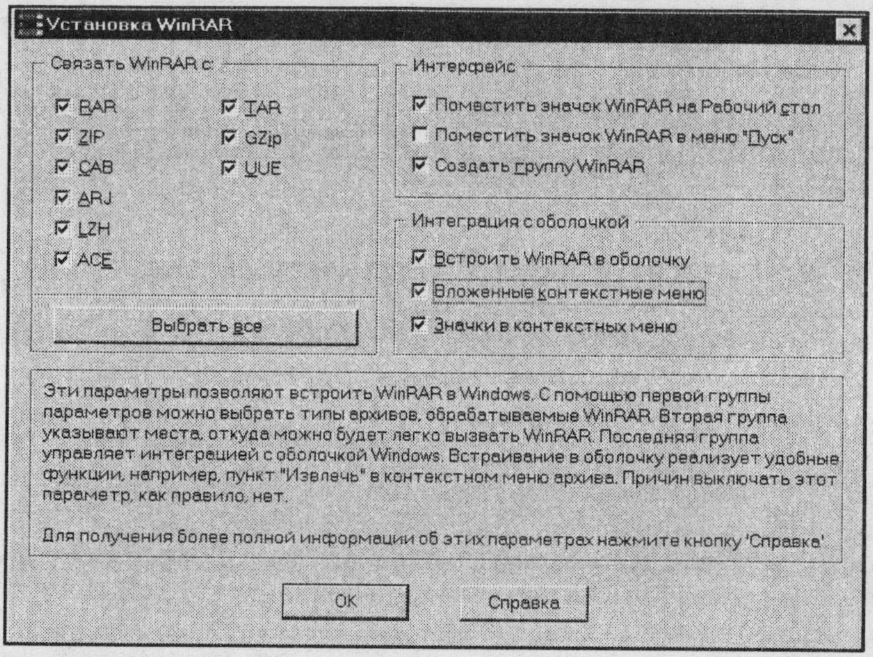

Рис. 19.1. Предварительная настройка программы в ходе установки

Распаковка полученного архива

Как и при описании программы WinZip, мы будем максимально опираться на исполнение операций из контекстного меню, по возможности без открытия рабочего окна программы. Такой подход наиболее эффективен.

1. Поместите полученный архив в папку, в которой желательно провести распаковку.
2. Откройте эту папку и щелкните на значке файла правой кнопкой мыши. В контекстном меню выберите пункт WinRAR ➤ Извлечь в <имя папки>. Здесь параметр <имя папки> совпадает с именем архивного файла. Таким образом, при распаковке файла создается одноименная папка, в которой и размещаются все извлеченные файлы (рис. 19.2).

Как видите, все происходит точно так же, как и в программе WinZip. Очень удобно, когда разные программы реализуют одинаковый механизм.

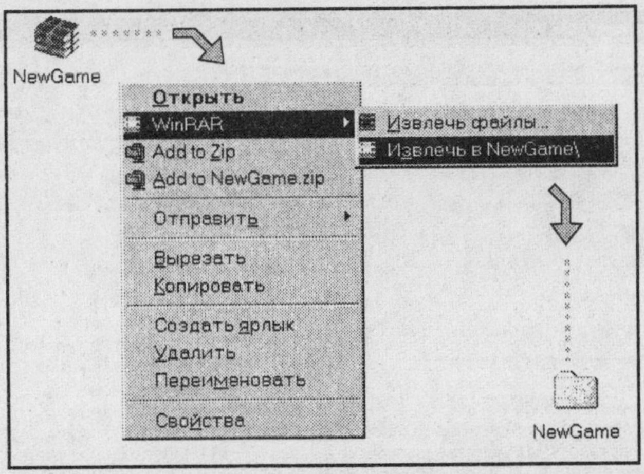

Рис. 19.2. Распаковка архива средствами контекстного меню

Восстановление данных из резервной копии

Если архив используется не для передачи данных партнеру, а для хранения резервных копий, то при его распаковке возникают мелкие проблемы, связанные с тем, что извлекаемые файлы могут совпадать по имени с файлами, уже имеющимися в папках назначения. Как обычно, конфликты разрешаются тремя способами: заменой устаревших копий, отказом от распаковки файла или распаковкой в другую папку назначения. Для решения этих вопросов предназначена вторая команда контекстного меню: WinRAR ➤ Извлечь файлы. Она открывает диалоговое окно Путь и параметры извлечения (рис. 19.3).

1. Выберите на правой панели папку, в которую должны извлекаться файлы из архива. Если нужной папки пока не существует, выберите ту папку, в которой вы хотите ее создать, и своими руками впишите имя создаваемой папки в конце командной строки. Новая папка будет создана.
2. В группе Режим обновления включите переключатель, определяющий, как поступать с файлами, которые имеют совпадающие имена:
   - Извлечь с заменой файлов;
   - Извлечь с обновлением файлов (заменяются только те файлы, которые имеют более раннюю дату и время создания);
   - Обновить существующие файлы.

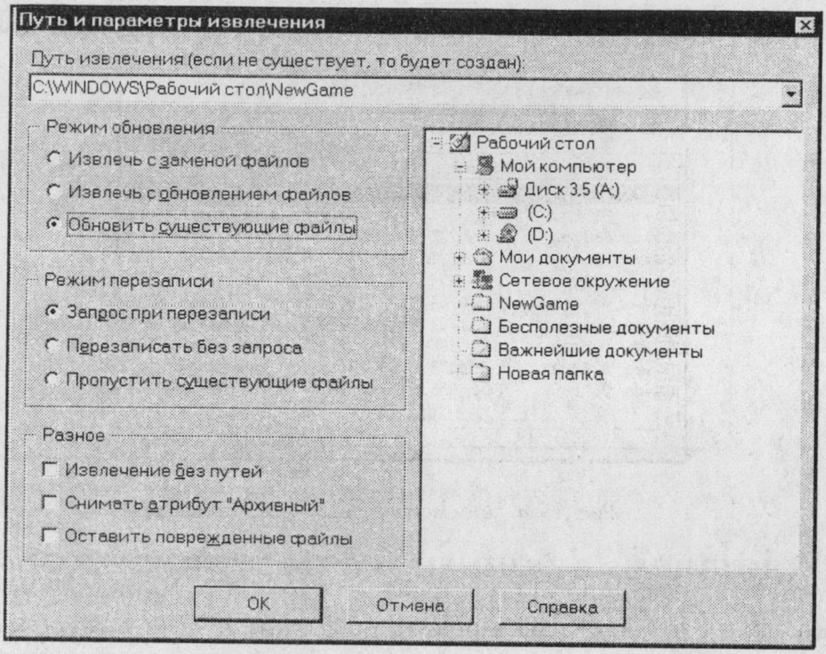

Рис. 19.3. Настройка параметров извлечения файлов

3. В группе Режим перезаписи включите переключатель, определяющий, как будет происходить замена (обновление) файлов:
   - Запрос при перезаписи (при перезаписи требуется подтверждение от пользователя);
   - Перезаписать без запроса (подтверждение не требуется);
   - Пропустить существующие файлы.
4. Флажки в группе Разное установите по необходимости.
5. Начните операцию извлечения нажатием кнопки ОК.

Выборочная распаковка архива

Для выборочной распаковки нельзя воспользоваться контекстным меню. Следует раскрыть архив и выбрать конкретно, что надо из него извлечь и куда. Архив открывается двойным щелчком мыши (рис. 19.4).

Прежде всего оцените возможности сортировки архива. Сведения о входящих в него файлах представлены в виде таблицы. Заголовок

NewGame.rar - WinRAR

Файл Команды История Избранное Параметры ?

NewGame.rar - RAR архив, размер исходных файлов 6 141 410 бай

Имя	Размер	Сжат	Тип	Изменен
			Папка	
wrar_011.bmp	499 374	7 030	Точечный рис...	02.03.01 1...
wrar_010.bmp	682 722	8 792	Точечный рис...	02.03.01 1...
wrar_009.bmp	682 722	7 838	Точечный рис...	02.03.01 1...
wrar_008.bmp	470 454	5 503	Точечный рис...	02.03.01 1...
wrar_007.bmp	194 734	2 893	Точечный рис...	02.03.01 1...
wrar_006.bmp	682 722	8 685	Точечный рис...	02.03.01 1...
wrar_005.bmp	951 846	12 030	Точечный рис...	02.03.01 1...
wrar_004.bmp	928 878	10 194	Точечный рис...	01.03.01 1...
wrar_001.bmp	1 047 958	15 824	Точечный рис...	01.03.01 1...

Всего 6 141 410 байт в 9 файлах

Рис. 19.4. Просмотр содержимого архива

одного из столбцов таблицы помечен стрелкой. Направление стрелки указывает порядок сортировки: *восходящий* или *нисходящий*. Для выполнения сортировки по другому столбцу просто щелкните на его заголовке. Для изменения порядка сортировки на противоположный щелкните на заголовке этого столбца еще раз.

Если содержимое столбца не помещается по его ширине, границы между столбцами можно перетащить с помощью мыши. Двойной щелчок на разделительной линии между столбцами приводит к оптимальной автоматической установке ширины столбца. Когда содержимое архива правильно отсортировано и аккуратно представлено, нетрудно найти и выделить те файлы, которые следует извлечь.

Для извлечения выделенных файлов служат кнопки Извлечь и Извлечь в. В первом случае содержимое извлекается в текущую папку (в ту же, где находится архив). Во втором случае можно выбрать папку назначения, а при необходимости создать ее. В строке меню аналогичные команды имеют вид: Команды ➤ Извлечь файлы из архива и Команды ➤ Извлечь в другую папку.

Создание собственного архива

Чтобы упаковать файл или папку целиком, воспользуйтесь контекстным меню. Соберите все архивируемые файлы в одну временную папку.

Дайте ей имя будущего архива. Удобно, если такая папка находится на Рабочем столе. Щелкните правой кнопкой мыши на значке папки — и в контекстном меню увидите две команды:

- WinRAR ➤ Добавить в <имя архива>;
- WinRAR ➤ Добавить в архив.

Нам нужна первая команда. Она создаст архив, одноименный с архивируемой папкой (или файлом) и расположенный в том же месте.

Пополнение или обновление архива

Вторая команда контекстного меню (WinRAR ➤ Добавить в архив) служит для пополнения архива, который уже реально существует. Это типичная задача, часто возникающая при резервном копировании данных.

1. Для данной операции тоже удобно воспользоваться контекстным меню. Если добавляется не один файл, а несколько, соберите их в какую-либо временную папку и выделите все вместе.

Чтобы выделить все объекты в папке, удобно пользоваться комбинацией клавиш CTRL + A.

2. Щелкните правой кнопкой мыши на архивируемом файле или на выделенной группе файлов и выберите в контекстном меню пункт WinRAR ➤ Добавить в архив.

   По этой команде открывается диалоговое окно Имя и параметры архива, представленное на рис. 19.5.

3. Прежде всего с помощью кнопки Обзор разыщите местоположение архивного файла, который требуется пополнить. В поле Архив должен появиться путь доступа к этому файлу.

4. В группе Формат архива включите переключатель RAR или ZIP, в зависимости от того, какой желателен формат архивного файла.

Как видите, имея программу WinRAR, которая позволяет создавать и *ZIP*-архивы, от программы WinZip можно благополучно отказаться.

5. В списке Метод сжатия выберите рабочий алгоритм. Чем плотнее сжатие, тем большие затраты времени потребуются. Наиболее оптимальный вариант — Обычный.

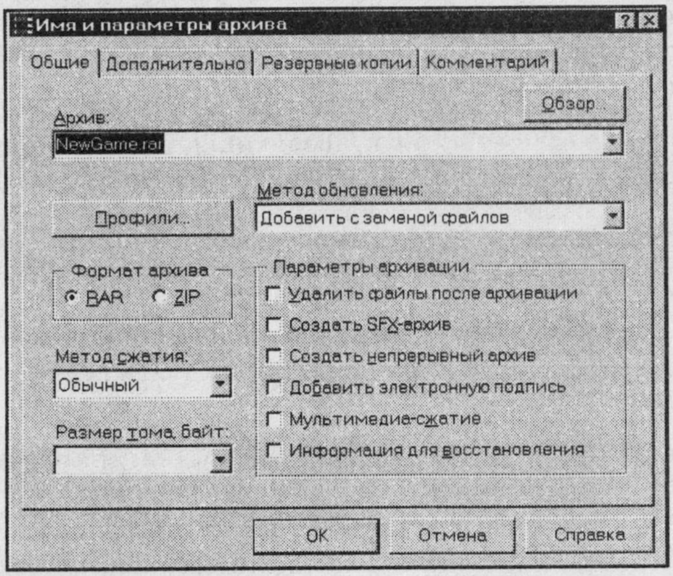

Рис. 19.5. Средства создания или пополнения архива

6. Если в поле со списком Размер тома задать какое-либо значение, например 1 457 664, то одновременно с архивацией произойдет «нарезка» архива на отдельные тома, каждый из которых равен размеру стандартного гибкого диска.

7. В поле со списком Метод обновления задайте режим обновления файлов. Обратите внимание на очень интересный режим Синхронизировать содержимое архива. В этом режиме происходит добавление файлов, которых еще не было в архиве, а также обновление (замена) тех файлов, которые в архиве есть, но имеют более раннюю дату создания или последнего изменения.

8. В группе Параметры архивации установите желаемые флажки. По поводу некоторых флажков стоит дать дополнительные пояснения:

   - Создать *SFX*-архив — создается самораспаковывающийся архив (.EXE); это обычно делают при передаче архивов на сторону, но никогда в тех случаях, когда архив служит целям резервного копирования;

   - Создать непрерывный архив — такой архив имеет более высокую степень сжатия, но с ним труднее выполнять операции выборочного извлечения или частичного обновления, то есть для целей резервного копирования этот флажок устанавливать нецелесообразно;

- Добавить электронную подпись — к архиву приписывается специальный код, позволяющий установить имя автора, время создания и размер архива; получить эти данные при просмотре архива можно командной кнопкой Показать информацию об архиве;
- Мультимедиа-сжатие — если вы знаете, что в архиве содержатся преимущественно графические и звуковые файлы, установка этого флажка позволит существенно повысить плотность записи;
- Информация для восстановления — к архиву приписываются дополнительные данные, которые помогут восстановить его в случае физического сбоя на носителе; при этом размер архива несколько увеличивается, но его надежность повышается, что особенно важно при создании многотомных архивов, распространяемых на дискетах.

8. Начните операцию упаковки нажатием командной кнопки OK.

Дополнительные настройки архивации

В диалоговом окне Имя и параметры архива (рис. 19.5) имеется несколько вкладок. Некоторые полезные дополнительные параметры архивации задают на вкладке Дополнительно (рис. 19.6).

Во-первых, здесь можно включить фоновый режим архивации (флажок Фоновая архивация). В таком режиме программа менее агрессивно использует ресурсы *Windows*, что увеличивает продолжительность архивации, но позволяет одновременно с архивацией плодотворно заниматься другими работами.

Во-вторых, здесь можно выбрать размер словаря. Чем больше его размер, тем выше плотность сжатия, а для очень больших файлов это существенно. В принципе, увеличение размера словаря сказывается на продолжительности архивации, но этот фактор проявляется на компьютерах, имеющих недостаток оперативной памяти. Если объем оперативной памяти вашего компьютера соответствует минимальным требованиям *Windows* (16 Мбайт), выберите размер словаря равным 256 Кбайт. Если же объем выше в 2–4 раза, то и размер словаря сле-

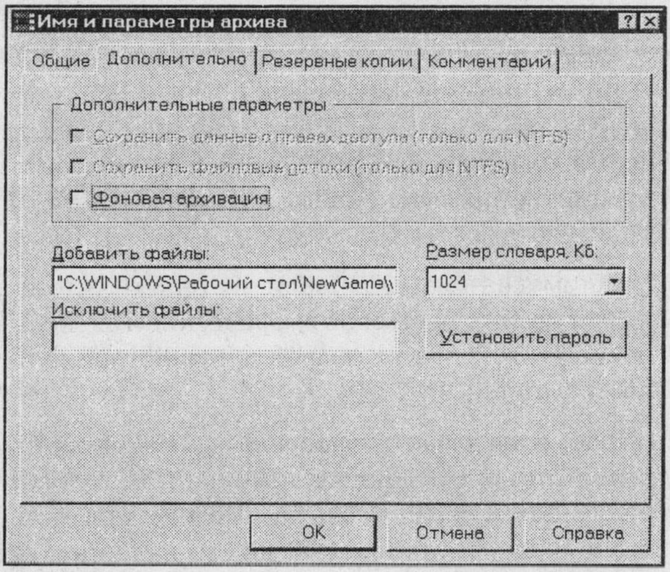

Рис. 19.6. Настройка дополнительных параметров архивации

дует выбрать в 2–4 раза выше. Наилучший вариант — 1024 Кбайт. При создании самораспаковывающихся архивов предельный размер словаря — 64 Кбайт.

В-третьих, на вкладке Дополнительно можно защитить создаваемый архив паролем. Для этого предназначена командная кнопка Пароль. В программе WinRAR парольная защита исполнена гораздо более серьезно, чем в WinZip. Если пароль достаточно длинный (10—12 символов), «сломать» его весьма непросто. Особенно «сильны» пароли, в которые кроме английских символов входят русские буквы, знаки препинания, цифры и знаки арифметических операций. Правда, запоминать такие пароли — отдельная и непростая задача.

Создание многотомного архива

Удобство создания многотомных архивов — еще одно достоинство программы WinRAR. Одного этого фактора достаточно, чтобы предпочесть ее менее удобной, хотя и более распространенной программе WinZip.

Основное преимущество состоит в том, что многотомный архив совсем не обязательно должен создаваться на диске А:. Его можно создать где угодно, в любой папке, а потом индивидуально распорядиться каждым томом отдельно. Таким образом, при создании многотомного архива мы в принципе не обязаны заранее подбирать дискеты, проверять, что на них записано, и форматировать их. Все это можно сделать в другое время и другими средствами. Каждый файл тома имеет свое имя, и потому при восстановлении архива из многих томов путаницы с дискетами не возникает.

1. Выделите файл или группу файлов, подлежащих архивации. Щелкните на них правой кнопкой мыши и дайте команду контекстного меню WinRAR ➤ Добавить в архив. Откроется ранее рассмотренное диалоговое окно Имя и параметры архива.

2. В этом окне можно настроить необходимые параметры, как указано выше, но есть более простой способ. Наиболее полезные настройки для некоторых операций уже сделаны автором программы и собраны в так называемые *профили*. Список заготовленных профилей открывается щелчком на кнопке Профиль (рис. 19.7).

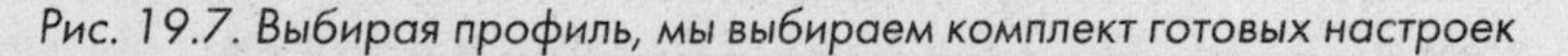

Рис. 19.7. Выбирая профиль, мы выбираем комплект готовых настроек

3. Выберите профиль Тома размером 1,44 Мб — и вы увидите, что в окне Имя и параметры архива необходимые элементы управления установятся автоматически. Остается только выбрать папку, в которой будут созданы тома архива, и нажать кнопку ОК.

4. Для копирования томов архива на гибкие диски архиватор не нужен. Это можно сделать обычными средствами *Windows*. Подготовьте необходимое количество дискет, проверьте, что на них записано, отформатируйте их и скопируйте тома. Сделайте столько копий, сколько посчитаете нужным. Не удаляйте тома с жесткого диска, пока не получите от партнера сообщение по телефону, что архив поступил в исправном состоянии и был успешно распакован. В случае необходимости повторите передачу не всего комплекта, а лишь отдельных томов, которые не были прочитаны.

Полезные сервисы программы

До сих пор мы удачно обходились вообще без упоминания о главном окне программы, которое называется Менеджером архивов и открывается двойным щелчком на значке программы. Такое пренебрежение главным окном объясняется наличием интеграции с Проводником Windows — она позволяет выполнять большинство операций из контекстного меню. Тем не менее, мы все-таки обратимся к основному окну программы, хотя бы для того, чтобы показать читателю несколько восхитительно простых и изящных операций.

Запустите программу двойным щелчком на ее значке или, как положено, из Главного меню и обратите внимание на некоторые кнопки панели инструментов (рис. 19.8).

Рис. 19.8. Менеджер архивов — главное окно программы

Начните с кнопки Тест. Она позволяет проверить целостность архива и выявить дефекты, если они есть.

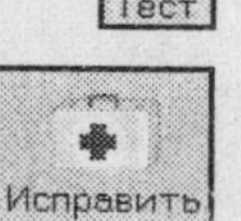

При наличии дефектов поможет кнопка Исправить. Правда, исправлению подлежат только архивы, при создании которых был установлен флажок Информация для восстановления, но предусмотрительные люди включать его обычно не забывают.

Весьма полезна кнопка Показать информацию об архиве. Она позволяет узнать общий объем архива в исходном и сжатом состоянии и, соответственно, установить достигнутую степень сжатия. Кроме того, здесь можно получить сведения об авторе архива, наличии электронной подписи и пароля защиты, о включении механизма блокировки изменений.

Кстати, о механизме блокировки изменений. Он предназначен для того, чтобы посторонние лица не могли внести изменений в архив. Это важно, например, при распространении авторских программ. Для установки блокировки надо выделить архив и нажать кнопку Заблокировать дальнейшее изменение архива.

Чтобы внести изменения, посторонние лица могут лишь извлечь файлы из архива и создать новый архив, но в этом случае неминуемо изменится автор архива, о чем можно узнать с помощью кнопки Показать информацию об архиве. А чтобы нельзя было подделать авторство, архивы снабжают электронной подписью. Даже сам автор не может разблокировать архив, если вдруг ему захочется внести какие-то изменения, но ему-то как раз ничто и не мешает создать новый архив.

Еще одна интересная команда — Оценить. Если выделить группу файлов и нажать эту кнопку, программа оценит перспективы их сжатия в зависимости от выбранного формата и алгоритма. Для нескольких файлов эта функция срабатывает мгновенно. Если выделено несколько тысяч файлов, оценка может занять минуту-другую (рис. 19.9).

Предполагаемая степень сжатия

Готово

Степень сжатия: Средняя

Всего файлов: 5 679

Размер несжатых: 580 235 594

41%

Метод	Размер	Время	%
ZIP быстрый	263 234 084	00:18:25	45
ZIP обычный	252 308 825	00:24:54	43
ZIP максимальный	250 127 849	00:47:53	43
RAR быстрый	246 147 768	00:34:36	42
RAR обычный	241 401 281	00:44:27	41
RAR максимальный	236 619 559	01:35:45	40

Закрыть | Справка

Рис. 19.9. Так выглядит предварительная оценка эффективности архивации

WinRAR и резервное копирование

В том, что резервное копирование ценных данных — это не роскошь, а необходимость, убеждены все. Однако по-настоящему этим нужным делом занимаются только те, кто уже убедились на горьком опыте, как страшно потерять невосполнимые данные. Неприятно потерять курсовую или дипломную работу. Болезненно потерять диссертацию. Но все это мелочь по сравнению с тем, что означает потеря бухгалтерской отчетности крупного предприятия за два-три года или потеря базы данных о клиентах. Однако практика показывает, что добрых намерений и страха больших утрат для регулярного резервного копирования недостаточно. Эти намерения очень быстро улетучиваются, и по-настоящему надежной может быть только автоматическая система, которая запустится сама, хотя бы раз в неделю, и скопирует все, что нужно, туда, куда положено. Особенно хорошо, когда резервное копирование совмещено с архивацией, чтобы резервные копии занимали не слишком много места.

Штатное средство *Windows*, предназначенное для резервного копирования, программа Архивация данных работать по расписанию ни за что не будет. Зато программа WinRAR справляется с такой задачей блестяще. Правда, в этом случае запускать ее надо не в системе *Windows*, а в режиме командной строки. *Windows* служит для общения с человеком, а здесь человеку делать нечего — все должно работать автоматически, без его участия.

Давайте разделим задачу на две: сначала научимся выполнять архивацию в режиме командной строки, а потом то, что получится, подключим к системному средству Назначенные задания, чтобы архивация происходила по заданному расписанию, например каждый вечер в 17:30, за полчаса до окончания рабочего дня.

Настройка параметров командной строки

1. Заведите себе папку для хранения файлов, которые целесообразно архивировать. Допустим, это будет папка C:\MyWorks.

> Использование английских букв в названиях самых важных папок — совсем не лишняя предусмотрительность. Хорошо также, если имя имеет не более 8 символов и в нем нет пробелов. Все это, конечно, не обязательно, но в очень тяжелых аварийных ситуациях, когда диск приходится восстанавливать средствами *MS-DOS*, это заметно облегчает работу.

2. Заведите папку, в которой будете хранить резервные копии. Лучше всего, если она находится на отдельном устройстве, например на внешнем сменном носителе или накопителе. Хорошо, если она находится на другом компьютере локальной сети. В крайнем случае, она может располагаться на отдельном жестком диске (физическом, а не логическом). Ну и наконец, если вообще никаких дополнительных устройств для хранения данных нет, можно создать ее на том же диске. Это, конечно, не резервное копирование, но все же лучше, чем ничего. При выходе жесткого диска из строя такой архив не спасет, но хотя бы подстрахует от собственных нелепых ошибок.

3. Наметим два режима архивации: ежедневный и еженедельный. При ежедневной архивации в архив добавляются все новые файлы и происходит замена тех файлов, в которые были внесены изменения, то есть происходит обновление архива.

   При еженедельной архивации происходит все то же самое, но при этом из архива удаляются файлы, которые в нем присутствуют, но отсутствуют в источнике (удалены). Так происходит *синхронизация* архива. Для ежедневной архивации создайте папку D:\RESERV\DAILY\, а для еженедельной архивации — папку D:\RESERV\WEEKLY\.

4. Создайте на Рабочем столе ярлык программы WinRAR. Переименуйте его в Ежедневная архивация. Создайте еще один ярлык программы WinRAR и переименуйте его в Еженедельная архивация.

5. Правой кнопкой мыши откройте диалоговое окно свойств ярлыка Ежедневная архивация и обратите внимание на поле Объект. То, что здесь записано, это и есть командная строка для запуска программы, связанной с ярлыком:

   "C:\Program Files\WinRAR\WinRAR.exe"

Кавычки в данном случае необходимы, потому что в пути поиска встречается пробел в имени папки Program Files. Всегда, когда в пути поиска встречаются пробелы или символы русского языка, следует использовать кавычки.

Когда мы дважды щелкнем на ярлыке, произойдет исполнение указанной команды и запустится программа архивации. Если мы хотим, чтобы при запуске автоматически выполнялись операции резервного копирования, командную строку надо пополнить дополнительными параметрами. Они укажут программе, что надо заархивировать и куда положить архив, а также как поступить с файлами, имеющими одинаковые имена.

6. Добавьте в поле Объект следующие параметры:

   "C:\Program Files\WinRAR\WinRAR.exe" a –r –u –rr8 –y D:\Reserv\Dayly\myworks.rar C:\MyWorks*.*

   Здесь: «C:\Program Files\WinRAR\WinRAR.exe» — команда запуска WinRAR;

   a — команда «добавить файлы в архив» (*add*);

   –r — ключ команды, задающий архивацию всех папок, вложенных в исходную (*recursive*);

   –u — ключ, указывающий режим обновления (*update*);

   –rr8 — ключ, определяющий создание в архиве служебных записей для восстановления в случае необходимости (длина записи — 8 секторов);

   –y — ключ, определяющий автоматическое подтверждение (*yes*) всех запросов, которые могут возникнуть в ходе работы программы;

   D:\Reserv\Daily\myworks.rar — путь доступа и имя архива, в котором хранится ежедневная резервная копия;

   C:\MyWorks\ — путь доступа к архивируемой папке;

   . — подстановочные символы; определяют, что архивируются все файлы (файлы с любыми именами и расширениями имени).

7. Закройте диалоговое окно кнопкой OK.

8. Откройте окно свойств ярлыка Еженедельная архивация. В поле Объект впишите следующую командную строку "C:\Program Files\WinRAR\WinRAR.exe" a –r –u -as –rr8 –y D:\Reserv\Weekly\myworks.rar C:\MyWorks*.*

   Сравните эту команду с командой ежедневного копирования. Во-первых, они различаются папкой, в которой хранится архив, а во-вторых, здесь появился новый ключ –as. Он действует совместно с ключом –u и обеспечивает не просто добавление и обновление файлов, но и синхронизацию, то есть удаление из архива файлов, которых уже нет в исходной папке. Если в результате такой операции и будет удалено что-то ценное, всегда можно восстановить файл из ежедневных архивов.

Свойства: Ежедневная архивация
Общие | Ярлык
Ежедневная архивация
Тип объекта: Приложение
Папка: WinRAR
Объект: "C:\Program Files\WinRAR\WinRAR.exe" a -r -u
Рабочий
Быстрый вызов: Нет
Окно: Стандартный размер окна
Найти объект... | Изменить значок...
OK | Отмена | Применить

Рис. 19.10. Настройка параметров командной строки в диалоговом окне свойств ярлыка

9. Закройте диалоговое окно кнопкой OK.
10. Проверьте ручным запуском, как работают ярлыки для ежедневного и еженедельного резервного копирования.

Настройка параметров копирования по расписанию

Для исполнения автоматического резервного копирования данных мы воспользуемся специальной папкой Назначенные задания. Откройте ее командой Мой компьютер ➤ Назначенные задания. Если на компьютере до сих пор никакие задания не создавались, то в окне Назначенные задания присутствует только один значок: Добавить задание. При двойном щелчке на нем происходит запуск Мастера планирования заданий. Однако, поскольку мы заранее создали ярлыки для ежедневного и еженедельного копирования, то теперь можем обойтись без запуска Мастера. Нам достаточно перетащить эти ярлыки с Рабочего стола на значок Добавить задание — и в папке Назначенные задания будут автоматически созданы два задания: Ежедневное копирование и Еженедельное копирование. Осталось только настроить их свойства (рис. 19.11).

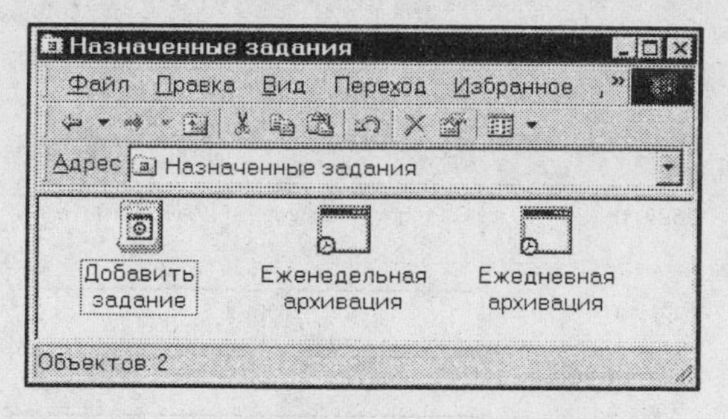

Рис. 19.11. Новые созданные задания

1. Дважды щелкните на значке задания Ежедневное копирование — откроется одноименное диалоговое окно.
2. В этом окне откройте вкладку Расписание.
3. В списке Назначить выберите пункт Еженедельно (мы специально не выбрали пункт Ежедневно, чтобы исключить работу по пятницам, субботам и воскресеньям).
4. В поле Время начала с помощью счетчика установите время начала исполнения задания (рис. 19.12).
5. На панели Расписание по неделям установите флажки Пн, Вт, Ср и Чт.
6. Сохраните настройку кнопкой OK.
7. Откройте окно настройки задания Еженедельное копирование и перейдите на вкладку Расписание.
8. В списке Назначить выберите пункт Еженедельно, задайте время исполнения задания и на панели Расписание по неделям установите флажок Пт — задание будет исполняться по пятницам.
9. Сохраните настройку кнопкой OK.

Отныне каждый день в конце работы будет автоматически запускаться задание на ежедневное резервное копирование, а по пятницам — специальное задание на еженедельное резервное копирование в отдельную папку. Таким образом, у вас всегда будут в наличии две резервные копии.

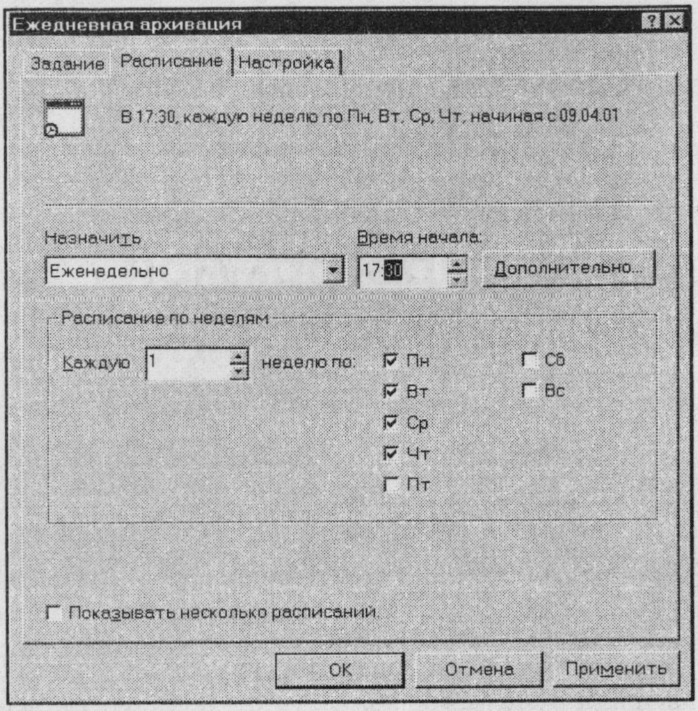

Рис. 19.12. Настройка расписания автоматического ежедневного копирования

Если никакого внешнего устройства для хранения резервных копий у вас нет, рекомендуется одну из копий выполнять на дискеты. Лучше, если это еженедельная копия — тогда возиться с дискетами придется не каждый день. Чтобы еженедельная копия выполнялась с «нарезкой» на тома по 1,4 Мбайт, следует в команду ввести ключ –v1400k, и командная строка будет выглядеть так:

"C:\Program Files\WinRAR\WinRAR.exe" a –r –u –rr8 –v1400k –y D:\Reserv\Weekly\myworks.rar C:\MyWorks*.*

Возможность запуска программы из командной строки позволяет автоматизировать и другие нестандартные операции. С назначением прочих команд и их ключей можно познакомиться с помощью справочной системы программы.

20. Работа с программой Windows Commander

Установка и запуск программы

Выше, в главе 12 мы говорили о необходимости иметь в своем хозяйстве приличный файловый менеджер, работать с которым, в отличие от стандартного Проводника Windows, было бы удобно и приятно. Затем мы рассмотрели особый класс программ — менеджеров архивов, предназначенных для операций с файлами, которые хранятся в запакованном виде. Сейчас пришло время рассмотреть программу, удачным образом сочетающую лучшие свойства файловых менеджеров и менеджеров архивов. Когда она имеет дело с запакованными файлами, то представляет их в виде обычных папок *Windows*. В результате создание и пополнение архивов или, наоборот, распаковка архивов и извлечение из них нужных файлов происходят точно так же, как при обычной работе с файлами.

Программа Windows Commander наследует принципы работы классической программы Norton Commander. Она имеет две симметричные панели, на которых представлено содержимое текущих папок. Копирование и перемещение файлов возможно как с левой панели на правую, так и наоборот (рис. 20.1). При исполнении большинства операций можно пользоваться как клавишами, так и перетаскиванием с помощью мыши. В работе с архивами программа использует как внутренние, так и внешние средства. Внутренними средствами она позволяет просматривать и распаковывать архивы форматов: .ZIP, .RAR, .ARJ, .LZH и некоторых других. При создании архивов внутренние средства ограничены только форматом .ZIP, но если подключить внешний архиватор, то можно создавать архивы и других форматов.

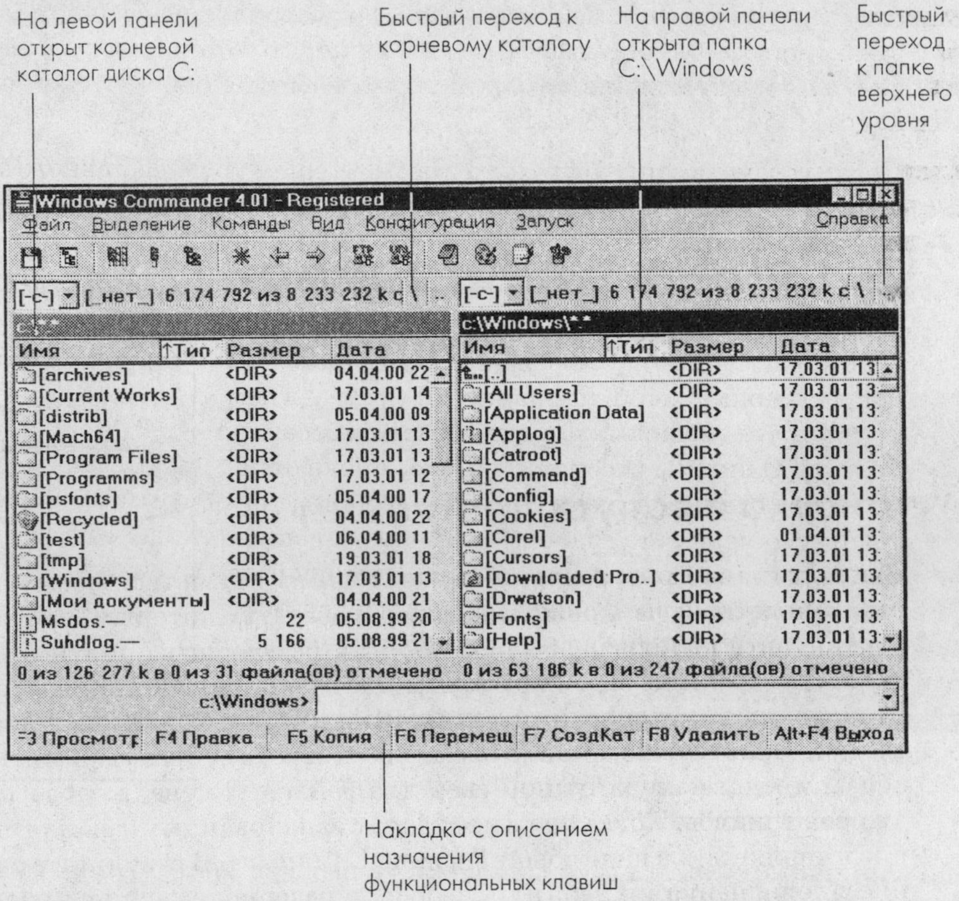
На левой панели открыт корневой каталог диска С:
Быстрый переход к корневому каталогу
На правой панели открыта папка C:\Windows
Быстрый переход к папке верхнего уровня
Windows Commander 4.01 - Registered
Накладка с описанием назначения функциональных клавиш

Рис. 20.1. Интерфейс программы Windows Commander

1. Программа поставляется в виде дистрибутивного комплекта файлов. Установочным является файл Install.exe. После его запуска открывается меню выбора языка. Последние версии программы поддерживают русский язык — выберите в меню пункт Русский (Russian).
2. На втором шаге установки программа предлагает задать поддержку прочих языков с возможностью переключения между ними: Do you wish to install all other languages? Если в других языках нет необходимости, ответьте отказом: Нет.
3. Далее предлагается ввести путь доступа к рабочей папке. По умолчанию создается путь C:\Wincmd.

4. Последний запрос при установке — предложение создать рабочую группу в Главном меню: Do you wish to create a group in Program manager/Start menu? Ответьте согласием: Да.

После установки запуск программы выполняют из Главного меню командой Пуск ➤ Программы ➤ Windows Commander ➤ Windows Commander 32. Поскольку пользоваться этой программой вы будете много чаще, чем любой другой, создайте ей ярлык на Панели быстрого запуска.

Интерфейс Windows Commander и навигация в программе

Окно программы Windows Commander представлено на рис. 20.1. Как видите, оно имеет строку меню, панель инструментов и две рабочие панели, на каждой из которых можно открыть какую-либо папку. Для навигации между дисками служат раскрывающиеся списки на панели инструментов. Навигацию внутри диска обеспечивает двойной щелчок на значке папки.

Для быстрого возврата к корневому каталогу текущего диска на панели инструментов имеется значок «\». Чтобы быстро вернуться в папку вышележащего уровня, там же есть значок «...».

Рабочие команды, используемые наиболее часто, закреплены за функциональными клавишами от F3 до F8. Традиция этой раскладки имеет почти 15-летнюю историю и восходит к первым образцам программы Norton Commander. Назначение функциональных клавиш имеет смысл выучить и запомнить, а для начинающих в нижнем окне программы приведена «накладка», на которой оно расписано. По желанию функциональные команды можно исполнять щелчками на кнопках этой «накладки».

F3 — просмотреть выделенный файл (средство просмотра может быть внутренним или подключенным);

F4 — редактировать выделенный объект (средство редактирования может быть внутренним или подключенным);

F5 — копировать выделенный объект (или группу) в папку, открытую на противоположной панели;

F6 — перемещение выделенного объекта (или группы) в папку, открытую на противоположной панели;

F7 — создать новую папку (каталог) в текущей папке;

F8 — удалить выделенный объект (или группу).

По умолчанию удаление объектов клавишей F8 производится в Корзину Windows. Если операция выполняется при нажатой клавише SHIFT, то удаление происходит «мимо» Корзины. Удаление в Корзину можно отключить, сбросив соответствующий флажок в диалоговом окне настройки: Конфигурация ➤ Настройка ➤ Операции ➤ Только для Win95 и NT ➤ F8/DEL удаляет в корзину (с SHIFT — совсем).

Каждая из панелей может иметь несколько режимов представления содержимого текущей папки. Обычный режим работы — с кратким представлением информации (Вид ➤ Краткий). Если нужно получить более подробную информацию об объектах, используют режим Вид ➤ Подробный. В этом режиме по каждому файлу (папке) в виде таблицы выдаются следующие сведения: имя, тип (расширение имени), размер, дата создания или последнего изменения, атрибуты. Таблицу можно отсортировать по любому из столбцов — для этого достаточно щелкнуть на заголовке соответствующего столбца. Стрелка в заголовке показывает направление сортировки. Повторный щелчок меняет это направление на противоположное.

↑Имя

↓Размер

Командой Вид ➤ Дерево можно представить содержимое панели в виде иерархической структуры, как это принято в Проводнике Windows. Если на левой панели открыть иерархическую структуру, а на правой — табличную, то работа с программой становится похожей на работу с Проводником.

Основные операции

Выделение объектов. Все команды программы относятся только к выделенным объектам. То есть, если надо просмотреть, скопировать или удалить какой-то объект, его надо предварительно выделить. Если речь идет об одном файле, выделение производится, как обычно, одним щелчком левой кнопки мыши.

Однако, когда надо выделить группу объектов, программа ведет себя не так, как это принято в *Windows*, а как давным-давно было принято в программе Norton Commander. Объекты выделяются щелчком правой кнопки мыши или клавишей Insert. Группы объектов со схожими именами (или расширениями) удобно выделять клавишей «+» дополнительной клавиатуры («серый плюс»), а отменять выбор — клавишей «–» дополнительной клавиатуры («серый минус»). Запомните также действие клавиши «*» дополнительной клавиатуры — она инвертирует выделение объектов. Невыделенные объекты становятся выделенными и наоборот.

При желании можно отключить систему выделения, принятую в программе Norton Commander, и вернуться к системе, принятой в *Windows*. Выбор режима выполняется установкой соответствующего переключателя: Конфигурация ➤ Настройка ➤ Операции ➤ Выделение мышью.

К системе выделения Norton Commander многие привыкли, но следует отметить, что здесь теряется возможность использования правой кнопки для открытия контекстного меню. Правда, в современных клавиатурах для этого предусмотрена специальная клавиша, и потеря не столь трагична, как могла бы быть. Преимущество выделения левой кнопкой, как в Windows, заключается в том, что в таком случае правая кнопка сохраняется для открытия контекстного меню файлов и выполнения операции специального перетаскивания.

Копирование и перемещение файлов. Откройте на одной панели папку-источник, где находятся копируемые файлы, а на другой — папку-приемник, в которую они должны копироваться. Выделите файлы, подлежащие копированию, и нажмите клавишу F5. Если вместо копирования требуется выполнить перемещение, используйте клавишу F6.

Если одна из папок является на самом деле архивным файлом, это не имеет значения. С содержимым архивов программа Windows Commander работает точно так же, как с обычными папками, но только при одном условии —архив должен быть понятен программе. В полной мере это относится только к архивам .ZIP. Архивы .ARJ, .RAR и другие известны программе только когда речь идет о просмотре содержимого или извлечении файлов. Для операций создания и пополнения этих архивов надо подключать внешние архиваторы.

Особая ситуация возникает, когда мы имеем дело с самораспаковывающимся архивом. Открыть его как папку с помощью двойного щелчка мыши или клавиши ENTER вряд ли удастся, ведь архив является исполнимым файлом. На этот случай в программе предусмотрена специальная комбинация клавиш: CTRL + Page Down. Она позволяет раскрыть самораспаковывающийся архив и работать с ним, как с папкой.

Подключение внешних архиваторов. Для подключения внешних архиваторов служат вкладки Архиваторы и Архиватор Zip в диалоговом окне Настройка.

1. Откройте диалоговое окно Настройка командой Конфигурация ➤ Настройка.
2. Откройте вкладку Архиваторы (рис. 20.2). На ней представлено несколько панелей, по одной для каждого типа архивов. Рассмотрим для примера настройку работы с архивами типа .ARJ.

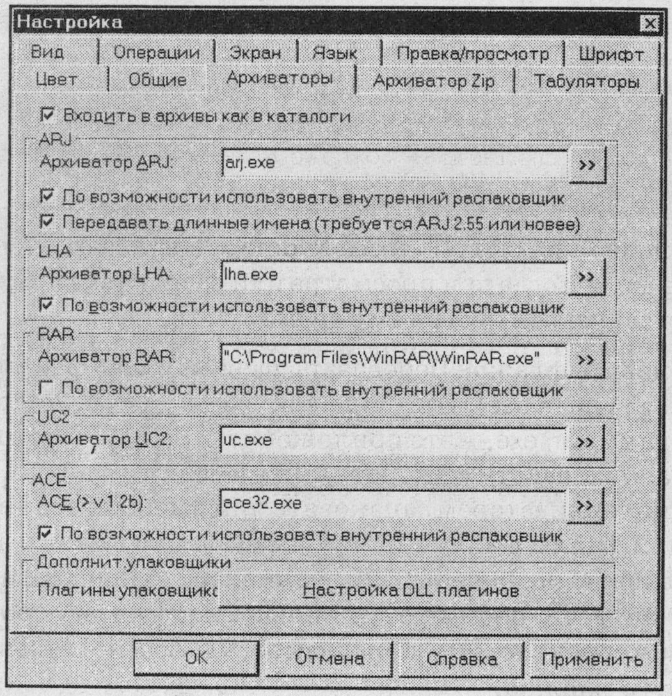

Рис. 20.2. Настройка внешних архиваторов

3. В командной строке введите путь доступа к исполнимому файлу архиватора. Допустим, исполнимый файл называется arj.exe. Как видите, путь доступа в примере, представленном на рис. 20.2, для него не указан. В данном случае это не нарушение правил работы с компьютером.

   Так можно поступать при условии, что исполнимый файл находится в одном из каталогов, путь доступа к которым прописан в переменной PATH файла Autoexec.bat (рис. 20.3).

```
Autoexec - Блокнот
Файл  Правка  Поиск  Справка
PATH C:\WINDOWS;C:\WINDOWS\COMMAND
mode con codepage prepare=((866) C:\WINDOWS\COMMAND\ega3.cpi)
mode con codepage select=866
keyb ru,,C:\WINDOWS\COMMAND\keybrd3.sys
```

Рис. 20.3. Просмотр файла Autoexec.bat в текстовом редакторе

> Чтобы не утруждать себя правкой системного файла Autoexec.bat, можно руководствоваться очень простым правилом. Все, что лежит в папке C:\Windows\Command, автоматически попадает в путь, прописанный в переменной PATH. Поэтому достаточно положить архиватор arj.exe в эту папку, и теперь при его использовании можно не указывать путь доступа, что мы и наблюдаем на рисунке.

4. Установите флажок По возможности использовать внутренний распаковщик — тогда при просмотре или распаковке архивов не придется запускать программу arj.exe.

5. Установите флажок Передавать длинные имена файлов (требуется ARJ 2.55 или новее). Этот флажок очень важен. Дело в том, что программа arj.exe — это приложение *MS-DOS*, и потому она рассчитана на работу с «короткими» именами файлов. Если устаревшим архиватором запаковать или распаковать архив, содержащий файлы с «длинными» именами, то имена файлов будут безнадежно испорчены. Последние версии программы, начиная с версии 2.55, понимают длинные имена и могут обращаться с ними корректно. Эту корректность и обеспечивает установка данного флажка.

6. Сохраните сделанную настройку командной кнопкой Применить.

7. Для примера на рис. 20.2 приведена настройка подключения архиватора WinRAR. WinRAR — это приложение не *MS-DOS*, а *Windows*, поэтому здесь в команде запуска приходится записывать полный путь доступа. Более того, поскольку этот путь содержит длинное имя, содержащее пробел (Program Files), команда взята в кавычки. Возможно, в данном случае без этого можно и обойтись, но известно, что кашу маслом не испортишь.

Создание архивов. В программе Windows Commander наполнение архивов или извлечение файлов из них ничем не отличается от работы с обычными папками. Единственное отличие имеет операция создания архивов.

1. На одной из панелей откройте папку с архивируемыми файлами.
2. На другой панели откройте папку, в которой будет создан архив.
3. Выделите архивируемые файлы.
4. Нажмите комбинацию клавиш ALT + F5 — откроется диалоговое окно Упаковка файлов.
5. В этом диалоговом окне выберите используемый архиватор и установите прочие элементы управления по необходимости.
6. Начните архивацию щелчком на кнопке OK.

Просмотр и редактирование файлов. Для просмотра выделенного файла программа Windows Commander имеет специальное средство — встроенную программу Lister. Она запускается клавишей F3. По прин-

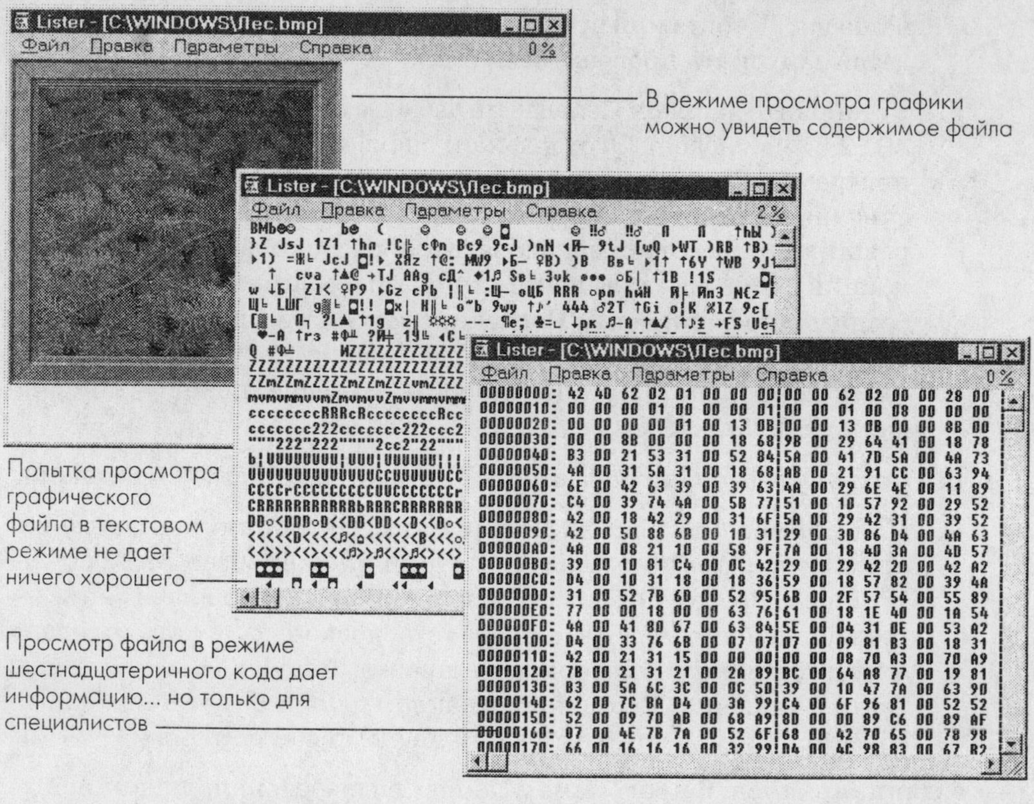

Lister - [C:\WINDOWS\Лес.bmp]

В режиме просмотра графики можно увидеть содержимое файла

Попытка просмотра графического файла в текстовом режиме не дает ничего хорошего

Просмотр файла в режиме шестнадцатеричного кода дает информацию... но только для специалистов

Рис. 20.4. Просмотр графического файла в программе Lister

ципу работы программа очень похожа на стандартную системную программу Блокнот и позволяет просматривать как текстовые файлы, так и файлы некоторых других типов. Переключение между разными типами файлов выполняют клавишами «1», «2», «3» и «4».

С помощью клавиш «A» и «S» можно переключаться между различными раскладками клавиатуры для кириллических текстов. Клавиша «A» включает русскоязычную кодировку *MS-DOS*, а клавиша «S» — русскоязычную кодировку *Windows*. Чтобы не запоминать назначение клавиш, можно пользоваться меню Параметры. Для настройки параметров просмотра программы Lister в этом меню есть команда Параметры ➤ Настройка, открывающая диалоговое окно Параметры просмотра.

Для редактирования файлов используется стандартная программа Блокнот —она запускается клавишей F4. В тех случаях, когда размер файла слишком велик и превышает предельные возможности этой программы, файл открывается в другой стандартной программе — WordPad.

21. Просмотр графики

Зачем это нужно?

В предыдущих главах мы рассмотрели средства для просмотра текстов и архивов. Здесь мы познакомимся со средствами воспроизведения графики. Традиционно считалось, что потребность в них возникает только у тех, кто профессионально работает с иллюстрациями (рекламных дизайнеров, издателей, *Web*-мастеров и фотохудожников). Однако сегодня ситуация изменилась. Необходимость в хорошем средстве просмотра и каталогизации графики появилась и у обычного рядового потребителя — она связана с естественной потребностью людей в создании фотоальбомов и разнообразных коллекций.

Фотоальбомы — неотъемлемая принадлежность каждой семьи. В них годами накапливаются фотоснимки — немые свидетели прошлого. Разумеется, было бы наивно предположить, что современные компьютерные средства способны хоть в какой-то мере отменить или заменить традиционные фотоальбомы, но, тем не менее, у электронных альбомов есть ряд весомых преимуществ.

Во-первых, хранение снимков на жестком диске в электронном виде обходится примерно в двадцать раз дешевле (на жестком диске ценой менее 100$ можно разместить более 50 тыс. снимков). А если записать данные на компакт-диск, то выигрыш еще больше — в пятьдесят раз. Это ли не идеальное место для хранения того, чему все равно никогда не найдется места в семейном альбоме?!

Во-вторых, электронная копия вечна. С нее можно получить адекватный отпечаток и через десять, и через сто лет. Как бы ни старели печатные оттиски, электронная копия гарантирует, что в будущем любой из них можно обновить. Сегодня устройства цветной печати развиваются столь быстрыми темпами, что каждая очередная копия, выполненная через несколько лет после предыдущей, будет непременно лучше и дешевле предыдущей.

В-третьих, электронные средства для работы с изображениями обладают замечательной способностью хранить аннотацию или комментарий вместе с иллюстрацией. Комментарий не обязательно распечатывать — вполне достаточно знать, что он есть и в случае необходимости к нему можно обратиться.

Что же нам нужно?

Подводя итог сказанному выше, попробуем определить свои требования к средству просмотра графики.

1. Нам нужно средство просмотра графических изображений, способное воспроизводить иллюстрации в максимально большом количестве разных форматов.
2. Желательно также, чтобы это средство позволяло выполнять преобразование одних форматов в другие. Если иллюстрации имеют разный файловый формат, работать с ними не очень удобно.
3. Средство просмотра должно быть очень быстрым. Просматривая сотни и тысячи иллюстраций, мы не можем позволить себе долго ждать их загрузки.
4. Для того чтобы ориентироваться в обширных коллекциях, желательно иметь возможность их быстрого просмотра в виде небольших эскизов (*thumbnails*).
5. Средство просмотра должно иметь удобные средства каталогизации изображений. Это позволит сделать электронный альбом тематическим и рассортировать изображения так, чтобы доступ к каждому снимку был быстрым и удобным.
6. Полезна также возможность аннотирования и комментирования изображений. Комментарий должен храниться вместе с изображением, но воспроизводиться только по заказу и не нарушать цельность снимка.
7. И еще желательно иметь возможность автоматизации просмотра изображений, то есть создания слайд-шоу.

Что у нас есть?

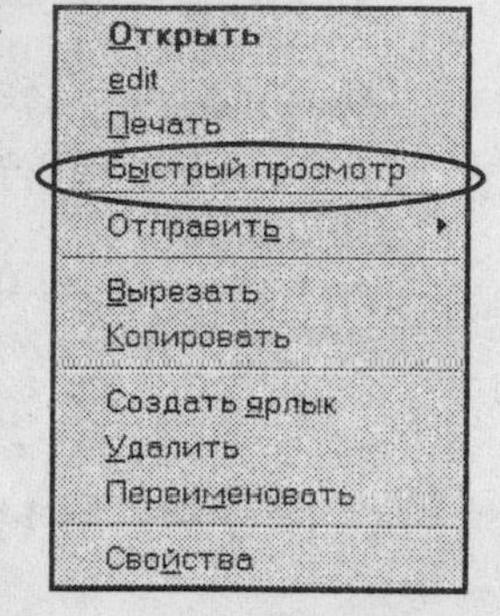

Разумеется, существуют стандартные средства операционной системы *Windows*, предназначенные для работы с изображениями, но они крайне ограничены. Возьмем, например, программу Быстрый просмотр. Если щелкнуть правой кнопкой мыши на значке файла, то для некоторых типов файлов в контекстном меню можно найти пункт Быстрый просмотр.Однако эта программа рассчитана лишь на очень узкий набор форматов и из графических файлов позволяет просматривать только файлы .BMP. Ни о какой каталогизации, преобразовании форматов и комментировании изображений речь вообще не идет.

Стандартный графический редактор Paint (Пуск ➤ Программы ➤ Стандартные ➤ Paint) тоже позволяет открывать и просматривать графические файлы некоторых форматов (*BMP*, *GIF*, *JPG*), но производит это настолько медленно и неуклюже, что его можно применять только для отдельных изображений. О коллекциях речь не идет.

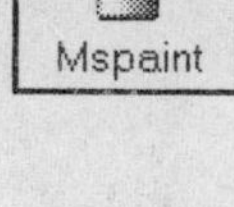

В качестве средства для просмотра некоторого (небольшого) количества графических форматов можно использовать такую стандартную программу, как Imaging (Пуск ➤ Программы ➤ Стандартные ➤ Imaging). В ней даже есть средства для аннотирования изображений, но при условии, что изображения имеют формат *TIFF*. В целом же и эта программа крайне неудобна для работы с большим количеством иллюстраций произвольных форматов.

Программа ACDSee 32

Спрос всегда рождает предложение, и сегодня на рынке можно найти немало удачных программ, предназначенных для просмотра и каталогизации графики. Один продукт из этого ряда резко выделяется в лучшую сторону — это программа ACDSee 32 компании *ACD Systems Ltd* (www.acdsystems.com). В настоящее время это средство просмотра практически не имеет конкурентов.

Программа предназначена для просмотра файлов, их сортировки, аннотирования, каталогизации и распечатки. От других аналогичных программ ACDSee 32 выгодно отличается высоким быстродействием и качеством воспроизведения изображений с 24– и 32–битным кодированием цвета. Детально продумана и удобно организована интеграция программы в операционную систему *Windows*, а специальные возможности для ее вызова делают работу максимально оперативной и комфортной.

При согласии пользователя программа в ходе установки может автоматически выполнить предварительную настройку, например внести изменения в список зарегистрированных типов графических файлов (рис. 21.1).

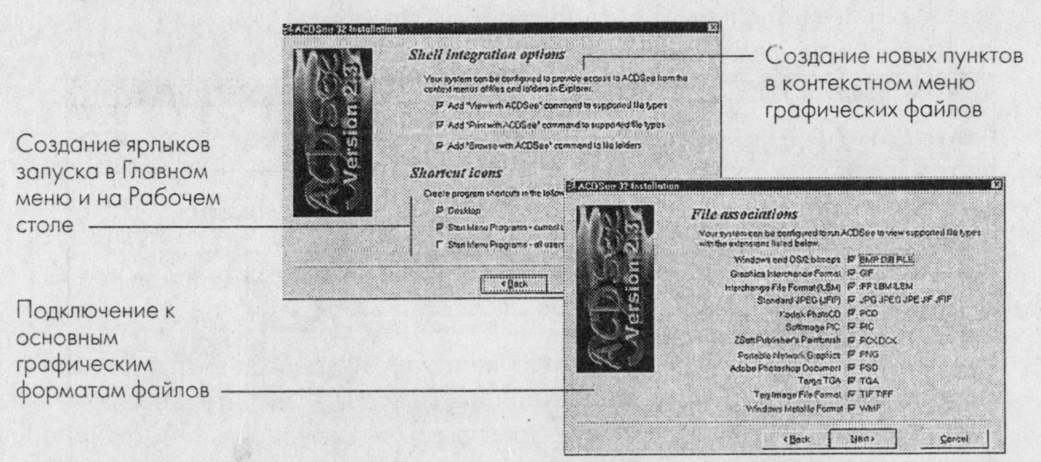

Рис. 21.1. Предварительная настройка программы в ходе установки

Программа поддерживает более двух десятков графических форматов и «переключает их на себя» так, чтобы по двойному щелчку на значке файла происходил ее автоматический запуск. После установки программы в Главном меню создаются значки для запуска программы в одном из двух режимов.

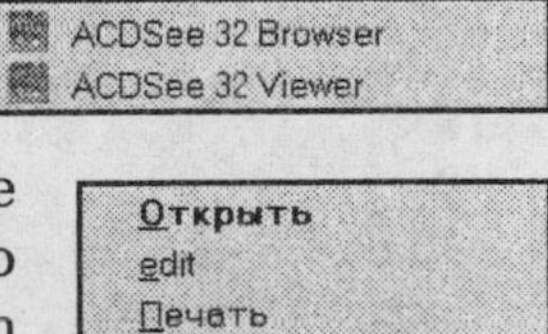

Если щелкнуть правой кнопкой мыши на значке графического файла, то можно заметить, что в его контекстное меню добавлены пункты View with ACDSee (Просмотр) и Print with ACDSee (Печать). В контекстном меню папки также появляется новый пункт, обеспечивающий поддержку обзора содержимого: Browse with ACDSee (Обзор с помощью ACDSee).

Открыть
edit
Печать
Print with ACDSee
View with ACDSee
Быстрый просмотр
Отправить ▸
Вырезать

Режимы работы программы

Из Главного меню программу можно по выбору запустить в одном из двух режимов: ACDSee 32 Browser (Обзор) и ACDSee 32 Viewer (Просмотр). В режиме Обзор (рис. 21.2) можно переходить между папками и дисками компьютера, просматривать графические файлы, перемещать и переименовывать файлы, конвертировать форматы их записи, вызывать другие приложения для редактирования изображений, составлять библиотеки эскизов и снабжать изображения текстовыми комментариями и пояснениями.

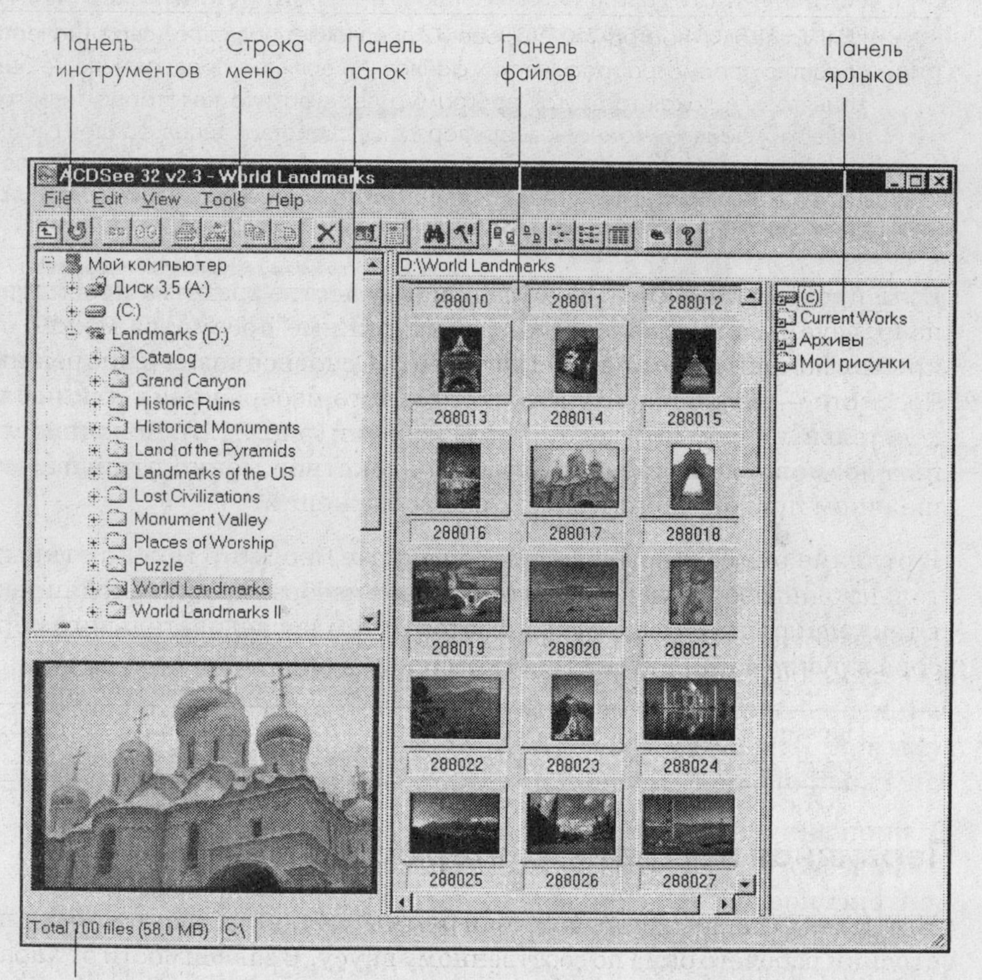

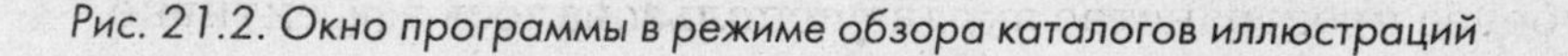
Рис. 21.2. Окно программы в режиме обзора каталогов иллюстраций

Запуск программы в обзорном режиме можно выполнить также с помощью пункта Browse with ACDSee (Обзор папки с помощью ACDSee), имеющегося в контекстном меню. Основное назначение режима Обзор — одновременное воспроизведение группы изображений и их параметров в целях поиска и сортировки, то есть каталогизации.

Режим Просмотр вызывают из Главного меню с помощью значка ACDSee 32 Viewer. Еще удобнее запустить его двойным щелчком на значке графического файла, если программа была предварительно назначена в качестве средства просмотра, заданного по умолчанию.

При установке программа ACDSee 32 предлагает назначить себя в качестве средства просмотра графических файлов, но если это предложение не было принято или какая-то другая программа перехватила некоторые типы графических файлов, можно навести порядок в свойствах типов файлов своими руками: Пуск ➤ Настройка ➤ Свойства папки ➤ Типы файлов ➤ *Выбор типа* ➤ Изменить ➤ *Выбор действия* ➤ Изменить ➤ Обзор ➤ *Выбор приложения, осуществляющего действие.*

Если программа ACDSee 32 не задана в качестве средства просмотра, используемого по умолчанию, файл в режиме просмотра можно открыть с помощью его контекстного меню. Основное назначение режима Просмотр —детальное изучение отдельного изображения или последовательный просмотр группы изображений (рис. 21.3). Дополнительные возможности предоставляет контекстное меню, открываемое щелчком правой кнопки мыши на изображении.

В отличие от обзорного режима, в режиме Просмотр можно открыть только одно изображение, однако прочие изображения, находящиеся в текущей папке, легко открываются путем последовательного перебора в ручном или автоматическом (*слайд-шоу*) режиме.

Перейти из режима Обзор в режим Просмотр можно непосредственно во время работы программы. Для этого служит клавиша ENTER.

Первичная настройка интерфейса

Несомненным достоинством программы является возможность настройки рабочего окна по собственному вкусу. В зависимости от характера работы и размера экрана можно скрыть ненужные панели и элементы управления, а размеры оставшихся панелей изменить так, чтобы рабочее пространство экрана использовалось эффективно.

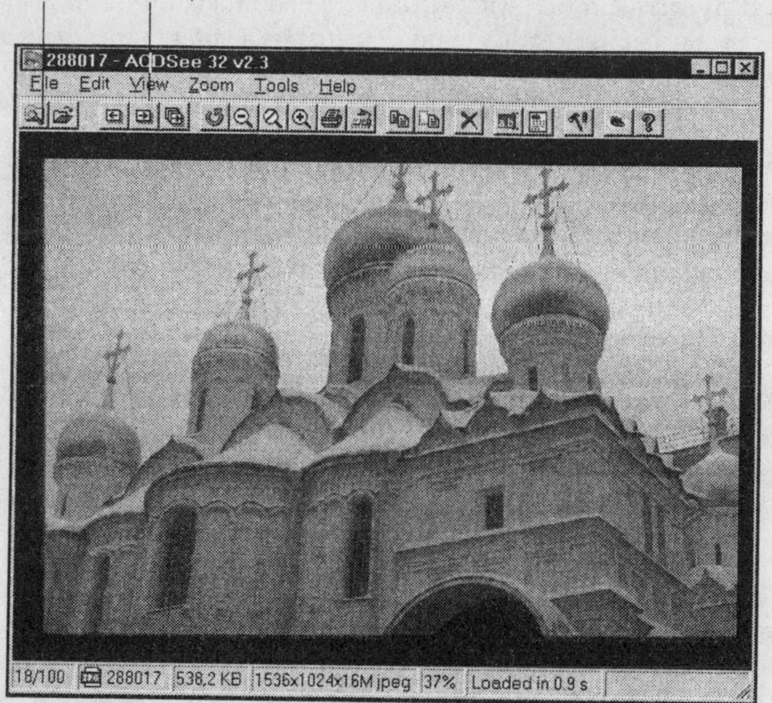

Рис. 21.3. Окно программы в режиме просмотра изображения

Интерфейс программы выполнен в современном стиле: широко используется управление с помощью контекстного меню, которым можно пользоваться практически во всех мыслимых ситуациях. Традиционный способ управления с помощью строки меню дает доступ к любой команде. Наиболее часто встречающиеся команды представлены кнопками на панели инструментов. А к услугам тех, кто хорошо с ними освоился, обширный набор клавиатурных комбинаций. «Быстрые клавиши» сделают работу максимально эффективной. Дополнительные удобства предоставляет Панель ярлыков — к ней мы будем возвращаться еще не раз.

Настройку интерфейса в режиме Обзор выполняют командами меню View ➤ Controls (Вид ➤ Элементы управления). Установкой флажков можно управлять отображением следующих панелей:

✔	Toolbar	Ctrl+Shift+T
✔	Status Bar	Ctrl+Shift+B
✔	Path Box	Ctrl+Shift+D
✔	Folder Tree	Ctrl+Shift+F
✔	Shortcuts	Ctrl+Shift+Q
✔	Preview Area	Ctrl+Shift+P

- Toolbar (Панель инструментов);
- Status Bar (Строка состояния);

- Path Box (Адресная строка);
- Folder Tree (Дерево папок);
- Shortcuts (Ярлыки);
- Preview Area (Область предварительного просмотра).

Как уже говорилось, в программе активно используется управление с помощью контекстного меню. Так, при щелчке правой кнопки мыши на строке заголовка программы открывается контекстное меню области предварительного просмотра.

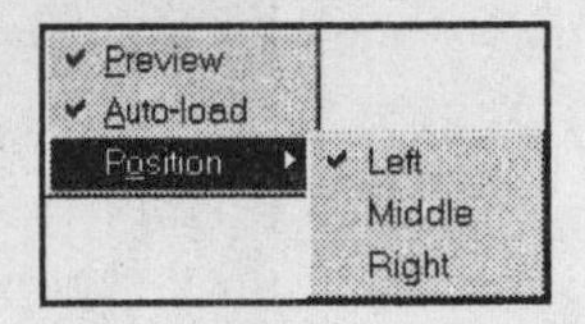

- Отобразить или скрыть область предварительного просмотра позволяет команда Preview (Просмотр).
- Команда Auto Load (Автопросмотр) автоматически активирует просмотр изображения при выборе файла в списке.
- Группа команд Position (Расположение) позволяет задать местоположение области предварительного просмотра: Left (Слева), Middle (По центру) или Right (Справа).

Управлять отображением панелей можно также с помощью диалогового окна настроек Options (Параметры), которое открывают командой Tools ➤ Options (Сервис ➤ Параметры) или щелчком на кнопке Options (Параметры) на панели инструментов. На вкладке Browser (Обзор) диалогового окна Options (Параметры) имеется группа флажков Interface (Интерфейс), управляющих отображением панелей (рис. 21.4).

Обратите внимание на то, что с помощью диалогового окна настроек можно скрыть даже строку меню. Если такое случайно произойдет, то в окне программы не останется средств, чтобы вернуть строку меню на место! К счастью, клавиатурные комбинации действуют всегда. Вызовите диалоговое окно Options (Настройки) клавиатурной комбинацией CTRL+O и исправьте положение.

Работа с программой ACDSee 32

Работа со списком файлов

В режиме Обзор основную часть окна программы занимает панель File List (Список файлов). Она присутствует всегда, даже если все дополни-

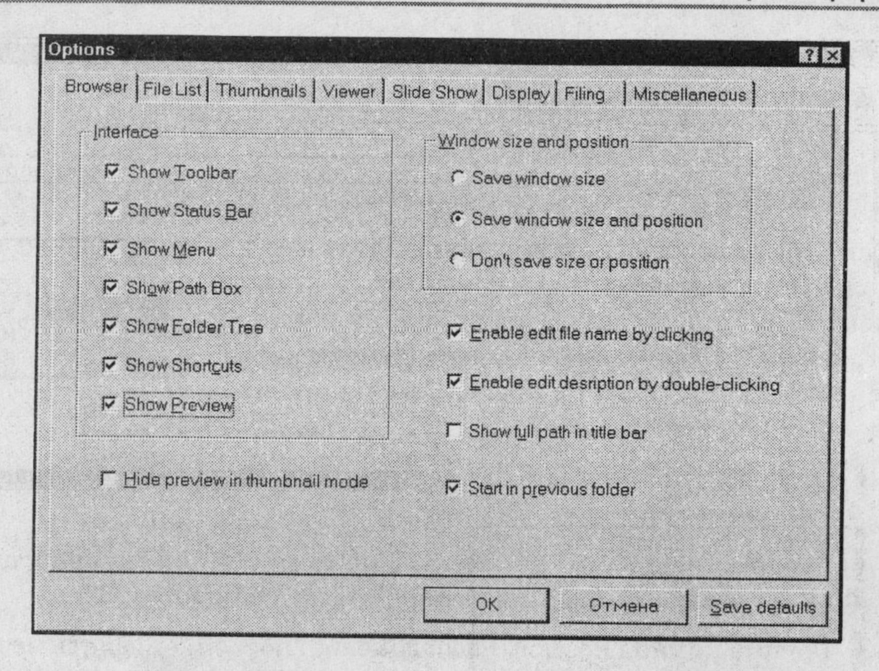

Рис. 21.4. Настройка параметров интерфейса

тельные панели отключены. В принципе, средств этой панели уже достаточно для работы с программой. Характер отображения информации на ней задается кнопками панели инструментов или пунктами меню View (Вид). Возможные варианты:

- Thumbnails (Эскизы);
- Large icons (Крупные значки);
- Small icons (Мелкие значки);
- List (Список);
- Details (Подробно).

Режимы Крупные значки, Мелкие значки и Список в основном соответствуют одноименным режимам окон папок *Windows* и Проводника. Режим Details (Подробно) предоставляет дополнительную информацию в виде таблицы (рис. 21.5). Составом столбцов таблицы управляют командами меню View ➤ Show Columns (Вид ➤ Показать столбцы). Кроме имени файла, можно отобразить следующие данные:

- Size (Размер);
- Type (Тип);

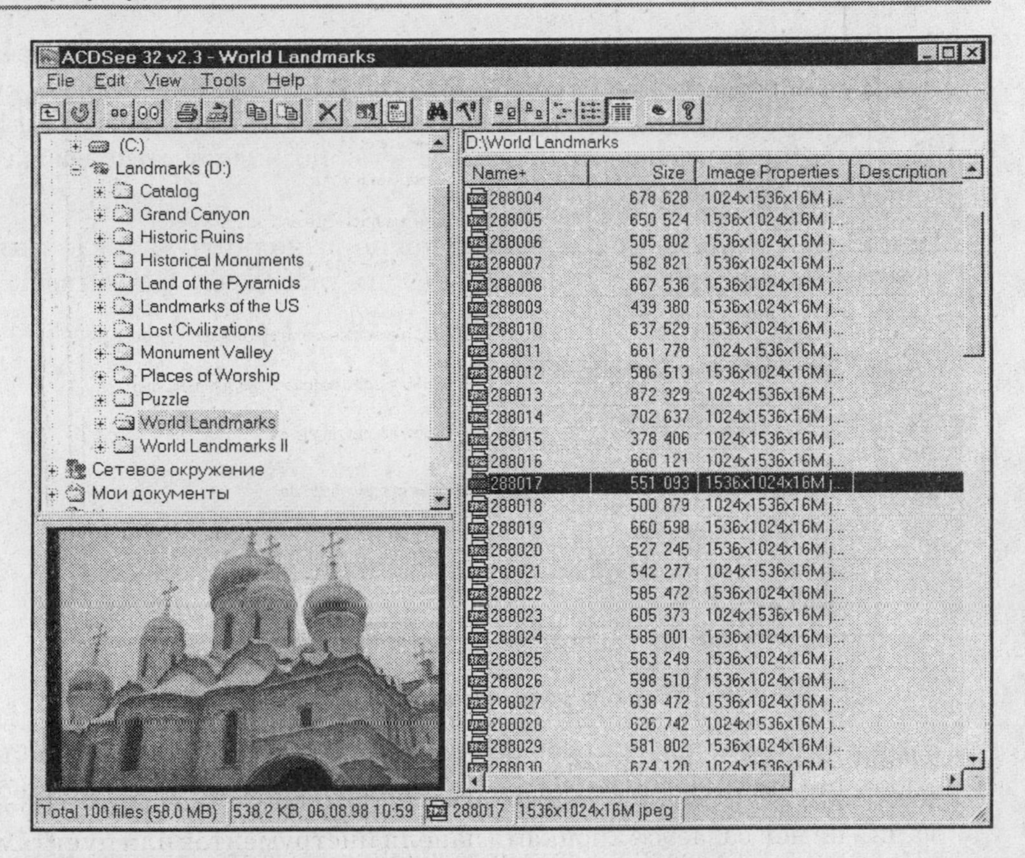

Рис. 21.5. Просмотр параметров изображений в виде таблицы

- ✦ Date (Дата создания или изменения);
- ✦ Image Properties (Параметры изображения);
- ✦ Description (Описание).

В столбце Image Properties (Параметры изображения) отображаются три числа: размер изображения в пикселах по горизонтали и вертикали, а также количество цветов. Буквы в конце выражают формат файла, который распознается даже в том случае, когда сам файл имеет нестандартное расширение имени. Например, для файла C:\logo.sys отображается его истинный тип: bmp.

В столбце Description (Описание) выводится текстовая аннотация или комментарий, если они есть. Подробнее о режиме аннотирования рассказывается ниже.

Функционально наиболее полезен режим просмотра Thumbnails (Эскизы). В этом режиме вместо списка файлов отображается их содержимое в уменьшенном масштабе. Режим особенно удобен при просмотре большого числа графических файлов — он позволяет легко выбрать нужное изображение.

При любом режиме отображения можно выполнить упорядочение файлов. Командой View ➤ Arrange icons (Вид ➤ Упорядочить значки) выполняют сортировку по следующим параметрам:

- ✦ by Extension (по расширению);
- ✦ by Name (по имени);
- ✦ by Size (по размеру);
- ✦ by Type (по типу);
- ✦ by Date (по дате);
- ✦ by Image Properties (по параметрам изображения);
- ✦ by Description (по тексту комментария).

В режиме Details (Подробно) управлять отображением столбцов можно с помощью контекстного меню, открывающегося по щелчку правой кнопки мыши на заголовке таблицы. А для сортировки удобно пользоваться щелчком левой кнопки на заголовке столбца. Этот режим просмотра позволяет выполнять не только восходящую, но и нисходящую сортировку. Повторный щелчок на заголовке столбца изменяет текущий порядок сортировки на обратный.

Работа с областью предварительного просмотра

Поскольку программа служит для просмотра файлов, эта панель несет основную функциональную нагрузку. От ее настройки напрямую зависит удобство работы. Положение панели Preview Area (Область предварительного просмотра) можно изменить командой View ➤ Preview (Вид ➤ Предварительный просмотр). Здесь же выбирают предпочтительный масштаб отображения:

- ✦ Auto Size (По размеру области просмотра);
- ✦ Full Size (Реальный размер);
- ✦ 1/2 Size (1/2 реального размера);

- 1/4 Size (1/4 реального размера);
- 1/8 Size (1/8 реального размера).

Если изображение не помещается в области просмотра целиком, его можно перемещать методом перетаскивания. Размер области предварительного просмотра корректируют перетаскиванием ее границ. Задать масштаб отображения в области просмотра можно и в контекстном меню изображения. Дополнительно в этом меню можно задать режим Auto Load (Автопросмотр). После выбора файла изображение в области просмотра появляется автоматически. Пункт Hide (Скрыть) дает возможность убрать область предварительного просмотра.

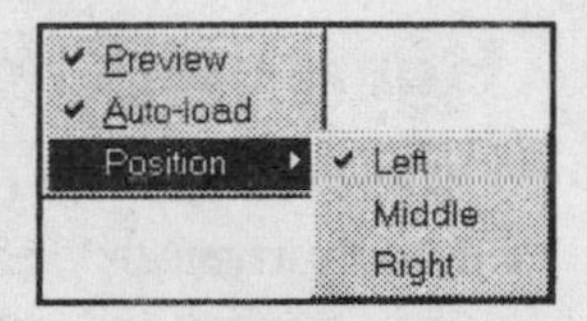

Если щелчок правой кнопкой выполнить не на изображении, а на свободном месте области просмотра, то контекстное меню имеет иной вид. Оно также позволяет скрыть область просмотра сбросом флажка в пункте Preview (Просмотр). Для удобства дублируется и пункт Auto Load (Автопросмотр). Кроме того, с помощью этого контекстного меню можно изменить положение области просмотра командой Position (Положение). Доступные варианты: Left (Слева), Middle (По центру), Right (Справа).

Основные функции в режиме просмотра

Переход из режима Обзор в режим Просмотр для просмотра одного изображения наиболее просто выполняется двойным щелчком на выбранном файле в списке (или на эскизе). Если надо просмотреть группу изображений, их можно предварительно выделить, используя клавиши SHIFT и CTRL, согласно правилам группового выделения в *Windows*. В этом случае для перехода в режим просмотра можно пользоваться клавишей ENTER. Вид окна программы меняется, а изображение воспроизводится с максимальным размером, который позволяет экран.

Для изменения масштаба просмотра удобно пользоваться клавишами «+» и «–» дополнительной панели клавиатуры. Каждая команда изменяет масштаб примерно в полтора раза. Если размер изображения превосходит размер окна, то изображение можно перемещать методом перетаскивания (указатель мыши принимает вид открытой ладони) или клавишами управления курсором. В последнем случае удержание клавиши CTRL ускоряет перемещение, а удержание клавиши SHIFT — замедляет его.

Для перехода к следующему или предыдущему изображению группы проще всего пользоваться клавишами PAGE UP или PAGE DOWN. Для автоматического просмотра всей серии изображений клавишей PAUSE можно запустить режим слайд-шоу. Остановка просмотра выполняется той же клавишей либо любой из клавиш PAGE UP и PAGE DOWN. Переход к следующему или предыдущему изображению без остановки слайд-шоу выполняют клавишами ПРОБЕЛ или BACKSPACE.

Из режима Просмотр можно перейти в режим Обзор двойным щелчком на изображении, нажатием клавиши ENTER или щелчком на кнопке Browse (Обзор) на панели инструментов.

Навигация по файловой структуре

Навигацию удобнее всего выполнять с помощью панели Folder Tree (Дерево папок). Ее вид идентичен левой панели программы Проводник. Навигацию можно также выполнять и с помощью панели File List (Список файлов). Значок папки с именем «..» предназначен для перехода в папку верхнего уровня; той же цели служит кнопка Up One Level (Вверх на один уровень) на панели инструментов.

Для смены диска на панели File List (Список файлов) присутствуют значки имеющихся дисков. Если их там нет, следует вызвать диалоговое окно Options (Параметры) командой Tools ➤ Options (Сервис ➤ Параметры), открыть вкладку File List (Список файлов) и установить флажок Show Local Drives (Показать диски). Если же дисков и папок нет только в режиме Thumbnails (Эскизы), то в диалоговом окне Options (Параметры) следует открыть вкладку Thumbnails (Эскизы) и установить флажок Show folders (Показать папки).

Тем, кто постоянно пользуются одними и теми же папками, целесообразно создать их ярлыки на специальной панели Shortcuts (Ярлыки). Проще всего это сделать методом перетаскивания значков папок с панели Folder Tree (Дерево папок) или из любой папки *Windows*.

Физически панель ярлыков представлена папкой \Shortcuts, расположенной в рабочей папке программы ACDSee 32, — все ярлыки находятся там.

Просмотр заданной последовательности изображений

Если в режиме Обзор в списке файлов File List (Список файлов) выделено более одного файла, переход в режим Просмотр следует выполнять клавишей ENTER или командой View (Просмотр) контекстного меню, чтобы не потерять выделение. Другой способ — перетаскивание выделенной группы на панель Preview Area (Область предварительного просмотра). Теперь при просмотре или запуске слайд-шоу в нем будут участвовать только файлы, предварительно выделенные в режиме Обзор.

Использование сценарного файла

Последовательность демонстрации изображений можно сохранить командой File ➤ Save sequence as (Файл ➤ Сохранить последовательность как). В результате создается файл, имеющий расширение .AIS (ACD Image Sequence). Фактически он является *сценарным*. Этот файл имеет обычный текстовый формат, поэтому его можно редактировать, например, с помощью редактора Блокнот (Пуск ➤ Программы ➤ Стандартные ➤ Блокнот) или любого другого. Для удобства редактирования стоит создать ярлык редактора на панели Shortcuts (Ярлыки) — это выполняют простым перетаскиванием. Теперь для правки сценарного файла .AIS достаточно перетащить его на ярлык редактора. Сценарный файл имеет структуру базы данных: одна строка — одна запись. Записи содержат списки имен файлов, включая обозначения дисков, и полные пути доступа.

Сценарный файл .AIS можно открыть из режима Просмотр командой File ➤ Open (Файл ➤ Открыть). А в режиме Обзор для этого следует перетащить значок файла .AIS в область предварительного просмотра или дважды на нем щелкнуть. Файлы с расширением .AIS можно также открывать двойным щелчком из любой папки *Windows* или Проводника. В любом случае программа ACDSee 32 запустится в режиме Просмотр и будет готова к ручному или автоматическому просмотру заданной последовательности изображений.

Редактирование последовательности просмотра можно автоматизировать и упростить. Для добавления новых изображений в список можно, например, перетаскивать их значки из других папок *Windows* прямо в окно программы ACDSee 32, открытой в режиме Просмотр. Для этого можно использовать и команды строки меню. В окне папки или Проводника надо дать команду Правка ➤ Копировать, переключиться в окно программы ACDSee 32 и выполнить команду Edit ➤ Paste files (Правка ➤ Вставить файлы). Изображение будет добавлено в сценарный файл. Тот же эффект дает применение клавиатурных комбинаций CTRL+C (копирование) и CTRL+V (вставка).

Для исключения файлов из последовательности просмотра пользуются командами меню Edit ➤ Cut file (Правка ➤ Вырезать файл) или клавиатурной комбинацией CTRL+X.

Не спутайте эту команду с командой Edit ➤ Delete (Правка ➤ Удаление) или, что то же самое, с кнопкой Delete (Удалить) на панели инструментов — в этом случае произойдет реальное удаление файла, а не исключение его из сценария.

Поиск изображений

Для поиска файлов изображений в файловой структуре используют средства диалогового окна Find Images (Поиск изображений). Его открывают командой Tools ➤ Find images (Сервис ➤ Поиск изображений) или щелчком на кнопке Find images (Поиск изображений) на панели инструментов. Эту же команду можно найти в контекстных меню значков дисков и папок на панелях Folder Tree (Дерево папок), File List (Список файлов), Shortcuts (Ярлыки). Элементами управления окна Find Images (Поиск изображений) задают критерии поиска (рис. 21.6).

В поле Filename (Имя файла) можно использовать общепринятые подстановочные символы (типа «*» и «?»), а также указывать только расширения (например «.bmp»). В поле Description keywords (Ключевые слова аннотации) допускается ввести одно или несколько ключевых слов, которые могут встретиться в тексте аннотации. Если слов несколько, их разделяют пробелами — тогда разыскивается любое из приведенных слов, а если требуется найти фразу полностью, ее следует заключить в кавычки.

В поле Look in (Искать в) задают путь поиска. Флажок Include subfolders (Включая вложенные папки) расширяет зону поиска, а флажок Follow shortcut links (Следовать по путям ярлыков) распространяет поиск и на те папки, ярлыки которых будут обнаружены в просматриваемых папках.

Поиск запускают щелчком на кнопке Find Now (Найти), а его результаты просматривают в поле Search progress/results (Ход и результаты поиска).

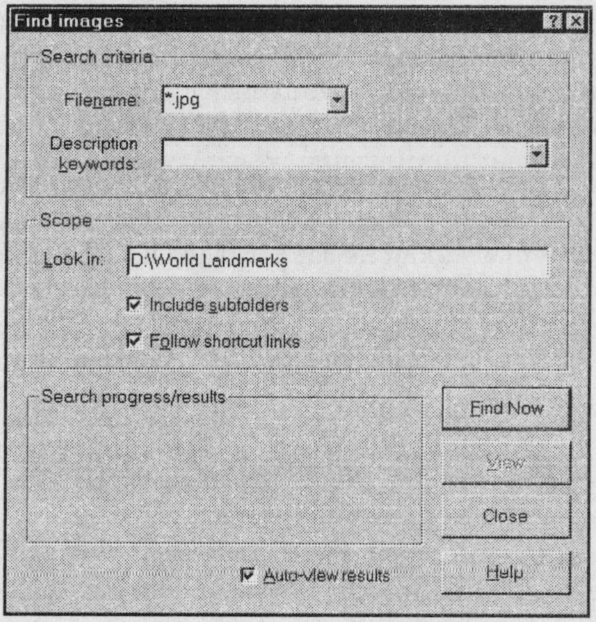

Рис. 21.6. Средство поиска изображений

Если установлен флажок Auto-view results (Автоматический просмотр результатов), то сразу по завершении поиска происходит переключение в режим Просмотр, где можно просмотреть найденные файлы.

Если флажок сброшен, то в режим Просмотр переключаются щелчком на кнопке View (Просмотр). Щелчок на кнопке Help (Справка) откроет окно справочной системы, в которой, в частности, представлены более подробные сведения с конкретными примерами об использовании подстановочных символов.

Некоторые полезные операции

Аннотирование изображений

Механизм аннотирования изображения многих программ основан на сохранении текстовых данных в файле вместе с изображением. Это осуществляется путем использования дополнительных альфа-каналов или слоев. В основе программы ACDSee 32 лежат иные принципы.

> Использование специальных каналов или слоев возможно далеко не для всех типов файлов. В частности, стандартная программа Imaging, входящая в состав операционной системы, позволяет создавать аннотации и комментарии только для изображений, имеющих формат *TIFF*.

Программа ASDSee 32 не может полагаться на особенности отдельных форматов, поскольку предназначена для работы со многими форматами. Поэтому она никак не затрагивает изображение и предусматривает аннотирование в текстовом режиме. Комментарии для всех иллюстраций, расположенных в текущей папке, хранятся в специальном файле descript.ion, который образуется при вводе аннотации. В каждой папке может быть свой файл descript.ion.

При таком подходе надо учитывать особенности перемещения файлов изображений между папками. Так, файлы, находящиеся на *CD-ROM*, естественно, не могут быть аннотированы без перемещения на жесткий диск, поскольку создать на *CD-ROM* файл descript.ion невозможно. Обратите внимание на то, что при перемещении файла изображения из одной папки в другую средствами операционной системы, привязка аннотации к изображению теряется, так как файл descript.ion остается в исходной папке. Поэтому если изображения имеют аннотации, то перемещать их следует только собственными средствами программы ACDSee 32. При этом информация из файлов descript.ion обрабатывается корректно — текст аннотации переносится из одного файла описания в другой.

Текст аннотации отображается в столбце Description (Описание) на панели File List (Список файлов) в режиме просмотра Details (Подробно), а также в строке состояния (в любом режиме просмотра).

Аннотацию вводят в диалоговом окне Edit Description (Редактирование описания), которое можно открыть разными способами: командой меню Edit ➤ Describe (Правка ➤ Создать описание), с помощью кнопки Describe (Создать описание) на панели инструментов или одноименной командой контекстного меню файла. Если в диалоговом окне Options (Параметры) на вкладке Browser (Обзор) установлен флажок Enable edit description by double-clicking (Разрешить редактирование описания по двойному щелчку), то в режиме Details (Подробно) появляется удобная возможность вызова окна редактирования аннотации с помощью двойного щелчка в столбце Description (Описание).

Аннотация может быть достаточно длинной — тогда в диалоговом окне Edit Description (Редактирование описания) появляются средства управления полосами прокрутки. Допускается групповое аннотирование файлов. Для этого надо выделить группу файлов, используя клавиши CTRL или SHIFT, и вызвать окно Edit Description (Редактирование описания). Установка флажка Apply to all (Применить ко всем) обеспечивает размножение текста аннотации на все выбранные файлы.

Копирование и перемещение файлов изображений

Это одна из основных операций при создании электронных альбомов. Она предельно проста. Перемещение выполняют перетаскиванием значка файла с панели File List (Список файлов) на значок папки назначения, где бы тот ни находился: на панелях Folder Three (Дерево папок), Shortcuts (Ярлыки) или на той же панели File List, но только в пределах окна программы. Перетаскивание в произвольную папку *Windows*, открытую в Проводнике, тоже возможно, но в этом случае может произойти потеря аннотации.

Вот почему для наполнения папок своего электронного альбома целесообразно создать им ярлыки на Панели ярлыков. В этом случае операции перемещения или копирования проходят удобно и безопасно.

Если операция выполняется в пределах одного диска, автоматически происходит перемещение файла. Для копирования следует удерживать в нажатом положении клавишу CTRL — рядом с указателем мыши должен появиться значок узла «+». Если перетаскивание происходит на значок другого диска, то копирование происходит по умолчанию. Если требуется перемещение, следует удерживать клавишу SHIFT.

Другой способ копирования или перемещения заключается в использовании диалоговых окон Copy files (Копирование файлов) и Move files (Перемещение файлов). Операции выполняются аналогично, поэтому мы рассмотрим только копирование.

Диалоговое окно Copy files (Копирование файлов) можно вызвать командой меню Edit ➤ Copy to (Правка ➤ Копировать в), кнопкой Copy to (Копировать в) на панели инструментов, командой Copy to (Копировать в) в контекстном меню файла или клавиатурной комбинацией ALT+C. Если копирование с использованием этого диалогового окна ранее уже выполнялось, то в поле Destination Directory (Папка назначения) уже присутствует список ранее использованных вариантов — остается только выбрать подходящий. Кнопки Remove (Удалить) и Remove all (Удалить все) предназначены для редактирования списка. Если подходящего варианта в списке нет, можно воспользоваться кнопкой Browse (Обзор) или указать папку назначения прямой командой в текстовом поле.

Раскрывающийся список When destination file exist (Если файл уже имеется) задает правила разрешения конфликтных ситуаций в случае совпадения имен файлов. Возможные варианты:

- Replacc (Переписать);
- Skip (Пропустить);
- Rename (Переименовать);
- Ask (Запросить).

Переименование выполняется автоматическим добавлением в конец имени файла символов «_2», «_3» и т. д. Режим запроса в программе ACDSee 32 реализован просто блестяще! В случае совпадения имен файлов открывается диалоговое окно Confirm replace (Подтверждение замены файла). В нем имеется вся необходимая информация, позволяющая принять правильное решение. Это параметры файла, само изображение и его параметры. Режим просмотра выбирают переключателем Show thumbnails (Показать эскизы) или Show full images (Показать в реальном масштабе). В последнем случае активируется флажок Scroll in unison (Синхронная прокрутка). Если он установлен, перемещение изображения мышью в любом окне вызывает синхронное перемещение изображения во втором окне. Окончательное решение исполняется кнопками Replace (Заменить), Skip (Пропустить), Replace All (Заменить все), Cancel (Отмена).

Взаимодействие с внешними программами

Для оперативного взаимодействия с другими программами, например с Adobe Photoshop, Adobe Illustrator, Corel Draw, Corel PhotoPaint и прочими, создайте на панели Shortcuts (Ярлыки) ярлыки этих программ. Теперь, чтобы выполнить редактирование изображения в программе Adobe Photoshop, достаточно перетащить значок файла с панели File List (Список файлов) на ярлык Adobe Photoshop, находящийся на панели ярлыков.

Преобразование форматов файлов

В режиме Обзор с помощью команды Tools ➤ Convert (Сервис ➤ Преобразовать) можно выполнить преобразование формата файла. Открывшееся диалоговое окно Format conversion (Преобразование формата) предоставляет возможность перезаписи файла в одном из трех доступных форматов: *BMP*, *JPG*, *PCX* (рис. 21.7). При преобразовании формата итоговый файл автоматически получает прежнее имя — меняется только расширение имени. Раскрывающийся список Overwrite existing (Переписать имеющийся файл) предназначен для разрешения конфликтной ситуации в случае совпадения имен. Если флажок Remove/replace original (Перезапись/удаление оригинала) установлен, то после преобразования оригинал будет удален — останется только преобразованный файл.

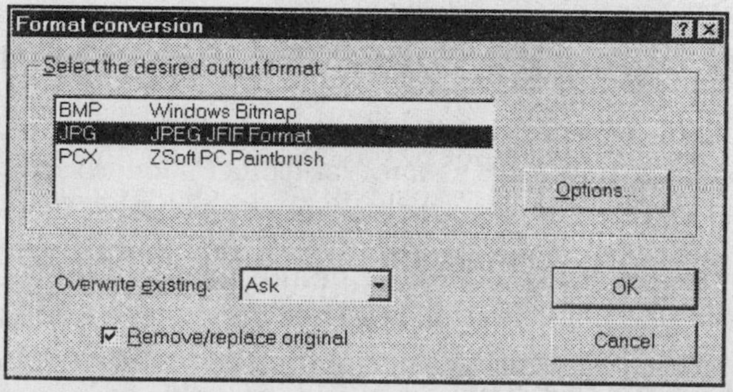

Рис. 21.7. Преобразование форматов файлов

При выборе формата *JPG* активируется кнопка Options (Параметры). Щелчок на ней открывает диалоговое окно JPEG Options (Параметры JPEG), в котором можно задать степени сжатия и потери качества, а также некоторые другие параметры (рис. 21.8).

Автоматическая генерация списка файлов

Иногда бывает нужно оперативно получить (и распечатать) список графических файлов, находящихся в той или иной папке. Эта полезная операция выполняется командой Tools ➤ Generate file listing (Сервис ➤ Создать список файлов). По данной команде открывается стандартный текстовый редактор Блокнот, в котором будет сгенерирован список файлов, находящихся в текущей папке. Его можно использовать по своему усмотрению.

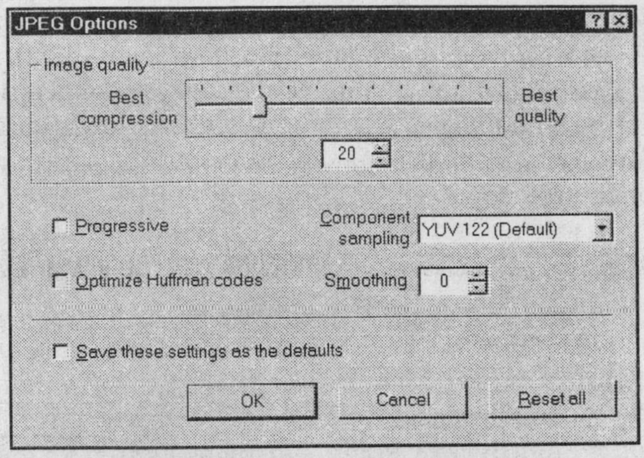

Рис. 21.8. Настройка параметров формата JPEG

Создание фонового рисунка Рабочего стола

Определенный интерес представляет режим «примерки» изображения для использования его в качестве фона Рабочего стола (так называемых «обоев»). Эту операцию выполняют командой Tools ➤ Set Wallpaper (Сервис ➤ Назначить фоновым рисунком). Возможные варианты масштабирования: Centered (По центру) или Tiled (Размножить).

Печать изображений

Функция печати программы ACDSee 32 предназначена для каталогизации изображений и экспресс-печати, но не для получения отпечатков профессионального качества. Размер отпечатка не является постоянной величиной и рассчитывается весьма своеобразно. Ширина используемой полосы бумаги считается соответствующей ширине экрана. Размер отпечатка относится к ширине бумаги так же, как размер окна ACDSee 32 в режиме Просмотр относится к ширине всего экрана. Для изменения размера отпечатка следует изменить размер окна программы.

Фактически, на принтер направляется не само исходное изображение, а лишь его экранное представление. Печать запускается командой File ➤ Print (Файл ➤ Печать), кнопкой Print (Печать) на панели инструментов или командой Print (Печать) контекстного меню. Параметры печати задаются в диалоговом окне ACDSee 32 Print Setup (Настройка печати), которое вызывают перед печатью или независимо от нее командой File ➤ Print setup (Файл ➤ Настройка принтера). Группа флажков Header (Заголовок) предназначена для каталогизации (рис. 21.9) и позволяет предварять распечатку сведениями об имени файла (включая полный путь), параметрах изображения, а также аннотацией, если таковая имеется.

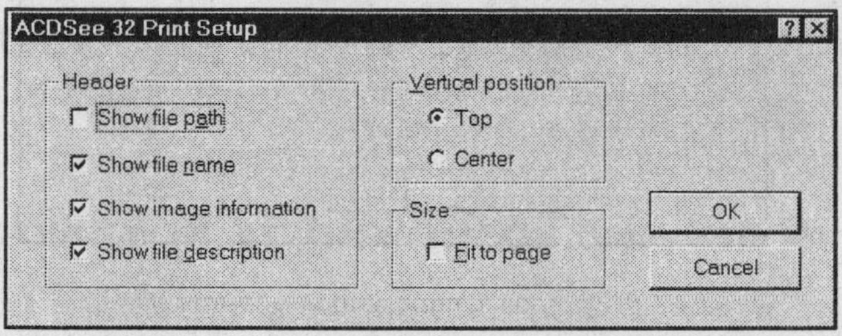

ACDSee 32 Print Setup
Header
Show file path
Show file name
Show image information
Show file description
Vertical position
Top
Center
Size
Fit to page
OK
Cancel

Рис. 21.9. Настройка параметров печати изображения

22. Воспроизведение аудиозаписей

Мультимедийные возможности компьютера

К мультимедийным средствам компьютера обычно относят программно-аппаратные компоненты для воспроизведения (записи, редактирования) звука и видео. Из аппаратного обеспечения к стандартному мультимедийному комплекту принадлежат прежде всего звуковая карта и внешние акустические системы, например звуковые колонки, а также дисковод *CD-ROM*. Если имеется встроенный или внешний телевизионный тюнер, устройство видеоввода для подключения видеомагнитофона и видеокамеры, то они тоже понимаются как мультимедийное оборудование.

К мультимедийному программному обеспечению относят средства для записи (редактирования) звука и видео, а также средства их воспроизведения. Стандартные программные средства мультимедиа, входящие в состав операционной системы *Windows*, находятся в категории Развлечения Главного меню (Пуск ➤ Программы ➤ Стандартные ➤ Развлечения).

Несмотря на то, что звукозаписи, которые распространяются на обычных музыкальных компакт-дисках, не имеют файловой структуры и, строго говоря, не рассчитаны на воспроизведение через дисковод *CD-ROM*, возможность их прослушивания все-таки имеется. Для этого в операционные системы *Windows*, начиная с версии *Windows 95*, включена специальная стандартная программа, которая называется Лазерный проигрыватель. Правда, чтобы воспроизведение аудиодисков было возможным, дисковод *CD-ROM* должен быть соединен со звуковой картой специальным кабелем (обычно продавцы называют его *CD-ROM аудиокабель*). Если компьютер приобретался в готовом виде или собирался на заказ, бывают случаи, что этот кабель отсутствует по той простой причине, что его не было под рукой у сборщика. На всех прочих видах воспроизведения мультимедийного содержания отсутствие этого кабеля никак не сказывается и потому может долго не замечаться.

Однако следует учесть, что некоторые игры и мультимедийные обучающие программы содержат смешанные данные: часть из них представлена файлами, а часть — звуковыми дорожками, характерными для *Audio CD*. Если на компьютере успешно воспроизводится звуковое сопровождение в большинстве программ, а в некоторых звука не слышно, почти наверняка можно утверждать, что звуковые данные на диске записаны в формате *Audio CD* и прослушать их мешает отсутствие кабеля.

Программа Регулятор громкости

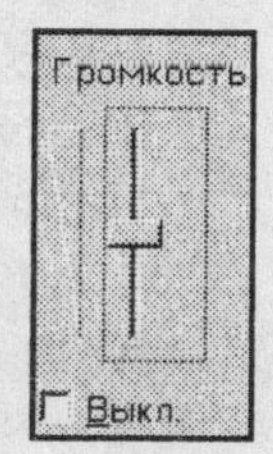

Программа Регулятор громкости — это универсальное и притом централизованное средство управления громкостью звука. Какими бы другими программами или устройствами вы ни пользовались, эта программа позволяет управлять громкостью звука, поступающего от самых разных источников. После установки операционной системы значок Громкость отображается на панели индикации. Однако следует учесть, что открываемый при щелчке на этом значке движок Уровень воздействует на все стандартные аппаратные и программные средства обработки звука *одновременно*.

Если необходимо изменить уровень звучания отдельного устройства, необходимо запустить программу Регулятор громкости (Пуск ➤ Программы ➤ Стандартные ➤ Развлечения ➤ Регулятор громкости) — рис. 22.1.

Конкретное содержание открывшегося окна зависит от драйвера звуковой карты, установленной на компьютере. Например, оно может называться Регулятор громкости или Volume Control. От возможностей звуковой карты зависит и наличие конкретных панелей в данном окне.

Появлением или скрытием панелей управляют в окне Свойства (Параметры ➤ Свойства), представленном на рис. 22.2. В раскрывающемся списке Микшер выбирают устройство микширования (смешивания звуковых потоков, поступающих от разных источников). Стандартные звуковые карты обычно предлагают единственное устройство. Звуковые карты профессионального уровня могут иметь отдельные микшеры для разных задач.

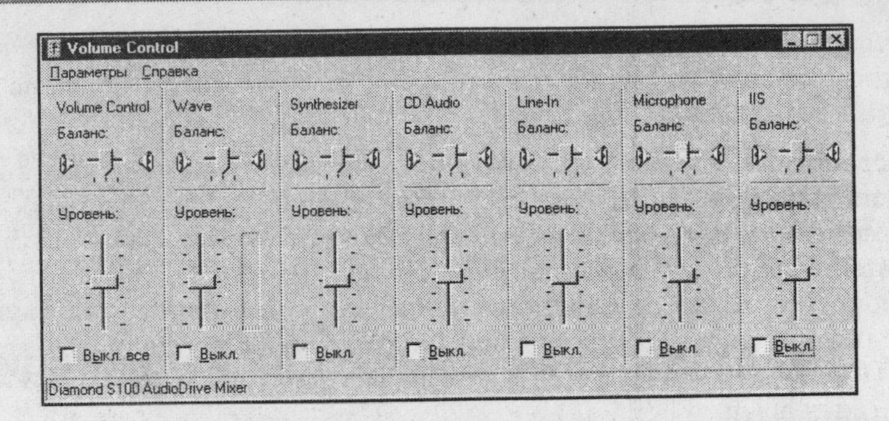

Рис. 22.1. В окне программы Регулятор громкости отображаются панели доступных звуковых устройств

На панели Настройка громкости переключателями выбирают класс задач: Воспроизведение, Запись или Другое. В последнем случае в раскрывающемся списке пока присутствует единственная запись: голосовое управление (подразумевается управление функциями компьютера).

На панели Отображать регуляторы уровня содержится список доступных устройств, подключаемых (отключаемых) установкой флажков. Надо понимать, что отключение устройства на этой панели приводит к тому, что управлять параметрами уровня его звуковоспроизведения становится невозможным. Поэтому лучше поставить флажки у каждой строки, даже если пока устройство отсутствует физически (например микрофон).

Свойства
Микшер: Diamond S100 AudioDrive Mixer
Настройка громкости
Воспроизведение
Запись
Другое
Отображать регуляторы уровня:
Volume Control
Wave
Synthesizer
CD Audio
OK
Отмена

Рис. 22.2. В окне Свойства настраивают параметры отображения панелей регулятора громкости

Дальнейшая настройка параметров в окне Регулятор громкости чрезвычайно проста. Установкой флажков Выкл. (Выкл. все) отключают (включают) управление громкостью отдельных или всех устройств. Перемещением движка Уровень выставляют соответствующий показатель, а движком Баланс регулируют распределение звукового потока между стереоколонками.

В драйверах некоторых звуковых карт вместо флажков Выкл. используются флажки обратного действия — Вкл.

Воспроизведение аудиодисков

Для воспроизведения дисков *Audio CD* вполне достаточно стандартных средств операционной системы: Лазерный проигрыватель или Windows Media (в *Windows Me*). Базовые функции этих средств практически идентичны, а вот дополнительными возможностями проигрыватель Windows Media наделен несравненно богаче. Поэтому мы начнем с рассмотрения основных функций на примере Лазерного проигрывателя, а затем исследуем дополнительные средства Windows Media.

Понятно, что прежде всего проигрыватель должен самостоятельно распознавать аудиодиски. Звуковые данные на таких дисках записаны в оригинальном формате. При просмотре в любом файловом менеджере они видны как «дорожки» (Track01, Track02 и так далее) с расширением имени .CDA, но это отнюдь не означает, что эти данные являются полноценными файлами. Просмотреть содержимое таких дорожек обычными средствами файлового менеджера не удается, так как в формате файловой системы записан только заголовок дорожки объемом 44 байта. Все остальное представляет собой цифровую музыкальную запись.

Если Лазерный проигрыватель вдруг не опознал аудиодиск автоматически, попробуйте открыть нужную дорожку вручную, дав команду Файл ➤ Открыть ➤ Номер дорожки. Правильно оформленный аудиодиск должен содержать, как минимум, сведения об исполнителе, название диска и названия музыкальных произведений в порядке их очередности. К сожалению, производители не обязаны представлять эти данные в виде файла на диске, и потому они зачастую просто напечатаны на обложке или вкладке. Согласитесь, что ориентироваться на диске только по номерам дорожек не очень удобно. Поэтому в программе предусмотрены средства для создания и редактирования *списка воспроизведения.*

Кнопки управления программы Лазерный проигрыватель полностью совпадают с таковыми у обычного автономного устройства (рис. 22.3): Воспроизвести, Пауза, Остановить, Предыдущая запись, Перемотка назад, Перемотка вперед, Следующая запись, Извлечь. Кроме того, на панели инструментов (активизируется командой Вид ➤ Панель инструментов) представлены кнопки Описание диска, Прошло времени (запись), Осталось времени (запись), Осталось времени (диск), Произвольный порядок, Непрерывное воспроизведение, Режим ознакомления.

Рис. 22.3. Окно лазерного проигрывателя предлагает простейший набор средств воспроизведения

Назначение этих элементов управления понятно из названий, поясним только, что в режиме ознакомления последовательно воспроизводятся первые 10 секунд каждой дорожки. Изменить этот параметр можно в окне Настройка (Параметры ➤ Настройка) с помощью счетчика Ознакомительное воспроизведение (с), однако верхней границей является значение 15 секунд.

Щелчком на кнопке Описание диска открывают окно Лазерный проигрыватель: параметры диска, в котором можно составить список записей, список воспроизведения, указать исполнителя и название диска (рис. 22.4). Данные придется вводить вручную, однако в последнее время появилась возможность получать их со специальных сайтов Интернета.

Название записей набирают в строке Запись №записи и щелчком на кнопке Задать название заносят их на панель Записи на диске. Список воспроизведения является средством управления последовательностью и числом повторов конкретных записей. Для внесения музыкального

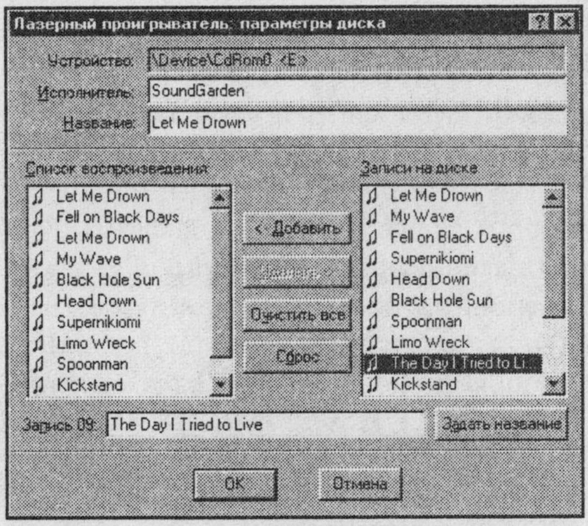

Рис. 22.4. Работа со списком воспроизведения в программе Лазерный проигрыватель

произведения в список достаточно дважды щелкнуть на нем в панели Записи на диске или щелкнуть на кнопке Добавить. Таким же способом удаляют произведение из списка, только используют кнопку Удалить.

Щелчком на кнопке Очистить все «обнуляют» панель Список воспроизведения, а щелчком на кнопке Сброс копируют на эту панель данные с панели Записи на диске.

Проигрыватель Windows Media отличается от Лазерного проигрывателя не только внешним видом, но и многими новыми функциями. Одной из них является замечательная возможность получать описания дисков из Интернета. Дело в том, что на специализированных сайтах размещены описания десятков и сотен тысяч *Audio CD*, когда-либо выпущенных в мире. Такие описания составлены как компаниями звукозаписи, так и частными лицами, поэтому вероятность найти нужное описание довольно велика. Невозможность обнаружить описание конкретного диска связана чаще всего с его пиратским происхождением или исключительной редкостью записи. В последнем случае вы можете внести посильную лепту во всемирный информационный ресурс, направив на сайт сведения о своем диске.

После подключения к Интернету в проигрывателе Windows Media надо перейти на вкладку Компакт-диск и на панели инструментов щелкнуть на кнопке Присвоить имена. Программа автоматически соединится с сайтом WindowsMedia.com, где собраны данные о дисках и исполнителях (рис. 22.5). Затем следует ввести имя исполнителя или название альбома в строку поиска и щелкнуть на кнопке Далее. После обнаружения альбома он появится в списке произведений данного исполнителя. Последней операцией будет очередной щелчок на кнопке Далее, после чего вся информация о диске скопируется на компьютер пользователя.

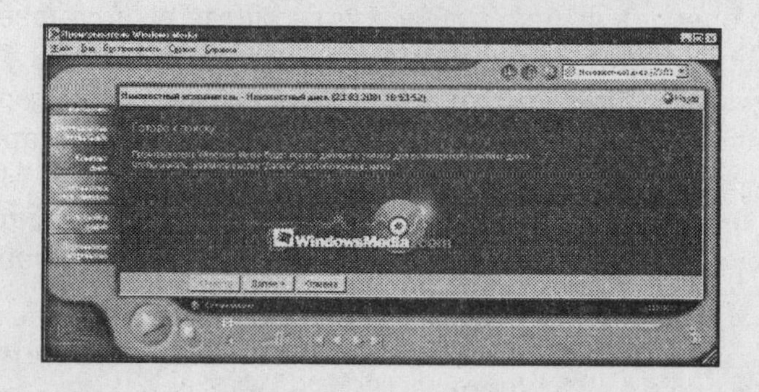

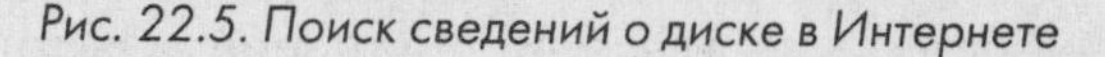

Рис. 22.5. Поиск сведений о диске в Интернете

В результате на домашнем компьютере появится список воспроизведения данного диска с указанием названий композиций, продолжительности звучания, имени исполнителя (автора), жанра, стиля и так называемого поставщика данных (компании звукозаписи). Если же щелкнуть на панели инструментов на кнопке Сведения о диске, то появится окно с достаточно подробным обзором данного альбома, вплоть до изображения обложки *Audio CD* (рис. 22.6). Обращаем внимание на строки Подпись и Оценка: обзор составляют конкретные люди, потому оценка (выставляемая по пятибалльной шкале) носит весьма

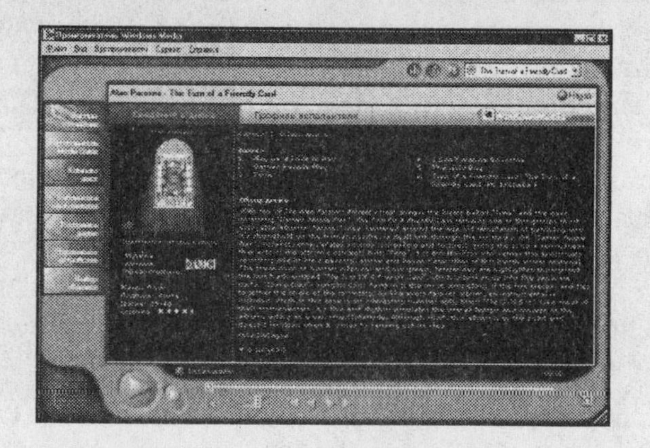

Рис. 22.6. Сведения о диске в окне проигрывателя Windows Media

субъективный характер, то есть не является каким-то средним арифметическим от оценок многих посетителей сайта, а выражает мнение обозревателя.

Полезными средствами Windows Media можно назвать настройку эффектов объемного звучания (панель Эффекты SRS WOW), Графический эквалайзер и Зрительные образы. На панели Эффекты SRS WOW необходимо в первую очередь выбрать класс устройства воспроизведения звука: обычные динамики, большие динамики или наушники. Думается, что под *обычными динамиками* понимаются любые компьютерные колонки, а под *большими динамиками* — колонки бытовой аппаратуры класса Hi-Fi или комплект по спецификации *Dolby Digital*. Мы проверяли работу эффектов объемного звучания на обычных компьютерных колонках и можем утверждать, что улучшение очень заметно.

На наш взгляд, полезность графического эквалайзера не так очевидна. Если слушать музыку через компьютерные колонки, эквалайзер практически бесполезен. Если жс выводить звук через внешний усилитель, лучше воспользоваться эквалайзером бытовой аппаратуры. Хотя не исключено, что при прослушивании через качественные

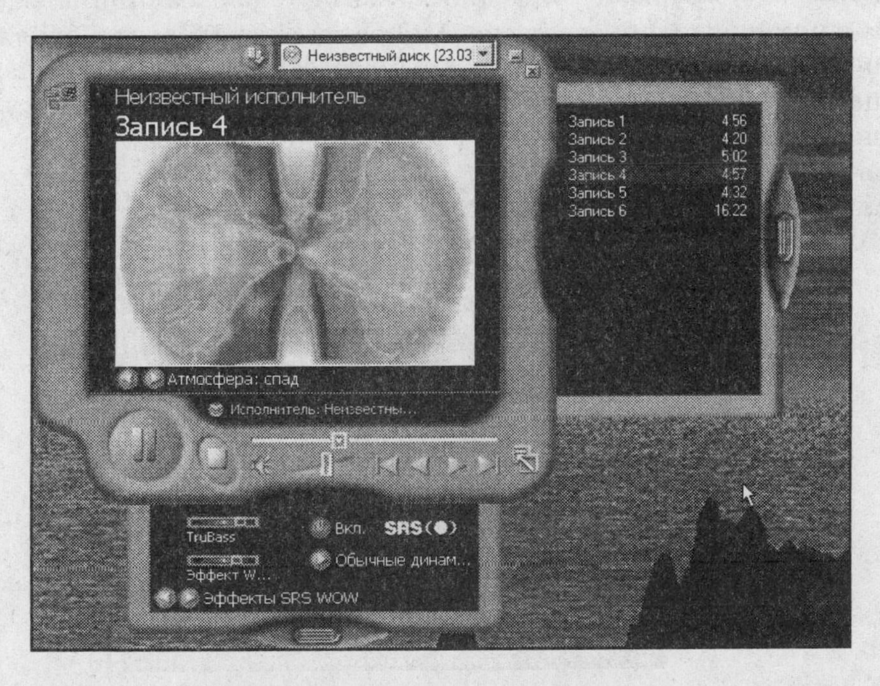

Рис. 22.7. Панели управления эффектами объемного звучания и зрительными образами проигрывателя Windows Media

наушники или комплект *Dolby Digital* на качественной звуковой карте графический эквалайзер поможет подобрать нужное соотношение частотных диапазонов.

Панель Зрительные образы позволяет подобрать динамические графические эффекты (из относительно короткого списка) для сопровождения музыкальных композиций. Здесь мы видим возрождение на новом техническом уровне домашних цветомузыкальных устройств, популярных в 60–70 годы минувшего столетия. Конечно, возможности компьютера по динамическому сопровождению музыки цветной графикой несравнимы с примитивной по нынешним меркам лампово-транзисторной аппаратурой, и потому сейчас каждый может подобрать «цветомузыку» в соответствии со своими вкусами. Тем более, что в Интернете не составляет труда найти сотни бесплатных программ для графического сопровождения музыки.

Достойной упоминания функцией Windows Media является возможность выбора схемы его оформления (в компьютерной литературе встречается название *skin* или *шкурка*). Если пользователя не устраивает предлагаемый по умолчанию комплект из чертовой дюжины обложек, всегда можно загрузить из Интернета коллекции схем оформления, разработанные *Microsoft* или независимыми авторами. «Продвинутые» пользователи могут сами создавать схемы оформления с помощью программного компонента *Windows Media SDK*, также распространяемого бесплатно.

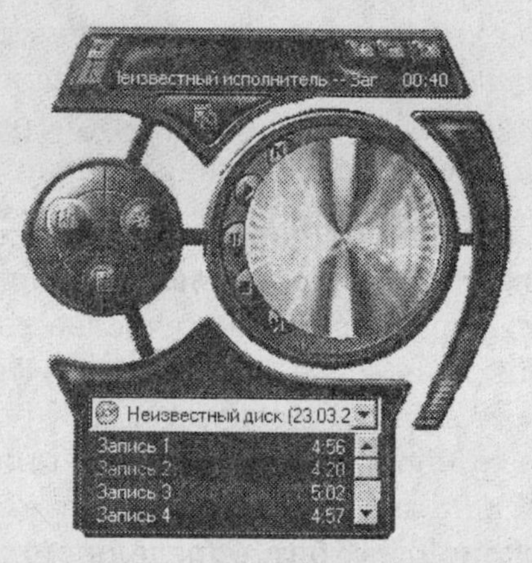

Рис. 22.8. Один из вариантов оформления проигрывателя Windows Media

23. Воспроизведение музыки в формате MP3

Особенности формата MP3

Триумфальное шествие формата записи звука *MPEG-1 Layer 3* (в просторечии получившего обозначение *MP3*) объясняется тем, что был предложен простой и эффективный способ сжатия звуковых файлов, позволяющий хранить на стандартном диске *CD-ROM* до 12 часов музыки приемлемого качества.

Если говорить упрощенно, алгоритм *MPEG-1 Layer 3* основан на методе так называемого «психоакустического» сжатия, когда из звукового спектра исключаются не воспринимаемые слухом частоты и уровни громкости. «Очищенный» таким способом спектр разбивается на отдельные блоки (фреймы) одинаковой продолжительности и сжимается в соответствии с заданными требованиями. При воспроизведении сигнал формируется из последовательности декодированных фреймов.

Степень сжатия зависит от параметров звукового потока, который необходимо получить на выходе, после декодирования файла. Основным параметром, определяющим качество звучания и степень сжатия, выступает так называемый *битрейт* — ширина полосы пропускания, измеряемая в битах в секунду. Чем больше этот показатель, тем лучше качество звука и меньше степень сжатия. Так как практически все файлы *MP3* записывают в режиме стерео с частотой оцифровки 44 КГц и глубиной 16 бит, определяющими факторами чистоты звука становятся: источник записи, применяемый кодек и выбранный битрейт.

Слово кодек образовано сочетанием слов кодер + декодер. Это программный модуль, позволяющий кодировать или декодировать файлы звука или видео в соответствии с собственным алгоритмом. Подробнее см. ниже.

Среднее значение потока 256 Кбит/с обеспечивает коэффициент сжатия примерно 6:1, для других величин степень сжатия изменяется пропорционально. Таким образом, при потоке 256 Кбит/с можно записать на компакт-диск музыку с шести обычных *Audio CD*, а при потоке 128 Кбит/с — с двенадцати обычных музыкальных дисков.

По поводу величины битрейта, обеспечивающей хорошее качество звучания, соответствующее качеству воспроизведения *Audio CD*, идут бесконечные споры среди любителей и профессионалов. Некоторые считают достаточным уровень 128 Кбит/с, других удовлетворяет только максимальное значение потока — 320 Кбит/с. По всей вероятности, правы и те и другие — разница только в том, *что* записано и *в каких условиях* воспроизводится.

Величина битрейта, с которой кодировался оцифрованный звук, обычно указывается на обложке компакт-дисков. К примеру, полную коллекцию музыки группы *Beatles* можно приобрести на трех дисках с битрейтом 128 Кбит/с или на шести дисках с битрейтом 256 Кбит/с. Понятно, что во втором случае стоимость покупки будет вдвое дороже, но и качество лучше.

По мнению авторов, выбор величины битрейта зависит от условий прослушивания и характера музыкального произведения. Если музыка звучит в автомобиле отечественного производства, поток 192 Кбит/с обеспечит достаточное качество звука, лучшего вы все равно не услышите из-за посторонних шумов. Для прослушивания на компьютере или автономном проигрывателе (*MP3-плеере*) приемлем поток 256 Кбит/с. А вот если сигнал без изменений поступает на внешнее устройство и выводится на колонки высокого качества, желателен максимально возможный поток — 320 Кбит/с. Исходя из перечисленных соображений, универсальным можно считать поток 256 Кбит/с: при хорошем качестве записи он обеспечит адекватное воспроизведение в большинстве случаев. Для трансляции музыки через Интернет обычно используют величину потока 128 Кбит/с. При этом качество звучания оставляет желать лучшего.

Записывать популярную музыку с битрейтом выше 192–256 Кбит/с не имеет смысла: песенки живут недолго, да и исходные записи зачастую не отличаются высоким качеством. В конце концов, поплясать можно и под звук «магнитофонного» качества. Совсем другое дело — классика и редкие авторские произведения. Причем под классикой мы понимаем не только Баха или Моцарта. Сегодня классикой можно считать и *The Beatles*, и *Led Zeppelin*, и Высоцкого, и Цоя, и многих других авторов (исполнителей).

Если при покупке компакт-диска вы не обратили внимания на величину битрейта, указанную на упаковке, то посмотреть значение можно в строке проигрывателя во время воспроизведения файла.

Рис. 23.1. Строка параметров битрейта в проигрывателе Media Player

К истокам звуковой реки

Имея в виду то, что уже сказано выше о влиянии величины битрейта на качество звука, все же обратимся к истокам звуковой реки — исходным записям. Дело в том, что «с голоса» никто в формате *MP3* музыку не записывает. В студиях звукозаписи «с голоса» пишут на аналоговую мастер-ленту и затем оцифровывают звук в несжатом формате (методом *Pulse Code Modulation — импульсно-кодовой модуляции*), то есть практически без потерь. С цифровой мастер-копии делают мастер-диск, который служит эталоном для изготовления матрицы. Далее с матрицы печатают тираж *Audio CD*. Таким образом, лучшими по качеству источниками для записи файлов *MP3* являются диски *Audio CD*.

Что касается магнитофонных записей на бытовых кассетах, УКВ-радио или трансляций в Интернете, то эти источники не могут обеспечить приемлемого качества. В крайнем случае, их можно рассматривать как средства получения ознакомительных записей, с тем, чтобы в дальнейшем найти более качественные источники понравившегося произведения.

В настоящее время на рынке предлагают сотни наименований дисков с записями музыки в формате *MP3*. Однако ни на одном диске вы не встретите торговой марки известной звукозаписывающей компании, потому что крупные фирмы, мягко говоря, не приветствуют новый формат, считая, что он подрывает их бизнес. Судебное преследование

Интернет-компании *Napster*, организовавшей систему обмена файлами *MP3* среди посетителей своего сайта, продемонстрировало как непримиримость монстров аудиорынка, якобы заботящихся о соблюдении прав авторов и исполнителей музыки, так и популярность формата *MP3*. Вместе с тем, отказ в поддержке нового формата со стороны крупного бизнеса привел к тому, что рынок дисков *MP3* еще слабо структурирован и находится в процессе становления, чреватого неизбежными издержками.

В чем выражаются такие издержки? Во-первых, на рынке действует большое число мелких фирм-однодневок. Выпустив несколько наименований дисков паршивого качества и «срубив деньгу», они исчезают без следа. Претензии к ним предъявить невозможно как по причине пиратского происхождения источника записи, так и благодаря виртуальному характеру деятельности.

Во-вторых, каждый производитель дисков *MP3* имеет собственные представления о приемлемом качестве. Нередко можно встретить диски, где музыка собрана из различных источников (магнитная лента, *Audio CD*, радио, Интернет), а записи даже не нормализованы (*нормализация* — это процесс приведения записей на диске к одному уровню по громкости).

Наконец, сам выбор произведений, авторов, исполнителей и процесс составления альбомов и коллекций не регулируется никакими соглашениями. Поэтому можно насчитать не менее десятка «полных коллекций» *Beatles* или Высоцкого от разных производителей, лежащих рядышком на прилавке.

Таким образом, подбор дисков *MP3* для домашней фонотеки представляет собой нетривиальную задачу. Иногда приходится испробовать несколько разных дисков, прежде чем попадется продукция достойного качества. Так, методом проб и ошибок, определяют фирмы, диски которых заслуживают доверия. Сравнительно небольшая стоимость дисков *MP3* позволяет не слишком огорчаться в случае неудачного приобретения.

Лучшим вариантом составления эксклюзивной домашней фонотеки остается самостоятельное кодирование аудиотреков с дисков *Audio CD* в формат *MP3*. Так можно составлять коллекции и сборники в соответствии с собственным вкусом и текущими потребностями. Ваша способность оперативно записать 10-часовой сборник музыки с подбором тематики ко дню рождения девушки или юбилею дедушки наверняка будет оценена окружающими. Однако вопросы звукозаписи выходят за рамки нашей книги.

В принципе, подобрать при некоторых усилиях приличную коллекцию любимых музыкальных композиций в формате *MP3* сегодня не представляет большой проблемы. Вместе с тем, многие фирмы выпускают диски, предназначенные для автоматического запуска и воспроизведения. Обычно в них заложена собственная графическая оболочка, собственный проигрыватель *MP3*, организованная по разумению фирмы система каталогизации и прочие «прелести». Как правило, сами звуковые файлы записаны в формате .WAV. С такими дисками придется помучиться, чтобы составить из них удобоваримые списки воспроизведения и каталоги.

Форматы, кодеки, проигрыватели

На дисках с записями *MP3* файлы могут быть представлены в метаформате .WAV (чаще всего) или формате .MP3. Метаформат .WAV характеризуется широкой универсальностью: стандартными в нем являются только поля заголовка и описания областей данных. А способ сжатия и кодирования самих данных может быть каким угодно — его распознавание возлагается на операционную систему и программу воспроизведения, которая подключает нужный кодек.

На наш компьютер кодеки могут поступать разными способами. Какой-то набор кодеков устанавливается вместе с операционной системой. Кодеки могут поступать вместе с программами-проигрывателями при их установке. Еще кодеки распространяются через Интернет вместе с устанавливающими их программами. В этом случае они могут быть как условно-бесплатными, так и коммерческими.

При запуске воспроизведения файла .WAV операционная система читает в нем идентификационную запись и определяет, с помощью какого кодека данный файл был создан. Далее она проверяет в своем Реестре, установлен ли в ней соответствующий кодек, и если да, то к какой программе-проигрывателю он подключен. После этого происходит запуск соответствующего проигрывателя и воспроизведение файла.

В настоящее время существует примерно десяток кодеков для формата *MP3*. Есть коммерческие продукты (Fraunhofer IIS или Xing Tech), есть бесплатные, например BladeEnc. Среди опытных пользователей сложилось мнение, что по качеству звучания лидирует кодек X-Audio (используется в программе MusicMatch Jukebox), а по критерию универсальности предпочтительней выглядит кодек NullSoft (используется в программе Winamp), основанный на кодеке Fraunhofer (Фраунхоферовский институт — владелец патентов на формат *MP3*). Кодеки Xing обычно ругают за плохое качество воспроизведения, в частности за дополнительное «завышение» частот верхнего диапазона.

Кодеки могут обрабатывать файлы в режиме постоянного (*CBR*) или переменного (*VBR*) битрейта. В принципе, алгоритм переменного битрейта используют для увеличения коэффициента сжатия файлов, так как «тишину» можно сжать гораздо плотнее, чем звук полного спектра. Однако на переходах возможны дефекты, поэтому при высоких требованиях к качеству следует применять метод *CBR*.

К сожалению, если файл имеет расширение не .WAV, а .MP3, то в нем не предусмотрено никаких средств идентификации кодека, задействованного при записи. А ведь качество воспроизведения не в последнюю очередь зависит от совпадения кодеков, используемых при записи и воспроизведении! Чтобы не держать на компьютере целую библиотеку кодеков и проигрывателей, советуем ограничиться двумя программами: Media Player и Winamp, которые способны справиться с большинством задач. Далее мы рассмотрим приемы работы именно с проигрывателем Winamp.

Кроме собственно музыки, в файлах *MP3* может храниться и другая полезная информация. Например, там предусмотрены специальные поля (*ID3*) для описания музыкального произведения: названия, имени автора или исполнителя. Особенно удобно работать с коллекцией звукозаписей, если к ней прилагается список воспроизведения, содержащий названия произведений, имена исполнителей, продолжительность звучания. Чтобы списки воспроизведения были понятны разным проигрывателям, для них существуют специальные форматы (расширение имени файла .M3U или .PLS) Однако в российской практике редко какая фирма пользуется этими преимуществами. Большинство издателей выпускают записи в метаформате .WAV, не дающем никакой дополнительной информации для слушателя.

Проигрыватель NullSoft Winamp

Этот проигрыватель можно бесплатно получить на сайте www.winamp.com в виде самораспаковывающегося архива. После щелчка на значке файла проходит его установка. Регистрация пользователя возможна только по его желанию с целью сбора статистических сведений (как утверждают разработчики).

Далее мы рассмотрим версию 2.7 программы Winamp. На момент написания книги была доступна версия 3.alpha 4, однако она некорректно работала с некоторыми файлами .WAV.

Всего в программе Winamp может быть одновременно открыто пять независимых окон: собственно проигрыватель, эквалайзер, список воспроизведения, минибраузер и окно видеоэффектов.

Базовые средства управления проигрывателя Winamp аналогичны средствам управления Лазерным проигрывателем или проигрывателем Media Player, описанным нами ранее. Однако есть и некоторые отличия. Например, в основном окне Winamp имеются кнопки EQ (Эквалайзер) и PL (Play List — список воспроизведения). При щелчке на них открываются отдельные окна соответствующих средств. Активизация кнопки Shuffle включает режим воспроизведения в произвольном порядке. Следующая кнопка (со стрелкой) предназначена для включения режима непрерывного воспроизведения.

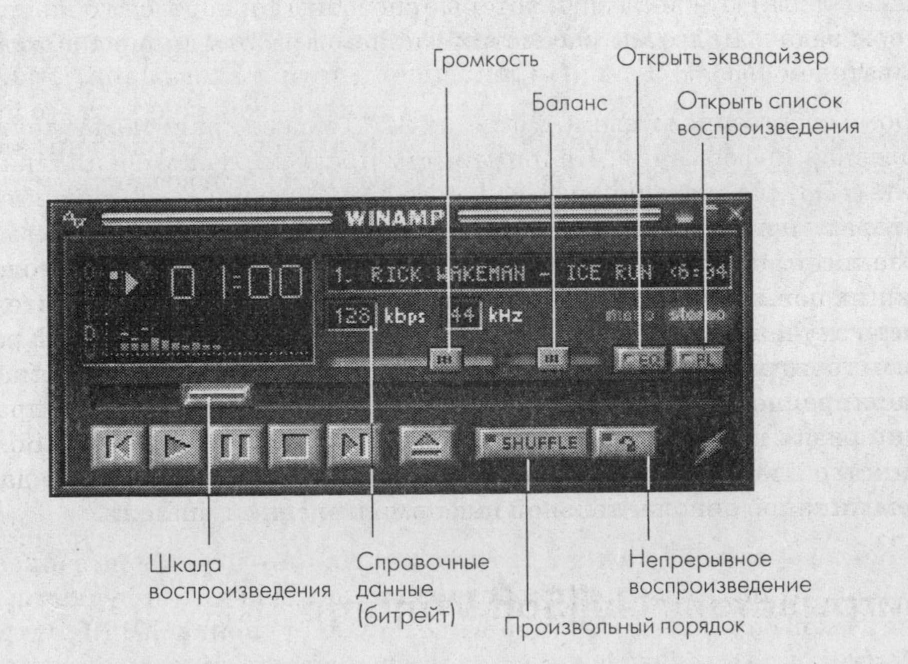

Рис. 23.2. Основное окно проигрывателя Winamp версии 2.7

Элементы управления (движки) в окне Winamp Equalizer предназначены для задания параметров усиления в отдельных частотных диапазонах. Однако лучше воспользоваться кнопкой Presets (Presets ➤ Load ➤ Preset) и выбрать в окне Load EQ preset заранее подготовленные настройки эквалайзера, соответствующие характеру музыки (рис. 23.3).

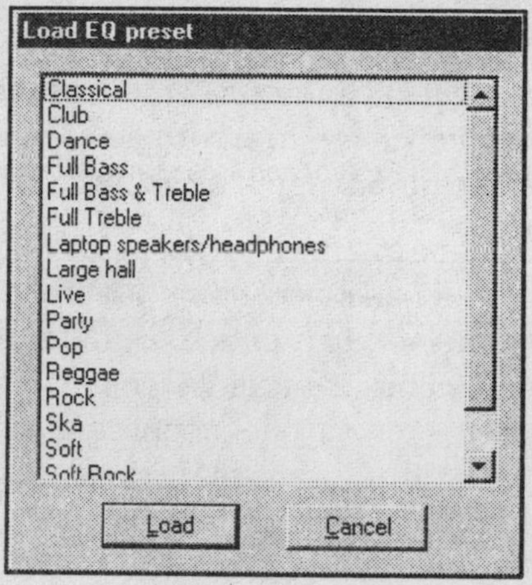

Load EQ preset

Classical
Club
Dance
Full Bass
Full Bass & Treble
Full Treble
Laptop speakers/headphones
Large hall
Live
Party
Pop
Reggae
Rock
Ska
Soft
Soft Rock

Load Cancel

Рис. 23.3. Выбор настроек эквалайзера в соответствии с характером музыки

Минибраузер, входящий в состав программы Winamp, предназначен для получения обновлений и дополнений на сайте компании, а также для поиска файлов *MP3* в Интернете. Практическая польза от его применения весьма сомнительна — стандартный броузер операционной системы гораздо удобнее и обладает более широкими возможностями.

Окно списка воспроизведения предоставляет стандартные функции. С помощью кнопок группы ADD (ADD URL, ADD DIR, ADD FILE) можно добавить в список: записи, находящиеся по выбранному адресу в Интернете, все файлы из указанной папки или отдельный файл. Кнопками группы REM (REM MISC, REM ALL, CROP, REM SEL) управляют процессом удаления записей из списка воспроизведения: названий испорченных файлов (здесь также выбирают физическое удаление файла, если диск допускает такую операцию), всех записей, записей за пределами выделенной в списке области, выделенной записи.

Кнопки группы SEL служат для различных методов выбора записей. Кнопки группы MISC объединяют управление различными функциями. Например, определенный интерес представляет кнопка FILE INF, открывающая окно с данными о выбранном звуковом файле, в том числе о параметрах оцифровки и применяемом битрейте.

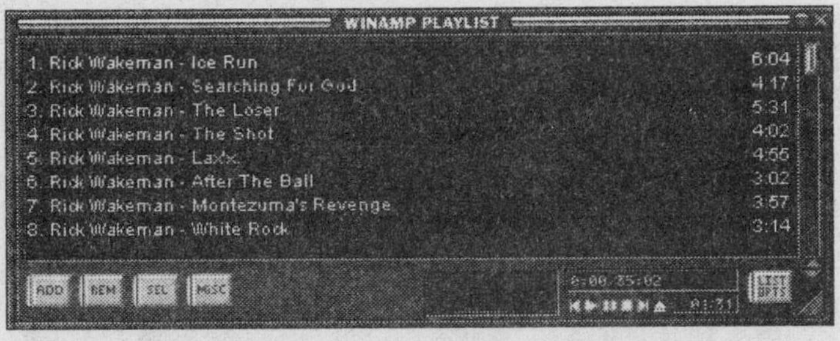

Рис. 23.4. Окно списка воспроизведения программы Winamp

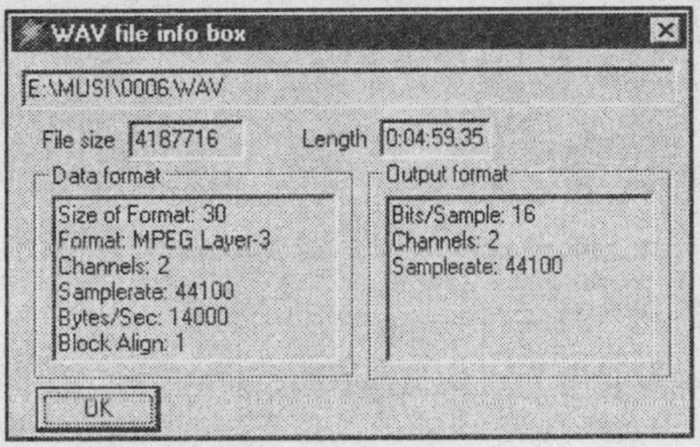

Рис. 23.5. Окно с данными о выбранной записи в программе Winamp

Для оживления музыки можно использовать специальные расширения (*plug-in*), предлагаемые программой. Для этого в окне Winamp Preferences (Настройка), которое открывается командой Winamp Menu ➤ Visualization ➤ Select plug-in (Меню ➤ Графические эффекты ➤ Выбор расширения) надо выбрать нужную строку на панели Visualization plug-in (Подключаемый модуль графических эффектов) и щелкнуть на кнопке Start (Запуск). После этого немедленно запускается выбранный модуль и открывается окно графических эффектов.

Параметры графических эффектов можно изменить в контекстном меню подключенного модуля после щелчка правой кнопкой мыши в окне графических эффектов.

В свое время проигрыватель Winamp стал родоначальником моды на сменные схемы оформления графического интерфейса (*skins, шкурки*) при неизменности функций элементов управления. Сейчас эту же тенденцию мы наблюдаем в сменных корпусах мобильных телефонов и лицевых панелей корпусов компьютеров.

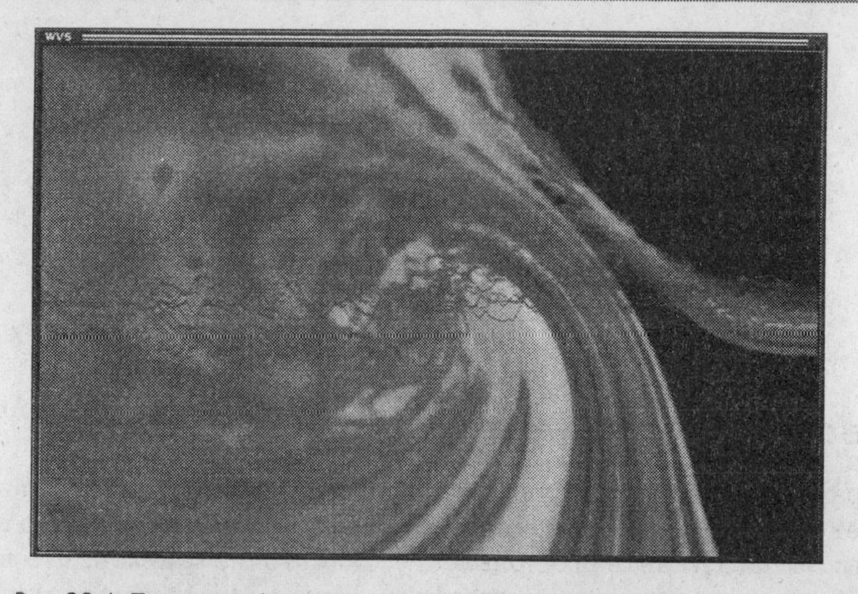

Рис. 23.6. Пример работы модуля графических эффектов программы Winamp

Для проигрывателя Winamp число готовых схем оформления, размещенных в Интернете, исчисляется тысячами. При желании любой пользователь может получить их совершенно бесплатно, не прекращая работу с программой. Для этого достаточно дать команду Winamp Menu ➤ Skins ➤ <<Get more skins!>> (Меню ➤ Схемы оформления ➤ <<Получить!>>). Автоматически запустится Обозреватель Internet Explorer, который приведет пользователя на сайт фирмы *NullSoft*, где выбор схем оформления удовлетворит самый взыскательный вкус.

24. Просмотр видео

Видео на компьютере

С развитием цифровых технологий компьютер постепенно завоевывает сильные позиции в тех областях, где сравнительно недавно трудно было и представить его появление. Достаточно сказать, что в мире кино и телевидения компьютер становится не менее важным инструментом, чем теле- или кинокамера. Появляются фильмы, созданные вообще без применения камер. Естественно, что профессиональная работа с видео требует аппаратуры профессионального класса, стоящей многие тысячи долларов.

Но даже и компьютер бытового класса, будучи универсальным устройством, обладает настолько широким спектром возможностей по просмотру видео в различных форматах, что буквально на наших глазах превращается в мощный развлекательный центр, намного превосходящий специализированную бытовую видеоаппаратуру. Вложив относительно небольшие средства, можно получить компьютерную систему, которая удовлетворит все потребности в просмотре видео.

Стандарты и форматы

С потребительской точки зрения источники видеоизображения различаются способом распространения и типом носителя. Существует эфирное (наземное или спутниковое) телевидение с открытым (бесплатным) форматом вещания. Кроме открытых, есть закрытые (кодированные) каналы, за просмотр которых надо платить. Кабельное телевидение платное практически везде, а доступ к нему весьма ограничен.

Самым распространенным носителем для кинофильмов стали видеокассеты. Более узкую нишу занимают видеодиски (*PC Video*). Сравнительно недавно появились видеозаписи на дисках *DVD*. Кроме того, многие пользуются собственными видеокамерами, которые записывают изображение либо аналоговым способом, либо цифровым, причем для них существует несколько типов несовместимых носителей. Помимо прочего, каждый из перечисленных источников видеоизображения может содержать информацию в одном из нескольких форматов записи, что совсем запутывает пользователей, решивших приобщиться к миру видео. Однако не все так страшно, как представляется на первый взгляд. Компьютер, оснащенный необходимым оборудованием, способен справиться с любыми проблемами в области просмотра видео.

Напомним, что изображение на экране телевизора и компьютерного монитора формируется за счет излучения электронных пушек, на которые поступают три сигнала: для красного (*R — Red*), зеленого (*G — Green*) и синего (*B — Blue*) цветов. Такое излучение вызывает свечение соответствующих точек люминофора, нанесенных на внутреннюю сторону экрана. Комбинация трех основных цветов воспринимается человеком как один сложный цвет. Изменяя соотношение сигналов, можно получить практически любой из более чем 16 миллионов цветовых оттенков.

Для передачи полного сигнала *RGB* требуется достаточно широкая частотная полоса, причем для каждого частотного канала, а их могут быть десятки. Радиоэфир сегодня настолько тесен, что такая роскошь считается непозволительной. Поэтому в эфирном телевидении сигнал кодируется иным образом. Он состоит из трех компонентов: яркости (Y) и разности цветовых составляющих с сигналом яркости ($R - Y = U$; $B - Y = V$). Таким образом, вместо трех составляющих R, G и B, мы имеем дело с тремя составляющими Y, U и V. Такой сигнал называется *композитным*.

В телевизоре (или ТВ-тюнере компьютера) композитный сигнал *YUV* вновь преобразуется в формат *RGB*. Понятно, что двойное преобразование не лучшим образом влияет на качество изображения. Видеомагнитофон при воспроизведении кассет стандарта *VHS* также формирует композитный сигнал, передаваемый по одному проводу, а в стандарте *S-VHS* предусмотрена передача сигнала яркости и цветоразностных составляющих по отдельным линиям. Качество изображения *S-VHS* существенно превосходит качество обычного изображения *VHS*.

Если вы думаете, что проблема преобразования *YUV — RGB* единственная, то глубоко заблуждаетесь. Далее начинается чехарда со стандартами эфирного вещания. На сегодняшний день существуют три общепризнанных стандарта аналогового телевизионного вещания: *PAL* (*Phase Alternation Line*), *NTSC* (*National Television Standards Committee*), *SECAM* (*Sequential Couleur avec Memoire*). Внутри стандартов *PAL* и *SECAM* имеются собственные локальные модификации, общее число которых превышает десяток.

Стандарт *PAL* принят в большинстве европейских стран, во многих африканских, азиатских и южноамериканских государствах. В стандарте *NTSC* вещают станции в США, Японии, многих странах Азии и Латинской Америки. Россию, помимо прочих напастей, угораздило получить в наследство от Советского Союза стандарт *SECAM*, который был разработан во Франции и в знак большой дружбы принят в СССР. К сожалению, этот стандарт поддерживается лишь ограниченным числом стран Восточной Европы и Африки. В настоящее время в Российской Федерации практически все станции телевещания передают сигнал в локальной модификации *SECAM D/K*.

Рис. 24.1. Прием телепередачи в формате SEKAM D/K

На большей части носителей видеоинформации (кассетах и дисках) сигнал записан в стандарте *PAL*. Понятно, что устройства приема и воспроизведения видео должны уметь распознавать и преобразовывать различные стандарты. Также ясно, что качество картинки в результате этих преобразований, мягко говоря, не улучшается.

Телевизионное изображение является чересстрочным (*interlacing*), то есть каждый кадр формируется таким образом: сначала прорисовываются все нечетные строки, а затем все четные. Благодаря способности зрительных органов человека некоторое время сохранять на сетчатке уже исчезнувшее изображение, в сознании появляется образ кадра, состоящего из полного числа строк.

При аналоговом способе передачи (записи) в системах *PAL* и *SECAM* генерируется 25 кадров в секунду, каждый из которых содержит 625 строк, образуемых двумя полями по 312,5 строки. Таким образом, физически передается 50 полей в секунду. Для системы *NTSC* параметры иные: 30 кадров в секунду и 525 линий.

На самом деле часть полосы видеосигнала (и тем самым, часть строк в кадре) используется для передачи служебной информации, и полезное изображение занимает в формате *PAL* 576 строк (по 288 в каждом поле). При цифровой записи в системах *PAL* и *SECAM* поля кадра имеют разрешение 384x288 точек, в системе *NTSC* — 320×240. Для сравнения укажем, что качественная видеозапись в формате *VHS* (на аналоговых видеокассетах) содержит максимум 240 строк, в формате *S-VHS* — до 400 строк, а в профессиональном студийном формате *BETACAM* — до 500 строк. Цифровая аппаратура может обеспечить более высокое качество.

Сейчас все большее распространение получает цифровое телевидение высокой четкости (*High Density TV — HDTV*). Сегодня в формате *HDTV* вещают несколько станций в Японии и США. Этим стандартом предусмотрено разрешение до 1920×1152 точек. На практике при записи цифрового видео (*Digital Video — DV*) чаще всего используют разрешение, эквивалентное примерно 500 линиям аналогового сигнала, то есть студийного качества.

Оцифровка видео без применения специальных средств требует огромных ресурсов. Одна секунда видеоизображения в стандарте *PAL* занимает примерно 265 Мбит (около 32 Мбайт). То есть стандартный полуторачасовой фильм займет примерно 172 800 Мбайт (около 172 Гбайт). Понятно, что на массовом рынке устройств, способных сохранить такой объем, пока не существует. Поэтому при записи цифрового видео применяют различные методы компрессии изображения (сжатия информации).

Наиболее распространенный метод компрессии называется *MPEG* (*Motion Pictures Experts Group*). Он так назван по имени группы разработчиков, занимавшейся в начале 90-х годов проблемами представления видеоинформации в компьютерах. При сжатии методом *MPEG* каждый кадр сжимается аналогично тому, как это происходит в методе

JPEG (см. гл. 17), а потом дополнительно удаляется так называемая «временная избыточность», то есть данные, повторяющиеся в соседних кадрах.

По мере развития компьютерной техники метод *MPEG* неоднократно модифицировался. Сейчас можно встретить видео, сжатое одной из модификаций: *MPEG-1*, *MPEG-2*, *MPEG-4*. Декодирование сжатой информации происходит с помощью аппаратного или программного декодера. На компьютерах чаще всего используют программные декодеры (*кодеки*).

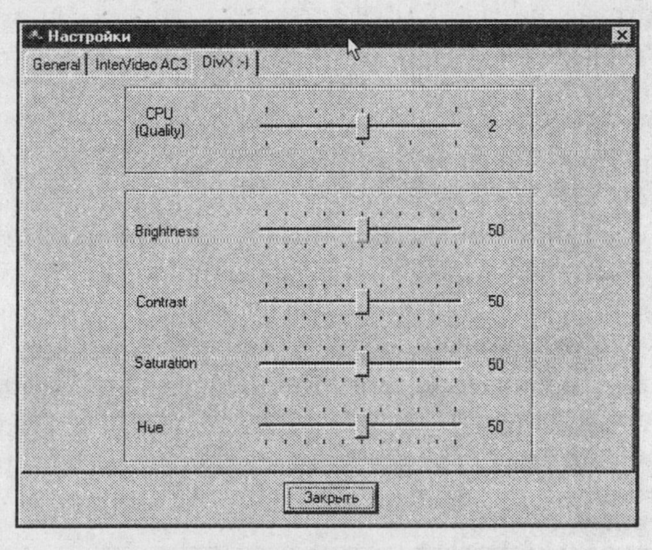

Рис. 24.2. Настройка параметров кодека DivX ;-) для алгоритма сжатия MPEG-4

Стандарт *MPEG-1* предусматривает сжатие изображений формата 352×288 точек (*PAL*), то есть примерно обеспечивает качество, аналогичное *VHS*. При этом поток информации составляет около 1,5 Мбит/с, что позволяет процессорам класса Intel 80486 справиться с декодированием видеоряда.

Стандартом *MPEG-2* предусмотрено сжатие видеоизображения с разрешением до 1920×1152 точек (*HDTV*). При компрессии видео студийного качества поток составляет около 15 Мбит/с, поэтому с программным декодированием удовлетворительно справляется процессор не ниже *Pentium* II 300 МГц.

Международной организацией по стандартизации *ISO* рекомендуются следующие стандартные разрешения при компрессии методом *MPEG-2* (частота 30 кадров в секунду) для различных областей применения.

Уровень качества	Разрешение	Поток	Область применения
Низкое	352x240	4 Мбит/с	Бытовая видеозапись
Среднее	720x480	15 Мбит/с	*DVD*, студийное телевидение
Высокое	1440x1152	60 Мбит/с	Студийное телевидение HDTV
Профессиональное	1920x1080	80 Мбит/с	Кинопроизводство

Самым современным форматом сжатия видео считается *MPEG-4*, обеспечивающий наибольший коэффициент компрессии. Его быстрое распространение связано с тем, что он позволяет сжимать стандартный полуторачасовой фильм до размера, соответствующего диску *CD–ROM*, правда, с незначительной потерей качества, по сравнению с *DVD*. Пока декодирование *MPEG-4* осуществляется только программными средствами, требующими наличия процессора не хуже *Pentium* II 450 МГц и 64 Мбайт оперативной памяти.

Важной проблемой воспроизведения видео на компьютере является соблюдение пропорций сторон кадра. Дело в том, что мониторы, как правило, имеют соотношение сторон экрана 4:3, а видео нередко записывают с соотношением сторон кадра 16:9, характерным для стандарта *HDTV* (и широкоформатного кино). Ниже приведены стандартные разрешения для соответствующих пропорций в случае применения различных алгоритмов сжатия.

Формат кадра	MPEG-2	MPEG-4
4:3	1440x1152; 720x576; 720x480	768x576; 640x480; 512x384; 480x360; 384x288; 320x240
16:9	1920x1080; 1024x576; 720x480;	752x320; 720x304; 704x320; 640x288; 592x320; 560x240; 528x240

Подчеркнем, что на компьютере следует воспроизводить видео (и смотреть телепередачи) в режиме *Overlay*, то есть при наложении видеоизображения поверх кадра, формируемого в буфере видеокарты. В этом случае исключены искажения картинки и конфликты. Для воспроизведения в режиме *Overlay* подходят следующие форматы кадров: 320×240; 384×288; 400×300; 480×360; 512×384; 640×480; 768×576; 800×600. При использовании других разрешений возможны искажения и «торможение» воспроизведения. По нашему опыту, использование разрешения выше 800×600 точек нецелесообразно, так как для плавного воспроизведения потребуется процессор не ниже *Pentium* III 800 МГц.

Рис. 24.3. Экран воспроизведения фильма в формате 16:9

Аппаратура и программы

Носители для видео

Из числа носителей, пригодных для использования в компьютерной системе, на рынке можно встретить видеофильмы:

- на лазерных дисках в формате *Video CD*;
- на лазерных дисках в формате .AVI (сжатые алгоритмом *MPEG-4*);
- на дисках *DVD*.

Пока относительной экзотикой являются диски *Super Video CD*.

Формат *Video CD* в настоящее время считают устаревшим. На стандартный диск *CD–ROM* объемом 650 Мбайт помещается фильм качества *VHS* (240 строк) продолжительностью до 74 минут (сжатие методом *MPEG-1*). Воспроизводить *Video CD* можно на компьютере, имеющем процессор не ниже 80486. Декодер *Video CD* имеется в стандартной программе Универсальный проигрыватель (Пуск ➤ Программы ➤ Стандартные ➤ Развлечения ➤ Универсальный проигрыватель).

В операционной системе Windows Me эта программа подверглась значительному обновлению и называется Windows Media.

На лазерные диски можно записывать файлы видео, сжатые методом *MPEG-4*, в формате .AVI. В зависимости от степени сжатия и максимального разрешения на стандартный диск записывают до трех часов видео. Если говорить о качестве, близком к *DVD*, то на диск помещается около полутора часов видеозаписи. При качестве, сравнимом с *S-VHS*, на диск помещается фильм продолжительностью около двух часов. Воспроизведение видео *MPEG-4* обеспечивается при наличии в компьютерной системе процессора не ниже *Pentium* II 450 МГц и программного декодера. Такой декодер имеется в программе Windows Media. Однако ныне более популярным является кодек *DivX ;-)*. Обычно он распространяется вместе с видеофильмами и его можно подключить к любой программе воспроизведения видео.

На диски *DVD* фильмы продолжительностью до нескольких часов (сжатые алгоритмом *MPEG-2*), записывают в формате *DVD–Video*. Воспроизводить их на компьютере можно при наличии привода *DVD*. В этом случае декодирование осуществляется либо аппаратными, либо программными средствами. В последнем случае потребуется процессор не хуже *Pentium* II 300 МГц. Обычно приводы *DVD* комплектуются собственными программами для просмотра *DVD–Video*, и потому на работе с ними мы останавливаться не будем — читайте инструкцию!

Формат *Super Video CD* (*SVCD*) разработан как недорогая альтернатива *DVD*. Сжатие информации происходит методом *MPEG-2*, а запись осуществляется на стандартный диск *CD–R/RW*. Разрешение изображения — 480×576 точек, что вдвое превышает показатели *VHS*. Для воспроизведения *SVCD* требуется современный *DVD*-привод и специальное программное обеспечение. Формат *SVCD* набирает популярность, особенно в Азии, и пользуется поддержкой таких гигантов, как *Philips*, *Sony*, *JVC*, *Matsushita*.

Средства просмотра

Для просмотра на компьютере видео, полученного из любого доступного источника, помимо стандартного минимума (видеокарта, дисковод *CD–ROM*, звуковая карта), могут дополнительно понадобиться: ТВ-тюнер, дисковод *DVD* и звуковая карта с декодером *Dolby Digital*. Имея такой комплект, можно быть уверенным, что без проблем будут воспроизводиться все источники видеосигнала. Далее мы рассмотрим особенности некоторых специализированных компонентов для просмотра видео, поскольку остальные необходимые элементы (*CD–ROM*, звуковая карта) давно относятся к стандартной комплектации компьютера.

ТВ-тюнеры

Телевизионный тюнер представляет собой плату расширения, устанавливаемую в слот *PCI*, или внешнее устройство, подключаемое к порту *USB*. Каждый ТВ-тюнер обязательно имеет модуль телевизионного приемника и микросхему, управляющую размещением кадров в буфере видеокарты. Некоторые модели дополнительно оснащены приемниками УКВ-диапазона и могут выполнять захват кадров и записывать видеопоследовательности, правда, с невысоким качеством. Все современные тюнеры имеют пульт дистанционного управления на ИК-лучах. Включение ТВ-тюнера, настройка каналов и прочие операции ничем не отличаются от таковых в обычных телевизорах.

Приобретая ТВ-тюнер, следует обратить внимание на поддержку отечественных стандартов вещания (формата *SECAM D/K* и сетки каналов), возможность подключения видеомагнитофона по композитному входу и входу *S-VHS*, удобство дистанционного управления и, не в последнюю очередь, чувствительность приемника. Обычно качество приема сигнала ТВ-тюнером уступает аналогичным параметрам телевизора, так как внутри компьютера существуют достаточно сильные электромагнитные поля, наведенные различными устройствами. Однако для просмотра новостей и большинства фильмов такого качества изображения вполне достаточно.

На сегодняшний день большой популярностью пользуются различные модели тюнеров фирмы *AverMedia*. Их отличают удобство управления, простота настройки, поддержка русского языка и другие преимущества, хотя многие пользователи считают, что качество приема у тюнеров этой фирмы могло бы быть и лучше. Для требовательных пользователей предназначена модель *miroVideo PCTV* компании *Pinnacle System*, известной своими устройствами нелинейного видеомонтажа. Этот тюнер умеет так совмещать и масштабировать поля телевизионного кадра, что эффекта «гребенки» (то есть смещения полей по горизонтали из-за временного интервала между ними) не наблюдается. Среди изделий других фирм отметим модели *PixelView Bt878P* и *Acer BT878F*.

DVD-приводы

Выбирая привод *DVD*, необходимо ориентироваться на современные модели, которые одинаково успешно работают с дисками различного типа: *DVD–ROM* (исполняемые программы и данные), *DVD–Video* (видеофайлы, звуковые дорожки и служебные данные). Для дисков *DVD–Audio* формат данных пока не утвержден, и вполне вероятно, что нынешние приводы *DVD* не смогут их считывать.

Фильмы распространяют на дисках *DVD–R* емкостью 3,95 или 4,7 Гбайт. Обычно диск имеет систему защиты от копирования и региональную блокировку (всего определено восемь регионов). Стандарт *DVD–Video* предусматривает специальный алгоритм, позволяющий воспроизводить содержимое только на аппаратуре, региональный код которой совпадает с кодом диска. Проверку на совпадение кодов может проводить сам *DVD*–привод или программный проигрыватель видеофайлов. Поэтому лучше приобрести привод, не имеющий функции аппаратной проверки. Тогда в случае несовпадения кодов легко выбрать нужный код программными средствами. Из числа *DVD*–приводов, не имеющих аппаратного модуля проверки регионального кода, пользуются популярностью модели *Toshiba SD-M1202*, *Hitachi GD-2000/2500/3000*, *LG DRD-840B*, *Panasonic SR-8583*, *Asus E608* и некоторые другие.

Приводы CD-ROM

Практически любой современный дисковод *CD–ROM* обеспечивает достаточную скорость считывания для просмотра видео в форматах *Video-CD* и *MPEG-4*. Скорее, необходимо обратить внимание на превышение разумного предела скорости вращения дисков. То есть сверхскоростные приводы никакого реального преимущества перед менее скоростными собратьями не имеют, зато отличаются повышенной шумностью, что мешает звуковому сопровождению фильмов.

Выбирая дисковод *CD–ROM*, лучше остановиться на изделиях с диапазоном скоростей 40×, максимум 48×. Хорошо зарекомендовали себя модели, позволяющие искусственно ограничивать скорость вращения: они меньше шумят и более надежно считывают информацию с «кривых» дисков. Советуем обратить внимание на продукцию фирм *TEAC*, *Asus*, *Samsung* и *Hewlett Packard*.

Просмотр Video CD

Для просмотра *Video CD* используют либо стандартные средства операционной системы *Windows* (Универсальный проигрыватель или Windows Media), либо специализированные проигрыватели, например Xing Player. Если в настройках зарегистрированных типов файлов пользователь ничего не менял, то *Windows* автоматически определит наличие в дисководе *CD–ROM* диска *Video CD* — по расширению .DAT файла с видеоинформацией — и запустит средство просмотра.

В противном случае для просмотра придется открывать файл вручную. Запустите Универсальный проигрыватель (Пуск ➤ Программы ➤ Стандартные ➤ Развлечения ➤ Универсальный проигрыватель) и откройте файл с расширением .DAT на диске *Video CD* (Файл ➤ Открыть ➤ Имя_файла).

Окно Универсального проигрывателя имеет набор кнопок, по составу похожий на стандартные кнопки управления видеомагнитофоном: Воспроизвести, Приостановить, Назад, Перемотка, Быстрая перемотка вперед, Вперед. Кроме того, на панель проигрывателя выведен движок, позволяющий управлять регулятором громкости.

Панель управления проигрывателя Windows Media немного отличается названиями и составом кнопок: Воспроизвести, Остановить, Предыдущий, Быстро назад, Быстрая перемотка вперед, Следующий. Однако их функциональное назначение осталось прежним. Отличие состоит в двойном назначении кнопки Воспроизвести: при повторном щелчке приостанавливается воспроизведение файла. Остальные элементы управления: Графический эквалайзер, Настройка видео, Эффекты SRS WOW, — существенной роли при просмотре дисков *Video CD* не играют.

Таким образом, управление просмотром *Video CD* с точки зрения пользователя ничем не отличается от управления обычным видеомагнитофоном, разве что раздражает отсутствие пульта дистанционного управления. Однако и эта проблема решаема: существуют приводы *CD-ROM* со встроенным ИК-приемником и пультом ДУ, например *Creative Infra Suite*, на котором дублированы основные элементы управления Универсального проигрывателя или проигрывателя Windows Media.

Просмотр видео в формате MPEG-4

Видеофайлы, сжатые по алгоритму *MPEG-4*, в подавляющем большинстве случаев записывают на лазерные диски в специальном формате, имеющем расширение имени .AVI. Этот формат является универсальным, так как допускает применение различных видов компрессии и поддерживается всеми кодеками. Главное — чтобы встроенные кодеки выбранного средства просмотра поддерживали алгоритм сжатия конкретного файла.

Проигрыватель Windows Media уже имеет встроенный кодек для обработки файлов *MPEG-4*. В Универсальном проигрывателе *Windows 9x* такого кодека нет. Эта проблема может быть решена различными способами. Самый простой заключается в установке кодека DivX ;-), который присутствует практически на всех дисках с видео *MPEG-4*, распространяемых в России.

Рис. 24.4. Элементы управления проигрывателя Windows Media

Если после помещения в дисковод диска *MPEG-4* не было предложено установить кодек DivX ;-), можно сделать это самостоятельно. Откройте с помощью любого файлового менеджера папку DivX на диске и запустите файл Register.exe. Обращаем внимание: в этой папке файлов с именами setup или install нет и быть не может, так как кодек не является самостоятельной (исполняемой) программой, а только подключает к системе служебные файлы. Причем кодек автоматически подключается ко всем средствам просмотра мультимедийной информации, которые имеются на компьютере. После установки кодека любая программа, поддерживающая формат .AVI, будет способна воспроизводить файлы *MPEG-4*.

Обычно на дисках *MPEG-4* имеется собственное средство просмотра, как правило — проигрыватель FlyVCD. Он обладает простейшими функциями, достаточными для обычного пользователя. Однако желающим досконально разобраться в настройках просмотра файлов *MPEG-4* лучше воспользоваться другими программами.

Еще одним вариантом действий является бесплатное получение последней версии проигрывателя Windows Media на сайте компании *Microsoft*. Наконец, можно воспользоваться безграничными ресурсами Интернета и скопировать бесплатный проигрыватель BSPlayer (bplay.jb.net), имеющий встроенный кодек *MPEG-4*. Кстати, данная программа обладает более широкими возможностями по настройке параметров просмотра, чем стандартные средства *Windows*.

Итак, необходимая программа имеется на компьютере, и пора приступать к просмотру фильма. Настройку параметров мы рассмотрим на примере проигрывателя BSPlayer, который поддерживает русский язык.

Запустите проигрыватель, щелкните правой кнопкой мыши на его панели и в открывшемся контекстном меню выберите пункт Options ➤

Рис. 24.5. Проигрыватель FlyVCD

Language ➤ Russian (Параметры ➤ Язык ➤ Русский). После выполнения команды все меню будут воспроизводиться на русском языке.

Вновь откройте контекстное меню и выберите пункт Параметры проигрывателя ➤ Настройки. В зависимости от версии программы в окне Настройки может присутствовать несколько вкладок. Далее мы исследуем три из них, которые относятся к ключевым параметрам проигрывателя.

На вкладке General (Общие) находится панель, где установкой флажков управляют параметрами демонстрации субтитров, звукового сопровождения, взаимодействием с *DirectX* и буфером видеокарты. Например, установка флажка Wait for vertical blank (Ожидать сигнала синхронизации строк по вертикали) приводит к тому, что поля кадра будут совмещаться только после получения сигнала синхронизации, а это может улучшить качество изображения.

Важную роль играет параметр Use overlay (Использовать наложение на буфер видеокарты). После установки соответствующего флажка видеоизображение должно напрямую пересылаться в буфер видеокарты, минуя функции *DirectX* и *Microsoft Video for Windows*. Дело в том, что в *Windows* не разрешается просмотр фильмов с частотой более 25 кадров в секунду (реально получается еще меньше). В сценах, где происходит быстрое изменение обстановки, при низкой частоте кадров заметно

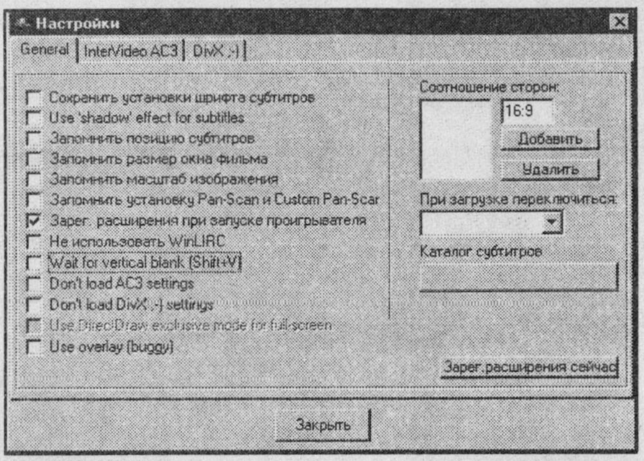

Рис. 24.6. Настройка параметров проигрывателя BSPlayer

«дерганье». Увеличить скорость можно только в режиме *Overlay*, однако далеко не все видеокарты позволяют в нем работать.

На вкладке InterVideo AC3 с помощью переключателей управляют параметрами воспроизведения звукового сопровождения. В простейшем случае задействуют переключатель 2 Speaker mode и выбирают число колонок. Если пользователь является счастливым обладателем комплекта колонок с поддержкой *Dolby Digital*, следует выбрать переключатель 6 Speaker mode (5.1 channel).

Владельцы внешних комплектов домашних кинотеатров могут воспользоваться переключателем Enable S/PDIF output — звуковой поток без искажений пойдет через выход *S/PDIF* звуковой карты на внешний ресивер с декодером *Dolby Digital*.

На вкладке DivX ;-) установкой движков определяют параметры настройки декодера, яркости, контрастности, насыщенности изображения. Положение движка CPU (Quality) как бы «сообщает» кодеку, какую нагрузку по декодированию способен осилить процессор компьютерной системы. В крайнем левом положении (минимальные требования к производительности процессора) запросы кодека примерно соответствуют *Pentium* II 450 МГц. В среднем положении надо рассчитывать на процессор *Pentium* III 600 МГц или аналогичный по производительности. По нашему опыту, вообще без нареканий справляется с задачей декодирования система с процессором класса *Pentium* III 667 МГц и оперативной памятью 128 Мбайт.

Интернет

Web-страницы по своей сути очень близки к обычным текстовым документам. Строго говоря, они и есть самые обычные текстовые документы, которые можно просматривать в простейшем текстовом редакторе. Но Web-страницы имеют характерную особенность. Кроме обычного текста они могут содержать специальные указатели, которые определяют, как именно должен текст отображаться на экране

25. Подключение к Интернету

Что такое подключение к Интернету?

Интернет можно рассматривать в двух смыслах: в физическом и логическом. Удобный для сравнения аналог — железнодорожная сеть страны. В физическом смысле железнодорожная сеть — это рельсовые пути, станции, депо, путевое оборудование и прочее хозяйство. В логическом смысле — это множество железнодорожных служб: дальнего пассажирского сообщения, пригородных поездов, почтово-багажных и промышленных грузоперевозок, ремонтных и других.

Точно так же можно подходить и к Интернету. В физическом смысле это сотни миллионов компьютеров, связанных друг с другом самыми разнообразными (в общем случае любыми) линиями связи. В логическом смысле это совокупность служб, работающих на этих компьютерах.

Прежде чем мы пойдем дальше, надо понять, что такое *служба* в компьютерном понимании. До сих мы имели дело лишь с автономными программами, которые работают на отдельных компьютерах и замечательно справляются со своими обязанностями. В Интернете используются программы другого типа. Они не работают в одиночку. Для них придумана специальная технология, которая называется *клиент-серверной*. Такие программы работают парами. Одна программа пары называется *клиентом*, а другая — *сервером*. Вместе эта пара программ называется *службой*. В общем, *служба = клиент + сервер*. И клиентская программа, и серверная могут находиться на автономном компьютере — тогда получится автономная служба, но они могут находиться и на разных компьютерах — тогда получается *сетевая служба*.

Таким образом, подключение к Интернету и умение с ним работать — это на самом деле подключение к тем или иным службам Интернета и умение работать с ними. У каждой службы свои порядки и правила — их называют *протоколами*. За соблюдение протоколов отвечают серверные и клиентские программы. Таким образом, чтобы подключиться к одной из служб Интернета, надо иметь три компонента:

- аппаратуру;
- программы;
- информацию.

Аппаратный компонент — это компьютер, оснащенный устройством для подключения к линии связи. Если это обычная телефонная линия, то такое устройство называется *телефонным модемом*. Существуют также радиомодемы, кабельные модемы (для подключения к кабельным линиям связи), оптические модемы (для подключения к оптоволоконным линиям) и другие. Для некоторых типов линий связи вместо модемов используют специальные *адаптеры*.

Программный компонент — это клиентская программа. У каждой службы она своя. Если вы хотите подключиться к службе, которая называется *World Wide Web* (*WWW*), то для этого вам потребуется программа-клиент *WWW*. Клиенты *WWW* еще называют *броузерами*. Если вы хотите подключиться к электронной почте, то для этого необходим *почтовый клиент*. И так далее.

И, наконец, последний необходимый компонент — информационный (можно сказать — регистрационный). В него входят адреса, пароли, регистрационные имена и т. п. Не зная всей этой информации, не удастся наладить совместную работу своего клиента с сервером. Сервер просто не признает клиентскую программу, если она предварительно не настроена на работу с ним.

Что у нас есть?

Если компьютер имеет телефонный модем и в квартиру заходит телефонная пара, то с физической точки зрения все в порядке — к Интернету уже можно подключиться.

Если на компьютере установлена операционная система *Windows 98* или более поздняя, то с программной точки зрения тоже все в порядке. В состав такой системы уже входит все необходимое для работы со следующими службами:

- *World Wide Web* (просмотр *Web*-страниц);
- *E-mail* (обмен электронной почтой);
- *FTP* (прием файлов);
- *Usenet* (телеконференции, группы новостей).

Плюс к этому в рамках службы *WWW* существует множество своего рода подслужб (их называют *Web-сервисами*). С ними тоже можно работать без какого-либо дополнительного программного обеспечения. К ним относятся:

- *Web-Mail* (разновидность электронной почты);
- *Web-форумы* (конференции);
- *Web-чаты* (форумы прямого общения);
- списки почтовой рассылки;
- поисковые системы и другие сервисы.

Все вышеперечисленное — это, конечно, не весь Интернет, но с потребительской точки зрения уже более 90% . В Интернете существует еще немало других служб, но для большинства людей одна только служба *WWW* уже представляется как безмерная Всемирная Паутина.

Чего нам не хватает?

— Если у меня все есть, то почему я еще не в Интернете? — может спросить нетерпеливый читатель. — Чего же мне не хватает?

А не хватает, когда все остальное уже есть, того самого, третьего компонента, информационного. Нужно иметь договор с организацией, компьютер которой включен во Всемирную Сеть на постоянной основе и которая готова предоставить свои серверные средства для подключения наших клиентских программ за более или менее умеренную плату. Такую организацию называют *сервис-провайдером Интернета* или, короче, *Интернет-провайдером*, а также *сервис-провайдером*.

В общем, нам надо «поженить» свои клиентские программы с чьими-то серверными программами, чтобы они могли работать в паре на общее благо. Перед свадьбой молодых надо представить друг другу. То есть мы должны знать адреса, имена и пароли, без которых знакомство не состоится. А дадут нам эти данные только после того, как мы заключим договор и заплатим некоторую сумму денег.

Подключение к сервис-провайдеру

Подключение модема к телефонной линии

Далее мы предполагаем, что компьютер оборудован модемом, который проверен и настроен. В модеме есть два гнезда для подключения телефонного провода (входное и выходное). Входное гнездо имеет надпись *Wall* или *Line*. Через него модем надо соединить кабелем с телефонной розеткой. Выходное гнездо обычно имеет надпись *Phone*. Его надо соединить кабелем с телефонным аппаратом. Смысл такого соединения состоит в том, что модем должен стоять «на проходе» между розеткой и телефонным аппаратом. Тогда во время работы модема телефон полностью отключается и не мешает модему. С другой стороны, когда модем не работает, сигнал к телефонному аппарату проходит без проблем.

Диагностика модема

Если у вас есть сомнения в том, работоспособен ли модем, можно провести диагностику. Для этого откройте окно Панель управления (Пуск ➤ Настройка ➤ Панель управления) и разыщите в нем значок Модемы. Двойной щелчок на этом значке открывает диалоговое окно Свойства: Модемы. Выберите в нем вкладку Диагностика, далее выберите на ней свой модем и щелкните на кнопке Дополнительно. По этой команде компьютер начнет опрашивать модем, а тот, в свою очередь, должен откликнуться. Отклик модема может выглядеть примерно так, как показано на рис. 25.1.

При диагностике модема совсем не обязательно подключать его к телефонной линии. Проверяется не связь с удаленным компьютером, а только взаимодействие компьютера с модемом.

Что надо узнать у сервис-провайдера

Для того чтобы подключить свой компьютер к сервис-провайдеру, надо получить от него следующие сведения:

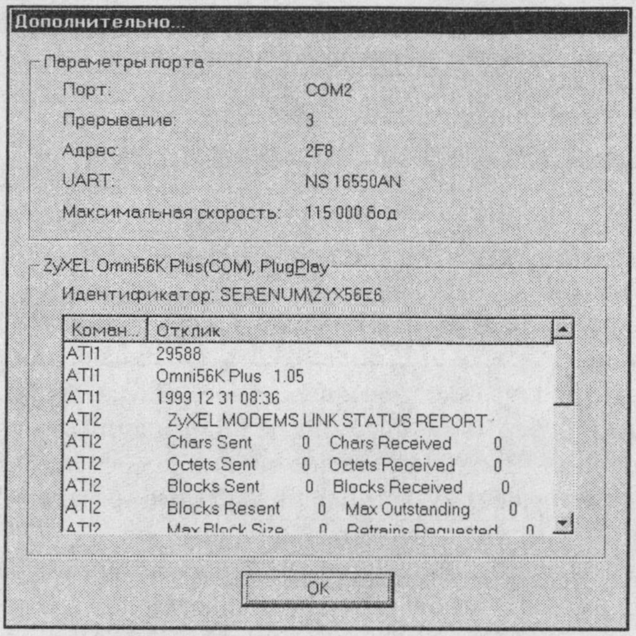

Дополнительно...

Параметры порта

Порт:	COM2
Прерывание:	3
Адрес:	2F8
UART:	NS 16550AN
Максимальная скорость:	115 000 бод

ZyXEL Omni56K Plus(COM), PlugPlay

Идентификатор: SERENUM\ZYX56E6

Коман...	Отклик
ATI1	29588
ATI1	Omni56K Plus 1.05
ATI1	1999 12 31 08:36
ATI2	ZyXEL MODEMS LINK STATUS REPORT
ATI2	Chars Sent 0 Chars Received 0
ATI2	Octets Sent 0 Octets Received 0
ATI2	Blocks Sent 0 Blocks Received 0
ATI2	Blocks Resent 0 Max Outstanding 0
ATI2	Max Block Size 0 Retrains Requested 0

OK

Рис. 25.1. Если отклик от модема есть, то, скорее всего, он правильно установлен и настроен

- номер телефона, по которому производится «дозвон»;
- регистрационное имя пользователя (*login*);
- пароль (*password*).

В принципе, этого уже достаточно. Однако на случай, если потребуются какие-то дополнительные данные, полезно получить номер телефона для обычной голосовой связи (по нему можно позвонить и задать необходимые вопросы). Еще желательно получить адрес *Web*-страницы сервис-провайдера в Интернете. Посетив ее, можно получить прочую полезную информацию, что избавит от необходимости звонить по телефону и задавать какие-либо вопросы.

Гостевой доступ

Некоторые сервис-провайдеры идут навстречу будущим клиентам и открывают им так называемый *гостевой доступ*. Это бесплатный вид доступа, имеющий некоторые ограничения. Во-первых, он действует недолго (примерно десять минут) и, во вторых, далее *Web*-страниц самого сервис-провайдера посетителю дорога закрыта. Тем не менее,

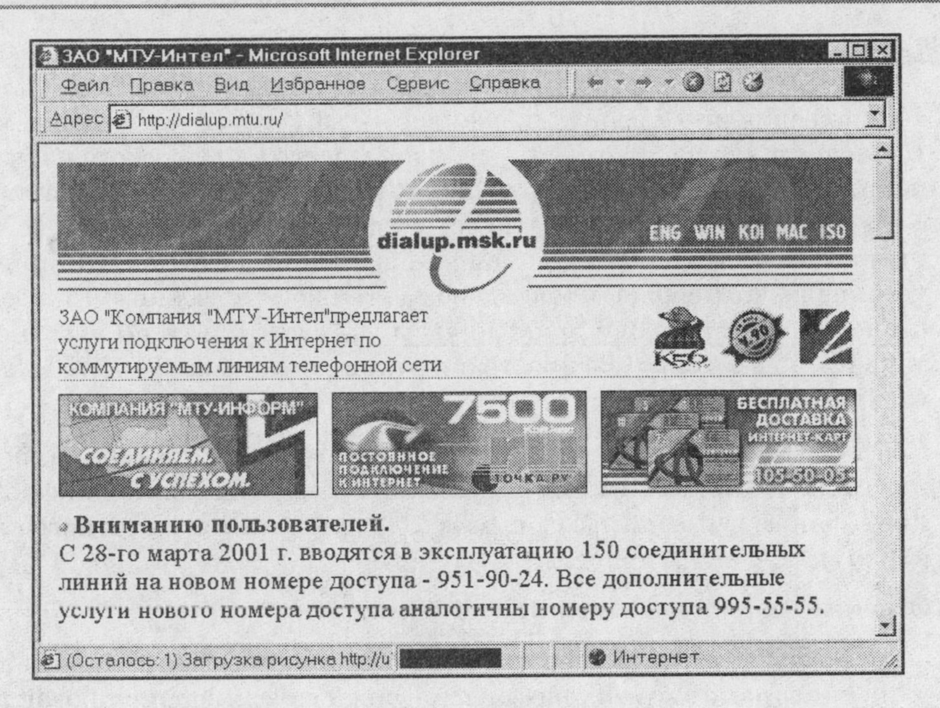

Рис. 25.2. Титульная страница сервис-провайдера МТУ-Информ (dialup.mtu.ru). Здесь клиенты могут получить необходимые справки

этого вполне достаточно, чтобы убедиться, что выход в Интернет состоялся, а также для того, чтобы познакомиться с теми материалами, которые сервис-провайдер поместил на своем сайте для гостей.

В таблице, приведенной ниже, указаны некоторые данные гостевого входа ряда московских сервис-провайдеров.

Сервис-првайдер	Номер телефона	Регистрационное имя	Пароль
МТУ-Информ	995-55-55	guest	mtu
Комстар	956-22-88	dpguest	dppass
Ситилайн	995-11-11	reg	reg
Караван	956-37-44	caravan	demo
Демос	995-11-55	_demo	demo
IP Com	956-62-83	test	<ENTER>
Инфотел	737-01-01	guest	guest
Магеллан	745-23-22	guest	guest

Доступ по Интернет-карте

Наиболее крупные сервис-провайдеры выпускают так называемые *Интернет-карты*. Это очень удобное средство для быстрого подключения к Сети. Интернет-карта рассчитана на определенное количество «условных единиц». Количество часов (и минут), которое можно проработать в Интернете с помощью одной карты, зависит от тарифа, установленного сервис-провайдером, а также от времени суток (большинство провайдеров в ночные часы взимают плату по льготному тарифу, а некоторые распространяют льготные тарифы и на выходные дни).

Вся последовательность действий по подключению изложена на обратной стороне карты. Там же есть участок с регистрационной информацией, закрытый защитным слоем. После удаления защитного слоя карту можно активировать.

Обычный порядок активации карты такой.

1. Создать на компьютере соединение удаленного доступа, настроенное на тот номер телефона, который указал сервис-провайдер. О том, как создать и настроить соединение удаленного доступа, рассказано чуть ниже.
2. Подключиться к серверу, используя регистрационное имя и пароль, указанные на карте для «гостевого входа».
3. На странице «для гостей» выполнить личную регистрацию, указав код, находящийся на карте под защитным слоем.
4. Получить персональное регистрационное имя (часто его можно придумать самостоятельно).
5. Получить персональный пароль.
6. С этими данными можно создать на компьютере еще одно, *рабочее* соединение удаленного доступа. Не исключено, что номер телефона, по которому соединяются зарегистрированные пользователи, отличается от номера телефона гостевого соединения. С помощью рабочего соединения осуществляется полноценный выход в Интернет.

Для каждого клиента на сервере провайдера организуется страница личной статистики. На ней всегда можно узнать о продолжительности состоявшейся работы в Сети и остатке средств на личном счете. При входе на страницу личной статистики запрашивается регистрационное имя и пароль. Здесь же можно пополнить остаток средств на счету, активировав очередную Интернет-карту.

При полном исчерпании средств на личном счете соединение перестает работать. Однако у пользователя всегда остается возможность подключиться к провайдеру через гостевое соединение. Этого достаточно, чтобы пройти на страницу личной статистики и выяснить состояние своего счета или активировать новую карту. Страницы личной статистики пользователей, исчерпавших свои ресурсы, сохраняются неопределенно долго (точные данные можно установить у своего сервис-провайдера). В течение некоторого времени (обычно несколько месяцев) хранится также и поступившая электронная почта.

Особенности доступа по Интернет-карте

Юридически правильным подключением к Интернету считается подключение с заключением договора и с предъявлением документов, удостоверяющих личность. Поскольку правонарушения в Интернете отнюдь не редкость, сервис-провайдер несет определенную ответственность за действия своих клиентов и, во всяком случае, должен знать, как их разыскать в случае обращения компетентных органов. Подключение по Интернет-карте — это некоторое упрощение процедуры. Оно основано на том, что при подключении к провайдеру действуют автоматические определители номера вызывающего телефона и, таким образом, клиент не остается анонимным. Если же у клиента такая линия связи или такой аппарат, что его номер телефона не определяется, то соединение по Интернет-карте может быть недоступным. В подобных случаях приходится посещать офис провайдера, заключать договор в обычной форме и, может быть, получать другой номер телефона для установки соединения, по которому не работают средства определения номера.

Создание соединения удаленного доступа

В принципе, в состав операционной системы *Windows 98* (или более поздней) входит специальная программа Мастер подключения к Интернету. Она в полуавтоматическом режиме задает пользователю вопросы и фиксирует ответы на них. По окончании работы Мастера на компьютере образуется значок соединения удаленного доступа, настроенного на одного сервис-провайдера. Далее подключение к Интернету выполняется двойным щелчком на этом значке.

Мастер-программы — это, конечно, хорошо, но лучше все-таки выполнять несложные работы своими руками, и мы рекомендуем всюду, где можно, обходиться без Мастеров. Тогда освоение компьютера происходит быстрее и увереннее. Вручную создать соединение удаленного доступа к Интернету можно всего за несколько секунд.

1. Откройте окно Мой компьютер.
2. Откройте папку Удаленный доступ к сети.

3. В этой папке найдите значок Новое соединение и щелкните на нем дважды — откроется диалоговое окно Новое соединение.
4. Дайте имя новому соединению. Удобно использовать имя провайдера и его номер телефона. Например, если ваш провайдер – «АБВ» и его номер — 123–45–67, пусть соединение будет называться АБВ–1234567. Не исключено, что провайдер предоставил вам несколько номеров телефонов для подключения. Тогда вы просто создадите несколько значков и всегда по названию соединения будете знать, с каким номером оно соединяет. Щелкните на кнопке Далее.
5. В следующем диалоговом окне введите номер, по которому будете дозваниваться, и щелкните на кнопке Далее.
6. В последнем диалоговом окне щелкните на кнопке Готово.
7. Убедитесь, что в окне Удаленный доступ к сети появился значок нового соединения.

Использование соединения удаленного доступа

Созданный значок сам по себе не выполняет дозвон до сервис-провайдера, а открывает вспомогательное диалоговое окно Установка связи, в котором надо задать необходимые данные для установки соединения.

1. Дважды щелкните на созданном значке — откроется диалоговое окно Установка связи (рис. 25.3).
2. Щелкните на кнопке Параметры — откроется диалоговое окно Параметры набора номера. В этом окне можно ничего не менять. В поле Место звонка оставьте внесенное сюда по умолчанию значение Новое место, но уточните, какой переключатель установ-

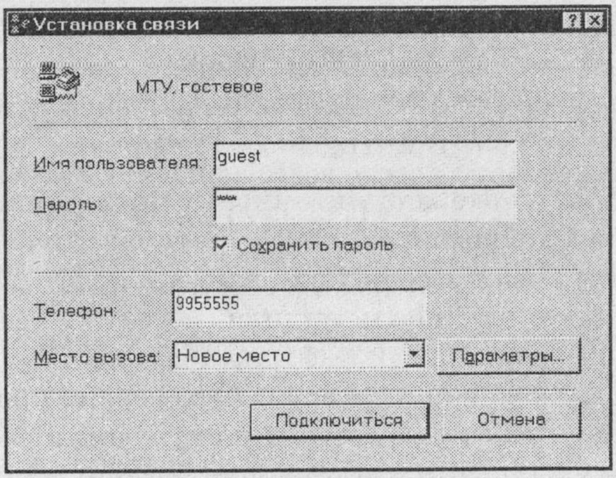

Рис. 25.3. Установка соединения с сервис-провайдером

лен в группе Тип набора номера. Возможные варианты: Тоновый или Импульсный. В России почти повсеместно используется импульсный набор, и лишь некоторые передовые АТС применяют тоновый набор.

3. Закройте диалоговое окно Параметры набора номера и вернитесь в окно Установка связи.

4. В поле Имя пользователя по умолчанию записано какое-то имя, которое было назначено данному компьютеру во время установки операционной системы. Его надо заменить. Здесь должно быть регистрационное имя, полученное от сервис-провайдера. Если никакое имя пока не было получено, используйте для первого соединения *гостевое имя* — потом замените его полноценным.

5. В поле Пароль надо ввести пароль, полученный от сервис-провайдера. Будьте внимательны — пароль при вводе на экране не отображается. Так принято в целях безопасности, чтобы посторонние не смогли подглядеть, что вы вводите. Перед набором пароля убедитесь, что включена английская раскладка клавиатуры. Во время набора строго соблюдайте регистр символов (строчные и прописные буквы не считаются одинаковыми).

6. Чтобы в будущем не вводить пароль и регистрационное имя, можно установить флажок Сохранить пароль. Но здесь надо иметь в виду два момента. Во-первых, пароль будет запомнен только после того, как соединение реально состоялось. Если попытки дозвона по какой-либо причине не привели к успеху, пароль не

запоминается. Во-вторых, запоминать свои пароли можно только на компьютерах, к которым не имеют доступа посторонние лица. В случае сомнений не запоминайте пароль и вводите его вручную перед каждым выходом в Интернет.

7. Когда все готово, нажмите кнопку Подключиться и наблюдайте за тем, как происходит дозвон, авторизация (проверка имени и пароля) и вход в сеть. Если все в порядке, на Панели индикации образуется значок работающего соединения. С этого момента вы подключены к серверу своего сервис-провайдера и можете начинать работать с сетевыми службами.

Дополнительные настройки соединения удаленного доступа

Дополнительные настройки соединения удаленного доступа могут быть удобны, а в некоторых случаях и необходимы. Первый раз их желательно сделать до подключения к сервис-провайдеру. Доступ к ним открывается через контекстное меню значка соединения.

1. Щелкните на значке соединения удаленного доступа правой кнопкой мыши и выберите в контекстном меню пункт Свойства — откроется диалоговое окно свойств соединения.
2. В этом окне откройте вкладку Тип сервера.
3. В группе Дополнительные параметры (рис. 25.4) сбросьте установленный по умолчанию флажок Войти в сеть. Это позволит значительно ускорить установку соединения. Вместо одной минуты процесс будет длиться лишь несколько секунд.
4. В группе Допустимые сетевые протоколы оставьте только протокол TCP/IP. Остальные флажки сбросьте.
5. Теперь надо настроить некоторые параметры протокола *TCP/IP*. На панели Допустимые сетевые протоколы нажмите кнопку Настройка TCP/IP — откроется одноименное диалоговое окно. Убедитесь, что на верхней панели включен переключатель Адрес IP назначается сервером. Ниже есть еще одна панель для ввода так называемых адресов *DNS* — здесь следует установить переключатель Адреса вводятся вручную. После этого надо ввести два адреса *DNS*, например так, как показано на рис. 25.5: Первичный адрес

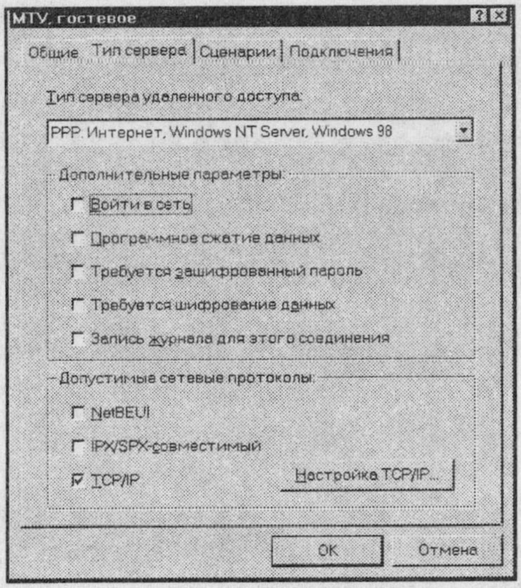

Рис. 25.4. Рекомендуемые настройки свойства соединения

DNS и Вторичный адрес DNS. Эти адреса представляются четырьмя числами от 0 до 255. Их следует получить от сервис-провайдера. О том, что они выражают, рассказано ниже.

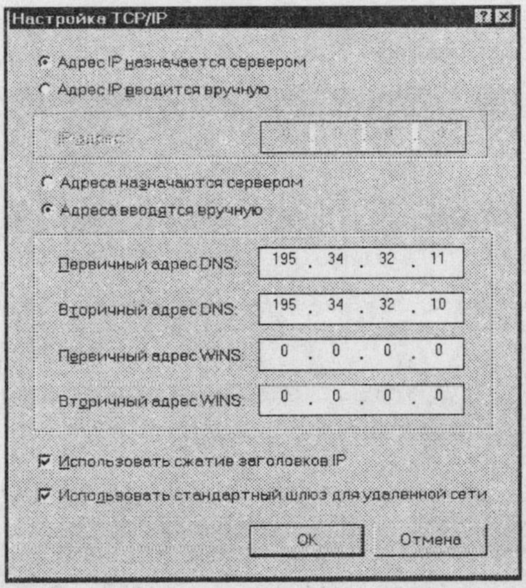

Рис. 25.5. Рекомендуемые настройки протокола TCP/IP

6. Закройте открытые диалоговые окна кнопками ОК. Теперь созданное соединение полностью готово к работе.

Вопрос-ответ

Что такое IP-адрес?

У каждого компьютера, работающего в Интернете, в том числе и у вашего, есть уникальный адрес. Уникальный — значит, неповторимый. Этот адрес очень похож на персональный телефонный номер, но записывается четырьмя числами от 0 до 255, например так: 198.63.115.7.

IP — это *Internet Protocol* (*Протокол взаимодействия сетей*). Собственно говоря, только после его внедрения и появилась возможность создания Всемирного объединения компьютерных сетей, в котором все компьютеры могут общаться друг с другом, то есть появился Интернет.

Любой компьютер в Интернете должен иметь собственный *IP*-адрес. Наши домашние компьютеры — не исключение. К счастью, нам не надо писать заявку на предоставление персонального *IP*-адреса. Нас поддерживает сервис-провайдер. В свое время, когда он регистрировался, ему было выдано некоторое поле *IP*-адресов, и теперь он раздает адреса из этого поля клиентам в момент их подключения к своему серверу. Для этого мы и устанавливаем флажок **Адрес IP назначается сервером**. В одном сеансе работы с Интернетом у нас будет один *IP*-адрес, а в другом — другой. Такие сеансовые *IP*-адреса еще называют *динамическими*.

Разумеется, *IP*-адрес может быть не только динамическим, но и постоянным. Такие *IP*-адреса выдаются клиентам, имеющим постоянное подключение к Интернету. Обычно оно осуществляется по выделенной линии. Такое подключение — достаточно дорогое удовольствие.

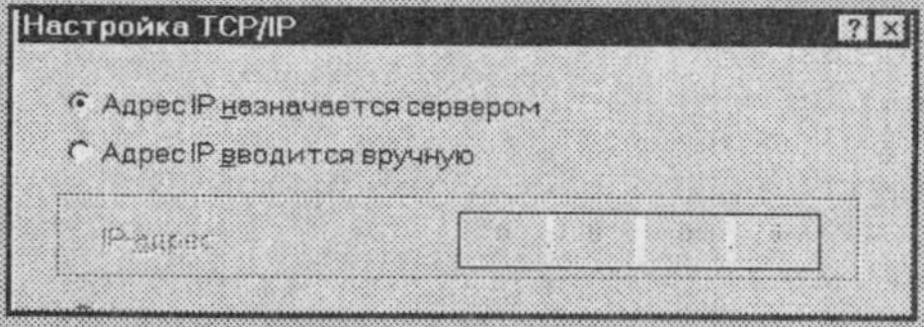

Настройка TCP/IP

Адрес IP назначается сервером

Адрес IP вводится вручную

IP-адрес

Вопрос-ответ

Что такое сервер DNS?

Чтобы успешно работать в Интернете, надо не только иметь собственный *IP*-адрес, но и знать *IP*-адреса тех серверов, к которым хочется подключиться. Тут возникает проблема: как их запомнить?! Человеку нетрудно запомнить несколько телефонных номеров близких друзей или родственников, но когда надо запомнить десятки и сотни номеров не слишком близких людей, он использует записную книжку. Для хранения *IP*-адресов тоже можно было бы завести записную книжку, но это было бы нелепо. В Интернете хранится много информации — почему бы там же не хранить и *IP*-адреса?

Человеку проще запомнить адреса, если они записаны в словесной форме. Например, *Web*-сервер компании Microsoft имеет имя **www.microsoft.com**, а сервер российской компании «Яндекс» имеет имя **www.yandex.ru**. В то же время, у каждого из этих серверов есть и *IP*-адрес, но нам они не нужны. Когда мы обращаемся к серверу по его имени, оно автоматически переводится в *IP*-адрес — этим занимаются специальные серверы службы *DNS* (*DNS — Domain Name Service — Служба доменных имен*).

Служба *DNS* — это огромная база данных, в которой для каждого имени сервера можно найти соответствующий ему *IP*-адрес. Эта база данных не простая, а распределенная — она тоже представляет собой сеть. Сначала ваш запрос обрабатывает *DNS*-сервер вашего провайдера. Если ему известен *IP*-адрес того сервера, к которому вы хотите обратиться, этот адрес будет использован незамедлительно. Если же ему адрес неизвестен, то он обратится к вышестоящему серверу *DNS* и так далее. В общем, несколько секунд может уйти на розыск *IP*-адреса. Если такового не существует, соединение не состоится и будет выдано сообщение об ошибке. Если же поиск пройдет успешно, найденный *IP*-адрес вернется по цепочке к *DNS*-серверу вашего провайдеру, и тот обеспечит соединение.

Если бы при работе в Интернете мы пользовались только *IP*-адресами, то услуги службы доменных имен нам были бы не нужны. Но поскольку мы предпочитаем работать так, как удобно нам, а не компьютеру, то приходится в настройке свойств соединения указывать *IP*-адреса серверов *DNS*. Как уже отмечалось, эти адреса должен дать сервис-провайдер. Если он их не дал, то, возможно, они и не нужны. Можно также посетить его сайт и посмотреть, что там пишут по этому поводу.

Вопрос-ответ

Что такое доменное имя сервера?

У каждого сервера есть зарегистрированное доменное имя. Именно по нему служба доменных имен и находит истинный *IP*-адрес сервера. Доменное имя имеет иерархическую структуру — оно состоит из нескольких полей и читается справа налево. Рассмотрим для примера доменное имя *Web*-сервера компании «Яндекс»:

http://www.yandex.ru.

4 3 2 1

1. Доменное имя верхнего уровня. Для России это имя — **.ru**. Распределением доменных имен внутри домена **.ru** ведает организация РОСНИИРОС. У каждой страны, за исключением США, есть доменное имя верхнего уровня. Например, в Великобритании — **.uk**, в Германии — **.de**, а для Украины выделено имя **.ua**.

   В США структура доменных имен более разнообразна. Именно там и закладывалась система доменных имен, поэтому там доменных имен верхнего уровня больше. Они выражают характер организации: **.com** — коммерческая, **.gov** — правительственная, **.edu** — образовательная, **.mil** — оборонная и т. п. Такое деление связано с особенностями финансирования. Организации, принадлежащие одним доменам, содержат свои сайты только на бюджетные средства, принадлежащие другим доменам — имеют право на определенные субсидии, а сайты домена **.com** ничего не получают от правительства на свое развитие.

2. Доменное имя второго уровня (выдается по заявлению). При этом важно, чтобы имя было уникальным, то есть оно не может совпадать с ранее зарегистрированными именами. По этому поводу сейчас ведется много дебатов, связанных с *киберсквоттерством*. Киберсквоттеры регистрируют доменные имена второго уровня, совпадающие по написанию с названиями известных компаний, с торговыми марками известных продуктов и даже с фамилиями из-

вестных политических деятелей, имея в виду не создание сайта, а перепродажу этого доменного имени в будущем. Отобрать захваченное имя у киберсквоттера можно только по суду, и первые процессы уже состоялись. Впрочем, сделать это достаточно сложно — надо доказывать тот факт, что он зарегистрировал имя не для собственного использования, а именно для перепродажи.

Владелец доменного имени второго уровня может создавать «под собой» доменные имена третьего уровня, и далее — четвертого, но чем ниже уровень, тем менее престижно владение доменным именем и, соответственно, ниже его коммерческая ценность.

3. Имя компьютера в локальной сети, принадлежащей владельцу доменного имени. У него может быть несколько компьютеров, работающих в качестве серверов, и тогда они будут иметь одинаковое доменное имя второго уровня и разные собственные имена.

4. Имя прикладного протокола. В данном случае стоит имя **http://**. Это протокол, по которому работает служба *World Wide Web*. Отсюда нетрудно догадаться, что в компании «Яндекс» сервер *WWW* установлен на компьютере с именем **www.yandex.com**.

Существуют не только *Web*-серверы, но и другие, например *ftp*-серверы, предназначенные для обмена файлами. Их доменное имя, соответственно, начинается с префикса **ftp://**.

26. Работа в World Wide Web

Основные понятия World Wide Web

World Wide Web, или *WWW* — служба Интернета, обеспечивающая доступ к *Web*-страницам — специфическим документам, содержащим текст, графику, музыку и другие объекты. В основе службы *WWW* лежат четыре концепции:

- язык разметки документов *HTML*;
- унифицированный указатель ресурса *URL*;
- гипертекстовые связи между документами;
- протокол передачи гипертекста *HTTP*.

Язык HTML

Web-страницы по своей сути очень близки к обычным текстовым документам. Строго говоря, они и есть самые обычные текстовые документы, которые можно просматривать в простейшем текстовом редакторе, например в том же Блокноте. Но *Web*-страницы имеют характерную особенность. Кроме обычного текста они могут содержать специальные указатели, которые определяют, как именно должен текст отображаться на экране. Эти указатели называются *тегами*. Теги записывают в угловых скобках, например <CENTER> или </CENTER>. Здесь первый тег является *открывающим*, а второй, с косой чертой, — *закрывающим*. Действие этой пары тегов заключается в том, что находящийся между ними текст выравнивается по центру окна, в котором просматривается документ. Мы знаем, что текстовые процессоры тоже могут красиво форматировать текст, но использовать их в Интернете нельзя. Дело в том, что текстовый процессор встраивает в текст невидимые коды форматирования, которые понятны только ему самому. Более того, прежде чем приступать к форматированию текста в текстовом процессоре, автор должен задать параметры страницы: ее физический размер и ширину полей. То есть автор готовит свой документ как печатный, а не как экранный. Он может применять разные шрифты, но только из числа тех, что установлены на его компьютере. Если кто-то будет просматривать этот документ на другом компьютере, не имеющем тех же шрифтов, он не получит точной копии документа.

В Интернете автор *Web*-страницы не может даже предположить, на каком компьютере будут просматривать его документ. Он ничего не знает о том, какой размер имеет окно просмотра, какие шрифты установлены на компьютере читателя, какой программой тот пользуется и как она настроена. Поэтому использовать в Интернете жесткое форматирование, как в текстовых процессорах, нельзя. Здесь и помогают теги *HTML*. Это не какие-то там невидимые коды, а самые обычные текстовые команды, только заключенные в угловые скобки. Они понятны любому компьютеру, независимо от его модели и типа операционной системы. Теги *HTML* определяют не *абсолютное форматирование* документа, как коды текстового процессора, а только *относительное*. Например, тег, вызывающий центрирование строки текста, одинаково сработает и на широком экране, и на узком, а если текст не поместится по ширине экрана, он автоматически перенесется на вторую строку, третью и так далее (см. рис. 26.1).

Просматривать *Web*-страницы можно в любом текстовом редакторе, только делать это крайне неудобно, поскольку страница не форматируется, но зато видны ее теги. Такое отображение используют для изучения приемов, использованных при создании той или иной *Web*-страницы. Поэтому в Интернете изящные приемы оформления *Web*-страниц быстро становятся широко известными, и, как правило, начинающие *Web*-дизайнеры изучают язык *HTML* не столько по книгам, сколько на «живом материале».

Если же просматривать *Web*-страницы не в текстовом редакторе, а в специальной программе, которая понимает назначение тегов *HTML*, то, наоборот, теги не видны, зато налицо результат их действия — *Web*-страница выглядит примерно так, как задумал ее автор (рис. 26.2).

Программы для просмотра документов в формате *HTML* называются *броузерами*. Просмотр *Web*-документов — одна из основных, хотя и не единственная функция броузера.

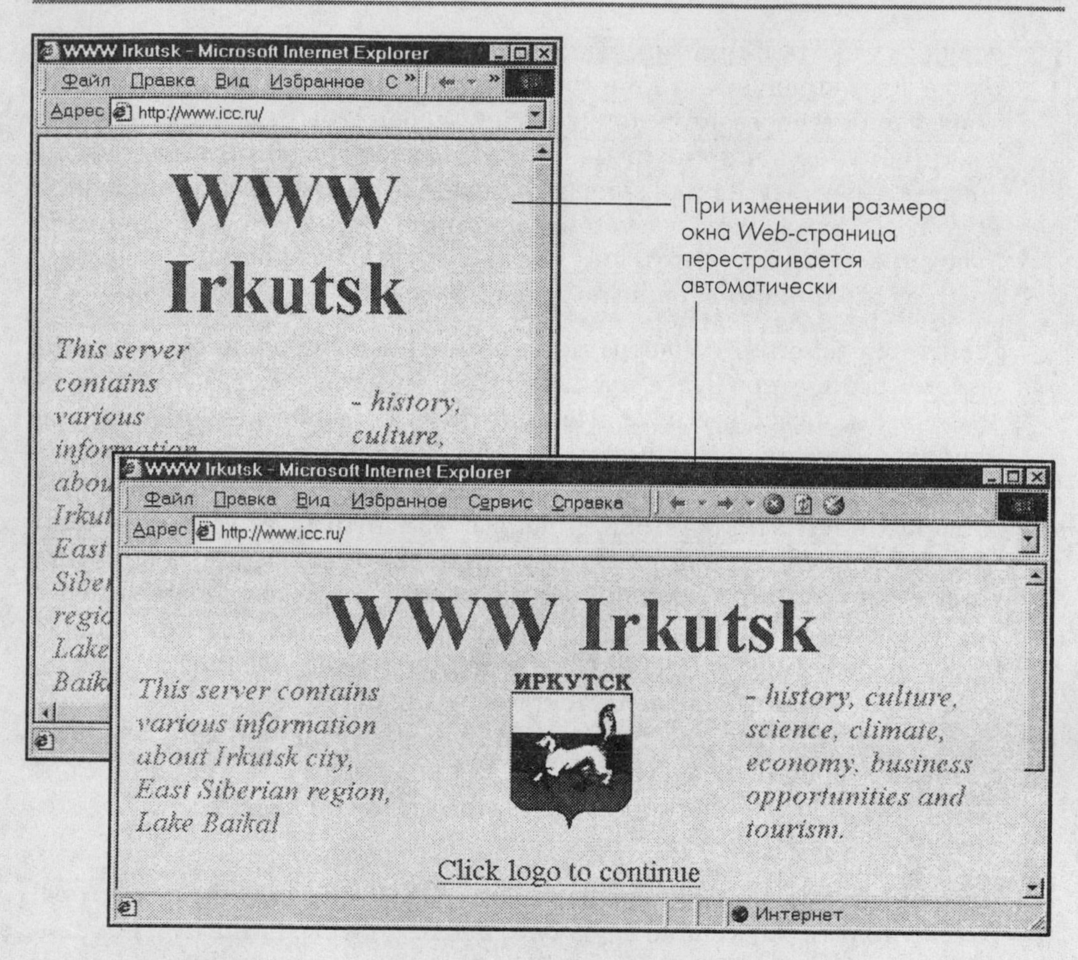

Рис. 26.1. Web-документы отличаются от печатных тем, что форматирование в них не жесткое, а гибкое. Оно зависит от текущего размера окна броузера.

Унифицированный указатель ресурса (*URL*)

У каждого документа в *World Wide Web* есть уникальный адрес. Если бы его не было, то непонятно, как можно было бы найти и загрузить этот документ на свой компьютер. Такой уникальный адрес называется *унифицированным указателем ресурса* (*URL — Uniform Resource Locator*). Иногда также используется термин *URL-адрес*.

Структура *URL-адреса* очень проста. Он состоит как бы из трех частей. Сначала записывается название протокола службы, затем записывается доменное имя компьютера, на котором хранится документ, а

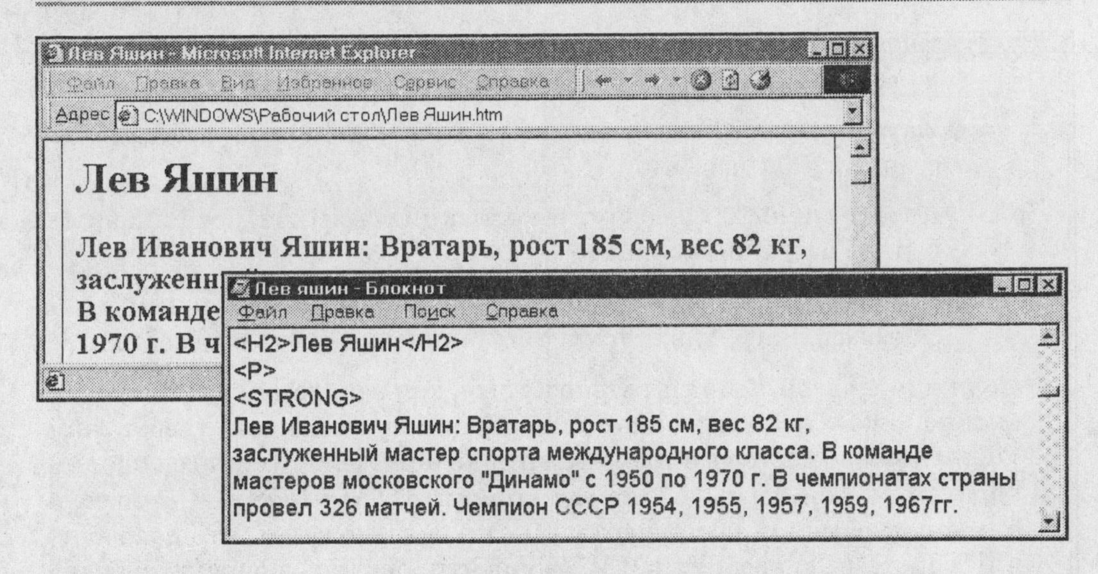

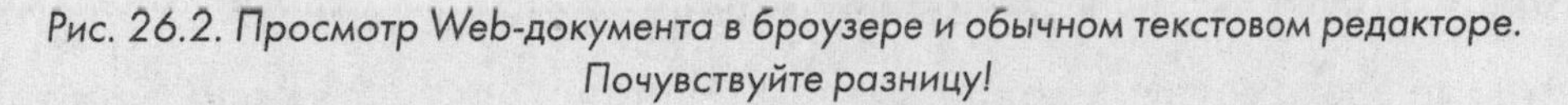
Рис. 26.2. Просмотр Web-документа в броузере и обычном текстовом редакторе. Почувствуйте разницу!

потом путь поиска документа на этом компьютере. Название протокола отделяется от остальной части адреса двоеточием и двумя символами «косая черта».

Давайте расшифруем то, что у нас получилось.

1. Имя протокола — *HTTP*. Этот протокол соответствует службе *WWW*, то есть в данном случае *URL*-адрес ведет к *Web*-документу, то есть к *Web*-странице.

2. Доменное имя сервера — www.f-1.ru. Читаем его справа налево. RU — это домен России, следовательно сервер — российский. F-1 — соответствует «Формуле-1», то есть в данном случае мы имеем дело с российским сайтом, посвященным автогонкам «Формулы–1».

3. Каталог /foto — нетрудно догадаться, что в нем хранятся фотоматериалы, посвященные автогонкам.
4. Каталог /foto/2000 — коллекция фотоматериалов спортивного сезона 2000 года.
5. Каталог /foto/2000/monako — коллекция снимков, посвященных гонке Гран-При Монако.
6. Конкретный *Web*-документ, в котором представлены снимки, — index.html. Загрузив его, мы сможем просмотреть всю серию.

Если приглядеться внимательно к тому, как записан путь поиска, то можно заметить характерное отличие от традиционных требований *Windows*. Оно состоит в том, что каталоги разделяются не символом обратной косой черты (\), как это принято в *MS-DOS* и *Windows*, а символом обычной косой черты (/). Это связано с тем, что разработчики системы адресации в *WWW* ориентировались в первую очередь на компьютеры, работающие в операционной системе *UNIX*.

Кроме этого есть еще одно важное отличие. Оно заключается в том, что одноименные строчные и прописные буквы считаются различными. То есть при записи *URL*-адресов следует учитывать регистр символов. Так что если слово «monako» записано с маленькой буквы, то точно так и надо вводить адрес. Ввод большой буквы будет ошибочным и не приведет к открытию документа (рис. 26.3).

Строго говоря, в той части адреса *URL*, которая относится к доменному имени компьютера (но не к пути поиска), можно пренебречь регистром, но для надежности лучше не экспериментировать, а вводить *URL*-адреса точно так, как они представлены.

Рис. 26.3. Сервер сообщает о невозможности разыскать документ из-за ошибки в записи адреса URL

Впрочем, на самом деле ввод каких-либо *URL*-адресов — это весьма редкая операция. Во время работы в *WWW* броузер помогает запоминать нужные адреса, чтобы впоследствии их не приходилось вводить вручную. Практически, единственный случай, когда адрес надо ввести своими руками, это когда он взят из книги, газеты, журнала или рекламного сообщения.

Гипертекстовые связи между документами

С помощью тегов *HTML* можно связать любой элемент *Web*-страницы (например текст или рисунок) с каким-либо адресом *URL*. Такие связи называются *гиперссылками*. При просмотре *Web*-страницы в броузере текстовые гиперссылки выделяются синим цветом и подчеркиванием (если броузер настроен стандартно). При щелчке левой кнопкой мыши на гиперссылке происходит загрузка другого *Web*-документа — того, на который указывает адрес *URL*, записанный в этой гиперссылке (рис. 26.4).

Благодаря гипертекстовым связям все пространство *WWW* можно рассматривать как единую паутину, состоящую из множества взаи-

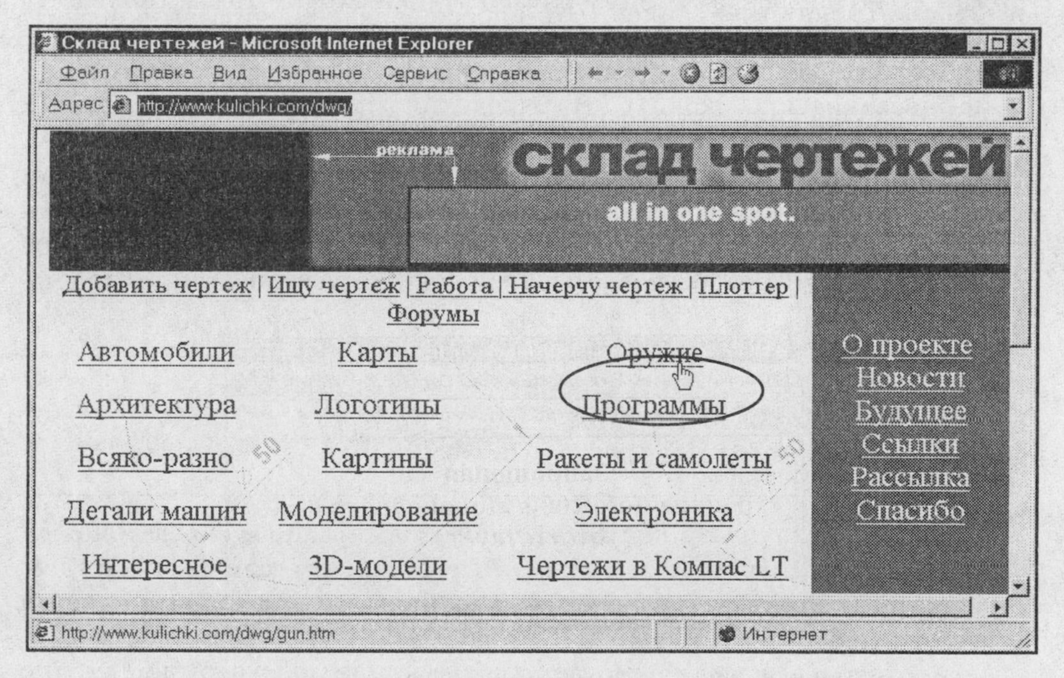

Рис. 26.4. При наведении на гиперссылку указатель мыши меняет форму. В этот момент ссылку можно активировать

мосвязанных документов. Сегодня в этой паутине уже насчитывается более двух миллиардов документов, и их число очень быстро растет. Теоретически, начав работу в *WWW* с просмотра одного-единственного документа, можно бесконечно блуждать в паутине, получая все новую и новую информацию. Приемы навигации в *WWW* — это отдельная тема для обстоятельного обсуждения. Навигация — еще одна из функций *Web*-броузеров.

Протокол передачи гипертекстов *HTTP*

Служба *WWW*, как и любая иная сетевая служба, строится на взаимодействии пары программ: сервера и клиента. Программы-серверы *WWW* называются *Web-серверами* — они работают на компьютерах, которые называются *сетевыми серверами*. В общем, одно и то же слово *сервер*, в зависимости от контекста, может обозначать то ли компьютер, то ли программу.

Программы-клиенты *WWW* называются *Web-броузерами* — они работают на наших с вами клиентских компьютерах. Взаимодействие между *Web*-сервером и *Web*-броузером происходит по специальному прикладному протоколу — *HTTP* (*HyperText Transfer Protocol* — протокол передачи гипертекста). Несмотря на столь длинное и страшное название, протокол *HTTP* чрезвычайно прост — это один из самых простых прикладных протоколов Интернета. Суть его состоит в том, что броузер имеет право обратиться к серверу с запросом, в котором указывается *URL*-адрес требуемого ресурса. Это может быть *Web*-страница, рисунок, программный объект и т. п. Сервер передает броузеру затребованный ресурс, после чего соединение разрывается до следующего запроса.

Обратите внимание на то, что физическое соединение между вашим компьютером и сервис-провайдером не разрывается. Разрывается только соединение между клиентской и серверной программами — так называемое HTTP-соединение.

В общем, протокол *HTTP* как бы одноразовый: запрос — ответ, новый запрос — новый ответ и так далее. Интересно, что если на одной *Web*-странице содержится множество картинок, то для приема каждой надо отправлять новый запрос. Так работать было бы весьма неудобно, но броузер и здесь нам помогает. Современному броузеру достаточно указать *URL*-адрес нужной *Web*-страницы, а далее он сам примет ее, увидит, какие объекты в нее встроены, сделает запросы на поставку этих объектов, получит их и покажет на экране полностью скомпонованную страницу.

Современные *Web*-страницы — это комплексные документы, состоящие из многочисленных объектов. Но, строго говоря, в этом комплексе *Web*-страницей является только текстовая часть. Все остальное — встроенные дополнительные объекты. В броузере их прием можно отключить, и тогда скорость загрузки Web-страниц многократно возрастет, хотя информативность несколько снизится. Этим пользуются те, кто работают с низкоскоростными соединениями.

Рис. 26.5. Одна и та же Web-страница выглядит по-разному в зависимости от того, включен или нет режим приема графики

Internet Explorer — Обозреватель WWW

В мире существует немало различных броузеров. Есть даже такие, для которых отображение текста *Web*-страницы на экране не является главной функцией. Например, текст страницы можно воспроизвести голосом. Представляете, как это удобно для слепых! Существуют броузеры, способные «на лету» переводить текст с одного языка на другой и показывать *Web*-страницу так, как будто она была написана на чужом языке.

Самым первым броузером *WWW* стала программа Mosaic, выпущенная еще в 1993 г. На ее основе впоследствии был разработан броузер Netscape Navigator. Последней версией броузера от *Netscape* к моменту написания этой книги является броузер Netscape 6.01.

До 1998 г. броузерам компании *Netscape* не было равных. В те годы они захватили более 90% компьютеров, работающих на платформах *Windows*, *UNIX*, *SUN*, *Macintosh* и др.

Ситуация на рынке броузеров заметно изменилась с появлением операционной системы *Windows 98*, в которую был жестко встроен броузер Internet Explorer 4.0. Фактически, он лежит в основе и знакомого нам Проводника Windows, и даже системы окон папок, берущей свое начало от значка Мой компьютер. За особую роль, которую Internet Explorer играет в операционных системах *Windows 9x*, ему дано специальное название. Это не просто броузер, а Обозреватель. Сегодня Обозреватель Internet Explorer захватил более 80% компьютеров, работающих на платформе *Windows*, но на прочих платформах продолжают лидировать броузеры от *Netscape*.

В борьбе за пользователей оба непримиримых конкурента уже давно забыли об интересах этих самых пользователей. Обе компании беспредельно «разгоняли» свои броузеры и превратили их в прожорливых и неповоротливых монстров, в которых есть много лишнего, чего большинству простых смертных никогда не потребуется. В этой конкурентной борьбе обе стороны используют, мягко говоря, неприличные приемы. Компания *Microsoft* навязывает свой Обозреватель, жестко встроив его в операционную систему, что и стало поводом для судебного преследования по обвинению в монополизации рынка. Компания *Netscape* хитрит по мелочам, выпуская вслед за версией Netscape Navigator 4.0 версию Netscape Navigator 6.0, чтобы опередить конкурентов хотя бы по номеру версии программы.

Для нас с вами все это бутафорские эффекты, но за ними видно, что гиганты рынка утратили интерес к конкретному человеку — сегодня они мыслят глобальными категориями. На этом фоне изумительно смотрится продукция скромной норвежской фирмы *Opera Software*, которая выпускает компактные, удобные, быстрые и эффективные броузеры семейства Opera. Интерес к ним нарастает день ото дня. Последней версией на момент написания книги стала версия Opera 5.0. Этот броузер имеет русскоязычный интерфейс и обладает уникальными функциями, рассмотрение которых, к сожалению, выходит за рамки нашей книги.

Рис. 26.6. Броузер Opera 5.02 — самый эффективный броузер в мире

Однако мы вернемся к Обозревателю Internet Explorer, который уже встроен в операционную систему и работает на русском языке. Как бы мы (авторы) к нему ни относились, но компьютеры более 90% наших читателей оснащены именно им, и первые шаги в Интернете стоит сделать все-таки опираясь на него. К моменту написания нашей книги последней версией Обозревателя является Internet Explorer 5.5. Она поставляется в составе операционной системы *Windows Me*, но ее также можно получить и установить отдельно. С операционными системами

Windows 98 SE и *Windows 2000* поставляется предыдущая версия Internet Explorer 5.0.

При выборе броузера всегда надо стремиться к наиболее свежей версии, даже если вы и привыкли к работе с предыдущей и она вас устраивает. Здесь дело не только в том, что последние версии обладают чуть большей функциональностью, но и в том, что от версии броузера в определенной степени зависит безопасность работы в Интернете.

Поясним эту мысль. При совместной работе *Web*-броузера и *Web*-сервера происходит обмен информацией в обе стороны. По идее, ни одна из сторон не должна выходить за строгие рамки протокола *HTTP* и не может претендовать на те права, которые ей не положены. Однако практика показывает, что не было еще броузеров, свободных от досадных ошибок. Злоумышленники используют ошибки компьютерных систем в своих интересах, чтобы получать от партнера неположенную информацию, вплоть до взятия удаленного компьютера под свое управление. Незаконное управление чужим компьютером называется *удаленным администрированием*.

Даже если на вашем компьютере нет ничего ценного, удаленное администрирование, тем не менее, является существенной угрозой. Так, например, большинство преступлений в сфере информации совершается не со своего компьютера, а с компьютера жертвы. От его имени и как бы «с него» злоумышленники атакуют защищенные системы — им это необходимо, чтобы скрыть свои следы. Для наиболее криминальных действий компьютеры, взятые под удаленное администрирование, выстраиваются в цепочки длиной до трех-четырех машин. Чем длиннее цепочка, тем труднее выследить и выявить правонарушителя.

Недостатки в системах безопасности называют *уязвимостями*. Регулярное обновление версии броузера — это одно из первейших правил самозащиты. Чем старше броузер, тем лучше злоумышленники осведомлены о его уязвимостях и тем выше потенциальная угроза личной безопасности.

Настройки Обозревателя перед первым запуском

Первый запуск Обозревателя лучше сделать без подключения к сервис-провайдеру. Это не позволит программе проявить чудеса активности и самоуправно начать в Интернете ненужную нам деятельность.

Значок Internet Explorer можно найти на Рабочем столе, в Главном меню и на Панели быстрого запуска. Он всегда под рукой. При запуске программы открывается окно, очень похожее на окно Проводника Windows и на окна папок, — вы мгновенно научитесь им пользоваться. Если ваше окно Обозревателя несколько отличается по форме от нашего, представленного на рисунках выше, то это потому, что мы для удобства работы убираем с панели управления «лишние» кнопки, которыми все равно никогда не пользуемся. Если хотите, можете сделать то же самое. Для этого щелкните правой кнопкой мыши на свободном от кнопок месте панели инструментов и в контекстном меню дайте команду Настройка — откроется диалоговое окно Настройка панели инструментов. В нем две панели: Имеющиеся кнопки и Панель инструментов (рис. 26.7). На первой приведены все кнопки, которые можно использовать, а на второй — уже использованные. С помощью кнопок Добавить и Удалить сформируйте состав панели инструментов по своему вкусу.

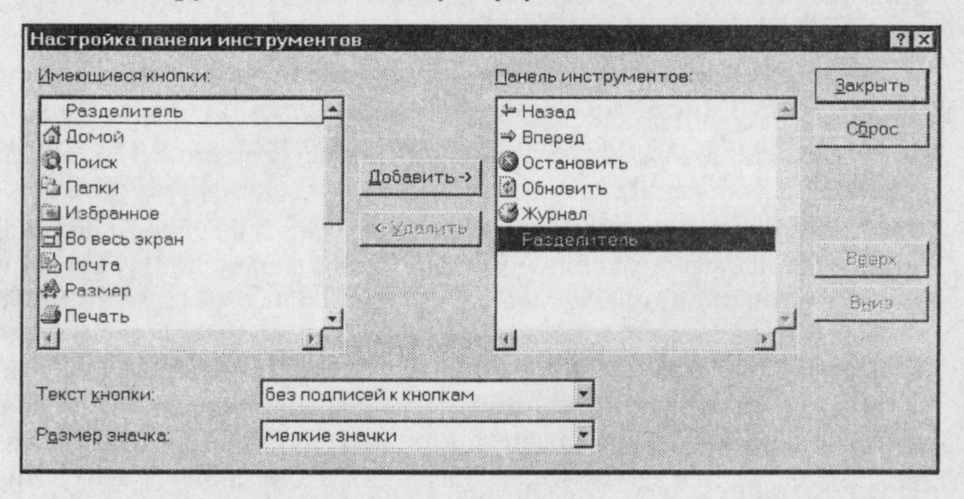

Рис. 26.7. Средство настройки панели инструментов Обозревателя

Здесь же, в раскрывающемся списке Текст кнопки, можете выбрать вариант Без подписей к кнопкам. Это позволит уменьшить размеры кнопок и никак не повлияет на удобство работы, поскольку все равно подписи появляются во всплывающей подсказке при наведении указателя мыши на изображение кнопки.

Если запустить Обозреватель в тот момент, когда открыто действующее соединение с сервис-провайдером, то он, не спрашивая согласия, немедленно обратится к *Web*-серверу своего создателя. Нужно ли туда обращаться — решать, конечно, вам, но нам как-то еще ни разу не удалось получить оттуда ничего путного, за исключением многочисленных предложений зарегистрироваться. Впрочем, поскольку и операционная система *Windows*, и Обозреватель принадлежат одной фирме, можете не сомневаться, что все, что известно операционной системе (а ей о компьютере известно все), станет известно и Обозревателю, а уж он-то найдет, как сообщить своему создателю интересующие его данные, даже и без нашего ведома. Например, передается информация об установленных устройствах, имеющих хоть какие-то идентификационные номера. (Невозможно зарегистрировать только винты, которыми эти устройства привинчены к корпусу.) Из идентификационных номеров устройств собирается некий уникальный идентификационный код пользователя, так что появление нового компьютера в Интернете не останется незамеченным для тех, кому это интересно по долгу службы. Соответственно, впоследствии появление на этом компьютере той или иной новой программы также будет зафиксировано.

Обозреватель можно настроить так, чтобы при своем запуске он обращался не туда, куда ему хочется, а куда мы сочтем нужным или вообще никуда. В последнем случае после запуска он будет терпеливо ждать, пока в адресную строку не будет введен *URL*-адрес той *Web*-страницы, которую мы хотим получить.

Дайте команду Сервис ➤ Свойства обозревателя и в открывшемся диалоговом окне выберите вкладку Общие. Здесь на панели Домашняя страница есть три кнопки: С текущей, С исходной, С пустой (рис. 26.8). Первая кнопка делает начальной ту страницу, которая открыта в Обозревателе в данный момент (если что-то открыто), вторая кнопка устанавливает начальной *Web*-страницу компании-производителя Обозревателя, а третья вообще не задает никакой страницы в качестве начальной. В этом случае при запуске программы в адресной строке светится неудобоваримая запись about: blank.

Адрес начальной страницы можно ввести и вручную. Удобно ввести здесь адрес какого-либо *Web*-сервера, услугами которого вы пользуетесь наиболее часто. Например, если вы предпочитаете пользоваться поисковой системой компании «Яндекс» (а сегодня это безальтернативно лучшая поисковая система в России) и там же держите «почтовый ящик» своей электронной почты, то сам Бог велел ввести в качестве начальной страницы адрес www.yandex.ru.

С безопасностью работы в Сети связано немало настроек Обозревателя, но если компьютер используется в качестве домашнего и на нем не

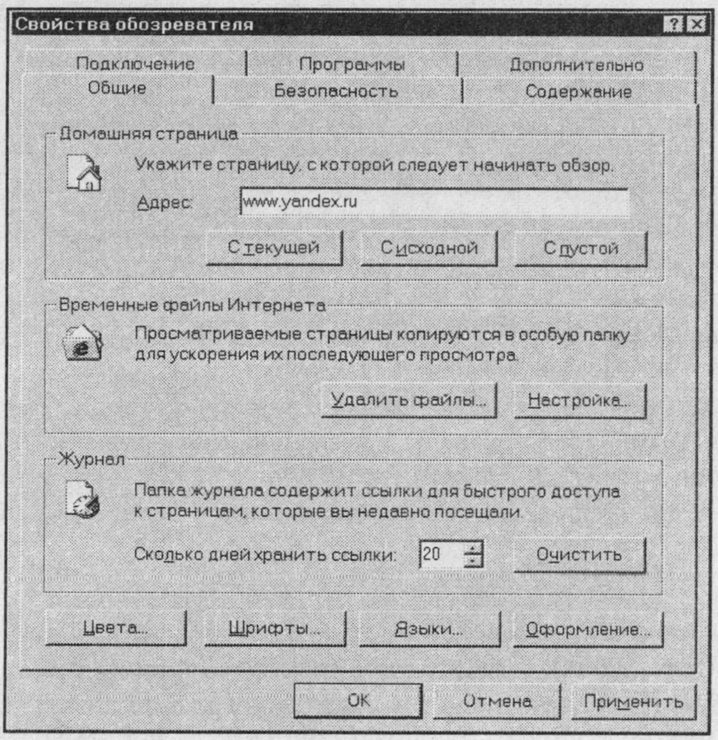

Рис. 26.8. Настройка страницы, с которой Обозреватель начинает свою работу

хранится служебная документация, то большинством этих настроек можно пренебречь. Однако на одну хорошо скрытую настройку мы все-таки обратим ваше внимание.

Откройте, как и ранее, диалоговое окно Свойства Обозревателя и в нем — вкладку Дополнительно. Здесь разыщите флажок Задействовать профиль. По умолчанию он в последних версиях Обозревателя установлен (рис. 26.9). Сбросьте его, пожалуйста. Установка этого флажка разрешает удаленным серверам запрашивать и получать сведения о пользователе без его ведома.

Разумеется, речь идет не о любых сведениях, а лишь о тех, которые известны Обозревателю, но известно ему немало. Например, он прекрасно знает ваш адрес электронной почты, а также адреса ваших друзей, так что если его хорошо попросить, то он все это передаст, куда следует.

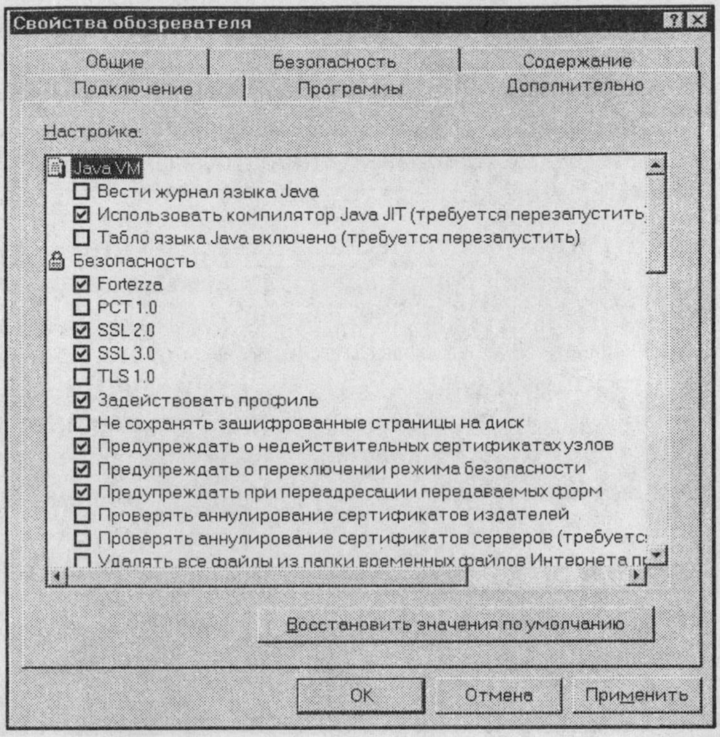

Рис. 26.9. Флажок Задействовать профиль установлен по умолчанию, а это неправильно

Настройка кэширования Web-страниц

Прием и передача данных по телефонным каналам — дело не только медленное, но и недешевое. Условно можете считать, что сегодня передача одного мегабайта стоит порядка 0,1 у.е. Эта величина хоть и средняя, зато достаточно стабильная и мало зависит от типа соединения. Час работы со скоростным каналом стоит заметно дороже, чем час работы канала с малой пропускной способностью, а в итоге мы все равно получаем средние значения от 0,08 до 0,12 у.е. за мегабайт.

Современные броузеры в некоторой степени способны позаботиться о наших расходах — они стремятся уменьшить количество передаваемой информации. Для этого в них предусмотрена *функция кэширования*. Все данные, которые мы получаем от *Web*-серверов, не только отображаются на экране, но и записываются на жесткий диск в так называемый *кэш броузера*. Когда мы вновь возвращаемся к ранее посещенной странице, броузер может не заниматься ее приемом, а взять данные непосредственно с собственного жесткого диска. Но это не единственный выигрыш. Многие *Web*-страницы, принадлежащие одному сайту, имеют общие элементы графического оформления (рисунки, графические кнопки, рекламные баннеры и т. п.). Ежели они один раз уже были загружены, второй раз загружать их ни к чему — экономия очевидна.

Правда, чтение документов из кэша имеет и негативные стороны. Так, например, за время, прошедшее после предыдущего посещения *Web*-страницы, информация на ней могла измениться, а мы этого не увидим. Обновить материал можно вручную с помощью кнопки Обновить или команды Вид ➤ Обновить, хотя это и не очень удобно. Существуют также сайты, предоставляющие не информационные материалы, а сервисные услуги — с такими вообще нельзя работать, если данные читаются из кэша.

Допустим, где-то на бесплатном сервере вы создали *Web*-папку и складываете в нее материалы, которые хотите хранить подальше от своего рабочего места. Такое бывает, когда есть причины беспокоиться о том, что на вашем компьютере эти материалы могут пасть жертвой вирусной атаки или стать достоянием посторонних лиц. Допустим, при работе со своей *Web*-папкой вы дадите команды удалить или заменить какие-то файлы. Увидите ли вы результат своей операции? Если *Web*-страница взята из кэша — то нет. Это же относится к работе с банками, Интернет-магазинами, *Web*-форумами, *Web*-чатами, *Web*-серверами бесплатной электронной почты и с прочими сервисами, основанными на службе *WWW*.

Для настройки функции кэширования откройте все то же диалоговое окно Свойства обозревателя (Сервис ➤ Свойства обозревателя). На вкладке Общие разыщите группу Временные файлы Интернета, а в ней нажмите кнопку Настройка — она открывает одноименное диалоговое окно, представленное на рис. 26.10.

Здесь предлагаются четыре варианта действий по автоматическому обновлению содержимого ранее просмотренных *Web*-страниц. Обычно достаточно включить переключатель При каждом запуске обозревателя. В этом случае посещенные *Web*-страницы будут гарантированно обновляться, но не чаще, чем один раз за сеанс. Если же вы имеете дело с каким-либо *Web*-сервисом, вариант может быть только один — включить переключатель При каждом посещении страницы. Это существенно замедлит работу с большинством информационных сайтов, но сделать это необходимо, иначе экранный образ страницы будет не всегда соответствовать реальному состоянию дел.

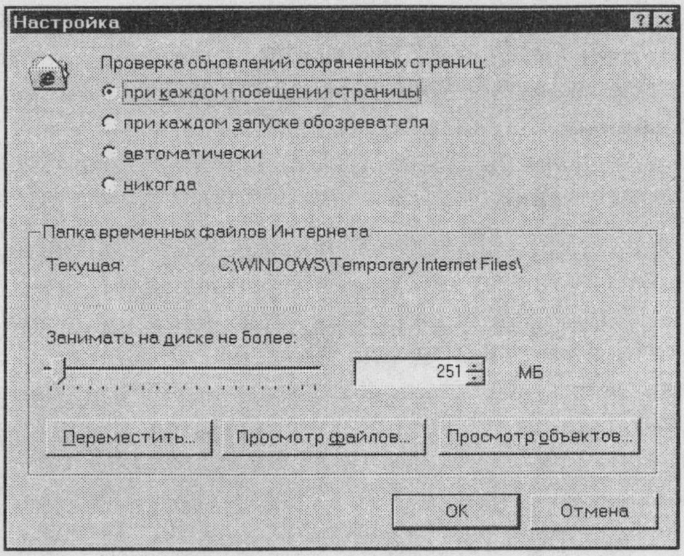

Рис. 26.10. Настройка параметров взаимодействия с дисковым кэшем

Здесь же можно задать предельный размер папки, в которой накапливаются объекты, принятые из Интернета. Сами оцените, как долго (в часах) вы планируете засиживаться в Сети, и умножьте полученное число на десять. Если, например, предельная продолжительность сеанса не будет превышать 3–4 часа, то задайте размер папки 30–40 Мбайт. При переполнении папки копии наиболее старых объектов будут автоматически удаляться.

Имейте в виду, что кэширование принятых объектов позволяет другим лицам узнать, кто, когда и чем занимался в Интернете. Удалить данные из кэша нетрудно – для этого на вкладке Общие диалогового окна Свойства обозревателя есть кнопка Удалить файлы. Правда, при этом удаляется не абсолютно все, поэтому проверку оставшегося выполняют кнопками Настройка ➤ Просмотр файлов. Обычно остаются файлы с маркерами *cookies*, которые можно «зачистить» удалением вручную. Сами понимаете, что удаление следов своей деятельности не стоит делать в Корзину, поэтому перед удалением файлов нажмите клавишу SHIFT.

Имейте в виду, что не все маркеры *cookies* одинаково бесполезны. Среди них попадаются и такие, которые желательно бы сохранить, поэтому прежде чем удалять их, почитайте то, что о них рассказано ниже.

Навигация в World Wide Web

Навигация в Интернете базируется на двух навыках. Во-первых, это умение ориентироваться, то есть определять свое местоположение, а во-вторых — умение перемещаться в нужном направлении. Хотя пространство *WWW* не реально, а виртуально, ориентироваться в нем тоже надо уметь. О том, где мы в данный момент находимся, всегда можно узнать по адресу *URL*, записанному в адресной строке Обозревателя, а чтобы понять, куда ведет та или иная гиперссылка, надо просто навести на нее указатель мыши и в строке состояния появится адрес перехода.

Вообще, для навигации в *World Wide Web* можно пользоваться двумя наборами средств. Первый набор предоставляет сама *Web*-страница (а точнее говоря, ее автор), а второй — средство просмотра (броузер). Грамотный *Web*-мастер на каждой странице своего сайта помещает не менее одной навигационной панели. Эти панели могут быть представлены в виде графических кнопок или набора гиперссылок. На кнопках и ссылках четко написано, к каким разделам сайта они ведут. Нередко на страницах есть кнопки Назад и Вперед, позволяющие вернуться к ранее просмотренным материалам. Аналогичные кнопки есть и во всех броузерах. Какими кнопками пользоваться: программы или *Web*-страницы, зависит от характера страницы.

Если сайт чисто информационный и содержит коллекции документов для просмотра и изучения, то кнопками броузера пользоваться удобнее, поскольку их не надо разыскивать — они всегда находятся на одном и том же месте. Однако если вы имеете дело с сервисным сайтом, например с Интернет-магазином или с сервером бесплатной электронной почты, избегайте пользоваться кнопками броузера. Лучше применять кнопки и ссылки самой *Web*-страницы.

На рис. 26.11 в качестве примера показан Интернет-магазин торговой сети «Рамстор». В момент съемки кадра открыт раздел, посвященный электрическим батарейкам. Чтобы выйти из него и перейти в раздел более высокого уровня (Электротовары), можно воспользоваться кнопкой броузера Назад или ссылкой, имеющейся на самой *Web*-странице. Если вы просто так «гуляете» по магазину и смотрите его виртуальные витрины, то все равно, как поступить. Однако если вы реально «работаете» с магазином и отбираете товар в покупательскую «корзину», следует довериться владельцам сайта и пользоваться для пере-

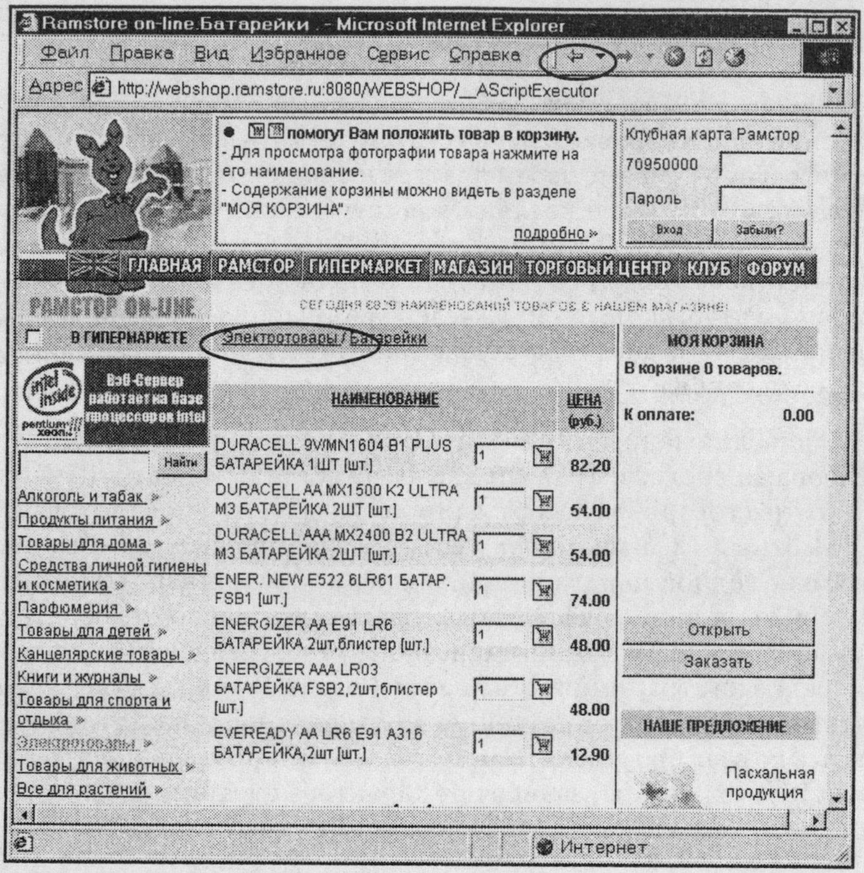

Ramstore on-line.Батарейки. - Microsoft Internet Explorer
Файл Правка Вид Избранное Сервис Справка
Адрес http://webshop.ramstore.ru:8080/WEBSHOP/__AScriptExecutor
помогут Вам положить товар в корзину.
- Для просмотра фотографии товара нажмите на его наименование.
- Содержание корзины можно видеть в разделе "МОЯ КОРЗИНА".
подробно »
Клубная карта Рамстор
70950000
Пароль
Вход
Забыли?
ГЛАВНАЯ РАМСТОР ГИПЕРМАРКЕТ МАГАЗИН ТОРГОВЫЙ ЦЕНТР КЛУБ ФОРУМ
РАМСТОР ON-LINE
В ГИПЕРМАРКЕТЕ
Электротовары / Батарейки
Вэб-Сервер работает на базе процессоров Intel
Найти
Алкоголь и табак »
Продукты питания »
Товары для дома »
Средства личной гигиены и косметика »
Парфюмерия »
Товары для детей »
Канцелярские товары »
Книги и журналы »
Товары для спорта и отдыха »
Электротовары »
Товары для животных »
Все для растений »

НАИМЕНОВАНИЕ		ЦЕНА (руб.)
DURACELL 9V/MN1604 B1 PLUS БАТАРЕЙКА 1ШТ [шт.]	1	82.20
DURACELL AA MX1500 K2 ULTRA M3 БАТАРЕЙКА 2ШТ [шт.]	1	54.00
DURACELL AAA MX2400 B2 ULTRA M3 БАТАРЕЙКА 2ШТ [шт.]	1	54.00
ENER. NEW E522 6LR61 БАТАР. FSB1 [шт.]	1	74.00
ENERGIZER AA E91 LR6 БАТАРЕЙКА 2шт,блистер [шт.]	1	48.00
ENERGIZER AAA LR03 БАТАРЕЙКА FSB2,2шт,блистер [шт.]	1	48.00
EVEREADY AA LR6 E91 A316 БАТАРЕЙКА,2шт [шт.]	1	12.90

МОЯ КОРЗИНА
В корзине 0 товаров.
К оплате: 0.00
Открыть
Заказать
НАШЕ ПРЕДЛОЖЕНИЕ
Пасхальная продукция
Интернет

Рис. 26.11. Навигация на Web-странице Интернет-магазина

хода не кнопками броузера, а ссылками, имеющимися на странице, — это общепринятый подход.

Как пользоваться гиперссылками

Казалось бы, что проще: наведи указатель мыши на подчеркнутый текст и нажми кнопку — гиперссылка сработает. Это действительно простой прием, но гиперссылок может быть так много, что в глазах от них рябит, и не знаешь, с чего начать.

Во-первых, не забывайте смотреть в строку состояния окна Обозревателя перед каждым щелчком на гиперссылке. Здесь должен появиться адрес, к которому эта гиперссылка ведет. Если он выглядит как-то странно (не похож на адрес *URL*), то, скорее всего, здесь не реальная гиперссылка, а фиктивная (не в упрек будь сказано). Это как бы имитация гиперссылки, но не средствами языка *HTML*, а иными. Такая гиперссылка тоже приведет к получению новой *Web*-страницы, но, скорее всего, она принадлежит все тому же сайту, на котором вы находитесь. Покинуть его и уйти на другой сайт можно только по полноценной гиперссылке.

Кроме текстовых, существуют графические гиперссылки — рисунки, выполняющие роль гиперссылок. В прошлом их было легко отличить по красной рамке. Сегодня требования к дизайну значительно ужесточились, и мало кто согласен портить внешний вид своих страниц такой рамкой. Поэтому, чтобы отличить графическую гиперссылку от обычной иллюстрации, наведите на нее указатель мыши. Если он примет форму ладони, значит, перед вами гиперссылка. Не сочтите за труд взглянуть на строку состояния, чтобы узнать, куда она ведет.

С одним рисунком может быть связан не один адрес *URL*, а несколько — в этом случае за изображением может скрываться группа гиперссылок. Такие изображения называют *картами* (рис. 26.12). Их используют, как правило, в начале *Web*-страниц. Щелкая на разных частях изображения (в *горячих точках*), посетитель может попадать в различные разделы сайта. Задача читателя — выявить «горячие» точки или области. Для этого опять-таки надо подвигать по изображению указателем мыши и понаблюдать, в каких местах он меняет форму и что при этом видно в строке состояния.

Дополнительные окна Обозревателя

Строка состояния окна Обозревателя — не единственное место, за которым надо следить при навигации в *WWW*. Еще очень важно наблюдать за состоянием кнопок на Панели задач. Обозреватель Internet Explorer не обязательно должен работать в единственном экземпляре. Можно запустить эту программу несколько раз и одновременно заниматься приемом и просмотром нескольких *Web*-страниц. Отметим, что открыть новое окно Обозревателя можем не только мы с вами. Удаленные серверы тоже имеют средства для запуска новых экземпляров Обозревателя на наших компьютерах. Стоит чуть зазеваться, и можно обнаружить, что почему-то одновременно открыто несколько окон, в каждом из которых что-то грузится, причем далеко не всегда то, что нужно. Многие из открытых окон на экране не видны, так как лежат где-то в глубине. Производительность работы при этом, разумеется, стремительно падает.

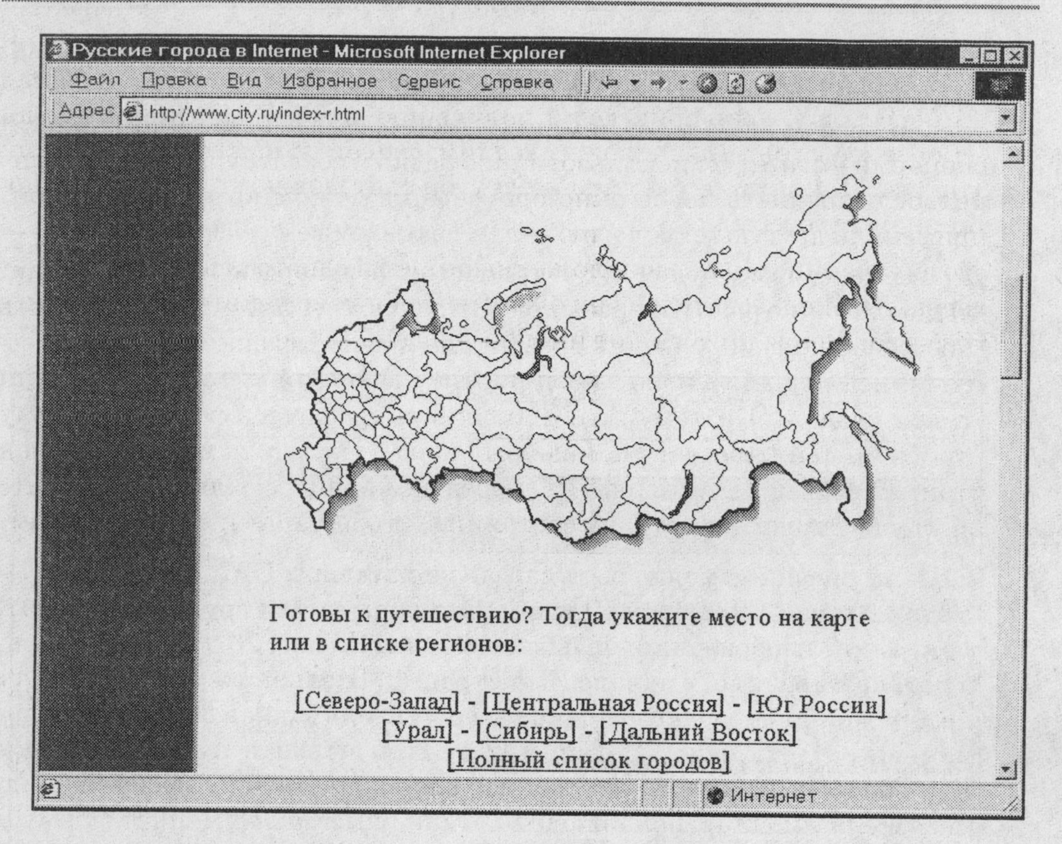

Рис. 26.12. Пример изображения-карты. Щелкая в разных местах изображения, можно попасть на разные страницы

Бывают случаи (например, при работе с поисковыми системами), когда открытие новой *Web*-страницы в новом окне — благо. Завершив ее просмотр, можно просто закрыть окно и остаться с тем окном, с которого начали. Однако бывают случаи, когда серверы открывают нам новые окна не ради дела, а исключительно для демонстрации рекламы. Поэтому за открытыми окнами надо следить и не допускать открытия более двух-трех одновременно. Все лишнее закрывайте с помощью кнопок Панели задач. Но будьте внимательны: не закройте окна, необходимые для работы!

Просмотр фреймов

Web-серверы не всегда умели самовольно открывать новые окна броузера на компьютерах клиентов. Сегодня они используют для этого так называемые сценарии *Java* — небольшие фрагменты программного кода, написанные на языке *JavaScript*, которые исполняются под управлением броузера. Все современные броузеры понимают не только теги *HTML*, но и команды *JavaScript*. А в прошлом, когда сценарии *JavaScript* использовались редко и создатели *Web*-страниц не могли открыть новое окно броузера на чужом компьютере, они применяли другую технологию — так называемые *фреймы*. Фреймы — это внутренние окна, расположенные внутри одного общего окна броузера. Для пользователей они очень неудобны, но некоторые ленивые *Web*-дизайнеры применяют их и по сей день.

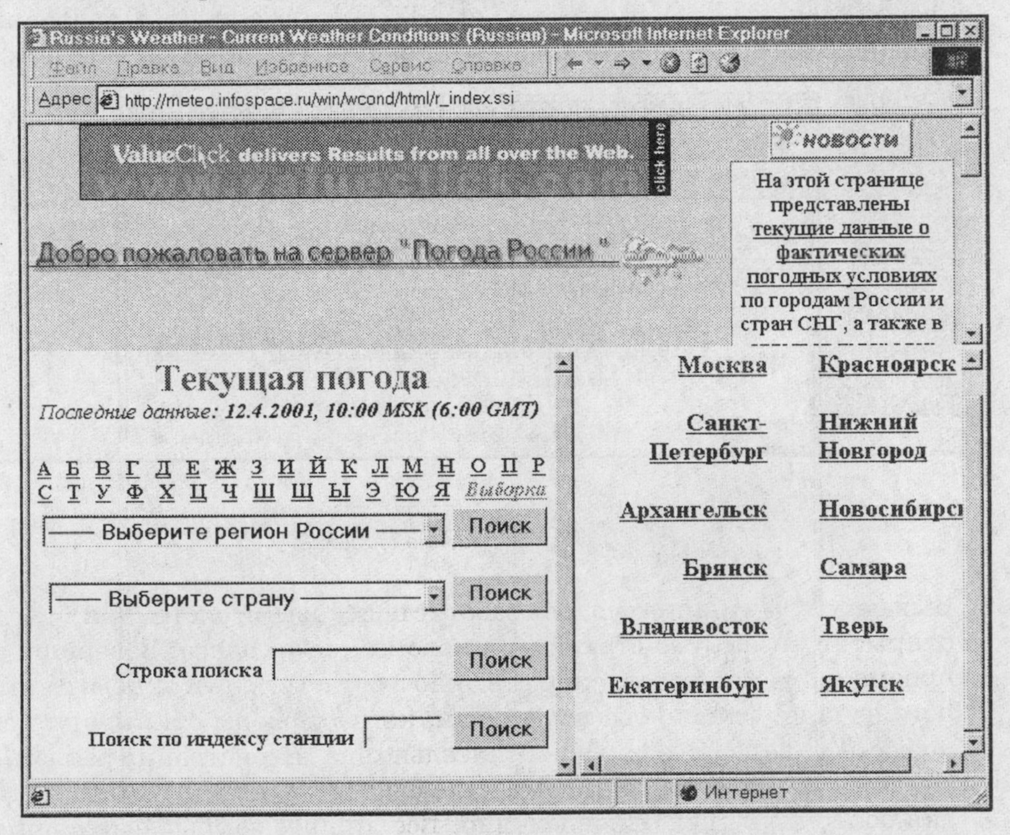

Рис. 26.13. Пример Web-страницы, содержащей фреймы. Если размер окна броузера уменьшить, то в фреймах образуются полосы прокрутки.

Неудобство фреймов состоит в том, что из-за них нарушается простой и понятный принцип: *одна Web-страница — один документ*. Обычно ведь как бывает: понравился вам какой-нибудь принятый документ — сохраняете *Web*-страницу целиком, и этот документ уже у вас. А если в каждом фрейме отображается отдельный *Web*-документ, имеющий свой *URL*-адрес, то становится непонятно, как же его сохранить.

В подобных случаях нам помогает открытие документа в новом окне. Надо щелкнуть правой кнопкой мыши внутри фрейма, содержащего нужный нам документ, и в контекстном меню выбрать команду Открыть в новом окне. Так можно разобрать «фреймованную» *Web*-страницу на части, то есть превратить фреймы в полноценные окна и в каждом из них спокойно выполнять команды навигации, просмотра и сохранения. В нашем примере, представленном на рис. 26.13, мы избрали гиперссылку Москва, но щелкнули на ней не левой кнопкой мыши, как обычно, а правой. Выбрав в контекстном меню пункт Открыть в новом окне, мы получили отдельный *Web*-документ, представленный на рис. 26.14, — теперь его можно спокойно сохранить в виде файла.

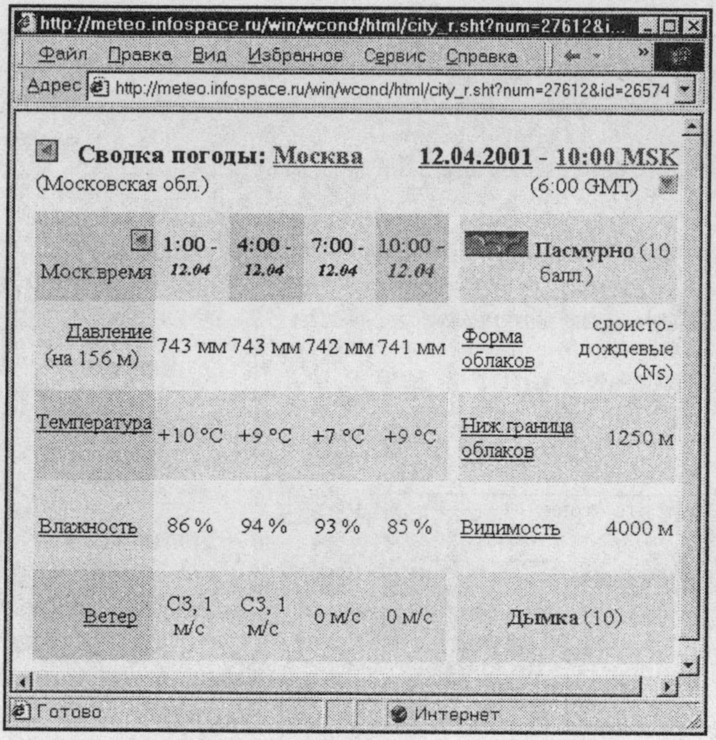

Рис. 26.14. Web-документ, открытый в отдельном окне

Работа с закладками

Итак, чтобы попасть на нужную *Web*-страницу, надо либо иметь перед собой гиперссылку, ведущую на нее, либо вручную вводить *URL*-адрес в адресную строку броузера. Вообще, при работе в Интернете ввод каких-либо адресов с клавиатуры — это нонсенс. Разумеется, можно иной раз что-то и ввести, особенно если адрес короткий и простой, но все равно желательно не заниматься этим слишком часто.

Природная лень, как известно, двигатель прогресса, и потому в броузерах предусмотрен очень удобный механизм навигации, получивший название *закладок*. Закладка — это гиперссылка, сохраненная в виде файла с расширением имени .lnk. В системе Windows для закладок имеется специальная папка \Избранное. Она находится по адресу C:\Windows\Избранное.

Планируя очистку жесткого диска или его переформатирование с полной переустановкой операционной системы, не забудьте сохранить содержимое папки \Избранное где-нибудь в надежном месте. Очень хорошо, если эта папка регулярно подлежит резервному копированию наряду с другими папками, содержащими собственные труды. После переустановки Windows верните назад содержимое данной папки, и все ранее созданные закладки будут на старом месте.

Папка \Избранное — системная, и потому при обычном просмотре в Проводнике или в окнах системы Мой компьютер она может не отображаться. Чтобы включить отображение скрытых и системных папок пользуйтесь командой Пуск ➤ Настройка ➤ Свойства папки ➤ Вид ➤ Файлы и папки ➤ Скрытые файлы ➤ Показать все файлы.

Сохранение закладки

Если вам довелось попасть на *Web*-страницу, содержание которой явно выглядит интересным, и можно предположить, что в будущем эта страница вам потребуется еще не раз, имеет смысл сохранить ее *URL*-адрес в виде закладки. Прямая команда сохранения выглядит так: Избранное ➤ Добавить в избранное. В открывшемся диалоговом окне Добавление в избранное уточните, с каким именем добавляется закладка (если надо, замените его на понятное) и щелкните на кнопке OK (рис. 26.15).

При таком добавлении закладки сохраняются в произвольном порядке, то есть в общую кучу. Операция происходит быстро, но результат не очень хорош. Лучше создать внутри папки Избранное собственные тематические папки, чтобы группировать сохраненные закладки по темам. Для этого в окне Добавление в избранное есть раскрывающая кнопка Добавить в <<. Она открывает дополнительную панель, на которой можно выбрать одну из вложенных папок. Если папка с подходя-

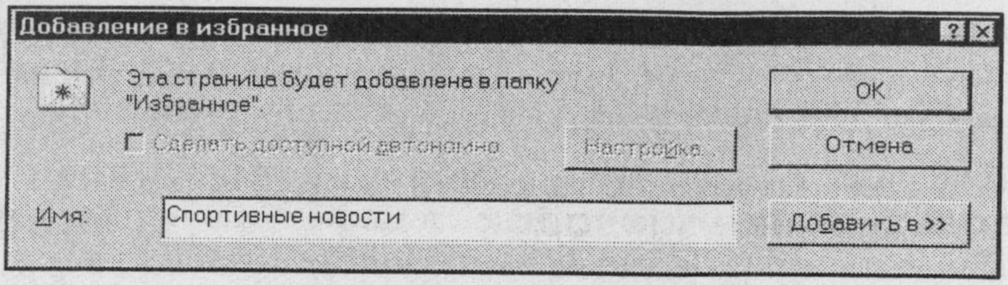

Рис. 26.15. Простое добавление новой ссылки в список закладок

щей темой там пока не существует, воспользуйтесь кнопкой Создать папку, после чего введите имя новой папки. Новая папка создается внутри текущей открытой папки, так что задавайте структуру вложенных папок по собственному вкусу (рис. 26.16).

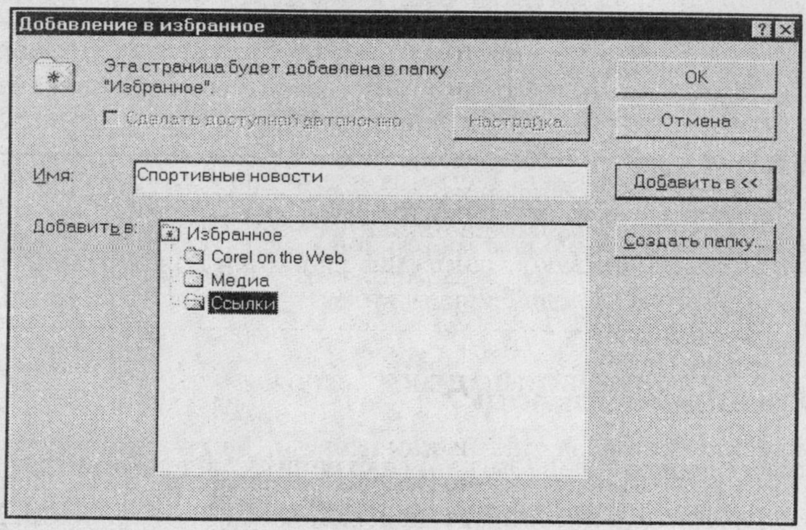

Рис. 26.16. Добавление новой ссылки в список закладок с одновременной группировок закладок в папках

Современные броузеры поставляются в состоянии, когда папки закладок в них уже заготовлены и частично наполнены. Воспринимайте это как рекомендации от авторов программы. Не исключение и Internet Explorer. В нем в папке \Избранное тоже припасено несколько десятков закладок, но собраны они явно без души и отличаются редкой бесполезностью. Позитивный образец — это броузер Opera норвежской компании *Opera Software*. Он поставляется с замечательной коллекцией закладок на все случаи жизни — там есть и адреса лучших поисковых систем, и обширная коллекция ссылок на серверы, поставляющие бесплатные программы, и многое другое. Это лишь малый штрих, показывающий, что не случайно программу Opera считают самым дружественным броузером.

Использование закладок

Здесь все просто: в строке меню выберите пункт Избранное, затем нужную закладку и щелкните на ней левой кнопкой мыши. Если закладка не потеряла актуальность и ресурс, к которому она ведет, продолжает находиться там же, где он был в момент создания закладки, произойдет загрузка этого ресурса. Неактуальные ссылки и неактуальные закладки — бич современного Интернета. *Web*-страницы часто перестают существовать по самым разным причинам: бывает, авторы устают тратить на них время и средства, нередко *Web*-страницы меняют адреса внутри одного сайта, а часто и сайты переезжают с одного арендованного сервера на другой. В принципе, в Интернете можно найти немало программ, обслуживающих списки закладок. К ним, например, относится программа WebSite-Watcher (aignes.com/software/index.htm). Такие программы работают в фоновом режиме во время существования соединения с Интернетом, и пока мы занимаемся своими делами, они потихоньку «прозванивают» закладки из нашей коллекции и выявляют те, которые стали недействительными — потеряли актуальность.

Упорядочение закладок

Если складывать закладки как попало, не группируя их в папки, очень скоро работать с меню Избранное станет неудобно. Тогда имеет смысл потратить пять минут, чтобы навести в нем порядок. Для этого нет необходимости устанавливать соединение с Интернетом, то есть, упорядочение закладок можно провести в автономном режиме.

Дайте команду Избранное ➤ Упорядочить избранное и откроется одноименное диалоговое окно (рис. 26.17). На правой панели показана структура папки Избранное, а на левой расположены командные кнопки с понятными названиями. Например, если надо переместить закладку в одну из папок, достаточно выделить закладку на правой панели и нажать кнопку Переместить на левой панели — откроется вспомогательное окно для выбора папки назначения. При желании можно обходиться и вообще без кнопок, перемещая закладки на правой панели методом перетаскивания. Чтобы поместить закладку в папку, ее надо перетащить на значок этой папки и, когда он изменит цвет, зависнуть

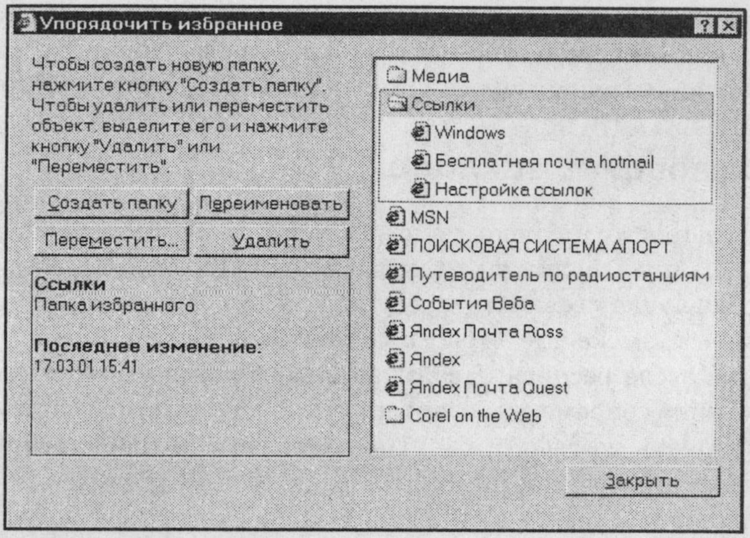

Рис. 26.17. Средство упорядочения закладок

над ним — папка раскроется. Внутри раскрытой папки могут находиться вложенные папки — суть от этого не меняется, их тоже можно раскрыть зависанием указателя мыши.

Другие средства навигации

Журнал Обозревателя

Закладки — вещь, безусловно, хорошая, но чтобы ими воспользоваться, сначала нужно их создать, а увлекшись работой, мы очень часто забываем это делать. Здесь на помощь может прийти специальное средство Обозревателя — Журнал. В нем запоминается вся история нашей работы в Сети, и по прошествии нескольких дней или недель, в зависимости от настройки программы, можно разыскать адрес ранее посещенной *Web*-страницы и вернуться к ней для более глубокого изучения.

Журнал представляется в виде специальной панели в левой части окна Обозревателя. Чтобы открыть его, можно воспользоваться одноименной кнопкой на панели управления или командой Вид ➤ Панели обозревателя ➤ Журнал. Работа с журналом самоочевидна. Для удобства на панели Журнал имеется кнопка Вид, позволяющая отсортировать содержимое по дате посещения или по посещенным узлам (сайтам). Там же имеется кнопка Поиск, которая предоставляет возможность найти нужную страницу в журнале. Пользоваться ею удобно, если точно знаешь, что ищешь, а если нет, то приходится просматривать Журнал вручную.

Ссылки хранятся в журнале не бесконечно. На вкладке Общие диалогового окна Свойства обозревателя имеется счетчик, позволяющий выставить число дней, после которого информация будет удалена автоматически. По умолчанию здесь стоит значение 20 дней.

Содержимое журнала доступно всем пользователям данного компьютера. Если нужно скрыть следы своей деятельности в Сети, журнал следует очистить специальной командой. На упомянутой выше вкладке Общие диалогового окна Свойства обозревателя имеется командная кнопка Очистить, удаляющая все содержимое журнала. Более аккуратный подход — чистка журнала вручную и удаление отдельных записей с помощью их контекстного меню.

Адресная строка Обозревателя

Адресная строка Обозревателя имеет свойство запоминать все, что в нее когда-либо вводилось вручную. Если нужно повторно набрать какой-то адрес, можно щелкнуть на раскрывающей кнопке на правом краю строки и выбрать нужный адрес из раскрывшегося списка.

Содержимое раскрывающегося списка адресной строки доступно всем пользователям компьютера. Если нужно скрыть следы деятельности в Интернете, список надо очистить. Вычищается он при полной очистке журнала (как описано выше).

Функция автозавершения

В состоянии поставки адресная строка Обозревателя обладает свойством автозавершения ввода. Это совершенно бестолковая функция, которая почему-то нравится некоторым производителям программ. Суть ее состоит в том, что если кто-то когда-то набирал некий адрес, например http://www.microsoft.com, то этот адрес запоминается, и в дальнейшем стоит только начать ввод первых букв иного адреса: http://www.m.., как происходит автоматическое завершение ввода. Автозавершение, предложенное программой, можно принять, но можно от него и отказаться. Разумеется, чаще приходится отказываться (почему мы и называем эту функцию бестолковой), ведь никто не будет набирать второй раз адрес, который когда-то уже набирался, — его проще взять в списке командной строки.

> Список автозавершения способен «выдавать» посторонним лицам адреса ранее посещенных сайтов *WWW*. При очистке журнала и списка адресной строки список автозавершения не очищается! Он запрятан более глубоко.

Чтобы очистить список автозавершения, откройте вкладку Содержание диалогового окна Свойства обозревателя. Здесь в группе Личные данные нажмите кнопку Автозаполнение — откроется диалоговое окно Настройка автозаполнения. Сбросьте все флажки, чтобы автозавершение в дальнейшем не работало, и очистите журнал автозавершения кнопками Очистить формы и Очистить пароли.

27. Поиск и сохранение информации из Интернета

Поисковые системы WWW

Теперь мы знаем, как можно попасть на *Web*-страницу. Ее *URL*-адрес вводят в адресную строку броузера, если страница посещается впервые. Адрес можно также выбрать в списке адресной строки, разыскать в журнале или взять в списке закладок, если данная страница ранее уже посещалась.

Но основной прием навигации в пространстве *WWW* — это все-таки использование гиперссылок. Правда, чтобы попасть на заданную страницу, эту гиперссылку надо иметь. И здесь встает естественный вопрос: «А нет ли в Интернете коллекций (библиотек) готовых гиперссылок, чтобы по ним можно было найти множество полезных документов?» Ответ на этот вопрос положительный: «Такие библиотеки есть, и их немало. Называются они *поисковыми системами*».

Частные коллекции

Самый простой пример — это частные коллекции гиперссылок. Обычно их создают люди, увлеченные какой-либо темой. Тема может быть любой: от коллекционирования этикеток пивных бутылок до поиска внеземных цивилизаций. Попав на *Web*-страницу такого исследователя, можно найти сотни, а то и тысячи гиперссылок, ведущих к полезным ресурсам. Если эта коллекция собиралась годами, хорошо упорядочена и комментирована, то пользоваться ею удобно. Коллекционеры гипрессылок заметно упрощают жизнь своим коллегам по увлечению, и потому *Web*-страницы, содержащие достойные наборы тематических ссылок, ценятся очень высоко. Если вы тоже задумаете создать

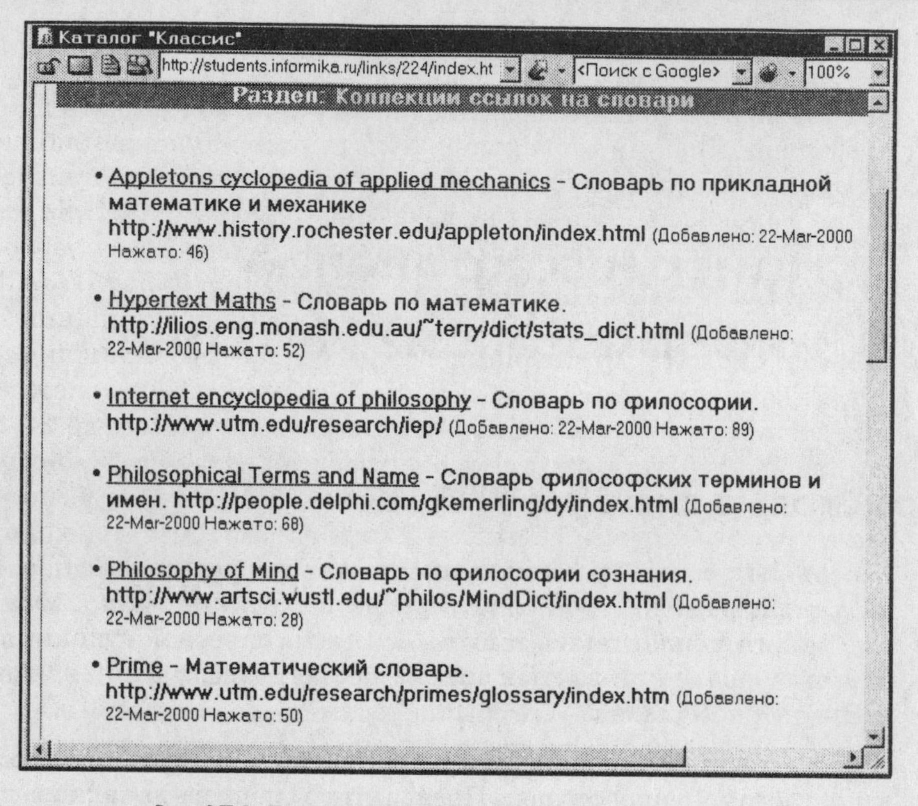

Рис. 27.1. Пример полезной коллекции гиперссылок

свою *Web*-страницу, непременно поместите на нее те гиперссылки, которыми часто пользуетесь сами.

Частные коллекции — это, конечно, хорошо, но они не безграничны. А ведь их еще надо обслуживать! Гиперссылки часто устаревают, а ничто так не портит хорошую коллекцию, как «мертвые» ссылки, ведущие к давно не существующим ресурсам. Встретив две-три неактуальные ссылки, начинаешь понимать, что создатель этой *Web*-страницы — человек несерьезный, легко хватающийся за новое дело, но неспособный делать его долго и качественно. Поэтому одному человеку очень трудно обслуживать коллекцию размером более нескольких тысяч ссылок.

Еще один недостаток частных коллекций заключается в том, что, хотя таких коллекций очень много, их тоже надо разыскать. В общем, мы возвращаемся к тому, с чего начали: «Как найти информацию в *WWW*? Нет ли таких универсальных библиотек, адреса которых широко известны и в которых хранится очень много полезных ссылок?»

Поисковые каталоги

То, что не в состоянии сделать один человек, может быть по силам профессиональному коллективу. Существуют обширные библиотеки гиперссылок, заранее отсортированные по тематическому признаку, — такие поисковые системы называются *поисковыми каталогами*. Самый известный поисковый каталог мира — Yahoo! (www.yahoo.com). Он начал работать в 1994 г., на заре становления *World Wide Web*, и быстро завоевал всемирную популярность. Сегодня в компании *Yahoo!* работает около 150 квалифицированных редакторов. Они лично просматривают наиболее содержательные *Web*-ресурсы Интернета и вручную вносят их в свой каталог. Благодаря им в последние 2—3 года каталог *Yahoo!* поддерживается на уровне 1 миллиона *Web*-страниц. За это время общее число Web-страниц в Интернете выросло многократно и сегодня уже превышает 2 миллиарда. Из-за необходимости постоянно проверять актуальность ранее заложенных гиперссылок дальнейшее расширение каталога идет крайне медленно. Учитывая необычайную сложность задачи, в последнее время компания даже перешла на коммерческую основу и начала брать деньги с владельцев *Web*-сайтов за размещение ссылок на них в своем каталоге.

В России тоже есть поисковые каталоги. В недавнем прошлом лучшим считался поисковый каталог «Атрус» (www.atrus.ru), но в последнее время вперед вырвался его конкурент — «List.RU» (www.list.ru). Сегодня в нем хранится порядка 100 тыс. ссылок на российские *Web*-документы, классифицированных по двум десяткам категорий.

Пользоваться поисковыми каталогами предельно просто. Надо выбрать нужную категорию, например Автомобили, затем в ней выбрать подкатегорию, например Автотусовка, а там — свои категории и готовые ссылки. Кроме простоты поиска, к достоинствам каталогов относится высокая актуальность и *релевантность* гиперссылок. Под релевантностью понимается степень соответствия документа сделанному запросу.

С другой стороны, естественным недостатком поисковых каталогов является слабое количественное отражение ими подлинных ресурсов *WWW*. В целом по миру уровень каталогизации *Web*-ресурсов составляет менее десятой доли процента, да и этот показатель неуклонно падает, так как новые страницы создаются гораздо быстрее, чем идет их каталогизация.

И все-таки поисковыми каталогами можно и нужно пользоваться. При проведении первичного поиска информации, например перед

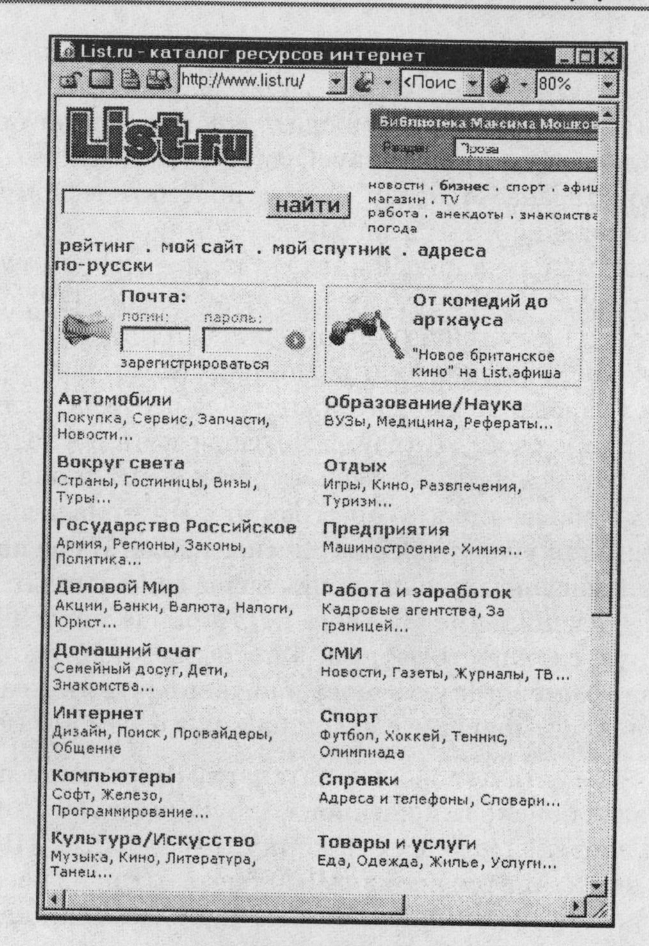

Рис. 27.2. Поисковый каталог List.ru

написанием реферата или приобретением какого-либо товара, нам обычно не нужны обширные и глубокие исследования. Обычно бывает достаточно нескольких наиболее известных и популярных ресурсов, которые с помощью поискового каталога можно найти за одну-две минуты.

Поисковые указатели

В отличие от поисковых каталогов, поисковые указатели не хранят готовые *Web*-страницы с рекомендованными ссылками, а создают их непосредственно в момент запроса. Для этого клиент должен несколькими словами описать документ, который хочет получить. Слова, используемые в запросе, называются *ключевыми*. Проанализировав ключевые слова, поисковый указатель обращается к своей базе данных, где подбирает *Web*-документы, наиболее соответствующие запросу. Далее система формирует *Web*-страницу, на которой представляет результаты поиска в виде набора гиперссылок.

Количество полученных гиперссылок зависит от того, какие ключевые слова были даны в запросе. Если использовались тривиальные слова, такие как компьютер, Windows, программа, то количество ссылок, скорее всего, окажется непомерно большим. При употреблении редких слов или их комбинаций результат поиска будет более конкретным. Если же ключевые слова введены с ошибками, результат поиска может быть нулевым, за тем редким исключением, когда в *WWW* имеются документы, содержащие это слово с точно такой же ошибкой (рис. 27.3).

Рис. 27.3. Яндекс находит даже документы с ашипками, и апичятками

Поисковых указателей в мире очень и очень много. К тому же ситуация с ними все время меняется. То, что было хорошо пять-шесть лет назад, уже не выглядело столь же хорошо три-четыре года назад, а сегодня может вообще вызывать грусть и уныние. Вот, например, одна из лучших поисковых систем середины 90-х годов *Alta Vista* (www.altavista.com) после 1997 г. перестала толком развиваться, а ее и сегодня во многих книгах приводят в качестве образца. Давно прошли те годы, когда активно развивались поисковые системы *Lycos* (www.lycos.com), *Hot Bot* (hotbot.lycos.com), *Excite* (www.excite.com) и многие другие. Если вам предлагают сегодня свежую книгу об Интернете и вы видите, что там описаны приемы работы, например, с системой *Alta Vista*, не задумываясь отказывайтесь от приобретения. Ее автор отстал от жизни минимум на три световых года и давно не ведает, что на самом деле происходит в Сети.

Сегодня в зарубежном секторе Интернета безальтернативно лидирует поисковая система *Fast Search* (www.alltheweb.com), которая по объему данных в два раза превосходит ближайших конкурентов, работает в несколько раз быстрее и вообще не навязывает рекламы. Для научных исследований наилучшей считается поисковая система *Northern Light* (www.northernlight.com) — она сочетает большую базу данных о ресурсах *Web* и немалый объем ручной работы по выборочной тематической каталогизации. В принципе, этих двух ресурсов зарубежного Интернета достаточно, чтобы не чувствовать себя в Сети отставшим от жизни.

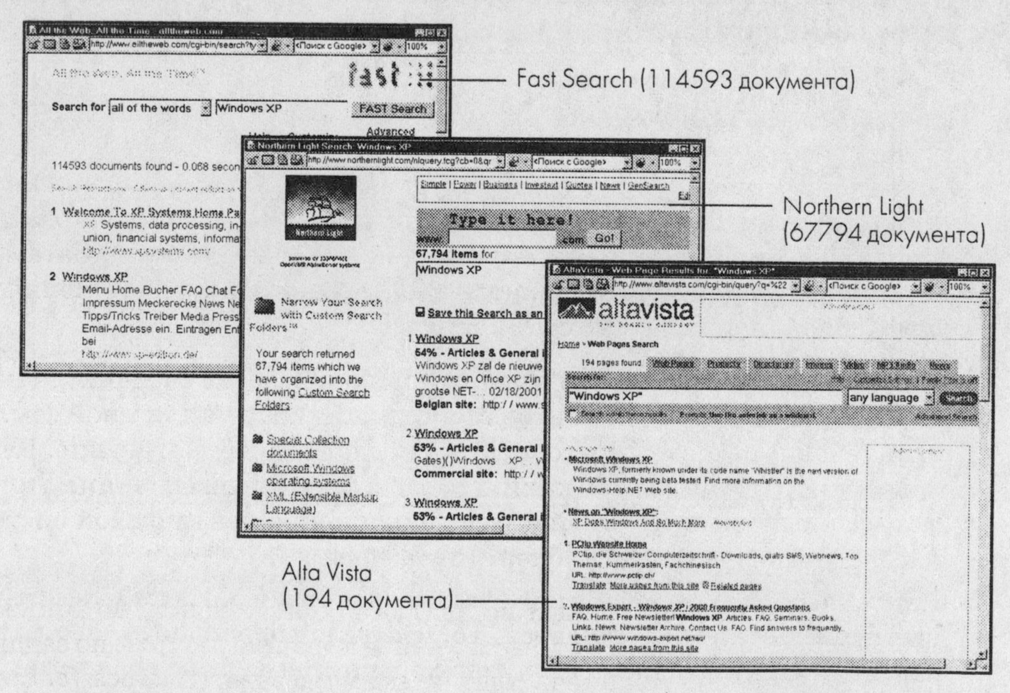

Рис. 27.4. Сравните поисковые возможности трех систем по количеству страниц, которые они возвращают по запросу

В России количество поисковых указателей превысило десяток, но среди них лидируют три поисковые системы первого эшелона: «Яндекс» (www.yandex.ru), «Апорт 2000» (www.aport.ru) и «Рамблер» (www.rambler.ru).

«Рамблер» — это не совсем поисковая система. То есть она предоставляет средства для поиска по ключевым словам, хотя это и не основной бизнес компании. Основной на сайте «Рамблера» является классификационно-рейтинговая система (см. ниже). Поэтому поисковые ресурсы «Рамблера» уступают ближайшим конкурентам. Анализ актуальности этих ресурсов показывает, что «Рамблер», в общем-то, и не стремится их развивать.

«Апорт 2000» — добротная система, хотя и с ограниченным знанием о ресурсах российской части Интернета. Она возвращает не так много ссылок, как ближайшие конкуренты, но зато умеет их прекрасно оформить, за что эту систему многие любят.

Наиболее дружественной и самой мощной в России сегодня является поисковая система «Яндекс». Если вам нужны сведения или факты сегодняшнего и завтрашнего (но не вчерашнего) дня, лучше всего обратиться именно сюда.

Рейтинговые системы

Более корректно такие системы следует называть *классификационно-рейтинговыми*. Сначала они классифицируют *Web*-ресурсы и разбивают их на тематические категории (как в *Web*-каталогах). Затем в каждой категории представляется некоторое ограниченное количество ссылок (например, до ста).

И, наконец, против каждой ссылки устанавливается счетчик, показывающий, как много клиентов воспользовались той или иной ссылкой в течение последних суток. На этом основано рейтингование. Чем чаще клиенты пользуются каким-то сайтом, тем выше позиция этого ресурса в рейтинге. Лучшей классификационно-рейтинговой системой России считается «Рамблер» (www.rambler.ru).

Хотя рейтинговые системы и не являются поисковыми, во многих случаях они тоже позволяют быстро найти хорошие ресурсы по заданной теме, особенно если речь идет о темах массового спроса (спорт, музыка, кино, автомобили, компьютеры, политика и т. п.).

Как работают поисковые указатели

Хотя вопрос, вынесенный в заголовок этого раздела, и не относится к теме книги (наша основная задача — научиться работать с компьютером), его задают практически все начинающие пользователи Интернета. По-видимому, эта тема людям интересна. Обычно вопрос ставится так:

— Почему я при просмотре WWW получаю документы медленно, в час по чайной ложке, а поисковая система умудряется за доли секунды пересмотреть сотни миллионов документов и выбрать из них те, которые мне подходят? Там что, другие линии связи?

Линии связи там, конечно, не телефонные, но все-таки и не такие, с которыми можно просмотреть все содержимое *WWW* за доли секунды. Дело в том, что все уже давно просмотрено и за ответом на наш запрос поисковая система никуда в Интернет не обращается, а ищет его в собственных базах данных. Эти базы данных и называются *поисковыми указателями*.

Работа поисковой системы, основанной на указателе, проходит в четыре этапа. За каждым этапом стоят специальные программные средства. Эти программы — основной актив системы, ее «ноу-хау». Они оберегаются от конкурентов как зеница ока, и ни одна поисковая система никогда не откроет конкретные алгоритмы, которыми пользуется, так что говорить о них можно только в самых общих чертах.

Этап 1. Сбор информации

На первом этапе поисковая система собирает информацию из *WWW*. Происходит это примерно так же, как при нашей работе с броузером, только там броузеры специальные — их называют «пауками», «червями», «краулерами», «роботами» (сокращенно *ботами* — отсюда, кстати, и название *HotBot)* и т. п. Такому «пауку» задают *URL*-адрес, начиная с которого он просматривает *WWW*. Скопировав одну страницу, он переходит по ее гиперссылкам на страницы, связанные с ней, копирует и их, после чего переходит на следующие и так далее.

Теоретически, при неудачном стартовом *URL*-адресе процесс копирования может завершиться после того, как какой-то сегмент *WWW* будет полностью исчерпан, но тогда можно ввести другой стартовый адрес и т. д. К тому же поисковая система запускает в Сеть не одного «паука», а столько, сколько позволяет производительность линий связи.

Днем и ночью множество «роботов» от различных поисковых систем просматривают содержимое *Web*-сайтов и копируют все новые документы, которые на них появились. Из собранного материала образуется первичный архив. На рис. 27.5 можете увидеть размер такого архива для русскоязычного сектора Интернета — система «Яндекс» не скрывает эту информацию от пользователей. Другие — скрывают, так как по динамике изменения цифр с течением времени нетрудно догадаться о том, как система развивается или тормозится. Не будем показывать пальцем, но принудительное торможение поисковых систем отнюдь не редкость, поскольку техническое развитие стоит денег, и немалых, а приносит не столько доходы, сколько хлопоты и неприятности.

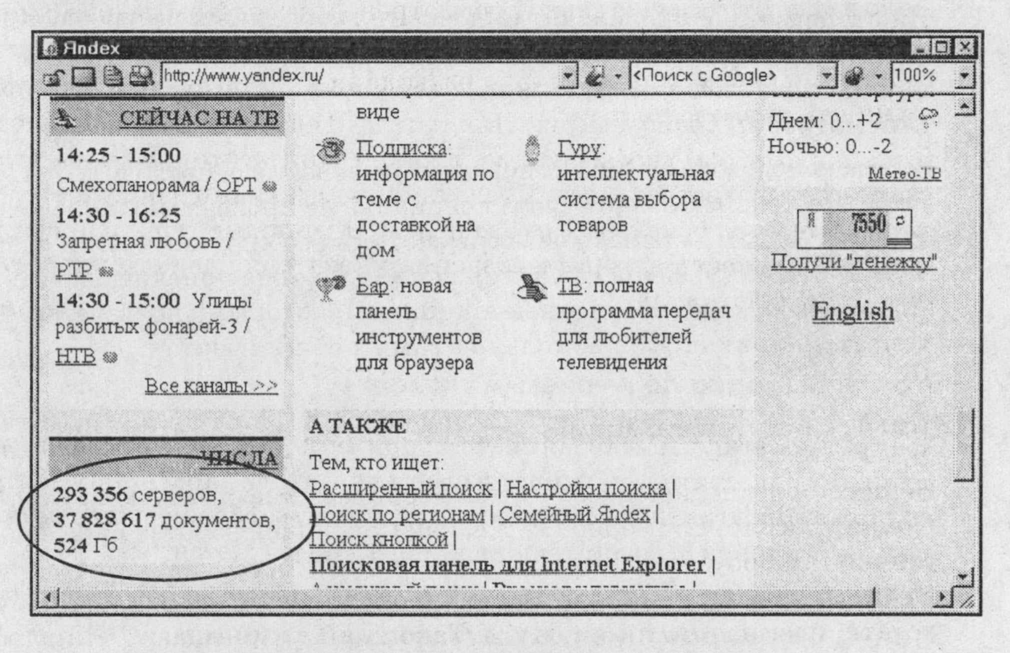

Рис. 27.5. Размер русскоязычного сектора Интернета

— А не происходит ли некоторое нарушение прав личности, когда «роботы» поисковых систем посещают частные Web-страницы и копируют их содержание к себе?

Нет, ничего подобного не происходит. С точки зрения протокола *HTTP*, «робот» поисковой системы ничем не хуже, чем броузер любого читателя. Если кто-то сделал свою *Web*-страницу доступной для обычных *Web*-броузеров, почему специализированные броузеры должны дискриминироваться? К тому же у автора *Web*-страницы есть средства, известные ему, но невидимые для читателей, чтобы «попросить» поисковых роботов не индексировать его страницу. Правда, эти средства действуют не на уровне технического запрета, а на уровне сетевого этикета, но, тем не менее, этот этикет никто не нарушает.

Этап 2. Индексация

После того как поисковые роботы скопируют все доступные документы на сервер своего хозяина, там образуется архив — некий неполный образ *WWW*. Работать с ним пока нельзя, так как по каждому запросу пришлось бы делать полный просмотр всего архива, а это очень долго и дорого.

На втором этапе происходит индексация собранных ресурсов. Простейший тип индексации — индексация *обратным файлом*. Создается некий словарь, в который входят все слова, которые встретились в просмотренных документах. Для каждого слова числами записываются параметры, указывающие, в каком документе и в каком месте документа оно встретилось. После такой индексации и получается то, что называется *поисковым указателем*. Этот пример груб и примитивен. В реальности алгоритм создания указателя намного хитрее, но суть примерно такая.

Этап 3. Выборка по ключевым словам

На третьем этапе поисковая система принимает ключевые слова, введенные пользователем, и ищет в своем указателе адреса документов, содержащие эти слова. Найденные документы образуют первичный результат поиска, который пока клиенту не выдается.

Этап 4. Формирование результирующей страницы

На четвертом этапе происходит ранжирование результатов поиска, чтобы клиент в первую очередь получил те результаты, которые наиболее хорошо соответствуют его запросу — это называется *сортировкой по релевантности*. Какие документы считать более релевантными, а какие менее — очень тонкий психологический момент. Простым пересчетом совпадений ключевых слов в запросе и в документе по принципу «чем больше, тем лучше», руководствуются только весьма примитивные системы. На самом деле есть существуют очень эффективные приемы, в том числе и учитывающие психологию авторов *Web*-страниц и ожидания читателей.

У каждой поисковой системы при ранжировании результатов проявляется своя политика, и нередко бывает так, что мы отдаем предпочтение не той системе, которая нагребла больше *Web*-ресурсов, а той, которая точнее отвечает на наши запросы. Некоторые системы в последнее время стали использовать прием коммерческого ранжирования, согласно которому на первые места в списках ссылок выводятся те сайты, владельцы которых больше за это заплатили. Может быть, в этом и нет ничего плохого, но если сравнить список систем, перешедших на коммерческую основу, со списком «загибающихся» систем, остановившихся в своем развитии, то оказывается, что они странным образом совпадают. Для нас с вами это полезный индикатор. Еще раз напомним, что лучшая поисковая система мира *Fast Search* обходится не только без коммерции, но и вообще без рекламы (по крайней мере, пока).

Как пользоваться поисковым указателем

Хотя все поисковые системы и черпают информацию из одного и того же источника, результаты они выдают на удивление разные. Это зависит от алгоритмов, по которым работают программы. В качестве примера мы рассмотрим приемы работы с поисковой системой «Яндекс» (www.yandex.ru).

О пользе искусственного интеллекта

Результат работы любой поисковой системы, основанной на указателе, в значительной степени зависит от того, какие ключевые слова использовал клиент в запросе, а также от того, как он их сгруппировал.

У каждой системы свои правила группировки ключевых слов. Набор этих правил называют *синтаксисом языка запросов*. Одни системы рассчитаны на простые запросы, другие опираются на сложный и изощренный синтаксис, чтобы дать клиенту нетривиальные возможности поиска. Большинство систем сочетают как тот, так и другой подход. Для этого у них предусмотрено два режима работы: *простой поиск* и *расширенный*. Но даже в режиме простого поиска разные системы могут работать по-разному.

Рассмотрим, например, какую роль играет пробел между ключевыми словами. Допустим, мы используем при поиске три ключевых слова: футбольный клуб Заря. Даже в таком простом примере возможны два варианта. Пробелы можно рассматривать как союзы И или как союзы ИЛИ. В первом случае запрос будет выглядеть как футбольный И клуб И Заря, а во-втором случае — футбольный ИЛИ клуб ИЛИ Заря. Нетрудно догадаться, что результат поиска по одним и тем же словам в разных поисковых системах будут разным.

Если поисковая система обрабатывает пробелы как союзы И, то она найдет сравнительно немного *Web*-страниц, на которых одновременно встречаются все три слова (пусть даже и в разных местах, а не подряд). Если же пробелы трактуются как союзы ИЛИ, то будет предоставлено множество *Web*-страниц, на которых встречается хотя бы одно из слов, указанных в запросе.

— А какой же подход все-таки лучше?

На самом деле оба подхода плохи. Представьте себе, что произойдет, если пользователь введет не два-три ключевых слова, а больше, например так: физика оптика линза свет лучи преломление фокус. Если бы такой запрос увидел библиотекарь, он бы мгновенно понял, что читателю надо, и выдал ему стопку книг. Компьютер же окажется в растерянности. Здесь нужны специальные методы, связанные с искусственным интеллектом. Если поисковая машина рассматривает пробелы как союз И, то ей будет трудно найти документ, в котором все эти слова встречаются одновременно. Если же она рассматривает их как союзы ИЛИ, то в ответ вы получите огромное количество страниц, среди которых будет и описание карточных фокусов, и введение в физику плазмы.

С точки зрения пользователя получить очень много результатов столь же плохо, как и не получить ничего. И в том, и в другом случае цель поиска не достигнута. В зависимости от используемой поисковой системы, в первом случае в России можно найти от одного до трех документов, а во втором случае — до полумиллиона.

Если система выдает очень много результатов, то роль алгоритмов отсева и ранжирования становится решающей. Взгляните на рис. 27.6. Здесь приведен результат поиска в поисковой машине «Рамблер». На рисунке четко видно, что мы искали и что система нам предложила. При этом был включен режим сортировки результатов поиска *по соответствию*. Неужели ничего более соответствующего нашему запросу «Рамблер» предложить не сумел?!

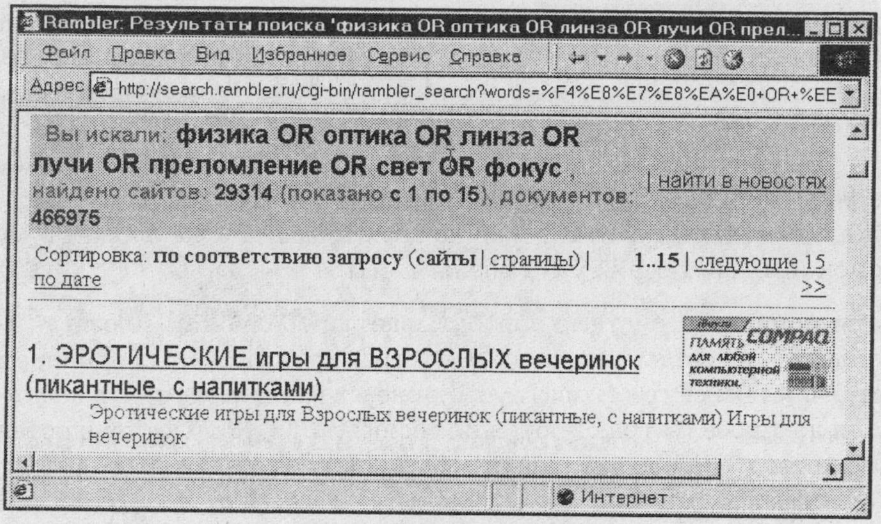

Рис. 27.6. Снимок из серии «Не верь глазам своим» сделан в поисковой системе «Рамблер»

— Так что же все-таки делать? Как должна система обрабатывать пробелы?

По-настоящему дружественная система должна применять искусственный интеллект. Задав в запросе семь слов, мы достаточно четко очертили область своих интересов и дали достаточно информации, чтобы система смогла проявить интеллект, если, конечно, он у нее имеется. К счастью, в России есть поисковые системы с искусственным интеллектом. Неплохой интеллект проявляет «Апорт 2000» и совершенно блестяще работает «Яндекс».

— Так как же все-таки «Яндекс» сумел разобраться с ролью пробелов во всей этой истории?

А очень просто! Система не подходит формально: либо «И», либо «ИЛИ», — а анализирует суть запроса и пытается предложить лучшее, что может. Она, конечно, приветствует, когда несколько слов из запроса появляются на одной странице, и ставит этой странице более высокую оценку, но не пренебрегает и страницами, на которых встречаются не все ключевые слова — такие страницы помечаются особо (рис. 27.7). В общем, «Яндекс» ведет себя, как человек-консультант.

— И какая польза нам от всего этого?

Основная польза заключается в том, что разработчики «Яндекса» наиболее близко (не только в России, но и в мире) подошли к реше-

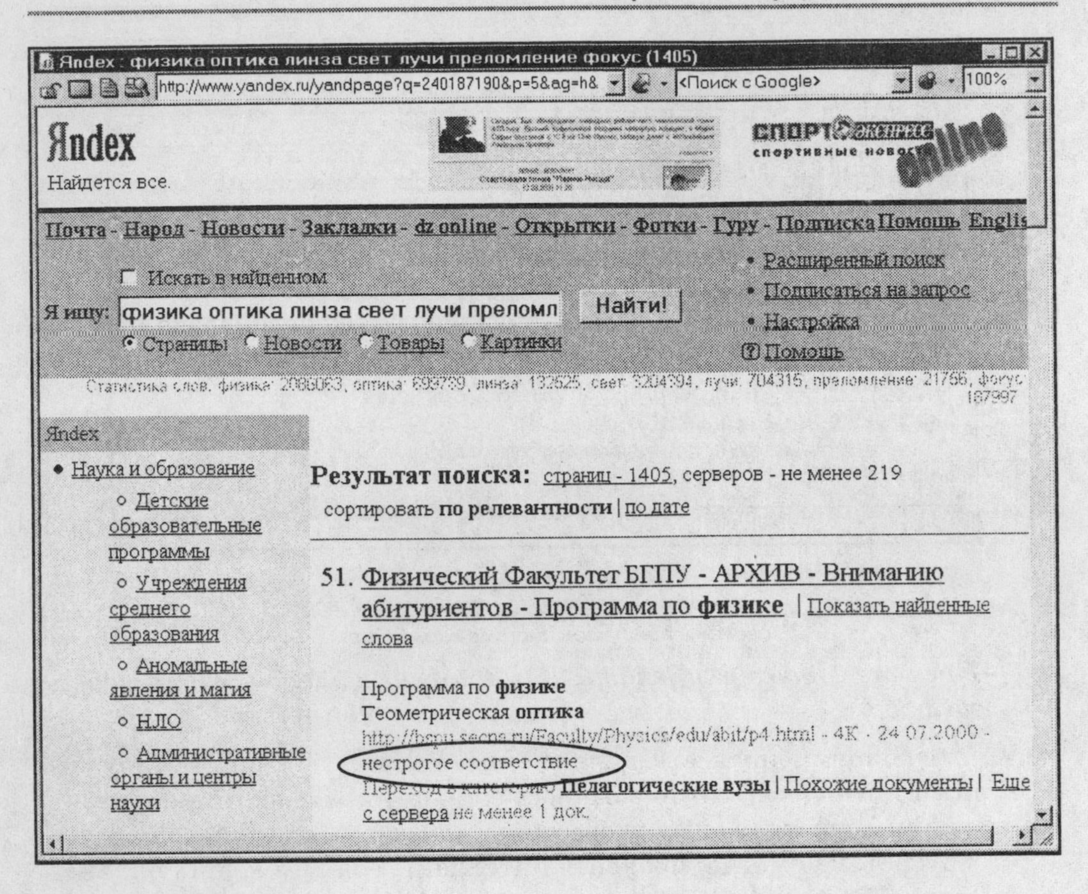

Рис. 27.7. Если в документ входят не все слова из тех, что были в запросе, ставится специальная пометка «Нестрогое соответствие»

нию проблемы поиска по естественному языку. Попробуйте, например, поискать информацию по запросам Как приготовить сибирские пельмени или Почему принтер не печатает. Мы не подбирали эти фразы специально, но они дают вполне приемлемый результат.

Приемы простого поиска в системе «Яндекс»

Итак, самый простой прием поиска нам уже известен. Надо представить, какие слова имеются в том документе, который нам нужен, ввести их в поле ввода ключевых слов и нажать кнопку Найти. Работая с «Яндексом», можно не задумываться над ролью пробелов — система сама разберется.

При работе с другими поисковыми системами надо обязательно сначала выяснить роль пробелов. Для этого либо читают сопроводительную документацию, либо ставят собственные эксперименты.

Следующий прием — это *форсирование ключевых слов*. Допустим, в нашем примере физика оптика линза свет лучи преломление фокус мы хотим усилить значение слов линза и фокус, чтобы они *обязательно* содержались в разыскиваемом документе. Тогда перед ними надо поставить знак «+»: физика оптика +линза свет лучи преломление +фокус.

Все служебные знаки ставятся вплотную (без пробела) к слову, к которому они относятся, и отделяются пробелом от предыдущего слова. Это требование действует во всех поисковых системах.

Форсировать можно не только наличие слов, но и их отсутствие. Допустим, нас интересует оптика не как наука, а как вид товара (линзы, очки и т. п.). В этом случае ключевое слово физика из результатов поиска можно принудительно исключить с помощью знака «минус»: оптика +линза свет лучи преломление +фокус –физика.

Если у вас не срабатывает форсированное исключение слов из документов с помощью знака «минус», попробуйте поставить это слово на последнее место, как в нашем примере.

Чтобы поисковая система могла работать с естественным языком, особенно с таким сложным, как русский, она должна понимать ключевые слова, введенные в различных словоформах. Например, в нашем примере совершенно все равно, использовать ли слово линза или линзы. Однако бывают случаи, когда использование различных словоформ надо принудительно исключить. Форсирование единственной словоформы выполняют с помощью знака «!», например так: оптика !линза свет лучи преломление +фокус –физика.

Чем больше знаков форсирования используется в запросе, тем уже круг *Web*-страниц, отобранных в результате поиска. Таким образом, эти знаки удобно использовать в тех случаях, когда первичный поиск дал слишком много результатов и целесообразно выполнить поиск более детально.

Порядок, в котором мы вводим ключевые слова, обычно отражается на результатах поиска, но не очень значительно. Чем больше слов использовано в запросе, тем заметнее роль порядка их следования (это одна из особенностей искусственного интеллекта системы), но она никогда не становится критичной. Впрочем, форсировать заданный порядок слов тоже можно — для этого используют кавычки. Например, поиск по ключевым словам «пятый элемент» разыщет *Web*-страницы, в которых эта пара слов встречается именно в таком порядке.

Поиск выражений, заключенных в кавычки, называется *контекстным поиском*. Строго говоря, контекстный поиск должен возвращать ссылки на документы, в которых данное выражение присутствует абсолютно (!) точно так, как задал пользователь. К сожалению, таких систем в России нет вообще, да и за рубежом это редкость. Чтобы поисковая система могла выполнять контекстный поиск, она не должна ограничиваться только поиском по указателю. Необходимо также просматривать и архив полных копий сохраненных *Web*-страниц. Это как минимум в десяток раз увеличивает время поиска и сильно затрудняет развитие системы — она должна где-то остановиться. Наиболее хорошо контекстный поиск реализован в системе Alta Vista, которая по прочим показателям давно уступила лидерство более мощным и совершенным системам.

При проведении поиска следует учитывать специфику прописных букв. Так, например, по поиску «пятый элемент» будут отобраны страницы, содержащие как выражения пятый элемент, так и Пятый элемент, а при поиске по выражению «Пятый элемент» будут найдены только страницы, содержащие название известного фильма. Разумеется, во втором случае будет найдено меньшее количество страниц.

Сохранение информации из World Wide Web

Рассмотренных приемов уже достаточно, чтобы начать плодотворную работу в Интернете. Далее можно совершенствоваться самостоятельно за счет изучения справочных разделов, которые имеются во всех поисковых системах. А мы сейчас займемся тем, как сохранить информацию, найденную в *World Wide Web*.

Сохранение закладки

Самое первое, что следует сделать, попав на интересную *Web*-страницу, — это сохранить ссылку на нее в виде закладки. Команда на сохранение — Избранное ➤ Добавить в избранное. Когда количество сохраненных ссылок превысит два десятка, имеет смысл ненадолго прервать работу и навести порядок, упорядочив закладки группировкой по папкам: Избранное ➤ Упорядочить избранное.

Сохраняя закладки, обращайте внимание в окне Добавление в избранное на то, с каким именем закладка поступает на хранение. Попробуйте взглянуть на нее своими глазами «из будущего». Если имя выразительно, вы впоследствии легко сможете вспомнить, куда ведет закладка. Если оно невыразительно и нехарактерно, лучше дайте закладке новое имя.

Не бойтесь сохранить лишнее. Мы чаще страдаем от того, что теряем адреса интересных материалов, чем от изобилия закладок. Впоследствии проще удалить ненужное, чем найти недостающее.

Подготовка к сохранению Web-документов

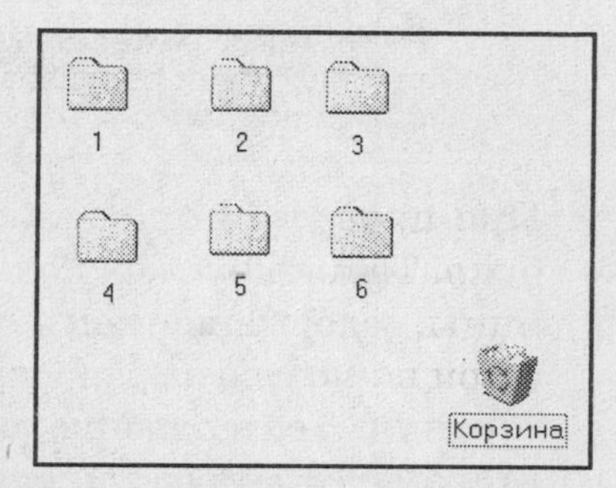

Если вы собираетесь выйти в Сеть с намерением найти и сберечь что-то полезное для будущего использования, то заранее потрудитесь создать папки для материалов. Девяносто процентов пользователей (даже таких, кто работает с компьютером не первый год) сохраняют данные куда попало, не задумываясь над выбором удобного места для сохранения. Мы рекомендуем создавать отдельную папку для каждого выхода в Интернет, причем создавать их не где-нибудь, а на Рабочем столе. Очень хорошо, если этим папкам будут даны какие-то нелепые имена типа: 1, 2, 3... и так далее.

Рабочий стол — совершенно негодное место для длительного хранения чего-либо. Очень скоро папки сохраненных документов заполнят Рабочий стол и испортят его вид настолько, что захочется с ними разобраться. Это замечательно! Тогда вы уделите час-другой тому, что натащили из Сети, отберете нужное и сохраните в хорошем месте (уже не на Рабочем столе), а ненужное отправите в Корзину.

Условно, «про себя», помните, что час работы в Интернете — это примерно 5–10 Мбайт информации. Если ее не разбирать, а сваливать куда попало, то через пару месяцев накопится столько, что разобраться с ней вы не сможете никогда, и все усилия по ее приему и сохранению окажутся тщетными.

Сохранение Web-страниц

Для сохранения *Web*-страниц служит команда Файл ➤ Сохранить как — она открывает стандартное диалоговое окно сохранения. Обычно в этом окне уже и заполнено поле имени файла, и выбран тип файла. Проверьте, устраивает ли вас предложенное имя. Если оно невыразительно, замените его более подходящим.

К выбору типа файла надо подойти особо. Существует три основных варианта: Текстовый файл, Web-страница, только HTML и Web-страница полностью (рис. 27.8). Напомним, что, строго говоря, *Web*-документом считается только текст *Web*-страницы вместе с расставленными в нем тегами языка *HTML*. Все прочие объекты, такие как рисунки, звуковые и анимационные клипы считаются дополнительными объектами. Они связаны с *Web*-документом, но не являются им.

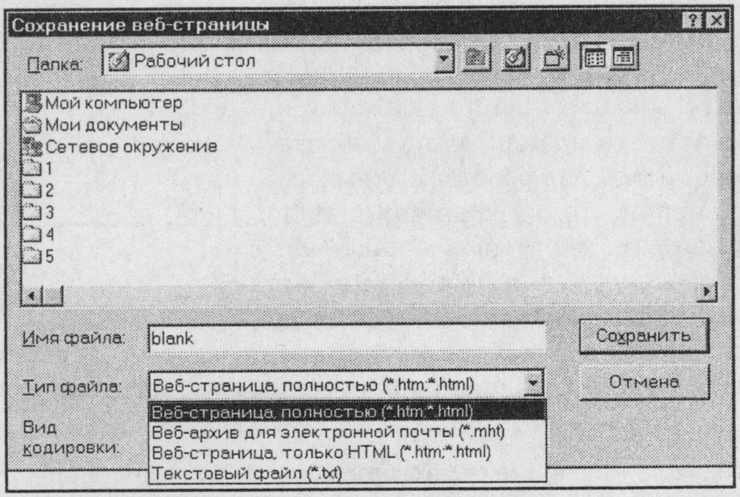

Рис. 27.8. Варианты сохранения Web-документа

При сохранении документа в виде текстового файла мы получаем только чистый текст, определяющий содержание *Web*-страницы. Никакие теги *HTML* при этом не сохраняются. Полученный текст нетрудно просмотреть в любом текстовом редакторе, распечатать на принтере или передать на обработку в любую программу.

При выборе формата Web-страница, только HTML сохраняется текст документа вместе с тегами *HTML*. Если просматривать такой документ в текстовом редакторе, то можно увидеть код *HTML*, а если в броузере — то содержание.

Долгое время броузеры не умели сохранять встроенные объекты (например рисунки) вместе с содержанием *Web*-страницы. Каждый рисунок приходилось записывать в отдельный файл, и притом вручную. Ситуация изменилась только в пятой версии Обозревателя Internet Explorer. В нем появилась возможность сохранять *Web*-страницу полностью вместе со всеми встроенными объектами. По команде сохранения мы получаем один файл *Web*-страницы в формате *HTML* и одну папку, имеющую то же имя, что и файл. В эту папку складываются все объекты, встроенные в *Web*-страницу.

Сохранение гиперссылки

Бывают случаи, когда перед нами полезная гиперссылка, но нет времени на то, чтобы открыть документ, к которому она ведет, и сделать там закладку. В этом случае можно сохранить одну лишь гиперссылку. Сделать это очень просто. Надо щелкнуть на гиперссылке правой кнопкой мыши и выбрать в контекстном меню пункт Добавить в Избранное — произойдет создание закладки. Собственно говоря, закладки — это и есть сохраненные гиперссылки.

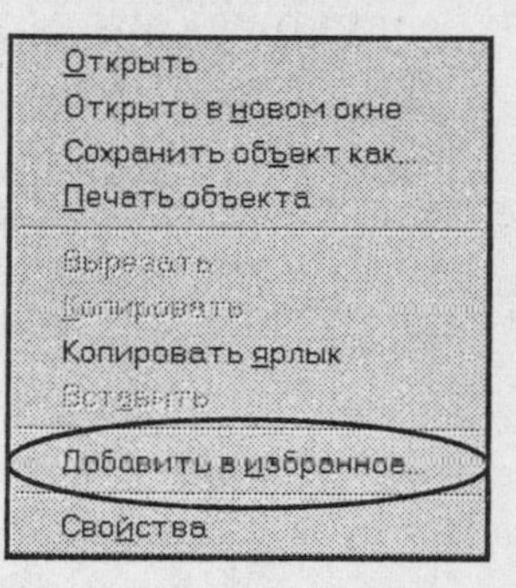

Сохранение рисунка

На *Web*-странице можно выбрать один какой-то объект, например рисунок, и сохранить его в виде отдельного файла. Как и в случае с гиперссылкой, для этого удобно использовать контекстное меню. Щелкните на рисунке правой кнопкой мыши и выберите команду Сохранить рисунок как.Кстати, здесь же есть команда Сделать рисунком рабочего стола, которая устанавливает принятое изображение в качестве фонового рисунка Рабочего стола *Windows*.

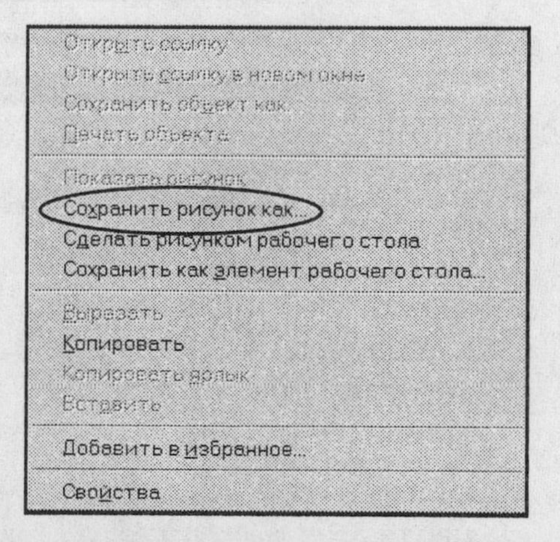

Сохранение произвольных файлов

Многие используют Интернет не только для просмотра *Web*-страниц, но и для получения файлов произвольного формата, например программ или каких-либо архивов. По протоколу *HTTP* такие файлы не передаются — здесь нужен специальный протокол, так называемый *FTP* (*File Transfer Protocol* — протокол передачи файлов. Строго говоря, если вам понадобится не только принимать, но и передавать куда-то файлы (в частности, это часто необходимо для отправки своих *Web*-страниц на общественный сервер), то имеет смысл установить на компьютере специальную программу-клиент службы *FTP*. Ну, а если вы никуда свои файлы отправлять не собираетесь, но хотели бы время от времени загружать что-то из Интернета, то без специализированного клиента *FTP* можно и обойтись — маломощный клиент *FTP* с ограниченными возможностями уже встроен в Обозреватель Internet Explorer, а дальше дело происходит следующим образом.

1. Организация, поставляющая программы (или иные файлы), создает у себя сервер *FTP*, на котором их и размещает.
2. Чтобы нам, не имеющим программного клиента *FTP*, было возможно к этому серверу обратиться, организация создает у себя сервер *WWW*, где на *Web*-страницах размещает гиперссылки, *URL*-адреса которых указывают на сервер *FTP*.
3. При просмотре данной *Web*-страницы можно щелкнуть на гиперссылке, ведущей к *FTP*-архиву, и тогда происходит запуск *FTP*-клиента, встроенного в броузер. На экране при этом открывается окно Загрузка файла, представленное на рис. 27.9.

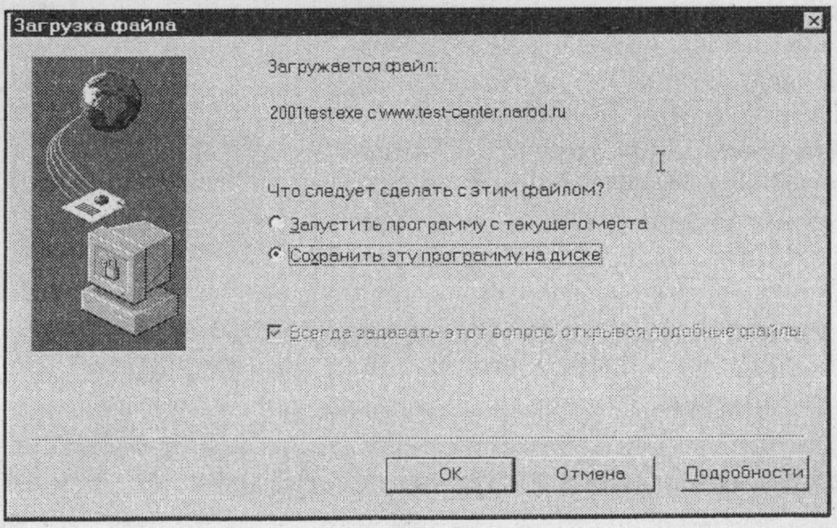

Загрузка файла
Загружается файл:
2001test.exe с www.test-center.narod.ru
Что следует сделать с этим файлом?
Запустить программу с текущего места
Сохранить эту программу на диске
Всегда задавать этот вопрос, открывая подобные файлы
ОК
Отмена
Подробности

Рис. 27.9. Начало загрузки файла по протоколу FTP

4. Включите (обязательно!) переключатель Сохранить эту программу на диске, нажмите кнопку ОК и в стандартном диалоговом окне выберите папку для хранения файла. Если папка пока не готова, сохраните файл на Рабочий стол — потом переместите туда, куда пожелаете, хоть в Корзину.

5. Ход загрузки файла может отображаться в виде шкалы хода работы (рис. 27.10). Однако шкала может и не отображаться — это зависит от типа конкретного сервера *FTP*. Чтобы броузер мог показать шкалу и, соответственно, оценить продолжительность загрузки, он должен предварительно знать общий объем передаваемого файла, а не всякий сервер *FTP* передает это значение до начала загрузки.

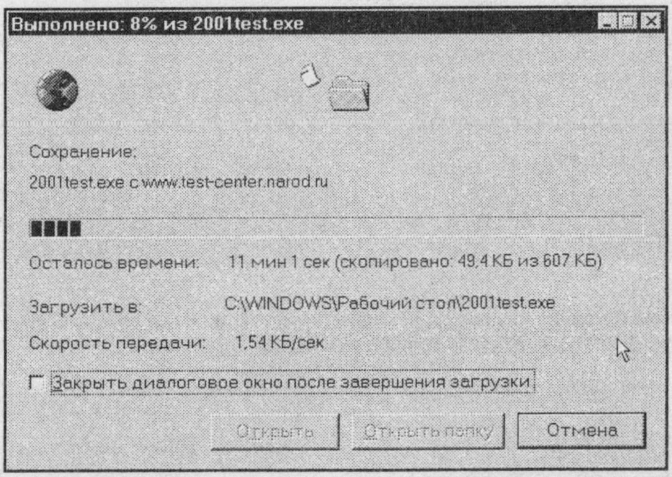

Рис. 27.10. Ход загрузки файла по протоколу FTP

У серверов *FTP* есть особенности, отличающие их от серверов *HTTP* (*Web*-серверов). Так, сервер *HTTP* может одновременно обслуживать огромное, хотя и не бесконечное, количество клиентов. Каждый получает данные по чуть-чуть, и когда клиентов очень много, данные поступают медленно, но никто не в обиде. Серверы *FTP* так работать не могут. Они рассчитаны на поставку длинных файлов, поэтому при перегрузке лучше откажут «лишнему» клиенту, чем заставят страдать тех, кто уже начали загрузку. *FTP*-серверы особенно часто испытывают перегрузку в первые дни после появления в Интернете какой-нибудь долгожданной программы, например очередной версии известного броузера. В эти дни миллионы пользователей со всего мира стараются поскорее ее получить.

Если *FTP*-сервер отказался вас обслужить, не волнуйтесь, а повторите попытку через пять-десять минут. Не пытайтесь «пробиться» быстрее с помощью частой посылки запросов — это будет зафиксировано и расценено как «спам». Спаммеров принято наказывать. Им могут вообще закрыть доступ к данному *FTP*-серверу, чтобы впредь не хулиганили.

Спамом в Интернете называют любую непомерную активность, мешающую людям спокойно работать. Отправка без уважительной причины посторонним лицам сообщений, которые они не запрашивали, — это спам. Соответственно, рассылка рекламы тем, кто к вам никогда не обращался, — тоже спам. Обращения к службам Интернета с частотой, более высокой, чем необходимо, тоже может иногда рассматриваться как спам.

28. Электронная почта E-Mail

Два вида электронной почты

Следует различать два разных вида электронной почты — *E-Mail* и *Web-Mail*. Электронная почта *E-Mail* — это самостоятельная служба Интернета. Со стороны Сети ее работу обеспечивают программы, называемые *почтовыми серверами*, а со стороны потребителя — программы, называемые *почтовыми клиентами*. У службы *E-Mail* весьма почтенный возраст — это одна из старейших служб Интернета.

Другая разновидность электронной почты — *Web-Mail* появилась сравнительно недавно. Это не самостоятельная служба, а сервис, организованный внутри службы *WWW*. Соответственно, со стороны Сети его работу обеспечивают уже знакомые нам *Web*-серверы, а со стороны потребителя никаких специализированных программ не требуется — достаточно обычного *Web*-броузера. С его помощью мы подключаемся к почтовому *Web*-серверу и просматриваем почту, оставленную там для нас, в виде *Web*-страниц. Аналогично происходит и отправка корреспонденции: мы заполняем *Web-формы*, предложенные почтовым *Web*-сервером, и далее он использует их для отправки почтовых сообщений от нашего имени.

Web-Mail — это не единственный пример того, как служба *WWW* вторгается в сферы действия других, ранее самостоятельных служб Интернета. Средствами *WWW* организуются *Web*-форумы — аналоги службы телеконференций, *Web*-чаты — аналоги службы прямого общения *IRC* (*Internet Relay Chat*) и другие. В данной главе мы рассмотрим работу «родной» почтовой службы — *E-Mail*, а к *Web-Mail* (электронной почте, основанной на *Web*) вернемся в следующей главе.

Принципы работы E-Mail

Электронная почта *E-Mail* работает по принципу эстафеты. Ближайшие аналоги — почтовые эстафеты прошлых веков и современная военно-полевая почта.

1. Сначала пользователь регистрируется на любом почтовом сервере (обычно удобно использовать для этого своего сервис-провайдера — тот, по крайней мере, за это денег не берет). При этом создается *учетная запись электронной почты*. В просторечии ее еще называют «почтовым ящиком». Вместе с учетной записью пользователь получает адрес электронной почты, например такой:

   Ivanov_Petr@provider.ru

   Такой адрес читается справа налево. Справа от знака @ стоит доменное имя поставщика, предоставляющего услуги электронной почты, а слева — личный адрес клиента в базе данных этого поставщика. Личную часть адреса обычно каждый может выбрать по своему усмотрению, как ему нравится. Сам знак @ соответствует предлогу «*в*». То есть Ivanov_Petr@provider.ru — это учетная запись Петра Иванова в почтовой базе данных организации, имеющей доменное имя provider.ru.

2. На своем компьютере пользователь должен установить клиентскую программу электронной почты. Тем, кто пользуются операционной системой *Windows 98* или более поздней, этого можно не делать, так как в состав системы уже входит стандартная программа Microsoft Outlook Express, выполняющая функции почтового клиента.

   Outlook Express

3. Клиент электронной почты настраивается на работу с учетной записью, зарегистрированной у поставщика услуг. Если его настроить на работу с несколькими учетными записями разных поставщиков услуг, то можно получить несколько «почтовых ящиков».

4. В программе готовится сообщение своему коллеге или партнеру. Затем в него вносится адрес получателя, после чего происходит его отправка серверу.

5. Почтовый сервер пересылает это сообщение другому серверу, который находится ближе к адресату, тот в свою очередь направ-

ляет его тому, кто находится еще ближе, и так далее. Сообщение передается по цепочке почтовых серверов, то есть как бы по эстафете. Передача заканчивается, когда сообщение достигает сервера адресата.

6. Поступившее сообщение хранится на почтовом сервере до тех пор, пока адресат к нему не подключится. После подключения происходит копирование сообщения из базы данных почтового сервера на компьютер адресата.

Протоколы E-Mail

В почтовой службе используют несколько прикладных протоколов. Отправка сообщений происходит по протоколу *SMTP* (*Simple Mail Transfer Protocol — простейший протокол передачи сообщений*). Согласно нему сообщение передается от клиента серверу и далее пересылается между серверами.

Протокол *SMTP* не проверяет права клиента, то есть, чисто теоретически, свое сообщение можно отправить через любой сервер *SMTP*, адрес которого вам известен. В обычной жизни это аналогично тому, что отправить письмо можно, бросив конверт в любой почтовый ящик, а не только в тот, который висит на двери ближайшего почтового отделения.

На самом деле отправка сообщений через «чужие» серверы *SMTP* обычно не проходит. Это связано с тем, что в последние годы отмечается много нарушений правил работы с электронной почтой (например, рассылка сообщений, содержащих вирусы). Владельцам серверов *SMTP* не нужна головная боль, и потому они блокируют прием почты от незнакомых лиц. В общем, это не функция протокола *SMTP*, а личное творчество провайдеров, вполне понятное и полезное.

Прием сообщений происходит по протоколу *POP3* (*Post Office Protocol — протокол почтового отделения*). Этот протокол *проверяет* права клиента, то есть требует указания регистрационного имени и пароля. Так сделано, чтобы сообщения не попадали в чужие руки. В обычной жизни это аналогично тому, что получить письмо можно либо в окошечке своего почтового отделения, либо в абонированном почтовом ящике. В первом случае предъявляется удостоверение личности, а во втором случае используется ключ. Ключ — это как бы механическое средство идентификации личности.

В последнее время также набирает популярность протокол *IMAP (Internet Message Access Protocol — протокол доступа к сообщениям в Интернете)*, но его услуги пока предоставляют сравнительно только отдельные провайдеры. Работа с учетными записями *IMAP* удобнее, чем с учетными записями *POP3*. С ними можно обращаться как с удаленными папками: копировать сообщения туда и обратно, перемещать их, удалять, в общем, этот протокол дает возможность достаточно просто обслуживать свой «почтовый ящик». Особенно это удобно для организаций.

Запуск и настройка почтового клиента

Прежде чем приступать к работе с электронной почтой, надо получить некоторую информацию от своего провайдера:

- адрес почтового сервера исходящей почты *SMTP*;
- адрес почтового сервера входящей почты *POP3*;
- свой личный почтовый адрес;
- регистрационное имя и пароль для доступа к серверу *POP3*.

Если при заключении договора с сервис-провайдером вы не предусмотрели получение этой информации, то посетите его *Web*-сайт — там все должно быть написано. Вооружившись полученными данными, приступайте к настройке почтового клиента. Мы для простоты рассмотрим программу Outlook Express, поскольку она есть у всех, кто работает с операционными системами *Windows 98, Windows Me и Windows 2000*.

При первом запуске Outlook Express происходит запуск Мастера подключения к Интернету. Несмотря на название, это не тот Мастер, с помощью которого создается соединение с сервис-провайдером. Такое соединение у нас уже есть. В данном случае Мастер занимается настройкой Outlook Express на конкретную учетную запись электронной почты.

Если прервать работу Мастера, не завершив работу, то при следующих запусках программы он уже не запустится — будет просто открываться окно Outlook Express. Сразу же подскажем, как вызвать Мастера в этом случае.

1. Дайте команду Сервис ➤ Учетные записи — откроется диалоговое окно Учетные записи в Интернете.
2. Выберите вкладку Почта.

3. Нажмите командную кнопку Добавить.
4. В открывшемся меню выберите пункт Почта — запустится тот самый Мастер подключения к Интернету.

Работа с Мастером состоит из пяти этапов.

1. На первом этапе введите свое имя, например Иван Петров. Как вы его здесь введете, так оно и будет отображаться в заголовках отправляемых вами сообщений. Именно так его увидят ваши корреспонденты.
2. На втором этапе введите свой адрес электронной почты, полученный от сервис-провайдера.
3. На третьем этапе (рис. 28.1) выберите тип сервера входящей почты (обычно это *POP3*) и введите адреса серверов входящей и исходящей почты. На нашем рисунке представлены данные для сервис-провайдера *Comstar Telecommunications*. Вам же необходимо указать данные, полученные от вашего сервис-провайдера.
4. На четвертом этапе вводится регистрационное имя и пароль для доступа к поступившим сообщениям. Эти данные также должны быть получены от поставщика услуг.

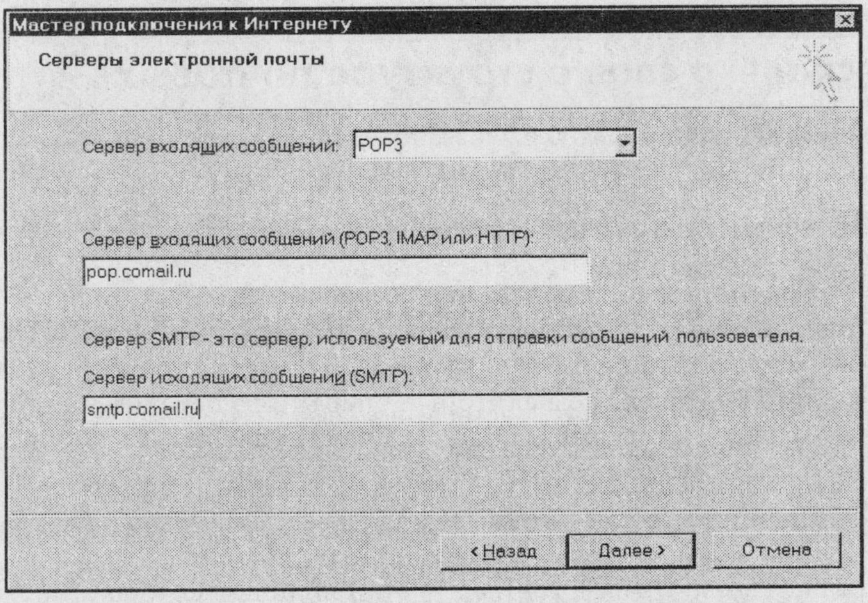

Рис. 28.1. Ввод адресов серверов входящей и исходящей почты

5. Последний этап формальный. Примите поздравления с созданием учетной записи и нажмите кнопку Готово.

Если в дальнейшем захотите что-то изменить в настройках учетной записи, разыщите ее командой Сервис ➤ Учетные записи ➤ Почта, выделите одним щелчком и нажмите кнопку Свойства. В открывшемся диалоговом окне все параметры учетной записи доступны для правки и внесения изменений.

В будущем вы, возможно, будете работать не с одним сервис-провайдером и, вероятно, у вас будет не единственный адрес электронной почты. Сколько учетных записей вы создадите, как описано выше, столько и будет у вас «почтовых ящиков». Однако будьте осторожны. В момент запуска программа сама начинает перебирать все известные ей учетные записи и собирать поступившую по ним корреспонденцию.

Если «почтовых ящиков» много, процесс может оказаться достаточно долгим, особенно когда какие-то из «ящиков» уже давно недействительны. На помощь приходит флажок Использовать данную запись для получения почты и синхронизации, имеющийся в диалоговом окне свойств учетной записи. Сбросьте его для тех «почтовых ящиков», которыми временно не пользуетесь.

Несколько слов о структуре почтовых сообщений

Природа почтовых сообщений

Сообщения электронной почты — это не файлы, как можно было бы предположить. С файлами мы уже имели дело и привыкли с ними работать. У сообщений электронной почты иная природа, и если о ней не догадываться, то некоторые операции поставят начинающего пользователя в тупик. Поэтому давайте уделим минутку внимания природе почтовых сообщений.

Сообщения *E-Mail* — это не файлы, а записи в базах данных. До сих пор мы не имели дела с базами данных, поэтому для простоты представим себе, что база данных — это таблица, в которой горизонтальные строки называются *записями*, а вертикальные столбцы — *полями*. Так что будем считать условно, что получение очередного сообщения по электронной почте добавляет в нашу почтовую базу данных еще одну строку, то есть запись.

Установив на компьютере почтовый клиент, мы создаем свою почтовую базу данных. Открыв на почтовом сервере учетную запись, мы подключаемся к его почтовой базе данных, а дальше все происходит очень просто. В момент установления соединения с сервером происходит сверка (*синхронизация*) нашей базы и его. Если в них имеются различия, то они устраняются путем копирования записей туда или обратно.

В общем, если вы подготовили сообщение для отправки, оно копируется в базу данных сервера, а если сервер получил для вас сообщение, которого у вас еще нет, то эта запись копируется к вам. Все просто, не правда ли? Теперь вам ясны принципы работы с сообщениями *E-Mail*.

Поля почтовых сообщений

Итак, каждое сообщение электронной почты — это запись в базе данных. Запись разделена на поля (столбцы таблицы). Грубо поля можно разделить на две категории: поля заголовка и поля «тела» сообщения. В полях заголовка записываются данные об отправителе, дате отправки, теме отправления и т. д. Среди полей заголовка имеются служебные поля, не интересные для нас. Количество полей заголовка — стандартное (фиксированное), но не все имеющиеся поля отображаются при просмотре сообщения по той простой причине, что многие из них нам не нужны.

Количество полей в «теле» сообщения — произвольное. Каждое поле — это одна строка. Чем длиннее сообщение, тем больше строк, соответственно, тем больше полей в «теле» сообщения.

Чтобы все было окончательно понятно, приведем пример из реальной жизни. У электронной почты очень много общего с телеграфом. В прошлом, лет десять назад (а в некоторых районах и сегодня) телеграфные сообщения поступали на ленту. Телеграфист брал ее и рвал на небольшие кусочки («разбивал на поля»). Затем он брал телеграфный бланк. Этот бланк был разделен по горизонтали на две части. В верхней половине наклеивались ленточки («поля») со служебной информацией, а в нижней — ленточки («поля») с текстом самого сообщения. Потом этот бланк доставлялся по указанному адресу.

Получив телеграмму, адресат читал нижнюю половину бланка. Но если было нужно узнать какую-то служебную информацию, например, когда и откуда была отправлена телеграмма, то эти данные можно было найти в верхней, служебной половине бланка.

Теперь с двумя группами полей все должно быть понятно, и мы можем приступать непосредственно к работе с электронной почтой.

Кстати, вы не обратили внимание, почему мы повсеместно говорим не «электронные письма», а «сообщения электронной почты»? Так принято именно потому, что ближайшим родственником электронной почты был телеграф. А разве кто-нибудь называл телеграфные сообщения письмами?

Интерфейс программы Outlook Express

На рис. 28.2 показано рабочее окно программы Outlook Express. Это окно четырехпанельное! С непривычки четыре панели кажутся явным излишеством, но когда привыкнете — поймете, что на самом деле все не так плохо.

Почтовые папки

Левая верхняя панель — это панель папок. Основных папок — пять. Назначение папок — упорядочить работу с сообщениями. Их названия говорят сами за себя. Так, например, в папке Входящие хранятся поступившие сообщения, а в папке Исходящие — сообщения, подготовленные к отправке, но еще не отправленные. После отправки они перемещаются в папку Отправленные, а если их удалить, то в папку Удаленные.

Здесь мы немного пожонглировали терминами, но надеемся, что читатель нас простит. На самом деле ничего в почтовых папках не хранится и, соответственно, ничего оттуда не удаляется и никуда не перемещается. Если это кажется странным, то потому, что вы привыкли к папкам *Windows*, в которых на самом деле хранятся файлы. А почтовые сообщения — это не файлы, а записи базы данных, и к ним нам еще предстоит привыкнуть.

Итак, на самом деле и полученные, и отправленные, и даже удаленные сообщения хранятся в одной и той же базе — в разных записях (строках). Там есть поля, в которых стоят отметки состояния сообщения (получено, отправлено, удалено и т. п.). Почтовые папки — это на самом деле не контейнеры, а фильтры, позволяющие по-разному

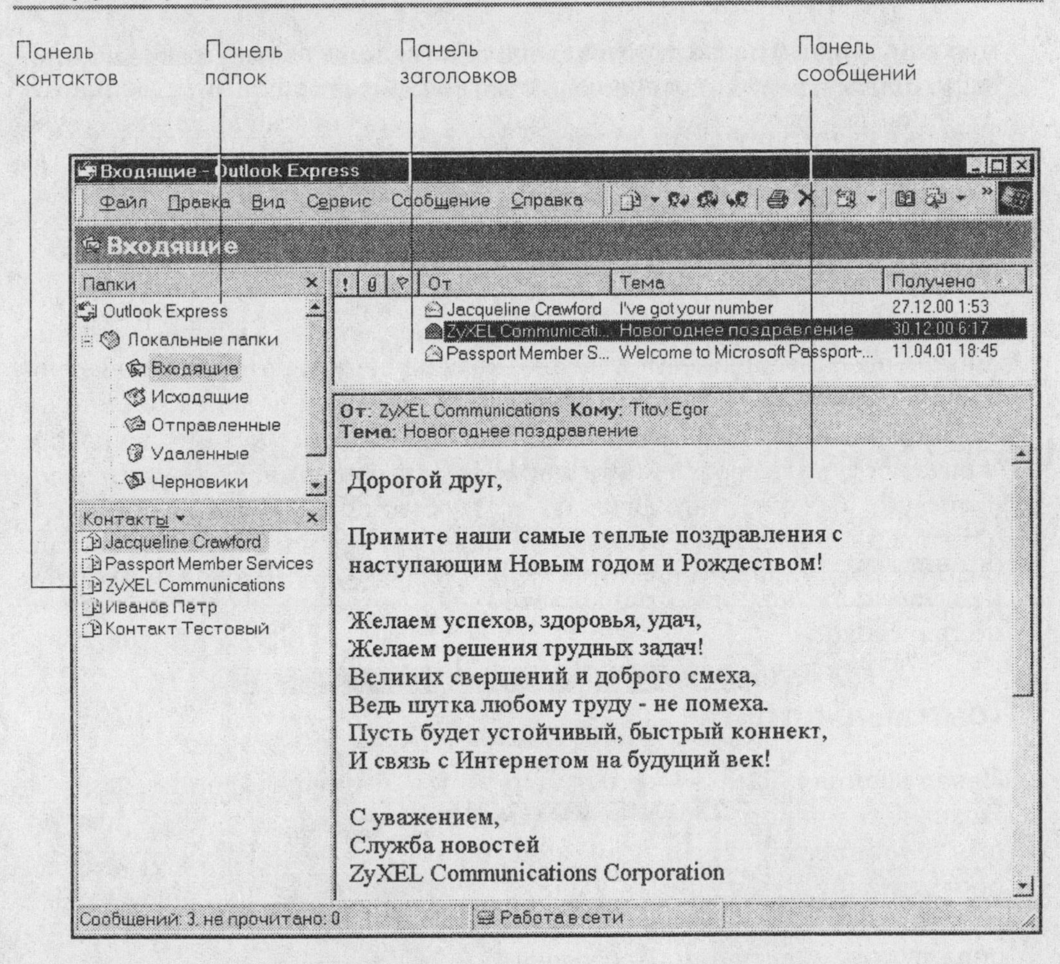

Рис. 28.2. Рабочее окно почтового клиента

смотреть на единую общую базу. Если мы выберем папку Отправленные, то увидим только те записи, в которых включена соответствующая пометка. Точно так же и с прочими папками. В общем, когда мы отправляем сообщение, то на самом деле не надо ничего перемещать из папки Исходящие в папку Отправленные. Достаточно в записи поставить пометку в нужном поле, и она не позволит увидеть это сообщение иначе, чем через фильтр папки Отправленные.

Как видите, все просто и эффективно. Правда, если этого не знать, то кажется непонятным, почему на жестком диске не удается найти ни одной почтовой папки и ни одного сообщения. Теперь вы понимаете, что так и должно быть, ведь в данном случае папки — это не папки, а сообщения — не файлы.

Кстати, каждый может создать себе собственные папки, чтобы, например, просматривать сообщения, полученные от бабушки, отдельно от сообщений, полученных от дедушки. Для этого надо щелкнуть на значке одной из папок и в открывшемся контекстном меню выбрать команду Создать папку.

Панель заголовков сообщений

Это правая верхняя панель. Когда на панели папок выделена одна из папок, здесь отображаются заголовки сообщений, которые к ней относятся. Панель служит для просмотра служебных полей, входящих в заголовок. Наиболее интересны поля, в которых указано, от кого и когда поступило сообщение, а также тема сообщения. Если этого недостаточно, выделите заголовок любого сообщения и дайте команду Вид ➤ Столбцы — перед вами откроется диалоговое окно, в котором можно выбрать те поля заголовков, которые желательно видеть на экране (рис. 28.3).

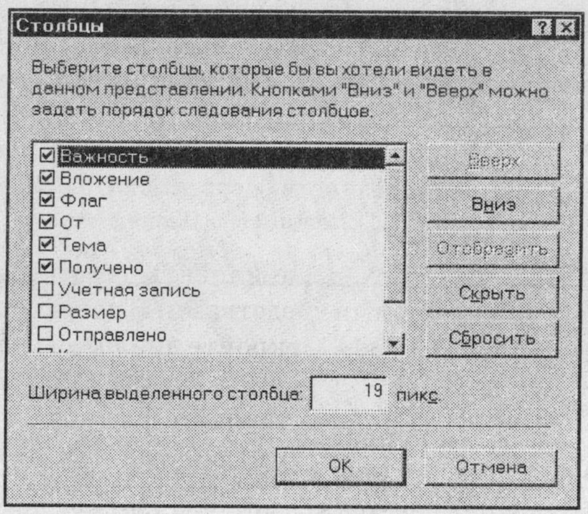

Рис. 28.3. Выбор отображаемых столбцов полей заголовков

Панель сообщений

Как в старом добром телеграфном бланке, здесь служебные поля — сверху, а строки сообщения — снизу. Панель сообщений находится под панелью заголовков. Когда на панели заголовков выделен заголовок какого-либо сообщения, на панели сообщения отображается его текст. Выделите другой заголовок — увидите другой текст. Все просто и понятно.

Панель контактов

В левом нижнем углу окна программы находится небольшая, но очень важная панель контактов. Если вы занимаетесь только приемом почты, то можете эту панель убрать — она вам ни к чему. Однако при подготовке нового письма свои действия лучше начинать именно отсюда.

Маленькая хитрость

Мы уже готовы к простейшим операциям с электронной почтой, однако рекомендуем не спешить, а сделать еще одну маленькую настройку. Дело в том, что почтовые серверы *POP3* (в отличие от серверов *IMAP*) имеют неприятную особенность. Передав накопившуюся почту клиенту, они тут же удаляют ее из своей базы данных. Иногда это приводит к недоразумениям, да и вообще это неудобно. Если, например, вы из дома подключитесь к почтовому серверу и «снимете» всю почту, в том числе и служебную, то на следующий день, подключившись к тому же серверу, но не из дома, а с работы, не получите ничего. Когда с одной учетной записью работают разные пользователи, например члены семьи, такая «любезность» серверов POP3 оказывается особенно неприятной.

«Интеллектуальные» почтовые клиенты способны парировать этот недостаток серверов своими средствами. В частности, на это способна и программа Outlook Express. Откройте диалоговое окно свойств учетной записи: Сервис ➤ Учетные записи ➤ Почта ➤ Свойства, в нем откройте вкладку Дополнительно и там установите флажок Оставлять копии сообщений на сервере (рис. 28.4). А чтобы они там не хранились вечно, можете установить также флажок Удалять при очистке папки Удаленные. Впрочем, они и так не будут там храниться слишком долго. Например, наш почтовый сервер сам удаляет сообщения через три месяца после их поступления.

Прием поступивших сообщений

Обычно прием сообщений происходит автоматически. Порядок действия при этом примерно такой.

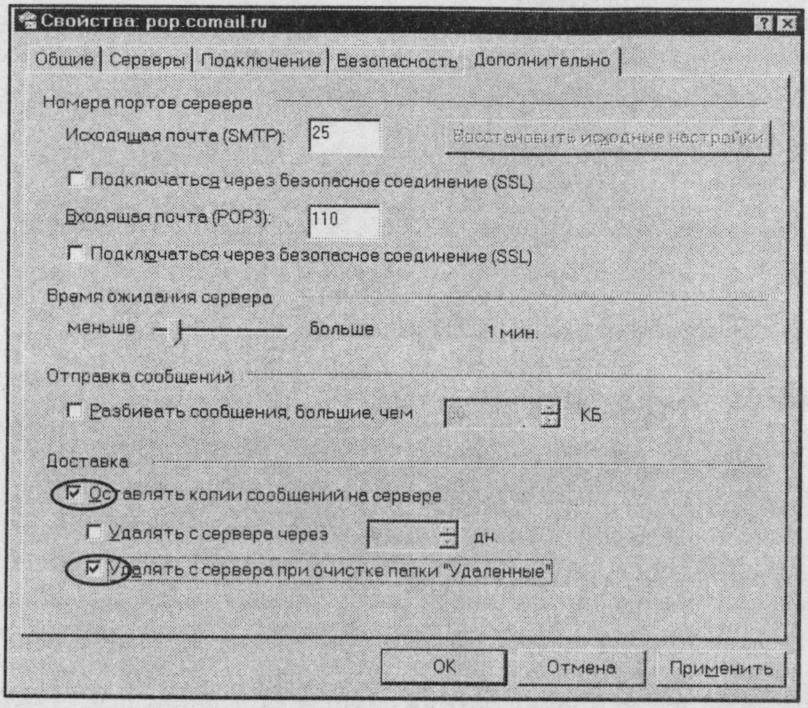

Рис. 28.4. Здесь показано то немногое, что клиент может сделать по управлению сервером

1. Устанавливаем соединение с сервис-провайдером с помощью настроенного значка соединения удаленного доступа.
2. Когда соединение установится, запускаем программу Outlook Express. Обнаружив в момент запуска наличие работающего соединения, она сама соединится с почтовым сервером и примет накопившуюся там почту.
3. При приеме корреспонденции рядом с папкой Входящие отмечается число поступивших сообщений. Если новых сообщений нет, то в строке состояния так и написано: Нет новых сообщений.

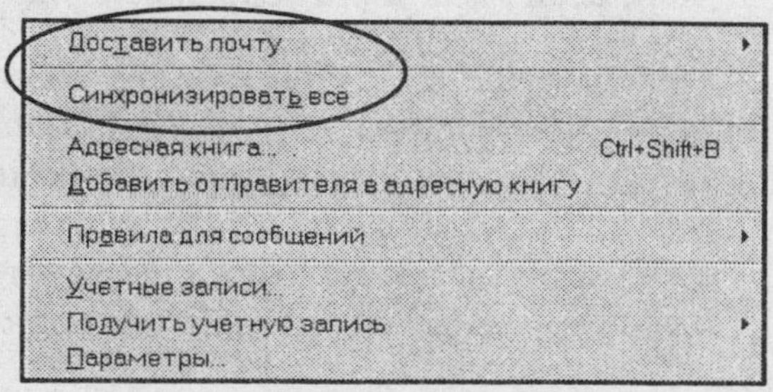

Если программа была запущена до установки соединения, она обычно выдает сообщение об ошибке, ведь ей не удалось пообщаться с сервером, на что она очень рассчитывала. В дальнейшем, после создания соединения, программу надо отправить «за почтой» прямой командой: Сервис ➤ Доставить почту или Сервис ➤ Синхронизировать все. В последнем случае произойдет не только доставка, но и отправка подготовленной почты (если она есть).

Операции с поступившими сообщениями

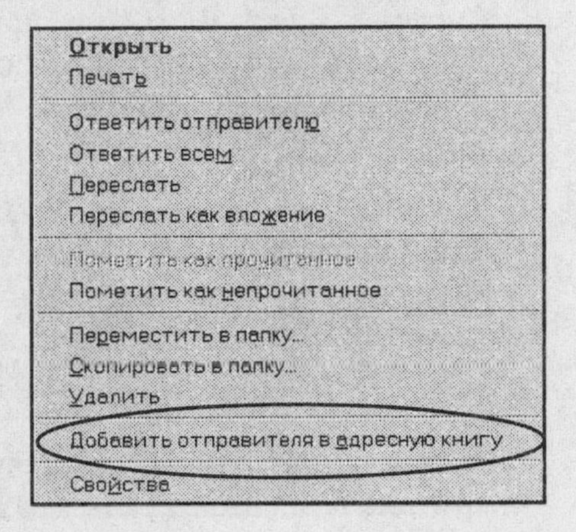

Поступившую почту можно просмотреть, сохранить, удалить, наконец, можно на нее ответить. А еще очень удобно внести отправителя в свою адресную книгу. Если от кого-то вы получили письмо впервые, щелкните правой кнопкой мыши на заголовке сообщения и в открывшемся контекстном меню выберите пункт Добавить отправителя в адресную книгу. В списке контактов немедленно образуется запись, соответствующая данному лицу. В будущем вы всегда сможете быстро подготовить сообщение этому человеку — вам не придется вводить его адрес электронной почты, так как он автоматически запоминается в списке контактов.

Просмотр сообщений

С просмотром все просто, если нет проблем с кодировкой символов. Если же они есть, то вместо текста сообщения (а также вместо его заголовка) на экране видна какая-то абракадабра. К счастью, с этим можно побороться.

Проблемы кодировки связаны только с буквами национальных алфавитов, отличных от английского. Причина этих проблем в том, что один байт может принимать 256 разных значений, но только первая половина из них стандартизирована. Все англоязычные символы, а также знаки препинания и цифры находятся в первой половине кодовой таблицы и имеют коды от 32 до 127. Вторая половина кодовой таблицы (символы от 128 до 255) отдана национальным стандартам, а в России в этой области действует не один стандарт и даже не два. Впрочем, об устаревших кодировках для *MS-DOS* можно забыть.

Можно не вспоминать и о кодировке, рекомендованной для России Международным институтом стандартизации *ISO*, — в отечественных программах она нигде не используется. Однако есть две кодировки, которые встречаются в Интернете почти одинаково часто — это кодировка *Windows-1251* и кодировка *КОИ-8Р*. Если письмо было подготовлено в одной из них, то прочесть его в другой кодировке непросто.

Кодировка *Windows-1251* пришла в Россию вместе с операционной системой *Windows*. И хотя она нам «не родная», распространение этой операционной системы сделало данную кодировку стандартом *де факто*. В частности, в *World Wide Web* эта кодировка считается основной, и большинство авторов *Web*-страниц применяют именно ее.

Другое дело — кодировка *КОИ-8Р*. Это наша родная кодировка, сохранившаяся с далеких 70-х годов. Сегодня кодировка *Windows* вытеснила ее почти отовсюду — единственное место, где той удалось сохранить позиции, это электронная почта. Причем позиции эти настолько прочны, что для электронной почты кодировка КОИ-8Р «де факто» считается стандартной. В итоге сегодня в российском секторе Интернета почти на равных действуют две кодировки и вводят в недоумение неискушенных пользователей.

Если текст сообщения не читается, попробуйте сменить кодировку, в которой происходит отображение символов. Дайте команду Вид ➤ Вид кодировки и посмотрите, какая кодировка стоит в данный момент. Если это кодировка Кириллица (КОИ-8Р), то используйте пункт Дополнительно и в открывшемся меню выберите кодировку Кириллица (Windows). Соответственно, действуйте и наоборот.

Чтобы все поступающие сообщения отображались в определенной кодировке, ее надо сделать принятой по умолчанию. Для этого служит диалоговое окно Сервис ➤ Параметры ➤ Чтение ➤ Шрифты. В раскрывающемся списке Вид кодировки выберите нужную и утвердите ее нажатием кнопки По умолчанию.

После изменения кодировки, обычно удается прочитать текст сообщения, но заголовок ранее принятого сообщения так просто не исправить. Чтобы в будущем заголовки поступающих сообщений отображались правильно, следует принять определенные меры. Необходимые настройки выполняют в диалоговом окне Настройки международной почты. Откройте его командой Сервис ➤ Параметры ➤ Чтение ➤ Выбор языка и установите там флажок Для приходящих сообщений использовать кодировку по умолчанию.

— А что делать, если ничто не помогает?

Сложности возникают, когда сообщение по пути следования перекодировалось несколько раз. Здесь Outlook Express ничего сделать не сможет и нужны иные средства.

1. Во-первых, сообщите своему корреспонденту, если это удобно, о возникших проблемах — пусть попробует повторить сообщение в другой кодировке.
2. Во-вторых, можно попробовать применить специальные программы, способные восстанавливать многократно перекодированные сообщения.
3. И наконец, изящное решение предлагается на сайте Студии Артемия Лебедева (www.design.ru/free/decoder). Скопируйте нечитаемый текст в буфер обмена *Windows*, затем зайдите на указанную *Web*-страницу — там найдете *Web*-форму, в которую можно ввести такой текст и раскодировать его кнопкой Decode.

Сохранение сообщения

Поскольку сообщения обычно являются не файлами, а записями в почтовой базе, то их можно очень легко потерять, например в результате полной переустановки операционной системы. Обычно это не страшно, но бывают случаи, когда сообщение представляет собой архивную ценность. Такое сообщение можно сохранить в виде независимого файла. Для этого служит команда Файл ➤ Сохранить как. Далее открывается стандартное диалоговое окно сохранения файла, работать с которым мы давно умеем.

Подготовка ответа на поступившее сообщение

К сообщениям электронной почты надо подходить, как к отложенным телефонным звонкам. Отвечать на сообщения принято в течение 24 часов после получения. Исключение составляют случаи, когда переписка между партнерами имеет давнюю историю и у них уже сложились свои устойчивые традиции.

Если полученное сообщение содержит конкретные вопросы, на которые пока нечем ответить, формальный ответ желательно все равно дать, а в нем указать, когда ориентировочно можно ожидать более содержательного ответа.

При подготовке ответов есть правило этикета: в ответе следует использовать ту же кодировку символов, которая была применена в исходном сообщение.

Чтобы быстро подготовить ответ, надо щелкнуть правой кнопкой мыши на заголовке поступившего сообщения и выбрать в контекстном меню команду Ответить отправителю. По этой команде откроется окно редактора сообщений, в котором автоматически уже заполнены все поля, относящиеся к заголовку. Вам осталось только набрать текст.

Более того, почтовые клиенты устроены так, что в ответном сообщении сохраняется текст исходных сообщений — это называется *цитированием*. Цитируемый текст обычно отмечается специальным символом слева (рис. 28.5).

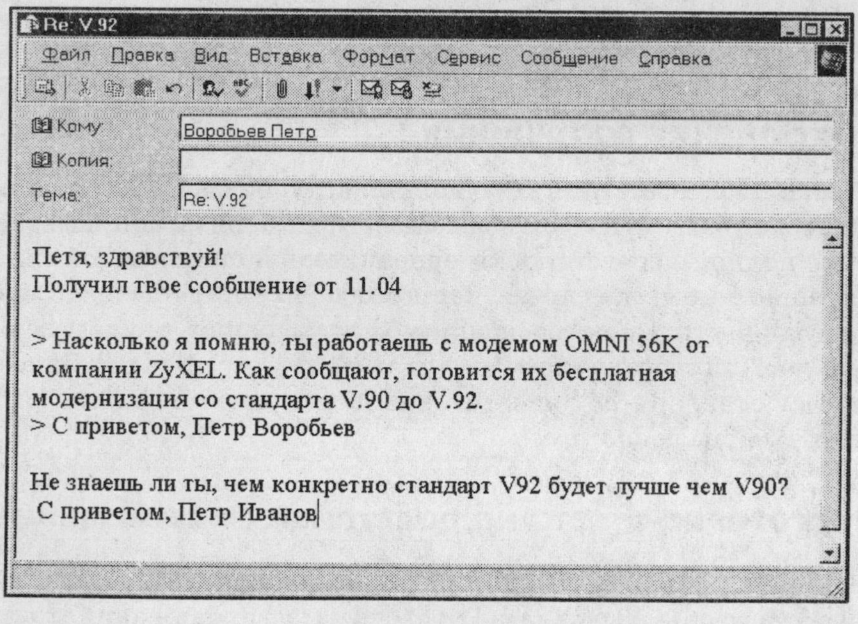

Рис. 28.5. Подготовка ответного сообщения. Цитируемые строки исходного сообщения выделены знаком «>»

Наличие цитируемого текста заметно упрощает работу, поскольку свои ответы партнеру можно вписать непосредственно между его вопросами.

Впрочем, вставкой цитат нельзя и злоупотреблять. Все лишнее, не относящееся к конкретному сообщению, следует удалить. Особенно плохо, когда готовится ответ на ответ на ответ... и так далее. В этом случае цитаты становятся многоуровневыми и запутанными. Во всех случаях руководствуйтесь здравым смыслом. По тому, насколько корректно вы работаете с цитатами исходного сообщения, ваш партнер легко догадается о наличии или отсутствии этого самого здравого смысла в вашей голове.

Отправка ответного сообщения

Подготовив сообщение, можно его отправить командой Файл ➤ Отправить. Дальнейшие действия программы зависят от наличия действующего соединения с Интернетом. Если оно есть, отправка сообщения начнется немедленно.

Вообще-то не принято готовить сообщения при наличии действующего соединения с Сетью. На их подготовку нужно время, а время в Сети — это деньги. Поэтому сообщения готовят в автономном режиме, а потом отправляют пакетом — сразу все. Можно целый день проработать с электронной почтой, а потом соединиться с Сетью всего на пару минут и все разослать.

Если в момент отправки сообщения нет действующего соединения с Интернетом, то сообщение отправляется в папку Исходящие. При ближайшем подключении к Интернету оно будет отправлено автоматически, без дополнительных запросов.

Если вы решили, что папку Исходящие можно таким образом использовать для временного хранения сообщений, подготовленных не до конца, лучше выбросьте такую мысль из головы. Это верный путь, чтобы однажды совершить роковую ошибку и отправить нечто такое, о чем потом будет стыдно вспоминать. Для временного хранения недоработанных сообщений имеется папка Черновики.

Прием почтовых вложений

Электронная почта по своей сути годится только для передачи чисто текстовых сообщений. Однако сколько лет она существует, столько лет изыскиваются мудреные способы приспособить ее для пересылки файлов. Одно из последних изобретений в этой сфере — так называемый *механизм почтовых вложений*. Если к полученному сообщению

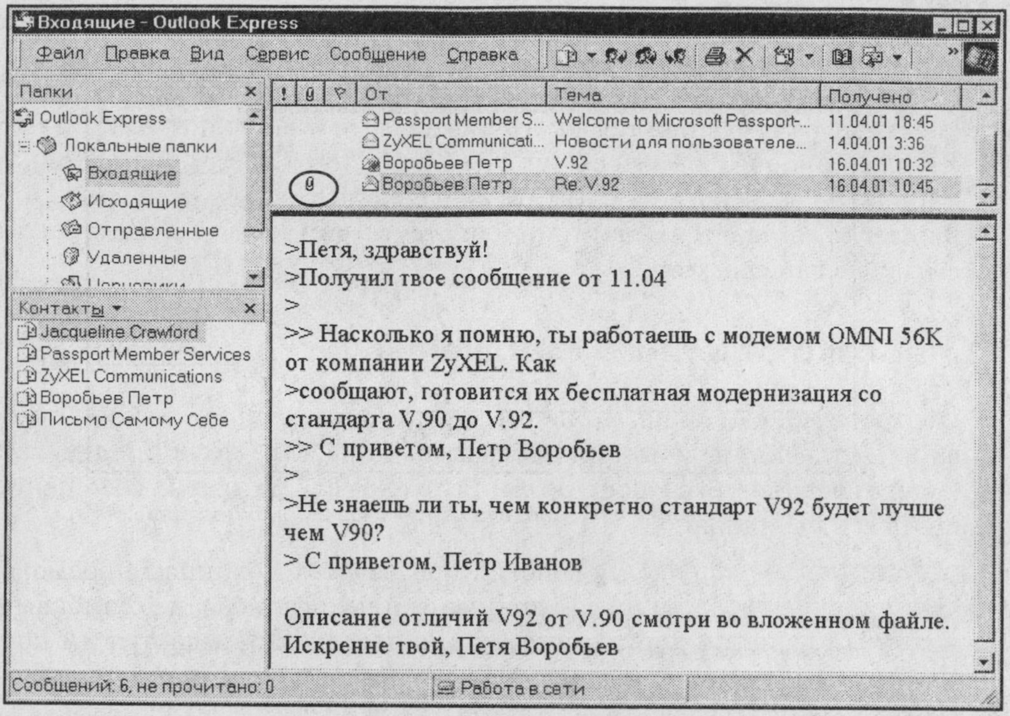

Рис. 28.6. Значок в виде канцелярской скрепки свидетельствует о том, что сообщение имеет вложенный файл

прикреплен некий файл, то на панели заголовков отображается специальный значок в виде канцелярской скрепки (рис. 28.6).

> Этот значок — сигнал опасности. С почтовыми вложениями дело обстоит не так хорошо, как хотелось бы. Будьте бдительны и прочитайте все, что написано ниже.

Текст самого сообщения открывается на панели сообщений обычным порядком, а чтобы прочитать почтовое вложение, его сначала надо сохранить в виде файла. Это выполняется командой Файл ➤ Сохранить вложение. Она открывает диалоговое окно Сохранить вложения (рис. 28.7). В нем с помощью кнопки Обзор выбирают папку для сохранения вложения. Удобно избрать Рабочий стол, а потом, когда вложенный файл будет просмотрен, переместить его либо в нужную папку, либо в Корзину.

К сожалению, с механизмом пересылки вложенных файлов связан ряд досадных неприятностей. Одна из неприятностей — так называе-

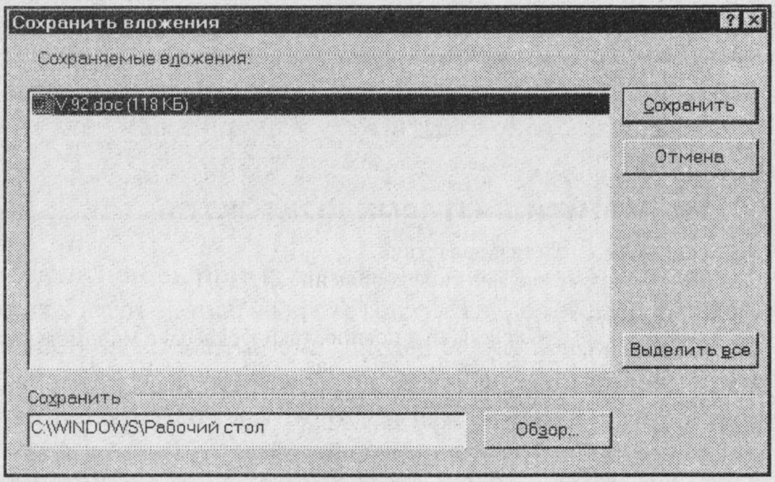

Рис. 28.7. Сохранение почтового вложения в виде автономного файла

мые *почтовые вирусы*. Во многих программах механизм просмотра сообщений, содержащих вложенные файлы, реализован с ошибками. Злоумышленники используют их для нанесения вреда чужим компьютерам.

Прием письма, содержащего почтовое вложение, угрозы не несет, но любые действия с ним опасны, особенно просмотр вложения. Поэтому распаковывать и читать вложения можно только в том случае, когда вы твердо знаете, кто и что вам прислал. Еще лучше, если вас заранее предупредили об отправке такого сообщения. Во всех остальных случаях удаляйте все, не открывая и не читая.

Тот факт, что сообщение с вложением поступило от друга или родственника, ничего не меняет. Почтовый вирус, поразивший вашего друга, вполне способен отправлять сообщения от его имени, а ваш адрес он узнал в списке контактов жертвы. Не бойтесь перестраховаться. Если все в порядке и это сообщение действительно прислал друг, пусть повторит его еще раз. В другой раз будет предусмотрительнее и не станет отправлять вложенные файлы, не предупредив об этом заранее.

Подготовка и отправка новых сообщений

Ответные сообщения готовить просто — там за нас многое делает автоматика. Если же нужно создать новое сообщение, то действия должны быть несколько иными.

Очень удобно готовить сообщение, если в списке контактов уже есть запись для данного адресата: достаточно дважды на ней щелкнуть — и откроется окно редактора нового сообщения. Поле Кому в нем уже заполнено — осталось только внести тему и набрать сам текст сообщения.

Внесение записи в список контактов

Если записи для данного адресата нет в списке контактов, мы рекомендуем сначала ее создать, а потом на ее основе готовить сообщение. Чтобы создать контактную запись, щелкните на панели Контакты — появится кнопка Создать контакт — нажмите ее. В открывшемся окне создайте новую запись для списка контактов. Не обращайте внимания на то, что здесь немало вкладок и полей. Для нас они интереса не представляют. Все это лишнее. Нам достаточно ввести имя и фамилию партнера, а также его адрес электронной почты — всего три слова (рис. 28.8). Щелкните на кнопке OK, и в списке контактов появится новая запись. Если сделаете ошибку, то можете щелкнуть на этой записи правой кнопкой мыши, выбрать в контекстном меню команду Свойства и в открывшемся диалоговом окне поправить или пополнить данные.

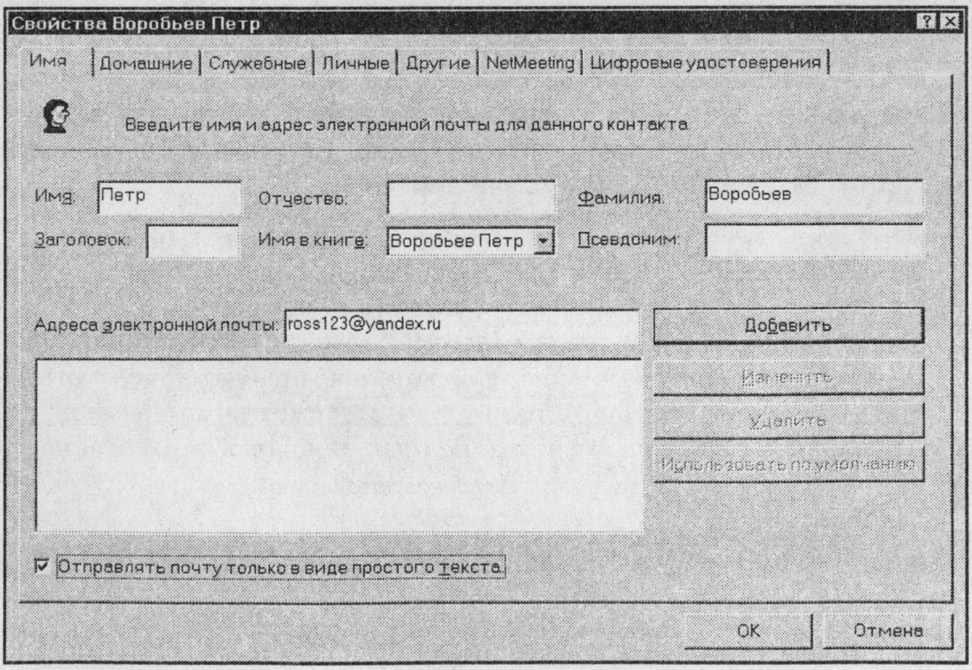

Рис. 28.8. Создание новой записи в списке контактов (в адресной книге)

Заполнение служебных полей

Теперь перейдем к заполнению служебных полей. Откройте окно редактора нового сообщения щелчком на имени адресата в списке контактов. Поле Кому заполняется автоматически (рис. 28.5). Ниже расположено поле Копия. Оно позволяет отправить это же сообщение еще нескольким корреспондентам. Опять-таки, если они внесены в список контактов, то действовать очень просто. Щелкните на кнопке Копия — откроется окно Выбор получателей. На левой панели выбираете получателя и переносите его на правую панель соответствующими кнопками Кому->, Копия-> или Скрытая копия->. Скрытая копия отличается от обычной тем, что получатели документов не увидят в поле заголовка адресатов, которым отправлена скрытая копия.

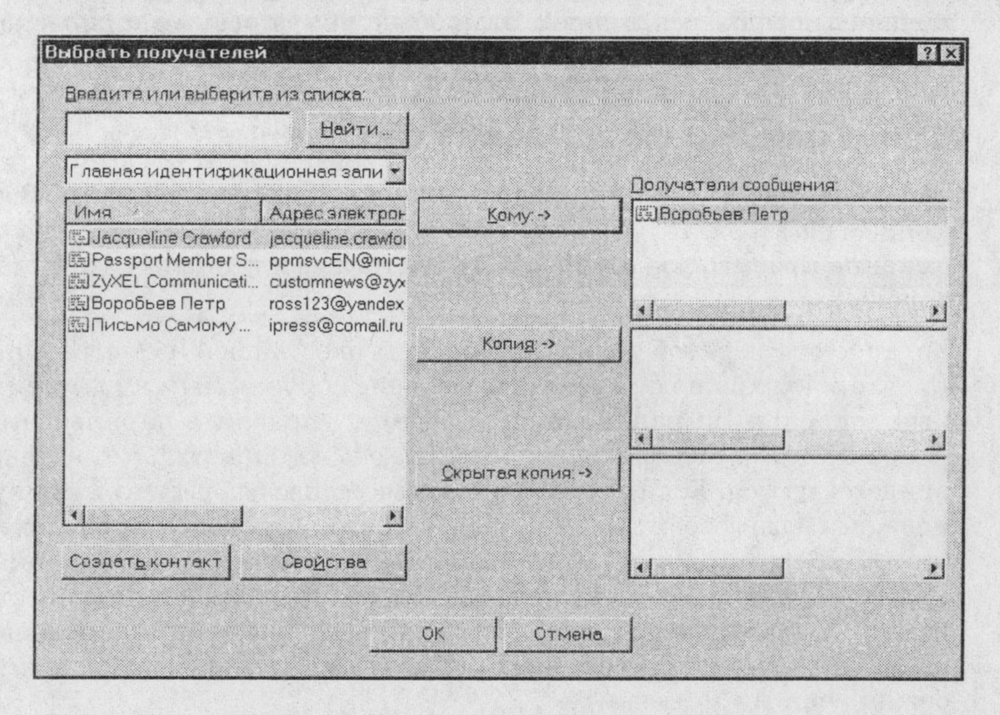

Рис. 28.9. Автоматизированное заполнение полей получателей сообщения

Заполнив адресные поля, непременно заполните и поле Тема. Это требование этикета. Многие пользователи настраивают свои программы таким образом, чтобы сообщения, поступившие с незаполненным полем Тема, вообще не принимались. Желательно в этом поле применить свое знание английского языка или хотя бы английских букв — тогда у адресатов не возникнет проблем с чтением заголовка сообщения, даже если у них включена неподходящая кодировка.

Настройка кодировки

Перед вводом текста сообщения проверьте, какая установлена кодировка. Имейте в виду, что ее настройка для чтения сообщений и для их записи — суть вещи разные. Если вы ранее настроили кодировку для чтения сообщений, это не значит, что она же будет использоваться при отправке.

Для выбора кодировки в окне редактора служит команда Формат ➤ Вид кодировки ➤ Дополнительно. Желательно выбрать КОИ-8Р. Если партнер сообщит о том, что он никак не может прочитать такое сообщение, в порядке исключения отправляйте ему письма с кодировкой Кириллица (Windows).

Выбор режима оформления сообщения

Там же, в меню Формат выберите режим оформления сообщения. Возможны два варианта: Обычный текст или В виде HTML. В первом случае никакие приемы форматирования текста недоступны. И это очень хорошо!

Во втором случае сообщение уподобляется простейшей *Web*-странице, так что в нем можно применять выделение полужирным или курсивным шрифтом, выравнивание по центру, управлять параметрами шрифта и даже вставлять рисунки. Все это излишества, которые не приветствуются. Если нужно переслать красиво оформленный документ, его надо готовить не в почтовой программе, а в серьезном текстовом процессоре, а затем отправлять в виде почтового вложения. Тратить время на оформление сообщений электронной почты просто нелепо. Кроме рекламщиков, этим никто не занимается, а отношение к ним, сами понимаете, какое. Так что будьте проще и включите режим Формат ➤ Обычный текст.

Отправка вложенного файла

Допустим, необходимо отправить партнеру некий документ, программу, картинку или иной произвольный файл. Это можно сделать, используя механизм почтовых вложений. Механизм очень прост, но прежде чем им воспользоваться, надо сделать ряд подготовительных шагов.

1. Подготовьте файл, который хотите отправить. Положите его в удобное место, например на Рабочий стол.

2. Выясните размер полученного файла. Если он превышает 30–40 Кбайт, этикет и здравый смысл требуют, чтобы файл был запакован. Воспользуйтесь архиватором WinZip. Хоть он и не лучший, но зато он есть (по крайней мере должен быть) у всех, кто работает с Интернетом. Не делайте архив самораспаковывающимся. Опасаясь вирусной атаки, партнер будет сомневаться, можно ли файл распаковать. Если он вообще удалит этот файл, не задумываясь, то будет прав.

3. Позвоните партнеру и предупредите о своем намерении отправить сообщение с вложением. Будьте готовы, что он непременно спросит о размере файла. Никто не любит получать по электронной почте файлы размером более 100 Кбайт. Если нет возможности позвонить, заранее отправьте письмо с предупреждением, что будет отправлен такой-то файл, имеющий такой-то размер и такое-то содержание.

Не отправляйте вложенные файлы вышестоящим (социально или по службе) лицам, кроме как по их просьбе. И, соответственно, вообще никогда ничего не отправляйте почтовыми вложениями незнакомым людям! Это грубое нарушение правил почтового этикета! Все эти тонкости связаны с небезопасностью почтовых вложений для их получателей. Разумный человек удалит то, что получено от незнакомых лиц, не распаковывая вложение, а про себя подумает об отправителе не слишком лестно.

---

4. Когда все будет готово, напишите краткое сообщение и дайте команду Вставка ➤ Вложение файла — откроется стандартное диалоговое окно выбора файла. Если файл уже заготовлен на Рабочем столе, он будет вставлен быстро и просто.

Чтобы произвольный файл мог быть передан по каналам электронной почты, он перекодируется специальным образом. При этом, грубо говоря, каждый байт заменяется парой байтов, то есть файл становится вдвое длиннее, чем вы думали. Именно поэтому столь существенны ограничения на размеры файлов, отправляемых по электронной почте.

---

29. Электронная почта Web-Mail

Достоинства и недостатки Web-Mail

Принципиально работа с электронной почтой *Web-Mail* мало чем отличается от работы с *E-Mail*. Точно так же каждый пользователь имеет адрес электронной почты, только учетная запись создается не на сервере *POP3*, а на самом обычном *Web-сервере*. Адреса *E-Mail* и *Web-Mail* совершенно равноправны, и почту, отправленную в одной службе, можно спокойно принимать в другой. Между тем у почты *Web-Mail* есть ряд характерных достоинств.

1. Не надо устанавливать и осваивать специальную программу — почтового клиента. С броузером *WWW* умеют работать все, кто вышел в Интернет, а здесь ничего, кроме броузера, и не нужно.

2. При работе с *E-Mail* непросто завести себе несколько «почтовых ящиков» в разных местах. «Свой» сервис-провайдер такую услугу предоставляет бесплатно, а вот найти другой бесплатный сервер *E-Mail* для отправки или получения почты — проблема. Зато «почтовых ящиков» *Web-Mail* можно завести сколько угодно. *Web*-серверов, предоставляющих такую услугу бесплатно, немало как в России, так и в мире. Поэтому адреса *Web-Mail* многие часто используют в качестве «одноразовых».

3. Сервис-провайдеров приходится время от времени менять. Как показывает практика, долго и безупречно работать не может ни один. Даже у наиболее стабильных провайдеров периоды бурного развития сменяются периодами стагнации. Меняя провайдера, мы на какое-то время остаемся без «почтового ящика». В свою очередь, почтовые ящики *Web-Mail* доступны всегда. Поэтому адреса *Web-Mail* многие используют в качестве «постоянных».

4. Находясь в дальней командировке или турпоездке, трудно обратиться к своему «почтовому ящику» *E-Mail* — для этого надо возить с собой портативный компьютер, на котором стоит почтовый клиент с настроенной учетной записью. С почтой *Web-Mail* все гораздо проще. Находясь в любом европейском захолустье, можно найти Интернет-кафе, заскочить в него на минутку, выйти в *WWW* и заглянуть на свой сервер *Web-Mail*, чтобы прочитать или отправить почту.

5. Еще одно преимущество *Web-Mail* состоит в возможности более глубокого управления «почтовым ящиком». Строго говоря, мы не обязаны держать всю почтовую базу у себя — пусть она хранится на *Web*-сервере, а мы будем делать с ней то, что сочтем нужным. Далеко не все почтовые клиенты позволяют управлять (да и то лишь очень ограниченно) хранением почты на серверах *POP3*, а серверы *IMAP*, которые на это рассчитаны, — большая редкость.

6. Политика сетевой безопасности в некоторых организациях и учреждениях запрещает использование электронной почты *E-Mail* для внешней личной переписки. К службе *WWW* отношение более демократичное. Доступ к ней блокируют реже, а если и блокируют, то не всегда полностью, так что остается возможность принимать и отправлять сообщения по *Web-Mail*.

Чтобы не быть односторонними, обсудив достоинства *Web-Mail*, можно упомянуть и некоторые достоинства *E-Mail*.

1. Первое, и очень важное достоинство *E-Mail* состоит в том, что пользоваться специальными почтовыми клиентами не так плохо, как кажется на первый взгляд. Работая с почтой *Web-Mail*, мы ограничены теми функциями, которые предусмотрел и реализовал владелец *Web*-сервера, открывший нам «почтовый ящик». А у него не так много возможностей, поскольку он стиснут жесткими рамками протокола *HTTP*. В общем, почитатели нестандартных решений предпочитают использовать *E-Mail* и специализированные клиентские программы. Это особенно касается тех, кто опирается на электронную почту в своем личном бизнесе.

2. Второе достоинство *E-Mail* — скорость работы. За использование броузера и медленного протокола *HTTP* пользователи *Web-Mail* расплачиваются заметным торможением операций. После каждого нажатия на любую кнопку приходится повторно принимать

всю *Web*-страницу. Если *Web*-сервер перегружен клиентами, приходится подолгу ждать реакции на свои действия. Поэтому для бизнеса, основанного на электронной почте, сервис *Web-Mail* не очень подходит.

— Так что же все-таки выбрать для себя: E-mail или Web-Mail?

Лучше всего выбрать и то и другое. А наиболее совершенные почтовые системы *Web-Mail* (например, почтовая система компании «Яндекс») позволяют работать с «почтовым ящиком» не через броузер, а через почтовый клиент. При этом удачно сочетаются как достоинства *Web-Mail*, так и достоинства *E-Mail*. В итоге мы можем получить такую функциональность, какая нам нужна.

Далее мы рассмотрим приемы работы с *Web-Mail* на примере системы «Яндекс-Почта». Сегодня в России эта служба пользуется особой популярностью.

Создание почтового ящика в системе Яндекс-Почта

Прежде чем приступать к работе, следует проверить, включен ли в Обозревателе режим максимально частого обновления *Web*-страниц. Дайте команду Сервис ➤ Свойства обозревателя. В диалоговом окне Свойства обозревателя на вкладке Общие нажмите кнопку Настройка. В открывшемся диалоговом окне включите переключатель Проверка обновления посещенных страниц при каждом посещении страницы. Сохраните настройку и закройте окно нажатием кнопки OK.

Создание почтового ящика в системе «Яндекс-Почта» выполняется следующим образом.

1. Обычным порядком установите соединение со своим сервис-провайдером.
2. Запустите Обозреватель Internet Explorer.
3. В поле адресной строки введите адрес www.yandex.ru.
4. Когда загрузится основная страница сайта компании «Яндекс», разыщите на ней ссылку, ведущую к почтовой системе. Время от времени эта ссылка может изменяться вместе с изменением интерфейса основной страницы, но на момент написания книги ссылка называется Моя почта (рис. 29.1).

Рис. 29.1. Переход к странице «Яндекс-Почта»

5. На странице «Яндекс-Почта» разыщите гиперссылку ЗАРЕГИСТРИРОВАТЬСЯ или ссылку РЕГИСТРАЦИЯ ЗДЕСЬ.

6. Регистрация выполняется на странице «Яндекс-Паспорт». Прежде чем приступать к регистрации, внимательно прочтите документ Пользовательское Соглашение — соответствующая гиперссылка находится в нижней части страницы.

   В Соглашении изложены права и обязанности пользователей почтовой системы. В частности, там указано, что служба гарантирует работу двух адресов для одного клиента. Один адрес можно сделать постоянным и использовать для важных контактов, а другой — временным, для случайных связей.

Обратите внимание на то, что некоторые регистрационные поля отмечены знаком «*». Их заполнение требуется обязательно.

7. Придумайте себе регистрационное имя и введите его в поле Логин. Оно войдет в ваш адрес электронной почты слева от знака @. Система не может допустить, чтобы разные лица имели одинаковые адреса, поэтому регистрационное имя надо проверить на уникальность с помощью ссылки Проверка.

   Если не удается найти хорошее незанятое имя, попробуйте скомбинировать его из двух слов или используйте цифры. Соединяйте слова либо без пробела (ross123), либо через дефис (ross-123). Старайтесь не использовать прописных букв — они мешают диктовать партнерам свой адрес электронной почты по телефону.

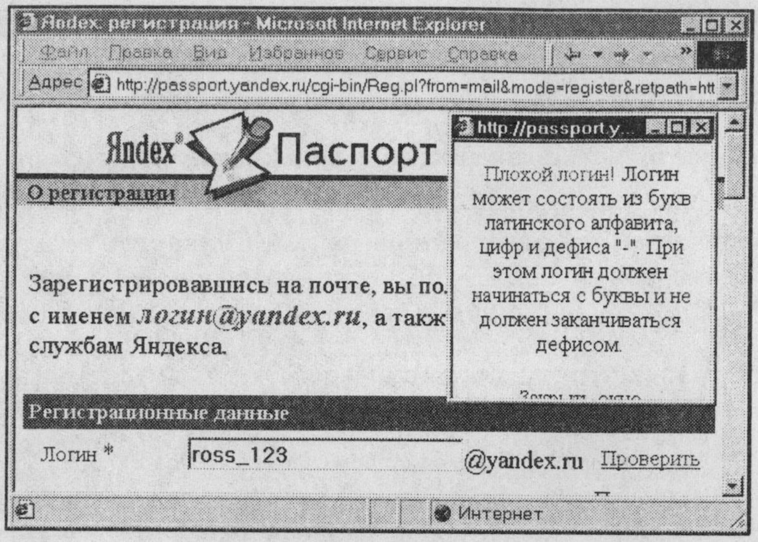

Рис. 29.2. Регистрация на странице «Яндекс-Паспорт». Проверка избранного имени показала, что оно неприемлемо

8. В поле Пароль введите строку длиной не менее четырех символов — это и будет ваш пароль. Он не должен совпадать с регистрационным именем. Так как пароль на экране не отображается, его надо подтвердить повторным вводом в поле Повторите пароль. Крепко его запомните, а лучше — запишите в записную книжку.

9. В поле Псевдоним можно ввести дополнительное имя. Это удобно, например, если тем же почтовым ящиком будет пользоваться другой член семьи.

10. Из прочих данных следует заполнить поля Фамилия и Имя, а также поле адреса электронной почты. Если у вас уже есть какой-то адрес электронной почты, введите его в это поле. Он может пригодиться в случае, если вы забудете собственный пароль, — система отправит его по этому адресу.

    Если же никакого почтового адреса у вас нет — придется систему немного обмануть. Введите сюда что угодно — главное, чтобы формально эта строка походила на адрес. В частности, в ней должен присутствовать символ @.

11. В поле Кодировка писем выберите кодировку КОИ-8Р — в России она принята для электронной почты «де факто». Если же вы

предполагаете отправлять свои сообщения на русском языке за границу, выберите кодировку Windows-1251.

12. В группе Формат писем выберите формат Текст.
13. Закончив ввод данных, нажмите кнопку Зарегистрироваться.
14. После проверки введенных данных откроется ваша персональная страница электронной почты. Сохраните ее адрес в папке Избранное командой Добавить в избранное. В будущем сможете с помощью этой закладки быстро обращаться к почтовой системе.

В ходе регистрации почтовая система установит на вашем компьютере в папке C:\Windows\Cookies маркер *cookie*. Не удаляйте его — здесь сохранены настройки, сделанные вами при регистрации. В этом нетрудно убедиться, просмотрев этот маркер в обычном текстовом редакторе. По данному маркеру почтовая система будет узнавать вас при каждом подключении, и вам не придется каждый раз вводить свое регистрационное имя. Пароль же придется вводить всегда — запоминать его в файлах *cookies* было бы вершиной легкомыслия.

Проверка работы почтовой системы

Самый лучший способ быстрой проверки почтовой системы — это отправка сообщения самому себе. Подключитесь к Сети, запустите Обозреватель и с помощью заготовленной закладки войдите в систему «Яндекс-Почта». Регистрационное имя уже введено (взято из маркера *cookie*) — осталось ввести пароль и нажать кнопку Войти (рис. 29.3).

Система открывается на странице просмотра заголовков принятых сообщений. Чтобы подготовить свое сообщение, воспользуйтесь кнопкой Написать письмо.

Страница подготовки новых сообщений представляет собой бланк — *Web-форму*. Введите в поле Кому свой собственный адрес, а в поле Тема укажите тему — Проверка связи.

На будущее имейте в виду, что адреса корреспондентов можно не вводить вручную, а брать из адресной книги — для этого справа от полей Кому, Копия и Скрытая копия имеется значок адресной книги.

В поле «тела» сообщения введите свой текст, например: Настоящим сообщением проверяется работа электронной почты. Сообщение отправляется в формате простого текста и имеет кодировку КОИ-8Р. Для отправки

Яndex Почта - Microsoft Inte...
Файл Правка Вид Избранн »
Адрес http://mail.yandex.ru/login.xhtml
Яndex Почта
РегистрацияОбр
Юриди
ЗАРЕГИСТРИРОВАННЫЙ ПОЛЬЗОВАТЕЛЬ
Логин ross123
Пароль ****
Забыли пароль?
Войти
Интернет

Рис. 29.3. Вход зарегистрированного пользователя в систему «Яндекс-Почта»

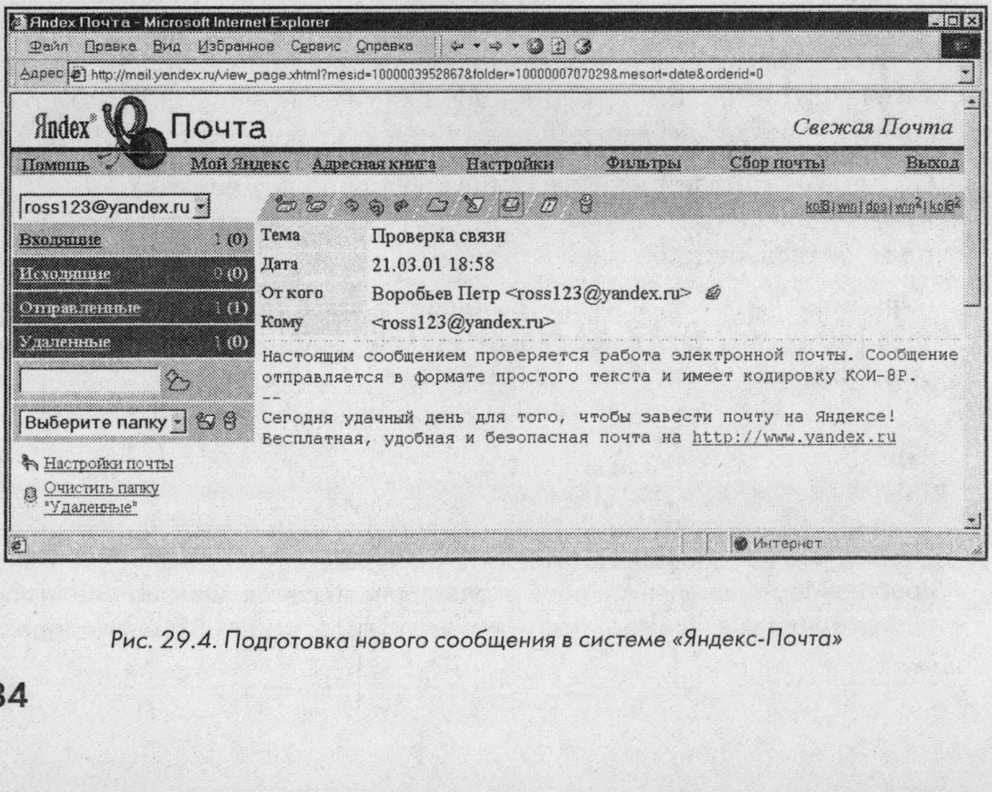

Яndex Почта - Microsoft Internet Explorer
Файл Правка Вид Избранное Сервис Справка
Адрес http://mail.yandex.ru/view_page.xhtml?mesid=1000003952867&folder=1000000707029&mesort=date&orderid=0
Яndex Почта
Свежая Почта
Помощь Мой Яндекс Адресная книга Настройки Фильтры Сбор почты Выход
ross123@yandex.ru
koi8 | win | dos | win2 | koi82
Входящие 1 (0)
Исходящие 0 (0)
Отправленные 1 (1)
Удаленные 1 (0)
Выберите папку
Настройки почты
Очистить папку "Удаленные"
Тема Проверка связи
Дата 21.03.01 18:58
От кого Воробьев Петр <ross123@yandex.ru>
Кому <ross123@yandex.ru>
Настоящим сообщением проверяется работа электронной почты. Сообщение отправляется в формате простого текста и имеет кодировку КОИ-8Р.
--
Сегодня удачный день для того, чтобы завести почту на Яндексе!
Бесплатная, удобная и безопасная почта на http://www.yandex.ru
Интернет

Рис. 29.4. Подготовка нового сообщения в системе «Яндекс-Почта»

сообщения нажмите экранную кнопку Отправить. После этого система возвращается к исходной странице.

Подождите несколько минут и нажмите кнопку Доставить почту. Если сообщение поступило, страница перестроится, и вы увидите его заголовок. Автор сообщения выделен цветом и подчеркиванием, то есть здесь мы имеем гиперссылку. Щелкните на ней — откроется страница просмотра сообщения.

Операции с полученным сообщением

Добавление отправителя в адресную книгу. Если предполагается, что переписка с автором полученного сообщения будет продолжена, имеет смысл внести его адрес в адресную книгу, чтобы в будущем никогда не набирать его вручную. Соответствующая кнопка называется Добавить отправителя в адресную книгу — она находится на правом краю поля От кого.

Ответ отправителю. Быстро подготовить ответ на полученное сообщение позволяет кнопка Ответить. Она открывает страницу с *Web*-формой ответного сообщения. Поля Кому и Тема заполняются автоматически, а в «теле» сообщения цитируется исходный текст.

Создание новой папки. Обычно в *Windows* мы сначала даем команду на создание новой папки, а потом задаем ей имя. При работе с *Web*-сервисами организовывать диалоги с клиентами не столь просто, поэтому здесь порядок обратный: сначала задаем имя новой папки, а потом даем команду на ее создание. То есть в данном случае команда должна иметь прямое действие.

Под панелью папок разыщите кнопку Создать папку. Рядом с ней расположено поле ввода. Введите сюда имя нужной папки, например Служебные или, допустим, Личные и нажмите кнопку. После перестроения страницы в списке появится новая папка.

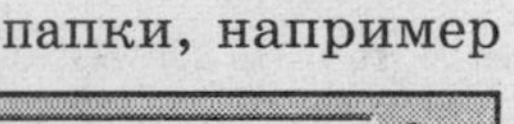

Перемещение сообщения. Под панелью папок находится имеется раскрывающийся список Выберите папку. Раскройте его и выберите папку, в которую хотите переместить просматриваемое сообщение. После этого можно нажать кнопку Переместить выбранные письма в папку.

Если речь идет о перемещении не одного сообщения, а целой группы, то эту операцию надо делать не на странице просмотра сообщения, а на странице просмотра заголовков. Сообщения группируют включением флажков слева от имени отправителя. После группировки такие команды, как перемещение и удаление, действуют на все отмеченные сообщения.

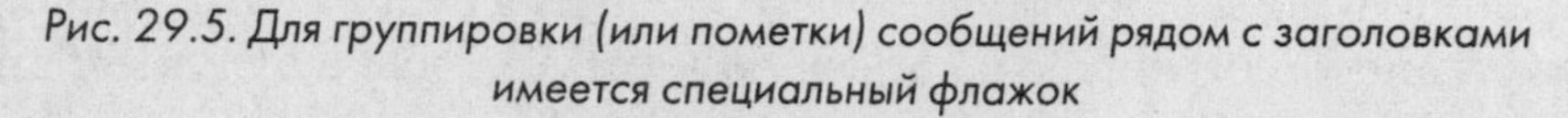

Рис. 29.5. Для группировки (или пометки) сообщений рядом с заголовками имеется специальный флажок

Удаление сообщения. Пометьте сообщения, подлежащие удалению, и нажмите кнопку Удалить. Удаление происходит не физически, а логически — выделенные сообщения перемещаются в папку Удаленные. Чтобы расстаться с сообщениями навсегда, надо открыть эту папку и выполнить удаление в ней. Можно также воспользоваться гиперссылкой Очистить папку «Удаленные».

Настройки почты
Очистить папку "Удаленные"

Где хранить незавершенные сообщения?

— Мне надо написать длинное письмо, но боюсь, что за один раз я это сделать не успею. Как мне поступить? Где я могу сохранить незавершенное письмо, чтобы потом продолжить с ним работу?

К сожалению, такая очевидная операция не выполняется настолько просто, как хотелось бы. В этом наглядное различие между работой с почтовым клиентом *E-Mail* и сервисом *Web-Mail*. В случае *E-Mail* почтовая база находится на нашем собственном жестком диске, и мы можем делать там все, что хотим. Почтовая база *Web-Mail* находится на чужом сервере, и потому наши возможности ограничены. Впрочем, не отчаивайтесь — что-нибудь придумаем.

1. В окне подготовки нового сообщения имеется кнопка Сохранить. Ведет она себя не вполне адекватно, поскольку после ее нажатия сообщается, что сообщение якобы «отправлено».

На самом деле ничто никуда не отправляется, а просто незавершенное сообщение переносится в папку Исходящие.

2. Хранить незавершенные работы в папке Исходящие — дурной тон. В этой папке, в отличие от других, имеется кнопка Отправить, а ведь отправлять незавершенные сообщения никто не собирается. Поэтому создайте себе папку Черновики и переместите свое незавершенное сообщение из папки Исходящие в эту пользовательскую папку — пусть лежит до лучших времен.

3. Когда захотите продолжить работу, откройте папку Черновики (или как там она у вас называется) и скопируйте текст письма в буфер обмена *Windows*. Затем начните создание нового сообщения, как обычно, и скопируйте в него из буфера обмена то, что было начато ранее. Завершив работу, отправляйте ее кнопкой Отправить.

Чтобы в будущем не испытывать подобных сложностей, поймите, что почтовые системы, основанные на *Web*, работают в реальном времени. Пока вы что-то читаете или пишете, работает счетчик, и с вашего счета у сервис-провайдера убегают «условные единицы». Поэтому используйте *Web-Mail* только для чтения почты и создания кратких запросов или ответов длиной несколько строк. Если нужно подготовить длинное послание, напишите его, не подключаясь к Сети, с помощью простейшего текстового редактора Блокнот. Он позволяет сохранять незавершенные работы в виде файлов. Закончив подготовку, подключитесь на минутку к почтовому *Web*-серверу, начните новое сообщение, введите адрес получателя, укажите тему и перенесите текст письма из окна редактора через буфер обмена.

Еще один вариант действий — предварительная подготовка документа в любой программе (например в текстовом процессоре Word или WordPad), а потом присоединение его к сообщению в виде вложенного файла. Текст сообщения в этом случае может быть предельно лаконичен, например: «Смотри вложение». Однако такой прием можно применять не всегда. О повышенных требованиях почтового этикета, предъявляемых к вложенным файлам, мы говорили в предыдущей главе.

Отправка почтовых вложений

Как и обычная электронная почта, почта, основанная на *Web*, позволяет пересылать произвольные файлы в виде почтовых вложений, то есть путем присоединения этих файлов к обычным сообщениям.

Для создания почтового вложения в нижней части страницы подготовки нового сообщения имеется специальная форма Добавить файл, показанная на рис. 29.6. Три поля этой формы можно использовать для указания пути доступа к файлам, которые требуется вложить. Чтобы не вводить путь доступа вручную, пользуйтесь кнопками Обзор. Они открывают стандартное окно выбора файла, работать с которым мы уже умеем.

Рис. 29.6. Система «Яндекс-Почта» позволяет присоединить к отправляемому сообщению до трех различных файлов. Если нужно переслать более трех файлов, предварительно запакуйте их архиватором в один архивный файл

Готовим документы

Для тренировки документы разрабатывают только новички. У остальных людей есть какая-то практическая цель. Если вдуматься, то таких целей может быть всего две: документ готовится либо для представления, либо для предоставления. Слова похожи, а суть разная, и ее надо улавливать

30. Характерные ошибки при работе с программой Word

Цель определяет средства, а не наоборот

Текстовый процессор Microsoft Word — это довольно сложная программа с многочисленными возможностями и настройками. Ей посвящено множество книг. Сегодня в России этим процессором пользуются, без преувеличения, миллионы людей, но многолетний опыт редакционной работы с документами, подготовленными в этой программе, показывает, что далеко не каждый пользователь, освоивший ее, владеет элементарными принципами. Учебники по этой программе посвящены описанию кнопок, меню, окон, флажков и переключателей, а об основополагающих принципах почему-то умалчивают.

Word — это могучий инструмент. Испортить документ с его помощью гораздо проще, чем сделать безупречным. Поэтому мы начнем не с описания безграничных возможностей программы, а с самых элементарных вещей, о которые спотыкаются начинающие.

Документ документу рознь

Прежде чем запустить программу, спросите себя: «Что я хочу получить?» Вопрос вроде бы элементарный, но от него зависит многое. Есть два типа документов, которые можно подготовить в программе: документ для печати и электронный документ.

Если документ готовится для печати, создавайте его, как хотите. Закончив работу, распечатайте документ на принтере и используйте печатную копию по своему усмотрению. Большинство ошибок, допущенных при форматировании, будут в печатной копии не видны.

Если у вас нет принтера или вы должны передать кому-то документ на дискете, дело принимает иной оборот. Все, что вы сделаете не так, как положено, тут же будет выявлено. Ваши недочеты становятся особенно критичными, когда документ передается на сторону (например в редакцию или в издательство) для последующей обработки другими программами. В этом случае, чем меньше приемов оформления в документе было использовано, тем лучше.

О представлении и предоставлении

Для тренировки документы разрабатывают только новички. У остальных людей есть какая-то практическая цель. Если вдуматься, то таких целей может быть всего две: документ готовится либо для *представления*, либо для *предоставления*. Слова похожи, а суть разная, и ее надо улавливать.

Документ, который готовится для *представления* своего труда (своих знаний, умений и навыков), можно оформлять произвольно — так, как это лучше всего подходит документа. Если же документ готовится для *предоставления* — то есть для передачи в виде электронной копии, в нем не должно быть ничего лишнего. Содержание, структура и правописание — вот три элемента, на которых надо сосредоточиться. Все остальное не существенно и только мешает делу.

Правда, в жизни встречается третий вариант, когда автор готовит документ, не зная зарансе, куда и как он будет его представлять или предоставлять. В этом случае порядок действия такой:

- ✦ сначала документ готовится, как для передачи, то есть с минимальным оформлением;
- ✦ затем документ сохраняется;
- ✦ далее занимаются вариантами оформления сохраненной копии, причем это оформление зависит от того, кому, когда, как и по какому поводу будет представляться документ.

Если по результатам представления возникает необходимость в передаче документа, то передается его копия, имеющая минимальное форматирование.

Запомните два простых правила:

- ✦ документ *представляется* оформленным, в печатном виде — на бумаге;

✦ документ *предоставляется* с минимальным оформлением в электронном виде — на магнитных носителях.

Характерные ошибки форматирования

Главным врагом текстового процессора является пишущая машинка. Те, кто хотя бы раз в жизни попробовали с ней работать, навсегда усваивают приемы, недопустимые для электронных документов. Сегодня в Интернете гораздо проще найти хорошо исполненный документ Word, сделанный школьником, чем академиком. Вот наиболее характерные ошибки.

Несколько пробелов подряд

На пишущих машинках отступ красной строки имитировали несколькими пробелами. Он всегда был одинаковым в одном документе, так как шрифт пишущей машинки постоянный. Если в текстовом процессоре поставить пять пробелов подряд, то их ширина не будет одинаковой по всему документу, поскольку зависит от размера шрифта (пробел — это такой же символ шрифтового набора, как и все остальные). Поэтому пользоваться этим приемом запрещено.

В документе *Word* не может быть даже двух пробелов, идущих подряд. Если они появляются случайно, их надо выявлять и ликвидировать. Если их ставят специально, это говорит о неумении работать с программой.

Чтобы увидеть лишние пробелы, надо включить режим отображения служебных символов. Чтобы устранить лишние пробелы, используют средства автоматического поиска и замены.

Использование пустой строки

В стародавние времена, когда надо было сделать отступ между абзацами, машинистки пропускали одну-две строки переводом каретки. В наши дни пользователи нещадно жмут на клавишу ENTER. При нажатии этой клавиши в документ вводится код «конец абзаца». Высота пропущенной строки —величина переменная и опять же зависящая от размера шрифта. Этот прием также недопустим.

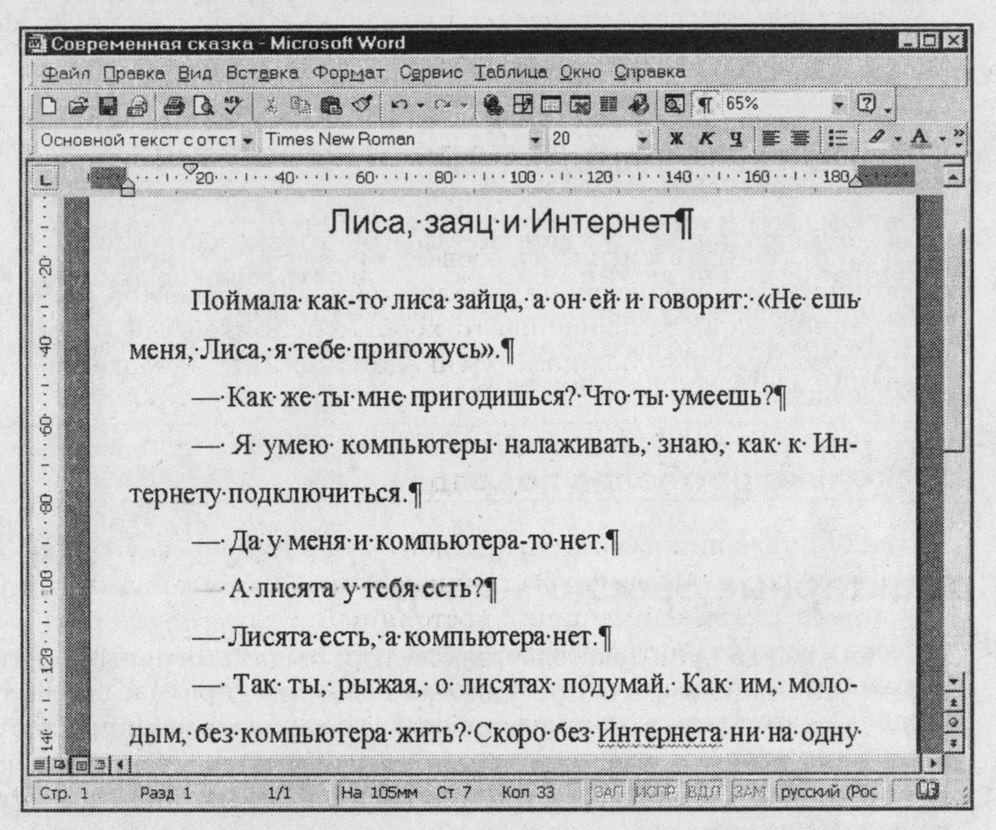

Рис. 30.1. Включив отображение невидимых символов, можно увидеть в тексте символы пробелов и концов абзацев

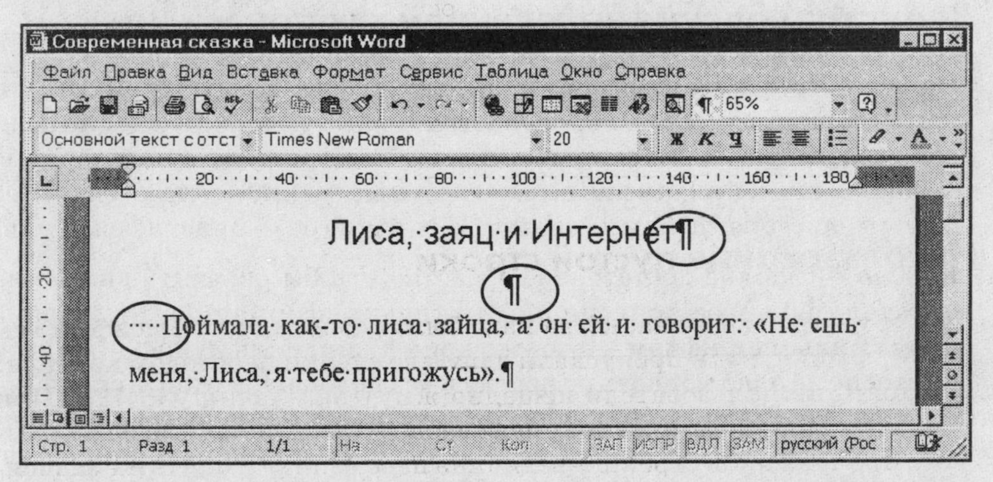

Рис. 30.2. Пример некорректного форматирования. Использовано подряд несколько пробелов и нажатий клавиши ENTER

В документе Word не может быть двух символов «конец абзаца», следующих друг за другом. Их выявляют и устраняют так же, как лишние пробелы.

Подчеркивание текста

Чтобы выделить текст, у машинистки было только два средства: подчеркивание или запись в р а з р я д к у. За десятилетия использования машинописных документов подчеркивание так всем надоело, что сегодня его применение свидетельствует либо о неразвитом вкусе, либо о незнании элементарных приемов.

Навсегда забудьте о том, что в программе Word есть средства подчеркивания текста.

Характерные ошибки набора

Получив в свои руки текстовый процессор, пытливые пользователи стремятся реализовать непременно все освоенные приемы. Не забывайте, что не вы первый научились работать с текстовым процессором и вряд ли вам удастся удивить кого-то новым головоломным трюком. Все уже было до вас, кое-что стало нормой, но многое отвергнуто и рассматривается как дурной вкус.

Злоупотребление выделением текста

Не злоупотребляйте приемами выделения текста. Следует помнить, что чем больше на странице выделенного текста, тем ниже значение каждого выделения. Любое выделение свидетельствует о том, что автор либо не нашел иных средств для выражения мысли, либо опасается, что ее (эту мысль) не заметят и не оценят. И то и другое — признак слабости.

Курсив — вполне достаточное средство, чтобы обратить внимание читателя на новое понятие или важную информацию. Выделение **полужирным шрифтом** — это уже крик души. Если нужно — применяйте, но не надо **кричать** по поводу и без повода. Работайте спокойно и позвольте читателю без напряжения читать ваш труд. Если в нем все в порядке с содержанием, вас оценят и без лишнего крика. ***Полужирный курсив*** — это такое излишество, которое почти никогда не удается обосновать, а от выделения текста КАПИТЕЛЬЮ дурно пахнет канцелярией — там ему и место.

Злоупотребление выравниванием

В книгах текст обычно выровнен с обеих сторон — это называется *выравниванием по ширине*. Смотрится такое выравнивание красиво, а обеспечивают его специальные издательские системы и комплексы. Они способны грамотно управлять расстоянием между соседними символами, чтобы, не дай Бог, не образовалось длинных растяжек между словами. Текстовый процессор на такую интеллектуальную работу не способен (рис. 30.3). Поэтому применяйте выравнивание по ширине только в документах, которые печатаете сами, — все поймут, какой программой вы пользовались, и не осудят. Если же документ передается для дальнейшей работы, то выравнивание по ширине — медвежья услуга.

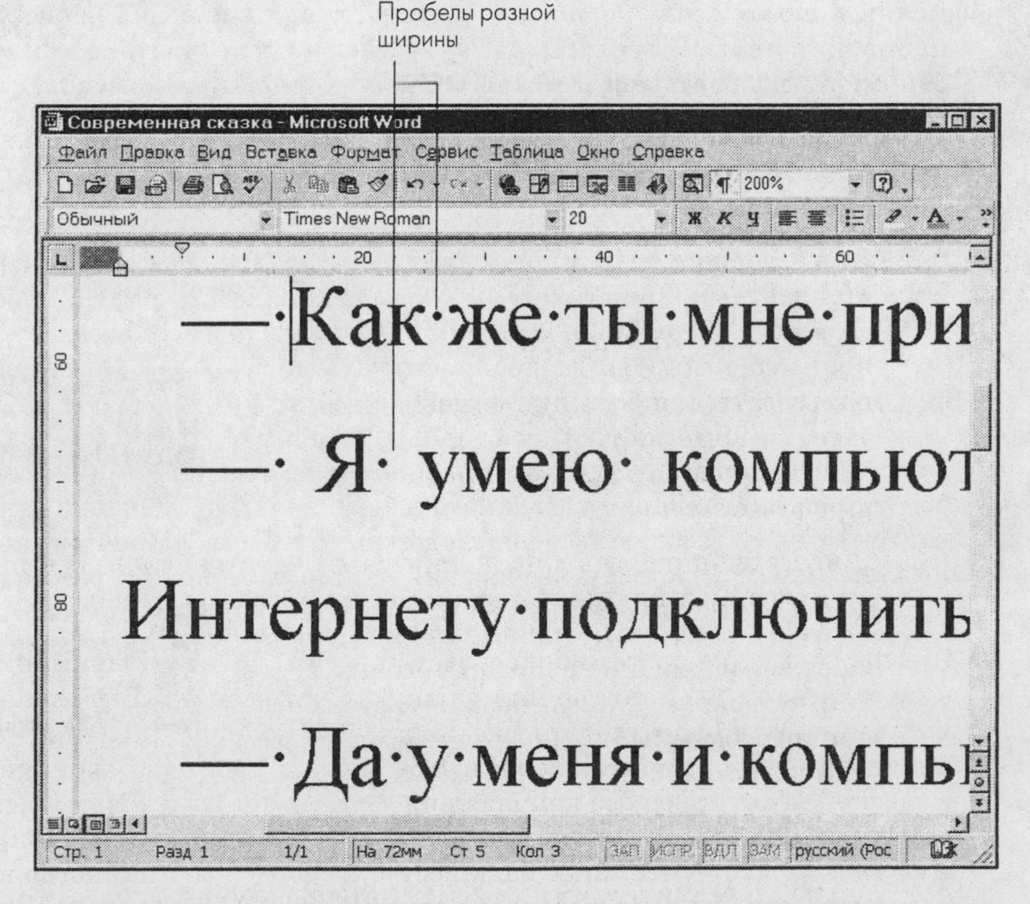

Рис. 30.3. В результате выравнивания текста по ширине пробелы в строках растянулись по-разному, поэтому нарушено выравнивание текста по левому полю

Злоупотребление изобилием шрифтов

На компьютере нетрудно установить сотню-другую шрифтовых наборов, но это не значит, что все их надо применять. Если документ готовится для печати, применяйте такие шрифты, которые соответствуют стилю документа. Три-четыре шрифтовых набора на один документ — верхний предел для обычного человека. Профессиональные дизайнеры умеют грамотно применять до шести наборов, но этому надо трудно и долго учиться, причем не по учебникам, а на практике. Впрочем, дизайнеры не пользуются такими несовершенными средствами, как Word, — у них в запасе есть кое-что получше.

Если документ готовится для передачи в электронном виде, то о шрифтовом оформлении вообще говорить бессмысленно. В этом случае применяйте *только стандартные шрифты*, входящие в состав операционной системы. Вы должны быть уверены, что у получателя вашего документа данные шрифты тоже есть. Вот простейшие рекомендации.

1. Используйте три стандартных шрифта: один для основного текста, второй — для дополнительных материалов и третий — для специальных символов.

2. Для основного текста применяйте шрифт Times New Roman. Это стандартный шрифт, который есть на всех компьютерах, работающих в операционной системе *Windows*. Он имеет засечки на концах букв (*serif*). Такие шрифты удобно использовать для больших массивов текста — засечки помогают глазу «держать строку». Чем длиннее строка, тем предпочтительнее шрифты с засечками.

3. В качестве шрифта для дополнительных материалов (врезок, примечаний и других кратких заметок) используют шрифты без засечек — *san serif*. Они не слишком привлекают внимание и не нарушают чтение основного материала. Стандартным шрифтом операционной системы *Windows*, не имеющим засечек, является Arial.

Лиса

4. Если документ готовится для передачи в электронном виде, то для заголовков применяют либо основной, либо дополнительный шрифт. В технических и учебных материалах чаще пользуются дополнительным шрифтом. Чем выше уровень заголовка, тем

больше размер шрифта. Заголовки принято выделять полужирным начертанием. Курсивное начертание используют, если шрифт имеет засечки. Для шрифтов, не имеющих засечек, применять курсивное начертание не принято.

5. Для ввода специальных символов, например греческих букв или знаков арифметических операций, в качестве стандартного обычно используют шрифт Symbol.

$\alpha_{1,2} = \pm 1$

6. В сравнительно редких случаях, когда оформляются стандартные бланки или, например, распечатки текстов компьютерных программ, может потребоваться шрифт, у которого все буквы имеют одинаковую ширину. Такие шрифты называют *моноширинными*. Стандартный моноширинный шрифт — Courier.

```
DIM Str$
Str$ = "Всем привет!"
PRINT Str$
```

Если документ готовится для передачи в печатном виде, можно использовать нестандартные шрифты, но стиль шрифтового оформления должен соответствовать характеру документа. То, что хорошо для печати стихов, не годится для оформления служебных записок и наоборот. Впрочем, это уже вопросы дизайна, не имеющие отношения к программе Word, которую мы сейчас рассматриваем.

Некорректное применение специальных символов

Наиболее широко встречается некорректное использование кавычек. В России в тексте положено использовать «парные» кавычки, а не "прямые". Единственное место, где "прямые" кавычки могут (и должны) применяться, — в распечатках текстов программ.

«Не ешь меня, Лиса. Я тебе пригожусь»	правильно
"Не ешь меня. Лиса. Я тебе пригожусь"	неправильно

Чтобы парные кавычки вводились автоматически, надо при настройке программы установить флажок Заменять при вводе прямые кавычки парными — команда Сервис ➤ Автозамена ➤ Автоформат при вводе.

Другой часто встречающийся дефект — использование знака «дефис» вместо знака «тире». Более того, следует различать «короткое тире» и «длинное». Короткое тире применяют, например, при указании диапазонов чисел: 1996–2001 гг. Этот знак не обособляется пробелами. В прочих случаях применяют «длинное» тире — его обособляют пробелами с обеих сторон. Познакомиться с некоторыми специальными символами и правилами их ввода можно на вкладке Вставка ➤ Символ ➤ Специальные символы (рис. 30.4).

Символ

Символы | Специальные символы

Символ:		Клавиша:
—	Длинное тире	Alt+Ctrl+Num -
–	Короткое тире	Ctrl+Num -
-	Неразрывный дефис	Ctrl+_
¬	Мягкий перенос	Ctrl+-
	Длинный пробел	
	Короткий пробел	
	1/4 пробела	
°	Неразрывный пробел	Ctrl+Shift+Пробел
©	Авторское право	Alt+Ctrl+C
®	Охраняемый знак	Alt+Ctrl+R
™	Товарный знак	Alt+Ctrl+T
§	Параграф	
¶	Абзац	

Автозамена... | Клавиша... | Вставить | Отмена

Рис. 30.4. Здесь можно узнать клавиатурные комбинации для ввода специальных символов

Малозаметный, но характерный дефект — некорректное применение символов арифметических операций — знаков «+», «–» и «=». Они должны браться из символьного набора Symbol. Особенно заметно различие между знаками «-» и «–».

$a+b-c=d$	правильно
a+b-c=d	неправильно

Злоупотребление средствами автоматического форматирования

Текстовый процессор Word позволяет автоматически отмечать элементы маркированных списков или нумеровать элементы маркированных списков. При этом маркеры и номера элементов являются не символами, а свойством строки. То есть, например, при удалении строки в списке все элементы, расположенные в последующих строках, перенумеровываются автоматически.

Это средство удобно для подготовки печатных документов. Когда документ напечатан, совершенно все равно, каким образом в нем был получен тот или иной знак. Но если документ готовится для передачи в электронном виде, от таких средств оформления лучше отказаться. Каждый символ в передаваемом документе должен быть указан явно.

Чтобы отключить автоматическое создание нумерованных и маркированных списков, сбросьте соответствующие флажки на вкладках Сервис ➤ Автозамена ➤ Автоформат при вводе и Сервис ➤ Автозамена ➤ Автоформат.

Характерные ошибки организации работы

Пренебрежение структурой документа

Каждый документ должен иметь четкую и ясную структуру, только тогда он будет восприниматься достаточно легко. Структуру задает автор. Она определяется заголовками частей, глав, разделов, подразделов, параграфов и т. п. Каждый заголовок раздела имеет свою значимость — уровень. Чем крупнее раздел, тем выше уровень его заголовка. Для оформления уровней заголовков в текстовом процессоре предусмотрены специальные средства. Чтобы проверить, насколько выверенной получилась структура документа, можно просмотреть ее отдельно от содержания. Для этого следует выполнить команду Вид ➤ Структура.

Для примера рассмотрим эту книгу. В ней шесть частей. Названия частей — это заголовки первого уровня. Каждая часть состоит из нескольких глав. Названия глав образуют заголовки второго уровня. Главы состоят из разделов — им соответствуют заголовки третьего уровня. Некоторые разделы могут иметь подразделы с заголовками четвертого уровня. И так далее.

В режиме просмотра структуры документа на панели управления просмотром имеются кнопки с номерами от 1 до 7 (рис. 30.5). С их помощью можно работать с документами, имеющими очень глубокую структуру (до 7 уровней). Чтобы открыть несколько верхних уровней, достаточно нажать на соответствующую кнопку. Так, например, при нажатии кнопки «4» должны отображаться только заголовки четырех верхних уровней.

Если документ имеет небольшой размер (несколько страниц) и распространяется в печатном виде, внутренней структуры в нем может не быть. Но если подготовленный доклад, реферат или статья переда-

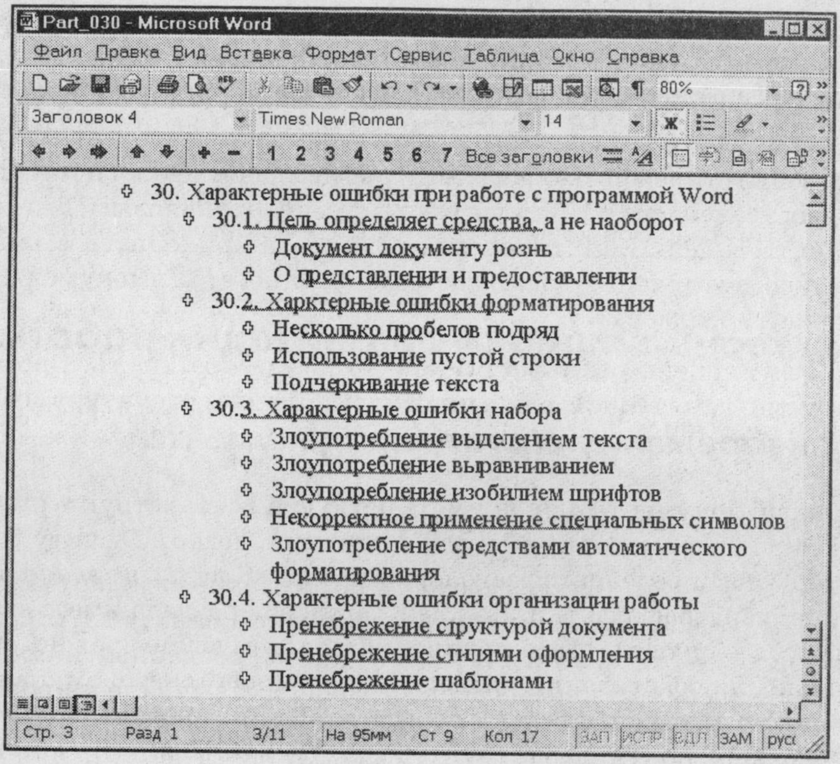

Рис. 30.5. Структура документа должна четко просматриваться

ются кому-то в виде файла, то структура документа должна просматриваться четко.

Если структуры нет, до просмотра содержания документа при его предоставлении дело, скорее всего, не дойдет.

Пренебрежение стилями оформления

Слово является элементарной лексической единицей. Предложение — наименьшая единица смыслового содержания, а наименьшая единица оформления — абзац. Каждый абзац должен быть оформлен неким заданным стилем.

Стиль — это совокупность настроек, связанных со шрифтами, их начертанием, цветом и выравниванием, отступами от левого и правого полей и отступами между абзацами. Когда курсор находится в тексте, на панели форматирования всегда видно название стиля, которым данный абзац оформлен. К сожалению, сразу после установки программы Word поле, в котором отображается стиль, на экране не видно. Поэтому, прежде чем приступать к работе, надо немного изменить содержимое ее панелей. Ниже мы рассмотрим, как это делается.

Настройка стилей позволяет сделать оформление аналогичных структурных элементов в разных частях документа одинаковым. Без использования стилей форматирование документа приходится выполнять вручную, а это очень трудоемкое мероприятие, если в документе более одной страницы.

Изобилие использованных стилей — другая крайность. Оно может говорить о том, что автор или плохо представляет структуру собственного документа, или не работал над ней.

Пренебрежение шаблонами

Для того чтобы не тратить время на оформление стандартных документов (служебных записок, писем, обращений, заявок и т. п.), авторы часто используют аналогичные документы, созданные в прошлом. Этот некорректный прием распространен чрезвычайно широко.

Если вы пользуетесь таким приемом, то сразу же после загрузки сохраните старый документ под новым именем и только затем начинайте вносить в него изменения. Не сделав этого, неосторожной командой Файл ➤ Сохранить (или нажатием комбинации клавиш CTRL + S) можно безвозвратно погубить старый документ.

Чтобы действовать уверенно и грамотно, следует заранее заготовить себе шаблоны документов. Шаблон — это тот же документ, но только его нельзя испортить. Он защищен от неосторожной перезаписи.

Создать шаблон очень просто. Любой ранее созданный и отформатированный документ можно сохранить в качестве шаблона — тогда все аналогичные документы будут готовиться на его основе.

Шаблон документа (даже пустого) является носителем стилей оформления. Разработав один раз удачную комбинацию стилей, стоит сохранить ее в виде шаблона. Как это делается, мы узнаем в следующей главе.

31. Начало работы с программой Word

В предыдущей главе мы рассмотрели характерные ошибки, связанные с применением текстового процессора Word. В этой главе мы научимся их не совершать и познакомимся с тем, как начать подготовку нового документа, а в следующей главе познакомимся с приемами эффективной работы.

О панелях инструментов

Текстовый процессор Word имеет богатый набор инструментальных средств. Основными являются инструменты для работы с текстами и файлами, а также инструменты форматирования. Дополнительные инструменты предназначены для работы с таблицами, графикой, фигурным текстом и прочим.

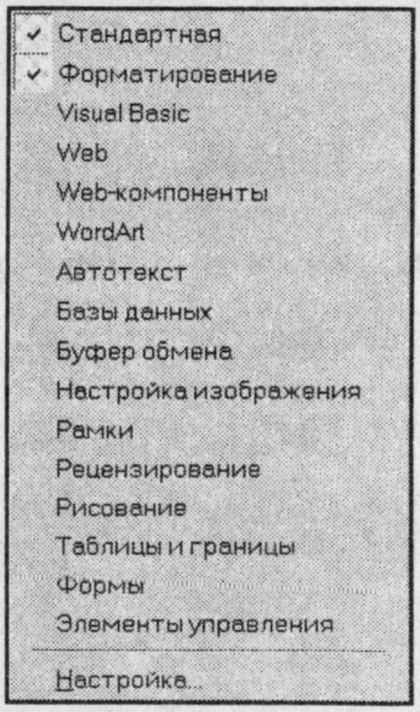

Для удобства работы инструменты, относящиеся к одной категории, собраны на одной панели. Всего инструментальных панелей в программе более полутора десятков. Открыть любую из них можно командой Вид ➤ Панели инструментов.

✓ Стандартная
✓ Форматирование
Visual Basic
Web
Web-компоненты
WordArt
Автотекст
Базы данных
Буфер обмена
Настройка изображения
Рамки
Рецензирование
Рисование
Таблицы и границы
Формы
Элементы управления
Настройка...

Обычно с программой работают, открыв две панели: Стандартная и Форматирование. Дополнительные панели не держат открытыми постоянно — когда необходимости в них нет, их закрывают.

Все инструментальные панели можно перемещать перетаскиванием. По желанию их можно разместить в любом месте окна программы — каждый руководствуется при этом собственными привычками и учитывает размер экрана. Чем больше экран, тем шире свобода для маневра.

В состоянии поставки окно программы настроено так, чтобы с ней было удобно работать при очень больших разрешениях экрана — порядка 1200×1024 точек. Это соответствует мониторам с диагональю экрана 19 дюймов и выше. Мало кто сейчас использует такие разрешения (и мониторы) в быту, поэтому прежде чем приступать к работе, стоит сделать небольшую настройку, связанную с панелями Стандартная и Форматирование. Дело в том, что им тесно находиться в одной строке, и потому не все элементы управления панели Стандартная отображаются на экране (рис. 31.1).

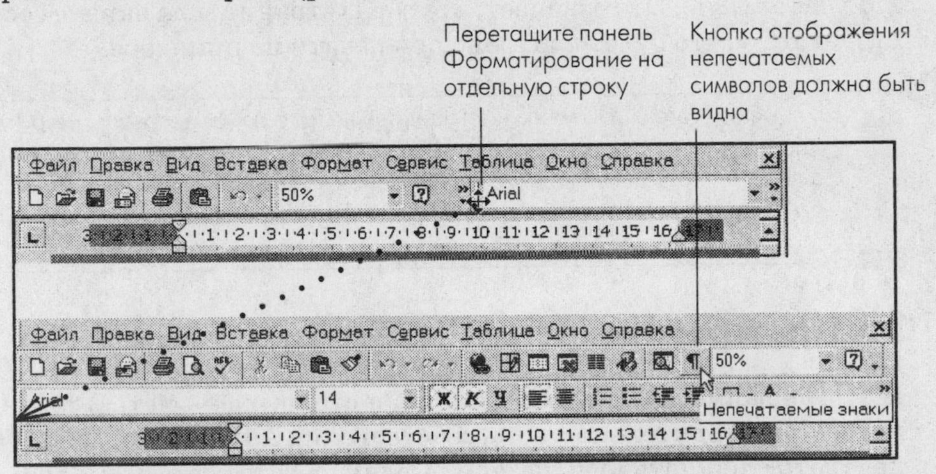

Рис. 31.1. Разделите основные панели инструментов, чтобы было удобнее работать

Рекомендуем перенести панель Форматирование на другую строку. Тогда панель Стандартная откроется полностью. В частности, на ней появится кнопка для отображения непечатаемых символов. Обязательно пользуйтесь ею для проверки качества оформления текста. В тексте не должно быть нескольких последовательных пробелов или символов «конец абзаца».

О режимах просмотра

Один и тот же документ в зависимости от целей и задач можно просматривать в разных режимах. Основных режимов просмотра шесть:

Обычный, Web-документ, Разметка страницы, Структура, Схема документа и Предварительный просмотр (перед печатью). Первые пять можно включить командами, входящими в меню Вид, а предварительный просмотр перед печатью выполняют командой из меню Файл.

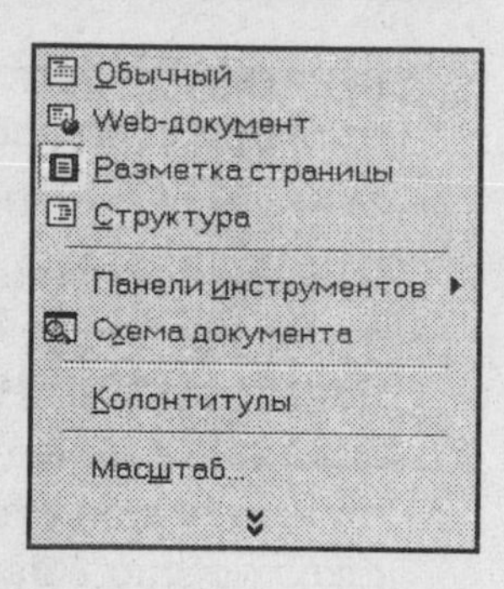

Режим разметки страницы

В наши дни это основной режим, предназначенный для работы с документами (в прошлом было не так). Документ на экране отображается по принципу *WYSIWYG* (*What you see is what you get — что видишь, то и получишь*). Это означает, что образ страницы на экране соответствует тому, что будет получено при печати на принтере.

В версии Word 2000 меню настраиваемые. Это означает, например, что при открытии меню Вид на экране отображаются не все входящие в него команды, а лишь те, которыми пользуются наиболее часто. Если вы не видите какой-то команды, это значит, что она пока скрыта. Для открытия полного меню пользуйтесь раскрывающей кнопкой — она последняя в списке команд.

Обычный режим

В этом режиме текст отображается, а страница — нет. В прошлом, когда производительность потребительских компьютеров была раз в двадцать–тридцать меньше, чем сегодня, работать в режиме разметки страницы было не слишком удобно. Компьютер с трудом успевал перестраивать экранный образ страницы, и работа тормозилась. В те годы «обычный режим» был действительно *обычным* (в смысле *общепринятым*). А в режим разметки страницы переключались на непродолжительное время, чтобы оценить результат и внести косметические правки. Сегодня в обычном режиме работают только на устаревшей технике.

Режим просмотра Web-документа

В этом режиме текстовый процессор ведет себя, как неполноценный *Web*-редактор и своеобразный *Web*-броузер. В общем, такой режим предназначен для создания *Web*-страниц, и никто им не пользуется. Даже начинающие *Web*-дизайнеры предпочитают применять для разработки *Web*-страниц гораздо более удобные (и добавим — более корректные) средства, например программу Homesite компании *Allaire*.

Режим просмотра структуры документа

О важности этого режима мы уже говорили в предыдущей главе. Работать в нем не надо, но время от времени необходимо в него переключаться, чтобы контролировать структуру документа. Документ выглядит хорошо сбалансированным, если количество разделов, вложенных в разделы более высокого уровня, примерно одинаково по всему документу. Плохо, когда в одном разделе очень много подразделов, а в другом разделе того же уровня, их почти нет. Совершенно недопустимо, если, например, в разделе второго уровня находится только один раздел третьего уровня. Это говорит о том, что он не нужен, а автор документа над его структурой не задумывался.

Все в руках автора. Оп сам управляет структурой и при необходимости может изменить ее как угодно, чтобы документ выглядел сбалансированно.

Режим работы со схемой документа

В этом режиме сочетаются достоинства режима разметки страницы и режима просмотра структуры. Достигается это за счет дополнительной панели. В то время как на ней отображается структура документа, в основном окне мы видим образ страницы (рис. 31.2). Режим, безусловно, очень удобен. Работая в нем, трудно создать документ плохой структуры, но за все приходится платить. Чтобы держать на экране дополнительную панель, надо иметь монитор достаточно большого размера.

Режим предварительного просмотра

Этот режим, как и «обычный режим» — наследие прошлых лет. О важности предварительного просмотра перед печатью документа на принтере мы говорили в главе 15, когда изучали программу WordPad. Но текстовый процессор WordPad слишком примитивен, чтобы иметь такой замечательный режим, как режим разметки страницы. Поэтому в нем необходимо просматривать результат своей работы перед печатью.

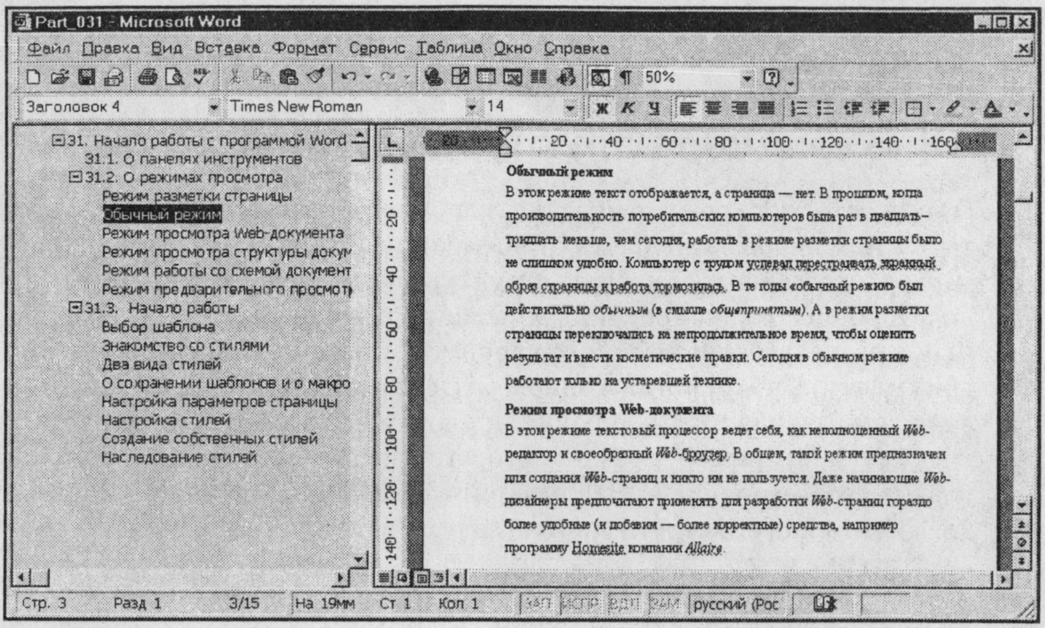

Рис. 31.2. Схема документа — очень удобный режим, но он требует большого монитора

В процессоре Word такой необходимости в режиме предварительного просмотра нет. Режим разметки страницы в достаточной степени обеспечивает соответствие экранного образа печатному. Поэтому пользоваться предварительным просмотром перед печатью не обязательно.

Подведем итоги. Итак, на практике нам достаточно всего двух режимов. В режиме разметки страницы документ создается и редактируется, а в режиме структуры просматриваются и правятся заголовки и другие элементы структуры. Чтобы быстро переключаться между этими режимами, не обязательно даже пользоваться меню Вид. В левом нижнем углу рабочего окна программы имеются кнопки переключения режима просмотра. Пользуйтесь ими.

Начало работы

Выбор шаблона

С самого начала приучите себя пользоваться шаблонами. Пусть у вас пока нет никаких специализированных шаблонов. Пусть вы еще многого не знаете. Пусть операции с шаблонами кажутся непонятными. Все равно создавайте свой первый документ не на пустом месте — воспользуйтесь готовым шаблоном.

Не начинайте работу над новым документом с привычной команды Файл ➤ Открыть — только с команды Файл ➤ Создать. Она открывает диалоговое окно выбора исходного шаблона. В этом окне несколько вкладок, содержащих заготовленные шаблоны для разнообразных документов. Постепенно, по мере накопления опыта, вы не только просмотрите и изучите разные шаблоны, пригодные для создания различных типов документов, но и создадите свои шаблоны. А для первого случая воспользуйтесь самым простым шаблоном, который называется Новый документ (рис. 31.3).

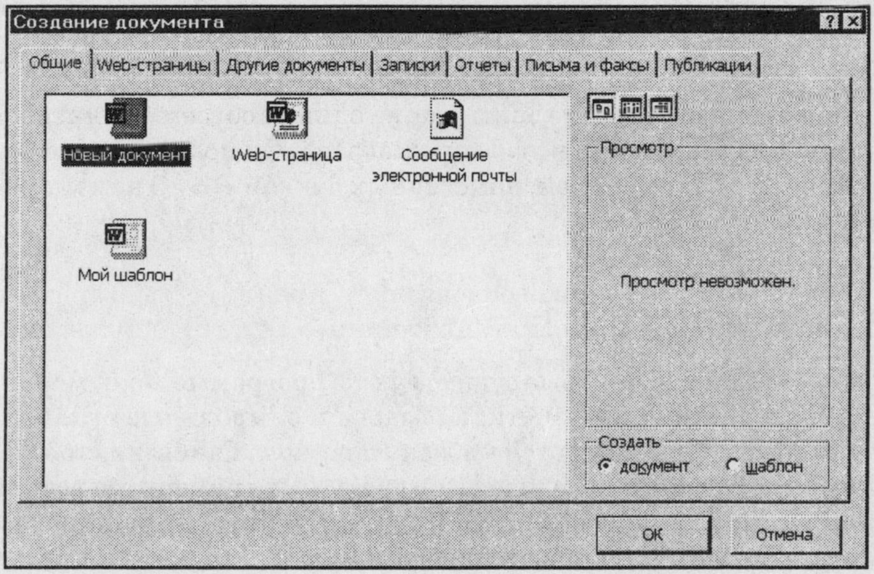

Рис. 31.3. Создание нового документа начинают с выбора исходного шаблона

Знакомство со стилями

После загрузки шаблона мы получаем заготовку для создания документа. В ней уже настроены некоторые стили оформления абзацев и заголовков будущего документа. Не факт, что такие стили нам подходят, но они есть, и за это спасибо — дальше мы их поправим, как захотим.

Посмотрите, какие стили поступили вместе с шаблоном, — для этого откройте список стилей на панели Форматирование. Как видите, набор их скромен, но вполне достаточен для начала работы: три стиля для заголовков разного уровня и один стиль (Обычный) для оформления абзацев основного текста.

Заголовок 1 16 пт
Заголовок 2 14 пт
Заголовок 3 13 пт
Обычный 12 пт
Основной шрифт абзаца

Если использовать другой, более сложный и изысканный шаблон, то можно получить вместе с ним гораздо более широкий набор стилей. В будущем имеет смысл просмотреть разные шаблоны, предлагаемые программой, и оценить стили, которые в них используются. Это поможет вам быстрее обрести дизайнерские навыки. Заимствование чужих стилевых решений — это не плагиат, а естественное самосовершенствование.

В списке стилей обратите внимание на один не совсем обычный стиль, который называется Основной стиль абзаца. Он помечен буквой «a» в отличие от прочих стилей, помеченных буквой «p». О нем мы расскажем чуть подробнее.

Два вида стилей

Вообще все стили, которые существуют в программе Word, можно разделить на две категории: стили абзацев и символьные стили. Стили абзацев применяются к абзацу целиком. Где бы ни стоял курсор внутри абзаца, если изменить стиль, то изменится весь абзац. Такой подход характерен не только для текстового процессора Word, но и для большинства прочих программ.

10 пт

Однако Word имеет одну замечательную особенность. Он позволяет выделять фрагменты внутри абзаца и присваивать им особый стиль — символьный. Мы как бы получаем возможность изменять стиль внутри абзаца, который уже имеет стиль.

Для примера, в этой книге внутри основного текста названия программ и их элементов управления выделены особо. Конечно, книга готовилась не в программе Word, а в издательской системе, и такое выделение стоило определенных усилий при верстке издания. А Word позволил бы сделать это очень просто — надо выделить нужный фрагмент и применить к нему символьный стиль.

Таким символьным стилем и является тот самый Основной стиль абзаца, который мы получаем вместе с шаблоном Новый документ. Если вы захотите использовать специальное шрифтовое оформление внутри абзацев, отличающееся от стиля самого абзаца, достаточно просто настроить этот стиль по собственному вкусу.

О сохранении шаблонов и о макровирусах

Шаблон Новый документ, который мы использовали, хранится в файле Normal.dot.

Все шаблоны хранятся в файлах с расширением .DOT. По расширению имени их можно отличить от самих документов, имеющих расширение имени .DOC.

Совсем не факт, что стили, заданные в этом шаблоне, вам подходят. Скорее всего, вы захотите изменить какие-то параметры шрифта или абзаца по своему вкусу. Далее вам, конечно, захочется сохранить эти изменения в шаблоне, чтобы в будущем не повторять настройки. И вот здесь нас ждет маленький сюрприз, о котором надо знать.

Возможно, вы слышали о так называемых *макровирусах*. Это особая порода вирусов, которые встраиваются в документы Word. По своей сути это невидимые наборы макрокоманд самого текстового процессора. Любой макровирус буквально только и мечтает, чтобы его сохранили, да не просто в документе, а в шаблоне — тогда он сможет размножаться с каждым документом, созданным на основе этого шаблона. А самая большая мечта макровируса — чтобы его сохранили не в любом шаблоне, а именно в шаблоне Normal.dot. Вирус даже сам имеет средства, чтобы там сохраниться.

Порядок работы вируса такой. Допустим, вам принесли на дискете документ, содержащий макровирус. Вы открыли этот документ в процессоре, и вирус перекочевал в оперативную память. Потом оттуда он пытается сохраниться в шаблоне Normal.dot, то есть перезаписать его. Если вирусу удастся это сделать, то все документы, которые вы в будущем подготовите, будут заражены и вирус продолжит свое движение по миру.

Для защиты от такого безобразия есть нехитрый прием: надо либо запретить перезапись шаблона Normal.dot, либо хотя бы предупреждать нас, когда кто-то пытается это сделать. Программу Word обычно настраивают так, чтобы она выдавала такое предупреждение. Для этого дайте команду Сервис ➤ Параметры — откроется диалоговое окно Параметры. В нем откройте вкладку Сохранение и установите флажок Запрос на сохранение Normal.dot (рис. 31.4). Если этот флажок установлен, то любая попытка сохранить измененный шаблон Normal.dot будет сопровождаться грозным предупреждением. Увидев его, вы должны поинтересоваться: «А кто задумал изменить мой шаблон? Уж не вирус ли это?»

Рис. 31.4. Защита шаблона Normal.dot от несанкционированных изменений

Если не вирус, а вы сами внесли изменения в шаблон, то ничего страшного нет, но все-таки лучше никаких изменений в шаблон Normal.dot не вносить, чтобы не получать угрожающих сообщений. Поэтому целесообразно сразу после создания документа, пока он еще пустой, сохранить собственный шаблон, например под именем Мой шаблон. Для этого дайте команду Файл ➤ Сохранить как — откроется стандартное окно Сохранение файла. В поле Тип файла выберите тип Шаблон документа. В поле Имя файла введите Мой шаблон и нажмите кнопку Сохранить. Теперь у вас есть собственный

шаблон, совпадающий с шаблоном Normal.dot, но в него можно без опасений вносить любые изменения.

Возможно, изменений со временем станет много и вы сохраните их в отдельном шаблоне Мой новый шаблон или Мой шаблон для писем и т. п. В идеале должно получиться так, что на основе шаблона Normal.dot будет создана длинная цепочка шаблонов, а сам он при этом останется неизменным, то есть таким, каким он был при первом запуске программы.

Настройка параметров страницы

Итак, мы начинаем создание нового документа на основе собственного шаблона Мой шаблон, ничем не отличающегося от стандартного шаблона Новый документ (Normal.dot). Первое, что надо сделать — это настроить параметры страницы. Все форматирование, которое выполняет программа Word, привязано к определенному размеру страницы, поэтому начинать создание документа, не указав, на какой бумаге он будет печататься, — все равно как строить дом, а потом подводить под него фундамент.

Дайте команду Файл ➤ Параметры страницы и познакомьтесь с диалоговым окном Параметры страницы. Начните с вкладки Размер бумаги. По умолчанию здесь заданы параметры стандартного (для России) листа формата А4 (210×297 мм). Если у вас бумага другого формата, можете эти параметры изменить. Здесь же выберите ориентацию бумаги: Книжная или Альбомная. Альбомную ориентацию применяют, как правило, для печати широких таблиц. Интересен вариант, когда две страницы печатают на одном листе — это удобно при печати мелким шрифтом для экономии бумаги. В этом случае тоже применяют альбомную ориентацию.

Далее откройте вкладку Поля (рис. 31.5). Документ имеет четыре поля: верхнее (в), нижнее (н), левое (л) и правое (п). Размер каждого поля задается индивидуально. Значения по умолчанию: 20в, 20н, 30л, 15п (в миллиметрах). Если вычесть из размера бумаги (210×297 мм) указанные значения полей, то получим размер полосы набора (165×257 мм).

Значения, выставленные по умолчанию, даны с запасом. Во-первых, зарезервировано по 5 мм на каждую сторону на тот случай, если при брошюровке потребуется обрезка документа. Если вы не планируете

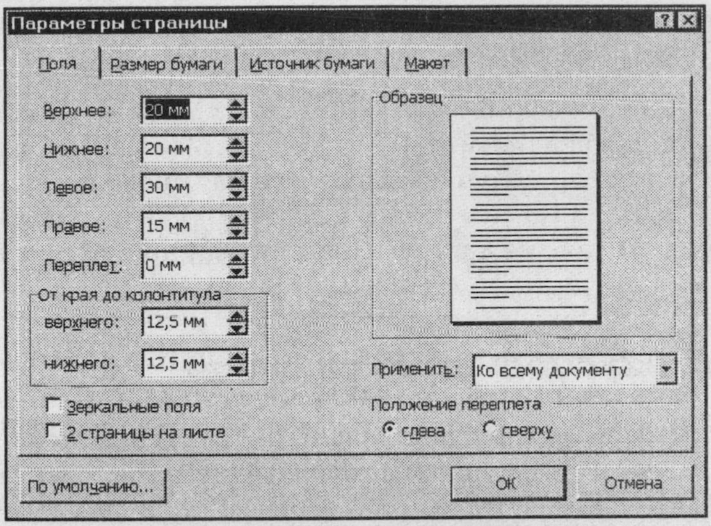

Рис. 31.5. Настройка параметров полей

переплетать свой труд, можете эти 5 мм не тратить, и тогда размеры полей будут такими: 15в, 15н, 25л, 10п (мм).

Во-вторых, в верхнем и нижнем полях оставлен запас для колонтитулов. Область колонтитула не входит в полосу набора, то есть колонтитулы печатаются на полях. Колонтитулы не только не нужны, но даже вредны, если документ готовится для передачи в электронном виде. В этом случае можете смело уменьшить верхнее и нижнее поля еще на 5 мм — получите: 10в, 10н, 25л, 10п (мм). Соответственно, поле набора увеличится до размера 175×277 мм.

Однако, если документ готовится для печати, колонтитулы могут оказаться полезными. Чем больше объем документа, тем они нужнее, поскольку помогают читателю быстро находить нужный раздел. В области колонтитулов размещается номер печатной страницы — он называется *колонцифрой*. Колонцифру можно поместить либо в верхнем колонтитуле, либо в нижнем. Если, например, решено помещать ее вверху, то можно обойтись без нижнего колонтитула, и тогда размер нижнего поля можно уменьшить на 5 мм, а верхнее поле уменьшать не стоит: 15в, 10н, 25л, 10п (мм).

Если документ печатается «для себя», никуда представлять его не планируется, а бумагу хочется сэкономить, задайте величину всех полей по 5–7 мм.

О расходах на печать надо думать особо. Стоимость материалов, расходуемых на печать одной страницы, составляет от 2 до 8 центов в зависимости от типа принтера и бумаги. Так что распечатка одной небольшой книжки, принятой из Интернета в виде файла, может составить от 60 до 250 рублей — дешевле готовую купить.

Расходы можно сократить в четыре–пять раз, если уменьшить размеры шрифта и полей до минимально приемлемого уровня и печатать по две страницы на одном листе. В этом случае документ имеет непрезентабельный вид, но «для себя» использовать его можно.

Сделанные изменения можно либо сохранить в виде нового шаблона (это мы уже умеем), либо добавить в действующий шаблон. Для этого в диалоговом окне Параметры страницы имеется кнопка По умолчанию. Нажмите ее — и вы получите предложение изменить используемый шаблон согласно сделанной настройке. При положительном ответе все документы, созданные на основе шаблона Мой шаблон, отныне будут иметь новые параметры страницы.

Настройка стилей

Стили, поступившие вместе с шаблоном, можно настроить по своему вкусу. Для этого служит команда Формат ➤ Стиль — она открывает диалоговое окно Стиль (рис. 31.6).

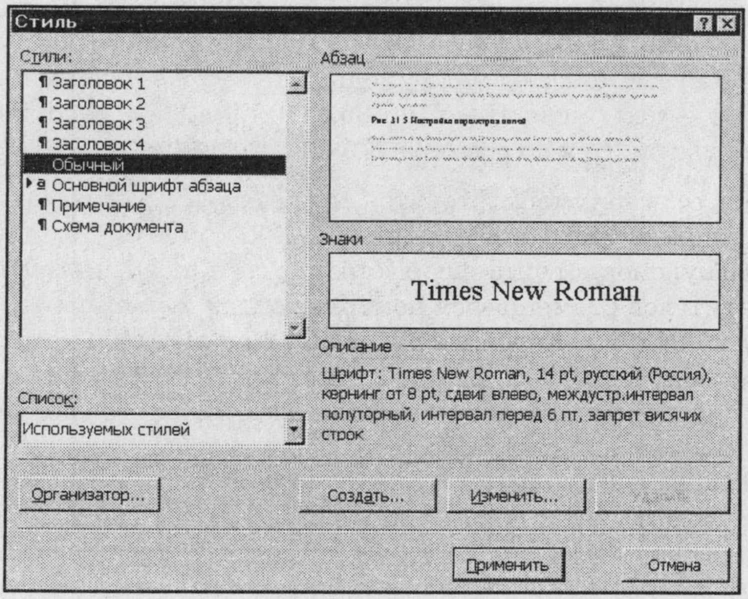

Рис. 31.6. Выбор стиля, подлежащего изменению

1. Выберите в списке стиль, который хотите изменить. Справа, на панели Описание прочтите его краткую характеристику — сводку параметров.

2. Нажмите кнопку Изменить — откроется диалоговое окно Изменение стиля.

3. В этом окне важны два флажка (Добавить в шаблон и Обновлять автоматически), а также кнопка Формат (рис. 31.7).

   Установка флажка Добавить в шаблон приведет к тому, что изменения, выполненные в настройке стиля, войдут не только в текущий документ, но и в шаблон, после чего коснутся всех документов, разрабатываемых на основе того же шаблона. Конечно, хорошие настройки надо сохранить в шаблоне, но не спешите устанавливать этот флажок. Когда закончите эксперименты с настройками и опробуете их в реальной работе — тогда и внесете изменения в шаблон, а пока лучше этого не делать.

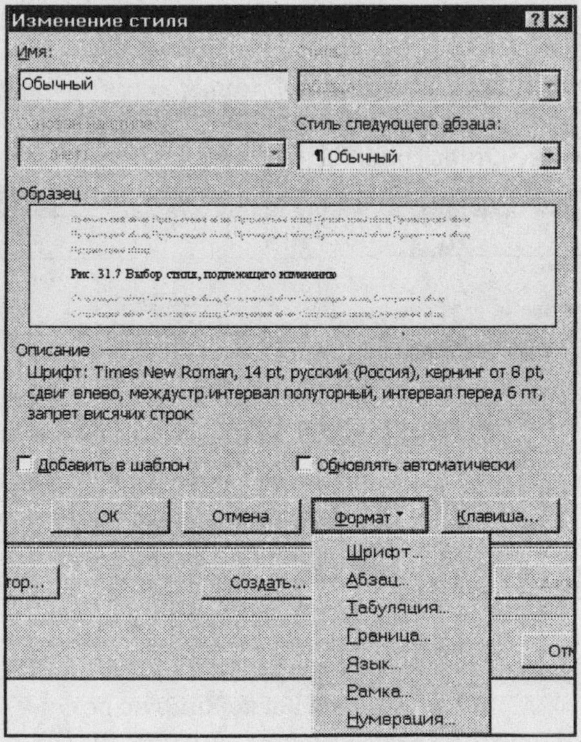

Изменение стиля
Имя:
Обычный
Стиль следующего абзаца:
¶ Обычный
Образец
Рис. 31.7 Выбор стиля, подлежащего изменению
Описание
Шрифт: Times New Roman, 14 pt, русский (Россия), кернинг от 8 pt, сдвиг влево, междустр.интервал полуторный, интервал перед 6 пт, запрет висячих строк
Добавить в шаблон
Обновлять автоматически
ОК
Отмена
Формат
Клавиша...
Шрифт...
Абзац...
Табуляция...
Граница...
Язык...
Рамка...
Нумерация...
Создать...

Рис. 31.7. Средство настройки параметров стиля

Второй флажок — Обновлять автоматически стоило бы назвать иначе — *Изменять стиль автоматически*. В абсолютном большинстве случаев его устанавливать не надо. Если он установлен, то все местные (локальные) изменения оформления повлекут за собой изменение стиля по всему документу. Например, если вручную выделить какой-то абзац полужирным шрифтом, произойдет автоматическое изменение стиля и весь текст станет полужирным. Так что не включайте этот флажок — не получите головной боли.

Кнопка Формат открывает меню, из которого можно выбрать элементы стиля, которые требуется изменить. На первых порах, пока учитесь, меняйте только параметры шрифта и абзаца. Настройка прочих компонентов стиля — высший пилотаж, который пригодится не скоро, а если и пригодится, то только при подготовке печатных документов. Если документ предполагается передавать в виде файла, все это лишнее.

4. Меню Шрифт содержит три вкладки: Шрифт, Интервал и Анимация. На вкладке Шрифт выбирают гарнитуру шрифта и его размер. Размер шрифта измеряется в пунктах. Условно можно считать, что пункт — это примерно треть миллиметра. Размер шрифта, которым набирается основной текст, должен быть согласован с размером печатной страницы. Точнее говоря — с шириной страницы. Чем страница шире, тем больший размер шрифта следует применять, чтобы количество символов в строке не было слишком большим. Для документов в формате А4 (210×297 мм) хорошо подходит шрифт размером 12 пунктов. Если документ готовится для передачи по факсу, размер шрифта стоит увеличить до 14 пунктов и использовать преимущественно шрифты, не имеющие засечек. Это улучшит качество передачи.

   На вкладке Интервал можно задать степень разреженности или плотности знаков в строке, а также включить автоматический кернинг для символов, имеющих размер более 8 пунктов.

> Кернинг — это управление расстоянием между соседними символами. Он позволяет повысить читаемость текста.

   Средствами вкладки Анимация вообще не рекомендуется пользоваться. В печатных документах анимация, естественно, не проявится, а в документах, передаваемых в электронном виде, использование анимации характеризует автора не лучшим образом.

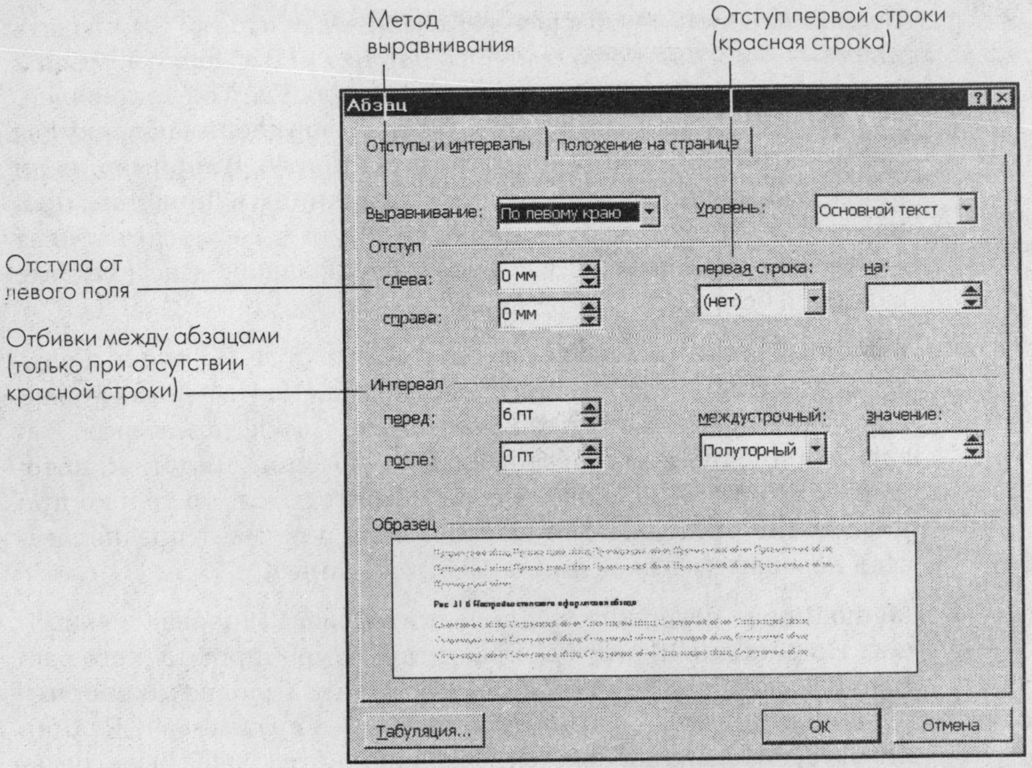

Метод выравнивания

Отступ первой строки (красная строка)

Отступа от левого поля

Отбивки между абзацами (только при отсутствии красной строки)

Рис. 31.8. Настройка стилевого оформления абзаца

5. В меню Абзац основные настройки выполняют на вкладке Отступы и интервалы. Важнейших настроек — четыре (рис. 31.8).

6. Укажите метод выравнивания для данного стиля. Если документ готовится для печати, можно задать выравнивание по ширине — тогда и левое, и правое поля будут ровными, но в этом случае следует обязательно включить автоматический перенос слов (см. ниже).

   Если документ передается в электронном виде, включают выравнивание только по левому полю, а переносы вообще не используют.

7. Счетчики группы Отступ позволяют настроить величину отступа абзаца от левого и правого полей (в миллиметрах). Для стиля, которым набран основной материал документа, этого делать не надо, поскольку отступ от края бумаги и так уже задан величи-

ной полей. Однако для стилей заголовков и для дополнительных материалов отступом (прежде всего слева) можно и нужно управлять.

Заголовки разных уровней удобно располагать со сдвигом: чем ниже уровень заголовка, тем больше его сдвигают вправо, то есть, тем больше величина отступа от левого поля. Для дополнительных материалов (врезок, вставок, примечаний) обычно применяют шрифт меньшего размера, а чтобы при этом строки не были слишком длинными (по числу символов), их размер в миллиметрах принудительно уменьшают созданием отступа слева или слева и справа.

8. Здесь же можно задать настройку первой строки абзаца. В документах с художественным или гуманитарным содержанием принято начинать абзацы с отступа (с красной строки). В прошлом, во времена пишущих машинок его делали величиной в 5–6 символов. Сегодня в моде отступы меньшего размера — в 2–3 символа.

   В технических документах, имеющих много формул, чертежей, схем, рисунков и таблиц отступ красной строки лучше не делать, чтобы не перегружать оформление.

   Кроме отступа программа предоставляет возможность сделать *выступ* (отступ влево, так называемый *фонарик*). Этот прием часто применяют за рубежом, где стандартный формат бумаги несколько шире, чем в России. У нас так оформляют тексты очень редко.

9. Если абзацы оформляются без красной строки, то их можно (и нужно) отделять друг от друга с помощью специальных отбивок. Делать отбивку между абзацами нажатием клавиши ENTER — недостойный прием, которым пользуются только необученные новички. На самом деле для этого есть параметр Интервал перед и Интервал после. Эту настройку задают в пунктах. Для абзацев основного текста можно сделать интервалы до и после абзаца равными, например по 6 пунктов, но для заголовков лучше, если интервал «до» в два раза больше, чем интервал «после», например 12 и 6 пунктов.

   И наконец, последняя настройка параметров абзаца, которую надо сделать, — это задать междустрочный интервал, то есть расстояние между строками. Он измеряется в единицах размера шрифта. Для печатных документов принято задавать интервал полуторный. Если документ передается в печатном виде на редактирование, то делают увеличенный интервал — двойной, чтобы оставить редактору место для записи правок.

10. Закончив настройку стиля, закройте открытые диалоговые окна и проверьте, что получилось.
11. Аналогичным образом настройте и другие стили, используемые в документе.
12. После того как настройки будут завершены и получен приемлемый результат, установите в каждом стиле флажок Добавить в шаблон. Сделанные настройки войдут в шаблон, и в дальнейшем вам не придется возвращаться к этому вопросу.

Создание собственных стилей

Создать новый стиль не труднее, чем изменить готовый, потому что стили создают не на пустом месте, а на основе уже существующих.

1. Дайте команду Формат ➤ Стиль и в открывшемся диалоговом окне Стили нажмите кнопку Создать — откроется диалоговое окно Создание стиля.
2. В этом окне введите имя нового стиля, назначьте тип стиля (абзаца или символьный), выберите стиль, на котором он основывается, и укажите стиль следующего абзаца.

Последняя настройка нужна для того, чтобы по завершении абзаца, когда будет нажата клавиша ENTER, компьютер сразу был готов к вводу текста нужным стилем.

3. Новый стиль может быть добавлен в шаблон, но лучше этого не делать, а, оставив исходный шаблон неизменным, создать на основе документа еще один шаблон.
4. Далее созданный стиль редактируется так, как было описано выше.

Наследование стилей

Как видите, создать стиль на основе одного из имеющихся стилей совсем нетрудно — дело сводится к копированию, а потом к редактированию, но здесь скрывается одна маленькая сложность. Дело в том, что между стилями начинают возникать *отношения наследования*. Например, если создать стиль Примечание на основе стиля Обычный, то впоследствии все изменения, внесенные в стиль Обычный, начнут отражаться в стиле Примечание, а также во всех стилях, которые будут на нем основаны. Свойства стилей-родителей передаются стилям-потомкам. У этого явления, как и у любого другого, две стороны: светлая и темная. С одной стороны, наследование — вещь хорошая, поскольку можно быстро менять свойства всех стилей. Изменив, например, шрифт в стиле Обычный, можно уже не менять его в прочих стилях, которые на нем основаны и имеют тот же шрифт. С другой стороны, так недолго и запутаться, потому что необходимые изменения в одном стиле могут приводить к нежелательным последствиям в других. В общем, во всем нужна мера.

В качестве основы для будущих стилей имеет смысл использовать стабильные, прочные и неизменные стили. В крайнем случае, можно создать стиль, не зависящий от всех прочих стилей — на «пустом» месте. Для этого надо в раскрывающемся списке Основан на стиле выбрать пункт Нет.

32. Эффективная работа с программой Word

Ввод и проверка правописания текста

Если все необходимые стили уже разработаны и сохранены в шаблоне, то ввод текста сводится к простому набору с клавиатуры или к переносу фрагментов из других документов.

> При переносе фрагментов из других документов текст может «приходить» со своими стилями. В вашем документе чужим стилям делать нечего. Время от времени просматривайте список открытых стилей и при обнаружении там чего-то нового, взявшегося невесть откуда, удаляйте командой Формат ➤ Стиль ➤ Удалить. После удаления стиля проверьте, какой стиль принял новый текст и при необходимости примените иной.

Главное, на чем следует сосредоточиться при вводе текста, — это на структуре и правописании. Структуру проверяйте просмотром документа в режиме отображения структуры. Для проверки правописания используйте встроенные средства проверки. В ходе проверки слова, имеющие орфографические ошибки, подчеркиваются красной волнистой линией, а фрагменты текста с некорректной грамматикой — зеленой линией. Чтобы понять, в чем ошибка, щелкните правой кнопкой мыши на подчеркнутом тексте и воспользуйтесь контекстным меню (рис. 32.1).

Если средства проверки правописания не работают, проверьте установку флажков Автоматически проверять орфографию и Автоматически проверять грамматику на вкладке Правописание в диалоговом окне Параметры (Сервис ➤ Параметры), как показано на рис. 32.2.

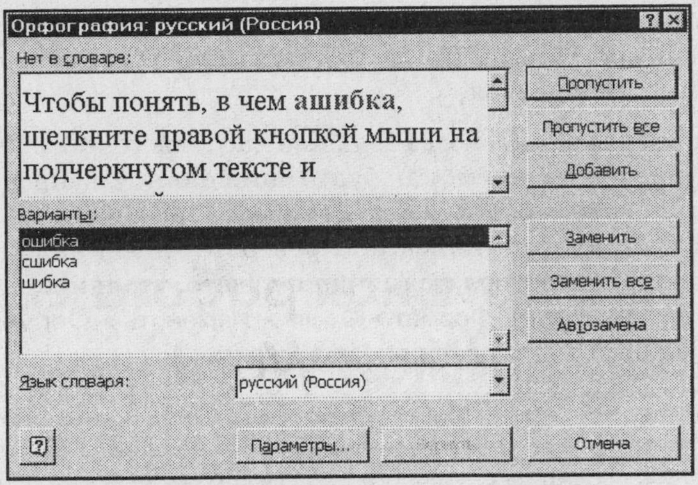

Орфография: русский (Россия)

Нет в словаре:

Чтобы понять, в чем ашибка, щелкните правой кнопкой мыши на подчеркнутом тексте и

Пропустить

Пропустить все

Добавить

Варианты:

ошибка

сшибка

шибка

Заменить

Заменить все

Автозамена

Язык словаря: русский (Россия)

Параметры... Вернуть Отмена

Рис. 32.1. Правка орфографической ошибки

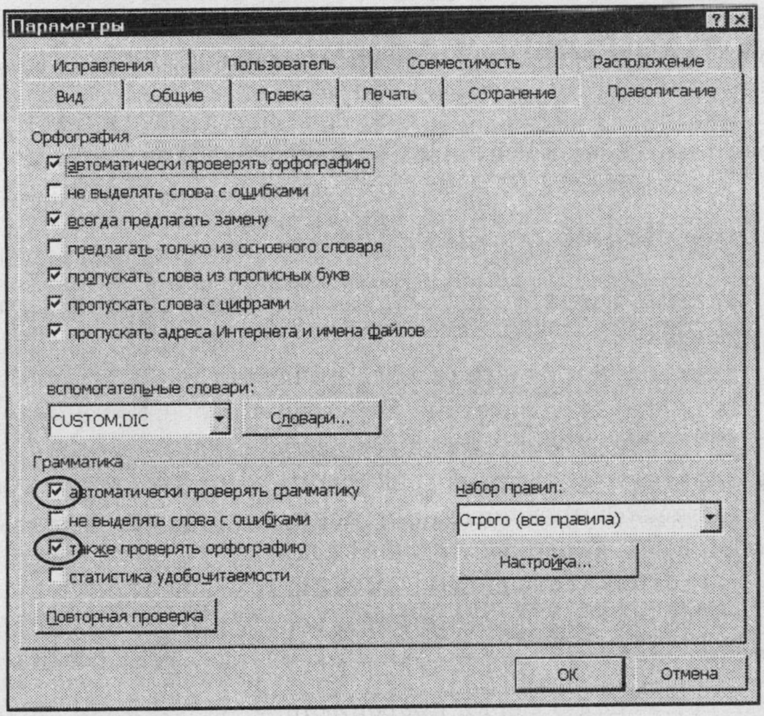

Параметры

Исправления | Пользователь | Совместимость | Расположение

Вид | Общие | Правка | Печать | Сохранение | Правописание

Орфография

☑ автоматически проверять орфографию

☐ не выделять слова с ошибками

☑ всегда предлагать замену

☐ предлагать только из основного словаря

☑ пропускать слова из прописных букв

☑ пропускать слова с цифрами

☑ пропускать адреса Интернета и имена файлов

вспомогательные словари:

CUSTOM.DIC Словари...

Грамматика

☑ автоматически проверять грамматику

☐ не выделять слова с ошибками

☑ также проверять орфографию

☐ статистика удобочитаемости

набор правил:

Строго (все правила)

Настройка...

Повторная проверка

OK Отмена

Рис. 32.2. Убедитесь в том, что установлены флажки, подключающие средство проверки правописания

Возможно, что средства проверки правописания не были установлены вместе с программой. Тогда программу надо переустановить, не забыв об этих компонентах.

Возможен вариант, когда большие массивы текста выделяются красным подчеркиванием, как будто они целиком неправильны. Скорее всего, в свойствах стиля данного абзаца назначен не русский, а иной язык, например английский. Проверьте это командой Сервис ➤ Язык. Если ошибка повторяется слишком часто, уточните настройку языка в свойствах стиля: Формат ➤ Стиль ➤ Изменить ➤ Формат ➤ Язык. Здесь должен быть установлен русский язык.

В версии Word 97 были дефекты, связанные с некорректным определением языка. Этой версией пользоваться не стоит. Если вы привыкли к версии Word 95, то продолжайте с ней работать. Если вам нужна более современная версия, предпочтите Word 2000.

Ввод специальных символов

Специальные символы можно вводить несколькими способами — правильный подход зависит от того, что это за символ.

Специальные разделители

Программа имеет несколько специальных символов-разделителей, например:

- длинное (полиграфическое) тире;
- короткое тире;
- мягкий перенос (применяется, когда надо перейти на новую строку, не завершив предыдущую, но при этом нельзя начать новый абзац клавишей ENTER;
- пробелы разной ширины (так называемые *шпации*);
- неразрывный пробел (применяется между словами в тех случаях, когда они не должны оказаться на разных строках).

Для вставки специального символа-разделителя установите в нужное место курсор и дайте команду Вставка ➤ Символ ➤ Специальные символы. Выберите нужный символ в открывшемся диалоговом окне и нажмите кнопку Вставить.

Чтобы всякий раз, когда нужен специальный символ, не открывать это окно, посмотрите, какая комбинация клавиш закреплена за этим символом. Например, длинное тире вводят одновременным нажатием трех клавиш: CTRL + ALT + клавиша «–» на дополнительной цифровой панели клавиатуры. Если за символом не закреплена никакая комбинация клавиш, создайте собственную комбинацию с помощью кнопки Клавиша.

Встроенное средство ввода специальных символов

В том же диалоговом окне Символ на вкладке Символы можно найти таблицу, в которой приведены символы, входящие в комплекты шрифтов *Unicode*.

Шрифты формата *Unicode* могут содержать до 65 000 символов в отличие от обычных шрифтов, в которых символов не более 256. Формат *Unicode* поддерживается программой Word, начиная с версии Word 97.

Для обеспечения совместимости с другими программами, не способными работать со шрифтами формата *Unicode*, комплект символов шрифта представляется в виде нескольких символьных наборов. Чтобы выбрать нужный символ, укажите сначала шрифт, например Times New Roman, а потом набор, например Кириллица. Щелчком мыши отметьте нужный символ и вставьте его в текст нажатием кнопки Вставить. Если символ используется очень часто, закрепите его за избранной комбинацией клавиш с помощью кнопки Клавиша (рис. 32.3).

Системное средство ввода произвольных символов

В операционной системе *Windows* имеется специальная служебная программа Таблица символов, с помощью которой можно вставлять любые символы любых шрифтов в любые программы. Программа запускается командой Пуск ➤ Программы ➤ Стандартные ➤ Служебные ➤ Таблица символов. Ее рабочее окно показано на рис. 32.4.

1. В поле Шрифт выберите нужный шрифт. Обратите внимание на то, что эта программа не рассчитана на работу со шрифтами формата *Unicode* и потому в ней различные шрифтовые наборы одного шрифта *Unicode* представлены как бы разными шрифтами. Получается, что вместо нескольких наборов одного шрифта Times New Roman мы имеем несколько разных шрифтов: Times New Roman Cyr (*кириллица*), просто Times New Roman (*латиница*) и Times New Roman CE (*символы шрифтов стран Центральной Европы*).

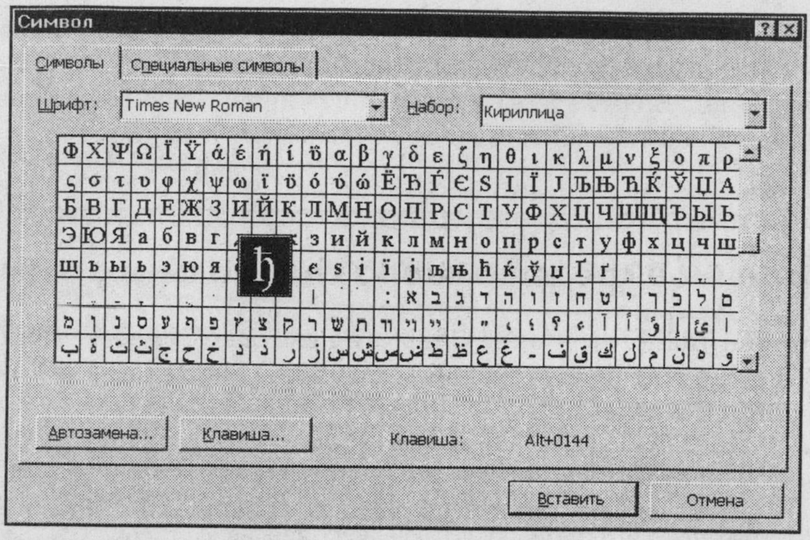

Символ

Символы | Специальные символы

Шрифт: Times New Roman Набор: Кириллица

ФХΨΩΪΫάέήίϋαβγδεζηθικλμνξοπρ
ςστυφχψωϊϋόύώЁЂЃЄЅІЇЈЉЊЋЌЎЏА
БВГДЕЖЗИЙКЛМНОПРСТУФХЦЧШЩЪЫЬ
ЭЮЯабвгдежзийклмнопрстуфхцчш
щъыьэюяёђѓєѕіїјљњћќўџҐґ

Автозамена... Клавиша... Клавиша: Alt+0144

Вставить Отмена

Рис. 32.3. Встроенное средство вставки специальных символов

Таблица символов

Шрифт: Times New Roman Cyr Копировать символы: Закрыть Выбрать Копировать

! " # $ % & ' ( ) * + , - . / 0 1 2 3 4 5 6 7 8 9 : ; < = > ?
@ A B C D E F G H I J K L M N O P Q R S T U V W X Y Z [\ ] ^ _
` a b c d e f g h i j k l m n o p q r s t u v w x y z { | } ~
Ђ Ѓ , ѓ „ … † ‡ € ‰ Љ ‹ Њ Ќ Ћ Џ ђ ' ' " " • – — ™ љ › њ ќ ћ џ
Ў ў Ј ¤ Ґ ¦ § Ё © Є « ¬ - ® Ї ° ± І і ґ µ ¶ · ё № є » ј Ѕ ѕ ї
А Б В Г Д Е Ж З И Й К Л М Н О П Р С Т У Ф Х Ц Ч Ш Щ Ъ Ы Ь Э Ю Я
а б в г д е ж з и й к л м н о п р с т у ф х ц ч ш щ ъ ы ь э ю я

Отображение всех символов, входящих в выбранный шрифт. Клавиша: Alt+0135

Рис. 32.4. Стандартную программу Таблица символов можно использовать для вставки произвольных символов в приложениях Windows

2. Выберите в таблице нужный символ и нажмите кнопку Выбрать — символ появится в поле Копировать символы.
3. После этого нажмите кнопку Копировать — символ переместится в буфер обмена *Windows*.
4. Сверните, не закрывая, окно программы Таблица символов и откройте свой документ. Разместите курсор там, где должен быть вставлен символ, и дайте команду вставки CTRL + V или Правка ➤ Вставить.

5. Если символ одного шрифта вставляется в строку символов другого шрифта, то он меняет изображение, хотя его код остается правильным. Чтобы восстановить правильный вид символа, его необходимо выделить и вручную сменить шрифт.

Ввод символов с помощью дополнительной цифровой панели клавиатуры

Работая с программой Таблица символов, обратите внимание на то, что когда какой-то символ выбран в таблице, в правом нижнем углу окна программы отображается запись, подсказывающая, за какой клавишей этот символ закреплен. Если же он не закреплен ни за какой клавишей, то здесь может показываться его *альтернативный код*: например для знака «§» — код ALT + 0167, а для символа «°» (градус) — ALT + 0176 и т. п. Зная альтернативный код любого символа, можно ввести любой символ с помощью дополнительной панели клавиатуры, но предварительно должна быть включена клавиша Num Lock. Ввод символов по альтернативному коду выполняют следующим образом:

- включите режим Num Lock и убедитесь, что зажегся соответствующий индикатор клавиатуры;
- нажмите клавишу ALT и не отпускайте;
- на дополнительной панели последовательно наберите цифры кода: 0–1–6–7;
- отпустите клавишу ALT — символ будет вставлен.

Как всегда, если символ одного шрифта вставляется в строку символов другого шрифта, то он при этом меняет изображение — надо его выделить и задать правильный шрифт.

Ввод специальных символов с помощью дополнительной клавиатуры осуществляется намного быстрее, чем выбором из программы Таблица символов. Поэтому имеет смысл запомнить коды нескольких символов, встречающихся в ваших документах достаточно часто.

Автозавершение и автозамена

Для ускорения ввода текста в программе Word имеются специальные средства автоматизации — *автозавершение* и *автозамена*. Автозавершение текста состоит в том, что при вводе нескольких символов слова программа «догадывается», что должно быть введено, и автоматически предлагает вариант ввода. Его можно принять нажатием клавиши ENTER или отвергнуть — для этого надо просто продолжить ввод. Автозавершение ввода реализовано в виде специального средства Автотекст.

Настройка автозавершения

Настройку автозавершения выполняют на вкладке Автотекст в диалоговом окне Сервис ➤ Автозамена. Например, в этой книге очень часто повторяется выражение «диалоговое окно» и имеет смысл автоматизировать его ввод. Действуйте следующим образом.

1. Откройте диалоговое окно Автозамена (Сервис ➤ Автозамена).
2. Откройте вкладку Автотекст.
3. Установите флажок Автозавершение для автотекста и дат.
4. В поле Имя элемента введите свой текст, например диалоговое окно. Не забудьте после слова «окно» поставить пробел — пусть он тоже набирается автоматически.
5. Нажмите кнопку Добавить.
6. Закройте окно Автозамена щелчком на кнопке OK.

Теперь, как только вы введете первые четыре символа «диал...», откроется всплывающая подсказка «диалоговое окно », и завершить ввод можно будет нажатием одной клавиши ENTER.

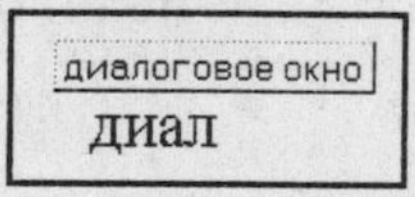

диалоговое окно
диал

Чтобы еще более основательно использовать средство автозавершения, можно воспользоваться инструментальной панелью Автотекст. Как и прочие инструментальные панели, она открывается командой меню Вид. Во-первых, эта панель имеет кнопку для быстрого вызова диалогового окна настройки функции автозавершения. Во-вторых, на ней есть кнопка раскрывающегося списка, позволяющая выбирать фрагменты текста из меню. И наконец, в ней есть кнопка Создать для быстрого создания элементов автотекста. Эта кнопка активируется, когда в тексте выделен какой-либо фрагмент.

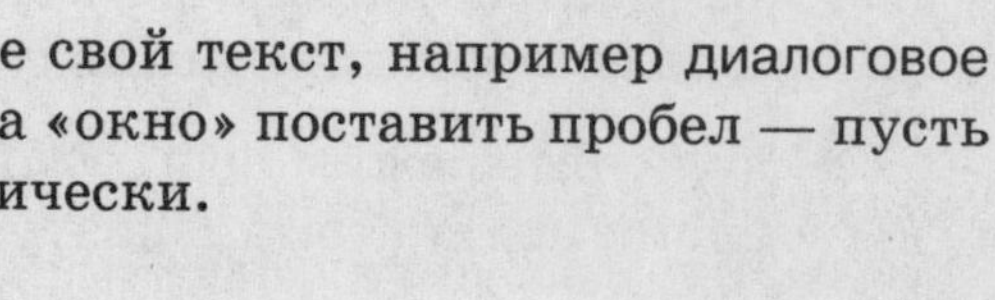

Автотекст
Все элементы
Создать...
Создать автотекст
диалоговое окно

На первый взгляд, нет особого смысла выбирать слова или группы слов из заготовок. Тот, кто хорошо владеет клавиатурой, быстрее введет нужный текст, чем выберет его мышью. Это действительно так, но не совсем. Тем, кто подолгу работают с текстами, важна не только скорость, но и комфорт. Автоматический ввод не утомляет, а позволяет расслабиться, и потому его применение дает в итоге положительный эффект.

Использование автозамены

Для английского языка, не имеющего падежных окончаний, автозавершение при вводе — очень удобная функция. К сожалению, с русским языком дело обстоит несколько сложнее. Даже если мы и настроим автоматический набор слов «диалоговое окно», мы не облегчим ввод выражений «диалоговые окна», «диалогового окна» и т. п. Расставлять всюду слова «диалоговое окно», а потом вручную править окончания — это не слишком удобный прием. Уж лучше сразу набирать текст по буквам без всякой автоматики!

На помощь приходит еще одно удобное средство — Автозамена. Суть его состоит в том, что вместо нужного выражения можно набрать заданную последовательность символов, и она автоматически превратится в то, что требуется. Мы, например, предпочитаем начинать такие последовательности с точки:

- .до — диалоговое окно;
- .да — диалогового окна;
- .дн — диалоговых окон;
- .уин — *Windows*;
- .осу — операционная система *Windows*.

Выбор точки удобен, потому что этот знак всегда «под рукой». Отличить *фиктивную* точку от *реальной* программа может без труда, ведь после реальной точки всегда должен стоять либо пробел, либо конец абзаца, а в нашей записи пробела нет.

Приняв решение, далее действуйте так.

1. Откройте диалоговое окно Сервис ➤ Автозамена (рис. 32.4).
2. На вкладке Автозамена установите флажок Заменять при вводе.
3. В поле Заменить наберите символьную комбинацию, например .до.

4. В поле На введите замещающий текст, например диалоговое окно.
5. Ненужные комбинации выделите и удалите кнопкой Удалить.
6. Закройте диалоговое окно Автозамена и пользуйтесь удобным приемом.

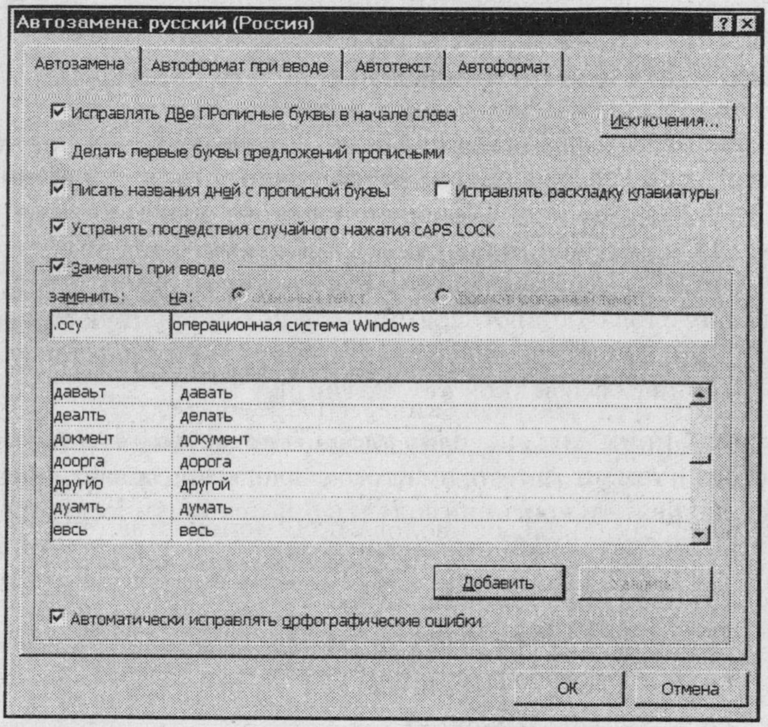

Рис. 32.5. Настройка средства автоматической замены текста

Автоматический поиск и замена

Это средство применяют при редактировании текстов. Оно запускается командой Правка ➤ Заменить. В простейшем виде работать с ним очень просто. Надо в поле Найти ввести текст, подлежащий замене, а в поле Заменить на — замещающий текст. Однако это еще далеко не все доступные возможности. Можно создавать очень сложные поисковые комбинации, если с помощью кнопки Больше открыть дополнительную панель. На ней есть кнопки Формат и Специальный. Кнопка Формат позволяет учитывать не только код разыскиваемых символов,

Знак абзаца
Знак табуляции
Знак примечания
Любой знак
Любая цифра
Любая буква
Знак крышки
Разрыв колонки
Длинное тире
Короткое тире
Знак концевой сноски
Поле
Знак сноски
Графический объект
Разрыв строки
Разрыв страницы
Неразрывный дефис
Неразрывный пробел
Мягкий перенос
Разрыв раздела
Пустое пространство

но и их шрифт, и начертание, например курсивное или полужирное. Кнопка Специальный предоставляет возможность разыскивать или вставлять специальные символы, например «конец абзаца», «длинное тире» и т. п.

Рассмотрим довольно сложный пример. Допустим, автор книги, не знающий правила использования специальных символов, всюду применил вместо знака «тире» знак «дефис». Автоматически заменить все дефисы на тире нельзя, ведь какие-то дефисы могут быть правильными. Однако мы можем воспользоваться тем фактом, что перед тире всегда есть либо пробел, либо символ «конец абзаца», а перед дефисом их быть не может.

В этом случае надо выполнить поиск и замену два раза. В первом случае разыскиваем пробел + дефис, а во втором случае — конец абзаца + дефис. В первом случае меняем их на пробел + тире, а во втором случае — на конец абзаца + тире.

Для ввода специальных символов в поля поиска и замены используем кнопку Специальный. К примеру, знак «конец абзаца» представляется комбинацией кодов «^p» (рис. 32.6).

Непосредственно поиск и замену после настройки начинают нажатием кнопки Заменить или Заменить все.

Автоматический поиск, совмещенный с заменой, относится к опасным операциям. Достаточно чего-то не учесть или что-то не предусмотреть — и можно сделать непоправимую ошибку. Поэтому не экспериментируйте с единственным файлом. Сначала создайте его копию и работайте с ней.

Поиск и замену используют для правки рукописей, которые содержат многочисленные пробелы, идущие подряд. Для этого дают команду разыскать два пробела и заменить их одним. Операцию повторяют несколько раз, пока в документе не окажется лишних пробелов — в этом случае поступит сообщение о том, что произведено 0 замен. Следует выполнять эту операцию перед тем, как передавать свои документы кому-либо.

Microsoft Word
Поиск документа закончен. Произведено 0 замен(ы).
ОК

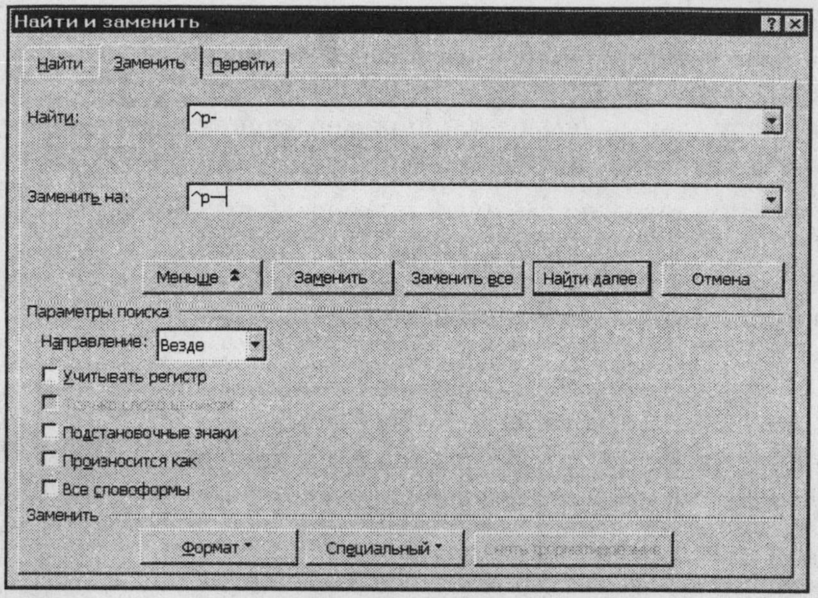

Рис. 32.6. Поиск и замена фрагментов текста, содержащих специальные символы

Аналогично удаляют лишние символы «конец абзаца».

Более сложные операции поиска и замены могут выполняться с промежуточным преобразованием документа — в несколько этапов. Например, на первом этапе разные комбинации символов превращаются в какой-нибудь редкий знак, скажем, «#» или «&», а потом на втором этапе разыскивается этот знак и заменяется на комбинацию правильных символов.

Колонтитулы

Если документ готовится как печатный, в нем могут быть колонтитулы. Создавать колонтитулы в документе, который передается на дискете для последующей обработки, бессмысленно. Колонтитулы — автоматические элементы оформления страницы. Так к ним и надо подходить. Ручной ввод данных в поля колонтитулов — не правило, а исключение.

Чтобы создать в документе колонтитул (или два: верхний и нижний), откройте соответствующую инструментальную панель командой Вид ➤ Колонтитулы. При этом верхний колонтитул создается автоматически,

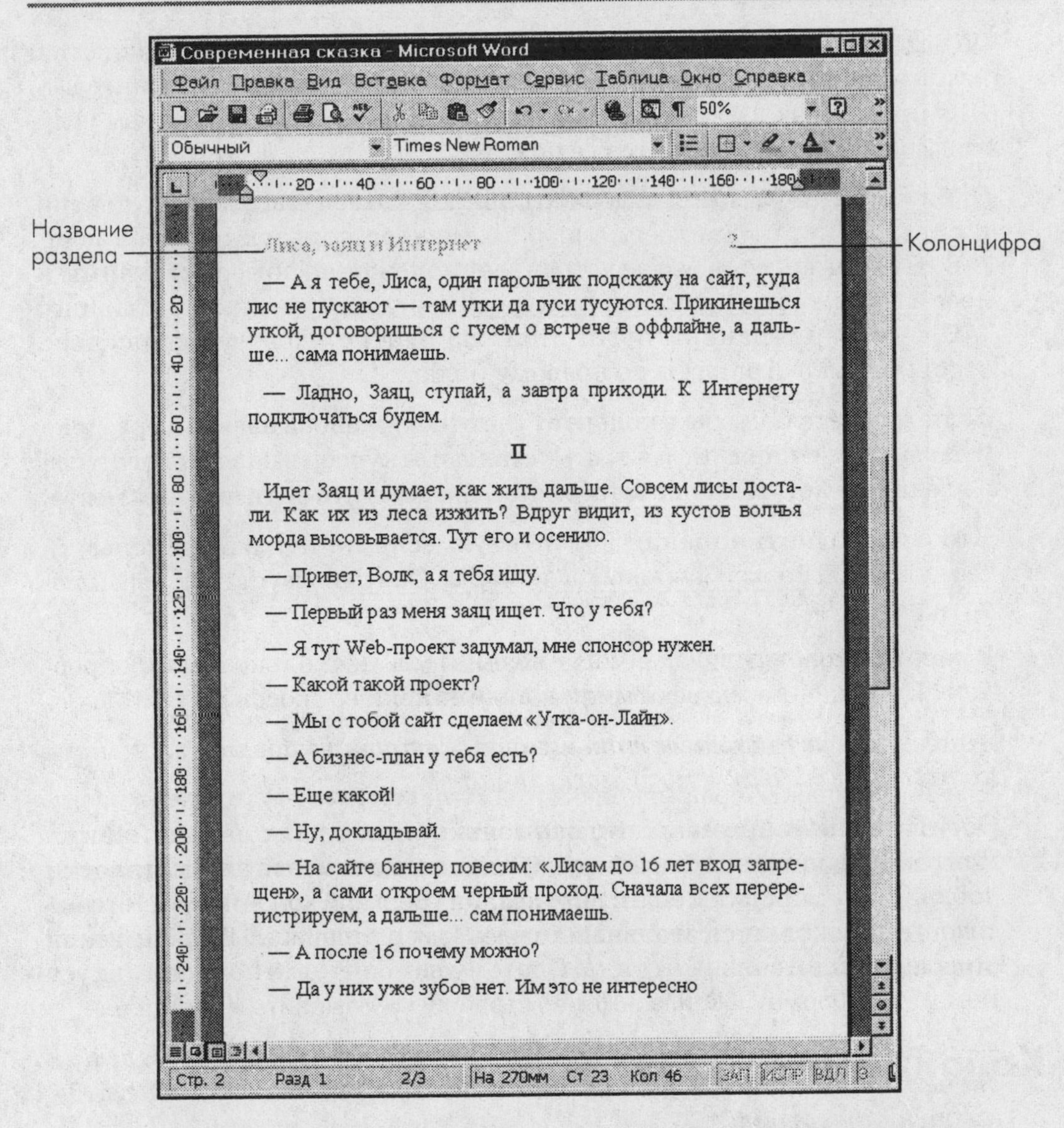

Рис. 32.7. В электронном документе колонтитулы изображаются серым цветом, но на бумаге они распечатываются как положено

но пока он пустой. Заполнить колонтитул можно готовыми элементами:

- номер страницы;
- название раздела;
- дата;
- имя файла и т. п.

За исключением названия раздела все прочие элементы вставляются автоматически после выбора на панели инструментов Колонтитулы. Для примера нажмите кнопку Номер страницы — в левом верхнем углу каждой страницы появится ее номер.

Один колонтитул может содержать до трех элементов: слева, по центру и справа. Для перемещения этих элементов пользуются клавишей TAB. Например, если вас не устраивает положение номера страницы в левом верхнем углу, установите курсор перед ним и нажмите клавишу TAB — номер страницы будет отбит по центру. Повторное нажатие отобьет номер страницы по правому полю.

Если требуется, чтобы в колонтитуле отображалось название раздела (главы, части, параграфа и т. п.), установите курсор в поле колонтитула и введите текст. Клавишей табуляции разместите его в нужном месте.

Чтобы заполнить нижний колонтитул, если он нужен, воспользуйтесь кнопкой Верхний/нижний колонтитулы. Она действует, как переключатель.

В работе с колонтитулами могут возникнуть несколько мелких проблем. Их решение мы оформили в виде списка вопросов и ответов.

— Меня не устраивает тот шрифт, которым набраны элементы колонтитула. Как я могу его изменить?

Обратите внимание на то, что как только вы открыли панель инструментов Колонтитулы, в список стилей вашего документа автоматически добавились три стиля: два стиля абзаца (Верхний колонтитул и Нижний колонтитул) и один символьный стиль Номер страницы. Вид символов определяет символьный стиль. Поэтому измените его по своему вкусу командой Формат ➤ Стиль ➤ Номер страницы ➤ Изменить и так далее.

— В порядке эксперимента я создал колонтитул, но потом решил от него отказаться, а удалить колонтитул уже не могу. Он не выделяется как объект.

Так и должно быть. Пока колонтитул не пуст, он не удалится. Откройте панель Вид ➤ Колонтитулы. Войдите в колонтитул. Выделите и удалите все его элементы. Закройте панель Колонтитулы — и колонтитулы исчезнут сами собой. После этого не забудьте удалить из списка стилей все три стиля, образовавшиеся при создании колонтитула. Их удаляют командой Формат ➤ Стиль ➤ Выбор стиля ➤ Удалить.

— У меня в реферате пять глав. Я хочу, чтобы в колонтитуле стояло название главы. Но когда я ввожу название первой главы, оно ото-

бражается и на тех страницах, на которых набрана вторая и последующие главы. Как сделать, чтобы у разных глав были разные колонтитулы?

Это вы знаете, что у вас пять глав, а программе об этом ничего не известно. Надо каким-то образом ее об этом оповестить.

С точки зрения программы документ может состоять из нескольких разделов, но для этого между ними должен стоять специальный код «конец раздела», а вы его пока не поставили. В конце каждой главы дайте команду Вставка ➤ Разрыв. Страшное слово «разрыв» и обозначает «конец раздела». При вставке этого специального символа откроется меню, в котором можно указать, каким образом следует начать следующий раздел (главу) — с новой страницы или продолжить с этой же. Решайте сами, как вам удобнее.

Когда в документе появится несколько разделов (по числу глав), у вас откроется возможность создавать для каждой главы свои колонтитулы. В этом случае на панели инструментов Колонтитулы активируются кнопки для перемещения между колонтитулами разных разделов: Переход к предыдущему и Переход к следующему.

33. Электронные таблицы Excel

Немного истории

Excel — это табличный процессор, то есть программа, предназначенная для автоматизации работы с большими массивами чисел, представленными в табличной форме. Программы этого класса также называют *электронными таблицами*. У электронных таблиц удивительное прошлое. За последние двадцать лет они не единожды оказывали влияние на весь рынок персональных компьютеров и системного программного обеспечения. Их роль в развитии персональной вычислительной техники трудно переоценить.

Ранняя история

По-английски электронные таблицы называются *spreadsheets*. Ближайший аналог в русском языке — это *ведомость*. Представьте себе достаточно большой лист бумаги, разграфленный по вертикали и горизонтали. Такими листами люди пользуются более двухсот лет. На заготовленной разграфке удобно расписывать числовые данные: приходы и расходы по дням и месяцам, налоговые и прочие отчисления, доходы и прибыли. Хотя большой разграфленный лист сам по себе таблицей и не является (по крайней мере, пока на нем не заполнены строки и столбцы), это удобная основа для создания таблиц. Причем на одном листе, если он достаточно большой, можно создать несколько таблиц. Тогда данные, полученные в одной таблице, можно тут же использовать в другой.

Подобные ведомости издавна использовались в бизнесе, экономике и банковской сфере. Бухгалтеру или руководителю компании достаточно беглого взгляда на таблицы, представленные на листе, чтобы понять, как обстоят дела в торговле или производстве.

Первые опыты

Идея использовать компьютеры для упрощения работы с ведомостями впервые зародилась в начале 60-х годов, то есть задолго до появления персональных устройств. В 1961 г. Ричард Маттессич из Калифорнийского университета в Беркли выпустил статью, посвященную моделированию бюджетов на компьютере. Впоследствии на этой базе были написаны две книги и разработана программа на языке *FORTRAN*.

До широких кругов идеи Маттессича не дошли. В те годы публика была увлечена необычными способностями компьютеров работать с текстами и графикой, а работа с числами считалась сама собой разумеющейся и ничуть не будоражила воображение.

VisiCalc и триумф IBM PC

В жизни часто бывает, что революционные идеи не сразу находят развитие, потому что кажутся очевидными. В этом смысле показательна судьба программы VisiCalc. Прошло почти 20 лет с первых работ Маттессича, и в 1978 г. Дэну Бриклину, учившемуся тогда на магистра в Гарвардской школе бизнеса, пришло в голову создать программу для автоматизации табличных вычислений. Он просто устал заниматься вычислениями на карманном калькуляторе и решил приспособить к делу свой персональный компьютер *Apple II*. Вместе с Бобом Фрэнкстоном они разработали прототип программы и организовали компанию *Software Arts Corporation*. Им удалось заинтересовать издателя — небольшую компанию *Personal Software*, и к весне 1979 г. была выпущена рабочая версия. Ее реклама вышла в майском выпуске журнала *Byte*.

В том же месяце в Нью-Йорке состоялась национальная конференция по вычислительной технике, на которой программа была впервые представлена публике. К глубокому разочарованию авторов и издателя, никто внимания на нее не обратил, за исключением родных и близких. Зато в ходе выставки произошло полезное знакомство с Беном Розеном и молодым Биллом Гейтсом. Билла Гейтса представлять не будем, а Бен Розен впоследствии стал одним из основателей компаний *Lotus* и *Compaq*. В те годы он выпускал информационный листок, в котором дал высокую оценку программе. Программированием для персональных компьютеров тогда занимались в основном энтузиасты, и в потоке сырых любительских программ надежные продукты, действительно полезные для работы, были весьма редким исключением. Это и отметил Бен Розен в своем листке, и осенью начались первые вялые продажи. Компьютер *Apple II* был бытовым, а многим ли в быту приходится подолгу заниматься вычислениями? Настоящий успех пришел лишь после 1981 г., когда программу импортировали на появившиеся тогда первые компьютеры *IBM PC*.

Сегодня многие задаются вопросом, почему компьютеры *IBM PC* стали основной компьютерной платформой в мире, несмотря на то, что по объективным показателям до 1987 г. они решительно отставали от 32-разрядных моделей компаний *Apple*, *Atari* и *Commodore*. На самом деле их первый успех был связан именно с программой VisiCalc и последовавшими за ней продуктами SuperCalc и Multiplan. Электронные таблицы стали «игрушками» для бизнесменов. Руководители предприятий и банков увидели, как можно эффектно жонглировать цифрами и получать не только анализы, но и прогнозы. Люди, имеющие право принимать решение о приобретении крупных партий компьютеров для оснащения своих предприятий и даже целых отраслей, на примере VisiCalc увидели, насколько им нужен и полезен компьютер.

Только за период 1981—1983 гг. было продано около миллиона экземпляров программы VisiCalc, а ведь каждой покупке предшествовало приобретение компьютера! Так одна программа предопределила будущее целой отрасли и на долгие годы обеспечила первенство платформы *IBM PC* в офисной сфере.

Excel и триумф Windows

Электронные таблицы VisiCalc выпускались до конца 1983 г. и на протяжении своей жизни были и оставались приложением для *MS-DOS*. Жизненный цикл программы завершился судебными тяжбами между создателями и издателями, в результате которых права были распределены и распроданы. Технология отошла к компании *Lotus*, которая похоронила VisiCalc, заменив программу своим гораздо более совершенным продуктом Lotus 1-2-3. Сегодня благодаря любезному разрешению компании *Lotus* программу VisiCalc можно бесплатно получить в Интернете (www.bricklin.com) и посмотреть, как она работала на первых моделях *IBM PC* (рис. 33.1).

Тот факт, что успех новой компьютерной платформы или операционной системы прежде всего зависит от того, какими программами они будут поддержаны, известен давно. Если нет достаточного парка

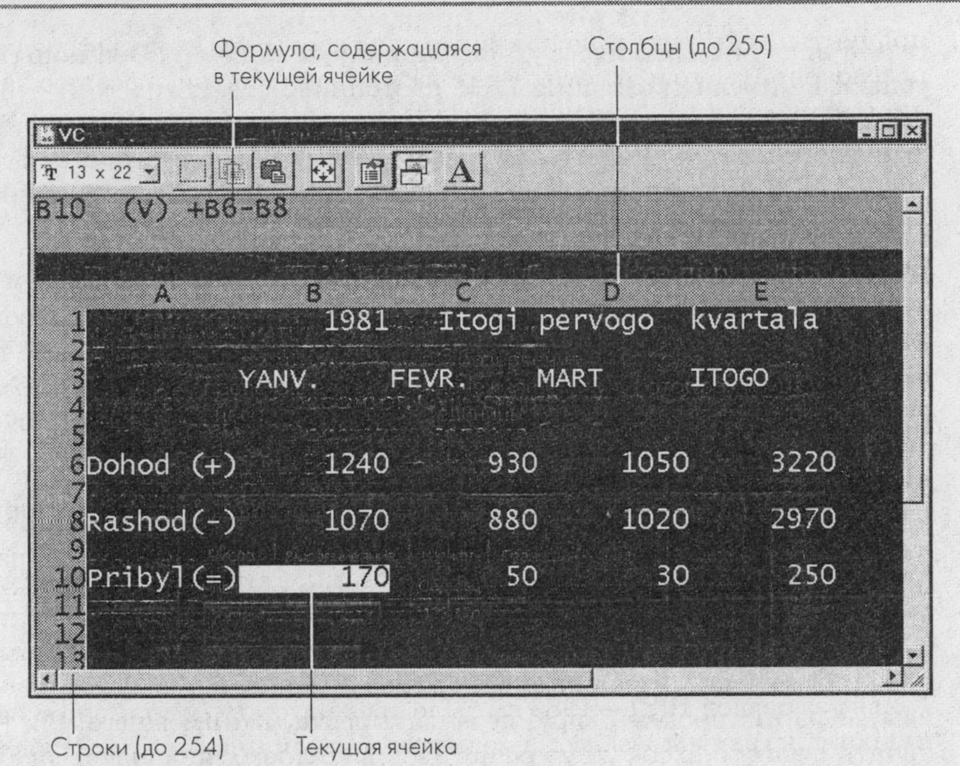

Рис. 33.1. Процессор электронных таблиц VisiCalc, каким он был 20 лет назад, может работать и на современных компьютерах в сеансе или в режиме MS-DOS

полезных программ, то любой, самый лучший компьютер остается бесполезной вещью в себе. В 1984 г. был выпущен первый в мире серийный компьютер с графической операционной системой — *Macintosh*. И вполне закономерно, что одной из первых прикладных программ для него стал табличный процессор Excel. По заказу компании *Apple* ее подготовила уже известная к тому времени компания *Microsoft*.

— А как же компьютеры IBM PC? Почему Microsoft сработала на главного конурента IBM — компанию Apple? Разве не Microsoft традиционно поддерживала IBM своими операционными системами MS-DOS?

Все это действительно так, но *Microsoft* с самого начала стремилась к созданию графических операционных систем, а *IBM* этого не понимала. Еще начиная с 1982 г. *Microsoft* неоднократно предпринимала усилия, чтобы убедить руководство *IBM* в необходимости разработать и внедрить графическую операционную систему. Эти попытки успеха не имели: компания *IBM* настойчиво стояла на том, что ее рынок — офисные компьютеры, а им графика, музыка и прочие излишества ни к чему. В итоге над графическими оболочками для платформы *IBM PC* компания *Microsoft* работала в одиночку, на свои средства и на свой страх и риск.

Первая версия *Windows* была выпущена в 1984 г. Это был скорее демонстрационный прототип, чем коммерческий продукт. Его использовали, чтобы склонить *IBM* на свою сторону, но *IBM* в очередной раз устояла. Именно поэтому, как только появился первый *Macintosh* с графической операционной системой, *Microsoft* поддержала его своей программой Excel.

Продолжая работу, компания *Microsoft* выпустила в 1987 г. вторую версию *Windows* — тогда первой (и почти единственной) программой для нее стали электронные таблицы Excel 2.0. Сегодня в компании об этой версии *Windows* предпочитают не вспоминать, рассматривая ее как неудачную. Но как бы то ни было, а за период 1987–1990 гг. было продано порядка миллиона экземпляров *Windows 2.0*, и буквально за каждой из этих продаж стояло желание клиента, уже имевшего *IBM PC*, начать работу с Excel. Других мотивов в то время не существовало. Среду *Windows 2.0* нельзя считать неудачным проектом, ведь она подготовила грядущий успех *Windows 3.0*, а локомотивом, который вытянул ее продажи, стал табличный процессор Excel.

После перехода к среде *Windows 3.0* (1990 г.) и далее к *Windows 3.1* (1992 г.), значение программы Excel еще больше возросло. Более трех лет этот табличный процессор действовал на платформе *Windows*, не имея конкурентов — компания *Lotus* и другие подтянулись лишь к 1994 г.

История повторилась во второй раз. Как когда-то программа VisiCalc обеспечила прорыв платформе *IBM PC*, так Excel 2.0 помогла закрепиться на рынке первым графическим оболочкам *Windows*.

История убедительно показывает, что электронные таблицы, как никакие другие программы, умеют «продавливать» рынок. Такая особенность связана с тем, что они являются основным инструментом для людей, имеющих право принимать решения. Имейте это в виду. Устраиваясь на работу, мы тоже имеем дело с людьми, принимающими решения. Поэтому знание основ Excel — весомый козырь при трудоустройстве, хотя в быту с этой программой обычно сталкиваться не приходится.

Excel сегодня

Сегодня на наших компьютерах обычно стоят версии Excel 7.0 и Excel 8.0. Первая входит в комплект поставки офисного пакета Microsoft Office 97, а вторая — в пакет Microsoft Office 2000. Для наших целей совершенно все равно, какая версия у вас установлена. Поскольку наша книга относится к популярным, мы просто не будем забредать в те дебри, где начинают сказываться различия между версиями. Но экранные снимки, подготовленные для книги, сделаны в программе Excell 2000 (8.0).

Подходы к использованию Excel

Существует несколько разных подходов к использованию программы Excel. Они различаются тем, какие применяются средства и какой результат достигается. Основное назначение программы состоит в автоматизации вычислений в числовых таблицах, когда изменение значения в одной ячейке автоматически приводит к изменению данных в других ячейках, связанных с ней. Такой стиль работы с Excel характерен для экономистов, бухгалтеров, работников банковской сферы и руководителей, отвечающих за развитие предприятий. Он основан на том, что в ячейках могут стоять не только числа, но и формулы. Если в ячейке находится формула, то в качестве числового значения ячейки на экране отображается результат расчета по этой формуле. Когда изменяются значения в ячейках, входящих в формулу, изменяется и результат расчета по формуле.

Кроме простейших арифметических формул в ячейках можно использовать математические функции и даже микропрограммы, написанные на языке *VBA* (*Visual Basic for Applications — Visual Basic для приложений*). Этот уровень использования Excel характерен для научных кругов. В частности, Excel является идеальным средством для проведения статистических расчетов вообще и для обработки результатов экспериментов в частности.

Представители наук, далеких от техники, математики и статистики, нередко используют Excel для подготовки графиков и диаграмм. Средство автоматического построения диаграмм, встроенное в программу, действительно очень удобно в работе и просто в освоении. Этим пользуются биологи, медики, химики.

Сложные приемы использования программы, как правило, требуют высшего или специального (например бухгалтерского) образования.

Однако программу очень широко используют не по основному назначению — просто для наглядного представления каких-то данных в виде таблиц. Простейший пример — прайс-листы торговых фирм или какие-то бланки, например накладные, ведомости и т. п. Для такого использования программы никакого специального образования не требуется. На этом уровне с Excel работают секретари, делопроизводители, продавцы и складские работники. Им достаточно знания элементарных приемов работы с программой.

Интерфейс программы и терминология

Если программа Excel на компьютере установлена, запустите ее с помощью значка на Рабочем столе или пункта в Главном меню. Открывшееся окно представлено на рис. 33.2. Если у вас панели инструментов Стандартная и Форматирования совмещены в одной строке, разнесите их, как мы это делали при настройке программы Word в главе 31.

Рабочая книга. Каждый отдельный документ Excel называется *рабочей книгой*. Рабочая книга представляется файлом с расширением имени .XLS. Как видите, окно программы Excel двойное. Внешнее окно — это окно самой программы. Внутреннее окно — это окно раскрытой книги.

Рабочий лист. Рабочая книга состоит из *рабочих листов*. В момент создания новой книги в ней создается три листа, но это число можно изменить. Нетрудно удалить листы, которые не используются, так же как нетрудно создать новые листы.

Одновременно в окне программы может отображаться только один рабочий лист. Для перехода к другим листам служат так называемые *ярлычки* — они помещены в нижней части окна рабочей книги.

Рабочий лист имеет весьма большие размеры: 256 столбцов и 65536 строк. Столбцы обозначаются буквами латинского алфавита: A, B, C и т. д. На все столбцы букв не хватает, и потому после столбца Z нумерация выполняется парами букв: AA, AB ... IT, IU, IV.

Последний, 256-й столбец обозначен буквами IV. Это не римская цифра «4». Это именно обозначение из двух букв: «I» и «V».

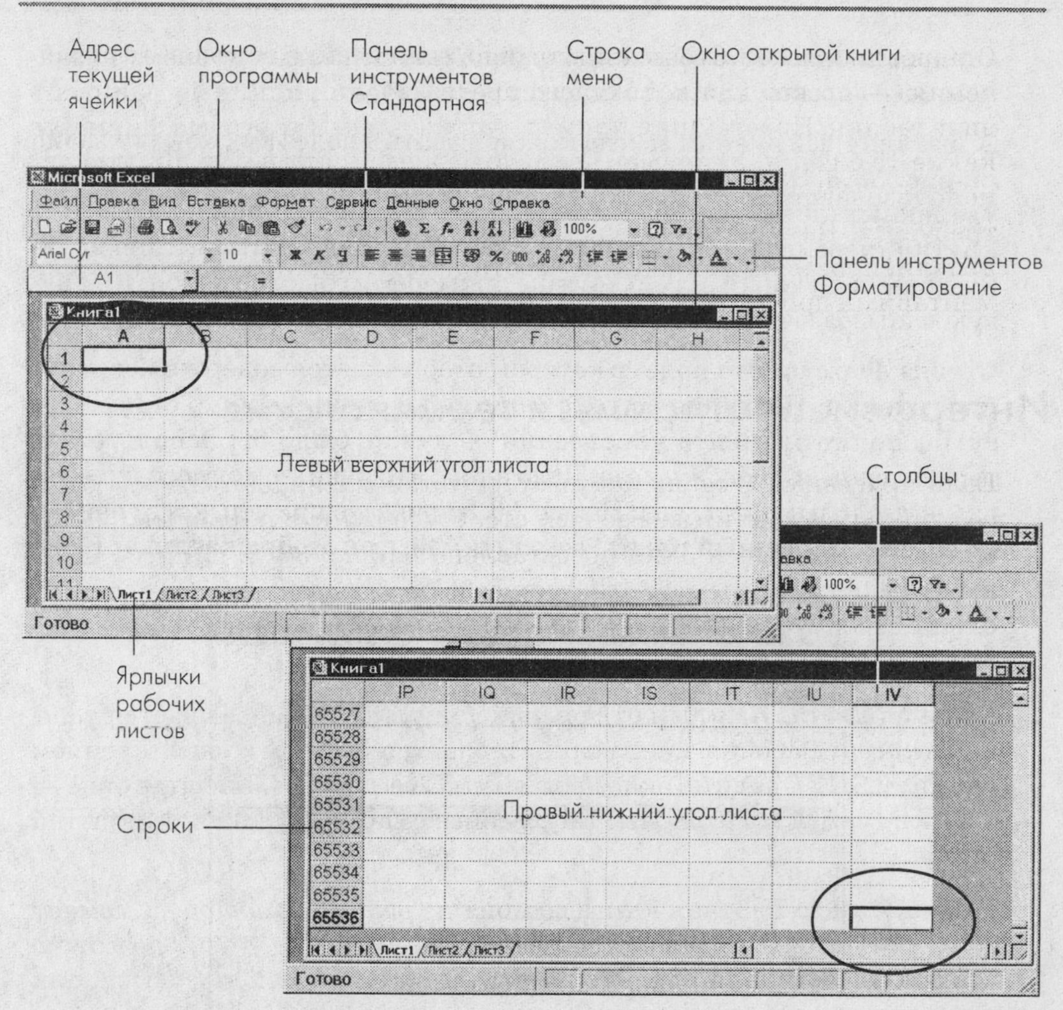

Рис. 33.2. Интерфейс программы Excel 2000

Ячейки. На пересечении строк и столбцов образуются ячейки. Одна ячейка на рабочем листе выделена всегда — эта ячейка называется *текущей*. Текущая ячейка является в программе чем-то вроде курсора. С помощью клавиш управления курсором можно перемещать текущую ячейку вверх и вниз. То же можно делать щелчком мыши. При навигации по рабочему листу указатель мыши имеет форму большого светлого креста.

Адреса ячеек. У каждой ячейки есть свой уникальный адрес. Он образуется из имен столбца и строки, пересечением которых она образована. Например, если ячейка образована столбцом C и строкой 4, то ее адрес C4 (рис. 33.3). Соответственно, если ячейка образована столбцом BC и строкой 23456, то ее адрес — BC23456.

Адрес текущей ячейки всегда можно узнать в поле Имя, как показано на рис. 33.3. Это поле можно также использовать и для перехода к удаленным ячейкам. Чтобы не прокручивать подолгу полосы прокрутки, перемещаясь на тысячи строк вверх или вниз, можно вручную ввести нужный адрес (хотя бы примерно) и быстро перейти в другую часть рабочего листа.

Строка формул. Это поле, в котором отображается содержимое текущей ячейки. Название *строка формул* не очень хорошо описывает суть данного элемента управления — лучше было бы использовать термин *строка содержимого*. Дело в том, что ячейки могут содержать далеко не только формулы. На рис. 33.3 приведен пример, когда ячейка C4 содержит обычный текст: Расходы за май, и он отображается в строке формул.

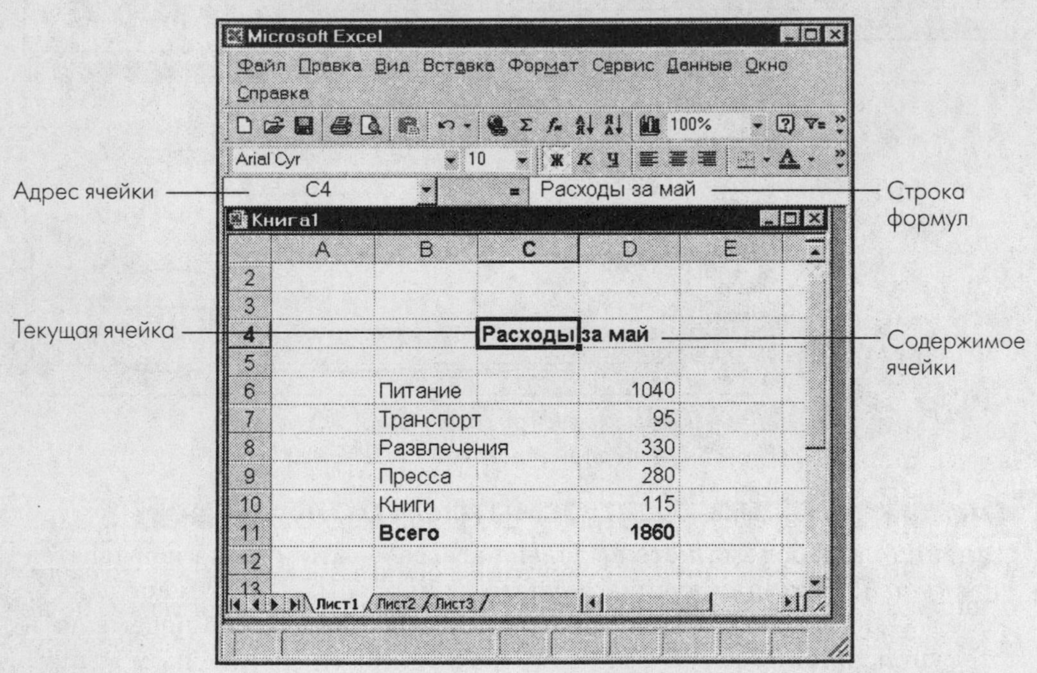

Рис. 33.3. Просмотр содержимого ячейки C4

Кроме текстов в ячейках могут содержаться числа и даты — они тоже одинаково отображаются как на рабочем листе, так и в строке формул. Если их нужно изменить, сделать это можно как в самой ячейке, так и в строке формул.

Однако, если в ячейке содержится формула, то строка формул начинает играть особую роль. Дело в том, что увидеть формулу в ячейке невозможно, а значит, ее нельзя и изменить. Для формул в ячейках отображаются только результаты расчета (рис. 33.4). Такова особенность электронных таблиц, начиная с программы VisiCalc. Чтобы увидеть формулу, содержащуюся в текущей ячейке, надо взглянуть в строку формул. Соответственно, только там формулу можно изменить, если это необходимо.

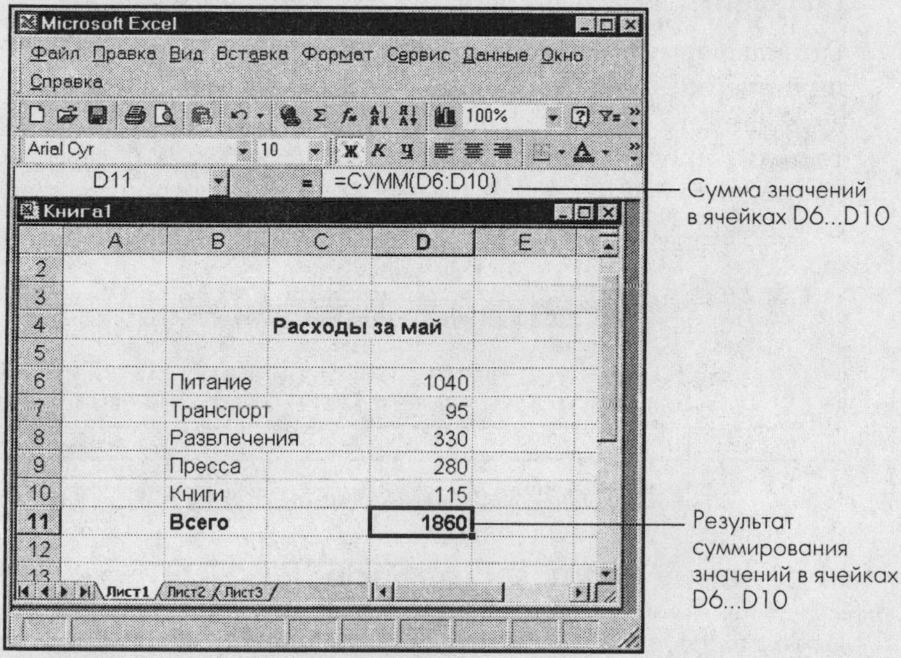

Сумма значений в ячейках D6...D10

Результат суммирования значений в ячейках D6...D10

Рис. 33.4. Просмотр ячейки, содержащей формулу

Полезные приемы просмотра таблиц Excel

Созданием собственных документов Excel мы займемся в двух последующих главах, а пока познакомимся с гораздо более простыми, но не менее полезными вопросами, связанными с просмотром и печатью документов Excel. Получить файл рабочей книги для экспериментов нетрудно с помощью Интернета. Множество предприятий распространяют свои прайс-листы в этом популярном формате. Для примера зайдите на сервер любой поисковой системы и дайте команду поиска по ключевым словам прайс-лист Excel — вы получите немало деловых предложений о продаже памперсов, сникерсов и всяких прочих черных металлов.

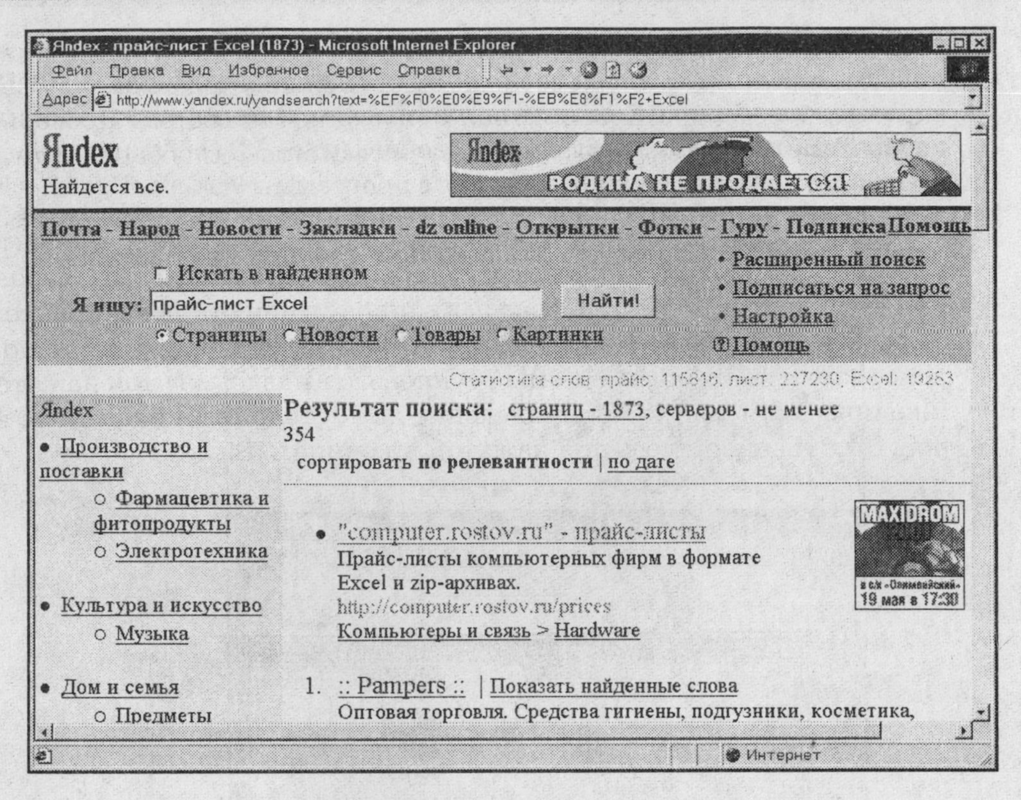

Рис. 33.5. Поиск прайс-листов в формате Excel в Интернете

Выделение строк и столбцов

В этом разделе нам часто придется выполнять операции со столбцами и строками. Большинство операций действуют только на те строки и столбцы, которые в данный момент выделены. Чтобы в будущем многократно не повторяться, давайте сначала освоим приемы их выделения, а потом пойдем дальше.

Как столбцы, так и строки рабочего листа имеют заголовки (рис. 33.6). Заголовки столбцов образуют самую верхнюю строку листа, а заголовки строк, соответственно, образуют самый левый столбец.

Чтобы в будущем не путаться в терминологии, давайте договоримся, что заголовки строк и столбцов рабочего листа — это одно дело, а заголовки строк и столбцов таблиц — другое. Лист перед нами всегда один — его создает программа Excel. Но на этом листе может быть множество таблиц — их создал автор. Он мог создать в каждой таблице свои заголовки столбцов и строк.

Если вы не наблюдаете на рабочем листе заголовков строк и столбцов, проверьте, не отключено ли их отображение. Дайте команду Сервис ➤ Параметры — откроется диалоговое окно Параметры. Проверьте на вкладке Вид установку флажка Заголовки строк и столбцов. Если он сброшен, установите его.

Функционально заголовки строк и столбцов ведут себя, как элементы управления (кнопки). Один щелчок на заголовке выделяет всю строку или весь столбец, а щелчок правой кнопкой мыши открывает контекстное меню. Если нужно выделить несколько строк или столбцов, используют системные приемы группового выделения (при нажатой клавише SHIFT или CTRL). Выделение двух столбцов, показанное на рис. 33.6, выполнялось при нажатой клавише CTRL.

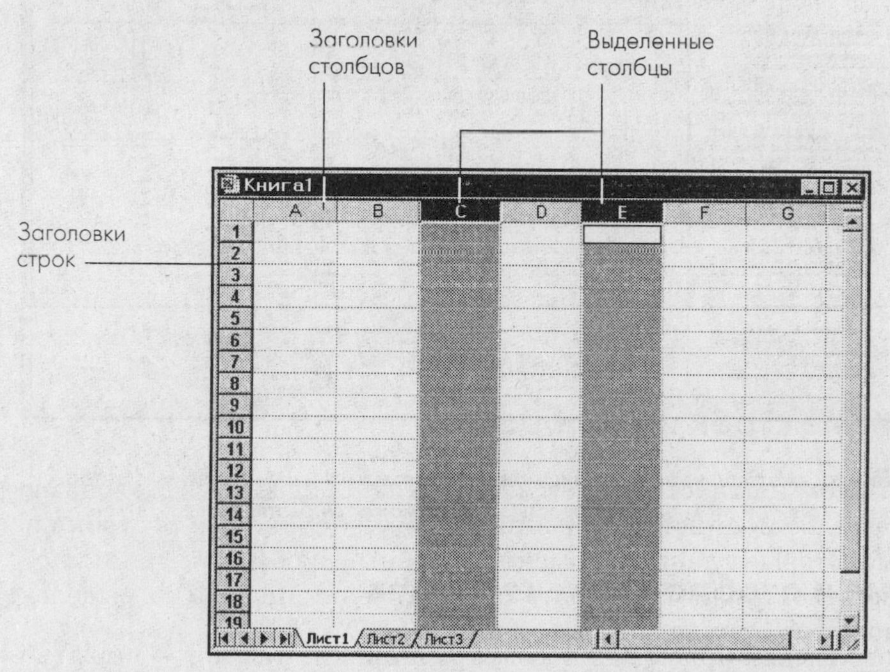

Рис. 33.6. Фрагмент рабочего листа с двумя выделенными столбцами

Управление масштабом отображения

Взгляните на рис. 33.7. Здесь приведен прайс-лист, представляющий собой таблицу большой ширины. Ее ширина столь велика, что таблицу трудно разместить по ширине экрана.

Чтобы увидеть всю таблицу целиком, можно изменить масштаб отображения, выбрав в поле Масштаб значение менее 100%, например 50%. Значения масштаба можно не только выбирать из списка, но и вводить вручную. В нашем случае был использован нестандартный масштаб 40%.

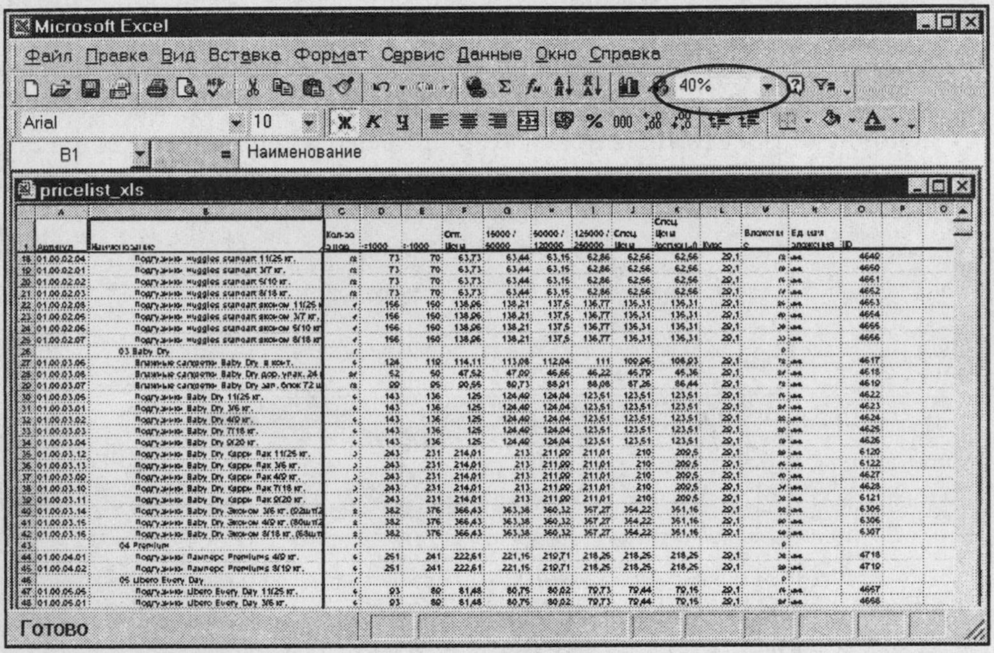

Рис. 33.7. Для просмотра широких таблиц можно пользоваться изменением масштаба, хотя при этом разборчивость записей может снижаться

Скрытие и отображение столбцов

Другой полезный прием для просмотра широких таблиц — скрытие столбцов. В зависимости от обстоятельств не все столбцы таблицы могут быть одинаково полезны. В примере, показанном на рис. 33.8, таблица имела много столбцов, в которых были проставлены цены на товары в зависимости от размера приобретаемой партии. Мы оставили только столбцы с теми ценами, которые нас интересуют. Как видите, в таблице нет столбца A. После столбца C сразу идет столбец F, а за ним — P.

Чтобы отключить отображение столбца или группы, их надо выделить, потом открыть контекстное меню и выбрать в нем пункт Скрыть.

pricelist_xls

	B	C	F	P
1	Наименование	Кол-во в кор	Опт. Цена	
2	Товары	0		
3	01 Подгузники	1		
4	01 Huggies	1		
5	Влажные салфетки Huggies в конт.	12	102,14	
6	Влажные салфетки Huggies зап. блок	12	86,93	
7	Подгузники Huggies Air Dry 2/5 кг.	6	155,97	
8	Подгузники Huggies Air Dry 3/7 кг.	6	224,06	
9	Подгузники Huggies Air Dry двойной 11/25 кг.	3	398,67	
10	Подгузники Huggies Air Dry двойной 3/7 кг.	2	398,67	
11	Подгузники Huggies Air Dry двойной 5/10 кг.	3	398,67	

pricelist_xls

Рис. 33.8. При просмотре широких таблиц можно отключить отображение ненужных столбцов

Чтобы открыть ранее скрытый столбец, надо выделить соседние с ним столбцы, а потом дать команду Отобразить из контекстного меню. По этой команде отображаются все скрытые столбцы, находящиеся между выделенными.

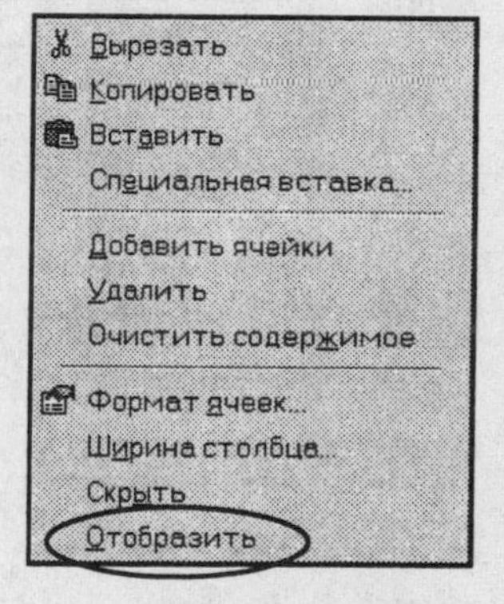

Несколько труднее открыть скрытый столбец A, ведь у него нет соседа слева. Для этого надо навести указатель на левый край соседнего столбца B и, когда указатель сменит форму, вызвать контекстное меню, а в нем выбрать команду Отобразить.

Управление шириной столбцов

Шириной столбцов можно управлять протягиванием мыши. Для этого в строке заголовков столбцов надо навести указатель на границу между столбцами, и когда он сменит форму, переместить границу в нужное место при нажатой левой кнопке.

Если в тот момент, когда указатель сменил форму, щелкнуть дважды левой кнопкой, произойдет автоматическая установка такой ширины столбца, при которой во все ячейки данного столбца полностью помещается их содержимое. Этот прием называется *автоподбором ширины*. Его можно также выполнить с помощью строки меню. Предварительно выделите столбцы, ширину которых надо отрегулировать, и дайте команду Формат ➤ Столбец ➤ Автоподбор ширины.

Закрепление строк

Взгляните на рис. 33.9. Здесь представлен прайс-лист компании, торгующей лекарственными препаратами. Согласитесь, что просматривать его не очень удобно, ведь мы не видим заголовков таблицы (не путать с заголовками строк и столбцов листа!). В результате прокрутки они ушли далеко вверх и стали недоступными.

Теперь взгляните на рис. 33.10. Это тот же самый прайс-лист, но работать с ним удобнее. Вы, должно быть, заметили, что в нем после строки 2 сразу идет строка 41. Так сделано специально, чтобы при прокрутке строк заголовки таблицы стояли на месте и читатель видел назначение столбцов таблицы.

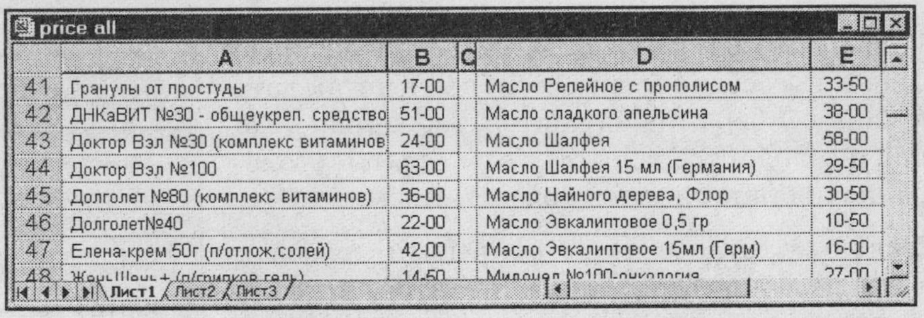

price all

	A	B	C	D	E
41	Гранулы от простуды	17-00		Масло Репейное с прополисом	33-50
42	ДНКаВИТ №30 - общеукреп. средство	51-00		Масло сладкого апельсина	38-00
43	Доктор Вэл №30 (комплекс витаминов	24-00		Масло Шалфея	58-00
44	Доктор Вэл №100	63-00		Масло Шалфея 15 мл (Германия)	29-50
45	Долголет №80 (комплекс витаминов)	36-00		Масло Чайного дерева, Флор	30-50
46	Долголет№40	22-00		Масло Эвкалиптовое 0,5 гр	10-50
47	Елена-крем 50г (п/отлож.солей)	42-00		Масло Эвкалиптовое 15мл (Герм)	16-00
48	[illegible]	14-50		[illegible]	27-00

Лист1 / Лист2 / Лист3

Рис. 33.9. Если строки таблицы не закреплены, то в результате прокрутки заголовки столбцов ушли далеко вверх

price all

	A	B	C	D	E
1				**ПРАЙС-ЛИСТ** (1 стр. из 3)	
2	НАИМЕНОВАНИЕ	ЦЕНА		НАИМЕНОВАНИЕ	ЦЕНА
41	Гранулы от простуды	17-00		Масло Репейное с прополисом	33-50
42	ДНКаВИТ №30 - общеукреп. средство	51-00		Масло сладкого апельсина	38-00
43	Доктор Вэл №30 (комплекс витаминов	24-00		Масло Шалфея	58-00
44	Доктор Вэл №100	63-00		Масло Шалфея 15 мл (Германия)	29-50

Лист1 / Лист2 / Лист3

Рис. 33.10. В этом примере закреплены первые две строки таблицы, и на них прокрутка содержимого не действует

Если автор прайс-листа не догадался закрепить важные строки (а далеко не все авторы догадливы), то вы можете сделать это сами. Допустим, нам надо закрепить две верхние строки (число строк может быть любым). Сначала выделите строку, которая идет следующей за последней закрепляемой, — в нашем случае третью.

Когда строка выделена, дайте команду Окно ➤ Закрепить области. Это все! После этого содержимое таблицы можно прокручивать, не теряя заголовки.

Снять закрепление строк тоже очень просто — надо дать команду Окно ➤ Снять закрепление областей. После этого можно закрепить другую область; более одной области закрепить нельзя.

Закреплять можно не только строки, но и столбцы. Сначала снимите закрепление строк, если они были закреплены. Затем выделите столбец, следующий за последним закрепляемым, и дайте команду закрепления. Если в таблице закреплены столбцы, то при горизонтальной прокрутке содержимого они остаются на месте.

Разделение окна

Прием закрепления строк в электронных таблицах появился сравнительно недавно. А в прошлом для просмотра больших таблиц пользовались другим приемом — разделением окна просмотра. Разделение окна было реализовано еще в одной из самых ранних версий программы VisiCalc, но сохранилось по сей день, и многие предпочитают пользоваться этим приемом. Он помогает сравнивать и сопоставлять содержимое разных мест одной обширной таблицы.

Взгляните на вертикальную полосу прокрутки — над ее верхней кнопкой можно увидеть небольшую *вешку*, которую можно перетаскивать с помощью мыши. При перетаскивании вешки окно делится по горизонтали на две части, в каждой из которых образуются собственные полосы прокрутки. В обеих частях отображается один и тот же документ, но его разные места (рис. 33.11). Это позволяет сравнивать между собой разные строки таблицы и анализировать данные.

Окно можно делить не только по горизонтали, но и по вертикали. Чаще, конечно, используют деление по горизонтали, но если таблица очень широкая и сопоставлять надо не строки, а столбцы, то используют вешку, находящуюся на правом краю горизонтальной полосы

pricelist_xls

	B	C	F
17	02 Huggies standart	1	
18	Подгузники Huggies standart 11/25 кг.	12	63,73
19	Подгузники Huggies standart 3/7 кг.	12	63,73
20	Подгузники Huggies standart 5/10 кг.	12	63,73
21	Подгузники Huggies standart 8/18 кг.	12	63,73
22	Подгузники Huggies standart эконом 11/25 кг.	4	138,96
30	Подгузники Baby Dry 11/25 кг.	6	125
31	Подгузники Baby Dry 3/6 кг.	6	125
32	Подгузники Baby Dry 4/9 кг.	6	125
33	Подгузники Baby Dry 7/18 кг.	6	125
34	Подгузники Baby Dry 9/20 кг.	6	125
35	Подгузники Baby Dry Кэрри Пак 11/25 кг.	3	214,01

pricelist_xls

Рис. 33.11. Сопоставление цен на разные товары методом разделения окна

прокрутки. В принципе, так можно разделить окно на четыре части, хотя не очень понятно, где это может пригодиться.

Если вы не можете найти вешку для разделения окна, значит, у вас включено закрепление областей. Эти приемы взаимно исключают друг друга. Снимите закрепление областей — и вешки появятся.

Работа со сгруппированными таблицами

Опытные авторы нередко применяют эффектный прием группировки данных в таблице. С такими таблицами очень удобно и приятно работать.

pr_hard

1 2		A	B	C
	5	Категория	Наименование	USD
+	7	CPU		
	46			
+	47	M/B		
	85			
+	86	COOLER		
	98			
+	99	MEMORY		
	107			
+	108	FDD		
	113			
+	114	HDD		
	135			

lav_com

Рис. 33.12. Пример таблицы со сгруппированными категориями

Взгляните на рис. 33.12. Здесь представлен прайс-лист на компьютерные комплектующие. Как видите, товары сгруппированы в категории. Рядом с каждой категорией имеется узел «+». щелчком на этом узле категорию можно развернуть и проанализировать цены на отдельные товары (рис. 33.13).

pr_hard

	A	B	C
136	CD-ROM		
107			
108	FDD		
113			
114	HDD		
135			
136	CD-ROM		
137		DVD-Rom IDE PIONEER 1402 12/40	140
138		DVD-Rom IDE ASUS E-608 8/40x,	125
139		CD-RW IDE PHILIPS CDD4801 8x4	165
140		CD-RW IDE MITSUMI CR4805 8X4X	170
141		CD-ROM IDE 52-SP LG 2 кнопки	47
142		CD-ROM IDE 50-SP ASUS CD-S500	48
143		CD-ROM IDE 48-SP SAMSUNG SC1	50
144		CD-ROM IDE 48-SP MITSUMI FX482	52
145		CD-ROM IDE 48-SP LG 2 кнопки	65
146			
147	SVGA CARD		
180			
181	SOUND CARD		

lav_com

Рис. 33.13. Пример таблицы с развернутой категорией

После разворачивания категории узел «+» заменяется узлом «–», который работает как сворачивающий.

В нашем примере группировка имеет только два уровня вложения. Это сразу видно по заголовку групп (рис. 33.14 *а*). Если бы структура таблицы была более сложной и имела бы, например, четыре уровня вложения, то в заголовке групп было бы четыре кнопки (рис. 33.14 *б*). Чтобы открыть сразу все группы вложенных уровней, достаточно щелкнуть на соответствующей кнопке в заголовке групп. Так, например, щелкнув на кнопке «2», мы открываем категории первого и второго уровней, а щелкнув на кнопке «4» — категории сразу всех уровней, то есть получаем полный прайс-лист.

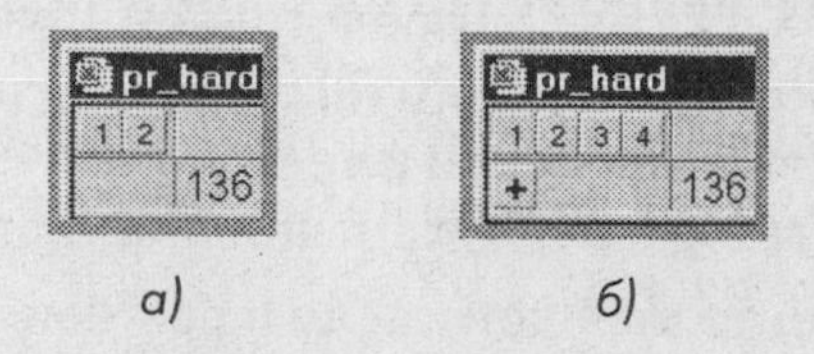

Рис. 33.14. Элементы управления просмотром разных уровней структуры документа

Еще раз обращаем внимание читателей на эффективность использования группировки в документах Excel. В следующей главе мы научимся сами создавать такие документы.

Разблокировка документов

Автор имеет возможность сделать так, чтобы его документ можно было просматривать, но в него нельзя было вносить никакие изменения. В этом случае при загрузке документа может появляться сообщение о том, что его можно открыть только для чтения (рис. 33.15).

Пароль
'price1c.xls' зарезервирован
Введите пароль разрешения записи или откройте файл в режиме "Только для чтения".
Пароль:
Отмена
Только для чтения

Рис. 33.15. Запрос пароля при открытии защищенного документа

Понятно, зачем авторы защищают документы. Но бывают случаи, когда это мешает пользователям эффективно использовать некоторые возможности программы. В принципе, если бы все авторы готовили свои документы безошибочно, то проблем бы не возникало. Но поскольку авторы не всегда все продумывают до конца, иногда приходится вносить правку в их документы, например, чтобы использовать возможности сортировки и фильтрации. А для этого надо каким-то образом разблокировать документ. Необходимость в разблокировке документа иногда также возникает перед печатью, если, например, документ не помещается на стандартном листе бумаги и есть возможность его преобразовать удалением ненужной информации.

Учить снимать защиту с чужих документов мы вас, конечно, не будем. Это было бы по меньшей мере неэтично. Для разблокировки содержания есть другой, совершенно этичный и корректный прием, которым можно и нужно пользоваться. Его смысл состоит в копировании содержания заблокированного документа в другой (собственный) документ. После этого с содержанием можно делать все, что угодно.

1. Откройте защищенный документ в режиме Только для чтения.
2. Выделите весь рабочий лист полностью. Для этого служит кнопка в левом верхнем углу рабочего листа. Она образована пересечением заголовков столбцов и заголовков строк листа (рис. 33.16).

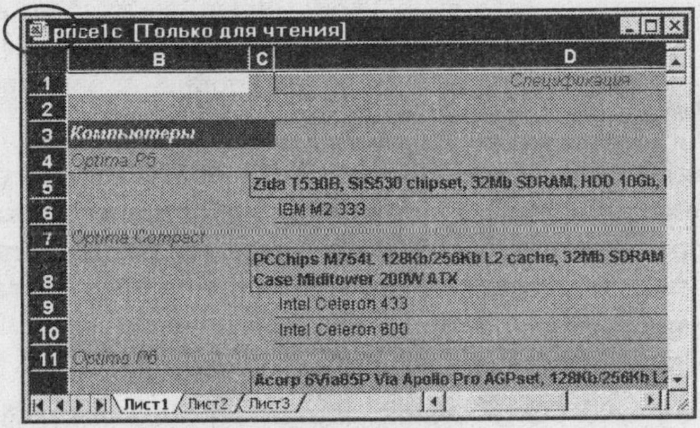

Рис. 33.16. Выделение всего рабочего листа полностью

3. Когда рабочий лист выделен, скопируйте его в буфер обмена *Windows* командой Правка ➤ Копировать.
4. Создайте новый документ командой Файл ➤ Создать.
5. В открывшемся диалоговом окне Создание документа выберите простейший шаблон Книга. 
6. Когда откроется окно нового (пустого) документа, дайте команду Правка ➤ Вставить — содержание исходного документа перейдет в новый документ.
7. Сохраните новый документ командой Файл ➤ Сохранить как под каким угодно именем в любой удобной папке. Вы получили новый документ с тем же содержанием, но никак не защищенный от внесения любых изменений.

Никакой фальсификации документа при этом не возникает. Мы только скопировали содержание, но не документ. Новый документ выписан не на имя его первоначального автора, а на наше имя. В этом нетрудно убедиться, проанализировав свойства документа командой Файл ➤ Свойства. Таким образом, выдать измененный документ за чужой не получится. Это вполне корректный и законный прием.

Сортировка по столбцам

Бывают случаи, когда данные, представленные в таблицах, желательно отсортировать по какому-то критерию. Например, если мы желаем приобрести монитор, то нам было бы удобно, чтобы предложения в прайс-листе были отсортированы по параметру цены.

Сортировка всегда выполняется по столбцам. Быструю сортировку выполняют с помощью двух кнопок на панели управления. Одна кнопка сортирует данные в восходящем порядке, а другая — в нисходящем. При использовании этих кнопок сортировка всегда выполняется по тому столбцу, в котором находится текущая выделенная ячейка.

Казалось бы, все просто. Однако этот простой прием требует от автора таблицы определенной предусмотрительности и, можно сказать, заботливости. На рис. 33.17 показан пример таблицы, в которой автор эту заботливость о своем будущем клиенте не проявил. Если в этой таблице щелкнуть на кнопке сортировки, то весь прайс-лист будет безнадежно испорчен: мониторы перепутаются с мышами, а принтеры — с процессорами.

Неудачно введенные команды сразу отменяйте нажатием комбинации клавиш CTRL + Z.

На самом деле все очень просто. Чтобы мониторы были отдельно, а мыши — отдельно, всего-то надо после каждой категории товара создать пустую строку (рис. 33.18). Если автор этого не сделал, сделайте это за него (именно поэтому мы выше и изучали снятие блокировки с защищенных таблиц).

Чтобы создать пустую строку, выделите ту строку, перед которой она должна расположиться, и дайте команду Вставка ➤ Строки. Так образуются группы, разделенные пустыми строками. После этого в сортировку вовлекаются только строки, принадлежащие одной группе.

Пример некорректной таблицы

	A	B	C	D
1				
2		**МОНИТОРЫ (3 года гарантии)**	Цена, руб.	Цена, у.е.
3		*15"*		
4	1010203	Belinea 102010, зерно 0,28, 1024x768 65Hz NI, MPR II	4864	166
5	1010006	Hyundai V570, зерно 0,28, 1280x1024 65Hz NI, TCO-99	5743	196
6	1010007	Samsung 550S, зерно 0,28, 1024x768 75Hz NI, MPR II	5333	182
7	1010102	CTX PR500F, зерно 0,25, 1280x1024 64Hz NI, TCO-99	7354	251
8	1010108	Sony 110E, зерно 0,25, 1280x1024 64Hz NI, TCO-99	7413	253
9		*17"*		
10	1020213	Monxx 770,CPT зерно 0,27,1280x1024 65Hz NI, TCO-99	7296	249
11	1020011	LG Flatron 795FT Plus, зерно 0,24, 1600x1200 60Hz NI, T	11544	394
12	1020212	Belinea 103035,CPT зерно 0,27,1280x1024 65Hz NI, TCO	7940	271
13	1020107	CTX PR705F FD Trinitron, зерно 0,24, 1600x1200 67Hz NI	10841	370
14	1020108	CTX PR711F FD Trinitron, зерно 0,24, 1600x1200 75Hz NI	11954	408
15	1020113	SONY E220, зерно 0,24, 1600x1200 67Hz NI, TCO99	11134	380
16		*19"*		
17	1030101	CTX VL950T, зерно 0,26, 1600x1200 75Hz NI, TCO95	10929	373
18	1030103	CTX VL950ST, зерно 0,26, 1600x1200 75Hz NI, USB hub,	13009	444

Компьютеры / **Комплектующие**

Рис. 33.17. Таблица выглядит красиво, но сделана неграмотно. Простая сортировка в ней работать не будет

Пример корректной таблицы

	A	B	C	D
1				
2		**МОНИТОРЫ (3 года гарантии)**	Цена, руб.	Цена, у.е.
3				
4		*15"*		
5	1010203	Belinea 102010, зерно 0,28, 1024x768 65Hz NI, MPR II	4864	166
6	1010006	Hyundai V570, зерно 0,28, 1280x1024 65Hz NI, TCO-99	5743	196
7	1010007	Samsung 550S, зерно 0,28, 1024x768 75Hz NI, MPR II	5333	182
8	1010102	CTX PR500F, зерно 0,25, 1280x1024 64Hz NI, TCO-99	7354	251
9	1010108	Sony 110E, зерно 0,25, 1280x1024 64Hz NI, TCO-99	7413	253
10				
11		*17"*		
12	1020213	Monxx 770,CPT зерно 0,27,1280x1024 65Hz NI, TCO-99	7296	249
13	1020011	LG Flatron 795FT Plus, зерно 0,24, 1600x1200 60Hz NI, T	11544	394
14	1020212	Belinea 103035,CPT зерно 0,27,1280x1024 65Hz NI, TCO	7940	271
15	1020107	CTX PR705F FD Trinitron, зерно 0,24, 1600x1200 67Hz NI	10841	370
16	1020108	CTX PR711F FD Trinitron, зерно 0,24, 1600x1200 75Hz NI	11954	408
17	1020113	SONY E220, зерно 0,24, 1600x1200 67Hz NI, TCO99	11134	380
18				
19		*19"*		
20	1030101	CTX VL950T, зерно 0,26, 1600x1200 75Hz NI, TCO95	10929	373

Компьютеры / **Комплектующие**

Рис. 33.18. Эта таблица сделана корректно. Данные в ней можно упорядочивать методом простой сортировки

Не забывайте об особых свойствах пустых строк в электронных таблицах Excel. используйте их всюду, где это уместно.

Сортировка диапазонов

Диапазонами в таблицах Excel называют предварительно выделенные группы строк, столбцов или ячеек. Сортировка диапазонов дает больше возможностей, чем рассмотренная выше простая сортировка столбцов. В частности, поскольку диапазон предварительно уже выделен, отпадает необходимость в разделении отдельных групп записей пустыми строками.

Когда диапазон выделен, сортировку начинают командой Данные ➤ Сортировка — она открывает диалоговое окно Сортировка диапазона, средства которого позволяют выполнить дополнительные настройки. Во-первых, в данном случае можно выполнять сортировку не по одному столбцу, а по нескольким (до трех), во-вторых, для каждого из столбцов сортировки можно указать свой порядок сортировки, в-третьих, можно выполнять сортировку не только по столбцам, но и по строкам (кнопка Параметры).

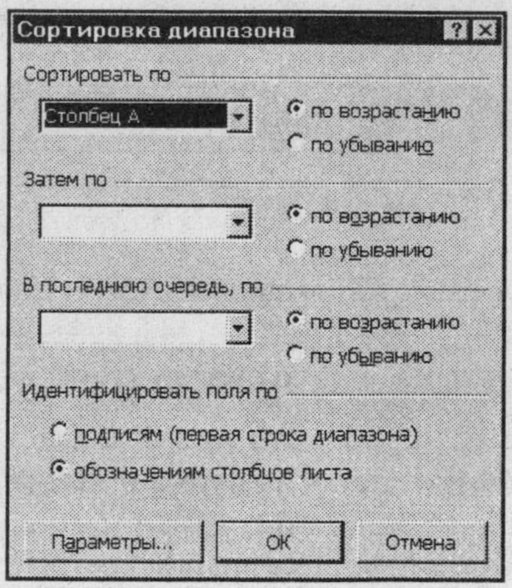

Рис. 33.19. Средство настройки сортировки диапазонов

Фильтрация данных

Фильтры позволяют просматривать не все данные в таблицах, а только те, которые действительно представляют интерес. Допустим, у нас имеется обширная таблица с компьютерными комплектующими, но нас интересует в ней не все, а только процессоры, причем не дороже 3500 рублей (рис. 33.20).

Проверка фильтрации

	A	B	C	D
50				
51		**Процессоры**		
52		AMD Slot A & Socket A		
53	3060901	Duron 700	1875	64
54	3060902	Duron 750	2198	75
55	3060906	Duron 800	2666	91
56	3060903	ATHLON K7 550	1817	62
57	3060904	ATHLON K7 750	2842	97
58	3060905	ATHLON K7 850	3750	128
59		Socket 370		
60	3021003	Celeron 433 128 Kb Cash Intel PPGA	1415	48,3
61	3021004	Celeron 566 128 Kb Cash Intel PPGA	1787	61
62	3021005	Celeron 633 128 Kb Cash Intel PPGA	2110	72
63		Socket FCPGA		
64	3051006	Pentium III 650/256Kb/100MHz	3897	133
65	3051001	Pentium III 667EB/256K/133 Box	4043	138
66	3051002	Pentium III 733/256K/133	4307	147
67	3051003	Pentium III 850/256K/100	5889	201
68	3051007	Pentium III 866EB/256K/133 Box	6270	214
69	3040010	Переходник Slot 1- FC PPGA	205	7
70	3040020	Вентилятор для процессора Pentium/Celeron PPGA	117	4
71		Socket 423		
72	3071001	Pentium IV 1.4Gz and 2x64M 800MHz RDRAM modules E	16408	560
73	3071002	Pentium IV 1.5Gz and 2x64M 800MHz RDRAM modules E	23499	802
74				
75		**Память**		
76	4020006	DIMM 32MB SPD 133Mhz	440	15

Компьютеры | Комплектующие

Рис. 33.20. Исходная таблица (до фильтрации)

Чтобы фильтр работал корректно, следует предварительно отбить группу строк, относящихся к процессорам, от других категорий товаров. В примере на рис. 33.20 это сделано вставкой пустых строк.

Простейший вид фильтра — это автофильтр. Он устанавливается автоматически, а настраивается вручную. Выделите любую ячейку в группе анализируемых записей и дайте команду Данные ➤ Фильтр ➤ Автофильтр — по этой команде над группой (если вы предусмотрели там пустую строку) появятся кнопки управления фильтрацией (рис. 33.21).

Допустим, нам надо выбрать процессор не дороже 3500 руб. Для этого щелкните на кнопке автофильтра в том столбце, в котором приведены рублевые цены, — откроется раскрывающийся список. В этом списке можно выбрать значение, которое нас интересует, но в данном случае нам нужно не значение, а *условие фильтрации*. Чтобы создать условие, щелкните на строке Условие... в раскрывающемся списке — откроется диалоговое окно Пользовательский автофильтр, с помощью которого настраивают параметры фильтрации.

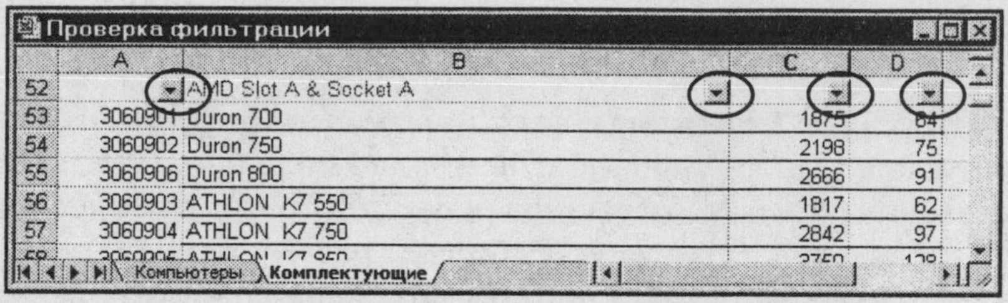

Проверка фильтрации

	A	B	C	D
52		AMD Slot A & Socket A		
53	3060901	Duron 700	1875	64
54	3060902	Duron 750	2198	75
55	3060906	Duron 800	2666	91
56	3060903	ATHLON K7 550	1817	62
57	3060904	ATHLON K7 750	2842	97

Компьютеры / Комплектующие

Рис. 33.21. Кнопки управления фильтрацией

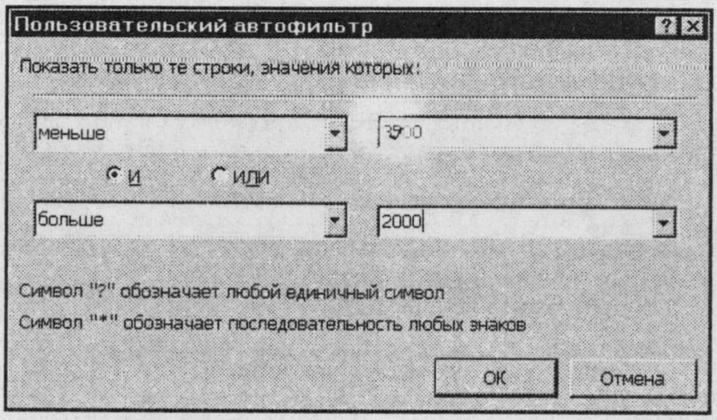

Пользовательский автофильтр

Показать только те строки, значения которых:

меньше | 3500

И / ИЛИ

больше | 2000

Символ "?" обозначает любой единичный символ

Символ "*" обозначает последовательность любых знаков

ОК | Отмена

Рис. 33.22. Настройка условия фильтрации

Условие фильтрации может быть простым или комплексным. В первом случае оно задается одним выражением, например Меньше 3500. Комплексное выражение может состоять из двух простых выражений, соединенных оператором И или ИЛИ, например: Меньше 3500 И Больше 2000. После создания условия фильтрации в таблице Excel будут отображены только те строки, которые ему удовлетворяют (рис. 33.23).

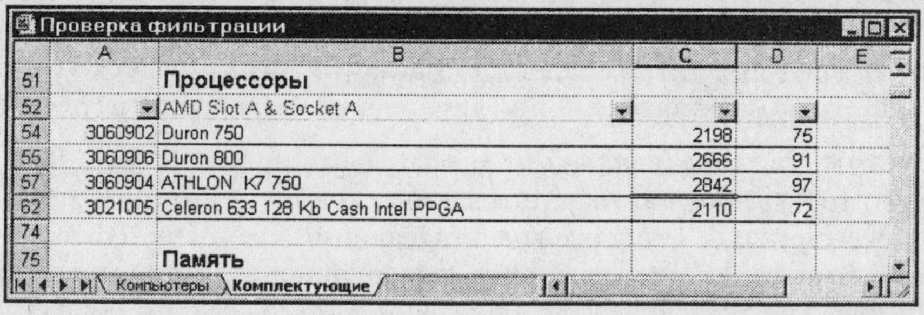

Проверка фильтрации

	A	B	C	D	E
51		Процессоры			
52		AMD Slot A & Socket A			
54	3060902	Duron 750	2198	75	
55	3060906	Duron 800	2666	91	
57	3060904	ATHLON K7 750	2842	97	
62	3021005	Celeron 633 128 Kb Cash Intel PPGA	2110	72	
74					
75		Память			

Компьютеры / Комплектующие

Рис. 33.23. Результирующая таблица, полученная после применения фильтра

Чтобы отключить действие автофильтра, надо еще раз дать команду Данные Фильтр ➤ Автофильтр.

Печать таблиц Excel

Печать таблиц Excel ничем не отличалась бы от рассмотренной ранее печати документов Word, если бы не одно маленькое «НО». Едва начав подготовку документа в текстовом процессоре Word, мы спешим назначить параметры страницы: выбираем размер бумаги, задаем ориентацию листа и назначаем ширину полей. Мы просто обязаны это сделать, иначе ничего у нас не получится — работая в режиме разметки (а именно в нем и надо работать), мы не увидим на экране изображения своей страницы, если она не определена.

С электронными таблицами Excel дело обстоит иначе. Их авторы могут до самого последнего момента не задумываться над тем, что таблицы придется когда-нибудь печатать, и когда дело до этого все-таки дойдет, нередко оказывается, что таблица никак не помещается по ширине листа бумаги. В общем, если работа правильно начата в текстовом процессоре с задания параметров страницы, с ее печатью проблем не будет, а в электронных таблицах — наоборот. После того как таблица подготовлена своими руками или получена из чужих рук, надо еще поломать голову, над тем, как бы ее получше распечатать. К счастью, для этого в Excel предусмотрено немало полезных средств — надо только суметь ими воспользоваться.

Обычный порядок печати таблиц Excel

Если не задумываться над тем, как ляжет таблица на лист, то порядок печати документов Excel мало чем отличается от печати документов Word. Эти программы принадлежат одному пакету Microsoft Office, и потому принципы работы в них одинаковы.

1. Дайте команду Файл ➤ Печать (кнопкой Печать на панели инструментов не пользуйтесь).
2. В открывшемся диалоговом окне Печать выберите принтер, если их несколько.
3. В группе Печатать выберите диапазон печатаемых страниц.
4. В группе Вывести на печать выберите, что печатается (диапазон ячеек, группа рабочих листов, вся книга).
5. Задайте число печатных копий.

6. Нажмите кнопку Свойства и настройте драйвер принтера. В первую очередь задайте здесь размер бумаги и ее ориентацию (книжная или альбомная).
7. По завершении всех настроек, начните печать нажатием командной кнопки ОК.

Что делать, если таблицы не помещаются на листе бумаги?

Большие таблицы далеко не всегда помещаются на листе бумаги того размера, который есть в распоряжении пользователя. Прежде всего, следует перед печатью, а еще лучше заранее, во время работы над документом, регулярно контролировать результат печати. Для этого программа имеет специальный режим просмотра Вид ➤ Разметка страницы. В этом режиме наглядно видно, какая часть страницы попадает на бумажный лист, а какая часть выходит за его пределы. Если таблица оказывается шире, чем печатный лист, можно предпринять следующие меры.

1. Посмотрите, нельзя ли увеличить размер печатной полосы, изменив заданные значения полей. Если таблица лишь чуть-чуть не помещается на печатном листе, изменение размера полей может помочь. Дайте команду Файл ➤ Параметры страницы и в открывшемся диалоговом окне Параметры страницы проверьте настройки, заданные на вкладке Поля.
2. Рассмотрите вопрос о целесообразности печати таблицы в альбомной ориентации. Откройте диалоговое окно Параметры страницы и задайте альбомную ориентацию на вкладке Страница.
3. Попробуйте применить масштабирование при печати. В этом случае страница будет автоматически уменьшена и, возможно, поместится на листе, хотя при больших масштабах уменьшения может пострадать разборчивость текстов в ячейках. Величину масштаба при печати задают там же, где и ориентацию (Файл ➤ Параметры страницы ➤ Страница). По умолчанию установлено значение 100% от натуральной величины (рис. 33.24). Попробуйте его уменьшить.
4. Если в таблице есть столбцы, в содержании которых нет необходимости, скройте их перед печатью и проверьте результат в режиме разметки страницы.

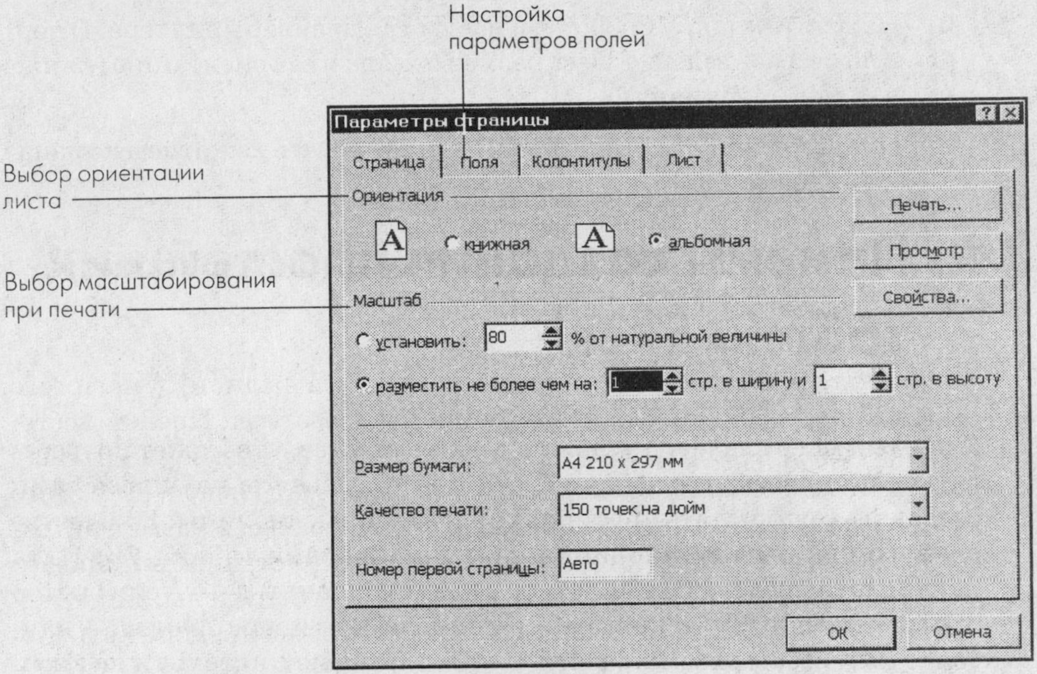

Настройка параметров полей

Выбор ориентации листа

Выбор масштабирования при печати

Параметры страницы

Страница | Поля | Колонтитулы | Лист

Ориентация

книжная — альбомная

Масштаб

установить: 80 % от натуральной величины

разместить не более чем на: 1 стр. в ширину и 1 стр. в высоту

Размер бумаги: A4 210 x 297 мм

Качество печати: 150 точек на дюйм

Номер первой страницы: Авто

Печать... | Просмотр | Свойства... | ОК | Отмена

Рис. 33.24. Настройка параметров страницы

5. Отрегулируйте ширину столбцов. Убедитесь в том, что все столбцы имеют действительно необходимую ширину. Проверьте, что дает автоматический подбор ширины столбцов.

6. И, наконец, если никакими средствами не удается расположить таблицу по ширине печатного листа, настройте последовательность вывода так, чтобы разные части таблицы печатались на разных листах бумаги, а потом сопрягались вручную, например склеивались. Так можно получить ведомости очень больших размеров. Последовательность вывода задают на вкладке Лист рассмотренного ранее диалогового окна Параметры страницы.

34. Приемы создания простейших таблиц Excel

В предыдущей главе мы узнали практически все, что может потребоваться при просмотре таблиц Excel. В этой главе мы научимся сами создавать и оформлять простейшие электронные таблицы. В качестве первого шага мы остановимся на использовании таблиц Excel для наглядного представления табулированных данных — это свойство программы широко используется при создании прайс-листов. А наиболее интересные возможности Excel, связанные с автоматическими вычислениями в таблицах, мы рассмотрим в следующей главе.

Ввод простейших таблиц

Несмотря на то что рабочий лист разграфлен на строки и столбцы, таблицей он не является. Таблицы образуются только после того как мы начнем что-то вводить в ячейки. Эту особенность Excel нетрудно понять. Оцените сами: один рабочий лист содержит 256 столбцов и 65536 строк. Всего это дает более 16 миллионов ячеек, а если таких листов в рабочей книге 3, значит, даже в пустой книге содержится около 50 миллионов ячеек. Представляете, какой объем имел бы файл даже пустой рабочей книги, если бы ее рабочие листы считались таблицами?!

К счастью, реальными данными считаются не рабочие листы, а только их заполненные области. Совсем не обязательно начинать ввод данных в самом левом верхнем углу (в ячейке A1) — создавайте свои таблицы, где хотите. Можете создать несколько таблиц на одном листе — все в ваших руках, но по возможности стремитесь располагать их компактно. Не слишком удачен вариант, когда немного данных имеется в левом верхнем углу рабочего листа и немного — в правом нижнем. В этом случае программе приходится сохранять незаполненные ячейки, лежащие между действительными таблицами, и размеры файла хоть и не очень критично, но все же возрастают.

Учитывайте также, что, возможно, готовые таблицы придется распечатывать. Вертикальный размер таблицы для печати особого значения не имеет — она просто будет продолжаться на последующих страницах, но горизонтальный размер очень важен. Проектируя таблицу, стремитесь к уменьшению ее горизонтального размера.

Предварительная настройка ввода

Каждой ячейке можно задать индивидуальное оформление — для этого достаточно щелкнуть на ней правой кнопкой мыши и выбрать в контекстном меню пункт Формат ячеек. О форматах представления данных мы поговорим позже, а пока рекомендуем сделать наиболее общую настройку, относящуюся ко всей рабочей книге, чтобы не приходилось оформлять каждую ячейку отдельно.

1. Дайте команду Сервис ➤ Параметры — откроется диалоговое окно настройки программы — Параметры.
2. В этом диалоговом окне откройте вкладку Общие (рис. 34.1).
3. В поле Стандартный шрифт выберите шрифт, который желаете использовать. По умолчанию здесь задан шрифт Arial. Это стандартный рубленый (не имеющий засечек) шрифт — его удобно применять для отображения числовых данных. Если большую часть вашей таблицы будут занимать тексты (в прайс-листах такое бывает), можете выбрать здесь шрифт с засечками, например Times New Roman.
4. В поле Размер выберите стандартный размер шрифта. По умолчанию задано значение 10 пунктов. Таблицы Excel — это не художественные произведения, и автору чаще приходится думать не о том, чтобы читать их было удобно, а о том, как дать больше содержания в меньшем объеме. Возможно, вы сочтете нужным уменьшить стандартный шрифт до 8–9 пунктов.
5. После изменений стандартного шрифта программу требуется закрыть и запустить заново. Все вновь создаваемые документы будут иметь заданные настройки. Документы, созданные ранее, поступают со своими настройками.

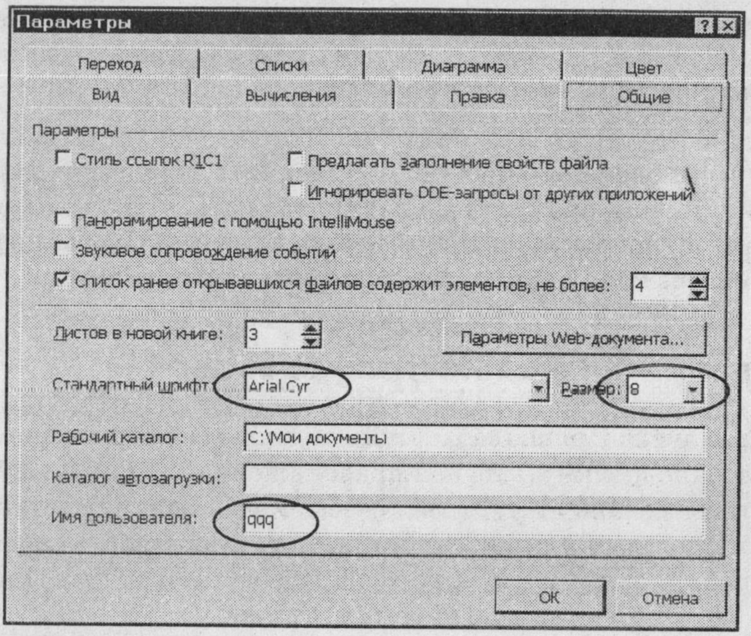

Рис. 34.1. Настройка параметров шрифта, принятого по умолчанию

Ввод данных в ячейку

Ячейки в электронных таблицах Excel могут быть двух типов: *информационные* и *вычисляемые*. В информационных ячейках содержатся обычные данные — их можно просматривать на экране или распечатывать на принтере. Именно с такими ячейками мы и имеем дело, когда просматриваем обычные прайс-листы.

В вычисляемых ячейках содержатся выражения (формулы), причем на экране они в ячейках не отображаются. Чтобы увидеть выражение, содержащееся в ячейке, надо выделить эту ячейку и взглянуть на строку формул. Вместо выражения в вычисляемой ячейке всегда отображается его результат. При выводе таблиц Excel на печать тоже распечатываются только результаты расчетов выражений, но не сами выражения.

С вычисляемыми ячейками мы познакомимся в следующей главе, а здесь остановимся на заполнении и оформлении простейших ячеек — информационных. Чтобы ввести данные в ячейку, сделайте ее текущей щелчком левой кнопки мыши. Сразу после этого можно начинать ввод — никаких дополнительных нажатий клавиш не требуется.

Ввод данных в ячейку происходит синхронно с вводом тех же самых данных в строку формул. Править данные можно как в ячейке, так и в строке формул — это совершенно все равно. Обычно поступают так: если длина записи в ячейке не превышает размера самой ячейки, то работают с ячейкой, но если данные имеют очень большую длину, то править их удобнее в строке формул (рис. 34.2).

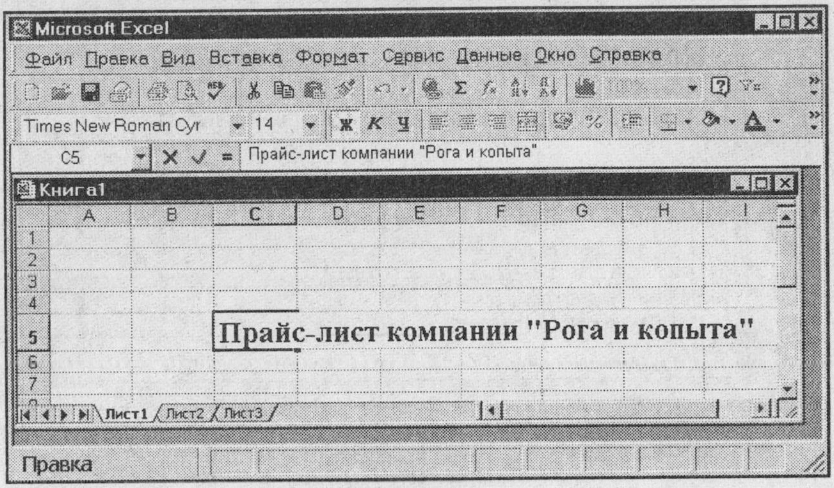

Рис. 34.2. Длина данных в ячейке C5 намного превышает ширину столбца C. Их удобнее править не в ячейке, а в строке формул

Оформление ячеек

Для оформления ячеек удобно использовать инструментальные кнопки, представленные на панели Форматирование. Их действие относится либо к текущей ячейке, либо к выделенному диапазону ячеек (группы ячеек выделяют методом протягивания). Основные элементы управления, используемые для оформления, представлены на рис. 34.3.

Это не все средства оформления, но основные. Более мощный набор средств представлен в диалоговом окне Формат ячеек, которое открывают либо командой Формат ➤ Ячейки, либо командой Формат ячеек из контекстного меню ячейки. Это диалоговое окно имеет пять вкладок: Число, Выравнивание, Шрифт, Граница, Вид, Защита.

Вкладку Число используют для выбора типа данных, содержащихся в ячейке. От типа данных зависят операции, которые с ними можно совершить, а также приемы автоматического выравнивания и оформления. Более подробно типы данных мы рассмотрим ниже.

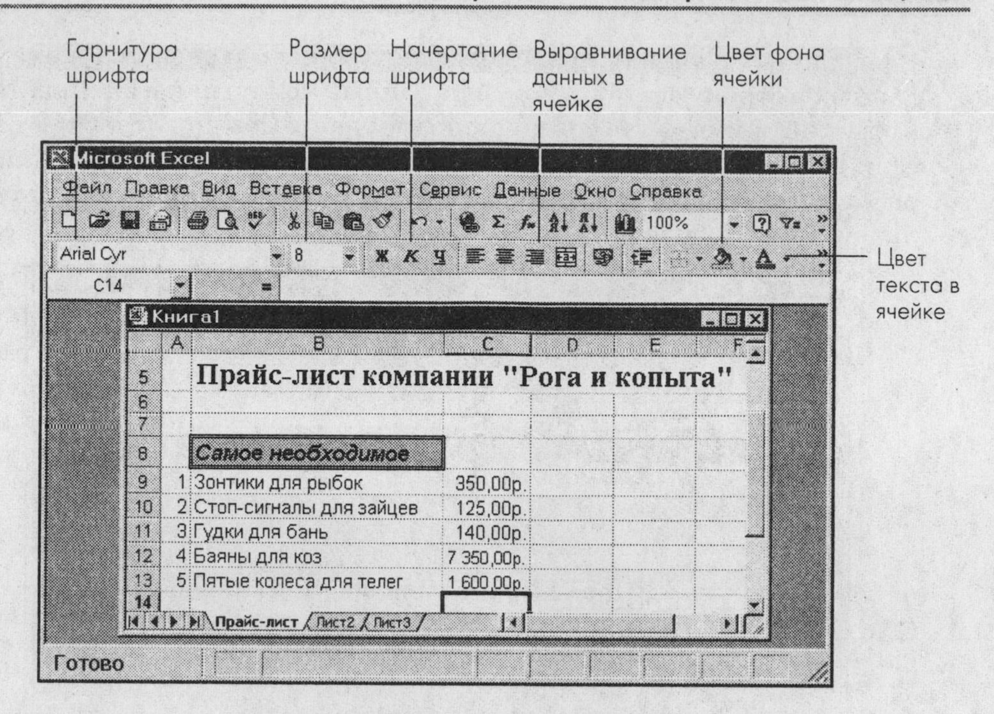

Рис. 34.3. Средства оформления ячеек

На вкладке Выравнивание имеются те же средства оформления, что и на панели инструментов Форматирование, но здесь можно дополнительно задать ориентацию надписей. В частности, это можно использовать, чтобы заузить ячейки, содержащие заголовки столбцов, как показано на рис. 34.4.

Средства вкладки Шрифт в основном соответствуют аналогичным средствам, представленным на панели Форматирование, а средства вкладки Границы позволяют выделить ячейки или группы ячеек рамками, для которых можно задать тип линии, ее толщину и цвет.

Средства вкладки Вид предназначены только для выбора цвета фона ячейки. В принципе, то же можно сделать соответствующей кнопкой панели инструментов, но, во-первых, здесь шире возможность выбора цветов (кроме основных цветов можно выбрать несколько дополнительных), а во-вторых, можно выбрать фоновый узор.

На вкладке Защита представлены два флажка: Защищаемая ячейка и Скрыть формулы, которые не имеют прямого отношения к оформлению. Первый позволяет запретить перемещение ячейки или изменение ее содержимого, а второй относится только к вычисляемым ячей-

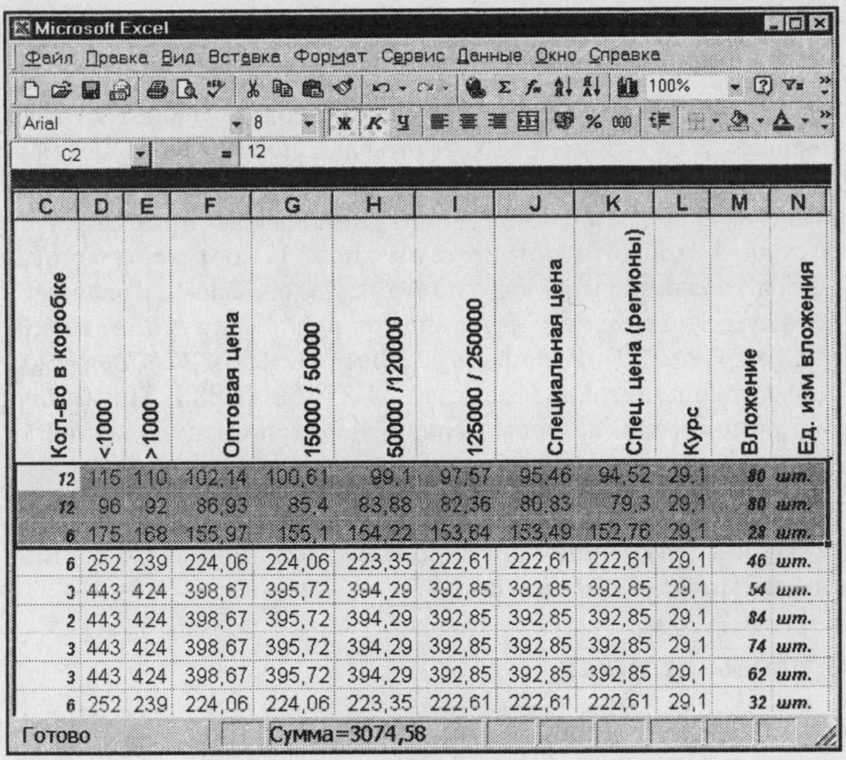
Microsoft Excel
Файл Правка Вид Вставка Формат Сервис Данные Окно Справка
100%
Arial 8
C2 = 12
C D E F G H I J K L M N
Кол-во в коробке
<1000
>1000
Оптовая цена
15000 / 50000
50000 /120000
125000 / 250000
Специальная цена
Спец. цена (регионы)
Курс
Вложение
Ед. изм вложения
12 115 110 102,14 100,61 99,1 97,57 95,46 94,52 29,1 80 шт.
12 96 92 86,93 85,4 83,88 82,36 80,83 79,3 29,1 80 шт.
6 175 168 155,97 155,1 154,22 153,64 153,49 152,76 29,1 28 шт.
6 252 239 224,06 224,06 223,35 222,61 222,61 222,61 29,1 46 шт.
3 443 424 398,67 395,72 394,29 392,85 392,85 392,85 29,1 54 шт.
2 443 424 398,67 395,72 394,29 392,85 392,85 392,85 29,1 84 шт.
3 443 424 398,67 395,72 394,29 392,85 392,85 392,85 29,1 74 шт.
3 443 424 398,67 395,72 394,29 392,85 392,85 392,85 29,1 62 шт.
6 252 239 224,06 224,06 223,35 222,61 222,61 222,61 29,1 32 шт.
Готово
Сумма=3074,58

Рис. 34.4. Пример использования вертикальной ориентации надписей в ячейках

кам и позволяет не отображать в строке формул содержащиеся в них выражения. Оба флажка действуют только в том случае, если установлена общая защита рабочего листа командой Сервис ➤ Защита ➤ Защитить лист.

Типы данных Excel

Основные типы данных

По большому счету Excel понимает только два типа данных: числа и тексты, причем программа старается автоматически определить, какие данные мы вводим в ячейку. Если она интерпретирует ввод как текстовый, то автоматически применяет метод выравнивания по левой границе ячейки (если специально не был задан другой тип выравнивания). Если же программа интерпретирует вводимые данные как числовые, то применяется метод выравнивания по правой границе, опять же если не было иных специальных указаний.

Формально, кроме текстов и чисел программа работает с датами и временем, но на самом деле эти типы данных тоже являются числами и различие проявляется только в том, как даты и время представляются на экране. За начальную дату программа принимает 1 января 1900 года — этой дате соответствует число 1. Соответственно, 2 января 1900 года соответствует числу 2 и так далее. Время представляется в программе в виде десятичных знаков после запятой. Так, например, дата 23 апреля 2001 года представляется числом 37003, а время 17:00 на эту дату представляется числом 37003,70833. По умолчанию и даты, и время, как и числа, выравниваются по правому полю.

Такой подход к хранению дат и времени позволяет программе проводить арифметические операции с ними, например находить разность двух дат и в дальнейшем оперировать с полученным значением как с числом: умножать, делить и т. п.

Форматы данных

Для числовых данных возможно применение нескольких различных форматов. Это позволяет управлять тем, как числа отображаются на экране. Познакомиться с доступными форматами можно на вкладке Число в диалоговом окне Формат ячеек (Формат ➤ Ячейки).

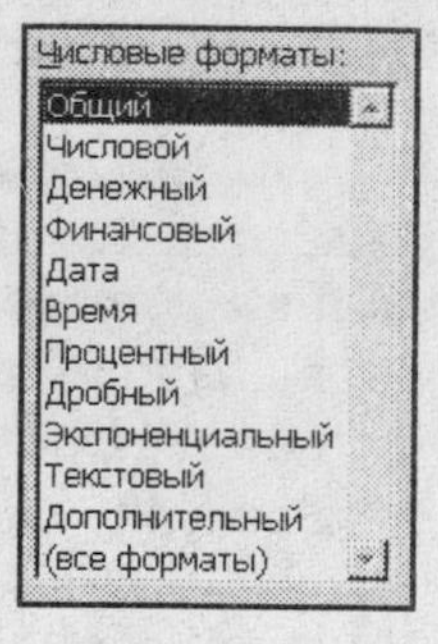

Для примера на рис. 34.5. показано, как программа интерпретирует одно и то же число 1234567, если его представить в разных форматах. Если никакой конкретный формат задан не был, считается, что число имеет формат Общий. С ним можно выполнять математические операции.

Если же задан формат Числовой, то число отображается вместе с десятичными знаками (их количество можно задать). В этом случае возможности отображения несколько шире. Например, можно настроить формат так, чтобы отрицательные числа отображались другим цветом.

Если числу 1234567 задан формат Денежный, то, во-первых, при его отображении классы разделяются пробелами, что действительно удобно при анализе денежных сумм, во-вторых, автоматически проставляется

Формат Общий	1234567
Формат Числовой	1234567,00
Формат Текстовый	1234567
Формат Денежный	1 234 567,00р.
Формат Дата	15 Февраль, 5280

Рис. 34.5. Одно и то же число по-разному отображается в разных форматах

десятичная часть, а в третьих, может подставляться символ денежной единицы (в нашем случае — рубли, р.). Все параметры отображения настраиваемы (рис. 34.6).

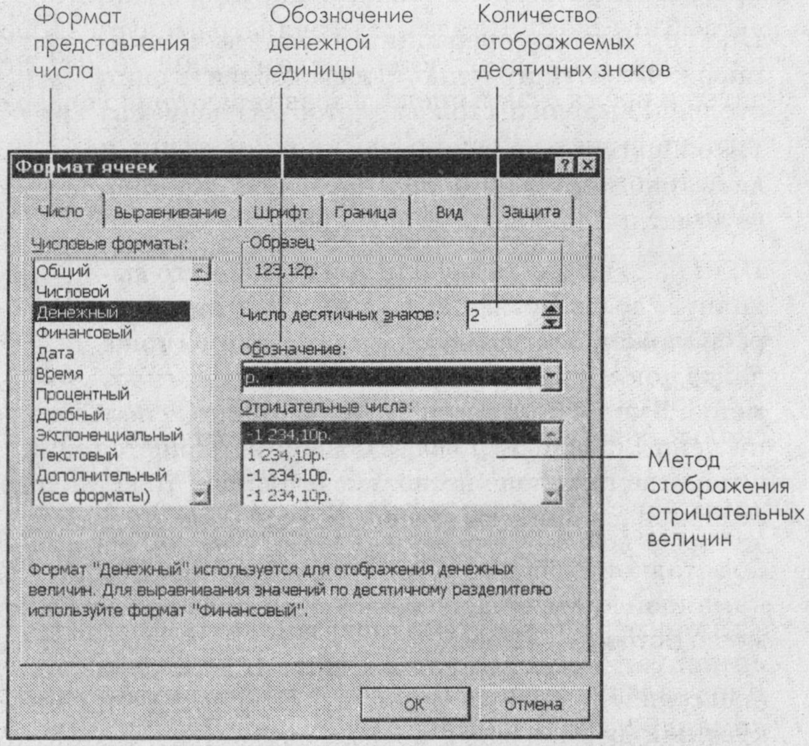

Рис. 34.6. Настройка параметров отображения чисел, выражающих денежные суммы

То же самое число 1234567 в формате даты имеет значение 15 февраля 5280 г. О том, что даты и время хранятся в программе как действительные числа, мы уже сказали.

Текстовый формат используют для ввода текстовых данных или данных, записанных цифрами, но не являющихся числами. Характерный пример — номера телефонов, инвентаризационные номера изделий, артикулы товаров, табельные номера сотрудников. Например, если нужно ввести табельный номер агента 007, то текстовый формат — единственный, который позволяет это сделать. Все числовые форматы отбросят ведущие нули, как ненужные.

Операции со столбцами, строками и ячейками

Добавление и удаление столбцов и строк

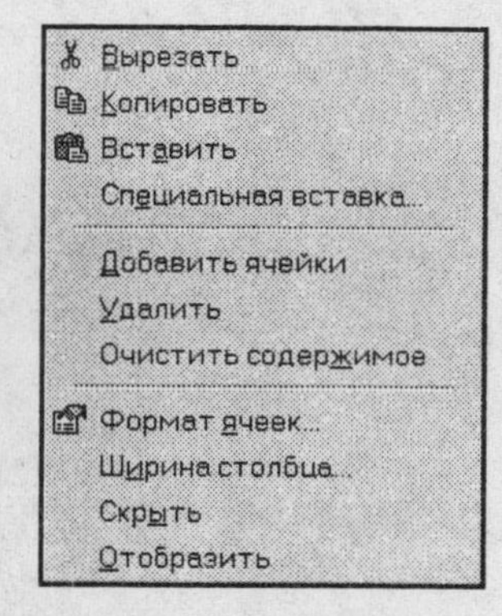

Проще всего эти операции выполнять с помощью контекстного меню. Чтобы добавить один столбец, выделите столбец, который следует за ним, щелкните на нем правой кнопкой мыши и в контекстном меню выберите команду Добавить ячейки.

Если надо вставить два или три столбца, то выделите, соответственно, два или три столбца, расположенных справа от места вставки и тоже дайте команду Добавить ячейки из контекстного меню. Вместо контекстного меню можно использовать команду строки меню Вставить ➤ Столбцы. Обычно вставляется один столбец, но если в таблице выделено несколько столбцов, то вставлено будет столько столбцов, сколько выделено.

Со вставкой строк дело обстоит аналогично. Строки вставляются либо командой контекстного меню Добавить ячейки, либо командой строки меню Вставить ➤ Строки.

Для удаления строк или столбцов предварительно выделите их и дайте команду Удалить контекстного меню. Строки и столбцы удаляются вместе с содержимым.

Добавление и удаление ячеек

Вставка и удаление целых строк и столбцов происходит очень просто. При этом соседние столбцы и строки перемещаются (раздвигаются при вставке или смыкаются при удалении). Если же происходит удаление или вставка отдельных ячеек или групп ячеек (диапазонов), то программа не может автоматически раздвинуть соседние строки и столбцы — ей нужна дополнительная информация.

Ячейки можно вставлять по-разному. Если ячейка вставляется в строку со сдвигом вправо, то все другие данные этой строки смещаются в соседние столбцы справа. Если ячейка вставляется в строку со сдвигом вниз, то все другие данные этого столбца сдвигаются в соседние строки снизу. Если предполагается сдвиг вправо, то перед вставкой выделите ячейку, находящуюся справа от места вставки. Если предполагается сдвиг вниз, выделите ячейку, находящуюся снизу от места вставки.

Вставку ячеек выполняют командой контекстного меню Добавить ячейки или командой строки меню Вставка ➤ Ячейки. Как в том, так и в другом случае открывается диалоговое окно с дополнительным запросом о направлении смещения соседних ячеек. Установите необходимый переключатель и нажмите кнопку ОК.

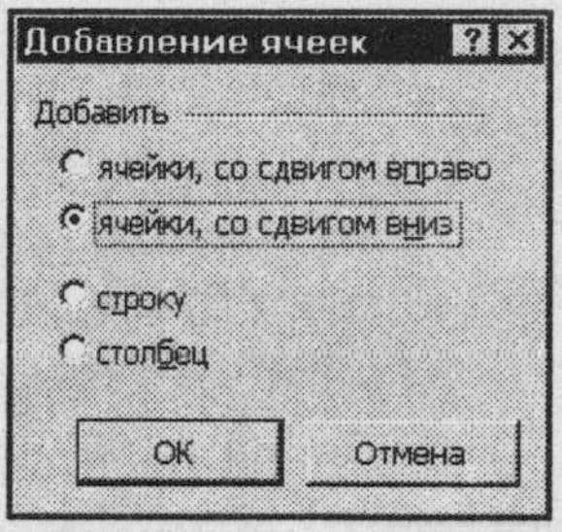

Если нужно добавить не одну ячейку, а несколько (диапазон), предварительно выделите равный диапазон — столько строк по вертикали и столбцов по горизонтали, сколько вам нужно. На рис. 34.7 показан пример вставки диапазона размером 3 x 4 в простейшую таблицу.

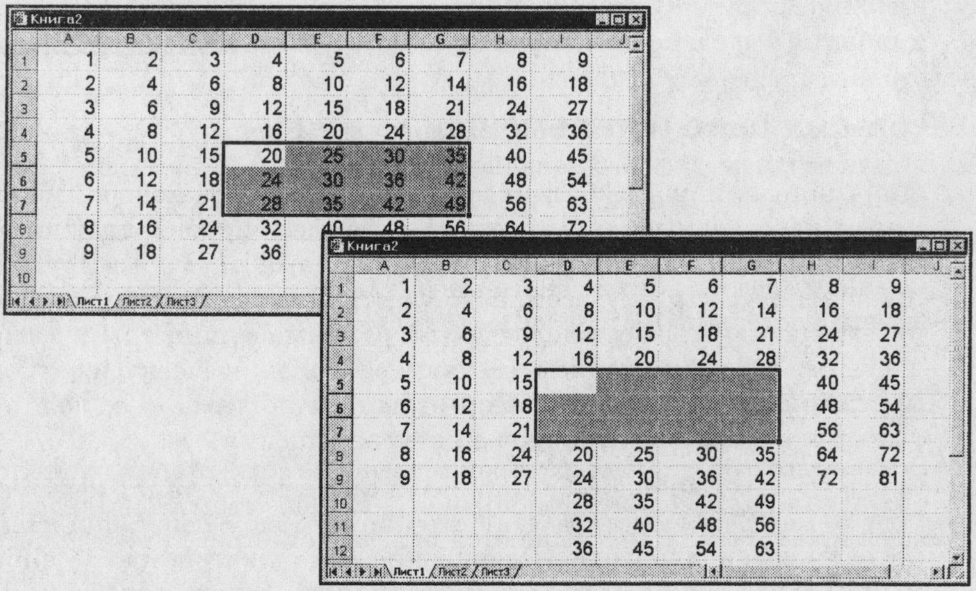

Рис. 34.7. Чтобы вставить диапазон ячеек, надо предварительно выделить равный ему диапазон

Аналогично происходит и удаление ячеек. Выделите нужный диапазон и дайте команду контекстного меню Удалить. В открывшемся диалоговом окне Удаление ячеек включите нужный переключатель в зависимости от того, в какую сторону должен произойти сдвиг других ячеек: вверх по столбцу или влево по строке.

Удаление ячеек
Удалить
ячейки, со сдвигом влево
ячейки, со сдвигом вверх
строку
столбец
ОК
Отмена

Удаление содержимого ячейки

Пожалуйста, не путайте удаление ячеек и их очистку. При удалении ячеек они перестают существовать, а на их место встают соседние ячейки столбца или строки. При удалении содержимого ячейки она остается там же, где была, но ее содержание очищается.

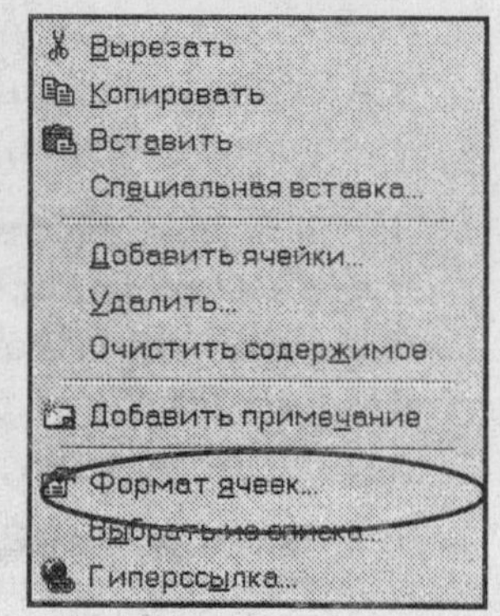

Для очистки ячеек или выделенного диапазона просто нажмите клавишу Delete. Если вы предпочитаете пользоваться контекстным меню, то выбирайте в нем команду Очистить содержимое. В данном случае нельзя использовать команду Удалить, поскольку она не очищает ячейки, а удаляет их.

Копирование и перемещение ячеек

Принципы копирования и перемещения данных в программе Excel имеют характерные особенности. Не все здесь происходит так, как это принято в самой операционной системе *Windows* и в других ее приложениях. Прежде всего надо учесть, что при копировании или перемещении мы имеем дело с двумя разными сущностями: самими ячейками и их содержанием. На примере удаления ячеек и их очистки мы уже показали разницу между этими сущностями — ее надо учитывать и в операциях копирования/перемещения.

Существует четыре способа копирования и перемещения: через меню Правка, через контекстное меню ячейки, методом перетаскивания и методом специального перетаскивания при нажатой правой кнопке мыши. Последний способ — самый мощный. В конце специального перетаскивания открывается специальное контекстное меню, в котором можно выбрать тип операции.

1. При использовании меню Правка происходит копирование или перемещение только содержимого ячейки. Для копирования выделите источник данных (ячейку или диапазон) и дайте команду Правка ➤ Копировать. Затем выделите приемник данных (ячейку или диапазон) и дайте команду Правка ➤ Вставить. Если в принимающих ячейках уже записаны какие-то данные, они будут затерты. При копировании данные можно размножать. То есть, если несколько раз дать команду Правка ➤ Вставить, они будут повторены несколько раз.

   Для перемещения данных надо забрать их в буфер обмена командой Правка ➤ Вырезать. Ее действие существенно отличается от того, к чему мы привыкли. Во-первых, после этой команды данные не сразу удаляются из источника. Так сделано для их защиты от непреднамеренного удаления. Во-вторых, вставку из буфера обмена надо выполнять *немедленно*! Нельзя оставить данные в буфере и заняться какими-то другими делами. Если команда вставки не поступила сразу, программа очистит буфер обмена и операция будет отменена. Если же сразу дать команду Правка ➤ Вставить, данные будут помещены в новое место и только после этого они будут удалены из источника.

2. Точно так же выполняются операции копирования и перемещения при использовании команд Копировать, Вырезать и Вставить из контекстного меню. В этом случае мы тоже имеем дело с копированием и перемещением данных, а не ячеек.

3. При обычном перетаскивании выполняется перемещение данных. Чтобы выполнить перетаскивание, указатель мыши надо навести на любую точку рамки ячейки или диапазона, кроме правого нижнего угла. При правильном наведении указатель сменит форму и вместо обычного светлого креста превратится в светлую стрелку.

32	40
36	45

Правый нижний угол выделенной области имеет особое значение — он называется маркером заполнения. Его использование мы рассмотрим ниже, при изучении приемов автоматизации ввода данных.

4. Специальное перетаскивание выполняют так же, как и обычное, но при нажатой правой кнопке мыши. В конце перетаскивания, когда кнопка будет отпущена, на экране откроется контекстное меню, в котором можно выбрать тип операции.

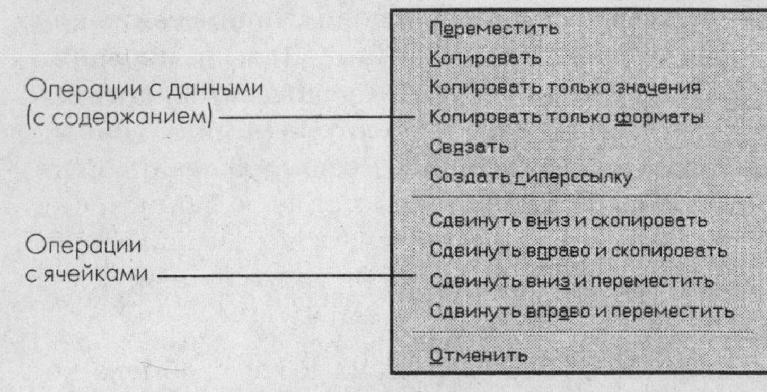

Рис. 34.8. Выбор операции копирования или перемещения

Операции Переместить и Копировать тождественны аналогичным операциям меню Правка. При выборе команды Копировать только значение не копируется формат данных, то есть данные отображаются в приемнике в соответствии с тем форматом, который для него был задан ранее. По команде Копировать только форматы происходит обратное действие — не копируются значения. Если при этом в приемнике уже были какие-то данные, то они не затираются, но переформатируются. Эту операцию можно использовать для форматирования данных «по образцу».

Интересно действие команды Связать. При этом тоже создается копия данных, но не простая — данные получают связь с источником. Это означает, что когда первоначальные данные в таблице изменяются, синхронно с ними изменяются и данные в связанной копии.

Команды второй группы, представленные в контекстном меню (Сдвинуть вниз и скопировать, Сдвинуть вправо и скопировать, Сдвинуть вниз и переместить, Сдвинуть вправо и переместить), относятся к копированию или перемещению не только данных, а всей ячейки вместе с содержимым.

Приемы автоматизации ввода данных

Автозавершение ввода

При вводе данных в ячейки программа запоминает их в своих внутренних списках, и в случае, когда в одну из последующих ячеек надо ввести данные, которые уже были введены ранее, она предлагает сделать это автоматически — срабатывает система автозавершения ввода. Ранее мы сталкивались с автозавершением в адресной строке программы Internet Explorer и в текстовом процессоре Microsoft Word, но там это средство было скорее бесполезным, чем полезным. В электронных таблицах Excel, напротив, автозавершение часто бывает очень полезным, поскольку данные в таблицах часто повторяются.

Взгляните на рис. 34.9. Здесь при наборе первой буквы П в ячейке B17 сразу произошла автоматическая подстановка записи Процессор Intel Pentium III из ячейки B16. Если мы собирались ввести строку Процессор Intel Pentium IV, такой сервис очень нам полезен.

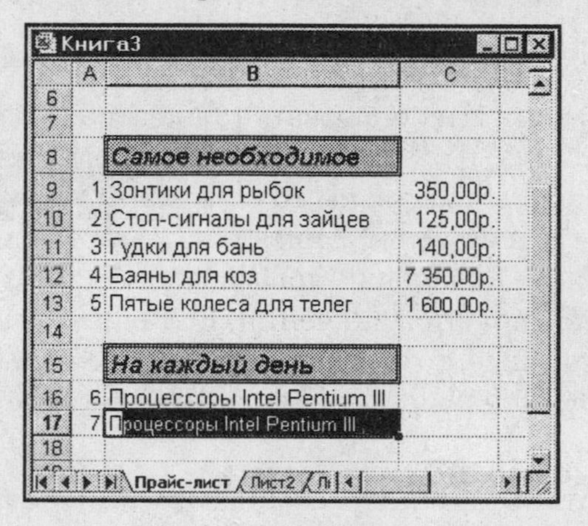

Рис. 34.9. Работа функции автозавершения ввода

Внимательный читатель может задать вопрос: «А почему в качестве автозавершения не была предложена запись из строки B13, ведь она тоже начинается с буквы П»? Здесь сыграла свою роль пустая строка 14. Она как бы разорвала список автозавершения. В предыдущей главе мы уже говорили об особой роли пустых строк в программе Excel при сортировке и фильтрации данных. Теперь вы видите, что пустые строки можно использовать и для того, чтобы управлять автозавершением.

Автоматическое заполнение ячеек

Если у вас есть одна заполненная ячейка и вы хотите повторить те же данные в ячейках, смежных с ней, можно воспользоваться замечательным свойством автозаполнения при протягивании мыши. Для этой цели в правом нижнем углу рамки ячейки (или диапазона) имеется небольшой маркер, который называется *маркером автозаполнения*. Наведите на него указатель мыши и обратите внимание на то, что в момент попадания на маркер указатель меняет форму. Если теперь протянуть указатель вправо или вниз при нажатой левой кнопке, произойдет выделение диапазона ячеек и все они будут заполнены теми же данными, что содержались в исходной ячейке. При протягивании размножаемое содержание отображается в виде всплывающей подсказки. После освобождения кнопки мыши операция автозаполнения завершается (рис. 34.10).

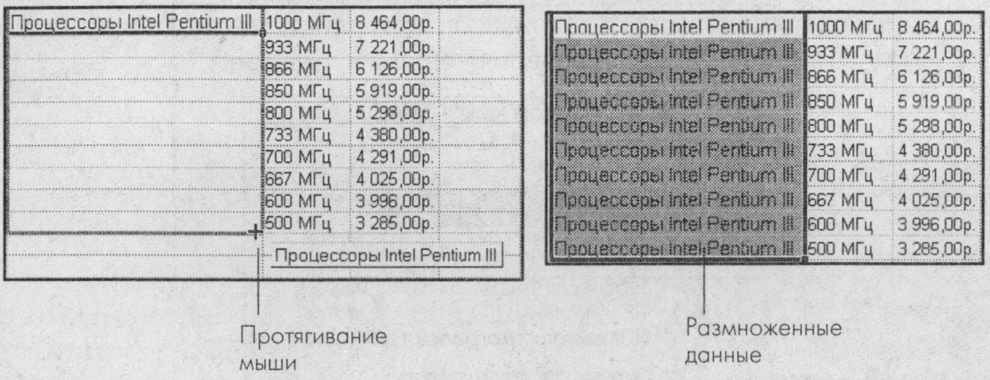

Процессоры Intel Pentium III

Процессоры Intel Pentium III	1000 МГц	8 464,00р.
	933 МГц	7 221,00р.
	866 МГц	6 126,00р.
	850 МГц	5 919,00р.
	800 МГц	5 298,00р.
	733 МГц	4 380,00р.
	700 МГц	4 291,00р.
	667 МГц	4 025,00р.
	600 МГц	3 996,00р.
	500 МГц	3 285,00р.

Процессоры Intel Pentium III

Процессоры Intel Pentium III	1000 МГц	8 464,00р.
Процессоры Intel Pentium III	933 МГц	7 221,00р.
Процессоры Intel Pentium III	866 МГц	6 126,00р.
Процессоры Intel Pentium III	850 МГц	5 919,00р.
Процессоры Intel Pentium III	800 МГц	5 298,00р.
Процессоры Intel Pentium III	733 МГц	4 380,00р.
Процессоры Intel Pentium III	700 МГц	4 291,00р.
Процессоры Intel Pentium III	667 МГц	4 025,00р.
Процессоры Intel Pentium III	600 МГц	3 996,00р.
Процессоры Intel Pentium III	500 МГц	3 285,00р.

Протягивание мыши

Размноженные данные

Рис. 34.10. Автозаполнение ячеек протягиванием

Автозаполнение прогрессией

Автозаполнение таблиц протягиванием — прием, которым пользуются исключительно часто. Это один из мощнейших инструментов Excel. Вместе с тем, у этого приема есть и другие уникальные возможности. В частности, строки, представленные на рис. 34.11, тоже получены автозаполнением, но при этом выполнялось не обычное протягивание мыши, а специальное — при нажатой правой кнопке.

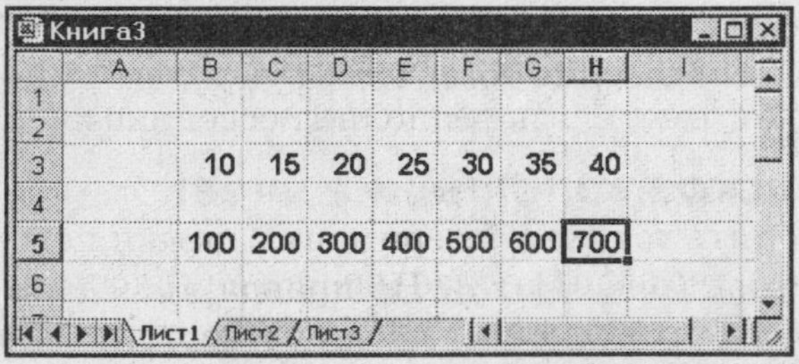

Книга3

	A	B	C	D	E	F	G	H	I
1									
2									
3		10	15	20	25	30	35	40	
4									
5		100	200	300	400	500	600	700	
6									

Лист1 / Лист2 / Лист3

Рис. 34.11. Автозаполнение прогрессией

Введите данные в одну ячейку, затем наведите указатель мыши на маркер заполнения и протяните мышь вправо или вниз при нажатой правой кнопке. В конце протягивания отпустите кнопку — и на экране откроется контекстное меню. В нем выберите пункт Прогрессия — откроется одноименное диалоговое окно (рис. 34.12).

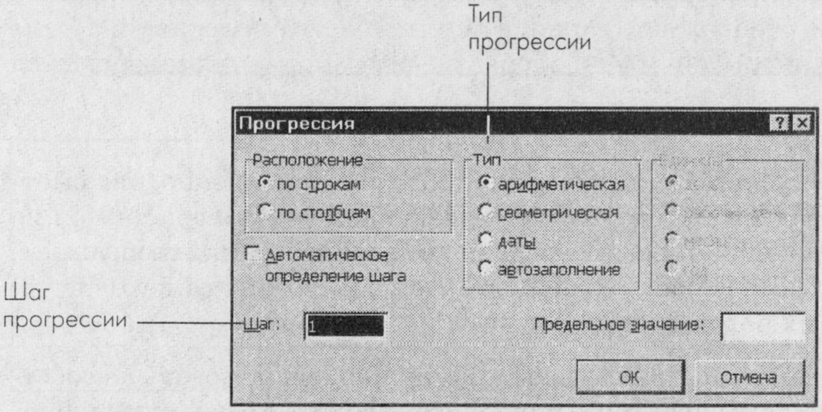

Рис. 34.12. Настройка прогрессии для автозаполнения

Как видно на рис. 34.12, прогрессия может быть арифметической или геометрической (выбирается включением соответствующего переключателя). Здесь же можно задать шаг прогрессии. В принципе, шаг прогрессии можно и не задавать — достаточно установить флажок Автоматическое определение шага, и тогда программа сама определит нужный шаг прогрессии, но она сможет это сделать лишь в том случае, если предварительно вручную была заполнена не одна ячейка, а две.

Автозаполнение по списку

Попробуйте поставить нехитрый эксперимент. Введите в любую ячейку слово Январь. Затем с помощью маркера автозаполнения протяните диапазон по горизонтали или вертикали. Возможно, вы удивитесь, но программа автоматически заполнит соседние ячейки названиями месяцев.

Можете повторить тот же эксперимент с днями недели, и результат будет аналогичен (рис. 34.13). Не правда ли, удивительно, откуда программа знает, что после среды идет четверг, а после июня — июль? Это ведь все-таки не цифры, и с ними так просто, как с геометрической прогрессией, не справишься.

На самом деле ларчик открывается просто. В данном случае работает *автозаполнение по стандартному списку*. В программе содержится

Книга4

	A	B	C	D	E	F	G
1	Январь	Февраль	Март	Апрель	Май	Июнь	Июль
2							
3	Понедельник	Вторник	Среда	Четверг	Пятница	Суббота	Воскресенье
4							
5							

Лист1 / Лист2 / Лист3

Рис. 34.13. Настройка прогрессии для автозаполнения

несколько списков. Когда мы выполняем автозаполнение, она смотрит, не совпадает ли содержимое выделенной ячейки с данными из стандартных списков. Если совпадает, то далее программа соображает, что и в соседних ячейках должны быть элементы того же самого списка, и начинает их подставлять.

Эту возможность программы можно и нужно использовать на собственное благо. Нам очень часто приходится вводить в различные таблицы одни и те же данные. Например, бухгалтеру в организации часто приходится заполнять столбцы фамилиями сотрудников, школьному учителю — фамилиями учеников, а торговому менеджеру — артикулами товаров. Вы тоже можете заготовить списки для автозаполнения, а потом использовать их, чтобы быстро заполнять таблицы простым протягиванием. Делается это следующим образом.

1. В любой таблице Excel наберите подряд все элементы нужного вам списка (в нашем примере это фамилии и имена учеников класса).

Книга4

	A
1	Аистов Андрей
2	Беркутов Борис
3	Воробьева Вера
4	Голубев Григорий
5	Дроздов Денис
6	

Лист1 / Лист

2. Выделите получившийся список.
3. Командой Сервис ➤ Параметры откройте диалоговое окно настройки программы и выберите в нем вкладку Списки. Это как раз то место, где можно вводить списки для использования их в функции автозаполнения. Однако поскольку наш список уже введен и даже выделен, жить нам легче. Просто нажмите кнопку Импорт — и список учеников класса автоматически станет стандартным для данного приложения.
4. Отныне всякий раз, когда вам понадобится список учеников класса, достаточно ввести данные первого ученика (Аистов Андрей), и после протягивания мыши остальные ученики будут внесены в таблицу автоматически.

> Кстати, совершенно не обязательно начинать ввод именно с первого элемента списка. Программе все равно, с какого элемента начинать заполнение. Главное — чтобы она сумела понять, что данные в ячейке совпадают с одним из элементов списка, и все остальное она сделает сама.

Группировка данных

В предыдущей главе мы познакомились с электронным прайс-листом, в котором товары сгруппированы по категориям (см. рис. 33.12). Каждая категория имеет раскрывающий узел, и потребитель документа может читать его не полностью, а по разделам.

Если вы планируете использовать в своей таблице группировку данных, желательно сначала тщательно продумать их структуру. Заранее определите, сколько уровней вложения вам потребуется, и не забудьте, что отдельные группы (категории) должны быть отделены друг от друга пустыми строками.

В нашем примере, представленном на рис. 34.14, изображен фрагмент прайс-листа, в котором создано три уровня группировки. На верхнем уровне читатель может выбрать процессоры от двух компаний: *Intel* и *AMD*. На втором уровне он может выбрать марку процессора, а на третьем — его рабочую частоту и, соответственно, определить цену изделия. Обратите внимание на то, что после каждой категории мы оставляли как минимум одну пустую строку.

Чтобы создать группу, надо выделить те ячейки, которые в нее войдут, и дать команду Данные ➤ Группа и структура ➤ Группировать. Возможны две стратегии группировки: восходящая и нисходящая. При восходящей группировке можно, например, создать группы самого нижнего уровня, потом из них создать группы более высокого уровня и так далее. Нам больше нравится стратегия нисходящей группировки: сначала создать группы самого высокого уровня, затем их раскрыть и создать внутри вложенные группы, а в них — группы самого низкого уровня.

Группировка — операция, требующая определенной внимательности и сосредоточенности. В случае ошибки отменяйте последнюю команду комбинацией клавиш CTRL + Z, а если вконец запутаетесь, выделите всю таблицу целиком и дайте команду Данные ➤ Группа и структура ➤ Разгруппировать. Если структура сложная и имеет несколько уровней вложения, то команду разгруппировки придется повторить несколько раз.

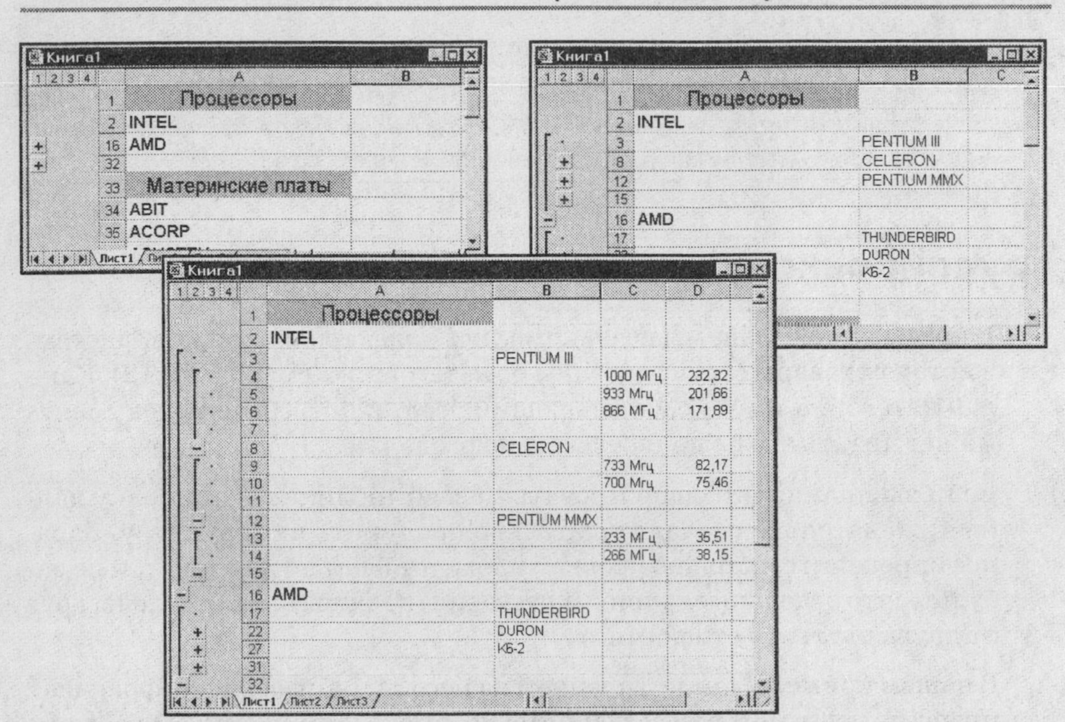

Рис. 34.14. Группировка строк

Возможно, что после разгруппировки некоторые строки окажутся скрытыми. Чтобы их отобразить, выделите их вместе с соседними и дайте команду Отобразить из контекстного меню.

Работа с внешними объектами

Вставка объектов

В таблицы Excel можно вставлять объекты, подготовленные в других программах, например фрагменты текстовых документов Microsoft Word и рисунки. Разумеется, список внешних объектов этим не ограничивается — таблицы можно наполнять музыкой, анимацией, видеоклипами и гиперссылками Интернета, но в большинстве случаев все-таки используют документы Word и графические объекты.

Существует две основных технологии для работы с внешними объектами. Во-первых, можно заранее подготовить такой объект (например рисунок) в какой-либо программе и сохранить его в виде файла, а потом поместить готовый объект на рабочий лист. Эта технология похожа на детскую аппликацию.

Вторая технология — создание объекта непосредственно в Excel средствами другого приложения. В этом случае данное приложение как бы подключается к Excel. На рис. 34.15 показано, как на рабочем листе Excel создается встроенный объект Microsoft Word. Обратите внимание на то, что строка меню и панель инструментов Excel подменились соответствующими элементами управления Word. Если бы не строка заголовка, можно было бы вообще забыть, в какой программе мы работаем.

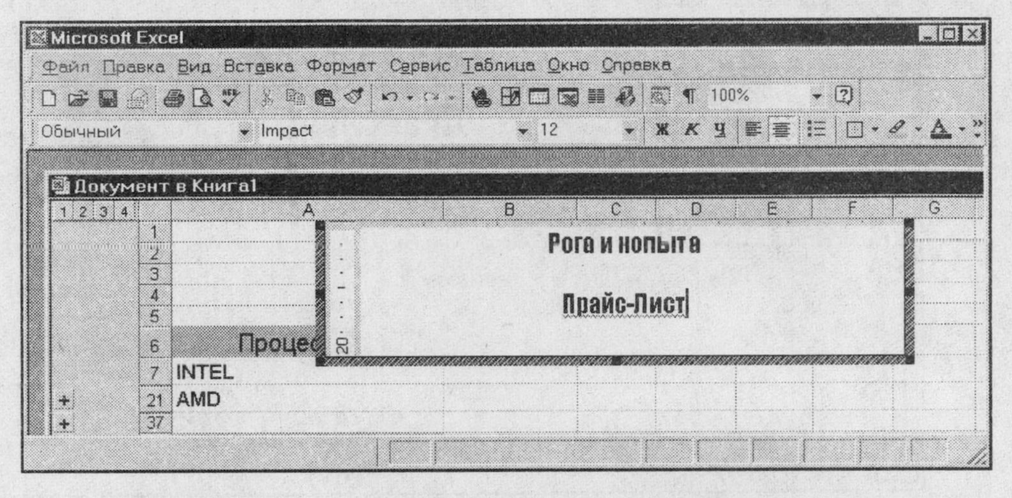

Рис. 34.15. Разработка объекта Word на рабочем листе Excel

Основная команда для вставки внешних объектов — Вставка ➤ Объект. Она открывает диалоговое окно Вставка объекта. В этом окне две вкладки: Новый и Из файла. Выбирая вкладку, мы выбираем метод вставки объекта. Если выбрать вкладку Новый, то к программе Excel подключится внешнее приложение, средствами которого мы сможем создать объект. Это может быть графический редактор, текстовый процессор, редактор формул, средство для создания диаграмм и т. п. После подключения внешнего приложения элементы управления в окне Excel изменятся так, как это необходимо для создания или редактирования объекта.

Не все объекты могут быть физически вставлены в электронную таблицу. Например, звукозапись невозможно увидеть на экране. Для подобных объектов надо установить флажок В виде значка в диалоговом окне Вставка объекта. Объекты, вставленные в виде значков, рассчитаны только на использование в электронных документах. Встретив такой значок, пользователь может щелкнуть на нем дважды и воспроизвести (увидеть или услышать) объект.

Средства вкладки Из файла, напротив, предназначены для того, чтобы разыскать и импортировать ранее созданный объект, хранящийся в виде файла на жестком диске. Обычно таким образом вставляют графические объекты (рис. 34.16), хотя для этого есть и более удобная команда Вставка ➤ Рисунок ➤ Из файла.

Вставка объектов

«Рога и копыта»

Прайс-Лист

	A	B	C	D	E	F
1						
2						
3	Процессоры					
4	INTEL					
5		PENTIUM III				
6			1000 МГц	232,32		
7			933 Мгц	201,66		
8			866 МГц	171,89		
9						
10		CELERON				
11			733 Мгц	82,17		
12			700 Мгц	75,46		
13						

Лист1 / Лист2 / Лист3

Рис. 34.16. Рабочий лист Excel с внедренными объектами

Редактирование объектов

Объект, размещенный на листе Excel, обнаружить нетрудно — достаточно поводить по документу указателем мыши. При наведении на встроенный объект указатель меняет форму и превращается в стрелку с четырьмя окончаниями. В этом режиме объект можно перетаскивать по рабочему листу при нажатой левой кнопке мыши.

Если в этот момент щелкнуть на объекте, по его углам появятся четыре квадратных маркера, перетаскиванием которых можно плавно менять размеры объекта.

Двойной щелчок на объекте может приводить к подключению приложения, предназначенного для редактирования объекта. Правда, это происходит не для всех типов объектов, а только для тех, которые были созданы прочими средствами, входящими в пакет Microsoft Office. Если же объект является рисунком, открывается диалоговое окно Формат рисунка, представленное на рис. 34.17.

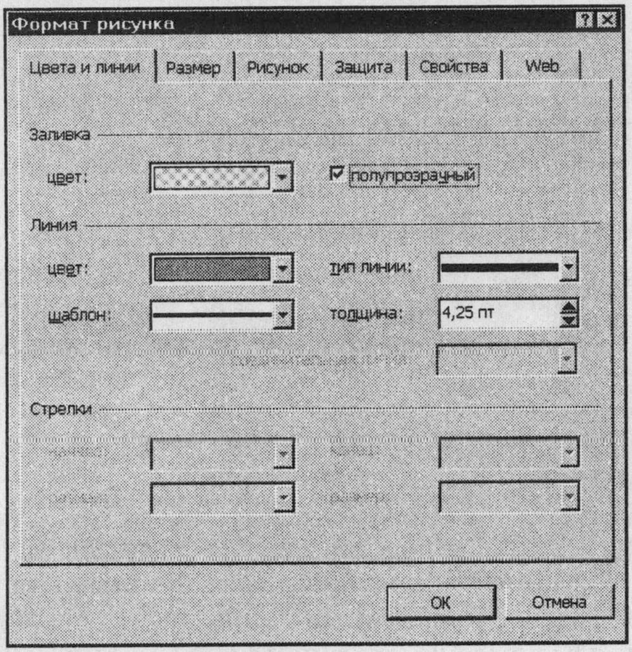

Рис. 34.17. Настройка параметров внедренного рисунка

Прежде всего обратите внимание на вкладку Размер. Здесь показаны размеры исходного рисунка и текущие размеры. Здесь имеет смысл установить флажок Сохранить пропорции, чтобы при ручном изменении размера объекта протягиванием мыши он не деформировался.

На вкладке Рисунок имеются средства управления контрастностью и яркостью изображения. На самом деле при использовании этих средств рисунок не изменяется, то есть, управляя контрастностью и яркостью, мы на самом деле настраиваем параметры фильтра, сквозь который мы как бы смотрим на изображение.

Средства вкладки Цвета и линии позволяют создать рамку вокруг объекта, выбрать ее стиль оформления, задать ширину и назначить цвет. На этой вкладке обратите внимание на флажок Полупрозрачный. Если он установлен, то сквозь фон объекта будут просвечивать линии строк и столбцов рабочего листа Excel, как показано на рис. 34.16.

35. Вычисления в Excel

До сих пор мы избегали разговора о вычисляемых ячейках Excel, а именно они и составляют суть программы. Научиться представлять данные в виде таблиц — это лишь введение в возможности Excel. Только после того как вы научитесь организовывать расчеты в ячейках, можно будет говорить о том, что знакомство с программой состоялось.

Автосумма

Автосумма —наиболее простая и распространенная арифметическая операция. Взгляните на рис. 35.1. Здесь приведена таблица Excel, содержащая столбец с числовыми данными. Их сумму можно найти с помощью обычного протягивания мыши.

1. Сначала диапазон ячеек выделяется так, чтобы последней ячейкой в нем была та, в которую должен быть записан результат.
2. Когда диапазон выделен, надо щелкнуть на кнопке Автосумма, и результат суммирования данных будет проставлен автоматически.

Если впоследствии изменятся данные в каких-либо ячейках, сумма их значений изменится автоматически. Совершенно аналогично автосумма работает и в строке. Более того, если выделить двухмерный диапазон ячеек (прямоугольник), то средство автоматического суммирования способно одновременно подсчитать сумму значений и в строках, и в столбцах (рис. 35.2).

При выделении прямоугольного диапазона следует захватить один пустой столбец справа и одну пустую строку слева.

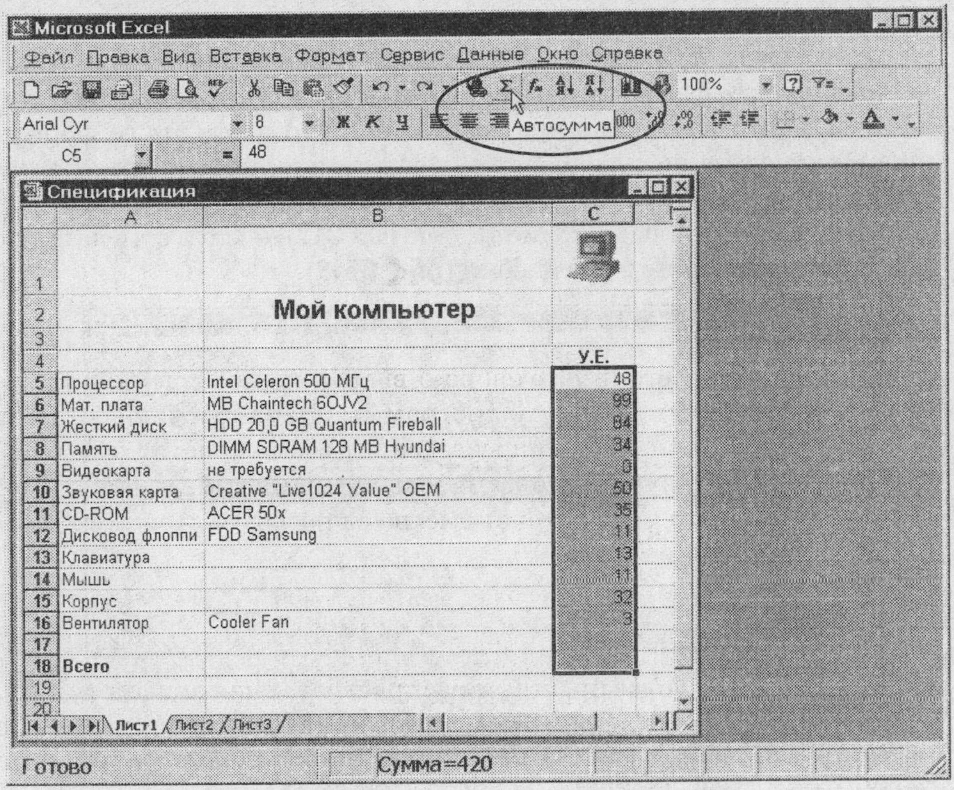

Microsoft Excel

Файл Правка Вид Вставка Формат Сервис Данные Окно Справка

Arial Cyr 8 Автосумма

C5 = 48

Спецификация

	A	B	C
1			
2		**Мой компьютер**	
3			
4			У.Е.
5	Процессор	Intel Celeron 500 МГц	48
6	Мат. плата	MB Chaintech 6OJV2	99
7	Жесткий диск	HDD 20,0 GB Quantum Fireball	84
8	Память	DIMM SDRAM 128 MB Hyundai	34
9	Видеокарта	не требуется	0
10	Звуковая карта	Creative "Live1024 Value" OEM	50
11	CD-ROM	ACER 50x	35
12	Дисковод флоппи	FDD Samsung	11
13	Клавиатура		13
14	Мышь		11
15	Корпус		32
16	Вентилятор	Cooler Fan	3
17			
18	**Всего**		
19			
20			

Лист1 Лист2 Лист3

Готово Сумма=420

Рис. 35.1. Использование Автосуммы

10	20	30
40	50	60
70	80	90

10	20	30	60
40	50	60	150
70	80	90	240
120	150	180	450

Рис. 35.2. Использование Автосуммы для обработки двухмерного диапазона ячеек

Формулы в Excel

Как записывать формулы

Интересно отметить, что если мы теперь будем изменять значения в ячейках своей таблицы, то одновременно будет меняться и итоговое значение, полученное в результате сложения, то есть в таблице будут выполняться автоматические вычисления. Это происходит благодаря тому, что, когда мы выделили диапазон ячеек и нажали кнопку Автосумма, мы, фактически, ввели формулу в последнюю свободную ячейку, выделенную при протягивании. О том, что это за формула, нетрудно узнать по строке формул. Активизируйте ячейку, в которой записан итог суммирования, и посмотрите, что записано в строке формул. Там стоит выражение =СУММ (С5:С17) — это и есть наша формула, полученная автоматически (рис. 35.3).

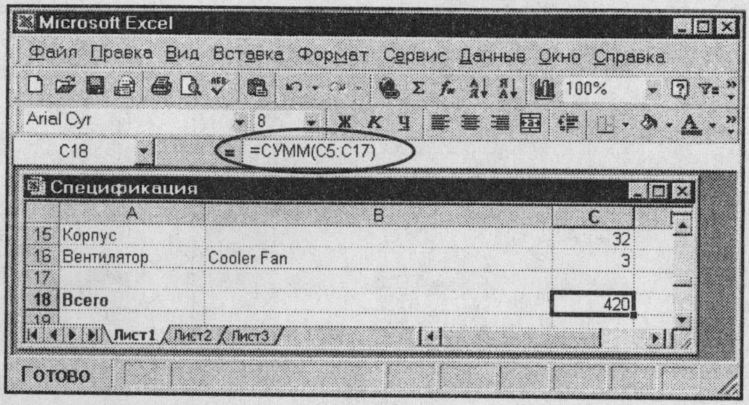

Рис. 35.3. Формула суммирования данных в ячейках

Рассмотрим эту формулу.

1. Знак «=» — это признак формулы. Все формулы начинаются с него. Если бы его не было, это была бы не формула, а простой текст.

2. «СУММ» — это функция, выполняющая суммирование. Это далеко не единственная функция, имеющаяся в Excel, но одна из простейших. Можете ее изменить. Например, если записать в строке формул =МАКС (С5:С17), то программа выберет максимальное из значений, входящих в диапазон (оно равно 99). Если записать в строке формул =МИН (С5:С17), то получим 0 (минимальное значение диапазона), а если записать формулу =СРЗНАЧ (С5:С17), то получим 35 (среднее значение из данных, хранящихся в выделенном диапазоне).

3. В круглых скобках стоят параметры функции — (С5:С17). В данном случае они задают диапазон ячеек, для которых выполняется операция. Вы, конечно, догадались, что С5 — это ячейка, в которой диапазон начинается, а С17 — его последняя ячейка.

Знак «:» —разделитель между адресами начала и конца. В общем, получается, что =СУММ (C5:C17) — это то же самое, что и =C5 + C6 + C7 +..... C16 + C17.

Если задумаете когда-нибудь ввести подобную формулу вручную, не забудьте, что латинская буква «С» и русская буква «С» — далеко не одно и то же. При ошибке во вводе формулы в ее ячейке появляется не слишком информативное сообщение # ИМЯ? Считайте его сигналом о том, что при вводе формулы допущена ошибка. Пока она не будет исправлена или пока формула не будет удалена, работу с программой продолжать нельзя. Excel не терпит, чтобы какие-то ошибки оставались «на потом».

#ИМЯ?

Как записывают диапазоны

Если в вычислениях участвуют ячейки, принадлежащие одному столбцу или одной строке, то это диапазон *одномерный*. Их мы записывать уже умеем. Разумеется, если диапазон протянут по столбцу, то у начальной и конечной ячеек общее имя столбца, например C15:C22, а если диапазон протянут по строке, то общим является имя строки, например B5:F5.

Программа позволяет также работать с двухмерными диапазонами (прямоугольными). Для задания такого диапазона достаточно указать координаты его левого верхнего и правого нижнего углов, например: B3:D8. Пример такого диапазона показан на рис. 35.4.

Несмотря на то что таблицы Excel имеют только два измерения, можно обрабатывать данные, даже если они принадлежат трехмерному диапазону. В качестве третьего измерения служат рабочие листы Excel. Представьте себе, что ваша таблица кроме высоты и ширины имеет также глубину. В глубину таблица простирается на два и более рабочих листа. Например, если диапазон охватывает три рабочих листа, он записывается так: Лист1:Лист3!B3:D8. Как видите, сначала записывается диапазон по листам, а потом диапазон ячеек для каждого из листов. В качестве разделителя между диапазонами листов и ячеек используется восклицательный знак.

Ввод простейших формул

Ввод формул начинается с ввода знака «=». Для Excel это сигнал о том, что в данной ячейке будут содержаться не данные, а формула. Допус-

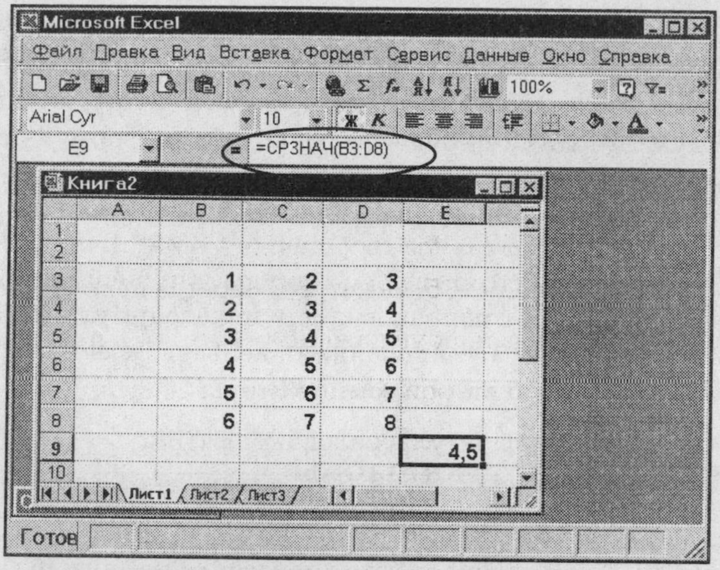

Рис. 35.4. В ячейке E9 содержится среднее значение прямоугольного диапазона B3:D8

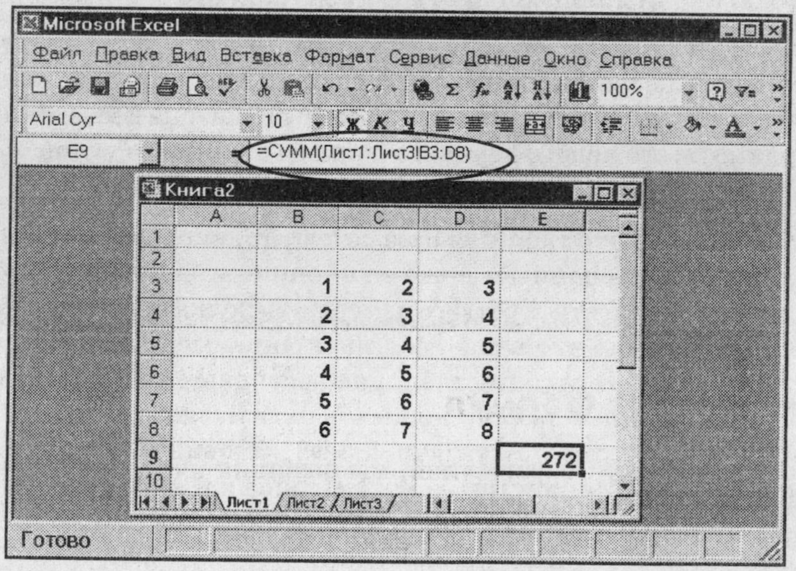

Рис. 35.5. В ячейке E9 содержится суммарное значение прямоугольного диапазона B3:D8, взятое по трем листам сразу

тим, в нашей спецификации мы хотим проставить цены не в условных единицах, а в рублях (рис. 35.6). Для этого надо умножить цену на курс пересчета. Допустим, он равен 28,8 руб./у.е. Далее можно действовать следующим образом.

1. Выделите ячейку D5, в которую будет записано произведение.
2. Нажмите клавишу «=».
3. Щелкните на ячейке C5, из которой берется первый сомножитель.
4. Вручную введите знак умножения «*».
5. Введите вручную второй сомножитель: 28,8.
6. Завершите ввод формулы нажатием ENTER.

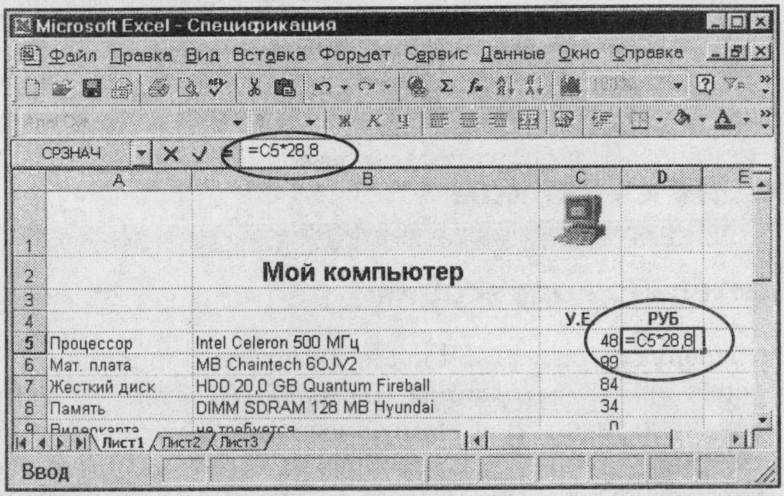

Рис. 35.6. Значение в ячейке D5 вычисляется на основе значения из ячейки C5

Размножение формул

Заполнив ячейку D5 формулой, мы подошли к самому интересному. Теперь для пересчета всех значений столбца C в рубли нам не надо вообще ничего вводить — дальнейшие действия сводятся к протягиванию мыши.

Наведите указатель на правый нижний угол ячейки D5, содержащей формулу, дождитесь, когда указатель сменит форму, и протяните мышь вниз — формула будет размножена по всем ячейкам столбца D, а когда кнопка мыши будет отпущена, в ячейках появится результат пересчета (рис. 35.7).

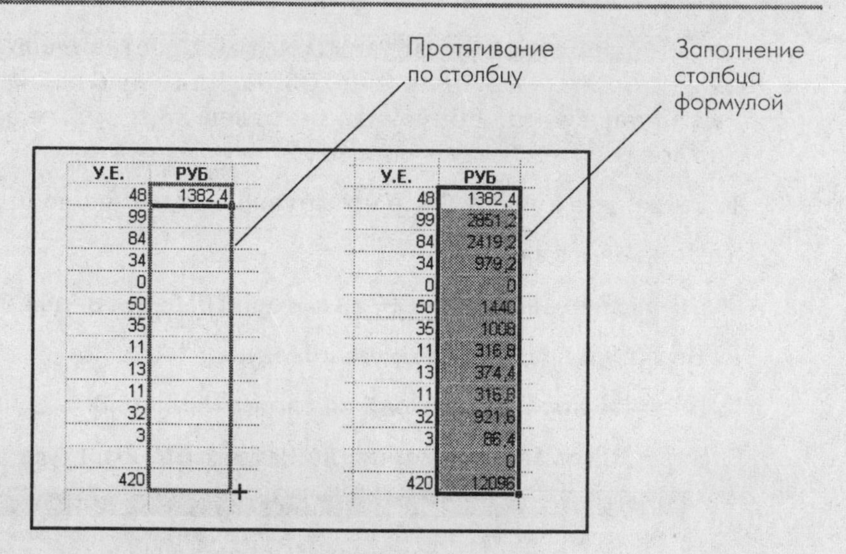

Рис. 35.7. Размножение формулы

Адресация к ячейкам

Относительная адресация

В рассмотренном примере все ячейки столбца D заполнены формулами, которые принимают данные из столбца C, затем умножают их на фиксированное значение и выдают результат, который и отображается в ячейках столбца D. Таким образом, столбец C является поставщиком данных, а в формулах столбца D присутствует адрес, по которому ясно, откуда данные берутся. Все это просто и понятно, однако зададимся вопросом: «А что произойдет, если адрес поставщика данных изменится в результате копирования или перемещения ячеек?»

Допустим, мы переместили данные из столбцов C и D куда-нибудь в другое место таблицы, например в столбцы E и F. Будут ли вычисления по формуле в новом столбце F выполняться по-прежнему правильно, несмотря на то, что данные в столбце C перестали существовать? Попробуйте сами, и вы убедитесь, что вычисления по-прежнему выполняются совершенно корректно (рис. 35.8). Давайте подумаем, почему так происходит.

Причину такого явления установить нетрудно — достаточно выделить любую ячейку в столбце F и взглянуть в строку формул (рис. 35.8).

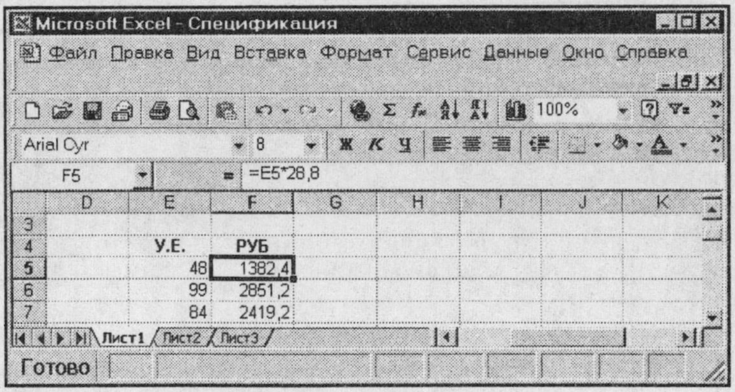

Рис. 35.8. При переносе ячеек, содержащих формулы, результаты вычислений не изменились

Как видно из рисунка, при переносе изменилась сама формула. Так, например, ранее в ячейке D5 была формула =C5*28,8. После перемещения данных в ячейке F5 появилась формула =E5*28,8.

В большинстве случаев подобная автоматика нам удобна. Она основана на так называемой *относительной* адресации. То есть, когда мы умножали C5 на коэффициент пересчета, чтобы получить значение D5, программа понимала это следующим образом: *взять значение из соседней левой ячейки, умножить на коэффициент и поместить в текущую ячейку*. Такие понятия, как *слева*, *справа*, *сверху*, *снизу*, *слева через одну* и т.п. — это понятия относительной адресации. Принцип относительной адресации позволяет копировать и перемещать столбцы, строки и таблицы, не слишком сильно задумываясь, что при этом происходит с формулами.

Абсолютная адресация

Строго говоря, мы сделали механизм пересчета из условных единиц в рубли совершенно неграмотно (мы пошли на это из методических соображений). На самом деле, конечно, так работать неудобно. Если завтра курс пересчета изменится и составит 28,81 руб./у.е., придется вручную править все формулы во всех таблицах. Заниматься этим каждый день — скучное и небезопасное мероприятие, чреватое многочисленными ошибками.

Гораздо проще создать в таблице одну ячейку, в которую каждый день можно вписывать новый курс, и тогда пересчет цен во всех таблицах

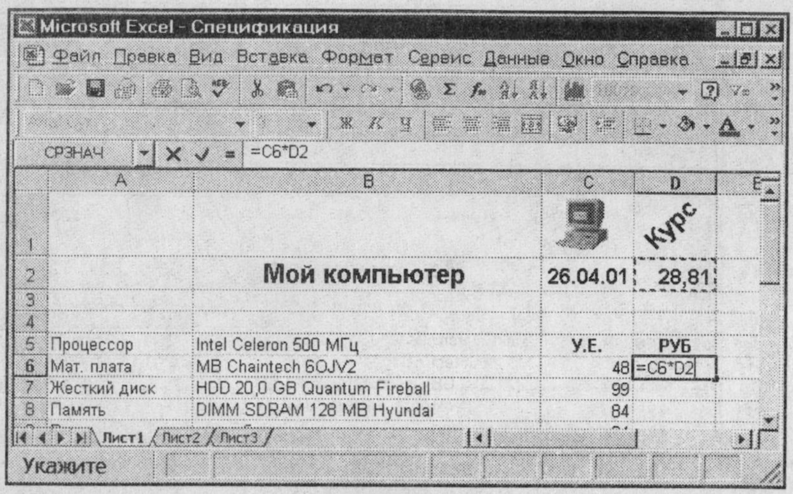

Рис. 35.9. При таком подходе можно менять значение курса в одной ячейке, и во всех таблицах будут автоматически рассчитаны новые значения цен

будет происходить путем умножения на данные, содержащиеся в ней. Мы использовали для этого ячейку D2 (рис. 35.9). Соответственно, формула в ячейке D5 теперь выглядит так: =C5*D2.

Однако попробуйте теперь выполнить размножение формулы из ячейки D5 по всему столбцу, как мы делали это ранее, — у вас ничего не получится (рис. 35.10)! Причина ошибки заключается именно в том принципе относительной адресации, которым мы с успехом пользовались ранее.

Действительно, при относительной адресации программа работает так: берется значение из соседней левой ячейки (C5) и умножается на значение из ячейки, находящейся четырьмя строками выше (D2). Для ячейки D5 это сработало, но для ячейки D6 уже не сработает. Посмотрев, что можно найти для нее четырьмя строками выше, мы обнаружим пустую строку. С остальными ячейками дело обстоит не лучше.

Чтобы ошибки не было, нужен другой вид адресации — не относительная, а *абсолютная*. Нам надо сделать так, чтобы во всех таблицах при пересчете цен из долларовых в рублевые использовалась одна конкретная ячейка D2.

Мы уже сказали, что по умолчанию программа Excel считает все адреса ячеек относительными. Чтобы для какой-то ячейки сделать адрес

Microsoft Excel - Спецификация

Файл Правка Вид Вставка Формат Сервис Данные Окно Справка

C4 = У.Е.

	A	B	C	D
1				Курс
2		Мой компьютер	26.04.01	28,81
3				
4			У.Е.	РУБ
5	Процессор	Intel Celeron 500 МГц	48	1382,88
6	Мат. плата	MB Chaintech 6OJV2	99	0
7	Жесткий диск	HDD 20,0 GB Quantum Fireball	84	#ССЫЛКА!
8	Память	DIMM SDRAM 128 MB Hyundai	34	#ЗНАЧ!
9	Видеокарта	не требуется	0	0
10	Звуковая карта	Creative "Live1024 Value" OEM	50	0
11	CD-ROM	ACER 50x	35	#ССЫЛКА!
12	Дисковод флоппи	FDD Samsung	11	#ЗНАЧ!
13	Клавиатура		13	0
14	Мышь		11	0
15	Корпус		32	#ССЫЛКА!
16	Вентилятор	Cooler Fan	3	#ЗНАЧ!
17				0
18	Всего		420	0

Лист1 Лист2 Лист3

Готово

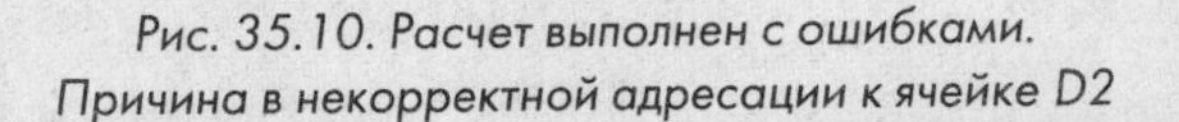

Рис. 35.10. Расчет выполнен с ошибками. Причина в некорректной адресации к ячейке D2

абсолютным, его нужно немного подправить. Для этого используется знак $. Если он стоит перед именем столбца, то столбец считается заданным абсолютно. Если он стоит перед именем строки, то строка считается заданной абсолютно. Если же он стоит и там и там, то ячейка считается заданной абсолютно. В нашем случае к ячейке надо было адресоваться не (D2), а (D2).

> Смешанными типами адресации (D$2) или ($D2) пользуются, когда предстоит копирование, перемещение или размножение данных строго по вертикали или строго по горизонтали.

Знак $ в адреса ячеек можно вводить вручную правкой формулы в строке формул, однако заниматься этим не очень удобно. Проще изменять тип адресации с помощью клавиши F4. Она действует как переключатель. После первого нажатия относительная адресация меняется на абсолютную, после второго и третьего нажатий задается смешанная адресация, после четвертого нажатия адресация вновь ста-

Рис. 35.11. Второй сомножитель имеет абсолютный адрес

новится относительной и так далее. Общий порядок действия для создания формулы с абсолютной адресацией такой (рис. 35.11).

1. Выделите ячейку, в которую должно быть записано произведение.
2. Нажмите клавишу «=».
3. Щелкните на ячейке с первым сомножителем.
4. Вручную введите знак умножения «*».
5. Щелкните на ячейке со вторым сомножителем.
6. Нажмите клавишу F4 — изменится метод адресации ко второму сомножителю (если надо, нажмите ее несколько раз, выбирая нужный тип адресации).
7. Завершите ввод формулы клавишей ENTER.

Теперь можете размножить формулу по столбцу. Все будет работать правильно.

Адресация к данным других листов

Не исключено, что какие-то данные, участвующие в расчетах, считаются конфиденциальными и не выносятся на основной рабочий лист. Возможно, они хранятся на других рабочих листах, которые доступны не для всех. Программа Excel позволяет использовать в расчетах

Сообщения об ошибках

При работе с формулами ошибки возникают нередко. Обнаружив ошибку, программа выдает сообщение в той ячейке, при расчете которой ошибка была обнаружена. На разные категории ошибок программа реагирует разными сообщениями. Сообщения программы отличаются крайней лаконичностью, обычно недостаточной для уверенного определения источника ошибки. В практической работе руководствуйтесь следующими правилами.

Код ошибки	Причина возникновения
##########	Числовые данные не помещаются в ячейку по ширине. Попробуйте увеличить ширину ячейки. То же сообщение может выдаваться, если в результате расчета получено отрицательное значение даты
#ДЕЛ/0!	Попытка деления на ноль. Скорее всего, в знаменателе формулы используется ссылка на пустую ячейку, что часто бывает при использовании относительной ссылки вместо абсолютной
#ЗНАЧ!	При вводе функции пропущен ее обязательный параметр. Если в качестве параметра используется ссылка на ячейку, надо проверить, не пуста ли она. Возможно также, что она содержит данные не того типа, который должен быть в параметре функции, например текст, в то время, как требуется число
#ИМЯ?	Имеет место опечатка в имени функции, имени ячейки или форме записи диапазона. Возможно, пропущено двоеточие в указании диапазона или кавычки при вводе текстового параметра
#ПУСТО!	В формуле использовано пересечение диапазонов, не содержащее ни одной ячейки
#ЧИСЛО!	При вычислении получено слишком большое или, наоборот, слишком маленькое число, выходящее за пределы возможностей программы Excel
#ССЫЛКА!	В формуле использована ссылка на ячейку, которой нет на рабочем листе. Чаще всего такое явление происходит в результате копирования влево или вверх ячеек, содержащих формулы с относительной адресацией. В этом случае адрес, полученный автоматически, может указывать на столбец, находящийся левее столбца «А», или строку, находящуюся выше строки «1», чего быть не может.

ячейки, принадлежащие другим листам. При этом имя листа должно быть отделено от имени ячейки восклицательным знаком:

=C5*Лист2!D2 — относительная адресация к ячейке D2 второго листа;

=C5*Лист2!D2 — абсолютная адресация к той же ячейке.

Теперь о том, как это сделать технически, чтобы не вводить формулу вручную. После ввода первого сомножителя и знака умножения откройте второй лист щелчком на его ярлычке, затем щелкните на нужной ячейке и выберите тип адресацией клавишей F4. Если формула очень сложная и в нее входят также данные с других листов, действуйте аналогично. По окончании ввода формулы нажмите клавишу ENTER.

Работаем с комфортом!

Операционная система Windows в ходе работы на компьютере постепенно «изнашивается». Разумеется, это износ не физический, а логический, но нам от этого не легче. Чем больше система стареет, тем труднее работать с компьютером. «Старение» операционной системы имеет несколько причин, и все они связаны с установкой и удалением программ или устройств

36. Настройка рабочей среды

Рабочая среда определяет условия, в которых мы работаем. Отвечает за эти условия операционная система *Windows*, поэтому настройка рабочей среды сводится к настройке органов и элементов управления операционной системой. В этом разделе мы рассмотрим настройку календаря, клавиатуры, мыши, шрифтов, а также настройку оформления *Windows*.

Настройка календаря

Компьютер имеет встроенные часы. Они реализованы аппаратно и находятся в одной из микросхем материнской платы. Текущие настройки часов сохраняются в микросхеме *CMOS* (см. главу 2). Узнать, что показывают внутренние часы компьютера, можно с помощью программы *SETUP*, входящей в базовую систему ввода-вывода (*BIOS*), которая встроена в ПЗУ. Ниже, в главе 38, мы узнаем, как просмотреть и изменить параметры микросхемы *CMOS*, — нам это понадобится для выхода из аварийных ситуаций или, например, при установке (замене) жесткого диска. А в таких простейших вопросах, как настройка даты и времени, обращаться к средствам *BIOS* нет необходимости. За нас это вполне может сделать операционная система.

Настройку часов и календаря выполняют в диалоговом окне Дата и время. Оно легко открывается двойным щелчком на показаниях системных часов на Панели индикации (на правом краю Панели задач). Другой классический прием открытия этого окна — через Панель управления и ее значок Дата и время (Пуск ➤ Настройка ➤ Панель управления ➤ Дата и время).

В окне Дата и время (рис. 36.1) расположены две панели. На панели Дата выставляют месяц (раскрывающийся список), год (счетчик) и день (палитра). На панели Время задают текущее время (счетчик). Показания времени представлены тремя полями: часы, минуты, секунды. Сначала мышью выделяют одно поле и кнопками счетчика меняют его значение, затем другое и так далее.

Неплохо также установить флажок Автоматический переход на летнее время и обратно. Тогда два раза в год, весной и осенью, компьютер будет напоминать о необходимости перевести часы.

Рис. 36.1. Настройка системных часов и системного календаря

Настройка клавиатуры

Клавиатуру настраивают в диалоговом окне Свойства: Клавиатура. Его открывают либо через панель управления, либо выбором пункта Свойства в контекстном меню индикатора раскладки на Панели индикации.

Окно настройки свойств клавиатуры имеет две вкладки: Скорость и Язык. На вкладке Скорость можно ничего не настраивать. Лишь тем, кто по роду деятельности набирает очень много текстов, имеет смысл задать минимальную величину задержки перед повтором символов и максимальную скорость их повтора. Оба эти параметра влияют на то, с какой скоростью вводятся символы, когда клавиша нажата и удерживается в нажатом положении длительное время.

Средствами вкладки Язык можно создать на компьютере разные языковые раскладки (рис. 36.2). Обычно используют две: для русского языка и английского. Те, кто много работает с другими языками, например с немецким, могут дополнительно установить поддержку немецкого языка. В этом случае переключаться между языками станет труднее — придется перебирать раскладки по очереди.

Чтобы добавить поддержку дополнительного языка, нажмите кнопку Добавить и выберите нужный язык в раскрывающемся списке диалогового окна Добавление языка. Эта настройка требует обязательного наличия дистрибутивного компакт-диска с операционной системой — в конце операции его потребуется вставить в дисковод.

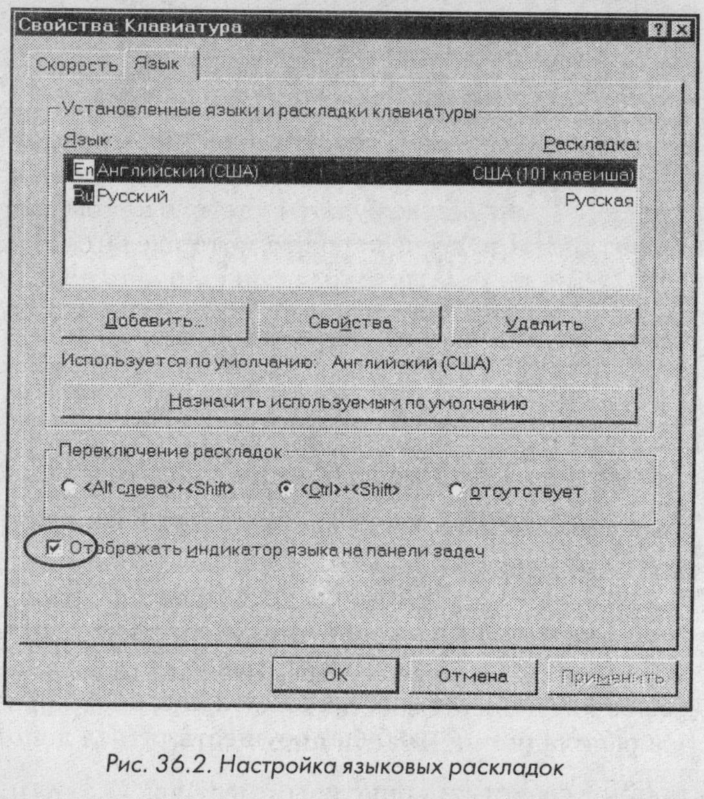

Рис. 36.2. Настройка языковых раскладок

Одна из раскладок должна быть назначена используемой по умолчанию. Несмотря на то что по-русски мы набираем больше текстов, чем по-английски, все-таки сделайте используемым по умолчанию английский язык. Это ничуть не помешает набору русскоязычных текстов, зато убережет от неправильного воспроизведения символов в некоторых программах, сделанных отечественными программистами.

Кстати, если столкнетесь с таким дефектом, будете знать, как его быстро устранить.

Выберите один из двух возможных способов переключения раскладок: либо комбинацией клавиш ALT слева + SHIFT, либо CTRL + SHIFT. На наш взгляд, второй вариант удобнее.

Обратите внимание на то, что оба эти способа достаточно неудобны, зато очень стабильно работают. Существуют специальные программы, позволяющие переключать раскладки гораздо более комфортно, но их надо проверять и проверять. Если на компьютере вдруг начнет странно себя вести или вообще перестанет работать какая-то давно используемая программа, спросите себя: «А не устанавливал ли я в последнее время какой-нибудь замечательный переключатель клавиатуры?»

Последнее, что надо сделать, — установить флажок Отображать индикатор языка на Панели задач. С его помощью можно переключать раскладки мышью (хотя клавиатурой это делать удобнее), но не это главное. Главное — что вы всегда будете видеть, в каком состоянии находится клавиатура. При вводе паролей, которые не отображаются при наборе, следить за индикатором раскладки очень полезно.

Настройка мыши

От настройки мыши существенно зависит комфорт при работе с компьютером. Окно ее настройки называется Свойства: мышь — его открывают с помощью значка Мышь на Панели управления.

На вкладке Кнопки мыши задайте положение основной кнопки (рис. 36.3). По умолчанию это левая кнопка — так удобно тем, кто работает правой рукой. Если вам удобнее работать левой рукой, можно включить переключатель Для левши, и тогда основной станет правая кнопка, а доступ к контекстным меню будет осуществляться дополнительной, левой кнопкой.

В зависимости от конструкции мыши и привычного стиля работы следует отрегулировать Скорость двойного нажатия. Для проверки используйте Область проверки. При правильной настройке двойной щелчок должен срабатывать безотказно.

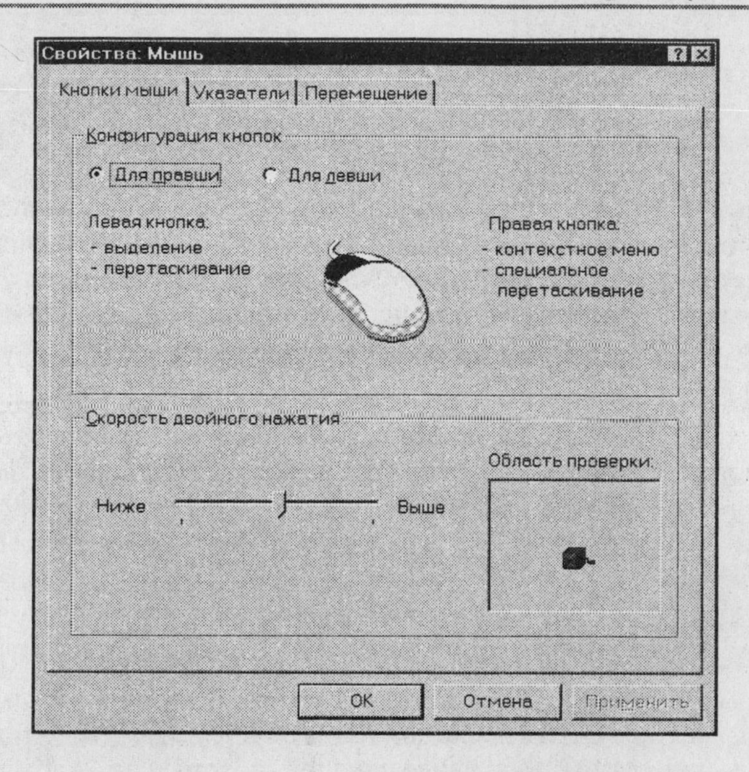

Рис. 36.3. Настройка основных параметров мыши

На вкладке Указатели можно выбрать внешний вид указателей мыши. Группы заранее сделанных настроек сведены в так называемые *Схемы настройки*. Стандартной схемой оформления указателей является Обычная Windows. Как правило, заниматься настройкой указателей не нужно — они достаточно комфортны. Единственный случай, когда это может потребоваться, — после неудачных экспериментов с настройками *тем рабочего стола*, о которых речь пойдет ниже. Если указатели мыши стали необычными и неудобными, здесь можно вернуть все на старое место.

Гораздо важнее настройки, выполняемые на вкладке Перемещение. Движок Скорость перемещения указателя стоило бы назвать *Чувствительность указателя*. Речь идет о том, на какую величину сдвигается указатель на экране при одном и том же перемещении мыши по столу. Чем выше чувствительность, тем больше смещение указателя. Установите движок в такое положение, чтобы одними пальцами, не отрывая ладонь от стола, можно было переместить указатель через весь экран по диагонали — тогда рука не будет уставать при длительной работе.

Настройка звукового оформления

Windows — это событийно-ориентированная система. Все, что происходит во время работы (щелчки кнопками мыши, команды клавиатуры, поступление сигналов от периферийных устройств и многое другое), воспринимается и обрабатывается системой как *события*. В операционную систему заложены так называемые *обработчики событий*, которые запускаются в момент наступления самих событий. Благодаря этому человек воспринимает работу с компьютером как диалог, а не монолог.

Если событие *Windows* таково, что на него стоит обратить внимание пользователя, операционная система может генерировать звук. Разумеется, чтобы его услышать, компьютер должен быть оснащен звуковой картой. Какой звук будет соответствовать конкретному событию *Windows* — дело наше. Чтобы долго не возиться, принято объединять совокупности готовых настроек в *звуковые схемы* и загружать их целиком, как один файл. Стандартная схема звукового оформления

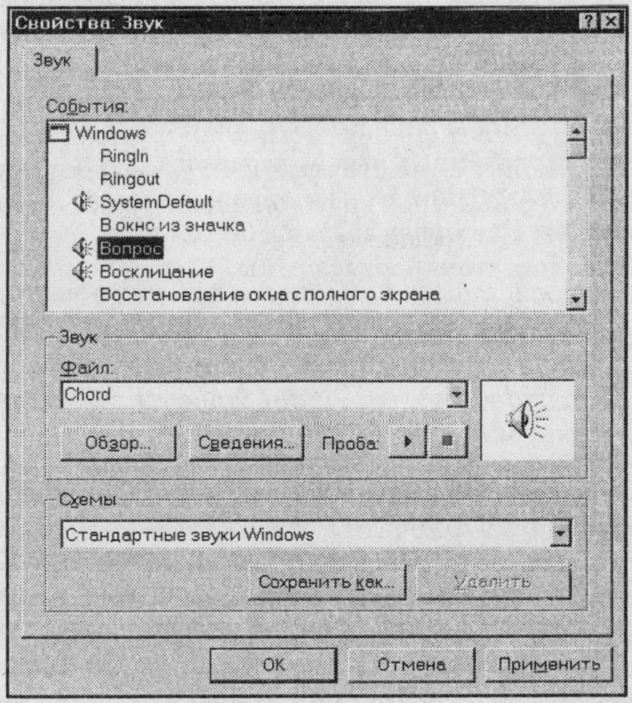

Рис. 36.4. Средство настройки звукового оформления Windows

Windows называется Стандартные звуки Windows. Выбрать схему, назначить событиям звуки и прослушать образцы этих звуков можно с помощью диалогового окна Свойства: Звук — оно открывается через значок Звук, имеющийся на Панели управления.

Как и в случае со схемами оформления указателей мыши, стандартная схема звукового оформления обычно всех устраивает и не требует замены. Но в случае, если она почему-либо сбилась, например после экспериментов с темами оформления Рабочего стола, можно открыть окно Свойства: Звук и восстановить все, как было (рис. 36.4).

Смена фонового рисунка Рабочего стола

Рабочий стол может иметь фоновый рисунок, фоновый узор или фоновый документ. Фоновые узоры сегодня никто не применяет по причине их несовременности — это наследие старых времен и слабых компьютеров. В качестве фонового документа можно использовать любой файл в формате *HTML*, то есть *Web*-страницу. Фоновые документы на Рабочий стол любят выкладывать чиновники, привыкшие хранить под стеклом бумажки со справками. Большинство же пользователей предпочитают украсить Рабочий стол оригинальным фоновым рисунком, желательно не таким, как у всех. Некоторое весьма ограниченное количество стандартных фоновых рисунков прилагается к самой операционной системе. Эти рисунки имеют формат .BMP и хранятся в папке C:\Windows.

Щелкните правой кнопкой мыши на свободном месте Рабочего стола и выберите в контекстном меню пункт Свойства — откроется диалоговое окно Свойства: Экран, представленное на рис. 36.5. Забегая вперед, отметим, что именно это окно отвечает за настройку большинства параметров видеосистемы.

Фоновый рисунок можно выбрать в списке на вкладке Фон. При переборе различных вариантов в области предварительного просмотра виден эскиз рисунка. Отметим, что в списке отображаются только те рисунки, которые хранятся в папке C:\Windows. Соответственно, если вы хотите использовать какой-то свой рисунок, надо убедиться в том, что он имеет формат .BMP, и заранее поместить его в эту папку. В нашем примере выбран рисунок, который называется ACDWallpaper — в качестве фона Рабочего стола его установила программа ACDSee 32

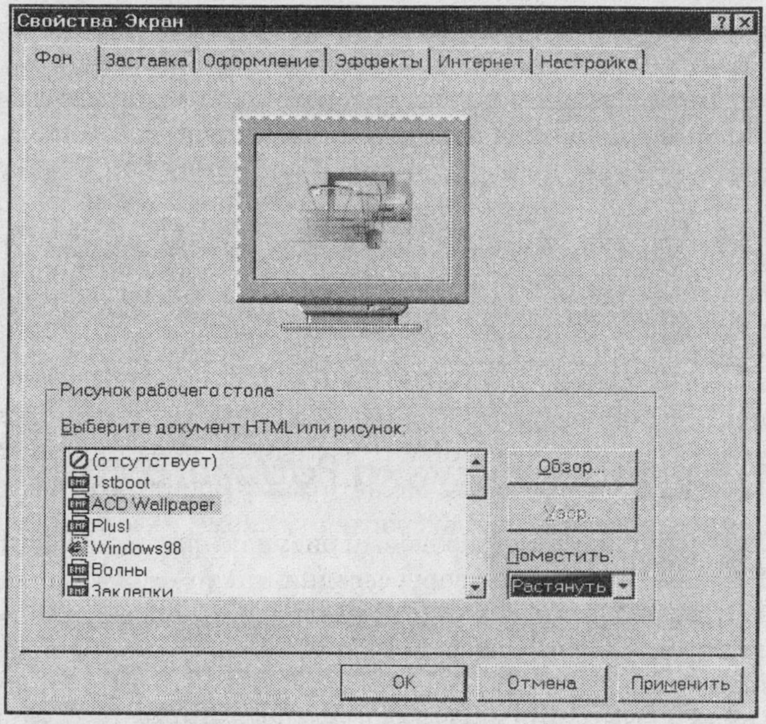

Рис. 36.5. Настройка оформления Рабочего стола

(см. гл. 21). Она же поместила копию рисунка в папку C:\Windows и присвоила ему имя.

> Если рисунок хранится в другом месте, его тоже можно сделать фоновым рисунком Рабочего стола — только в данном списке он отображаться не будет. Разыщите его с помощью кнопки Обзор.

Не всякий рисунок способен полностью заполнить экран. Это зависит как от размера рисунка, так и от текущего разрешения экрана. Поэтому существуют три метода размещения рисунка: По центру, Рядом и Растянуть.

При расположении По центру вокруг рисунка могут остаться поля, если у рисунка размер меньше, чем разрешение экрана. При расположении Рядом на Рабочий стол выкладывается несколько копий рисунка — столько, сколько нужно, чтобы заполнить всю поверхность. Наиболее эффективный режим — Растянуть. При этом рисунок масштабируется (подгоняется под размер экрана).

Смена схемы оформления Windows

Система *Windows* позволяет настраивать десятки параметров, связанных с оформлением окон. Настраивается шрифт системных окон, его цвет и начертание, цвет различных элементов окон и много другое. Откройте вкладку Оформление диалогового окна Свойства: Экран, и сами увидите, как много элементов оформления имеется в *Windows* (рис. 36.6). Каждый из них можно изменить, и измененные настройки будут сохранены в Реестре. Однако изменять настройки по отдельности весьма неудобно. Проще воспользоваться готовыми наборами, которые называются *схемами оформления Windows*. Эти схемы можно выбрать в раскрывающемся списке Схема. Стандартная схема, которая устанавливается на компьютере вместе с операционной системой, называется Обычная Windows. Можете смело приступать к экспериментам: если запутаетесь, то загрузите эту схему — и оформление примет первоначальный вид.

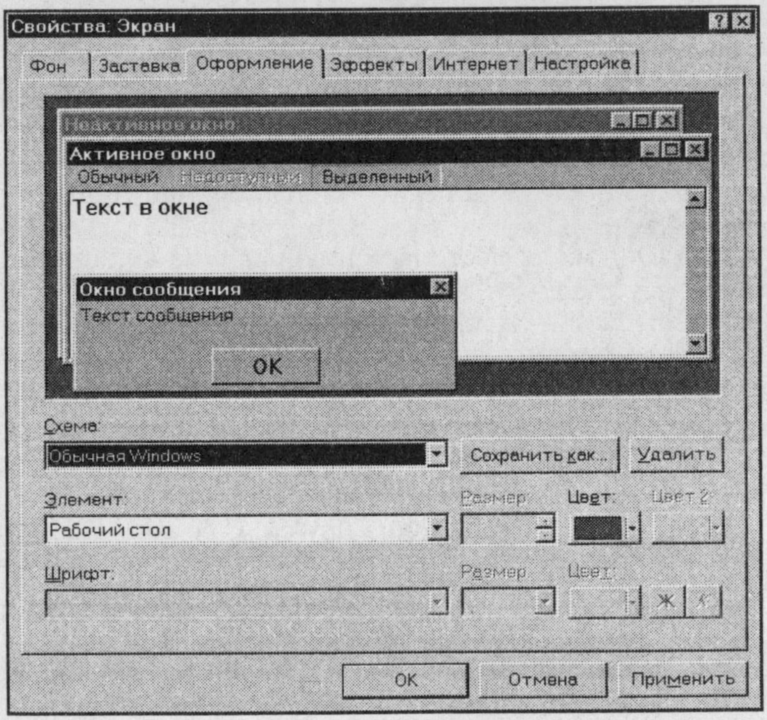

Рис. 36.6. Настройка элементов оформления Windows

Для изменения отдельных элементов оформления их выбирают в раскрывающемся списке Элемент, после чего смотрят, какие органы управления активизировались в диалоговом окне. Для одних элементов оформления можно сменить только цвет, для других — кроме этого еще и шрифт, а также его параметры (гарнитуру, размер, начертание). Начиная с *Windows 98*, заголовки окон могут иметь не один цвет, а два — заголовок оформляется плавным перетеканием из одного цвета в другой. Такое перетекание называется *градиентной растяжкой* или просто *градиентом*.

— Я установил свой фоновый рисунок Рабочего стола. Теперь меня не устраивают подписи под значками — они изображаются белым цветом на фоне и неопрятно выделяются на Рабочем столе. Как изменить цвет подписей?

В этом вопросе содержатся два: «Как изменить фон подписей под значками и как изменить цвет шрифта, которым оформлены подписи под значками?». Изменить цвет фона, чтобы он стал близким к фоновому рисунку, можно, а вот цвет шрифта изменить нельзя. Система автоматически устанавливает (в зависимости от заданного цвета фона) по контрасту либо белый, либо черный цвет. Пока у вас фон темно-зеленый, цвет подписей — белый. Измените цвет фона на серый, и шрифт автоматически станет черным.

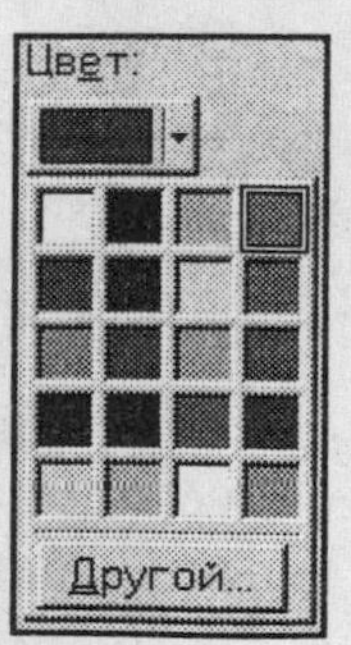

Чтобы изменить цвет фона подписи под значками, выберите в раскрывающемся списке Элемент пункт Рабочий стол и посмотрите, какой цвет задан в поле Цвет. У вас он темно-зеленый. Здесь же с помощью раскрывающей кнопки откройте палитру предлагаемых цветов. В ней всего 16 стандартных цветов, и, конечно же, ни один из них не совпадает с цветом вашего фонового рисунка. К счастью, там же имеется кнопка Другой. С ее помощью можно подобрать похожий цвет.

Кнопка Другой открывает стандартное окно *Windows*, предназначенное для выбора цвета (рис. 36.7). На правой панели указателем мыши отметьте цвет, близкий к желаемому, а движком управления яркости подберите примерное значение яркости — это очень грубая настройка, но с чего-то нужно начинать.

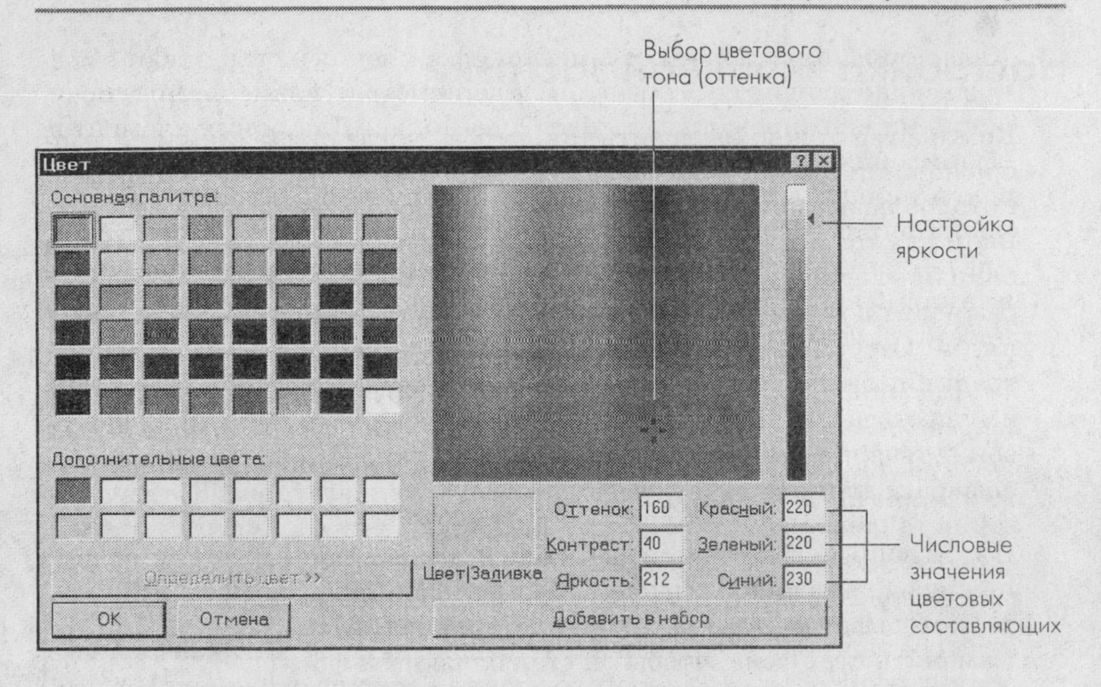

Рис. 36.7. Подбор дополнительного цвета

Закройте окно Цвет кнопкой OK и в окне Свойства ➤ Экран нажмите кнопку Применить. Скорее всего, с первого раза вы «в цвет не попадете». «Попадание в цвет» — это искусство, требующее терпения.

Для более тонкой настройки еще раз откройте диалоговое окно Цвет. Разыщите в правом нижнем углу окна три поля, в которые введены числовые значения для красной, зеленой и синей составляющей. Эти значения могут находится в диапазоне от 0 до 255. Чем выше значение, тем светлее данная составляющая.

Далее начинайте вручную понемногу (на одну-две единицы) менять установленные значения в поисках нужной комбинации. Результат проверяйте закрытием окна Цвет и нажатием кнопки Применить в диалоговом окне Свойства ➤ Экран. После десятка проб и ошибок вы найдете нужную комбинацию.

Чтобы в будущем не приходилось опять заниматься подобными настройками, сохраните все, что сделали, в виде собственной схемы оформления *Windows*. Для этого служит кнопка Сохранить как. В открывшемся диалоговом окне Сохранение схемы введите имя схемы, например Моя схема.

Настройка экранной заставки

Компьютер можно настроить так, чтобы, когда он простаивает, изображение на экране сменялось неким динамичным изображением, которое называется *заставкой экрана*. В прошлом заставки применяли для того, чтобы лучи электронных пушек не светили подолгу в одни и те же точки экрана. Это приводило к постепенному локальному разрушению люминофорного покрытия и образованию на экране бурых пятен. Современным мониторам такая беда не грозит, но по старой традиции заставки экрана продолжают делать динамическими и преимущественно в темных тонах. Изменилась и роль экранных заставок — теперь их используют не для защиты экрана от выгорания люминофора, а для защиты документов от постороннего глаза. Когда человек оставляет рабочее место на несколько минут, заставка экрана скрывает его труды от окружающих. При желании заставку можно настроить так, чтобы ее нельзя было отключить, не зная пароля.

Выбор и настройку заставки экрана выполняют на вкладке Заставка рассмотренного ранее диалогового окна Свойства: Экран (рис. 36.8). Здесь также можно настроить работу системы энергосбережения компьютера, но об этом ниже.

Ряд стандартных экранных заставок устанавливается на компьютере вместе с операционной системой. Выбирают заставку в раскрывающемся списке Заставка. После этого уменьшенная копия заставки отображается в области предварительного просмотра. Чтобы развернуть заставку во весь экран, нажмите кнопку Просмотр.

В поле Интервал задают время, через которое должно начаться автоматическое воспроизведение заставки. Если заставку нужно защитить паролем, установите флажок Пароль и настройте пароль с помощью кнопки Изменить.

Многие заставки имеют внутренние настройки. Говорить о них обобщенно бессмысленно, поскольку у каждой заставки они свои. Доступ к настройкам параметров заставки, если они настраиваемые, осуществляется через кнопку Параметры.

Мы не знаем, будете ли вы пользоваться экранными заставками и пригодится ли вам вкладка Заставка в будущей работе, — это дело вкуса. Но функции энергосбережения, настраиваемые здесь же, не потребуются почти наверняка. Если они установлены, отключите их. Для этого нажмите кнопку Настройка и в открывшемся окне Свойства:

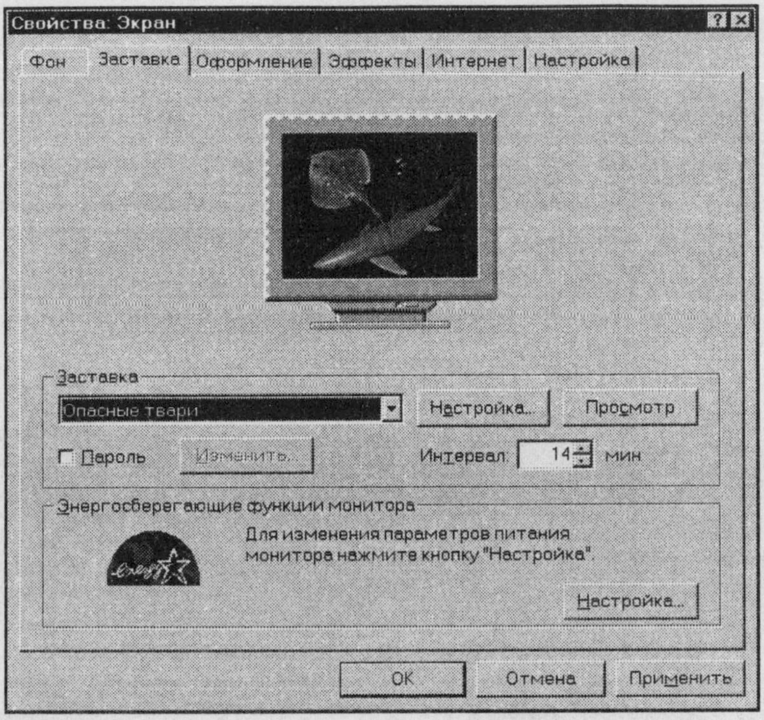

Рис. 36.8. Выбор и настройка заставки экрана

Управление электропитанием в раскрывающихся списках Ждущий режим, Отключение и Отключение дисков установите значение Никогда.

— Почему стоит отключить систему энергосбережения? Разве не надо беречь электроэнергию?

Во-первых, еще не было случаев, чтобы система энергосбережения помогла бы работе какой-нибудь программы, а сбои в программах из-за ее неожиданного вмешательства отнюдь не редкость.

Во-вторых, беречь надо не электроэнергию, а труды — свои и чужие. Страшно обидно подойти к компьютеру с погашенным монитором и нажать кнопку включения питания. Компьютер при этом, конечно, выключится, и те работы, которые на нем не были завершены, пропадут.

Одной такой неудачи бывает достаточно, чтобы в будущем не полагаться на автоматику.

Установка и удаление шрифтов

Одно из важнейших достоинств *Windows* состоит в том, что операционная система централизованно управляет шрифтами, как экранными, так и печатными. Это означает, что мы можем установить на компьютере какой-нибудь шрифт и затем использовать его в любых программах.

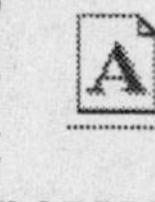

В *Windows* используются два типа шрифтов: растровые и векторные. Растровые шрифты имеют фиксированные размеры символов и потому неудобны для использования в приложениях *Windows*, но работа с ними происходит особенно быстро. Поэтому они используются не в приложениях *Windows*, а в самой операционной системе, например при оформлении стандартных окон. Растровые шрифты имеют расширение имени .FON. Забудьте о том, что они существуют, и не вздумайте их удалить.

Векторные шрифты — вычисляемые. В описании шрифта заложена конструкция его символов, не зависящая от размера самих символов. Далее, когда надо вставить в текст символ того или иного размера, *Windows* рассчитывает его изображение и выводит символ на экран или на принтер, в зависимости от того, что требуется. Векторные шрифты имеют расширение имени .TTF. Некоторые шрифты .TTF используются самой операционной системой, и лучше их не трогать. Бывает, что программы при установке добавляют свои шрифты .TTF — если они нужны программе, не надо их удалять.

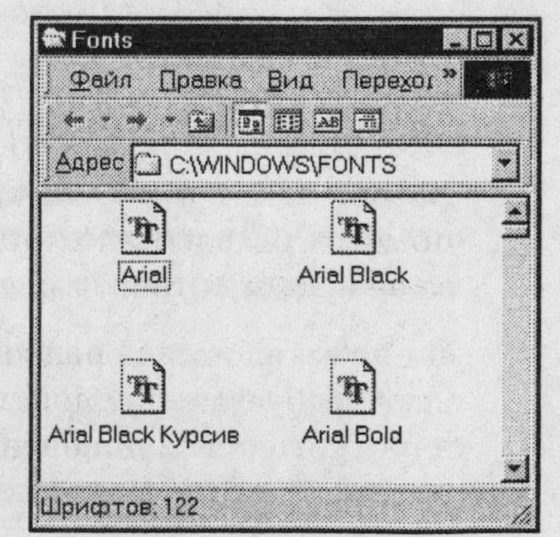

Файлы шрифтов, которые установлены на компьютере, хранятся в папке C:\Windows\Fonts. Разные начертания одного шрифта могут находиться в нескольких файлах (обычное начертание, полужирное, курсивное и полужирный курсив).

Установка шрифтов. Чтобы установить на компьютере новый шрифт, недостаточно скопировать его файл (файлы) в папку C:\Windows\Fonts. При простом копировании шрифт не будет «прописан» в составе операционной системы, поэтому для установки шрифта предусмотрено специальное системное средство. Оно представлено значком Шрифты в папке Панель управления (Пуск ➤ Настройка ➤ Панель управления). При запуске

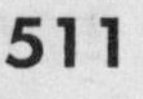

этого средства открывается окно со списком установленных шрифтов. Большинство из них векторные. Растровые шрифты отмечаются специальным значком.

Перед установкой шрифтов желательно закрыть открытые окна программ. Это не требование, а рекомендация. Шрифты устанавливаются командой Файл ➤ Установить шрифт, которая открывает диалоговое окно Добавление шрифтов (рис. 36.9). В списке Диск выбирают диск, на котором находится шрифт, а в списке Папки — папку. Обязательно установите флажок Копировать шрифты в папку Fonts — тогда в будущем этот шрифт всегда можно будет переустановить.

Рис. 36.9. Подготовка к установке новых шрифтов

Выбрав диск и папку, подождите, пока найденные там шрифты не отобразятся на панели Список шрифтов, — это может занять некоторое время. Далее отметьте в списке шрифтов те, которые следует установить, и нажмите кнопку OK.

После установки новых шрифтов перезагружать компьютер формально не требуется, но сделать это все-таки желательно. Не все программы после установки шрифтов корректно работают без перезагрузки.

Удаление шрифтов. Наличие многочисленных установленных шрифтов не слишком перегружает операционную систему *Windows*, по крайней мере, пока количество шрифтов не превышает одной–двух сотен. Тем не менее, когда шрифтов становится слишком много, работать с ними становится неудобно, хотя бы потому, что на выбор нужного шрифта приходится тратить время.

Существуют специальные программы, упрощающие работу со шрифтами, — это так называемые *менеджеры шрифтов*. Они позволяют группировать шрифты так, чтобы в разных проектах использовались разные комплекты шрифтов. Если подобных программ на компьютере нет, может встать вопрос о ручном удалении тех шрифтов, которые не находят регулярного применения.

Строго говоря, удаление шрифтов — умеренно опасная операция. Есть такие шрифты, без которых отдельные программы вообще не будут работать. Выяснение того, какие шрифты необходимы системе и ее программам, а без каких можно обойтись, — это серьезное исследование. Обычно через несколько лет работы с компьютером у каждого пользователя складываются свои представления о необходимом ему комплекте шрифтов. Формируются также пристрастия и привычки к избранным шрифтовым наборам. Поэтому до тех пор, пока на компьютере установлено менее сотни различных шрифтов, не спешите заниматься их удалением.

Прежде чем удалять тот или иной шрифт, просмотрите его. Для этого щелкните дважды на его значке — откроется окно просмотра. По внешнему виду шрифта вы сможете предположить, насколько он вам нужен.

Не удаляйте слишком много шрифтов за один раз — действуйте постепенно, не более двух-трех шрифтов в день. Поработав с разными программами и убедившись, что все нормально, можете приступать к удалению следующей порции. Если же что-то будет не в порядке, вы найдете удаленные шрифты в Корзине и сможете легко их восстановить. Постепенно будут выявлены шрифты, которые лучше не трогать, а у вас накопится необходимый личный опыт.

Эксперименты с темами Рабочего стола

Если объединить вместе настройки, связанные с фоновым рисунком, заставкой экрана, оформлением элементов *Windows*, указателями мыши, звуковым оформлением, и выполнить их в одном стиле, мы получим то, что называется *темой Рабочего стола*. В общем, тема — это совокупность схем настроек. Несколько стандартных тем поставляется вместе с операционной системой (начиная с *Windows 98*). Темы

Рабочего стола можно также получить из Интернета. Там сегодня можно найти тысячи готовых тем.

Если вы хотите воспользоваться темой, полученной из Интернета или поступившей в виде сборника на компакт-диске, желательно предварительно прочитать инструкцию, если она прилагается. Многие темы распространяются в виде самоустанавливающихся исполнимых файлов. После запуска такого файла тема устанавливается автоматически.

Не забудьте о необходимости проверки посторонних файлов на наличие компьютерных вирусов.

Стандартные темы Рабочего стола, поставляющиеся вместе с операционной системой, устанавливаются с помощью значка Темы рабочего стола, имеющегося в папке Панель управления. Он открывает окно Темы рабочего стола.

В раскрывающемся списке Тема выберите какую-либо тему и посмотрите, как она выглядит в области предварительного просмотра (рис. 36.10). Новую тему не обязательно применять целиком. На панели настройки (справа) можно сбросить флажки у тех элементов оформления, которые не требуют замены. Обычно не меняют настройки, относящиеся к шрифтам.

Для предварительного просмотра заставки экрана и указателей мыши, а также прослушивания элементов звукового оформления используют кнопки группы Просмотр.

— Я принял из Интернета файл с замечательной темой оформления, посвященной моему любимому автомобилю BMW. Больше всего мне нравится рев мотора при запуске Windows. Тема установилась автоматически после запуска файла. Как мне сделать, чтобы она вошла в список системных тем, открываемый в окне Темы рабочего стола?

Это делается очень просто. Откройте окно Темы рабочего стола. В раскрывающемся списке тем выберите пункт Текущие установки Windows. Нажмите кнопку Сохранить как и в открывшемся диалоговом окне дайте новой теме любое имя, например Моя любимая тема. Отныне вам не придется каждый раз переустанавливать тему из дистрибутивного файла: вы всегда сможете быстро ее вызвать из списка тем.

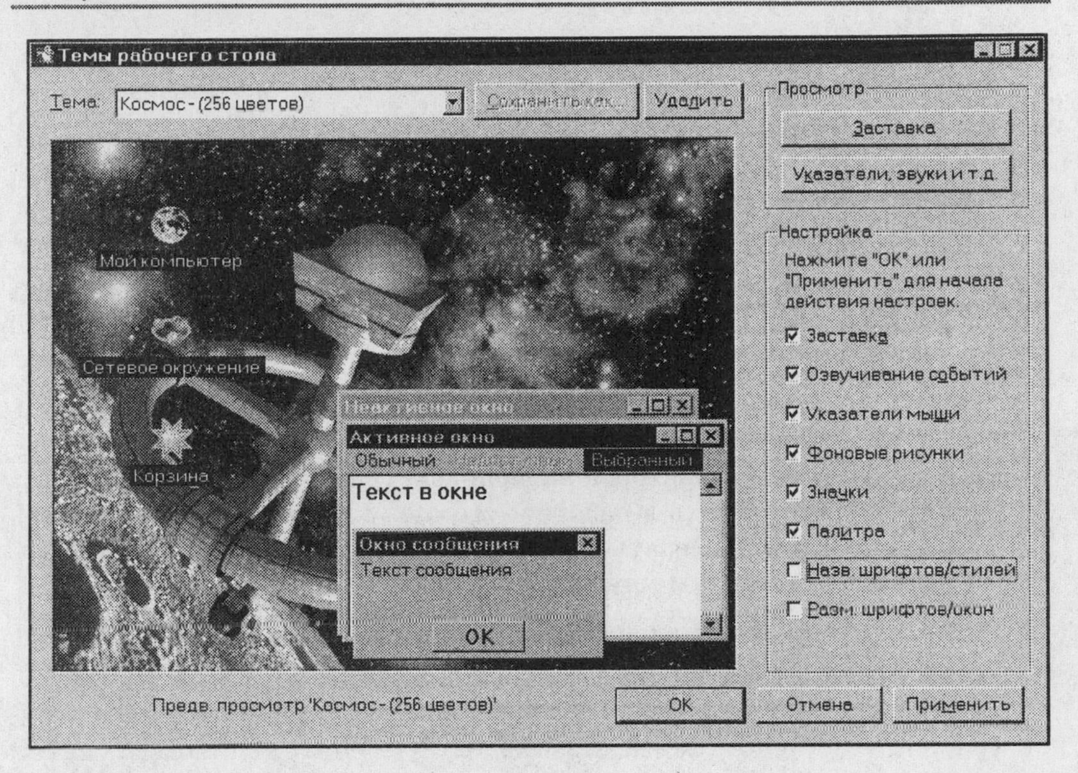

Рис. 36.10. Предварительный просмотр темы Рабочего стола перед установкой

— Мне нравится фоновый рисунок в одной теме, значки — в другой, а звуки — в третьей. Могу ли объединить компоненты разных тем в одну тему?

Безусловно! Такая операция выполняется в четыре приема.

1 Выберите тему, из которой хотите взять фоновый рисунок, а остальные флажки панели настройки сбросьте. Нажмите кнопку Применить и подождите несколько секунд, пока не завершится перенастройка *Windows*.

2. Выберите тему, из которой хотите взять значки. На панели управления оставьте включенным флажок Значки, а остальные флажки сбросьте. Нажмите кнопку Применить.

3. Так же поступите с темой, из которой хотите взять звуки.

4. Когда все будет готово, выберите пункт Текущие установки Windows и нажмите кнопку Сохранить как. Дайте полученной теме имя по вкусу, например Экспериментальная.

37. Настройка видеоподсистемы

Видеоподсистему компьютера образуют видеокарта (видеоадаптер) и монитор. Они работают в паре, поэтому их и рассматривают в отдельной подсистеме. От настроек видеоподсистемы в решающей степени зависят комфортность в работе и утомление в конце рабочего дня. Поэтому желательно взять максимум возможного от того, что предоставляют видеокарта и монитор.

Все настройки видеоподсистемы выполняются на вкладке Настройка диалогового окна Свойства ➤ Экран. Мы уже говорили об этом окне, и вы знаете, что его удобно открывать выбором пункта Свойства в контекстном меню Рабочего стола (рис. 37.1).

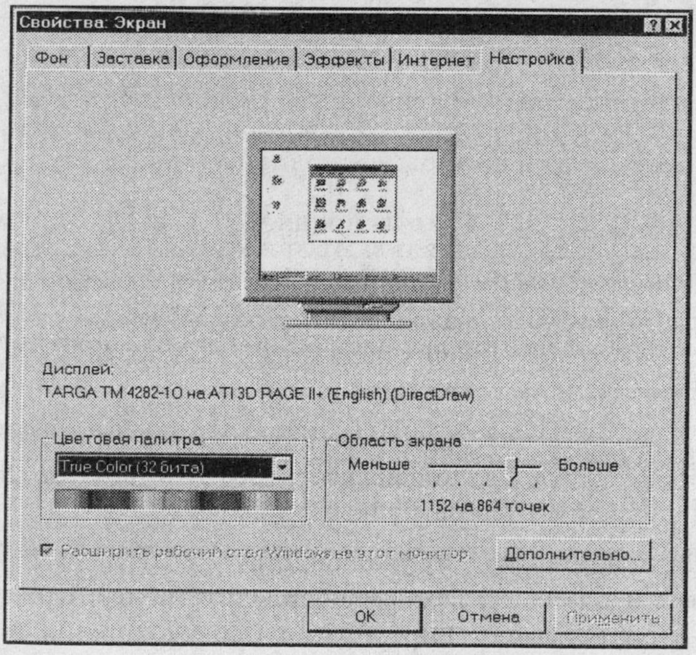

Рис. 37.1. Системное средство настройки видеоподсистемы

Настройка разрешения экрана

Экранное изображение состоит из точек — *пикселов*. Оно имеет фиксированный размер по ширине и высоте. Стандартные значения: 640×480; 800×600; 1024×768; 1280×1024; 1600×1200 и т. д. Кроме этих стандартных значений некоторые видеокарты поддерживают еще и промежуточные значения, например 1152×864, 1280×960 и др.

Выбор конкретного разрешения зависит в первую очередь от размера экрана монитора (измеряется в дюймах по диагонали) и от зрения пользователя. Для мониторов потребительского класса рекомендованы следующие значения.

Размер монитора по диагонали, дюймы	Разрешение экрана, пикселы
14	640 x 480
15	800 x 600
17	1024 x 768
19	1280 x 1024

Значения, указанные в таблице, можно увеличить на одну ступень, но при этом увеличивается нагрузка на глаза в связи с тем, что стандартные элементы изображения (значки, кнопки, подписи и надписи) становятся слишком мелкими. Кроме того, разрешение экрана — не единственный настраиваемый параметр, и его завышение может негативно сказаться на невозможности оптимально задать другие параметры.

Разрешение экрана устанавливают движком Область экрана, перемещая его между крайними положениями Меньше — Больше. В первом приближении выберите разрешение, исходя из размера экрана монитора. После настройки прочих параметров можете вернуться и посмотреть, не удается ли его увеличить.

Выбрав разрешение, утвердите его нажатием кнопки ОК. Если после этого поступит предложение перезагрузить компьютер, откажитесь. Для этой настройки перезагрузка не требуется.

Смена разрешения в сторону увеличения — операция умеренной опасности. Есть вероятность, что видеоподсистема не сможет корректно работать в этом разрешении — тогда вы не получите на экране устойчивого изображения и, соответственно, не сможете изменить настройку в обратную сторону. Поэтому операционная система *Windows* предпринимает меры подстраховки. Смена разрешения происходит на 15 секунд, в течение которых пользователь должен принять или отвергнуть операцию (рис. 37.2). Если за это время от него не поступило подтверждения, что все в порядке, система считает, что операция прошла неудачно, и автоматически восстанавливает предыдущие настройки.

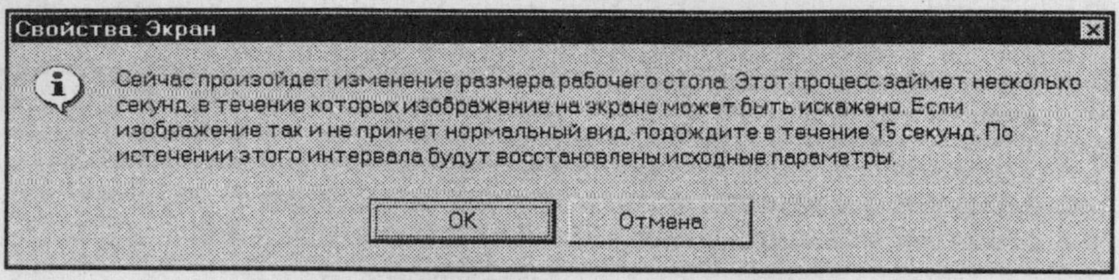

Свойства: Экран

Сейчас произойдет изменение размера рабочего стола. Этот процесс займет несколько секунд, в течение которых изображение на экране может быть искажено. Если изображение так и не примет нормальный вид, подождите в течение 15 секунд. По истечении этого интервала будут восстановлены исходные параметры.

OK | Отмена

Рис. 37.2. Системное предупреждение о том, что изменение разрешения выполняется на 15 секунд

Настройка цветового разрешения

Цветовое разрешение (оно же *глубина цвета*, оно же *цветовая палитра*) определяет, сколько цветов могут одновременно отображаться на экране. Единица измерения: либо количество цветов, либо разрядность цвета.

Палитра	Разрядность цвета	Количество цветов
VGA, 640x480	4 бит	16
VGA, 320x200	8 бит	256
High Color	16 бит	65 536
True Color	24 бит	16,7 млн

Палитра *True Color 24 бита* достаточна для бытового применения. Количество получаемых при этом цветов примерно соответствует возможностям органов зрения человека. В профессиональной работе применяют палитры с разрядностью 32, 40, 48 бит, но там речь идет не об увеличении количества различимых цветов, а о хранении дополнительной информации о цвете, полезной для дальнейшей обработки изображений на компьютере и создания материалов, используемых в полиграфии.

Цветовое разрешение выбирают в списке Цветовая палитра. Возможности выбора ограничены, с одной стороны, объемом видеопамяти, имеющейся на видеокарте, а с другой стороны — заданным экранным разрешением. Можно сказать, что для устройств бытового класса при любом экранном разрешении достаточно 4 Мбайт видеопамяти, чтобы не иметь ограничений по глубине цвета. Если же видеокарта устарела и имеет от 256 Кбайт до 2 Мбайт видеопамяти, то чем больше разрешение экрана, тем меньше глубина цвета. Это понятно: чем больше точек на экране, тем больше нужно памяти для хранения информации о цвете каждой точки.

— А зачем же тогда выпускают видеокарты с объемом памяти 16 Мбайт, 32 Мбайт и более?

Это специальные видеокарты, обладающие функциями воспроизведения трехмерной графики, прежде всего в компьютерных играх. В них увеличенный объем видеопамяти служит для хранения результатов промежуточных вычислений и заготовленных текстур. Это ускоряет работу компьютерных игр, но в смысле разрешения экрана и глубины цвета переход от 4 Мбайт к более высоким значениям уже ничего не дает.

Установите максимально возможную глубину цвета. Завышение этого параметра никак не скажется на производительности компьютера, так что не экономьте. Утвердите настройку кнопкой ОК. Если появится предложение перезагрузить компьютер, откажитесь (рис. 37.3). Впрочем, некоторые видеокарты не позволяют отказаться от перезагрузки при изменении цвета — тогда делать нечего.

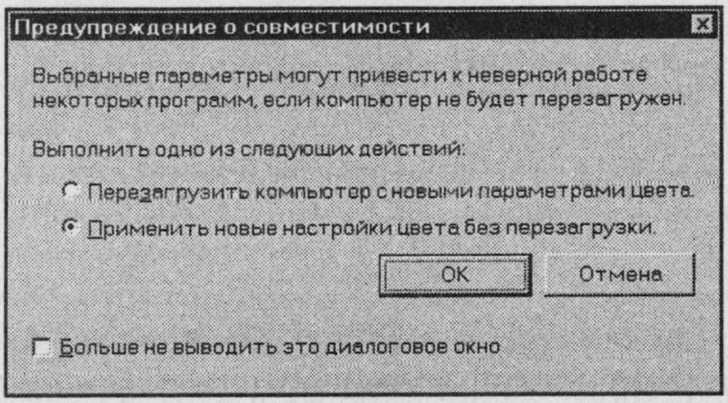

Предупреждение о совместимости

Выбранные параметры могут привести к неверной работе некоторых программ, если компьютер не будет перезагружен.

Выполнить одно из следующих действий:

Перезагрузить компьютер с новыми параметрами цвета.

Применить новые настройки цвета без перезагрузки.

ОК Отмена

Больше не выводить это диалоговое окно

Рис. 37.3. По возможности откажитесь от перезагрузки компьютера после изменения цвета

Главное, не пытайтесь за один прием изменить и экранное разрешение, и цвет, а то можете оказаться в ситуации, когда после перезагрузки вообще не увидите экрана. В этом случае Windows не даст 15-секундную паузу на обдумывание, и ситуация может быть не слишком приятной. Выход из такой коллизии описан в следующей главе.

Установка и смена драйвера монитора

Дальнейшая настройка видеоподсистемы требует, чтобы на компьютере был установлен правильный драйвер монитора. На самом деле, конечно, монитору никакой драйвер не нужен — он и так способен работать, хотя и не в полную силу. Фактически, драйвер монитора — это просто информационный файл, в котором записаны предельные возможности монитора. При установке драйвера эти параметры переносятся в Реестр *Windows*, а оттуда предъявляются драйверу видеокарты. Цель простая: оповестить драйвер видеокарты о том, на что реально способен монитор. Это необходимо для того, чтобы потом, при настройке видеокарты, не задать такие параметры, которые могут вывести монитор из строя.

Для исполнения настроек, связанных с драйверами монитора и видеокарты, служит кнопка Дополнительно на вкладке Настройка диалогового окна Свойства: Экран. При этом открывается диалоговое окно свойств видеоадаптера и монитора (рис 37.4).

Это окно не стандартизировано, и для разных видеокарт (и даже для разных драйверов одной видеокарты) может иметь разные элементы управления. Тем не менее, те элементы управления, о которых мы будем здесь говорить, присутствуют в любом случае — просто их надо разыскать.

Прежде всего откройте вкладку Монитор (или как там она у вас называется) и убедитесь, что монитор определен однозначно — его модель должна быть четко указана. Если это так, значит, монитор известен операционной системе, и больше ничего делать не надо. Если монитор не определен или вместо него стоит запись типа Стандартный монитор, то монитор системе не известен и надо установить его драйвер. Для этого служит кнопка Изменить. При ее нажатии происходит запуск Мастера обновления драйверов. Дальнейшие действия зависят от того, имеется ли у вас дискета с драйвером монитора или нет. Если никаких драйверов нет, очень поможет знание производителя монитора и конкретной модели (эти данные можно найти в документации

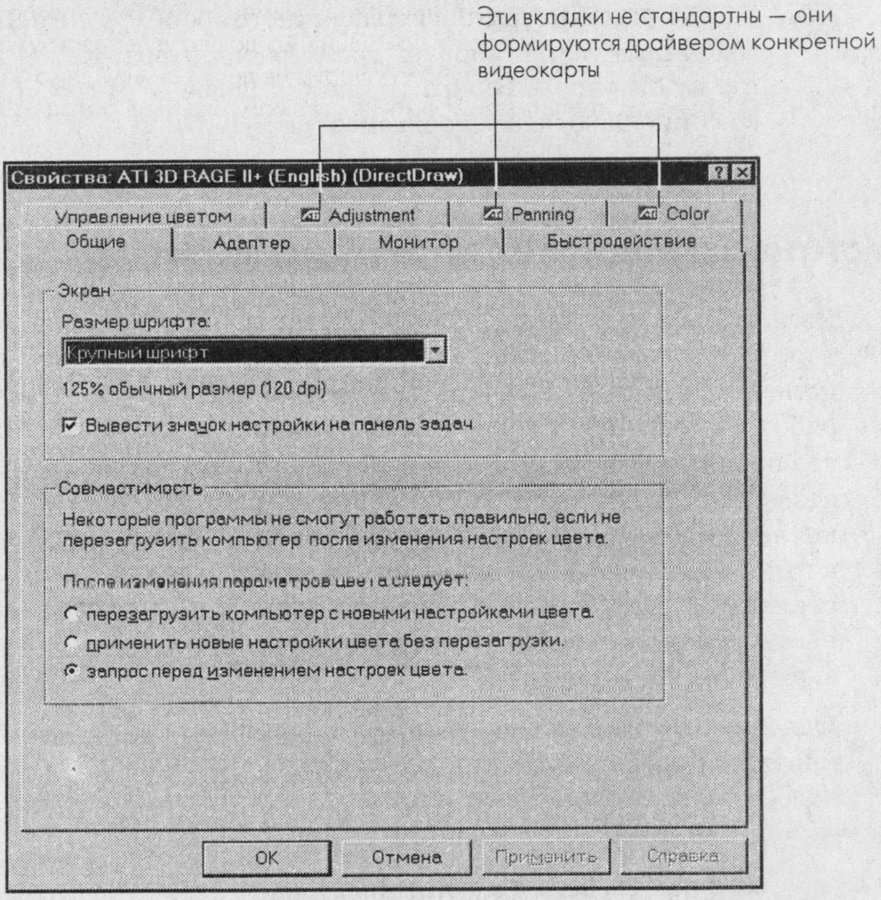

Рис. 37.4. Средство настройки драйверов монитора и видеокарты

к монитору). Если нет ни документации, ни малейшего понятия о модели монитора и его производителе, то добиться оптимальных настроек вряд ли получится. Такая ситуация бывает с очень старыми мониторами.

1. Первое окно Мастера информационное — его пропускаем. Работа начинается со второго окна.
2. Во втором окне Мастера включаем переключатель Отобразить список всех драйверов, чтобы вы могли выбрать наиболее подходящий из них. Не смотрите на то, что Мастер рекомендует включить другой переключатель, — нам лучше полагаться не на автоматику, а на себя. После щелчка на кнопке Далее открывается следующее окно Мастера.

3. Здесь представлен список различного оборудования. Поскольку мы занимаемся установкой драйвера монитора, выберите в списке пункт Мониторы. Нажмите кнопку Далее — откроется диалоговое окно Обновление драйверов (рис. 37.5).
4. В этом окне включите переключатель Отобразить полный список устройств.
5. С этого момента порядок дальнейших действий разный, в зависимости от того, имеется ли у вас драйвер. Лучший вариант — когда он есть. В этом случае нажмите кнопку Установить с диска.
6. Следующее диалоговое окно называется Установка с диска. В нем с помощью кнопки Обзор заполните поле ввода. В нем должен быть прописан путь доступа к папке, в которой хранится драйвер монитора. Нажмите кнопку ОК.
7. Прочитав список драйверов, находящихся в указанной вами папке, система отобразит его в окне Обновление драйверов. Убедитесь, что переключатель Отобразить полный список устройств включен, и выберите из списка наиболее подходящий драйвер. Нажмите кнопку ОК.
8. В последующих окнах Мастера нажимайте кнопку Далее. В последнем окне нажмите кнопку Готово.
9. По окончании установки драйвера убедитесь, что на вкладке Монитор диалогового окна свойств видеокарты появились правильные сведения о мониторе.

... Если под рукой нет драйвера монитора, но известен производитель устройства и номер модели, то вернемся к п.5. и попробуем подобрать драйвер монитора из той базы данных, которая поставляется вместе с операционной системой *Windows*.

5. В диалоговом окне Обновление драйверов имеются два списка: левый — Производители; правый — Модели. Выберите в левом списке производителя своего монитора, а в правом — номер модели. Нажмите кнопку ОК.
6. В последующих окнах Мастера нажимайте кнопку Далее. В последнем окне нажмите кнопку Готово.
7. По окончании установки драйвера убедитесь, что на вкладке Монитор диалогового окна свойств видеокарты появились правильные сведения о мониторе.

Если в диалоговом окне Обновление драйверов отсутствует производитель вашего монитора или нет такой модели, как у вас, значит, стоит воспользоваться Интернетом. С помощью любой поисковой системы разыщите по названию фирмы *Web*-адрес ее сайта и найдите там ссылку, позволяющую выбрать и загрузить нужный драйвер. Как правило, производители оборудования размещают ссылки для загрузки драйверов в разделе Support (Поддержка пользователей).

Если изделие произведено очень давно и его производитель давно закрылся, то можно обратиться к всенародным коллекциям драйверов на сайтах *WWW* или к *Web*-форумам, на которых пользователи обмениваются своими проблемами. Заслуженной репутацией пользуется, например, служба *DriversGuide* (www.driversguide.com), ведущая и базу драйверов, и форум. Услуги службы бесплатны, но требуется регистрация. При регистрации надо указать свой адрес электронной почты, по которому будет выслан пароль для доступа к базе.

И наконец, самый тяжелый случай — когда об изделии вообще ничего не известно, кроме того, что это действительно монитор. Тогда в диалоговом окне Обновление драйверов выберите в списке Производители пункт Стандартные мониторы, а в списке модели — одну из моделей *VGA* или *SVGA* в зависимости от размера экрана. Например, если размер экрана равен 14 дюймам, выберите либо пункт VGA 640 x 480, либо пункт SVGA 800 x 600, исходя из того, с каким разрешением будете работать. Если окажется, что монитор «не тянет» более высокое значение, отступите к более низкому.

Начиная с системы *Windows 98*, в списке стандартных моделей можно на свой страх и риск выбрать и такую модель, которая поддерживает заданную частоту кадров 75 Гц. Больше — нельзя, поскольку безымянный монитор при большей частоте кадров может выйти из строя. Очень старые модели начала 90-х годов могут выйти из строя даже и при частоте 75 Гц.

Установка и смена драйвера видеокарты

Установка драйвера видеокарты выполняется в том же порядке, что и драйвера монитора. Прежде всего следует проверить, что за драйвер установлен в данный момент. Для этого нажмите кнопку Дополнительно на вкладке Настройка диалогового окна Свойства: Экран. В открывшемся диалоговом окне откройте вкладку Адаптер (она может называться и иначе). Здесь должно быть записано полное название видеокарты. Если это не так, воспользуйтесь кнопкой Изменить, которая запустит Мастер обновления драйверов, рассмотренный выше.

Повторять операции с Мастером мы не будем, но обратим внимание на особенность некоторых видеокарт, которые не любят, чтобы до них на компьютере уже стояли какие-то драйверы иных изделий. Желательно «снести» старый драйвер и заменить его стандартным, и лишь потом менять карту и устанавливать новый драйвер. Для всех видеокарт такой порядок желателен, а для многих даже обязателен, например для видеокарт, собранных на базе чипсета *Nvidia TNT2*.

До физической замены видеокарты дайте команду изменить драйвер. В списке производителей диалогового окна Обновление драйверов выберите пункт Стандартный видеоадаптер, а в списке моделей выберите пункт Стандартный видеоадаптер (VGA). Смена драйвера видеоадаптера требует перезагрузки компьютера.

Разумеется, после перезагрузки экран будет выглядеть гораздо хуже, чем вы привыкли, но так и должно быть. Теперь можно выключить компьютер, поменять видеокарту и приступить к установке ее «родного» драйвера. Когда новый драйвер будет установлен, задайте параметры экранного разрешения и глубины цвета, как было описано выше.

Настройка частоты регенерации экрана

Частота регенерации экрана — это частота кадров. Единица измерения — Герц (Гц). По современным требованиям минимальной считается частота 75 Гц, желательной — 85 Гц и комфортной — 100 Гц и более. Этот параметр зависит одновременно и от свойств монитора, и от свойств видеокарты. Для того чтобы можно было настраивать частоту кадров, необходимо установить правильные драйверы как видеокарты, так и монитора (прежде всего —монитора). В противном случае возможно, что видеокарта выдаст монитору такую частоту, на которую тот не рассчитан. Это один из редчайших случаев, когда физическое устройство можно вывести из строя программными настройками.

Убедившись, что монитор распознается системой правильно, можно приступать к настройке частоты регенерации экрана. Для этого нажмите кнопку Дополнительно на вкладке Настройка диалогового окна

Свойства: Экран. В открывшемся диалоговом окне откройте вкладку Адаптер. Здесь должен быть раскрывающийся список Частота обновления. Раскройте его и изучите предлагаемые варианты.

Если такого списка на этой вкладке нет, значит, не установлен драйвер монитора, или это такой монитор, для которого нельзя изменять частоту кадров.

Варианты Оптимальная и Определяется адаптером — нежелательны. Желательна конкретная запись: 75 Гц, 85 Гц, 100 Гц и более. Встречаются видеокарты, у которых частота кадров задается в другом месте, например на вкладке *Adjastment* (для видеокарт фирмы *ATI*). В таких случаях установите значение Определяется адаптером, а конкретное значение выберите на той вкладке, которая для этого предназначена.

Возможности выбора частоты обновления экрана не безграничны. Они зависят от назначенного разрешения. Чем оно больше, тем меньше возможные значения частоты обновления. Поэтому не рекомендуется завышать экранное разрешение без крайней необходимости.

Ни при каких условиях не устанавливайте значения меньше 75 Гц (дрожание экрана становится заметным невооруженным глазом, и работать в таких условиях нельзя). Никогда не устанавливайте значения, использующие режим чересстрочной развертки (*interlaced*), даже если при этом значение частоты выглядит высоким: это обман. Также старайтесь не выбирать и самые высокие значения, предлагаемые видеокартой. Например, если предлагаются значения 100 и 120 Гц, выбирайте 100 Гц, чтобы избежать эффекта «замыливания» изображения.

Об этом эффекте долго не задумывались, но новое поколение мониторов и видеокарт заставляет обратить на него внимание. При установке высокого разрешения и высокой частоты кадров случается, что еще не успевший погаснуть луч уже переводится на соседний пиксел или, наоборот, луч, не успевший набрать полную яркость, переводится далее. Соседний пиксел уже задействуется, когда предыдущий еще до конца не остыл или, наоборот, еще до конца не разогрелся. В результате на тонких элементах изображения, например на мелких символах, происходит размытие, в связи с чем увеличивается нагрузка на глаза. Эффект проявляется особенно сильно, когда для работы с текстом используют видеокарты, предназначенные для трехмерной графики (а они-то как раз и наиболее популярны сегодня). Отказ от установки предельных значений частоты кадров позволяет снизить вредное воздействие этого эффекта.

38. Программное обслуживание компьютера

Компьютер, как и любой бытовой прибор, нуждается в обслуживании, только у него, в отличие от прочих устройств, можно раздельно рассматривать программное и аппаратное обслуживание. Для программного обслуживания не требуется вскрывать корпус системного блока и возиться с устройствами — достаточно периодически проверять, как хранятся программы и данные, и время от времени наводить порядок.

Аппаратным обслуживанием мы займемся в следующей главе, а пока только отметим, что деление это весьма условное, ведь при настройке оборудования невозможно обойтись без программ.

Физические и логические ошибки жесткого диска

Жесткий диск — основное устройство, требующее регулярного обслуживания и проверки. На нем хранится все, с чем мы работаем: программы, данные, да и сама операционная система. Так что любое обслуживание программ или операционной системы на самом деле сводится к обслуживанию жесткого диска.

На жестком диске возможны ошибки двух видов: физические и логические. Физические ошибки — это дефекты поверхностного магнитного слоя или следствие механического износа. Логические ошибки — это ошибки в организации файловой структуры. Физические ошибки программными средствами исправить невозможно, а логические — пожалуйста! Поскольку файловая система жесткого диска — это детище операционной системы, то операционная система способна выявить дефекты хранения файлов, и либо устранить их, либо локализовать.

Физические дефекты возникают в результате естественного старения и износа материалов, а также вследствие попадания частиц дыма и пыли в *гермозону* жесткого диска (которая, кстати, никакая на самом деле не герметичная — пыль, дым и влага в нее попадают). Характерная причина физических повреждений поверхности — толчки и удары, особенно при транспортировке. Зазор между магнитными головками и поверхностями дисков измеряется микронами, так что при транспортировке жесткого диска возможны повреждения поверхности. К этому еще можно добавить температурные деформации механических элементов, конденсацию влаги при попадании с мороза в теплое помещение и повреждения в результате воздействия мощных внешних магнитных полей.

Несмотря на изобилие возможных причин, физический выход жесткого диска из строя — редкость. Более 90% жестких дисков успешно работают в течение нескольких лет и снимаются с эксплуатации только после того, как перестают удовлетворять текущим задачам по емкости и быстродействию.

Логические ошибки, в отличие от физических, возникают намного чаще. Обычные причины: аварийное выключение компьютера из-за сбоев в электропитании, некорректное завершение работы *Windows*, сбросы и зависания программ. С этими ошибками операционная система может справиться благодаря тому, что самая важная информация в файловой системе дублирована.

Как организована файловая система

Прежде чем мы двинемся дальше, неплохо бы узнать, как организована файловая система на жестком диске. Этот материал не сложен, зато позволяет многое понять (рис. 38.1).

MBR	Загрузочная запись	FAT	Копия FAT	Корневой каталог	ДАННЫЕ

Рис. 38.1. Схема организации хранения данных на жестком диске

Таблица разделов жесткого диска. На жестком диске имеются несколько таблиц. Самая первая таблица располагается на нулевой дорожке и называется *таблицей разделов* (*MBR — Master Boot Record*).

Сюда заносится информация о том, сколько и каких разделов имеется на жестком диске. Напомним, что один физический диск может быть разбит на несколько логических дисков — они и называются *разделами*. По данным таблицы разделов операционная система и программы находят логические диски.

Именно сюда обращаются процедуры *BIOS* после того, как этап первичной загрузки компьютера завершится и придет очередь операционной системы. Здесь они получают справку, где ее искать.

Таблица разделов занимает всю нулевую дорожку жесткого диска. Обычно современные диски имеют 63 сектора на дорожке, и хотя таблица разделов занимает всего лишь несколько первых секторов, прочие секторы нулевой дорожки не используются.

Загрузочная запись. На следующей дорожке начинается *загрузочная запись* первого раздела. В ней хранится информация об установленной операционной системе. При загрузке компьютера процедуры *BIOS* «приходят» сюда за операционной системой.

Таблица размещения файлов. За загрузочной записью следует *таблица размещения файлов* (*FAT — File Allocation Table*). Файлы на диске не всегда записываются подряд. Если файл разбит на части, то здесь записаны адреса частей файла. В файловой системе *FAT 16* (*Windows 95*) на каждый адрес отводится 2 байта (16 бит). В файловой системе *FAT 32* (*Windows 98* и *Windows Me*) на каждый адрес отводится 4 байта (32 бита).

Несмотря на то что физически диск разбит на дорожки, а дорожки — на секторы, адресоваться к секторам неудобно, потому что сектор — слишком маленькая область (512 байт). Поэтому для адресации используют более крупные единицы, введенные искусственно, — *кластеры*. Один кластер — это группа из нескольких смежных секторов. Количество секторов в кластере зависит от размера диска. Предельное значение — 64 (32 Кбайт).

Каждому кластеру жесткого диска в таблице размещения файлов соответствует одна ячейка (двухбайтная или четырехбайтная). Если в этой ячейке записан 0, значит, кластер свободен. Если здесь стоит символ «конец файла», то либо файл полностью находится в кластере, либо это последний кластер длинного файла. Если же в ячейке указано число, значит, файл в кластере не поместился, и у него есть продолжение, которое можно найти в другом кластере, номер которого равен этому числу.

Размер кластера в файловой системе FAT 16

Размер диска	Размер кластера
До 32 Мбайт	1 сектор (512 байт)
64 Мбайт	2 сектора (1 Кбайт)
128 Мбайт	4 сектора (2 Кбайт)
256 Мбайт	8 секторов (4 Кбайт)
512 Мбайт	16 секторов (8 Кбайт)
1 Гбайт	32 сектора (16 Кбайт)
2 Гбайт	64 сектора (32 Кбайт)

Размер кластера в файловой системе FAT 32

Размер диска	Размер кластера
До 8 Гбайт	8 секторов (4 Кбайт)
16 Гбайт	16 секторов (8 Кбайт)
32 Гбайт	32 сектора (16 Кбайт)

Один файл может занимать только целое число кластеров. Даже если файл очень маленький, он все равно занимает весь кластер полностью; второй файл здесь хранить никак нельзя, поскольку адрес уже занят. В связи с этим возникает некоторая потеря пространства на жестком диске, связанная с кластеризацией. Такие потери, связанные с кластерами, особенно критичны для операционной системы *Windows 95*, которая работает с файловой системой *FAT 16*. Из-за того что любой файл потребляет не менее 32 Кбайт, полезная емкость диска значительно снижается. Совокупные потери полезного пространства могут достигать 40% .

К моменту внедрения операционной системы *Windows 98* типичные размеры жестких дисков увеличились настолько, что мириться с подобными потерями уже было невозможно. Потому и была введена файловая система *FAT 32*. Она позволяет адресоваться к большему числу кластеров. Размеры кластеров в ней существенно уменьшились (до 4 Кбайт), а это сократило потери на кластеризацию до 1–2% .

Однако ничто не стоит на месте, и в последние два–три года жесткие диски опять увеличились в размере в несколько раз. Сегодня наиболее выгодно покупать диски размером более 20 Гбайт. Для них размер кластера опять выглядит большим — 16 Кбайт.

Чтобы уменьшить размер кластера, можно физический диск поделить на несколько логических. Обратите внимание на то, что делить диск размером 20 Гбайт ровно пополам на два диска размером по 10 Гбайт — не слишком эффективное решение. На каждом из дисков мы получим кластеры размером по 8 Кбайт. Эффективнее сделать один диск размером до 8 Гбайт (кластер — 4 Кбайт), а другому диску отдать остальное пространство (кластер — 8 Кбайт).

Копия таблицы размещения файлов. Таблица размещения файлов играет решающую роль в организации файловой системы. Выход ее из строя равнозначен потере информации на жестком диске. Поэтому таблица *FAT* продублирована. Там, где кончается первая копия, начинается вторая. Первая копия *FAT*-таблицы имеет исполнительный характер, а вторая — архивный. Файлы разыскиваются по данным из первой копии. Вторая копия служит для восстановления первой в случае ее повреждения.

Корневой каталог. Это последняя служебная таблица диска. Считайте, что для диска она выполняет ту же роль, что содержание для книги. Корневой каталог — вершина иерархической структуры каталогов и файлов жесткого диска. Если он сильно поврежден, то восстановить файловую структуру очень сложно.

Там, где заканчивается корневой каталог, начинаются информационные кластеры — в них, собственно говоря, и содержатся данные, записанные в наших файлах.

Проверка и обслуживание жесткого диска

Для проверки жесткого диска служит системное средство Проверка диска (Пуск ➤ Программы ➤ Стандартные ➤ Служебные ➤ Проверка диска). Другой, более информативный способ запуска программы Проверка диска — через окно Мой компьютер. Откройте его и щелкните правой кнопкой мыши на значке диска, подлежащего проверке. Выберите в контекстном меню пункт Свойства.

Окно свойств жесткого диска имеет три вкладки. На вкладке Общие можете ознакомиться с общими свойствами диска:

- какой формат файловой системы использован (*FAT 16* или *FAT 32*);
- каков полный размер диска;
- сколько места на диске уже занято и сколько еще осталось.

Для обслуживания жесткого диска служит вторая вкладка — Сервис (рис. 38.2). На ней находятся три кнопки для запуска служебных программ: Проверка диска, Архивация данных и Дефрагментация диска. Обратите внимание на то, что здесь же указано, когда последний раз выполнялась проверка.

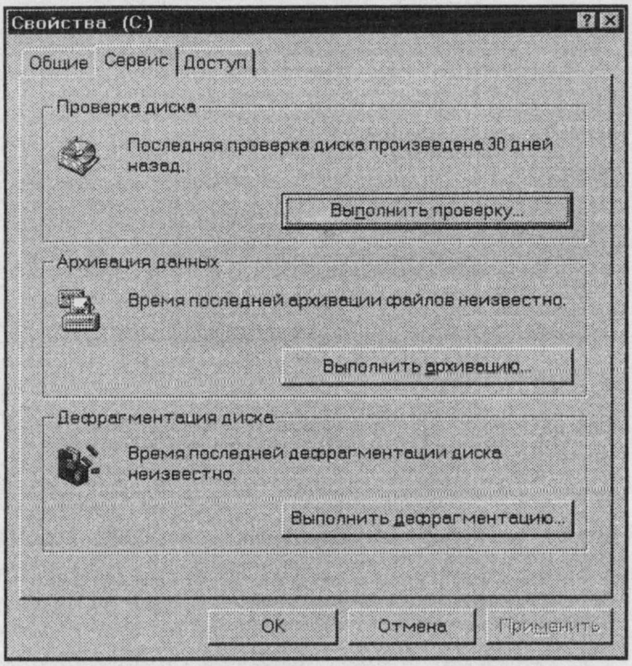

Рис. 38.2. Системные средства обслуживания жесткого диска

Программу Проверка диска мы сейчас рассмотрим. Программой Архивация данных лучше вообще не пользоваться по причине ее крайней отсталости, а применять для этой цели удобный архиватор, например WinRAR, как описано в главе 19. Программой Дефрагментация диска мы займемся в следующем разделе.

В окне программы Проверка диска выберите диски, подлежащие проверке, и установите переключатель типа проверки (рис. 38.3). При стандартной проверке проверяется логическая структура, то есть выявляются и исправляются ошибки файловой системы. Этой проверкой надо пользоваться хотя бы раз в неделю, а также после каждого сбоя операционной системы или аварийного выключения питания.

При полной проверке кроме логической структуры проверяется также физическая поверхность жесткого диска. Такая проверка длится уто-

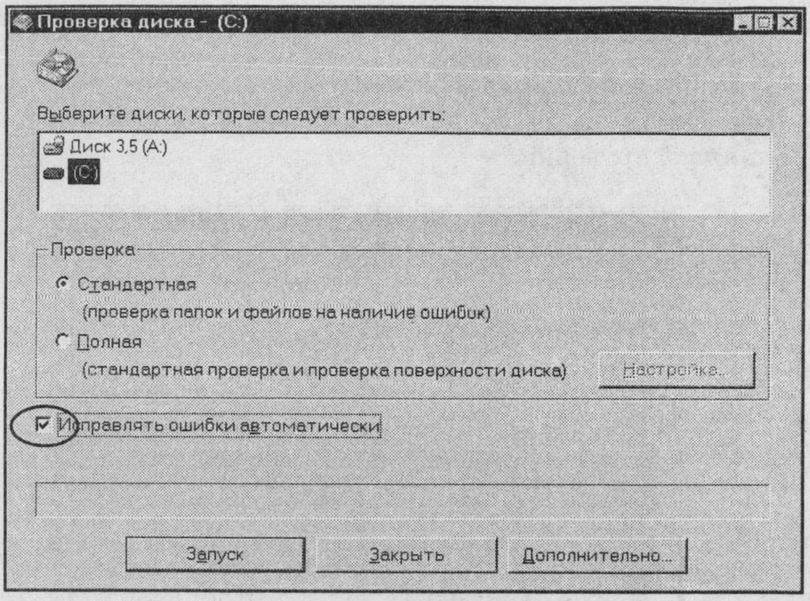

Рис. 38.3. Запуск программы Проверка диска

мительно долго, поэтому прибегать к ней не следует слишком часто. Если компьютер работает нормально, достаточно проверять поверхность диска один–два раза в год. Если есть подозрения, что с диском не все в порядке, можно провести внеплановую проверку.

Здесь же установите флажок Исправлять ошибки автоматически. Если обнаружены логические ошибки, они действительно будут исправлены. При обнаружении физических ошибок программа, конечно, ничего сделать с ними не сможет, но пометит дефектные секторы, чтобы в будущем они не использовались в работе.

Наличие дефектных секторов на современных дисках — это сигнал тревоги. Гибкие диски в таких случаях безжалостно выбрасывают. Жесткий диск стоит недешево, и сразу его выбрасывать не надо. Однако следует незамедлительно создать резервную копию всех самых ценных данных, а в дальнейшем пристально наблюдать за состоянием диска и регулярно обновлять резервную копию. Если количество дефектных секторов начинает с течением времени увеличиваться, говорят, что диск «посыпался». Лучшее, что можно сделать в этой ситуации, — начать копить деньги на приобретение нового диска, чтобы беда не застигла врасплох. Кто предупрежден — тот вооружен.

Прежде чем запускать проверку, ознакомьтесь с тем, как программа будет расправляться с ошибками, если они ей встретятся. Для этого

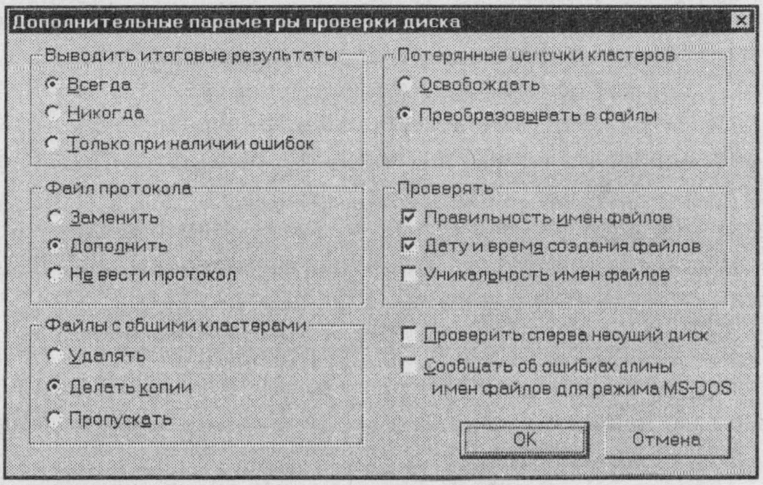

Дополнительные параметры проверки диска

Выводить итоговые результаты
- Всегда
- Никогда
- Только при наличии ошибок

Потерянные цепочки кластеров
- Освобождать
- Преобразовывать в файлы

Файл протокола
- Заменить
- Дополнить
- Не вести протокол

Проверять
- Правильность имен файлов
- Дату и время создания файлов
- Уникальность имен файлов

Файлы с общими кластерами
- Удалять
- Делать копии
- Пропускать

Проверить сперва несущий диск

Сообщать об ошибках длины имен файлов для режима MS-DOS

OK Отмена

Рис. 38.4. Предварительная настройка программы Проверка диска

служит кнопка Дополнительно — она открывает диалоговое окно Дополнительные параметры проверки диска, представленное на рис. 38.4.

В группе Выводить итоговые результаты включите переключатель Всегда.

В группе Файл протокола включите переключатель Дополнить — «бортжурнал» будет постепенно увеличиваться, сохраняя результаты прошлых проверок.

В группе Файлы с общими кластерами включите переключатель Делать копии. Общие кластеры — это достаточно серьезная логическая ошибка, которая, к счастью, встречается крайне редко. Суть ее состоит в том, что, согласно корневому каталогу, два и более файлов претендуют на то, что они находятся в одном и том же кластере. Поскольку этого быть не может, то один из файлов явно поврежден, а скорее всего, повреждены оба. При исправлении ошибки будут созданы «правильные» копии обоих файлов. Выяснить, кто же из них «врет», можно только своими собственными глазами. Автоматика здесь бессильна. Испорченный файл удалите сами.

В группе Потерянные цепочки кластеров речь идет о логической ошибке другого рода. Она сравнительно безобидна и встречается очень часто. Чуть ли не после каждого некорректного завершения работы *Windows* или приложений образуются потерянные кластеры. Суть этой ошибки состоит в том, что, согласно записи в *FAT*-таблице, в неких кластерах содержатся файлы, а согласно записям в корневом каталоге, там ничего не должно быть. Вреда от этого нет никакого, только место в таких кластерах зря пропадает, потому что записать туда уже ничего нельзя. Обычная правка дефекта — очистка кластера (переключатель Освобождать). Однако если все-таки желательно узнать, что же там хранилось, можно включить переключатель Преобразовывать в файлы. В этом случае содержимое потерянных кластеров будет записано на жестком диске в виде файлов. Разумеется, увидеть в них что-то путное вы сможете только в тех редких случаях, когда информация в потерянных кластерах была текстовой. Так что практической пользы от преобразования потерянных кластеров в файлы не много.

В группе Проверять установите флажки Правильность имен файлов и Дату и время создания файлов. Эти ошибки редки и некритичны, но знать о том, как хозяйничают на вашем компьютере недавно установленные программы, невредно.

Закрыв окно настройки дополнительных параметров, запустите проверку кнопкой Запуск. Если увидите, что проверка несколько раз начинается заново, значит, одновременно с проверкой диска работает еще какой-то процесс. Желательно выяснить, что это за процесс, и отключить его. Скорее всего, он работает в фоновом режиме и никак себя не проявляет. Во-первых, закройте все открытые окна программ. Вовторых, взгляните на Панель индикации: не видно ли там значков каких-то программ, работающих в фоновом режиме.

Дефрагментация жесткого диска

Это очень полезная операция, которая, к сожалению, занимает много времени. Чем больше размер диска, тем дольше длится его дефрагментация. Первая дефрагментация после установки операционной системы — самая продолжительная. Она может растягиваться на часы.

Заниматься дефрагментацией не стоит слишком часто. Показаний для дефрагментации два: когда жесткий диск в течение длительного времени находится в перегруженном состоянии (заполнен более чем на 80%) и когда программы стали запускаться заметно медленнее.

Причина фрагментации файлов лежит в организации файловой системы. Пока диск «чист», файлы на него пишутся подряд, и это хорошо. Но затем какие-то файлы удаляются, и тогда в непрерывном потоке файлов образуются участки свободных кластеров. Если последующие записи файлов происходят в эти «дырки», то записываемые файлы могут фрагментироваться (дробиться). При этом разные фрагменты файлов могут попадать в разные области диска. Загрузка таких файлов сопровождается многократными перемещениями головки и длится дольше, чем обычно. Продолжительная работа с сильно фрагментированным жестким диском не только не удобна, но и способствует повышенному износу механики диска.

Дефрагментация выполняется путем перераспределения файлов на жестком диске. При этом файлы размещаются так, чтобы длинные файлы, занимающие более одного кластера, находились в соседних кластерах. Программу дефрагментации можно запустить из Главного меню: Пуск ➤ Программы ➤ Стандартные ➤ Служебные ➤ Дефрагментация диска. Однако удобнее щелкнуть правой кнопкой мыши на значке диска и выбрать в контекстном меню пункт Свойства. На вкладке Сервис диалогового окна свойств диска имеется кнопка для запуска процедуры дефрагментации и там же указано, когда дефрагментация выполнялась в последний раз.

При работе процедуры дефрагментации не должны исполняться никакие иные программы или процессы. Они сбивают дефрагментацию, и она будет раз за разом начинаться заново. Выберите свободное время, когда можно несколько часов не пользоваться компьютером, или запускайте процесс дефрагментации перед сном.

Дефрагментация всегда начинается с проверки диска, которая длится минуту–другую. По окончании проверки можно нажать кнопку Сведения, и тогда за ходом процесса можно следить по графическому образу диска.

Дефрагментация — процедура безопасная. Не было случаев, чтобы после нее что-то перестало работать. В завершение этого раздела примите несколько полезных советов.

1. Первую дефрагментацию желательно выполнить как можно раньше, пока диск еще почти пуст. Первая дефрагментация выполняется намного дольше последующих, поэтому чем раньше ее сделать, тем быстрее она пройдет.
2. С последующими дефрагментациями не спешите. Подождите, пока диск заполнится на 80% объема. Однако и не затягивайте. Если диск заполнен почти до предела, системе остается мало места для создания временных хранилищ, и дефрагментация длится дольше.
3. Ускорению дефрагментации весьма способствует большой объем оперативной памяти.

4. Начиная с *Windows 98*, операционная система умеет сочетать дефрагментацию с *оптимизацией*. В ходе обычной работы система следит, какие файлы мы загружаем особенно часто и в каком порядке это происходит. Потом, во время дефрагментации, этот порядок учитывается, и файлы, которые обычно загружаются в определенной последовательности, в той же последовательности располагаются на диске. Функция оптимизации очень удобна, но в том, что она включена, надо убедиться специально.

Когда мы запускаем программу дефрагментации из Главного меню, то в момент запуска получаем окно Выбор диска. В нем имеется кнопка Настройка, открывающая диалоговое окно Настройка дефрагментации. Здесь должен быть установлен флажок Переместить файлы программ для ускорения их запуска.

Если же вы запустили процедуру дефрагментации из окна свойств диска, то окна Выбор диска вы не получите (в нем нет необходимости, так как диск уже системе известен). Соответственно, не получите и кнопку Настройка. В этом случае прервите процесс кнопкой Стоп — откроется диалоговое окно Продолжить?, в котором есть кнопка Выбор диска. Далее действуйте, как описано выше.

На замедлении работы компьютера особенно сильно сказывается фрагментированность так называемого *файла подкачки*. Желательно принять специальные меры, чтобы его фрагментация не происходила, — тогда компьютер будет работать быстрее.

Файл подкачки — это *виртуальная память* компьютера. Принцип его использования заключается в следующем. Когда на компьютере не хватает памяти для загрузки каких-то программ или данных, операционная система временно освобождает часть оперативной памяти и запоминает данные на жестком диске. Если эти данные потребуются, система освободит другую часть памяти, а эти данные перенесет с диска в память. В результате жесткий диск начинает выполнять функции, аналогичные оперативной памяти. В качестве буфера для временного хранения данных, взятых из памяти, используется системный файл, называемый *файлом подкачки* или *виртуальной памятью*.

Именно благодаря умению совместно использовать оперативную и виртуальную память операционная система и позволяет нам одновременно загружать несколько программ и файлов, даже если их совокупный размер превышает возможности оперативной памяти. Однако жесткий диск — устройство гораздо более медленное, чем микросхемы памяти. Поэтому чем реже *Windows* обращается к виртуальной памяти, тем лучше. Именно поэтому увеличение объема оперативной памяти весьма благотворно сказывается на производительности компьютера.

По умолчанию файл подкачки динамический. Он может растягиваться или сжиматься, в зависимости от потребностей операционной системы. В этом не было бы ничего плохого, если бы не дефрагментация. После очередного сжатия файл подкачки может не найти свободных кластеров по соседству, чтобы расшириться, и тогда он продолжается в других областях диска. Постепенно он фрагментируется все больше и больше, а от этого производительность всей компьютерной системы заметно падает.

Чтобы запретить раз и навсегда фрагментацию файла подкачки, имеет смысл сделать его не динамическим, а фиксированным, то есть задать ему размер жестко, но с запасом. Если на компьютере установлен жесткий диск большого размера, это сделать стоит.

1. Закройте все открытые окна программ и документов. После исполнения данной настройки потребуется перезагрузка компьютера.
2. Щелкните правой кнопкой мыши на значке Мой компьютер и выберите в контекстном меню пункт Свойства — откроется диалоговое окно Свойства: Система.
3. На вкладке Общие узнайте объем оперативной памяти своего компьютера.
4. Откройте вкладку Быстродействие.
5. Нажмите кнопку Виртуальная память — откроется одноименное диалоговое окно (рис. 38.5).
6. Включите переключатель Параметры виртуальной памяти выбираются вручную.
7. В поле Жесткий диск укажите диск, используемый для хранения файла подкачки (если у вас в системе несколько дисков). Желательно выбирать тот диск, который работает быстрее. Если вы ничего не знаете о производительности своих дисков, задайте тот, емкость которого больше. Как правило, действует эмпирическое правило «Чем больше емкость, тем выше скорость».
8. В полях Минимум и Максимум задайте одно и то же значение в мегабайтах. Угадать необходимый размер файла невозможно,

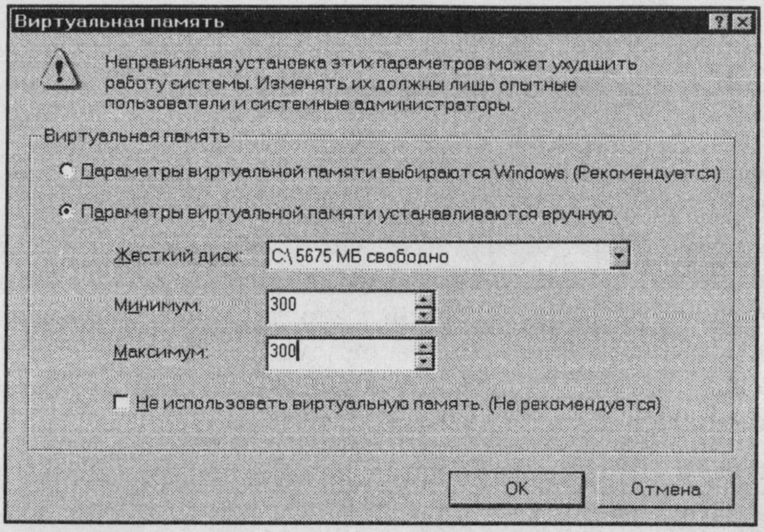

Рис. 38.5. Здесь задается фиксированный размер файла подкачки

поэтому задайте его с запасом так, чтобы он был в 2–4 раза больше объема оперативной памяти. Например, если установлено 32 Мбайт оперативной памяти, задайте 128 Мбайт. Если установлено 64 Мбайт, задайте 192 Мбайт, а если установлено 256 Мбайт, то задайте 512 Мбайт. Если в будущем какие-то приложения начнут жаловаться на нехватку памяти, можете вернуться сюда и увеличить размер файла подкачки.

9. **После фиксации размера файла подкачки выполните дефрагментацию жесткого диска, даже если диск еще не сильно фрагментирован. Надо быть уверенным в том, что файл подкачки представлен единым цельным блоком.**

Очень хорошо использовать для дефрагментации не системное средство Windows, а специальные программы, например ту, которая входит в состав пакета Norton Utilities. Эта программа, во-первых, более эффективно выполняет оптимизацию, а во-вторых, позволяет разместить файл подкачки не где попало, а в заданной области диска. Не все области жесткого диска доступны с одинаковой скоростью. Обычно к данным, находящимся в начале диска, доступ происходит вдвое быстрее, чем к данным в его конце. То есть, чем ближе файл подкачки к началу диска, тем лучше.

---

39. Переустановка Windows

Методы переустановки Windows

Операционная система *Windows* в ходе работы на компьютере постепенно «изнашивается». Разумеется, это износ не физический, а логический, но нам от этого не легче. Чем больше система стареет, тем труднее работать с компьютером.

«Старение» операционной системы имеет несколько причин, и все они связаны с установкой и удалением программ или устройств. Все, что *Windows* необходимо для работы, хранится в так называемом Реестре. Это обширная база, в которую заносятся данные в момент установки и настройки программ или устройств. *Windows* обращается с Реестром крайне бережно. Система охотно добавляет туда новые данные по каждому малейшему поводу и очень неохотно их оттуда удаляет. Постепенное разрастание системного Реестра отнюдь не способствует повышению эффективности работы.

Неоправданному разрастанию Реестра «помогают» и некоторые авторы программ. В последнее время отмечены случаи появления программ, которые организуют в Реестре *Windows* собственные хранилища данных. Ленивым программистам так, видите ли, удобнее, а у пользователей после установки подобной горе-программы тормозится работа со всеми программами. Удаление подобных программ вместе со всеми их следами — это задача для профессионалов, причем не на один час — проще *Windows* переустановить.

Система «стареет» и из-за того, что в ней со временем могут подменяться файлы динамических библиотек .DLL и других важных файлов. Это тоже связано с установкой и удалением программ. Особенно критичны так называемые *незавершенные установки*, когда программа начинает вносить изменения в системные файлы *Windows*, но не оформляет их до конца, поскольку не может полностью установиться из-за каких-то ошибок. Нередко этим страдают пиратские программы из-за неаккуратного или неквалифицированного снятия защиты от копирования.

В итоге постепенно работа с компьютером может становиться все менее эффективной и устойчивой. Бывает, что при загрузке компьютера начинают появляться странные сообщения от давно удаленных или не до конца установленных программ. Иногда какие-то программы перестают работать без видимых причин. В таких случаях пора задумываться о переустановке операционной системы.

Необходимость в переустановке *Windows* возникает далеко не сразу. Срок ее надежной эксплуатации зависит от того, насколько агрессивно мы работаем с компьютером. Тот, кто никогда не устанавливает ничего непроверенного (ни программ, ни устройств), может работать годами и не испытывать трудностей. У тех, кто готовы загружать и испытывать все, что попадает в руки, система держится недолго — месяца два–три. Авторам этой книги по роду работы приходится регулярно устанавливать новые непроверенные программы и устройства с целью их изучения и накопления знаний и опыта. Поэтому, даже несмотря на соблюдение элементарных требований безопасности, им приходится два–три раза в год полностью переустанавливать операционную систему. Обычно «зачистка» компьютера и переустановка системы приурочиваются к завершению крупных проектов, например таких, как эта книга.

Переустановку системы можно выполнять по-разному. Самый простой, хотя и не самый результативный метод — это установка новой системы поверх старой — *обновление Windows*. Более мощный, но чуть более трудоемкий прием — переустановка *Windows* в новый каталог. Самый радикальный и самый трудоемкий прием — установка *Windows* на «чистый» жесткий диск.

Подготовка загрузочного диска

Какой бы метод переустановки *Windows* вы ни избрали, прежде чем что-то делать, необходимо предпринять элементарные меры, связанные с безопасностью. Существуют условия, при которых даже очень простые операции могут иметь катастрофические последствия, поэтому ничего не оставляйте «на авось».

Создание загрузочного диска. Прежде всего создайте гибкий системный (*загрузочный*) диск, а лучше два (в смысле *две копии*). Он всегда должен быть под рукой на всякий случай. Без него реанимировать компьютер в трудную минуту будет нелегко. Диск можно не создавать, если рядом имеется другой компьютер, исправно работающий в той же системе, — тогда при необходимости вы создадите системную дискету, когда потребуется.

В процессе создания системного диска потребуется вставить в дисковод *CD-ROM* дистрибутивный компакт-диск с операционной системой. Но лучше все-таки, если он у вас заранее переписан на жесткий диск— тогда операция пройдет быстрее и увереннее.

Для создания системного диска подготовьте гибкий диск емкостью 1,44 Мбайт и откройте системное средство Установка и удаление программ (Пуск ➤ Настройка ➤ Панель управления ➤ Установка и удаление программ). Далее откройте вкладку Загрузочный диск и нажмите кнопку Создать диск. По запросу от программы вставьте гибкий диск в дисковод A: и подождите, пока диск не будет создан. Когда будет предложено вставить дистрибутивный диск, укажите путь, ведущий к заранее созданной копии на жестком диске.

Проверка загрузочного диска. Созданный диск надо проверить. Только после этого можно быть уверенным, что в трудную минуту он поможет. Проверка состоит в попытке загрузить компьютер с этого диска.

1. Выключите компьютер.
2. Вставьте загрузочный диск в дисковод A:.
3. Включите компьютер.
4. Как только на экране начнут появляться сообщения, сопровождающие загрузку, нажмите клавишу Delete. Это приостановит ход нормальной загрузки и запустит программу SETUP, входящую в состав *BIOS*. При работе с ней мышь использоваться не может (ее драйвер еще не загрузился), поэтому клавиатура — единственное возможное средство управления:
   - для навигации по системе меню используйте клавиши управления курсором;
   - пункты меню выбирайте клавишей ENTER;

- для выхода из вложенного меню в меню более высокого уровня применяйте клавишу ESC;
- изменение каких-либо значений (настроек) выполняйте клавишами PageUp и PageDown.

5. На главной странице выберите пункт BIOS FEATURES SETUP (Настройка параметров BIOS). Нажмите клавишу ENTER.

6. На открывшейся странице разыщите пункт Boot Sequence (Последовательность загрузки). Посмотрите, с какого диска начинается загрузка — обычно это диск C: (жесткий диск). Клавишами Page Up или Page Down измените это значение так, чтобы загрузка начиналась с гибкого диска A:, например: A, C, CD-ROM.

Закончив эксперименты, не забудьте восстановить последовательность запуска, начинающуюся с жесткого диска. Это не обязательное требование, а полезная рекомендация. Существует особая порода компьютерных вирусов, которые называются *загрузочными*. Эту заразу можно подхватить, если случайно начать загрузку с дисковода A: в тот момент, когда там находится зараженный диск. Если возможность такой загрузки отключена, то загрузочные вирусы вам не страшны.

---

7. Изменив последовательность загрузки, вернитесь на главную страницу программы SETUP.

8. Сохраните внесенные изменения и выйдите из программы (клавиша F10). Появится запрос Save to CMOS and exit? (Сохранить сделанные изменения в микросхеме CMOS и выйти?) Ответьте утвердительно нажатием клавиши Y (*Yes — Да*).

Если в чем-то запутаетесь и захотите выйти из программы SETUP без сохранения внесенных изменений, используйте для выхода не клавишу F10, а клавишу ESC. В этом случае появится уточняющий запрос Quit without saving? (Выйти без сохранения?), на который тоже надо ответить утвердительно.

---

9. После выхода из программы SETUP загрузка компьютера продолжится. Итогом загрузки с системной дискеты должно стать меню из трех пунктов:

   1. Start computer with CD-ROM support
      (Запустить компьютер с поддержкой дисковода CD-ROM)
   2. Start computer without CD-ROM support
      (Запустить компьютер без поддержки дисковода CD-ROM)

3. View the Help file
   (Просмотреть справочный файл)

Разумеется, стоит воспользоваться загрузкой с поддержкой дисковода *CD-ROM*. Для этого введите цифру 1 в строку Enter a choice (Сделайте выбор). Впрочем, если выбор не сделать, то по прошествии 30 секунд компьютер сам загрузится с поддержкой *CD-ROM*.

По окончании загрузки будет выдано сообщение вида: Средства диагностики находятся на диске D (название диска может быть и иным). Под этим понимается следующее.

В ходе загрузки создается так называемый *виртуальный диск*. Это происходит так. Сначала небольшой фрагмент оперативной памяти компьютера (примерно два мегабайта) оформляется в отдельный блок. Этому блоку присваивается статус диска. Но поскольку физически такого диска не существует, его называют *RAM-диском*, или *виртуальным диском*. Работа с виртуальным диском происходит на порядок быстрее, чем с любым электромеханическим, — это понятно, ведь он электронный. С другой стороны, виртуальный диск существует только пока на компьютер подается питание. При выключении или перезагрузке компьютера виртуальный диск исчезнет вместе со всем своим содержимым.

Виртуальный диск получает буквенное обозначение, следующее за последним жестким диском, установленном на компьютере. Если на компьютере только один жесткий диск C:, то виртуальный диск получит обозначение D: и так далее. На него переносятся служебные программы, хранившиеся на загрузочном диске A:.

Важно отметить, что в результате этих операций происходит переименование дисковода *CD-ROM*. Если вы привыкли, что он обозначается буквой D: или, скажем, F:, то после загрузки с системной дискеты его обозначение сдвинется на одну позицию вправо, и к *CD-ROM* теперь надо будет обращаться, как к диску E: или G:, соответственно.

Особенность загрузочного диска Windows 95. Идеален случай, когда загрузочный диск был создан на компьютере, работающем под управлением операционных систем *Windows 98* или *Windows Me*. С такого диска можно загрузить компьютер, выполнить некоторые проверки, а потом обратиться к *CD-ROM* и переустановить операционную систему.

Гораздо хуже тем, кто до сих пор работают в системе *Windows 95*. Создать системный диск они тоже могут, но, увы, от него мало пользы, поскольку на нем нет средств поддержки *CD-ROM*, так что с его помощью можно переустановить операционную систему лишь если она предварительно скопирована на жесткий диск. Это тоже немало, но в аварийной ситуации, когда обращения к жесткому диску не проходят, такой системный диск не спасет.

Поэтому загрузочный диск, сделанный средствами *Windows 95*, надо поправить своими руками. Просмотрите файлы Autoexec.bat и config.sys, имеющиеся на диске C:, — в них есть строки, обеспечивающие установку и запуск драйвера *CD-ROM*. Изучите те же файлы Autoexec.bat и config.sys, созданные на загрузочном диске, — там этих строк нет. Внесите недостающие строки с помощью текстового редактора, поправьте их и скопируйте на загрузочный диск сам драйвер *CD-ROM*. Обязательно проверьте то, что получилось, попыткой загрузки. Если с первого раза не получается, то:

- проявите старание и терпение;
- почитайте специальную литературу;
- подумайте, стоит ли в XXI веке пользоваться операционной системой, которая давно морально устарела.

Другие подготовительные мероприятия

Прочие меры профилактики перед переустановкой *Windows* мы рассмотрим бегло.

1. Убедитесь, что для всех программ, которые вам нужны, имеются в наличии дистрибутивные копии. После переустановки *Windows* работоспособность ранее установленных программ не гарантируется. Считайте, что их придется устанавливать заново.
2. Убедитесь, что собственные труды надежно сохранены на отдельном носителе, например на другом жестком диске.
3. Сохраните шрифты (папка C:\Windows\Fonts) на отдельном носителе.
4. Сохраните папку с закладками *WWW* (C:\Windows\Избранное) также на отдельном носителе.
5. Просмотрите настроенные соединения удаленного доступа к Интернету. На отдельную бумажку выпишите номера телефонов, регистрационные имена и пароли.

6. Изучите папки электронной почты. Если вы пользуетесь почтовым клиентом, позволяющим экспортировать почтовую базу во внешний файл, сделайте это и файл сохраните. Так же поступите с адресной книгой.

   Если вы работаете с программой Outlook Express, то сохраните хотя бы отдельные (самые важные письма) в виде файлов на отдельном носителе. Перепишите на бумажку регистрационные данные учетных записей электронной почты.

7. Не пренебрегайте интересами детей, если они хранят на компьютере игры. Согласуйте свои действия с ними и сохраните файлы отгруженных состояний тех игр, которые представляют для них ценность. Только проявив уважение к детям, можете рассчитывать, что и они к вашим трудам будут относиться столь же бережно.

Приведенный здесь список подготовительных мероприятий дан в предположении, что жесткий диск будет форматироваться и все, что на нем хранится, погибнет. Не исключено, что до этого дело не дойдет, и тогда многие операции окажутся избыточными. Однако принять меры предосторожности все-таки полезно.

Обновление Windows

Если операционная система начала вести себя не так, как положено, можно сделать обновление, переустановив новую систему заново поверх прежней (не «снося» предыдущую систему). Эта операция достаточно проста и безопасна, поскольку при переустановке будет «подхвачен» старый Реестр, а также настройки системы и все связи, существующие между программами. С одной стороны, это хорошо!

С другой стороны, большую часть неприятностей простой переустановкой *Windows* устранить не удастся именно потому, что все связи и настройки будут «подхвачены». Тем не менее, начинать борьбу за реанимацию *Windows* нужно именно с этого простого средства. Цена переустановки не слишком велика — менее часа потраченного времени, а кое-что при этом все-таки может исправиться. Например, могут восстановиться некоторые системные файлы, удаленные или подмененные по ошибке.

1. Убедитесь, что системный загрузочный диск подготовлен и работоспособен (на всякий случай).

2. Убедитесь, что прочие меры предосторожности приняты. Если это не так, то убедитесь, что вы имеете право рисковать и этот риск не затрагивает интересов других пользователей компьютера.
3. Закройте все открытые окна программ и документов.
4. Скопируйте на жесткий диск дистрибутивную копию операционной системы.
5. Откройте папку, в которой хранится дистрибутивный комплект, разыщите значок Setup.exe и запустите программу установки.
6. Следуйте указаниям, поступающим от нее.

В ходе установки будут максимально сохранены прежние настройки системы, программ и оборудования. Скорее всего, все ранее работавшие приложения продолжат работу. Возможно, какие-то недостатки операционной системы будут исправлены, но только в минимальном объеме. Обновление *Windows* — это косметическая операция. Сама по себе она безопасна, но и возможности ее весьма ограничены.

Установка Windows в новый каталог

Если поверхностное обновление *Windows* не сняло накопившихся проблем, то это потому, что новая система при переустановке восприняла старые настройки и связи через Реестр. Теоретически, можно удалить важнейшие системные файлы, чтобы она не смогла «подхватить» прежние настройки, но это не слишком очевидная операция. Находясь под управлением *Windows*, удалять системные файлы *Windows* — это то же, что вытаскивать самому себя за волосы из болота. Некоторые любители, правда, для этого загружаются в режиме *MS-DOS*, но здесь без специальных программ вообще трудно что-то удалить — приходится с каждым файлом колдовать индивидуально.

В таких случаях применяют простой и эффективный прием — установку *Windows* в новый каталог. Установку в новый каталог можно начинать только загрузившись с загрузочного диска. Если попытаться выполнить ее, не выходя из *Windows*, то установщик даже не спросит, в какой каталог надо устанавливать систему, и мы получим обычное обновление, рассмотренное выше.

Простейшие команды MS-DOS. Загрузившись с загрузочного диска, надо разыскать и запустить программу установки Setup.exe. Это можно выполнить только командами *MS-DOS*. К счастью, нам не надо изучать все команды *MS-DOS* — достаточно двух:

- dir (dir/p) — для просмотра содержимого текущего каталога;
- cd — для смены текущего каталога.

После загрузки с системной дискеты текущим является корневой каталог диска A:. На экране это проявляется в виде командной строки:

A:\>

Здесь символ «>» называется *приглашением ввода*. После него надо набрать команду и нажать клавишу ENTER для ее исполнения.

Допустим, дистрибутивная версия операционной системы *Windows 98* у нас хранится на жестком диске в папке C:\DISTRIB\WIN98. Первое, что нам надо сделать, — перейти на другой диск. Введите после приглашения обозначение нужного диска, затем поставьте двоеточие и нажмите ENTER:

A:\>C: [ENTER]

Командная строка изменится и станет такой:

C:\>

Далее надо войти в каталог \DISTRIB. Для этого служит команда cd.

C:\>cd distrib [ENTER]

Командная строка снова изменится:

C:\DISTRIB\>

Войдите в каталог \WIN98:

C:\DISTRIB\>cd win98 [ENTER]

C:\DISTRIB\WIN98\>

Теперь можно запускать программу, которая лежит в этом каталоге. Для этого достаточно набрать ее имя. Расширение имени набирать не обязательно:

C:\DISTRIB\WIN98\> setup [ENTER]

После этого произойдет запуск устанавливающей программы и начнется установка операционной системы.

Если с непривычки запутаетесь с командами *MS-DOS*, то даем четыре полезных подсказки:

- чтобы узнать содержимое текущего каталога, дайте после приглашения команду dir;
- если список содержимого так велик, что не помещается на экране, дайте команду просматривать каталог постранично — dir/p;
- если вы вошли в какой-то каталог и не знаете, как из него выйти, дайте команду cd .. (пробел и две точки) — вы вернетесь в вышестоящий каталог;
- быстро вернуться в корневой каталог с любой глубины можно одной командой cd \ (обратная косая черта).

Ход установки Windows. В ходе установки *Windows* вы должны:

- принять условия лицензионного соглашения;
- ввести 25-значный ключ компакт-диска, подтверждающий законность приобретения операционной системы;
- задать вариант установки (полная или неполная) и в случае выборочной установки указать, какие компоненты вам нужны (см. гл. 13);
- указать каталог для размещения системных файлов; по умолчанию предлагается C:\WINDOWS, но это не то, что нам надо, — включите переключатель Другой каталог и введите путь доступа к нему, например C:\W98;
- разрешить или отменить создание системного диска;
- выбрать раскладку клавиатуры (русская);
- установить поддержку русского языка;
- подтвердить или изменить установку часового пояса и системного времени.

На финальной стадии компьютер будет перезагружаться несколько раз. Критична первая перезагрузка. Если она пройдет нормально, установка завершится благополучно. В случае «зависания» компьютера при перезагрузке разрешается «подтолкнуть» его клавишей ENTER или перезагрузить, выключив и включив питание.

Действия после установки. После установки операционной системы в новый каталог вы имеете почти новую систему. От старой она позаимствовала совсем чуть-чуть. Зато теперь можно спокойно сохранить полезное содержимое старой папки C:\Windows, а потом удалить эту папку целиком вместе со старыми системными файлами. Теперь такой операции ничто не препятствует.

Мы предупреждали, что после переустановки *Windows* работу ранее имевшихся на компьютере программ никто не гарантирует, и по идее старую папку C:\Program files можно безжалостно удалить и заняться установкой нужных программ. Однако вы будете приятно удивлены, когда обнаружите, что некоторые программы продолжают работать. Среди программ, хранящихся в папке C:\Program files, вполне могут найтись такие, которым переустановка системы не помешала. К таковым, например, относится большинство программ компании *Adobe*: Adobe Photoshop, Acrobat Reader и другие. Проверьте то, что хранится в этой папке, простым запуском. Если программа работает, ее можно не удалять — достаточно создать ей ярлык на Рабочем столе и копию ярлыка поместить в Главное меню.

Особо цените программы, работающие автономно от операционной системы. Можете даже создать им отдельную папку, например C:\Programms, чтобы не хранить их в папке C:\Program Files. При будущих переустановках системы вы будете знать: то, что хранится в этой папке, не требует переустановки.

К сожалению, после переустановки системы в новый каталог никогда не сохраняется работоспособность программ, выпущенных компанией *Microsoft*. Это странно: ведь кому, как не производителю системы, лучше знать, как обеспечить автономность программ от системы. Увы, такова политика фирмы. Ее никогда не отличала особая забота об интересах пользователей.

По поводу работоспособности системы, находящейся не в стандартном каталоге C:\Windows, а в произвольном, например C:\Win98, существуют разные мнения. Есть мнение, что системе абсолютно все равно, где работать. Имеются данные, подтвержденные практикой, что нежелательно, когда система работает не в стандартном каталоге. Действительно существуют (или существовали в прошлом) некорректно написанные программы, для которых местоположение системных файлов играет роль. По своему опыту мы можем сказать только, что с каждым годом таких программ становится все меньше и меньше.

Если все работает нормально, оставьте систему в новом каталоге, но если попадется какая-то программа, которой это не нравится, ничто не мешает установить систему еще раз, опять в «новый» каталог, но на сей раз избрать в качестве такового C:\Windows. Такая установка опять должна начинаться с загрузочного диска, иначе предложения выбрать каталог вы не получите.

Установка Windows на «чистый» диск

Это абсолютная переустановка операционной системы. При установке на чистый, предварительно отформатированный диск новая система не сможет воспринять абсолютно ничего от своей предшественницы, но и, естественно, на диске не сохранится ничего от прежней установки. Все придется устанавливать заново, и потому все самое важное должно быть заранее сохранено.

Такую установку применяют в следующих случаях:

- после установки нового жесткого диска;
- после изменения структуры жесткого диска (например, диск был ранее разбит на три логических диска, а вы сочли это неудобным и решили свести все три диска в один);
- после серьезной вирусной атаки, когда информация на диске не подлежит восстановлению и диск нуждается в форматировании;
- после сбоя в контроллере жесткого диска, приведшего к уничтожению или порче информации на диске.

О том, как разбить жесткий диск на разделы и как форматировать диск, мы поговорим в следующей главе, а здесь начнем с того, что перед вами абсолютно «чистый» жесткий диск, на который надо установить операционную систему.

Как и при установке в другой каталог, работа начинается с загрузки с помощью системного диска. После первичной загрузки перейдите командами *MS-DOS* (это мы уже умеем) на диск с дистрибутивной копией системы. Это может быть второй жесткий диск, а если такового нет, то дисковод *CD-ROM*.

Разыщите программу Setup.exe и запускайте. Сам порядок установки почти не отличается от описанного выше. Единственное отличие состоит в том, что по ходу дела будет задан вопрос об имени пользователя и имени рабочей группы. Если ваш компьютер автономен (не подключен к локальной сети), то можно использовать любые имена. Если же он работает в сети, то введите то имя компьютера и имя сети, которые у вас приняты.

После установки системы приступайте к настройке устройств, в первую очередь видеоподсистемы, затем — к установке нужных программ и возврату на прежнее место данных, сохраненных на внешнем носителе.

40. Аппаратное обслуживание компьютера

Обычно аппаратное обслуживание, как и программное, сводится только к обслуживанию жесткого диска и оперативной памяти. Замена процессора, материнской платы, видеоадаптера, звуковой карты и прочих устройств — это уже не обслуживание, а модернизация.

Добавление и замена оперативной памяти

Требования к объему оперативной памяти компьютера постоянно меняются. В момент появления операционной системы *Windows 95* минимальным считался объем 8 Мбайт, а рекомендуемым — 16 Мбайт. К выходу *Windows 98* эти требования ужесточились, и минимальным стал объем 16 Мбайт, а рекомендуемым — 24–32 Мбайт. К счастью, благодаря развитию технологий оперативная память быстро и неуклонно дешевеет, и сегодня проще приобрести модуль памяти объемом 128 Мбайт, чем модуль 8 Мбайт во времена появления *Windows 95*.

Учитывая то, что при недостатке оперативной памяти *Windows* начинает использовать в качестве буфера файл подкачки на жестком диске (*виртуальную память*), увеличение объема оперативной памяти всегда очень благотворно сказывается на производительности компьютера.

Оперативная память поставляется в виде модулей — колодок, на которых установлены наборы микросхем. Различают устаревшие *однорядные SIMM*-модули и *двухрядные DIMM*-модули. Если на компьютере работает процессор пятого поколения и выше (*Pentium* и его аналоги), то *SIMM*-модули можно применять исключительно парами, а *DIMM*-модули и по одному. Материнские платы первой половины 90-х гг.

имели только разъемы (*слоты*) для подключения *SIMM*-модулей. Во второй половине 90-х гг. выпускались материнские платы, имеющие слоты и того и другого типа, но комбинировать разные модули на одной плате нельзя: либо *SIMM*, либо *DIMM*. В настоящее время материнские платы со слотами для *SIMM*-модулей не выпускаются.

Рис. 40.1. Модули памяти DIMM (вверху) и SIMM

При добавлении или смене оперативной памяти всегда целесообразно стремиться к минимизации числа модулей. То есть один *DIMM*-модуль емкостью 128 Мбайт более предпочтителен, чем два модуля по 64 Мбайт. Если все-таки память собрана из нескольких модулей, то желательно, чтобы они принадлежали одному изготовителю, а еще лучше, если взяты из одной партии. Для *SIMM*-модулей, которые устанавливаются только парами, это даже не рекомендация, а требование.

Поэтому при желании нарастить оперативную память рекомендуется сначала подумать, как утилизировать (использовать в другом устройстве, продать, подарить) те модули, которые уже имеются, а потом приобретать новые.

Смена модулей выполняется легко, если корпус компьютера достаточно велик и доступ к модулям удобен. В корпусах уменьшенного размера модули памяти могут стоять так, что без неполной разборки компьютера к ним не добраться. В этом случае приурочьте обновление памяти к общей модернизации всего компьютера.

Если доступ к оперативной памяти прост, ее можно менять своими руками, даже без особых технических навыков, но один раз все-таки желательно посмотреть, как это делается. Либо пригласите коллегу, уже имеющего опыт, либо попросите продемонстрировать ее установку там, где приобретаете память.

Добавление и замена жесткого диска

Физическая стыковка разъемов. Большинство жестких дисков, используемых в непрофессиональных системах, относятся к типу *IDE*. В прошлом контроллеры дисков выпускались в виде отдельных устройств и устанавливались в материнские платы, как отдельные адаптеры. Начиная со второй половины 90-х гг. функции контроллера жестких дисков отошли к чипсету материнской платы, и сегодня жесткие диски (и дисководы *CD-ROM*) подключают непосредственно к разъемам материнской платы. Таких разъемов два — *первичный* и *вторичный*, находятся они рядом.

Интерфейс *IDE* допускает совместную работу до четырех устройств, включая дисковод *CD-ROM*. Это означает, что на компьютере допустима установка до трех жестких дисков. Поскольку разъемов на материнской плате всего два, то к каждому из них можно подключить последовательно до двух устройств. При этом тот диск, который стоит ближе к разъему (на проходе), называется *ведущим* (*Master*), а тот, который стоит за ним, — *ведомым* (*Slave*). На каждом устройстве типа *IDE* должен быть набор контактов, два из которых соединяются перемычкой в зависимости от назначения устройства. Возможных вариантов несколько:

- *Single* (если диск монопольно подключен к разъему материнской платы);
- *Master* (если за этим диском следует ведомый диск);
- *Slave* (если диск является ведомым и подключен не к плате, а к ведущему диску).

Разобраться с тем, как надо правильно установить перемычку, можно по наклейке (шильдику), всегда имеющейся на приборе.

Если на компьютере только один жесткий диск, то обычно его подключают к одному разъему материнской платы, а дисковод *CD-ROM* — к другому. Если жестких дисков два, то второй надо либо подключить в качестве ведомого к первому диску, либо в качестве ведомого к дисководу *CD-ROM*, либо сделать ведущим и подключить к нему дисковод *CD-ROM* как ведомое устройство. На практике можете действовать любым из этих способов, но если возникает конфликт между ведущим и ведомым дисками, то имейте в виду, что жесткие диски обычно лучше соблюдают требования стандарта, чем дисководы *CD-ROM* (особенно устаревшие или от случайных производителей). Поэтому настройка пройдет быстрее, если группировать жесткие диски, а *CD-ROM* оставить в одиночестве.

И наконец, если жестких дисков три, то группировать придется и *CD-ROM* — деваться некуда.

Теперь несколько слов о проводах. Жесткие диски подключаются двумя шлейфами. По шлейфу из четырех цветных проводов подается питание. Если свободного питающего шлейфа нет (все шлейфы питания, исходящие из блока питания, уже заняты другими дисководами), можно приобрести разветвитель.

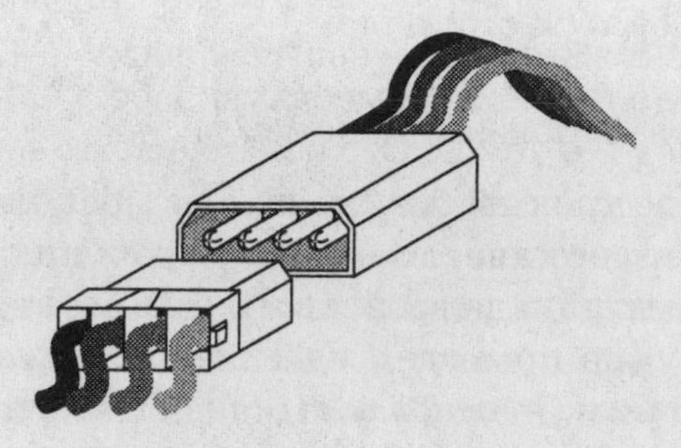

Рис. 40.2. Подключение шлейфа питания к жесткому диску

Неправильно подключить шлейф питания вряд ли возможно. «Вверх ногами» он войдет, только если забивать его молотком. Но при подключении шлейфа данных нетрудно ошибиться. На сей счет есть простое правило: красный провод шлейфа данных должен находиться рядом с красным проводом шлейфа питания («красный к красному») — теперь не ошибетесь.

Возможна ошибка при подключении шлейфа данных к материнской плате. Не смотрите на то, что колодка шлейфа имеет выступ («ключ»). Ровно в половине случаев его положение не соответствует истине, так что лучше руководствуйтесь описанием материнской платы. К счастью, неверная стыковка не приводит к катастрофическим последствиям — компьютер просто не заработает и начнет издавать звуковые сигналы. Необходимо всего лишь перевернуть колодку.

Распознавание жестких дисков. Закончив стыковку проводов, запускайте компьютер, но не рассчитывайте на то, что он сразу «увидит» новые диски. Компьютеру надо прямо указать, что нового у него появилось. Для этого служит программа *SETUP*, входящая в систему *BIOS*. О том, как с ней положено работать, мы рассказали в предыдущей главе.

В начале запуска компьютера нажмите клавишу Delete и подождите, пока откроется главное меню программы SETUP. В этом меню выберите самый первый пункт STANDARD CMOS SETUP (Стандартные настройки микросхемы CMOS). Нажмите клавишу ENTER — откроется страница общих настроек.

На этой странице имеется таблица с параметрами жестких дисков. В ней четыре строки по числу возможных устройств *IDE*-типа:

- Primary master (Первичный ведущий диск);
- Primary slave (Первичный ведомый диск);
- Secondary master (Вторичный ведущий диск);
- Secondary slave (Вторичный ведомый диск).

По идее, здесь мы должны бы для каждого из дисков ввести все их параметры (размер, количество дорожек, количество головок и т. п.). В далеком прошлом так и делали, но сегодня все гораздо проще. Современные жесткие диски имеют средства для автоматического определения их параметров. Поэтому установите значение Auto для тех устройств, которые у вас есть физически, и значение None для тех, которых нет.

Выйдите в главное меню клавишей ESC и приступайте к автоматическому распознаванию жестких дисков. Для этого служит другой пункт главного меню — IDE HDD AUTO DETECTION (Автоматическое распознавание жестких дисков IDE).

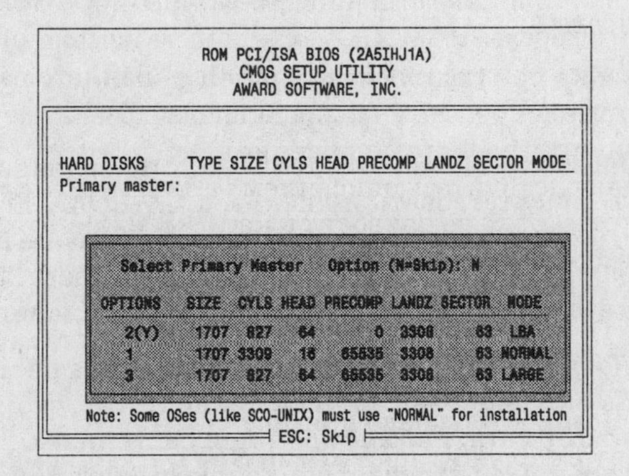

Рис. 40.3. Распознавание жесткого диска системой BIOS

Программа последовательно распознает четыре возможных устройства. После каждого успешного распознавания выдается список из трех вариантов. Как правило, правильным является тот вариант, который предлагается по умолчанию.

На всякий случай оцените размер «обнаруженного» диска (параметр SIZE) и, если он действительно соответствует размеру вашего диска, утверждайте выбор клавишей ENTER. Если устройства нет в наличии или оно не распознано, выдаются нули. Дисковод *CD-ROM* в данном случае, как правило, не распознается, но на это можно не обращать внимания.

Если ваши диски распознаны как положено, это говорит о том, что установлены они правильно. Если какой-то диск не обнаружился, что-то сделано неверно. Скорее всего, не так установлены какие-то перемычки, определяющие роль дисков (ведущий — ведомый). Возможно, хотя и маловероятно, что перевернут какой-то разъем (об этом компьютер должен был просигнализировать раньше), возможен также плохой контакт в разъеме или дефектный шлейф.

Если дисков несколько, с первого раза они вообще редко распознаются. Обычный порядок поиска неисправности — отключение устройств по одному, начиная с дальних (ведомых), пока не останутся те, которые распознаются правильно. Далее надо экспериментировать с разъемами и шлейфами.

Когда все устройства правильно распознаются, убедитесь в том, что данные о них появились на странице STANDARD CMOS SETUP (Стандартные настройки микросхемы CMOS), — сохраните изменения, внесенные в *CMOS*, и выходите из режима настройки — начнется загрузка компьютера.

В ходе загрузки должна появиться таблица установленных устройств. В ней должен присутствовать и дисковод *CD-ROM*. Если табличка слишком быстро пробегает по экрану и вы не успеваете на ней ничего разобрать, попробуйте «поймать» ее клавишей Pause. Эта клавиша приостанавливает загрузку. Продолжить можно клавишей ENTER.

Если вы установили новый жесткий диск, загрузка не может пройти нормально. На экране появится сообщение о том, что либо диск не имеет нужного формата, либо не является системным. Так и должно быть — загрузка может происходить только с системного диска, а он должен быть специально подготовлен. Этим мы сейчас и займемся.

Разбиение жесткого диска на разделы

Если вы установили новый жесткий диск большого размера, возможно, что вам захочется разделить его на логические диски. Каждый делает это по своему усмотрению. В принципе, если у вас единственный диск, то желательно пару разделов сделать. Тогда во втором разделе можно будет сохранять данные на время операций обслуживания. Вы даже сможете время от времени форматировать первый раздел — второй при этом не затрагивается.

Если жестких дисков несколько, возможно, что и не стоит делить первый диск на разделы. Нет ничего хорошего в том, что на компьютере образуется много разных дисков: в них легко потеряться.

Информация о том, как разделен жесткий диск, хранится на его нулевой дорожке в таблице разделов (*MBR — Master Boot Record*). Для доступа к этим данным служит специальная программа — fdisk.exe. У вас она имеется на загрузочной системной дискете, но прежде чем мы приступим к работе с ней, давайте посмотрим, как это происходит технически.

Сначала программа fdisk разбивает жесткий диск на два раздела: *основной* и *дополнительный*. Основной раздел далее делить нельзя, зато его можно сделать *системным*, то есть впоследствии установить на нем операционную систему. Еще его можно сделать *активным* — тогда его операционная система будет загружаться при запуске компьютера автоматически.

Строго говоря, основных разделов может быть до трех, то есть на компьютере можно одновременно держать до трех разных операционных систем. Но поскольку программа fdisk.exe прилагается к конкретной системе, то о других системах она не заботится и всегда создает только один основной раздел. Если есть желание сделать диск мультисистемным, можно воспользоваться специальными программами, например программой Partition Magic 6.0, но ее описание выходит за пределы нашей книги.

Если двух логических дисков на одном жестком диске вам мало, можете дальше делить дополнительный раздел на столько разделов, на сколько захотите. Они тоже будут считаться логическими дисками, только их нельзя сделать ни системными, ни активными.

Итак, приступаем к работе.

1. Вставьте загрузочный диск в дисковод A: и настройте систему на загрузку с этого диска, как указано в предыдущей главе.

2. Включите компьютер и дождитесь окончания загрузки. По окончании обратите внимание, на какой виртуальный диск перенесены средства диагностики с диска A:.

3. Командами *MS-DOS* перейдите на этот диск, разыщите на нем программу fdisk.exe и запустите ее.

4. При запуске программы появляется сообщение Включить поддержку больших дисков Y/N? Что под этим понимается, сейчас поясним.

   «Большими» считаются диски размером более 512 Мбайт. По современным понятиям никакие они не большие, а очень даже маленькие, но раньше считались большими. При утвердительном ответе на этот вопрос на диске будет создана структура для файловой системы *FAT 32*, при отрицательном — для *FAT 16*. Желательно, конечно, иметь систему *FAT 32*. Те редкие случаи, когда *FAT 16* предпочтительнее, связаны с некоторыми узкоспециальными ограничениями, и мы их рассматривать не будем.

5. Далее на экране появляется меню, состоящее из нескольких пунктов. Начинайте с последнего — Вывод сведений об имеющихся разделах. Если диск не новый, здесь есть на что посмотреть. Убедитесь в том, что имеющаяся структура вам понятна, и вы различаете, где основной раздел, а где дополнительный. Возврат в предыдущее меню выполняется клавишей ESC.

6. Если диском ранее уже пользовались, начинайте с уничтожения имеющихся разделов.

7. Сначала дайте команду Удаление раздела либо логического диска DOS.

8. Далее выберите команду Удаление логических дисков DOS в дополнительном разделе DOS, после чего удалите все логические диски в дополнительном разделе.

9. Удалив логические диски, удалите и сам дополнительный раздел.

10. В последнюю очередь удалите основной раздел командой Удаление основного раздела DOS.

11. Разрушив предыдущую структуру (если диск не новый), приступайте к формированию новой структуры. Сначала создайте основной раздел. Здесь же решите, будет ли ему отдано все пространство. Если нет, укажите, какой размер для этого отводится (в процентах или в мегабайтах).
12. Сделайте основной раздел активным.
13. Создав основной раздел, приступайте к формированию дополнительного раздела. Если хотите, можете поделить его на несколько логических дисков.
14. Закончив все операции, изучите полученную структуру, выбрав пункт Вывод сведений об имеющихся разделах. Если все в порядке, можете завершать работу с программой. Если вас что-то не устраивает или вы в чем-то ошиблись, повторите все снова — сначала удаление, потом создание.

Не ошибитесь с заданием размеров дисков. Можно недоглядеть и получить несколько разделов, суммарный размер которых меньше размера диска в целом. Потерянное пространство без специальных программ типа Partition Magic вернуть трудно — оно будет простаивать.

15. Обязательно (!) перезагрузите компьютер после завершения работы с программой fdisk.exe. Без этого внесенные изменения нестабильны.

Форматирование жесткого диска

После перезагрузки можно приступать к операции форматирования жесткого диска. Для этого служит команда format, после которой надо указать имя диска (с двоеточием), например так:

```
A:\> format c:                [ENTER]
```

Если вы создали несколько логических дисков, их тоже надо отформатировать:

```
A:\> format d:                [ENTER]
A:\> format e:                [ENTER]
```

и так далее.

Не отформатируйте случайно какие-то другие жесткие диски, если их несколько. Всегда нелишне перепроверить себя, дав перед форматированием команду dir. Убедитесь с ее помощью, что на диске ничего нет.

В результате предыдущих операций вы получаете чистый жесткий диск, разбитый на логические диски по своему усмотрению. Теперь можно приступать к установке операционной системы на диске C:. Эта операция уже описана нами в предыдущей главе.

41. Действия в нештатных и аварийных ситуациях

Если компьютер не может загрузиться обычным порядком, возникает нештатная ситуация. Такие проблемы могут иметь как аппаратный, так и программный характер. Аппаратные проблемы локализуются достаточно просто и быстро.

Если компьютер вообще не включается и на экране ничего нет, можно предположить выход из строя процессора или материнской платы. Если при этом не вращаются вентиляторы, то вероятна проблема с блоком питания. При отказе видеокарты, на слух загрузка происходит как обычно, но на экране монитора ничего не отображается (обычно при этом динамик системного блока подает звуковые сигналы). Дефекты оперативной памяти легко выявляются в первые секунды работы на этапе самотестирования.

Выход из строя жесткого диска характерен тем, что загрузка доходит до момента, когда надо начинать загрузку операционной системы, а дальше появляется сообщение или об отсутствии жесткого диска, или о том, что он не системный либо не отформатирован.

При обнаружении аппаратных дефектов выключите компьютер и попробуйте включить его через 30–45 секунд. Проверьте стыковку разъемов. Их можно шевелить, только когда компьютер выключен. Большинство неисправностей оборудования устраняется простой заменой узлов. В этом нехитром правиле есть, однако, важное исключение, касающееся жесткого диска. Это не просто прибор, а хранилище данных, поэтому не надо спешить его заменять. За спасение жесткого диска надо бороться, пока есть хоть малейший шанс что-то с него спасти.

Реанимация жесткого диска

Сбой настроек *CMOS*. Самая безобидная причина отказа жесткого диска заключается в сбое настроек микросхем *CMOS*-памяти. Такое бывает не слишком часто, но, поработав несколько лет с компьютером, вы, вероятно, тоже столкнетесь с этим явлением. Прежде всего войдите в режим *SETUP* и проверьте, что записано о жестких дисках на странице Standard CMOS Setup (см. предыдущую главу). Если записи пусты, значит, это тот самый случай. Проведите распознавание дисков в режиме IDE HDD AUTO DETECTION, как описано в предыдущей главе. Если диск будет «подхвачен», значит, все в порядке. Если нет, надо вскрывать корпус и проверять, не отошел ли какой-то разъем. Разъемы могут смещаться после замены устройств системного блока или после его транспортировки. Проверьте стыковку разъемов и повторно запустите процедуру автоматического распознавания дисков. Данный дефект устраняется без особых хлопот и не имеет тяжких последствий.

Если сброс настроек микросхемы *CMOS* будет повторяться, возможно, надо поменять батарейку на материнской плате, от которой эта микросхема питается.

Сбой контроллера. Дефект средней тяжести может быть связан со сбоем контроллера жестких дисков. Такое бывает при самовольном изменении частоты основной шины материнской платы, например при попытке «разогнать» процессор выше номинальной частоты. Практика показывает, что наиболее опасны некоторые частоты, находящиеся в диапазоне между 75 и 100 Мгц. При сбое контроллера на жестком диске могут произойти непредсказуемые изменения в записях. Физически такой диск вполне работоспособен, и большинство данных, имеющихся на нем, можно просмотреть, если загрузиться с другого диска. Беда только в том, что не всегда удается загрузиться с него самого.

Для реанимации надо установить такой диск в качестве второго на работоспособном компьютере, потом обязательно проверить его антивирусными средствами (результат работы некоторых вирусов очень похож на результат сбоя контроллера) и скопировать с него необходимые данные. После этого диск возвращается на свое место, переформатируется, и на него устанавливается операционная система.

Восстановление после вирусной атаки. Самые тяжелые поражения наносят компьютерные вирусы, но и в этом случае диск нередко удается спасти. Уничтожить данные на диске, особенно на большом, не так просто, как кажется. Затирание данных — это процесс очень длительный, и его нельзя не заметить. Поэтому разрушительные вирусы ограничиваются только уничтожением сравнительно небольших служебных областей: таблицы разделов, загрузочных записей, *FAT*-таблиц.

В итоге большая часть данных на диске остается нетронутой, хотя разобраться в них, не зная файловой структуры, увы, непросто. Вероятность реанимации зависит от того, насколько активно поработал вирус.

Один из самых агрессивных вирусов, известный как «Чернобыль» (по официальной классификации — WIN95.CIH), уничтожает целый мегабайт в начале диска, но даже и после этой разрушительной операции в некоторых случаях удается диск спасти.

Для реанимации используют специальные программы, обеспечивающие прямое редактирование записей на диске. Наиболее известна программа Diskedit.exe, которую можно найти в составе пакета Norton Utilities. Ремонтно-восстановительные работы выполняют в режиме *MS-DOS* после загрузки с системной дискеты.

Реанимация упрощается, если диск имел файловую систему *FAT32*, а не *FAT 16*. Дело в том, что таблица *FAT 32* имеет столь большой размер, что ее вторая копия выходит за пределы первого мегабайта и потому остается неповрежденной. Естественно, нетронутым остается и корневой каталог.

Имея вторую копию *FAT*-таблицы, можно установить ее конец, начало и, соответственно, длину. Первая копия *FAT*-таблицы должна иметь тот же размер — это позволяет установить ее местоположение и восстановить копированием данных из сохранившейся второй копии.

Начало первой копии *FAT*-таблицы определяет конец загрузочной записи — ее возвращают в исходное состояние по аналогии с другим исправным диском (хорошо, если есть, где его взять).

Наконец, можно попытаться восстановить и таблицу разделов. Если весь жесткий диск состоял только из одного раздела, то это сделать не очень трудно. Такую операцию проводят, используя аналогию с другим исправным диском.

Поскольку здесь многое основано на методе проб и ошибок, важно, чтобы программа, с помощью которой осуществляется непосредственное редактирование секторов на диске, позволяла после неудачных попыток выполнить «откат» — вернуться к прежнему состоянию.

И наконец, практически всегда возможно восстановление диска, если был заблаговременно подготовлен его *образ*. Многие специальные программы, предназначенные для обслуживания дисков или для защиты от вирусов, позволяют создать специальные файлы образа диска. В них заносится информация из таблицы разделов, загрузочной записи, *FAT*-таблицы и корневого каталога. К примеру, программа Image, входящая в состав пакета Norton Utilities, создает такой образ диска, который позволяет восстановить диск даже после опрометчивого форматирования.

Загрузка в режиме защиты от сбоев

Если с жестким диском все в порядке, но загрузка *Windows* не происходит, это, скорее всего, не авария, а нештатная ситуация, которая достаточно просто парируется.

Если произошла подмена или утрата каких-то системных драйверов, нередко можно исправить ситуацию, загрузив компьютер в режиме защиты от сбоев. Этот прием, в частности, используют, если при настройке видеоподсистемы удалось довести видеоадаптер до такого состояния, что после загрузки *Windows* он не может ничего показать на экране.

Загрузку в режиме защиты от сбоев выполняют с помощью так называемого *меню загрузки*. Чтобы его получить, надо в начале загрузки компьютера нажать определенную клавишу (F8 в *Windows 95* или CTRL в *Windows 98/Me*). Момент для нажатия клавиши должен быть тонко рассчитан. Это не должно быть сделано слишком рано, пока компьютер еще не вполне готов к приему сигнала, но и не слишком поздно, когда уже началась загрузка *Windows*. Наилучший момент — сразу после идентификации жестких дисков. Возможно, с непривычки придется сделать несколько попыток. Результатом должно стать меню загрузки, состоящее из шести пунктов (для *Windows 98*):

1. Normal — Обычная загрузка Windows
2. Logged (\Bootlog.txt) — Загрузка с протоколированием в файле

3. Safe mode — Режим защиты от сбоев
4. Step-by-step confirmation — Пошаговая загрузка
5. Command prompt only — Режим командной строки
6. Safe mode command prompt only — Защищенный режим командной строки

Если выбрать режим Safe mode, произойдет загрузка с использованием минимального комплекта драйверов устройств. В этом режиме экран имеет непривычно скромный вид. После загрузки можно изменить настройки, которые вызвали сбой. Нередко самого факта загрузки в этом режиме уже достаточно, чтобы снять некорректные настройки видеосистемы.

Завершите работу обычным образом и перезагрузитесь.

Загрузка в пошаговом режиме

Данный режим предназначен для парирования нежелательных изменений в файлах начальной загрузки config.sys и autoexec.bat. Эти файлы унаследованы от операционной системы *MS-DOS*. В них содержатся команды, исполнение которых необходимо перед началом загрузки *Windows*.

Если вы рассмотрите корневой каталог жесткого диска, то сможете там найти также файлы config.dos и autoexec.dos. А если бы вы заглянули туда, работая не в *Windows*, а в *MS-DOS*, то вместо них обнаружили бы пару файлов config.win и autoexec.win. Сейчас мы расскажем, зачем это надо.

Независимо от того, в какой системе запускается компьютер (хоть *Windows*, хоть *MS-DOS*), команды начальной загрузки он берет из файлов config.sys и autoexec.bat, только файлы при этом бывают разными. Когда мы загружаемся в режиме *MS-DOS*, то файлы config.dos и autoexec.dos переименовываются в config.sys и autoexec.bat, а «правильные» файлы (файлы «для *Windows*») сохраняются в паре config.win и autoexec.win. Когда мы загружаемся в *Windows*, подмена происходит в обратную сторону.

Сложности могут возникнуть, если в режиме *MS-DOS* запустить программу, которая не способна нормально завершить свою работу. Чаще всего это происходит с играми для *MS-DOS*.

Допустим, на компьютере стоит игра для *MS-DOS*, и ее значок есть на Рабочем столе или в Главном меню. Если такую программу запустить, компьютер может автоматически или по запросу перейти в режим *MS-DOS*, соответственно перезаписав файлы конфигурации. По идее, после корректного завершения работы с этой игрой, компьютер перезапишет файлы обратно, чтобы потом успешно загрузиться в *Windows*. Но что происходит, если наша программа неработоспособна?! Завершить работу с ней нормально нельзя — компьютер либо «сбрасывается», либо «зависает». И в том и в другом случае происходит аварийное завершение работы, файлы конфигурации не подменяются, и потому компьютер опять загружается в *MS-DOS* и вновь запускает ту же программу.

Разумеется, держать на компьютере неработоспособные программы пятнадцатилетней давности — дело опасное, и дома у себя никто такие раритеты не хранит. Но на служебных компьютерах в России содержится еще немало доисторического хлама, и время от времени кто-то попадает в такую ловушку.

Чтобы выйти из нее, применяют загрузку в пошаговом режиме (Step-by-step confirmation). В этом режиме каждая команда, исполняемая компьютером в ходе загрузки, требует подтверждения (Yes/No). Надо внимательно просмотреть все команды, исполняемые в ходе загрузки, и принять большинство из них. Отказаться следует только от команды на загрузку той программы, которая привела к сбою. Когда компьютер нормально загрузится, он сам восстановит правильные файлы конфигурации, взяв их из временных копий config.win и autoexec.win.

Загрузка в режиме командной строки

По своей сути загрузка в режиме командной строки — это практически то же, что и загрузка с загрузочной дискеты, то есть это загрузка в режиме *MS-DOS*. Режим командной строки служит для того, чтобы командами *MS-DOS* «прощупать» содержимое жесткого диска, просмотреть, что на нем сохранилось, а что — нет. Данный режим полезен, если разрушения коснулись только системных файлов *Windows* — тогда операционную систему можно переустановить. Очень хорошо, если дистрибутивная копия системы была заблаговременно перенесена на жесткий диск — в этом случае все готово для немедленной установки системы. Можно новую систему установить поверх старой — скорее всего, после этого все приложения будут работать нормально.

По завершении восстановления необходимо выполнить проверку на наличие компьютерных вирусов.

Что надо иметь в виду дополнительно

Многие аварийные ситуации с жестким диском происходят по разным причинам, но имеют похожие результаты. Результаты вирусной атаки, сбоя контроллера, механического повреждения дорожек и т. п. могут внешне выглядеть почти одинаково или очень похоже. Разница только в том, что если диск был поражен компьютерным вирусом, дальнейшая работа с ним становится опасной. Поэтому, занимаясь реанимацией жесткого диска, постоянно помните о возможном наличии на нем зараженных файлов и учитывайте это в работе.

1. Самое первое, что нужно сделать до реанимации жесткого диска, — изменить на компьютере системную дату. Многие вирусы «пробуждаются» в определенные даты. Если именно вирус стал причиной выхода жесткого диска из строя, не исключено, что после восстановления диска он сработает еще раз. Изменение системной даты поможет предотвратить повторный удар и дать время для принятия мер самозащиты.

   После включения компьютера нажмите клавишу Delete и войдите в программу SETUP. Системную дату и время настраивают на странице BIOS Features Setup. «Откатите» системную дату назад на несколько дней. Когда причины аварии будут выяснены, а последствия ликвидированы, вы сможете измененную дату исправить.

2. Спасая данные с жесткого диска, никогда не забывайте о том, что они находятся «под подозрением». Возможно, среди них находится файл, ставший причиной аварии. Если данные спасаются копированием на другой жесткий диск, создайте им отдельный каталог и рассматривайте его как карантинную зону, в которой можно только хранить данные, но запускать там ничего нельзя до выяснения всех обстоятельств дела.

Если, работая с компьютером, вы всегда строго придерживались элементарного правила хранения «данные отдельно — программы отдельно», то спасти данные, не прихватив вместе с ними вирус, будет гораздо проще.

3. Планируя восстановление диска, всегда держите в голове необходимость проверки антивирусными средствами. Как только к диску можно будет обратиться в системе *MS-DOS*, проведите первичную проверку средствами *MS-DOS*, хотя бы и простейшими. А когда появится возможность обратиться к диску в системе *Windows*, проверьте его более мощными и современными средствами. Обычно это нетрудно сделать, если установить данный диск в качестве второго (или третьего) на заведомо исправном компьютере.

АЛФАВИТНЫЙ УКАЗАТЕЛЬ

Р

С